谨以此书献给中华人民共和国成立70周年

扎根中国大地办教育

——共和国70年教育70人文选

上

朱永新　主编

坚持党对教育事业的全面领导

坚持把立德树人作为根本任务

坚持优先发展教育事业

坚持社会主义办学方向

坚持扎根中国大地办教育

坚持以人民为中心发展教育

坚持深化教育改革创新

坚持把服务中华民族伟大复兴作为教育的重要使命

坚持把教师队伍建设作为基础工作

山西出版传媒集团　山西教育出版社

图书在版编目（CIP）数据

扎根中国大地办教育 ：共和国70年教育70人文选 ：上册、下册 / 朱永新主编. — 太原 ：山西教育出版社，2019.9

ISBN 978-7-5703-0580-3

Ⅰ. ①扎… Ⅱ. ①朱… Ⅲ. ①教育—中国—文集 Ⅳ. ①G52-53

中国版本图书馆CIP数据核字(2019)第198113号

扎根中国大地办教育
——共和国 70 年教育 70 人文选（上、下册）

ZHAGEN ZHONGGUO DADI BAN JIAOYU
——GONGHEGUO 70 NIAN JIAOYU 70 REN WENXUAN (SHANG、XIA CE)

责任编辑：潘　峰　郑　丽　张　帅
复　　审：李梦燕
终　　审：郭志强
责任校对：周　宇
装帧设计：陈　晓
印装监制：蔡　洁
出版发行：山西出版传媒集团 · 山西教育出版社
（地址：太原市水西门街馒头巷7号　电话：0351-4729801　邮编：030002）
印　　装：山西人民印刷有限责任公司
开　　本：787mm×1092mm　1/16
印　　张：46
字　　数：879千字
版　　次：2019年10月第1版　2019年10月山西第1次印刷
书　　号：ISBN 978-7-5703-0580-3
定　　价：198.00元(上、下册)

序 言

20年前，在世纪之交前夕，我与徐亚东先生合作，在山西教育出版社出版了《中国教育家展望21世纪》一书，收录了33位中国教育家对于即将到来的新的世纪的思考与展望。这本书出版以后得到了广泛好评，获得“五个一工程奖”等多种荣誉。

20年后的今天，在共和国70华诞前夕，我们又在山西教育出版社出版了这本《扎根中国大地办教育——共和国70年70人教育文选》。这本文选收录了75位当代中国教育家在这70年中尤其是改革开放40年以来在教育方面的理论思考与实践探索。

虽然这是一本普通的学术文选，但编辑的难度不亚于自己撰写一部学术专著。首先是人选的确定，70年70人，究竟要选哪些人？这是一件仁者见仁，智者见智的事情。与出版社共同商量以后，我们决定以《中国教育报》、中国教育学会、中国高等教育学会、中国职业教育学会等九家单位联合评选的“当代教育名家”作为基础，适当增加几位我们认为在这70年期间对中国教育的理论创新和实践探索作出过重要贡献的教育家。

其次是联系作者和收集文章。由于各种原因，“当代教育名家”90人中，有一些已经去世，有一些联系不上，也有一些人表示主动放弃，最终我们收录了75位教育家的文章。这本书的教育家，都是真正扎根中国大地办教育的，无论是新中国建立之初的陈鹤琴先生、叶圣陶先生，还是改革开放之初活跃在一线的刘佛年先生、鲁洁先生，还有对我关怀帮助很多的原中国教育学会会长顾明远教授、中国教育学会常务副会长陶西平先生、江苏省情境教育研究所所长李吉林老师等。这本书中的教育家，包括由于各种原因没有收入书中的教育家，都是我非常尊敬的学者，他们都是中国教育的真英雄。他们为中国教育70年的改革和发展做出了卓越的贡献，无论是基础教育、高等教育、职业教育、特殊教育，还是学科教育，每位专家都在自己的领域成绩斐然。通过他们的文章，不仅能够看到70年来中国教育科学发展的轨迹，也能够看到70年来中国教育家们扎根中国大地办教育的历程。这本书的文章，基本上是作者自己选择的代表作。但是，也有一些教育家选择了他们的最新作品，我们也充分尊重作者自己的选择。在编排时，我们根据文章发表的时间顺序来安排，大致可以看出一个历史的线索，看出70年中国教育理论界关注的热点问题。

在2018年教师节召开的全国教育大会上，习近平总书记发表了重要讲话。他在讲话中提出，要坚持党对教育事业的全面领导，坚持把立德树人作为根本任务，坚持优先发展教育事业，坚持社会主义办学方向，坚持扎根中国大地办教育，坚持以人民为中心发展教育，坚持深化教育改革创新，坚持把服务中华民族伟大复兴作为教育的重要使命，坚持把教师队伍建设作为基础工作。这"九个坚持"全面梳理概括了习近平总书记和我们党关于教育问题的基本观点，深刻回答了培养什么人、怎样培养人、为谁培养人的教育根本问题，为新时代教育改革发展提供了根本遵循。

作为这本书的选编者，在选编的过程中，我对扎根中国大地办教育体会尤其深刻。

从中国教育面临的形势与任务看，需要扎根中国大地办教育。正如习近平总书记所指出的那样，当今世界正在经历百年未有之大变局，科技创新从未像今天这样，深刻地影响世界经济、政治力量对比，成为国际竞争力的关键。在这样的背景之下，如何优先发展教育事业，以教育现代化支撑国家现代化，就成为新时代的"党之大计""国之大计"。同时，我国有51万多所学校、2.7亿在校学生、1600多万名教师，教育体量为世界之最，区域、城乡、校际之间发展的不平衡也是世界之最，面对如此庞大而复杂的教育体系，在汲取各国教育改革发展经验教训基础上的教育创新，坚持扎根中国大地办教育，坚定不移地走出一条具有中国特色社会主义教育的发展道路，就显得十分重要而迫切。

从中国教育具有的先天禀赋和思想资源来看，需要扎根中国大地办教育。习近平总书记强调，我国有独特的历史、独特的文化、独特的国情。我国5000多年的文明史，孕育了学无止境、有教无类、因材施教等深厚的教育思想。新中国成立以来，在不到70年的时间里，就从一个文盲占国民总数80%的教育弱国，发展成为教育总体水平进入世界中上行列的教育大国。中华民族优秀的教育思想和教育实践的遗产，不仅是我们教育改革发展的重要思想财富，也正在成为世界许多国家关注和研究的对象。我们不能够数典忘祖，更不应该妄自菲薄，"蜂蝶纷纷过墙去，却疑春色在邻家"。

从中国当代民间的教育探索成果来看，需要扎根中国大地办教育。习近平总书记说："世界上不会有第二个哈佛、牛津、斯坦福、麻省理工、剑桥，但会有第一个北大、清华、浙大、复旦、南大等中国著名学府。"在浙江工作期间，他曾经多次就浙江大学创新发展提出要求。他强调，要充分体现中国特色、浙江特色，充分发挥浙大规模大、学科多、实力强的优势，通过推进各学院、各部门开放式办学和开放式科研，推动学科的交叉融合、优势互补，使某些学科达到国内顶尖甚至世界一流。

改革开放以来，中国民间涌现出一大批富有成效的教育改革与创新成果。从“洋思经验”到“杜郎口模式”，从尝试教学到情境教育，从清华附小到北京十一学校，从新课程改革到新基础教育，包括我发起的新教育实验，都在教育方面进行了一系列卓有成效的探索。这本书中收录的文章，都是从中国大地上长出来的教育，有着鲜明的中国特色。共和国教育70年发展的经验也证明，只要我们注意倾听民间的声音，发现先进的典型，汲取民间的智慧，推广成功的经验，就能够推进教育的变革，办出有中国特色的教育。

我们正处在一个教育大变革的前夜。作为传统的工业化时代诞生的现代学校制度，正在面临结构性变革的契机，互联网、大数据、人工智能、脑科学等已经为教育变革提供了新的技术，而包括中国在内的各种教育创新也提供了可以复制和推广的模式。只要我们坚持扎根中国大地办教育，坚持以马克思主义为指导，坚持全面贯彻党的教育方针，坚持以人民为中心的发展思想，坚持以立德树人为根本任务、以促进公平为基本要求、以优化结构为主攻方向、以深化改革为根本动力，我们就一定能够走出一条中国特色的教育现代化之路。

最后，非常感谢所有为这本书作出贡献的各位教育家。这本书能够顺利出版发行，首先应该感谢所有入选本书的教育家们的大力支持，他们中的许多人精心选择文稿，校对文章，多次联系；有的还对书稿的编辑出版工作提出建议，贡献智慧；有的身体不好，委托家人和学生与我们反复沟通，让我们非常感动。最终收入本书的75篇文章，都经过作者本人认可，有的文章因篇幅等原因，略作删减。同时，感谢山西教育出版社的刘立平总编辑、潘峰副总编辑，他们为这本书付出的劳作比我们想象的要多得多。在他们的共同努力下，这本书终于能够如期出版，作为共和国70华诞的一份薄礼。

是为序。

朱永新

2019年7月1日写于中央党校

目　录

陈鹤琴

（1892—1982），浙江省上虞县人，中国著名儿童教育家、儿童心理学家、教授，中国现代幼儿教育的奠基人。早年毕业于国立清华大学①，留学美国五年，1919年获得哥伦比亚大学硕士学位。五四运动期间回国后，最初担任南京高等师范学校教授，讲授儿童心理学课程。东南大学成立后，任教授和教务主任。后担任中央大学师范学院院长和南京师范学院校长。提出了“活教育”理论，重视科学实验，主张中国儿童教育的发展要适合国情，符合儿童身心发展规律；呼吁建立儿童教育师资培训体系。编写幼稚园、小学课本及儿童课外读物数十种、设计与推广玩具、教具和幼稚园设备。一生主要从事于一系列开创性的幼儿教育研究与实践，出版《家庭教育》等著作。

幼儿教育的新动向②

继中华人民共和国新学制制定之后，中央人民政府召开了第一次全国初等教育会议，这是我国初等教育事业发展中的一个重要里程碑。根据中国人民政治协商会议共同纲领文教政策，以及中央人民政府政务院关于改革学制的决定，初等教育和幼儿教育有着新的任务和内容。在“为适应全国人民的要求以及教育为生产服务”的号召下，我们可以明确幼儿教育的新动向。

① 本书中的机构（单位）名称均为作者生活年代的名称。

② 本文原载于《新儿童教育》1951年第7卷第5期。

一、新中国幼儿教育的目的和任务

我们知道苏联幼儿教育的目的已经明确规定：第一，培养新国家的健全儿童，给儿童一种共产主义的教育；第二，要使妇女有充分的时间和条件可以参加工业生产、社会生活以及政治生活。因此，苏联十月革命后就大量地设置托儿所和幼儿园，在全苏维埃各城市、各农村、各工厂，从俄罗斯到各加盟共和国，从少数民族地区到每一个偏僻而遥远的角落，都有密布的托儿所和幼儿园。

毫无疑义，新中国幼儿教育的目的也是为祖国培养健全的幼苗，使儿童的身心获得健全的发育；同时，解放妇女，使妇女们能自由参加政治的、经济的、文化教育的、社会的建设事业。苏联教育家马卡连柯指出：一个人所受的主要教养是在五岁以前——这占全部教养过程的百分之九十，以后再继续教育而深造之。我国也有一句俗语："三岁看大，七岁看老。"这个意思很明显，就是说一个人身心的发展（包括生理的、思想意识的、语言的以及行为习惯的全面发展）要在七岁以前打好基础。旧中国的幼儿教育是不是使儿童的身心获得了健全的发育呢？一般地说，旧中国的幼儿教育大多是抄袭资本主义国家的一套，儿童得不到全面的发展，甚至有些形成畸形的发展。可是在新中国优越的社会制度下，儿童是首先被国家保护的，并在一定的条件下，受国家合理的教养。新中国成立两年来，全国各地广泛地开设托儿所和幼儿园，使儿童能够在这些学龄前的机构里得到合理的科学的教养。不但使儿童得到了良好的发展，而且还减轻了母亲对幼儿的负担，以便母亲们能够自由地参加祖国的各项建设事业。新中国成立两年来，在国家经济建设中、文化教育上，以及社会各部门中，由于妇女们参加工作并取得了很大的成就，特别是在生产事业上，对于祖国的建设，是有很大的贡献的。这一切都是旧社会中幼儿教育所不能比的。旧中国的托儿所和幼儿园主要是为上层人士服务的，而广大的劳动妇女的子女得不到照顾。今天，在建设社会主义社会的过程中，我们要解放占全国人口二分之一的妇女，使她们能走出家庭，走向祖国伟大建设的工作岗位上，让他们更好地为建设美好幸福的将来而贡献出自己的力量。

其次，我们来谈谈幼儿教育的任务。很显然的，托儿所和幼儿园必须实施初步的全面发展的教养。

幼儿教育的第一个任务是保证幼儿的健康和身心的正常发育。要实现这个任务，第一必须要把托儿所和幼儿园的环境依照 卫生的要求布置起来，如园舍的整洁、空气的流通、园庭的布置，以及适合儿童身高和体力的设备、用具，预防传染病的设施等；第二要遵守作息时间，使儿童得到充分的游戏和写作业的时间，正确地排列饮食、睡眠、散步等规定的时间；第三要有足够的营养和合理的衣着；第四要积极培养良好的卫生习惯；第五要注意身体的锻炼，锻炼时要根据儿童的年龄、体力谨慎地、慢慢地进行，要让儿童多在户外活动。在苏联，严格地规定儿童每天必须在户外活动三四个小时，即使在冬天也要照样进行，对于体育也十分重视，按照计划利用早操、游戏、散步、劳动等方式进行，使身体得到正常的发育。

幼儿教育的第二个任务是发展幼儿的智力和创造力。谈到智力的发展，首先要注意的是幼儿感官的训练和保护，特别是听觉和视觉的保护和训练更为重要。必须经常指导儿童观察外界的事物，使儿童对环境中的事物发生兴趣，以扩大儿童的眼界，发展儿童的求知欲。在这里特别要提出来的是语言的发展，因为语言是表达思想感情的工具，必须教会儿童正确地运用语言，注意儿童语言的内容、正确的发音和正确的造句等。

幼儿教育的第三个任务是培养幼儿初步的国民公德和国际主义精神，以及其他优良品德。新中国的五爱公德是：爱祖国、爱人民、爱劳动、爱科学、爱护公共财物；而所谓国际主义精神，是在爱国主义的基础上发展来的；其他如诚实、勇敢、团结、友爱、守纪律、有礼貌等优良品德和习惯都是要从小培养的。

幼儿教育的第四个任务是培养幼儿的爱美观念，增进幼儿愉快的精神。爱美是人类的天性，我们必须指导儿童正确地发展这种天性，要教导儿童细心地观察环境中各种物体的形状、颜色及培养空间的观念等。并慢慢地引导儿童学会自己设计各项作业以发展他们的想象力，增进幼儿愉快的精神。

二、新中国幼儿教养原则和活动项目

新中国幼儿教育所肩负的任务是培养全面发展的儿童，其教养原则如下：

第一，要使幼儿全面的发展。旧中国的幼儿教育，没有明确规定必须使幼儿获得全面的发展，有的单纯着眼于教的一面，忽略了保健工作；有的单纯着眼于保健，而忽略了教的一面。因此，保教分家，儿童不能获得正常的发展。今天，我们首先就要矫正以往这种不合理的教养，要使儿童的生活保健和各项作业有机地配合，并周密地计划，谨慎地实施，以使幼儿身体、智力、道德习惯和爱美观念获得全面的发展。

第二，教材内容和教学方法要和幼儿的实际生活相结合。各项作业的编排，要掌握由浅入深、由近及远、由个别到一般、由具体到抽象等原则。要充分利用环境、实物和多种多样的方法，以引起儿童的兴趣。教材要适合儿童的年龄和能力，并把握儿童的特殊个性，使儿童得到良好的发展。

第三，要使幼儿习惯于集体生活。要使儿童日后成长为社会成员之一，必须要从小培养儿童习惯于集体生活开始。因此，教师必须严格地执行生活程序，并以身作则从关心和爱护幼儿出发，使幼儿无形之中受到影响，能够帮助他人、爱护他人，培养对事物的同情心，发挥团结友爱的精神，抑制和消除自己不合理的欲望。

第四，培养儿童独立活动的能力。儿童好活动的欲望，一切都爱自己做的欲望，就是培养儿童独立活动的基础。教师必须随时随地耐心地指导幼儿，在日常生活当中，在各项作业当中，培养幼儿的主动性及独立活动的能力和习惯。

第五，必修作业和选修作业必须适当配合。所谓必修作业是幼儿在教师指导下进行集体学习，有明确的目的和周密的计划，全体幼儿在一定的时间内做同样的活动。而选修作业是为了照顾幼儿特殊的才能和个性，有充分的时间让他发展自己的创造性。必修作业和选修作业必须适当地配合，使儿童在各项作业中得到良好的发展。

第六，幼儿园教育必须和家庭教育密切配合。要使儿童获得全面的发展，必须密切地与家庭联系，因为家庭中的日常生活、父母兄弟的言谈举止都足以影响幼儿。所以，幼儿园必须有计划地做好对家长的工作，使家长能不断地放远教育眼光，齐心合力来教育幼儿，这样双管齐下，幼儿教育的效果就可以达到事半功倍了。

第七，要有计划地进行教学。各个幼儿园要拟订出周密的教学计划，结合儿童年龄特点，有计划地去进行教学。

关于幼儿园教养活动项目，有以下各项活动：

1. 体育。包括日常生活、卫生习惯、体操、游戏、舞蹈和律动等。

2. 语言。包括谈话、讲述故事、歌谣、谜语等。

3. 认识环境。包括日常生活环境、社会环境、自然环境等。

4. 图画、手工。包括图画、纸工、泥工、其他材料作业等。

5. 音乐。包括唱歌、表演唱、听音乐、乐器表演等。

6. 计算。包括认识数目、心算、度量等。

“体育”要居首位，这是今天幼儿教育本着“健康第一”的精神而制定的。在以往的幼儿园，有所谓“唱游”，我们知道一面“唱”一面“游”，不能使幼儿的身体得到锻炼，也不利于幼儿生理的发展。因此，将“唱游”分为“体育”和“音乐”两项作业，以达到保证幼儿身体健康、身心获得正常发育的任务。

“语言”一项也是新增加的，因为幼儿在园年龄正是幼儿学习语言最重要的阶段，教师必须利用谈话、讲故事、念歌谣、朗诵诗歌以及各项作业和日常生活等各种活动，训练儿童发音正确、口齿清楚，并培养语文表达的能力，随时随地注意增加语汇，纠正缺点，以正确地发展幼儿的语言。大班的幼儿，由于语言发展的自然要求，从实际中随机地认识一些字，比如自己的名字、用品的名称等，这是不妨的。

增加了“认识环境”一项，使幼儿在教师有计划、有组织的领导下，亲自观察周围环境中的事物，通过实际的环境教育，以发展幼儿的认识力，增加对大自然的认识，扩大幼儿的眼界，并培养幼儿的“五爱”公德。

从以上所述来看，新中国的幼儿教育，它的目的在为祖国培养健全的下一代，在为国家生产建设服务；它的内容在培养全面发展的儿童。愿我们全体从事幼教工作的人员都朝着这个新方向，为完成这一伟大艰巨的任务而努力奋斗。

叶圣陶

(1894—1988)，原名叶绍钧，字秉臣、圣陶，江苏苏州人，现代作家、教育家、文学出版家和社会活动家，有“优秀的语言艺术家”之称。1949年后，先后出任教育部副部长、人民教育出版社社长和总编、中华全国文学艺术界联合委员会委员、中国作家协会顾问、中央文史研究馆馆长、中华人民共和国全国政协副主席，全国人民代表大会常务委员会委员，民进中央主席。1983年当选为第六届全国政协副主席。是第一至四届全国人大代表、第五届全国人大常委会委员，第一届全国政协委员、第五届全国政协常委。著有《叶圣陶集》26卷。

当前教育工作中的几个问题①

当前教育工作中的问题很多，有的问题还很严重。

许多教师很努力，都想做好工作，但是不得其法。不少教师只知道逼学生做功课，连小学二、三年级的学生，家庭作业也很繁重。语文老师常常要求学生把一篇课文抄写若干遍，还出一些孩子力所不及的练习题。例如，指定一个字，要学生写出含有这个字的三个或四个词来。学生写不出，问过家长才写出来，可是对这些词的意义并不理解，这有什么好处呢？算术也这样，一大张一大张地补充习题，需要很长的时间才能做完。做这些作业，每天都做到很晚，弄得困倦不堪。小学生是这样，中学生也是这样。体质下降了，近视眼增加了，问

① 本文曾发表于《教育研究》1979年第4期。

题很严重。

抓教育是应该的，但是怎么抓，要好好研究。一味加重学生的负担，不是办法。

要重视德、智、体全面发展。现在似乎是重视智育，对德育和体育有些忽视。

教育是什么？往简单方面说，只需一句话，就是要养成良好的习惯。德育方面，要养成待人接物和对待工作的良好习惯；智育方面，要养成寻求知识和熟习技能的良好习惯；体育方面，要养成保护健康和促进健康的良好习惯。咱们社会主义社会的教育，就是要使学生养成在社会主义社会里生活的一切良好习惯。

良好习惯主要在学校里养成。坐要有坐的样子，站要有站的样子。早上见到老师，说不说“老师，您好”？称呼“您”还是称呼“你”？态度是真诚还是虚伪？都应该注意。现在学校里似乎不大讲究这些，这不好。当然，应该要求家长同样注意。

孩子到五六岁，已经很能说话了，大体能把他们的思想表达清楚，有时候还很生动。可是上了学，认了字，话反而说得结结巴巴，词不达意，作文也是这样。前几年，受不良风气的影响，把空话、套话、大话、假话当作教材，学生学会了这一套就受到表扬。如今，这种现象的改变还不怎么大。新编的语文课本也不能令人满意。这不仅因为不良风气的影响没有彻底清除，也由于我们还没有摸清楚语文教育的客观规律。

孩子长到两三岁已经能说简单的连贯的话，已经有了初步的表达能力；至于听话的能力，也就是接受的能力，发展得更早一些。对于这些，幼儿园应该加以引导。进了小学，孩子们的接受能力和表达能力，包括口头的和书面的，都应该循序渐进，逐步提高。循序渐进的“序”必须符合客观实际。客观实际是什么？一是语言学习的需要，一是学生接受的可能。哪些词是哪个年级可能学的和必须学的，哪些句式是哪个年级可能学的和必须学的，除词和句之外还有全篇结构的问题，还有文章体裁的问题。这个符合客观实际的“序”，就是语文教育的客观规律，这个规律还没有找出来。但这个规律必须找出来。因此，要加强语文教育的科学研究。

现在上课，还是那个老习惯，老师讲，学生听，好像老师是演员，学生是观众。这是不行的。

老师讲，目的是要达到不用讲，好比帮孩子学走路，先牵着他走，扶着他走；进一步让他自己走，在旁边护着他；最后完全可以放心了，就让他自己走，护也不用护了。上课也一样，老师不能光灌输，要多启发，多引导。学习是学生自己的事，不调动他们的积极性，不让他们自己学，是无论如何学不好的。不光是语文，别的科目也是这样。如果学生不会自己动脑筋，不会自己求知识、学本领，事事都得倚仗老师，这样的人培养出来有什么用呢？

作文为了什么，看法还不一致。是不是为了培养作家呢？不是。学生当中出几个作家，当然很好，但是绝不会所有的学生都当作家。作文是为了培养表达的能力。这个能力，人人都必须有，在日常的生活中、工作中都要用到。过去几年受不良风气的影响，学生作文学会了说空话、套话、大话、假话。老师让他们写一篇学雷锋的文章，许多学生就写他怎样在大街上搀扶一位老奶奶。首先要问，到底有这回事没有？如果没有这回事，文章即使写得像个样子，也是骗人。骗人，怎么能说是学雷锋呢？这是个有关品德的问题，应该引起教师特别注意。

有人认为读就是为了写，这种看法也不全面。读和写，即接受和表达，这是语文教学的两个方面。读的目的主要是培养理解能力，理解能力提高了，对写作自然也有好处。

许多人评价学校只看升学率，升学率高的学校就是好学校。为了提高校誉，有些学校就专门逼学生、考学生，想尽办法提高升学率。这就给学生造成一个很坏的印象，上学为的就是参加高考，高考考不上，一切都完了，十年的时间等于白费。听说高中毕业生只有百分之三四能升学，难道普通教育就是为这百分之三四的人办的吗？难道剩下的百分之九十六七的毕业生都是这百分之三四的“陪客”吗？上学为的是培养学生具有建设社会主义的实力，不是专为考大学。普通教育不能光从高考着眼。这个问题已经引起重视，相关部门开始在那里抓了，但是抓得还不够紧。

刘佛年

（1914—2001），湖南醴陵人，1940年1至6月，任西北大学副教授;1940年9月至1943年7月任湖南国立师范学院教授；1946年9月至1949年8月任暨南大学教授；1949年9月至1951年8月任上海师范学校校长、复旦大学教授。1951年夏，参加华东师范大学的筹建工作。主张教育改革要“确立教育目标，加强教学评价，按照目标从事教学活动，提高一般中小学的教育质量”，“教育研究工作者要深入实际，参加教育工作的调查和学校的教育实验”。发表《关于全面发展的教育目标》《布鲁姆及顾泠沅经验》以及有关教育改革方面的论文30多篇。主编《教育学》，译有《物理学的进化》。

全面发展和教学改革①

——在全国重点中学工作会议上的报告摘要

一、什么是全面发展？全面发展的概念包含什么？

全面发展的含义包括以下几个方面：

（一）全面发展是指人的身心的几个重要方面都能有所发展

究竟是指哪几个重要方面？一般地讲，德、智、体是最基本的三个方面。现在有人提德、智、体、美。美育是不是也可以放进去？凯洛夫在《教育学》中提过德、智、体、美、

① 本文曾发表于《教育研究》1980年第5期。

劳，劳动也是一个方面。究竟什么提法最合适？我认为，这类问题在教育学中是可以作为研究课题的。

一般认为，美育虽然也能起一定的智育作用，可以给我们一定的知识，但最主要的是对德育的作用很大，因此，有人把美育划在德育里。这固然有道理，但是美育有没有一点自己特殊的东西？譬如说美感问题，不论哪儿有个文娱晚会都想去参加，演电影都想去看看，好的音乐都想去听听，美丽的风景都想去欣赏，还有关于人格、思想的美感等，这就不是其他的“育”可以代替得了的。

劳动教育，可以说是属于德育的范畴，也可以说是属于智育的范畴，因为它有知识技能问题。但是劳动教育单独列为一项也有点道理。这是因为几千年来在人的体脑分离的情况下，在智育中基本上没有把劳动方面的知识技能教育摆进去，甚至在相当长的时期，人类也未把爱劳动作为德育的重要内容。马克思不是提倡把生产劳动和智育、体育等结合起来吗？有没有必要把劳动教育与德、智、体并列起来呢？这也可以考虑。

总之，在教育方针中不管怎么提，全面发展的方针的意思就是说身心的这几个方面都是要发展的，缺一不可。

（二）每“育”又有个全面发展的问题

每个“育”本身也有很多方面，都需要不断地发展。譬如说智育，现在需要学的东西多了，除工具学科外，自然科学、社会科学又分很多学科，人的知识面广得多了。其他方面也如此。如美育，有音乐、美术、美工，若把课外活动包括进去，还有舞蹈、戏剧等，方面也很多。德育除了道德品质教育外，还有思想政治教育。思想政治教育包括的学科又有很多，如政治、经济、法律、社会、哲学……这些“育”的每一个学科各有其重要性，不能说哪些是重要的，哪些是不重要的，只是作用不同罢了。例如数学、语文、外语这些工具学科，不论学文、学理，都要学好它们，在中小学阶段必须把这些课的基础打好。（华东师范大学准备做试验，一年级新生入学，别的课先不学，先学语文写作和外语，否则连教科书、习题也看不懂，写的实验报告别人也看不懂，怎么学下去呢？）但是，是不是只要学好这些学科就行了呢？不行。人类知识的主要部分是对自然和社会的认识。自然学科中最重要的如物理、化学、生物、地理的基础知识，社会学科中如政治、经济、法律、历史、哲学等，能不学吗？每一门课程都是重要的，都是应该学好的。尽管它们的作用不同，却没有重要与不重要之分。少了一个方面就是一个缺陷，将来会给一个人的生活、学习、工作带来不利，也会给社会带来不利。

（三）我们讲全面发展，不只是知识技能的广度问题

无论哪一方面，除了广度，还有深度和高度的问题。讲一个人智育的发展，不只是指这个人知识面很广，而是同时指这个人的某些知识很有深度。全面发展的人应在知识技能方面有深度，在觉悟方面有高度，在美育、体育方面也有特点。我们培养人才，不只是一般的人才，而要培养有专长的、有用的、对国家能有所贡献的人才。在学校教育中，不只是要教育学生把各门功课学好，还要注意发挥学生某一方面的特殊才能，能钻得深些，有一定的造诣。

现在我们有些教师很注意因材施教，如对不同的学生有不同的要求、不同的辅导等，实行按程度分组教学，建立了课外小组。有些学校在考虑如果高中延长到三年，要在高中设选修课，这都很有利于一些人向某一方向作特殊的发展。有些人可能由此以后在大学甚至在他的一生中，就沿着这一方向前进，成为这方面的专家，在这方面有很大的贡献。

再有一个很重要的方面，即课外阅读。课外阅读能使学生按他自己的兴趣开拓他的知识面，并在某方面深入钻研。有些中学生甚至会读一些大学的书，读一些专家的著作，钻得很深，这是很有利的。所以学校应给学生一些课外阅读的时间和条件。由于各科教科书的内容一般来说是经过整理的、最精粹的，因此，也往往是一些骨头，缺乏知识的丰富性，这就需要通过课外阅读获得更多的知识和经验，并使它丰富、加深。

听到同志们说，为什么培养了这么多年，好的人才、非常突出的人才不多？原因很多，很重要的一点就是20世纪50年代学习的教育学，对因材施教注意得少。学生学的是一样的东西，课外活动小组发展得不够，选修科基本没有，课外阅读也很少注意。知识不仅要有广度，还要有深度。换言之，知识不仅要有深度，也要有广度。最近，在上海听说一件事：上海有一个中学生电子技术搞得非常好，有一次他犯了点儿事，公安局把他抓进去，后来查清和他关系不大，便放了。公安局有台电视机坏了，别人都没办法修好，听说他会修，就把他请去，他一下子就修好了，连公安局的人都佩服他。但是这个学生在学校的成绩糟透了，六门课加起来不到一百分。你说他笨吗？电子技术方面的许多书籍，他都能看懂。但他只会修理不会创造，因为缺乏理论知识，外语也很差。我说，这样的人很了不起，他在某一方面已经钻得很深了，但是他的知识没有广度，他没有其他方面的基础知识，所以提高不了。对这样的学生，首先应该肯定他、鼓励他。他也是一个人才的后备力量，应该鼓励他继续向这方面发展。同时，还应该鼓励他努力学好其他课程，帮助他找到学不好的原因，帮助他把基础知识补上。如果做到个人知识既有广度，又有深度，那就是个人才了。

（四）无论在几个“育”的哪方面，都有心理能力的发展问题

一个人的智力要得到发展，情感要得到发展，意志也要得到发展，各方面都要得到发

展。而每一方面的发展又有它的质量高低。譬如说智力的发展包括观察、思维、想象、记忆等各方面的能力，这些能力各有高低之分。就以记忆来说，人没有记忆是不行的。人脑好比一个电子计算机，不事先储存一些东西进去，它就不可能给你计算。要是没有记忆，一个新的东西进来永远是新的东西。新东西不和旧东西互相比较，你就不能理解它。但是，机械的记忆在智力中是比较低级的东西，对新事物经过思维，能够领会，能够理解，这就高级一些了。但是这还不是最高的。一个人要有创造的才能，有创造的智力，这应该是最高的智力。而这一点恰恰是过去教育中很不注意的地方。过去我们认为，一个学生不死记硬背，能理解教材，就算是个好学生了。现在不能这样看，不但要他能理解，还要能表现出一些创造的才能。现在各国都在争着培养有创造能力的科技人员、管理人员，重视的是能发明、能创造、能革新的人。我讲的发展，就是在人的心理能力方面，还有高低之分，我们要从低向高发展。

以上讲的就是全面发展概念包括的几个方面。

并且，全面发展的概念是相对的，因为发展的程度是随着社会发展的水平和各种具体的条件而不同的，是不平衡的，甚至永远是不平衡的。在我们国家，城市同农村，平原与山区，发展不一样；知识分子家庭跟工人家庭、农民家庭里的孩子有时发展的情况也不一样；各地区教育的发展也不一样。所以我们说，全面发展的水平是不平衡的。另外，我们说不只是在学校里要全面发展，一个人一生从小到老，都要全面发展。全面发展是一个终生的问题。现在这个世界，迫使一个人不可能受一次教育就够了，哪怕你受的是大学教育。因为科技革新使社会变化太大、太快，一个人要不断地受教育，要不断地发展。而学校教育是以后发展的基础，所以学校里的全面发展特别重要。一个人离开学校后能不能继续发展，关键在于在学校里有没有受到很好的教育，是否得到全面的发展。在学校里要学些基础知识和基本技能，还有其他方面，但更重要的就是要发展智力，培养学习的兴趣和习惯，以后才能继续受教育。有很多人在学校里似乎学得还好，出了学校以后，就凝固了、僵化了，不再继续学习了。这是学校没有教会他怎样学习和爱好学习。现在有些地方的孩子只能完成小学教育，尽管如此，也要搞好小学教育，为学生一生的发展打好基础。所以，全面发展在学校教育中具有很重要的意义。

教育要搞全面发展，这是我们的教育方针。我们党和国家规定这个方针，不是凭主观规定的，而是依据客观规律规定的，是有其客观必然性的。这个方面可讲的内容很多，现只简单讲三点。

第一点，全面发展是整个现代化过程的客观需要，同时也提供了客观条件。首先，工农业、科技、国防的现代化，都需要全面发展的人才。这一点，最近许多人已经讲的很多了。比如日本为什么发展得那样快呀？就是由于它的劳动者都是中学毕业的，中学教学质量又比较好。这是从智育方面提的。四个现代化，其实何止牵涉智育问题，难道不需要有觉悟很高的人吗？难道不需要身体很好的、体质很健康的人吗？所以，从四个现代化的要求来讲，是很需要人的全面发展的。同时，现代化又为全面发展提供了条件，现代化越往前发展，人们全面发展的条件就越丰富。许多东西的发展，都需要一定的条件。有的同志就讲，重点中学的实验仪器要更齐备一点，电化教具要齐备一点，这些条件都需要吧。我们的工农业和科技发展了，就可以提供更多的这些条件。其次，要搞现代化，还要解决许多政治、社会问题。我们是个社会主义制度的国家，社会各方面的许多制度，以及与之相应的许多意识形态，都要不断地进行变革、调整、提高，否则，四个现代化的发展是非常困难的。我们国家实行了社会主义民主，人人当家做主，现在我们的社会是这样复杂，社会上的变化又这样大、这样快，如果没有掌握很好的社会科学知识，没有很好的社会主义觉悟，我们能完成这个任务吗？而我们真正要发扬社会主义民主，让我们自己来管理我们的社会，管理我们的国家，那就非得要有全面发展的人才不可。再次，随着现代化的发展，人民的生活水平会逐步地提高，生活水平的提高包括物质生活水平和精神生活水平的提高。从物质生活水平的提高方面来讲，是很明显的，尽管我们现在还比较贫穷落后，但同20世纪50年代比较，现在的家庭里，穿的、住的、用的，都跟以前大不一样，能看电视、听无线电……上海市不少学生还有电子计算器、录音机，新玩意儿多啦。但人的物质生活得到了一定的满足之后，精神生活、文化生活就变得越来越重要了，我们就要满足精神生活、文化生活上的需要。特别是当人们的闲暇时间多了，所受的教育也高了，文化生活方面的需求也就多了。人饿着肚皮是难受的，但是精神空虚也同样是难受的。我们的精神也要“粮食”，精神也要充实、也要丰富。资本主义国家很大一个矛盾是物质生活比较丰富，精神生活在许多人当中，却是相当的贫乏、空虚。这也是那么多青年犯罪的原因之一。我们是社会主义国家，在实现四个现代化的过程中，物质生活和精神生活都要不断提高，每个人不管干什么都需要有充实的精神生活。我们重点中学培养的学生，也要去参加劳动。如果是现代化的劳动，他们现在在中学所学的知识，都是他们所必需的。有人可能要去做店员、去扫马路，或者去工厂做一些简单的、单调的操作工作。这里头又有两种不同的情况：一种情况是要使简单的手工操作提高效率，或使它机械化、自动化，这就要搞革新，而革新就需要有很高的知识水平，也需要有觉悟、有能力。另外一种情况是假定一个人的工作，目前只能是一种很简单的机械的劳动，那么他在八小时之外，回到家里很可能从事一项科学研究，学习一门艺术或钻研一种技术，以满足他精神上的需求。这种精神生活上的需求对他来说是非常重要的。现在我们一些学校认为有些学生反正学不好，就对他们什么都放松了。他们对学校的学习不感兴趣，在外边怎能不乱来？

以后到了工作岗位，除工作以外，没有一个有意义的东西能够吸引他钻进去，怎么能不出问题呢？总之，无论从社会发展的需要看，或是从个人物质生活和精神生活的需要看，都应该进行全面发展的教育。

第二点，全面发展是一个奋斗目标。全面发展的教育，虽然我们党和国家是提倡的，我们整个社会主义制度是有利于全面发展的，但从具体的情况来看，妨碍我们全面发展的因素也是很多的，不是我们提一个全面发展的口号就能全面发展。例如，政治因素也往往会影响全面发展。你看“文化大革命”时期，我们的德育被破坏了，智育被破坏了，甚至体育也被破坏了。在“文化大革命”以后，我们的师资条件也是一个很大的困难。其他干扰或者妨碍我们全面发展教育的因素还非常多，经济的、社会的、制度上的缺陷，传统的习惯势力等，都在那里起作用。这次会议上大家谈得最多的问题，就是升学率问题。片面追求升学率就会妨碍全面发展。但造成这类现象的原因是错综复杂的，不是一道命令所能解决的，这就迫使我们不能不从一些根本问题上考虑。我们有很多东西要改，例如，要多种形式办大学，中学要搞结构改革。关于中学的学制，我个人的意见，高中加一年有好处，加一年更能按全面发展的这个方向进行教育。考试制度已经有些改革，今后还可能要有些改革。国外也不断地搞考试的改革。比如有的大学招生不只是看高考的成绩，还要看他平时的成绩，这样就不那么紧张了。美国大学招生往往有两种考试，一种叫成绩考试，一种叫能力考试。能力考试也不是与学科知识无关，而是更浅一些，但更活一些，能考出学生的能力高低。在美国有很多大学很重视能力考试。美国哈佛大学有个很有名的校长叫康南特，在美国教学改革中起过权威作用。他当校长时，招生只搞能力考试。他们有个理论，说成绩考试好的学生进来以后，不一定学得好，能力考试好的学生，成绩考试哪怕差一点，进来以后经过一番努力，可以学得很好。这就是把考试重点摆在考查能力上。还有些国家，不只是分文、理两科考，其他许多学科都有列入考试科目的机会，这样可以考出学生的特长。如果经过各方面改革，目前这种所谓片面或单纯追求升学率的状况，会有所缓和。目前为什么造成这么多问题，一方面固然有许多客观因素，另一方面也有主观因素。同样，在各种压力面前，有人顶不住，有的人就能顶住。我们的经验交流的报告里就有人说，他们的学校就顶住了嘛，一律不搞加班加点，照样也考得很好。这给我们一个很好的例子，说明这个矛盾是可以解决的。也许他们有一些有利的客观条件，但主观努力也是不能抹杀的。因此，我想我们办学固然要从实际出发，同时，又有一个坚持原则的问题。要办好教育得按正确的方针办学，对家长的、社会的压力，有时没有一定的“顶”也不行。苏联的马卡连柯是20世纪二三十年代很有名的教育家，他在办劳动教养院的时候，对上面布置的以及流行的什么儿童学、什么自由化教学，就“顶”。他搞一套什么军事训练，上边批评他，他仍坚持，结果证明他做对了。另外一个人，现在中国已经开始介绍，就是苏霍姆林斯基，他是20世纪五六十年代乌克兰的一所十年制学校校长。这个人了不起，苏联人说他是继马卡连柯之后的又一个有成就的教育家。这个人办了一所农村中小学，办得非常好，大部分人能考上大学，但有些人宁愿留在农村，因为在学校的教育引导下，他的学生对农业进行了许多创造性的劳动，劳动的成效很高，他们对农村和生产劳动产生很深的兴趣和感情。这个人也是“顶”的，苏联一度都不搞劳动教育，他搞；赫鲁晓夫上台大搞劳动教育，他却不大搞。他“顶”，但都做出了成绩。上海市西中学提出的“指挥若定”还是有一定道理的。一个中学校长在全面发展的教育上就得有一点“指挥若定”的气派，不能屈服于一时的压力，随波逐流。所以说全面发展是个奋斗的目标，不奋斗不会实现。

最后谈一点，怎样坚持全面发展。我想办学的人要有整体观念。无论是德育、智育、体育，孤立地搞都是不行的。首先，我们在贯彻全面发展时，要注意安排问题。比如教学计划里的每一学科都应得到保证，学生的休息、运动、课外活动、课外阅读、劳动、周会、团队活动的时间，都要得到保证。校长、教师既要抓好思想政治工作，也要抓好教学工作，还要抓好劳动、体育、美育，这样就能保证和谐发展（或讲均衡发展）。有人提“智育第一”，如果指的是教学工作是中心任务，则教学并不等于是智育。是否说为了抓智育，旁的“育”可以让位呢？我看不能让位，一定要一起抓。我不主张一个时期可以着重抓一个什么东西，而忽略别的东西。在任何时候、任何情况下都不能只抓哪一“育”，而应该全面发展。其次，要注意各“育”之间的有机联系。没有一“育”离开其他的“育”而可以孤立发展。这有两方面的意义，第一个意义是一所学校里每一项教育活动都不能说它只在一“育”方面起作用。例如，上一堂课，不能说我这堂课只管智育。事实上，每堂课给学生思想的影响是很大的。上课时教师骂了学生，或鼓励他几句，对学生的思想影响就相当大；布置的作业很多，就影响了学生的健康。第二个意义是德、智、体每一“育”的发展都离不开其他方面的发展。比如德育吧，社会主义觉悟究竟是怎么来的呢？不研究社会主义经济、政治、社会状况和特点，不同其他社会进行比较，不了解社会的历史发展的知识，不培养这些方面的判断能力，怎么能有社会主义觉悟呢？难道我们给学生作个报告，社会主义觉悟、革命理想就建立起来了吗？如果我们在进行德育时，不利用各种美育手段，不利用文学、美术、音乐、故事、小说、电影等，怎么能打动学生的心呢？怎么能使抽象的道德概念成为有强烈的情感的东西呢？如果不通过体育锻炼和其他各种活动，把学生的体质搞好，锻炼他们的意志、性格，怎么能使学生排除万难把思想道德上应该做的事坚持到底呢？

智育、体育、美育等也都是如此。任何事情孤立地搞，就是不行。如果我们能坚持方针，认真考虑刚才讲的两点，我们就能保持比较清醒的头脑。

二、教学改革

这牵涉两个方面：一是教材的改革；二是教学方法的改革。

我们的教学应该进行改革，才能提高教学质量。我们有许多原来的做法，现在发现并不全面，已经不适应新的形势，不改不行。到底应该如何改，国外有些什么经验，我谈点自己的意见。

教材为什么要改革，应该解决什么矛盾呢？主要是由于第二次世界大战以来，知识爆炸是一个突出的现象，每隔10年，知识的总量就要翻一番，许多科学技术都日新月异。这就影响到中小学教材，有许多新的知识要加进去，有些知识要从大学下放到中学，中学的要下放到小学。我们要搞四个现代化，也要改革教材，解决这个矛盾。

现在有些重点中学对部编教材感到不满足，语文就补充了一些，分量比较多，难度比较大。外语也用了一些外国新编的教材，增加了分量和难度。数学教材方面有的学校也准备做些补充。这些做法，据报道，效果是好的。这说明某些学生学习的潜力是很大的。现在还没有人能说清青少年的学习潜力有多大，有没有极限。实际上随着生产和科技的发展，儿童接受的各种刺激越来越丰富，发展越来越早熟。国外的统计研究，发现现在儿童身体的发育比几十年前的儿童要早熟二三年，心理也比过去早熟。他们的经验比较丰富，好奇心比较强，兴趣范围比较广。从前的小孩只能接触几里路以内的东西，现在通过电视，可以看到全世界当天发生的事情，各种各样的科技成果、艺术作品。现在有些小孩能够学的东西比过去多，学得也更快，原来的教材已经不能满足他们的需要了，需要增加材料，加大深度，加快速度，这样才能提高学生的学习积极性。过去有些学生为什么对学习不感兴趣呢？因为学习本身没有一定的难度。比如语文，从小学识字以后，到中学毕业，教法都差不多，那么几篇文章，老是什么中心思想啊、段落大意啊，学生感到毫无趣味。外语也是这样，一年两年学下来，结果学不到什么东西，学生积极性也很差。过去学生宁愿上数学课，不愿上语文课。数学课还有点味道，还可以动动脑子。越是容易的东西，就越不能引起学生的兴趣，哪怕两三岁小孩也是如此。过去在教育学上有所谓量力性原则、可接受性原则，抽象地讲，也是不错的，但它没有提到教材要有一定的难度，只有经过努力才能接受的教材，才能激发学生的积极性。什么叫一定的难度？就是要在一定的条件下，增加一定的难度，而不是说任何难度都可以，太难了就不行。苏联教育家赞科夫提的高难度、高速度口号，太笼统了，容易产生误会，容易不顾条件。我们讲一定的条件，是由于我们这么大的国家，各地教育发展很不平衡，只用一种教材不能解决问题。全国的教材不能完全统一，对统编教材有的地区就要做一些增加、补充、改编，有的地区则要降低，还要搞些乡土教材。总之，教材在统一之中要有灵活性，教材要随着社会的发展、各地的条件、学校的特点而不断变化。

究竟怎样才能使学生在较短时间内学到比较多、比较深的东西？有一个原则不但不能放弃，而且应该加强，这就是系统性原则。学东西不顾系统性，不是由易而难、由浅入深、由简单到复杂，不能循序渐进，就学不好。我们应加强系统性。有些东西过去为什么学不好？如语文花的时间最多，为什么学不好？就是过去我们学语文，没有一个程序，要分一些什么阶段，每个阶段要解决什么问题，每节课要解决什么问题，都没有明确的要求，从小学到中学都差不多，怎么能学好？外语更是没有系统性，只讲政治性，怎么能学好？要把质量提高，就要加强系统性，一步一步地学，每一个阶段以至每一节课都要有明确的要求，而且要求实现。国外搞的程序教学，学习按程序进行，分小步前进，不能随便跳。有些系统性强的学科还按程度分组进行教学，学完一个单元重新分组，务必使每个学生学好每一个单元。但这些办法并没有解决怎么样才能学得多一些、好一些、快一些的问题。现在我们的知识像海洋，怎样才能以简驭繁、举一反三？从20世纪50年代末起，各国都在搞教材改革，很重要的一个目标，就是要解决这个问题。指导思想就是认为知识中也有一般跟特殊的关系。有许多的知识、资料是特殊的，但每一个领域中总有提纲挈领的东西，总有驾驭一切的东西，这就是基本概念和基本原理，所有这个领域内的知识都可以用这些基本概念和基本原理去解释、说明和解决。因此，我们学习应把重点放在掌握一个学科的最基本的概念以及原理上，掌握了它就可以理解这个学科的全部知识。怎么叫掌握呢？就是真正理解它，知道这个概念是怎么产生的，在这以前人们有些什么概念，后来为什么又有新的概念产生，这个新的概念是什么意义，新的原理是什么意义，它如何解释一些新的现象，为什么旧的概念不能解释，把这些教给学生，学生就掌握这个概念了。如果学生真正掌握了这些基本概念，只要通过解决少数的分类的习题，就能学会解决各种问题了。这样他学的理论、概念和原理就活了，就算真正掌握了，用不着搞题海战术，用不着死记硬背，不需要机械练习。学习最重要的是发展思维能力，掌握学科的基本结构。法国有个著名的物理学家郎之万主张在中学讲科学史，讲每个重要的概念原理是怎样产生演变的，使学生知道科学上的概念不是一成不变的，有它的来龙去脉，有它适应的范围、不适应的范围，到了一定的阶段就要改革。因此，学科学史有助于掌握基本概念和基本原理。美国教育心理学家布鲁纳也主张掌握概念、原理，用发现法和问题解答法学习。让学生自己想，自己去发现概念。有些教科书就跟我们编的不同，先把一些现象提出来，引导学生去想，自己得出结论。是不是这个办法可行，我们没有实践，就没有发言权。但在教师的指导下，让学生自己去想一想，去体会科学家的发现过程，这至少是可以做的。教师都要努力把基本概念、基本原理讲好；学生不需要学那么多具体的、特殊的东西，通过一些基本的概念和原理，就可以学得多一些、快一些、好一些。国外教材改革有一种做法，拿最新的观点统率一学科的全部教材，从小学、中学到大学都是学同样的基本概念和原理。如全部数学可以分成几个系统，每个系统有几个基本的概念和原理，这些基本概念和原理不是要等到高等学校的高年级才学，而要从幼儿园就开始学。这可能吗？布鲁纳等人说可以。因为根据心理学，每个时期儿童的思维发展都有他的特点，如果教学内容符合儿童心理发展阶段特点，任何东西都可以用一定的方式教给任何年龄的儿童。比如说数学上集合的概念、交换律等，幼儿园就要学，通过游戏如玩积木，就能形成集合的概念和那些基本的原理。到了小学，也学这些东西，就可以用许多符号了，但还是直观的学法，不能论证，到了一定的阶段就可以论证为什么是这个样子。到了大学，就可以学非常抽象的系统。总之，可以根据儿童的年龄特征，把这些基本的东西不断发展。这样的教材究竟好不好呢？搞教育学的人可以去研究。即使不采取他们那种极端的办法，至少抓基本概念、基本原理，总归是对的，是多快好省的办法。这一点可以作为编教材的一个基本思想。

按照儿童每个阶段的发展特点来编教材是有道理的。过去我们设课程、编教材也有直线型和螺旋型的争论，是一个课程教一次，还是要有几个轮回，初中教一遍，高中再教一遍？现在由于我们的学制比较短，有些课从前用螺旋型的，现在变成直线型的，就是只教一遍。但有两个方面要考虑，一个是儿童的心理发展。要不要按每个发展阶段的特点来学同样的学科，从具体的思维到抽象的思维，要不要有几个回合，才能真正理解一样东西。第二个是我国现在学制到底有几个阶段，现在有的地方普及到小学，有的普及到初中。每个阶段也要给他一些比较全面的、完整的知识体系。从这点来讲，也可以考虑螺旋型的问题。还有一个理论与实际的关系问题。欧美国家非常注重学科的理论性，他们主张加强教材的理论性。但这种教材不大联系实际，许多教师不能教，学生比较难学，只有准备进大学的部分学生适应得了。听说现在欧美有些小学一年级孩子懂得集合，懂得a+b=b+a，但问他一个简单的加法题，他可能算不出来。他懂规律，但日常生活中许多需要的知识技能都没有。所以，在加强理论的同时，还是要注意理论联系实际的原则。一定要用学生学得的基本原理、基本概念去解释学生在实际中接触到的一些东西和他所关心的问题。要是学生平时接触过的东西，通过他学习的概念能够解释，那就很好。一堂课不能解决实际问题，学生是不愿意学的。我们某些政治课只讲大道理，不能解决实际的问题，学生就不要学。我们一定要学理论，但一定要联系实际，要做实验、参观，搞调查、研究。

关于改革教学方法问题。教学方法改革，要解决什么矛盾呢？过去，社会生产发展比较慢，各方面变化都较慢，学生在学校学到的知识，由于社会变化不大，可以用一辈子，能把某些现成的知识、技能掌握住，就解决问题了。当时的教学方法是注入式的，强调死记硬背。现在社会生产和科技发展都很快，社会生活变得很复杂，变化也快。就说政治方面，现在我们要考虑的问题，比20世纪50年代复杂得多。这说明学现成的东西就可应付一辈子的时期已经过去了。现在无论是在生产、科学技术或社会生活的其他方面，都没有一套可以终生运用而不需要发展的东西了。现在强调学习主要不是学现成的知识和技能，这些东西毕业时可能就陈旧了，而是强调培养能使自己继续学习的能力和能解决随时遇到的新问题的能力。所以，教学方法改革要解决的矛盾是在新形势下要学生学会什么。

怎么改革教学方法才能达到这个目的呢？现在提出的方案很多，比如赞科夫提出应培养能力。但我想做些补充，只是强调培养能力还不够，还应该注重调动学生全部身心的各种能力，包括智力、情感、意志、体力等各方面的力量。要把这些作为教学方法改革的目标，这样，教学效果才会更好。下面讲讲这方面的想法。

首先，讲培养智力的问题。中小学是基础教育，学的是基础知识、基本技能。基础知识、基本技能的学习从来就有两种方法、两种结果。一种方法是学基础知识、基本技能不与人的智力发展结合起来，学得的是死知识、机械技能，不能活用；相反的一种方法是在获得知识、技能的同时，与人的智力发展结合起来，这样所学到的是活的知识、技能，可以灵活运用，从而培养了能力。发展双基和培养能力是不可分的，在同一过程中既发展双基，又培养能力。要在学双基时，充分调动智力。什么叫智力？就是大家说的观察能力、记忆能力、思维能力、想象能力等。在不同阶段、不同情况下，每种能力都有它的重要性。小学阶段，在识字、作文、自然等的学习中发展观察能力和记忆能力都很重要。如果我们由于很多重要的东西记不起来，一些问题就不能思考下去。一些最基本的东西一定要记得很牢，要花功夫。思维能力更是重要。在教育上有两种思维大家最重视。一种是在一定的框框内去思维，是在原来的概念、原理里边进行思维。在这个框框里也可能做些发展工作。有些学者就属于这类。另外一种思维，就是创造性的思维。有些人在一定的情况下，能想出新的概念、新的原理，突破旧的哪怕是维持了几百年、上千年的框框。像伽利略、哥白尼、牛顿、爱因斯坦、达尔文……他们的能力就是创造性的思维能力。马克思、恩格斯，都是这样的人物。这两种思维能力，从心理学上讲是有些不同的，也不是人们常能兼有的。有些人很有学问，已经到了解决问题的边缘，但就是突不破。有的人学问不多，像爱因斯坦在二十几岁时，学问还不是太多，就能创造出狭义相对论和量子论，为人类做出了很大贡献。此外，在学术活动和艺术活动中强调的想象能力，也是很重要的。我们在发展双基时，就要注意发展这诸多能力，特别是创造性思维能力。我们平时教学，只注重把概念、原理教给学生，让他们学会运用就行了，很少启发他们去提新问题、新假设。爱因斯坦是在十几岁时就想要解决光在“以太”中的速度问题，因而引出后来的相对论。不要以为孩子们提的问题都是无足轻重的。我们的教学很少鼓励学生提出新的见解，学生有时提出了，可能还遭到讥笑。这是值得注意的问题。要鼓励学生有根据地标新立异。如果学生获得知识是同发展智力相结合的，那么也就获得能力了。能力是很多的，做文章有作文的能力，读书有读书的能力，记笔记有记笔记的能力。没有同智力结合起来，他记笔记，是有言必记；同智力结合，他就只记个要点。每一个东西，真正同智力结合了，就构成了一种能力。

教育方面最需要发展的有两种能力。一种是自学能力，知道怎样去找参考书，订自学计划，参考各种文献，写摘录，写读书笔记，钻研问题。这从小学就应该开始培养，到中学毕业时才会有自学能力。第二种是独立工作能力。一个人要学会发现问题，进行初步的分析，提出假设，独立地搞实验，做调查研究，最后解决问题。我们学生搞科研，都是教师抱着走。国外搞科研，只给学生出个题目，让他自己考虑、安排、组织。我们要培养出类拔萃的人才，就要注意从小学、中学的实验课、课外阅读中着重培养这种能力，课堂上也要让学生自己看书、讨论。

单单调动智力还不够。我们看到有些人，智力并不差，知识也较渊博，但成就不大，就因为其他方面有问题。有些学生智力不差，但就是学不好。为什么学不好，你不去了解他的情感、意志、身体健康情况，就不会理解他学不好的原因。

一个人要有成就，很重要的是要有很强烈的好奇心和求知欲，碰到新的问题肯去追求、钻研；遇到新的任务，肯去完成。教师要在各种场合鼓励学生去追求新的东西，培养他们对新鲜事物的兴趣。在上课时，要提出一些现象、一些问题，学生用旧的知识解决不了，就激发了求知欲，感到有探讨新知识的必要。教师要注意学生是不是经常问“为什么”，是不是经常想去完成一个新任务，这就是个感情问题。对新的问题感兴趣，是有成就的人的共同特点，他们的脑子是不僵化的。还有，在情感上培养“信心”或“自信心”也是很重要的。一个人有自信心，才会去学，才能学好。如果认为自己太笨，什么都不行，那他怎么也学不好。现在很多国外教育家发现，一些学生没学好，就是因为没有自信心。学生答不好，教师不去了解是什么原因，不体谅他，反而讥笑他笨，认为他不行。教师考试也不照顾学困生，使他们永远不及格，于是他们产生了一种失败心理，认为自己在学习上永远不会成功。教师提问也从来不叫他，有一点进步教师也不鼓励他，相反处处挫伤他的自信心。教师的态度又影响其他学生，同学也认为他不行。在这种情况下，即使本来才力好的学生也不可能学好。如果这种情感的东西教师不注意，丧失信心的学生到社会上以后，工作也没信心，不会有成就。所以，我们在教学上要注意培养自信心。外国人做过这样的调查研究：为什么贫民窟一些人的智力测验不差，可是学不好呢？很重要的一个原因是他们自认为不行，情感上有问题。

其次，讲讲意志。科学家之所以有成就，有才能是一方面，意志坚强也是一方面。如丁肇中——著名的物理学家，诺贝尔奖获得者，他工作刻苦得不得了，一天到晚埋头在实验室，往往连续工作一二十个小时。可见成就不光靠天才，还靠他的努力、他的意志。陈景润是怎么搞成功的？他若不是废寝忘食、一天到晚地搞，能搞出成绩来吗？我们为国家培养的人才，如果他意志不坚强，学习、工作往往知难而退、半途而废，怎么能解决难的问题？我记得50年代的青少年很喜欢卓娅的故事。卓娅有个本领，做不出难题，就咬紧牙，一定要靠自己的力量把它做完，从来不去抄别人的。要培养学生有这种意志力，他将来才会有成就。不要搞放任政策，对学生应严格要求，如学生做一件事情，就要督促他一定要做好，一定要做完，要达到一个应有的标准。没有严格要求，就不能培养他的意志力，这个人将来就没有用。

再次，说说体力。搞任何工作身体不健康、精力不充沛不行，真正要学习好、工作好，就是要精力充沛嘛。身心健康的人才能搞出东西来。学习、工作都不是只调动某一方面的力量就行了，而应该调动一个人的智力、情感的力量、意志力、体力，各方面的力量都要全面地调动和发展起来，这样才能培养好一个人才。一个教师经常应考虑的不只是学生的成绩好坏，聪明不聪明，而应经常了解学生的兴趣怎么样，情绪怎么样，做事情是严肃认真，还是马马虎虎，思想健康不健康，体力充沛不充沛，营养丰富不丰富，运动量够不够，休息够不够，家庭关系怎么样，他跟同学的关系怎么样，他对学校的看法怎么样等。教师对学生的各个方面都了解，才能教好学生。教师除了备好课以外，还要长期地、历史地了解学生，看他的变化、发展是向好的方面还是向坏的方面发展。

讲到这里，不妨顺便谈谈教师的主导作用。过去讲教师的作用，只是把知识灌输给学生，这就算好教师了，就算发挥了主导作用。在今天，我们的教师还要不要发挥主导作用？我觉得任何时候，只要还需要教师，他就应该发挥主导作用。有的人认为现在教师可以不要，因为现在我们有各种学习工具，如电子计算机、录音、录像、幻灯片、电视、教学电影、教科书、参考书等。现在发现，无论这些教学机器之类的东西效能怎样高，它都不能代替人。有些比较低级一点的智力，利用机器可以发展，但像发展创造性的思维能力、想象能力等，就不能用机器代替教师。在如何启发诱导学生，引起学生的学习兴趣，鼓励学生树立信心，教师的人格感染力量，榜样作用，对学生热情关心，种种方面，都是不能由机器代替教师的。现在教师的任务不再是注入，而是启发；教师的任务不是抱着学生走，而是引导学生去观察、分析、想象；教师不是利用考试分数等强迫学生学习，而是鼓励学生学习。即使高等学校的学生，教师也要督促他，必要时帮助他培养学习兴趣、信心和毅力。总之，教师的作用是教会学生如何学。这个作用同传统的作用是不一样的，现在的作用可以说是更重要，更艰巨。教师同学生的关系也要改变，教师不是无所不知的权威，他对于学生的问题答不出来也不必难为情，他可以说我也不懂，我们一起来研究吧。不一定所有的东西都是教师告诉学生，教师没有这么大的本领。

最后，讲讲学校的行政问题。学校行政也是教育学的一部分。现在教育学中最空虚的就是这一部分。我们华东师大教育系教师对教育学的各方面问题都有人愿意研究，却很少有人肯研究学校管理。我认为这方面很重要，还准备在将来设教育管理系。学校管理有两个方面，即教学行政和事务行政。校长中应有一个管前面的工作，有一个管后面的工作。这两种工作对领导人的要求和工作方法是不一样的。学校事务管理和企业、机关的管理有共同的地方，教学行政管理是抓教学教育工作，抓培养学生德、智、体全面发展的工作。这一类工作是学校的中心工作，应有很强的领导抓。这个工作的特点是培养人的工作，它的对象是人。因此，工作要做到教师和学生当中去。脱离了教师和学生，就做不好这方面的管理工作。现在全世界各个国家的学校行政管理有两种类型：一种是美国式，正校长管理前面那些工作，他忙得很，管钱、管房子、管报表统计以及到外面开会等行政事务。他根本不管教学，教师也不见得都认识，学生更不认识，教学的管理可能交给另外的人去管。英国是另外一种类型，校长主管教学。校长不仅教书，而且带青年教师。他要听课、了解教学情况，要研究教材和教学方法，要深入教学前线。我们办重点中学，从目前工作看，有这么个领导来抓教学管理工作非常必要。这个校长不是一天到晚开会、发指示，搞行政事务工作，而是懂教学，自己也教课，管教师怎样教，学生怎样学，把自己看作是一个教师、一个教育工作者，同时又要带领整个教师集体做好工作。上海育才中学校长段力佩很多课都能教，经常到班上听课，经常和教师研究教学。他因为不脱离教学，过去总结出了育才中学十六字教学经验，很有影响。苏联的苏霍姆林斯基也是这样，他在学校里除机械制图外，每一种课都教过，因此，他和每个教师都有共同语言，每个课怎么教都知道。每个学期他听每个教师十五节课，如果到外面开会没有听，回来也一定把它补上。他对听课很有研究，写了一本小册子专讲他怎么听课。他还亲自调查了大量学生，对每个学生做了非常详细的记录，有的从低年级到高年级，长达几年，对学生身心各方面都进行了研究，然后决定对这个学生怎么进行帮助。他把自己对教师、对学生了解的情况带到会上和教师一起研究。有时拿一两个典型的、带有普遍性的问题，和他们一起分析。因此他能不断改进教学，提高教师水平。他的著作有几十本，论文更多，有理论也有实际。他的学校办得很有成绩。这同他深入学生、深入教师是分不开的，否则，有再好的物质条件也办不好学校。这就是搞好教学、搞好学校行政工作的一个特点。

鲁洁

1930年生，教授，博士生导师。南京师范大学教育科学学院名誉院长。当代中国著名教育理论家、道德教育研究领域的学术带头人。曾任南京师范大学教育系主任、教育科学研究所所长多年。长期致力于教育基本理论、教育社会学、德育学等方面的研究。现为教育部教育发展研究中心兼职研究员、全国教育科学规划专家组成员。负责编写的《教育学》为全国高等师范院校教育系广泛采用，曾先后获吴玉章基金一等奖、国家教委第一届全国普通高校优秀教材一等奖；主编的《教育社会学》是新中国成立后受国家教委委托编写的该学科第一本高校教材，获全国第三届普通高校优秀教材一等奖，江苏省哲学社会科学优秀成果一等奖；《德育新论》获教育部人文社会科学优秀成果一等奖，国家哲学社会科学规划优秀成果三等奖。获“当代教育名家”称号。

德育过程初探[①]

恩格斯在《费尔巴哈与德国古典哲学的终结》一书中指出：“事实上，直到上一世纪末，自然科学主要是搜集材料的科学，关于既成事物的科学，但是在本世纪自然科学本质上是整理材料的科学。”（单行本35—36页）这就说明，对于一种事物矛盾运动发生、发展过程的正确认识和概括是实现一门学科科学化的必由之路。要使德育（也即思想教育）的理论科学化，也必须从研究它的过程着手。本文拟就学校的德育过程作一初步探讨。

① 本文曾发表于《教育研究》1981年第2期。

一、德育过程是对受教育者施加一定影响的过程

马克思主义认为，人的思想品德并不是先天生成的，而是在后天的外部影响下形成的。因此，研究德育过程，就要研究对于受教育者的思想品德能够发生作用的各种外部条件和影响，研究它们的特点和矛盾运动的规律，研究教育者怎样按照这些特点和规律来对它们进行控制和调节。

对于人的思想品德能够发生作用的影响极广泛，在社会实际生活的一切领域（从物质到精神）和一切实际关系中都渗透着这种影响。青少年生活在复杂的社会环境之中，在他们所接受的各种影响中，有的可能产生出与现行社会要求相符合的思想品德，有的则可能产生相反的结果。学校思想教育的主要特征是可控制性，学校在进行思想教育时，要对各种客观影响作出选择和调节，力求创设一种良好的环境和条件，以期使受教育者朝着社会所期望的方向发展。教育者应当充分发挥学校教育可控制的特点，做到在德育领域中一切教育影响的有目的性、有计划性。同时也要看到，并非在学校中所发生的一切影响都是可控制的，在学校教育无法影响的地方，自发的影响就会发生作用。

学校教育的可控制性，绝不意味这种教育可以脱离社会而孤立存在。受教育者在接受学校教育影响之前或同时，也总是已经接受或正在接受其他各种不同性质的影响，如体现不同价值观和道德观的社会现象、各种实际榜样、文艺作品等等。特别在当代，随着人与人之间交往范围的大大扩展，各种传播手段的迅速发展，青少年一代的精神生活空间空前扩大，学校教育所占领的精神空间相应地缩小。如何发挥学校教育的优势，体现其在思想教育中的主导作用，这是当代学校教育所面临的一大课题。

企图使学校成为一个封闭环境，以所谓的学校“正面教育”，来掩盖和抹杀社会实际生活中的各种矛盾，期望实现学生精神世界的“净化”，这种做法已经被大量事实证明是错误的。学校所施加的影响应当能使学生面对社会的现实，产生出正确辨别和认识、自觉抵制和战胜各种不良影响的觉悟与能力。只有这样，学校教育的影响在学生思想品德形成过程中才真正能起到积极的干预作用。

德育的影响还具有表现形态多样性的特点，有的表现为一种实际关系的形态，也有的表现为一种精神因素的形态。

人与人之间所发生的各种实际关系，个人在这种关系中所处的地位，在很大程度上决定了人的思想发展的方向。人与人之间的关系从宏观方面看，是人们在整个社会生活中所产生的经济、政治等关系，这种关系在人的思想上打下深刻的烙印；而从微观方面来说，个人又

隶属于不同的群体和集团，在各种不同的群体、集团中的人际关系也能对人的思想产生强烈的影响。

生活在学校和班级中的学生，他们与教师、同学以及学校其他工作人员之间发生着各种关系，这种关系对于他们的思想发展具有不可忽视的作用。一个在师生关系或班级集体中得到肯定、尊重、温暖并且被平等相待的学生，往往积极乐观，对生活充满信心，也容易产生与社会和集体共同的价值观与道德观。相反，一个在师生关系和集体关系中遭到否定、排斥、冷漠和不平等待遇的学生，他们所处的实际地位往往是他们产生与社会格格不入、否定共同价值观与道德观、甚至与整个人类相敌对思想的根源。因此，教育者应当把组织和调整学校内、班级内的各种人际关系作为进行思想教育的重要任务，把良好的人际关系作为形成良好思想品德的重要影响源。不重视这种实际关系形态的影响，任何思想教育都难以奏效。

表现为精神因素的影响又可分为多种的形态。有的是以语言、文字等符号形态表现出来的，如教师的说服教育、书籍报章的影响等；有的是以具体形象为特征的感性影响，如教师的身教与榜样的作用；有的是以情感、情绪形态表现的影响，无数实践已经充分证明，爱的感化，是思想教育中具有巨大力量的影响；此外，还有学校与班级的风气、风尚的影响，一种风气、风尚是一个集体在较长时期中形成的，是集体成员所共有的情绪和情感、理想和愿望、行为方式和传统习惯等等因素的综合，它以一种潜移默化的影响作用于受教育者，使他们受陶冶于无声处。

教育者应当充分发挥各种形态影响的作用，防止单一形式的说教。同时，也要善于对不同形态的影响作适当的组合，以加强教育的效果，如“动之以情，晓之以理”这种情与理的组合，已被公认为思想教育中行之有效的组合方式。

二、德育过程是受教育者在一定的活动中接受影响的过程

受教育者不是静止、被动地接受外部影响的，总是在主体所参与实际活动中接受影响的。活动，是主观与客观相互交往的过程，作为教育影响的外部因素，只有成为学生活动对象时，才能显示出它的意义和作用，才会被纳入主观反映的领域之中，与学生内部的需要、动机、思想、情感等等因素发生交互作用，受教育者才能真正参与到教育过程之中。总之，环境及其影响是外部客体世界，思想是内部主体世界，我们依靠活动把两个世界联系起来。

在学校中，可以藉以进行思想教育的活动是很多的，它几乎包括了学生所参与的一切活

动。除了校内活动以外，还有大量可供利用的校外活动。

学生所参加的各种活动，其中有一部分具有直接的政治的或道德的意义，属于政治活动或道德活动。学生在学习、生活、劳动、文娱等等活动中所发生的各种关系，也广泛地存在着政治的、特别是道德上的意义。因此，把思想教育仅仅局限于具有直接政治和道德意义的活动中，必然会削弱思想教育的影响，也不可能使受教育者形成比较完整的世界观、政治观和道德品质。

教学是学校的主要活动，也是学生接受思想教育的主要活动。作为学生，不必要求他们事事亲身实践，去创造新的思想体系、政治观点和道德规范，而应使其掌握社会已经形成的思想体系、政治观点和道德规范。学校主要是通过教学来进行教育，学生的学习是他们与社会发生交往的一种重要活动，完成学习任务是学生完成社会所交付的主要职责，是履行他们应尽的主要义务。学生对待这种主要职责和义务的态度与认识怎样，能够体现其思想道德水准。通过学习活动，不断端正和提高学生的学习态度与认识，促使他们去努力完成学习任务，这是提高学生思想道德水平的重要途径。

在学习活动中，学生与教师和同学之间发生着各种关系，如对教师的尊重，与同学之间的团结互助，共同遵守学习纪律等等，也都包含了一种道德上的关系。通过教学活动，学生可以学习如何正确处理人与人之间的关系，学习各种道德准则和规范。

思想教育还应当通过各种课外、校外活动以及团队活动来进行。这类活动由于具有生动性、趣味性和灵活性，往往以一种易于接受的方式使学生获得思想上、情感上的感染，产生教学活动或政治活动所不易产生的作用。多样化的活动也意味着将学生置于各种不同的关系系统之中，使他们处于不同地位与人发生交往，这能够丰富学生心理活动的内容，使其个性得到较充分的发展，形成较为全面的思想和道德品质。

活动是主客观之间交互作用的过程，不仅要有客观的对象，还要有活动者的需要和动机等主观方面的因素。因此，教育者要善于启发受教育者参与活动的需要和动机，在各项活动中确立受教育者的中心地位，活动的内容应由学生自身的需要和兴趣来决定，活动的全过程也应是学生自身积极实践的过程，应当改变以教师为中心的包办代替的做法。

三、德育过程是受教育者内部矛盾运动的过程

受教育者在各种活动中所接受的影响若要转化成自身的思想品德，还要经过一个内化的过程，即受教育者各种思想、心理因素矛盾运动的过程。这些矛盾大致可分为以下几个方面：

（一）知与不知的矛盾

无论是道德意识的形成，道德感情的培养，还是行为习惯的确立，都需要有一定的认识参与，离开了认识的发展，思想教育就不能称其为教育，它就与对动物的训练相等。思想品德由低级到高级的发展，也必须以一定的认识发展为其基础。所以，道德认识的发展贯穿于思想品德形成的各个方面及其发展始终，知与不知的矛盾是德育过程中具有普遍意义的矛盾。

道德认识的发展有其自身的规律，它表现为：认识深度上的内在化，即从认识人的行为表现发展到认识人的内心思想，逐渐能够根据人们的道德动机作出道德上的判断；认识对象上的自我化，即从对他人道德品质的认识和评定，发展到对自我道德品质的认识与评定；认识阶段上的概括化、理念化等等。思想教育应当遵循道德认识发展的规律，促使受教育者认识水平的不断提高。

（二）正确与错误的矛盾

德育过程中正确与错误的矛盾经常带有阶级矛盾的性质，当然，在德育方面也并不排除认识上的错误，以及少年儿童由于未能克制本能的冲动而犯下的错误。

在社会主义社会中，社会主义的世界观、政治观和道德规范，一般总居于主导地位，总是在一定的程度上对于人的思想产生影响，也是与大多数人的根本利益相符合的。因此，对于绝大多数犯有思想上、道德上错误的人来说，特别是对其中的青少年儿童来说，在他们的内心世界中，除有错误方面外，也总是或多或少存在着正确的方面。发扬积极因素，克服消极因素，以实现思想道德上的转化，也是思想教育中的客观规律。

（三）各种心理因素之间的矛盾运动

思想品德的形成，就其最基本的心理过程来说，是一个从知到行的过程。从知到行并不是一种直线运动，而要经过复杂的中间环节，其间有一系列心理因素参与。

众所周知，不是任何一种道德认识都能转化为道德上的行动和行为的。只有当认识形成道德动机，各种道德心理因素的运动具有了动力，才有可能产生一定的道德行为，形成一定的道德品质。还要看到，同一种行为可以由不同的动机所引起；相同的动机也可以产生不同的行为。

道德信念是道德动机的较高级形式。以信念形式表现的动机，是情感化了的认识，也是更为内在化了的认识，建立在一定认识体系（世界观）的基础之上，它在心理矛盾运动中能起到更大的支配作用。

四、德育过程是学生内部道德环境形成的过程

人们的世界观、政治观和道德规范是在外部环境影响下形成的。但是，一经形成之后，作为一种内部道德环境，就具有相对的独立性。它表现在两个方面：

第一，在已经形成的内部道德环境的影响下可以形成新的更高级的内部道德环境。人们经常是从已形成的立场、观点和道德准则出发，即从内部道德环境出发，对于自己正在形成和产生的思想与行为作出评价、选择，加以控制和调节，把自己推向一个更高的思想道德境界。人们常说的诉诸良心，所谓“良心”，即是一种内部道德环境，诉诸良心，即是进行内部道德评价，提升道德修养的一个重要方面。所谓“内自省”“吾日三省吾身”，都包含了这种意思。这种自我认识、自我评价、自我控制，进行得越经常、越正确、越深刻、越有力，就说明内部道德环境所起作用越大，则人们的思想道德的进步和提高也越快。

第二，这种相对独立性还表现为内部道德环境可以反作用于外部环境。一种比较稳定的内部道德环境一经确定以后，人们往往不以外部环境的影响为转移，而以内部道德环境来调节自己的行为。所谓“富贵不能淫，贫贱不能移，威武不能屈”，就是这个意思。这种内部道德环境的高度发展，可以实现人的较为充分的意志自由，即人们不再是消极被动地去接受客观环境的影响，而可以用他的道德行为去改变客观环境。这时德育的过程就从由外向内的传导过程转化为由内向外的传导过程，从由客体到主体的转变转化为由主体到客体的转变，于是人们的道德修养达到炉火纯青的地步。

道德教育的重要意义和作用，就在于促使这种内部道德环境的最后形成。

教育者可以通过对外部影响的控制和调节，推动受教育者的内部矛盾运动的发展，以促使内部道德环境的形成。而加强对受教育者的自我教育则更是形成和发展内部道德环境的重要途径。教育者应当使学生逐步掌握自我鼓舞、自我分析、自我评价、自我批评、自我誓约、自我命令、自我禁止、自我监督等等手段，使他们逐步学会发挥内部道德环境的作用，使自身不断地向前发展和提高。

总之，德育过程是一种极为错综复杂的过程，以上所说的是包含于一个统一过程之中的四个方面，它们之间是相互渗透、相互联结的，在不同过程的发生、发展中，既有阶段性又有同时性，不能相互割裂和孤立看待。

燕国材

1931年生，湖南省桃源县人。1954年毕业于北京师范大学教育系，同年任教于上海师范大学至今。曾任上海师范大学教育管理系主任，上海市第七、八届政协委员，中国心理学会常务理事，《心理科学》杂志的主编。现任全国非智力因素研究会会长。长于中国心理学史、教育心理学、理论心理学与教育理论研究。他在国内首次提出“非智力因素”的概念及理论，并与几位学者一起创建了中国心理学史与中国教育心理学两门新学科。出版著作约35种，发表论文350余篇。主要著作有《中国心理学史》《智力因素与学校教育》《学习心理学——IN结合取向的研究》《理论心理学》《素质教育概论》等。享受国务院特殊津贴，获“当代教育名家”称号。

应重视非智力因素的培养①

近几年来，我国教育界对发展学生智力的问题特别重视，这是完全必要的，但是关于培养学生非智力因素的问题，却未引起应有的注意。现仅就管见所及，提出一些看法。

什么是非智力因素

非智力因素这个概念，顾名思义，是相对于智力因素来说的。关于智力因素，现在一般都认为包含五个方面，即注意力、观察力、想象力、思维力、记忆力。可见，凡是智力因素以外的一切心理因素，都可以称为非智力因素。这是就其广义来说的。从狭义来说，我们认

① 本文曾发表于《光明日报》1983年2月11日。

为，非智力因素主要针对情感、意志、性格而言。很显然，这三种非智力因素在学生的学习中都起着很重要的作用。

情感能直接转化为学习动机，成为激励学生学习的内在动力。如果学生具有高度的学习热情，就会津津有味、不知疲倦地进行学习，从而大大地提高学习效率。

意志在学生掌握知识过程中的积极作用也是显而易见的。马克思说：“在科学上没有平坦的大道，只有不畏劳苦沿着陡峭山路攀登的人才有希望达到光辉的顶点。”如果学生具有坚强的意志，就会在学习上苦下功夫、锲而不舍，从而有效地提高学习的质量。

性格在学生学习中的作用更为突出。因为性格是个性特征中的核心特征，对学生的学习有着深刻的影响。

成功 = 智力因素 + 非智力因素

大量的事实表明：在其他条件相等的情况下，一个人的成功 = 智力因素 + 非智力因素。我们常常可以看到这样的情况：一个智力水平很高的人，如果他的非智力因素没有得到很好的发展，往往不会有多大的成就；反之，即使一个智力水平中等的人，如果他的非智力因素得到了很好的发展，也会取得很大的成功。我国一位甲骨文专家有两个学生，其中一个学生很聪明，另一个学生智力水平属于中等。智力水平中等的这个学生知道自己的短处，学习比较努力，结果在我国古文字学方面，成为国内屈指可数的著名专家，那个聪明的学生却始终默默无闻。

国外许多有关的心理研究也证明：智力水平相同（至少中等以上）的两个人，一个人勤奋、有自信心、有创新精神等，那他将会获得较大的进步与提高；反之，另一个懒惰、缺乏自信、喜欢墨守成规等，那他将难以取得大的进步。

古往今来，国内外许多著名的学者、科学家，他们除了具有较高的智力水平（有的智力可能还是中等水平），还有着热烈的情感、坚强的意志、独立自主的性格。无怪乎当有人向爱因斯坦请教成功的秘诀时，他写下了这样的公式：A = X+Y+Z（A代表成功，X代表艰苦的劳动，Y代表正确的方向，Z代表少说废话）。法国化学家、近代微生物学的奠基人巴斯德说：“告诉你使我达到目标的奥妙吧，我唯一的力量就是我的坚持精神。”爱迪生认为，创造发明只要求一分的灵感，但必须付出九十九分的血汗。这里所说的“血汗”就属于非智力因素，是人的坚强意志和性格的表现。

必须重视培养非智力因素

综上所述，在学校中，我们既要注意学生的智力发展，同时，又要重视培养学生的非智力因素。只有当这两方面都得到了较好的培养和发展时，才能保证多出人才。

对智力水平较高的学生，也要注意发展他们的非智力因素。常见的情况是：有些智力水平较高的学生，因为学习好、反应快，于是教师就对他们要求不严，甚至放任不管，久而久之，他们的非智力因素不但未曾得到培养，反而废弃了。结果，他们以后的发展平平庸庸。

对智力水平一般甚至较差的学生，更要重视培养他们的非智力因素。有的教师以为，对于这一类学生，只需抓智力的发展，不必抓非智力因素的培养。有的教师甚至认为，这一类学生抓学习都来不及，还抓什么非智力因素的培养和发展呢？这种看法是不对头的。正因为这类学生学习不好，就更需要注意发展和培养他们的非智力因素。

教师还要特别重视培养女孩子的非智力因素。众所周知，在中学阶段（一般是九年级以后），有些女孩子的学习成绩落后于男孩子。其原因很可能就在于女孩子的非智力因素诸如坚持性、顽强性、自信心、进取心等较男孩子要差一些，因此，在教育工作中，我们在发展女孩子智力的同时，要特别注意她们的非智力因素的培养。

顾明远

北京师范大学资深教授，中国教育学会名誉会长，国家教育咨询委员、国家教育考试指导委员会委员、教育部社会科学委员会副主任、国家教师教育认证专家委员会副主任、国家教育发展研究中心专家咨询委员会副主任、教育部教师教育咨询委员会主任。曾任北京师范大学副校长、研究生院院长、教育管理学院院长、世界比较教育学会联合会副主席。香港教育学院、澳门大学、日本创价大学名誉博士、美国哥伦比亚大学师范学院名誉教授。2014年获吴玉章奖终身成就奖。著有《教育思考》《中国教育的文化基础》《比较教育导论》，主编《教育大辞典》《中国教育大系》《中国教育大百科全书》等。享受国务院特殊津贴，获“全国优秀教师”“当代教育名家”、北京市“人民教师”荣誉和称号。

新的科技革命和教育的现代化①

去年9月邓小平同志为北京景山学校题词：“教育要面向现代化，面向世界，面向未来。”他为我国教育事业的发展和改革指明了方向。

建设社会主义现代化强国是我国人民的豪迈事业。邓小平同志早在1977年就指出，要实现四个现代化，科学技术是关键，教育是基础。党的十二大把教育列为我国经济建设的战略重点之一，是总结了新中国成立30多年来社会主义建设的历史经验而得出的科学结论。要建设社会主义的现代化国家，大家都要重视教育，充分认识教育在社会主义物质文明建设和精神文明建设中的地位和作用。同时，教育要能适应社会主义现代化建设的需要，教育本身也必须实现现代化，才能为现代化建设培养各种人才。

教育现代化是世界教育发展的时代潮流。早在20世纪60年代，发达的工业国家就纷纷进

① 本文曾发表于《北京师范大学学报》1984年第5期。

行教育改革，实现教育的现代化。至今已历20多年的时间。现在新的科学技术革命的浪潮又正在冲击着社会生活的各个方面，新的教育改革又正在酝酿之中。

关于20世纪60年代以来世界教育的改革已有许多文章介绍过。本文想着重分析一下当代科技革命的形势及其对教育提出的要求，并结合我国的实际，提出几个值得我们思考的问题，供大家讨论。

新的科技革命的基本特点

为了研究新的科技革命对人才的要求，我们首先要了解新的科技革命表现在哪些领域，有些什么特点。

关于新的科技革命，在国外议论已久。1973年美国社会学家丹尼尔·贝尔写的《后工业社会的到来——社会预测尝试》一书，就首次提出了后工业社会的五大特征，即：经济上从制造业为主转向以服务业为主；社会的领导阶层由企业主变为科学研究人员；理论知识成为社会的核心，是社会革新和决策的根据；未来的技术发展是有计划有节制的，技术评价占有重要地位；制定各项政策都需要通过“智能技术”。①1980年美国另一位社会学家托夫勒出版了《第三次浪潮》一书。这本书从生产力发展的历史，展望未来。他把人类进步划分为三次文明浪潮：第一次浪潮使人类从渔猎为生的时代进入农业时代；第二次浪潮使人类从农业时代进入工业时代；今天，人类面临着第三次浪潮的冲击，从工业社会进入信息社会，即后工业社会。托夫勒关于人类进步的历史观和社会观是完全错误的、是反马克思主义的。但是他在书中比较了所谓第三次浪潮与第二次浪潮在技术上、生产上、社会组织以及价值观念上的不同，描述了未来社会技术和生产的变化及其对社会经济、政治、文化及生活的深刻影响，具有一定的启发性。

在苏联和东欧国家，对于新的科技革命也早有反映。1973年，苏联和捷克斯洛伐克作者合著了《人—科学—技术》一书。书中对科学技术革命下了这样的定义：“科技革命是科学和技术以及它们之间的联系和社会职能的根本改造，这种改造引起了社会生产力在结构上和进程中的普遍的变革。它意味着，渗透到生产各部门和改变着人的物质生活条件的科学作为直接生产力在综合工艺中应用，在这个基础上，人在生产力体系中的作用的变化。”②1977年，苏联政治书籍出版社出版了斯·阿·海因曼写的《科学技术革命的今天和明天》一书，阐述

① 田心. 关于世界新的技术革命［J］. 光明日报，1984.

② 人—科学—技术［M］. 莫斯科，1973：352.

了科学技术发展的历史、现状和前景，介绍了当前科技革命的内容及其对社会经济各方面的影响。1980年，莫斯科高等学校出版社又出版了《科技革命对劳动内容和确定培养工人干部要求的影响》一书。该书主要是讲科技革命对培养工人提出的新要求，但同时讲到新的科技革命的特点。可见，新的科技革命已经引起世界各国的重视。

新的科技革命主要标志是什么？表现在哪些领域里？虽然每个作者说法不一，但归纳起来大致是以信息化为主要标志，在电子技术、能源、材料、宇宙科学、海洋科学、生命科学等领域中的革命。现在简要地介绍如下：

第一，以信息技术为主的电子技术革命。可以说它是这次新的科技革命的中心，微电子技术的进步，大规模集成电路集成度的提高，带来了电子计算机的革新，微处理机的广泛应用，使信息处理和计算能力大为提高，通信卫星、特高频波段和光导纤维的实现将世界联成一体。它将改变整个工业体系和社会生活。由信息技术带来的变化与过去工业革命带来的变化有质的区别。过去工业革命中出现的纺织机械、蒸汽发动机，以及后来的电力发动机等只是增强了人的体力，而信息技术却扩大了人的智力，而且信息技术影响到科学技术的各个领域。

第二，以再生能源为中心的能源革命。《第三次浪潮》的作者托夫勒在书中写道，“能源是任何文明的先决条件。”第一次浪潮文明的能源是人力与兽力，第二次浪潮的社会的能源是煤、天然气和石油，都不是再生的燃料。这些能源总有一天会枯竭，而且这种能源对环境污染十分严重。所以，现在各工业化国家都在研究节约能源和开发新能源的途径，包括太阳能的利用，潮水发电、核聚变等新技术。

第三，宇宙科学和海洋科学。向外层空间和海洋要能源，要材料。许多尖端技术的材料要在严格的条件下才能生产。在太空中可以不必担心地心吸力，可以取得高纯度的真空、高温和低温等生产新材料的条件。现在“太空生产”“太空产品”成为科学家热衷的研究课题。美国通用电气公司已经开始在设计太空熔炉。海洋科学的研究，可以找到丰富的能源和矿物资源，还可以在解决人类的食品问题上，提供无穷的蛋白质。

第四，遗传工程的研究。基因重组、细胞融合等技术可以研制出许多新药物，培育出新的生物品种，增加农作物的产量。现在工业上正在研究利用微生物从海水中提取贵重的微量金属，利用细菌吸收阳光的能量，把它转化为电能，称为“生物太阳能”。

第五，新功能材料的研制。主要是指各种工程塑料、复合材料和陶瓷材料等。电子技术、宇宙技术都要求具有更高的耐热、耐磨、耐腐蚀性能，具有更高的导电和滤过性性能的新材料。因此，新材料的研制已经被发达的工业化国家列为重要的课题。

新的科技革命与以往的工业革命相比有些什么特点呢？是否可以简要地归纳为以下几点：

第一，科学、技术和生产的日益一体化，缩短了新的科学技术在生产中物质化的时间，使科学成为直接的生产力。第一次工业革命以前，不但科学技术和生产是脱节的，而且科学和技术也是分开的。一种新的科学思想要转化为技术需要经过漫长的岁月，把技术应用到生产上又要经过很长的时间。18世纪的工业革命把科学技术和生产结合起来了，但是科学技术到生产上的应用之间的时间仍然很长。例如蒸汽机从发明到应用经过了80年，电动机从发明到应用经过了65年，真空管从发明到应用经过了33年。这就是说，长期以来科学与生产似乎是平行地发展的。一方面，科学的发展还没有达到能够直接地和急剧地影响和改造生产的程度；另一方面，生产还没有摆脱对经验知识的依赖，还没有达到迫切地需要直接利用基础科学和应用科学主要成就的水平。但是到了20世纪中叶情况开始有了急剧的变化。物质生产力的发展，大机器生产的进步，迫切需要生产的一切因素发生革命性的变革，而这种变革只有在直接利用科学研究的成果的基础上才有可能发生。也就是说，科学技术的进步成了改造生产的前提。所以科学技术的新成果应用到生产上的周期愈来愈短。20世纪50年代以来，如晶体管从发明到应用只经过3年，激光的发明到制造激光器用了不到1年的时间。特别是电子计算机，30多年来已走完了四代，正向第五代迈进。它的性能增加了100万倍，价格降低到万分之一，品种达到6000多种。集成电路每3年更新一次，计算机的价格每年降低一半。现在一项新的技术发明，立即就会被应用到生产上，产生经济效果，生产上的技术理论问题也给科学研究提出了课题。科学成为直接的生产力。

第二，学科之间的相互作用，复杂问题的综合研究加强。从上述几个领域的科技革命情况可以看到，它们之间互相联系，互相制约。电子技术的革命使得整个生产过程的组织科学化和合理化，降低了产品的材料消耗、能源消耗、资金消耗和劳动消耗。而电子技术革命又依赖于新材料的发现。宇宙技术和海洋开发也需要新能源和新材料；同时它又可以提供新的能源和材料。科学研究已经混为一体。科学研究一方面越分越细，出现了许多分支学科；另一方面又越来越综合。许多课题需要跨学科的研究。科学的分化和综合给高等学校的专业设置和课程计划提出了新的要求。过去物理学在自然科学的革命化过程中是领头的学科。现在，生物学越来越明显地显示出在新的科技革命中的领头作用，许多科学家预言，21世纪将是生物学的世纪。

第三，自然科学和社会科学的结合。新的科学技术成果在生产上和社会生活上的应用，必将使社会生活发生重大的变革。马克思曾经说过：“蒸汽、电力和自动纺机甚至是比巴尔贝斯、拉斯拜尔和布朗基诸位公民更危险万分的革命家。”[1]恩格斯也讲道：“英国工人阶级的历史是从18世纪后半期，从蒸汽机和棉花加工机的发明开始的。大家知道，这些发明推动了产业革命，产业革命同时又引起了市民社会中的全面变革，而它的世界历史意义只是在现在才开始被认识清楚。”[2]新的科技革命所带来的社会问题光靠自然科学是不能解释的，必须运用社会学、政治学、经济学、教育学等社会科学的知识来解释。因此在现时代，不仅学习社会科学的人要懂得自然科学；学习自然科学的人也应该懂得社会科学，预测到自然科学的发展所带来的社会问题，能用正确的观点去解释这些问题，并促进社会的进步。

第四，新的科技成果在生产上的应用使社会劳动分工发生新的变化。农业社会里主要的劳动力是农民、少数手工业工人；工业社会里主要劳动力是采矿业、制造业、交通运输业的工人，农业人口流入城市，转入工人阶级队伍；现在在新的科技革命的条件下，在所谓信息化的社会里，制造业工人的百分比不断下降，第三产业（服务业）的工人和企业管理人员不断增加。据统计：美国1960年第一产业的劳动力占劳动力总数的8.2%，第二产业占34.5%，第三产业占57.3%；到1980年第一产业的劳动力只占劳动力总数的2%，第二产业占21%，而第三产业的劳动力占到77%。[3]据美国管理专家德拉克估计，在今后25年内，美国制造业将失去1500万个工作岗位，而美国电子协会则声称，它下属的各公司到1985年，工程师、制图员、计算机分析人员和程序员将提供几十万个工作机会。美国休利特－帕克德工厂每年生产价值1亿美元的电子机械，雇用1700名工人，其中40%是工程师、程序设计师、技术员、办公室管理人员。社会劳动的重新分工，证明了马克思在100多年以前讲的：“大工业的本性决定了劳动的变换、职业的更动和工人的全面流动性。”[4]

第五，新的科技革命改变了劳动的性质和内容。人是生产力的第一要素。人参加物质生产过程，执行着4种职能：以自己的肌力作为动力，运动劳动对象和劳动工具；支配、操纵不同的工具和工作机，并借助它们作用于劳动对象；安排和调整劳动工具；设计和组织整个物质生产过程，即确定生产什么，利用什么材料和工具，劳动过程是怎样的，它在生产空间和时间上的整个流程。在新的科技革命的条件下，虽然人在生产中仍然执行着这几种职能，但各种职能的作用发生了很大的变化。第一种职能的作用在减少，即体力劳动的比重在减少，脑力劳动的比重在增加。人从直接支配工具和工作机转为主要负责控制工作机，把完成生产中的一些逻辑思维职能交给技术手段（电子计算机、机器人），使人从直接生产过程（不是从

① 马克思恩格斯选集：第2卷［M］. 78.

② 英国工人阶级状况［M］//马克思恩格斯全集：第2卷［M］. 281.

③ 光明日报1984-3-30.

④ 马克思. 资本论［M］//马克思恩格斯全集：第23卷［M］. 535.

一般生产过程）中解放出来。同时，设计和组织整个生产过程的职能，即管理生产的职能越来越显得重要。国外有人认为，现代科技革命把“人类活动的最重要形式——科学、技术、生产、管理结合成一个认识和改造自然和社会的统一机制”①。生产劳动增加了创造性成分，并且逐步变为科学性劳动，社会劳动不断智力化，从而产生了新型的工人，即不但用手，而且用脑劳动的人。

新的科技革命对教育提出的要求

以上新的科技革命的特点无不影响到教育。要使教育为现代化建设服务，就必须使教育适应新的科技革命的这些特点，实现教育的现代化、培养高质量的劳动力和科技人才、管理人才。传统的教育已经不能适应新的形势的需要，教育改革就成为当代的必然趋势。那么今后教育改革，也即教育现代化的发展趋向是什么呢？根据世界各国教育改革的经验和趋向，结合我国教育的实际，有以下几个问题是值得我们考虑的。

（一）增加智力投资，提高投资的经济效果，培养适应新的科技革命的人才

前面已经讲到，人作为生产力的第一要素，他在生产过程中的职能已经主要不是靠体力，而是要依靠智力。科学之所以能够成为直接生产力，是靠人把科学知识应用于生产实践，是人的智力同自然和技术的相互影响的结果。所以在生产过程中，人不仅使用体力，而且利用自己的智力（包括知识和创造性的能力），这一点具有重大的原则意义，它是奠定科学列为生产力结构的客观基础。要使人在生产中发挥智力的作用，这就要强调教育的作用。

教育在整个生产过程中的作用可以归纳为以下几个方面：

第一，教育是劳动力再生产的手段。人不能生下来就成为现实的劳动力，要把自然的人变为具有生产能力的劳动力，只有通过教育。马克思早就说过：“要改变一般的人的本性，使它获得一定劳动部门的技能和技巧，成为发达的和专门的劳动力，就要有一定的教育或训练。”②在新的科技革命的条件下，这种教育和训练更是不可缺少的。教育的作用就是要把新的科技成果传播到群众中，也就是要缩小科学技术界和人民大众之间的距离，使科学在生产中发挥作用。这就是说，教育不仅能够培养人的劳动能力，而且能够提高劳动力的质量。教育程度越高，劳动力的质量也越高，劳动生产率也就越高。

第二，教育是实行科学知识再生产的最有效的形式。科学技术的进步是靠科学知识的继

① 现代科学技术革命问题［J］. 国外社会科学，1978（1）.

② 马克思恩格斯全集：第23卷［M］. 195.

承、积累和创造来实现的。苏联斯·阿·海因曼在《科学技术革命的今天和明天》一书中讲道："科学技术进步从其实质来看，这是一种深刻的动态现象。假如我们把它作为在时间推移的系统来研究，以及相应地研究它的时间结构和起源，那么我们可以看到一个纵深的综合体，其组成至少有如下环节：第一，普通教育、中等专业和高等教育；第二，科学研究（基础科学和应用科学）和设计工艺研究所系统，以及它们的试验、生产实验基地；第三，科学技术进步在其中物质化的物质生产本身；第四，按照自己的最终使命在生产和非生产消费领域中运转和利用的新技术。"作者认为："第一序列形成科学技术进步的主体，也即科学、技术和生产工作干部。在二、三两个序列中，由于这些干部的脑力劳动产生了科学发明和技术方案，在最后（根据我们的图式）这一序列，科学技术进步得到实现和最终实际应用。"任何个人对于客观世界的认识总是有限的，相对的，把每个人对客观世界认识的相对真理综合起来，就有了对客观世界比较系统的科学的认识。所以，科学是靠人类在长期的实践中对客观世界的认识一点一滴积累起来和继承下来的。而这种积累和继承又必须通过教育来实现。教育把人类积累起来的知识传授给下一代，同时发展他们的智力，使他们在社会实践中创造新的科学技术，去丰富人类的知识宝库。所以，教育不仅是把现存的科学知识传授给学生，而且要创造新的科学知识，促进科学技术的进步和运用。高等学校尤其是科学研究的一个重要方面军，现代许多新的科学发现和技术发明是在高等学校的实验室里创造出来的。它完成了上述科学技术进步的综合体中的第一、第二个序列。

第三，建设社会主义现代化，不仅要有高度的物质文明，而且还要有高度的社会主义精神文明。教育既是建设物质文明的重要条件，也是社会主义精神文明的重要内容。以共产主义思想为核心的精神文明的建设保证了我们现代化建设的社会主义方向。列宁曾经说过："在一个文盲的国家内是不能建成共产主义的。"①提高人民大众的文化科学水平是社会主义精神文明建设的基础。在这个基础上建立起革命的理想、共产主义的道德和自觉的纪律，使每一个劳动者都具有高尚的精神境界，具有集体主义思想和为人民服务的献身精神，具有共产主义的劳动态度和自觉的纪律与法制观念，才能有秩序地、高效率地投入物质文明的建设中。而这些品质的形成就是通过教育。

因此，不能再把教育看作是一种消费性的投资，而应看作是对于我国社会主义建设具有重大战略意义的智力投资。新中国成立以来，我国的教育事业有了巨大的发展，特别是党的十二大把教育列为经济建设的战略重点之一，教育工作已经受到普遍的重视，教育投资逐年增加。但教育事业的发展与国民经济的发展还远远不能相适应。我国还有2亿多文盲，小学教

---

① 列宁．青年团的任务［M］//列宁选集：第4卷．北京：人民出版社，1972：357.

育尚未普及，工程技术人员在国家职工中所占的比重极小，需要在力所能及的条件下增加智力投资。

在增加投资的同时，还要提高投资的经济效果。这就需要搞好人才的预测和规划，克服培养和使用的脱节，使毕业生能够学以致用，减少浪费；要改进学校的管理，节约开支；要提高教师的素质，改进教学，提高质量。这里涉及教育改革的一系列问题。

（二）加强教育同现代生产和现实生活的联系，把教育同生产劳动结合起来

现代模式的教育体系是工业革命以后的产物，教育同生产劳动相结合是现代教育的普遍规律。不论是社会主义教育也好，资本主义教育也好，违背了这条规律，教育就不能为生产服务，就不能培养现代生产所需的劳动力和技术人才，教育本身也就得不到发展。当然，对这条规律的认识我们与资本主义国家是有不同的。马克思主义不仅把教育同生产劳动相结合，把培养全面发展的人看作是现代大工业生产的生死攸关的问题，而且把它看作是逐步消灭体力劳动和脑力劳动差别、培养社会主义新人的重要途径。

如何实现教育同生产劳动相结合？在我国目前的条件下可以从三个方面进行：1. 加强基础知识的教学，使学生掌握牢固的科学文化知识，这是教育同生产劳动相结合的基础。特别要加强科学教育，使学生从小学习科学、热爱科学、掌握科学。2. 对学生进行生产技术教育，或者叫作综合技术教育。使学生了解现代生产的基本原理，如对能源、材料、机械原理、电子技术的了解。同时及早向学生介绍国民经济生产各部门的职业的性质和特点，对学生进行职业指导。3. 适当地组织学生参加力所能及的劳动。学生参加劳动的目的有二：一是使学生掌握最简单的生产工具，因为最复杂、最先进的技术仍然离不开最简单的生产工具；二是培养学生的劳动态度和习惯，培养参加社会主义生产所需要的思想品质。

当前，“普通教育的职业化，职业教育的普通化”是世界教育发展的趋势。这句话的意思是，普通教育（一般指中等教育）不能只单纯地传授一般文化知识，要为学生将来的就业准备。随着中等教育的普及，普通中等教育已经不能只完成升学准备的一种职能，而是要完成准备升学和就业的两种职能。因为即使在高等教育最发达的美国，也只有50%的学生能够升入大学，其余一半中学毕业以后就要进入劳动市场，因此，普通中学要为他们的就业做准备，要增加职业教育的内容。这是一个方面。另一方面，随着新的科技革命的到来和中等教育的普及，对劳动力的文化程度的要求越来越高。正如前面讲过的，科学技术的进步带来的生产的变革，使得劳动不断变换，职业需要更动，工人要全面流动。如果普通文化程度太低，就不利于他的职业的更动和劳动的变换。因此国外的职业技术教育正在不断提高普通教育程度。苏联近几年来逐步取消了只有八年普通教育文化程度的职业技术学校，一律改为中

等职业技术学校，这种学校必须同时授满完全中学的课程，这就是基于上述的考虑，避免过早的职业化。我们在考虑中等教育结构改革的过程中不能不考虑这个问题。不能光从当前解决就业问题着眼，过分地削弱普通教育课程。应该立足现在，面向未来。职业学校的学生不仅要学到一技之长，同时也必须打好普通文化知识基础，便于他们将来进一步学习新的科学技术。否则眼前的就业问题解决了，但将来不能适应现代化的需要，阻碍了技术改革和进步。所以，当前为青年职工补习文化科学知识的意义是十分重大的。

高等教育也应该进行改革，加强学校与社会的联系。工程教育要加强生产实习和工厂企业的合作。现在北美正流行一种叫“合作教育”的学习形式。即学校与社会企事业单位合作共同培养专门人才，亦称工读课程计划。美国辛辛那提大学赫尔曼·施奈德教授首先提出这种合作教育课程计划。他认为：1. 对于学习某种专业来说，许多知识是不可能在教室里学到的，必须在实际工作中获得；2. 许多学生利用假期参加工作，获取报酬，如果加以组织，可以使他们的工作与专业对口，有利于学习。他的经验取得成功，逐渐推广到加拿大等国。近几年来更有新的发展。英国推行的工程教育的“三明治”课程，苏联近年来提倡教学、生产、科研联合体系，都带有这种合作教育的性质。其目的就是加强学校教育与生产的联系、与现实生活的联系。

（三）教育的概念需要扩大

教育已经不能局限在学校教育的框框内。它应包括家庭教育、社会教育的一切方面。当然，学校教育在培养人才方面，现在是，将来仍然是具有决定性的因素，但是学校已经不是获得知识的唯一途径，各种群众性的通信系统带给一个人越来越多的影响。同时，过去传统的认识是，学校可以给每个学生提供足够的知识和技能，以备他终身之用。现在这种认识已经被事实完全否定了，越来越多的知识和技能要靠从学校毕业以后去获得。一个人终身都要学习，才能适应瞬息万变的现代社会。终身教育的思想被人们所普遍接受。

终身教育思潮的出现不是偶然的。正是在20世纪60年代科学技术迅速发展，其成果迅速被应用到生产上以后，造成了职业的变动和失业，工人如果不重新接受教育，就不能适应这种职业的变动。所以终身教育思潮就应运而生。首先提出这个主张的是联合国教科文组织成人教育局局长保罗·郎格朗（Paul Lengrand），他认为，数百年来，把人生分成两半，前半生用于受教育，后半生用于劳动，是毫无根据的。今日的教育应当是在一个需要的时刻，随时能够以最好的方式给他提供必要的知识。1965年，联合国教科文组织国际成人教育促进委员会讨论了他的关于终身教育的提案。此后，终身教育的思想就广为流传。有些国家还把终身教育作为法律确定下来。例如，法国于1971年制定了“使终身教育成为一项全国性的义务”

的法案。规定：1. 承认职工的工作期间有离职进修的权利，即所谓“训练假”（不是全部带薪）；2. 企业主要为他们的雇员的职业继续培训提供一定的费用，企业可以自办培训班，也可与学校合作，或将费用交给地方教育当局，地方统一组织；3. 政府提供预算，监督法律执行，支付教员报酬并资助某些培训中心的装备等。

与终身教育思潮相联系的，在20世纪60年代后期还出现了一种叫“回归教育”的思想。主张教育不要一次受完，而是分几次完成，使人在生活环节的各个阶段都享有受教育的机会。人们将根据需要，在他认为最需要学习的时候受教育。过去学生中途辍学被认为是消极的行为，许多学校是不允许的。现在则被认为是积极的，认为学生在一定时期内离开校园，通过就业、社会活动、旅行，或者到非正规教育机构中去学习等，有助于学生明确将来的志愿和学习的意义；然后回到学校学习，他就知道应该学习什么，提高了学习的积极性，从而提高了教育的质量。这叫作“回归教育”。这种思潮首先在瑞典产生，后来逐渐流行到北美和欧洲。1975年欧洲各国教育部长会议上，还专门讨论了如何实施回归教育的问题。回归教育在瑞典不仅流行于大学，已漫延到中学。在瑞典，1971年综合制高中的就学率达到95%，而近年来降到70%，就是受这种思潮的影响。

“回归教育”思想和终身教育思想一样，其产生的背景就是现代科学技术革命带来的现代生产的不断变革。人们要适应这种变化，就要不断学习。同时它也反映了经济危机对人们的威胁，资本主义国家的教育都在寻求解决学习和就业矛盾的办法。“回归教育”也是企图缓和这种矛盾的办法之一。

对于我们国家来讲，当然不必提倡回归教育，但应该积极发展职工业余教育，要为每个职工提供不断学习、不断获得新的知识和技能的机会。这样才能使他们不落后于时代的需要，跟上新的科技革命的步伐。

（四）继续进行教学改革，进一步实现教育的现代化

20世纪60年代，中小学的教学内容经过了一次改革，使它变得现代化了。但是科学技术在不断发展，教学改革不能一劳永逸。有的科学家认为，教材应该每年一小改，五年一大改，以便及时地把新的科技成果不断地充实到教材中去。但是吸取20世纪60年代改革的经验教训，教学内容的改革，不仅要考虑到科学技术的发展水平，还要考虑到学生的认识水平，要根据脑生理科学和心理学、教育学的新发现、新理论，编写出既反映当代科技水平，又符合学生认识规律的新教材。根据我国的教育经验和发展趋势，在教学改革中需要采取一些措施：

第一，加强基础知识的教学，因为基础知识是教学内容中相对稳定的、不易老化的部分。基础知识学得扎实，就容易接受新的知识，易于适应因科技进步而产生的职业的更动。

在基础知识中，文理知识都需要加强，特别是语文、数学、外语这三门主课要加强；科学教育要从小研究，但不需要门门课程都让学生死记硬背，而应让学生掌握最基本的原理和具有科学的思维方法。教材内容要删去陈旧的东西、次要的东西，突出主要的基本知识。

高等学校发展的趋势是加强基础理论的教学，把专业教育推迟到研究生阶段。例如美国历来在本科生阶段进行“通才教育”，现在更强调基础教育。苏联原来强调在本科就进行专业教育，但20世纪70年代以来，也提出要培养“具有广泛专业知识的专家”，大学本科前三年为基础教育，四年级以后才开始专业教育。

第二，增设新的有发展前景的课程。如在中小学逐步普及电子计算机知识，推广信息技术，开设环境保护、人口学等课程。设置综合课程也是近年来各国教育改革的内容之一。科学家认为，由于科学技术一体化的发展，要求人们掌握多种的综合性知识。近年来，所谓课程的“综合化”“一体化”的呼声比较高。例如，日本广岛大学新设了综合科学部进行课程一体化的试验，苏联也在强调课程的一体化。中学课程也趋向综合化，许多国家在初中阶段自然科学的课程都是综合设置的。英国近年来试验社会科技教育STS（Science、Technology and Society）课程计划，系统地用政治学、经济学等各门学科知识，分析科学技术发展给社会带来的各种问题。不仅把自然界作为整体来认识，而且把自然界与社会现象统一起来认识。苏联一贯主张早期就进行分科教学，强调各门学科的系统性，但近年来也强调各科之间的联系，各科教学大纲中都要有一节讲述本学科与其他学科的联系。

第三，增设选修课，以适应不同学生的兴趣和能力。实行一套教学计划、一套教学大纲、一套教材的做法，不利于因材施教，不利于发挥学生的不同才能。中学里应开设选修课，使学生能根据自己的爱好和特长有选择的余地。正如苏霍姆林斯基所说的，如果一个学生没有专门的爱好，老师就要感到不安，因为他长大了就不会有什么创造才能，就会成为平平庸庸的人。小学也可以设选修课，如外语、音乐、美术课等，课程不仅要有选修课，教材也应编几套，有人主张编写有弹性的教材，便于不同地区、不同水平的学生使用。

第四，教育的现代化还包括对教学方法的改革。既然科学技术不断革新，新的知识层出不穷，教学就不能仅只向学生传授知识，而更重要的是要培养学生的能力。正如埃德加·富尔在《学会生存》一书中所说：“科学技术的时代意味着：知识正在不断地变革，革新正在不断地日新月异。所以大家一致同意：教育应该较少地致力于传递和储存知识（尽管我们要留心，不要过于夸大这一点），而应该更努力寻求获得知识的方法（学会如何学习）。”要培养学生的能力，就要改变传统的以教师讲授为主的方法，要让学生更多地自己学习、自己动脑筋、自己动手。要减少教师讲课的时间，增加学生课外自己活动的时间；要提高学生的学习兴趣和积极性，许多教育家主张从实际生活出发，让学生了解所学的知识在生活中的实际价值，制造问题情境，以引起学生的学习兴趣和内在动机。国外近年来提倡讨论法，由学生自己阅读资料，进行讨论，得出结论。苏联广泛地提倡问题教学法，也是由学生按问题自己学习，通过课堂讨论掌握基本原理。苏联近年来还在各级学校中推行一种教学游戏，或者称它为模拟演习，让学生扮演生产中的各种角色，练习处理生产中发生的事故，培养解决实际问题的能力。

第五，教育的现代化还包括教育手段的现代化。机器教学已经闯入教学过程中。机器教学当然不能代替教师，但对待现代化技术手段在教学中的运用要采取积极态度，使它真正发挥教育的效果。苏联从20世纪60年代开始在中学普遍采用了专用教室制，即每门课程都在专门的教室中进行。在这种教室里备有各种教材、教学参考资料、教具和电化教学设备。由于现代技术在学校中的应用，教学的组织形式也在起变化。个别教学正在逐渐增加，班级讲授制正在受到冲击。教学组织形式在教育史上经过了由个别教学到班级集体教学的演变，现在则又有向个别教学演变的趋势。美国有些学校已不按年级分班，而按能力分组，加强个别指导。法国1983年9月在新学年开始时进行了一次改革，把过去的班级制度组成混合能力的学生学习共同体，在共同体内再分成小班，教学时，法语、数学、外语三个科目按学生的学习能力和学习进度编班，并根据成绩经常调整。总之，改变了过去固定不变的班级制度，采用灵活的方式，加强个别指导，并利用视听教学手段，辅导学生自学等。

（五）重视对学生德智体的全面培养

面向未来，对我们社会主义国家来说，不仅要面向科学技术的现代化、社会生活的现代化，还要向社会主义的更高级阶段迈进。今天的学生不仅是未来的生产骨干、科技骨干，而且是能牢牢掌握社会主义方向的人才。因此教育的任务不仅给学生以知识和能力，使他们适应新的科技革命的需要，而且要把他培养成共产主义革命事业的接班人，使受教育者在德、智、体几方面都得到发展。我们在实现教育现代化的同时切不可忘记了这个方向。

事实上，世界各国都普遍重视学生的道德教育。随着现代化的发展，西方文明日益堕落，青少年犯罪率逐年增加，使得许多家长担心自己的孩子变坏，呼吁学校加强道德教育。当然，资本主义国家虽然大力提倡道德教育，但收效甚微。不过，应当看到，任何一个社会总是把自己的道德教育放在首位的，这是时代的要求，是提高学生质量的一个重要方面。

对于我们来讲，在面向世界的同时，西方资产阶级思想也会乘虚而入，加强道德教育，防止资产阶级的精神污染，更是必不可少。这是建设社会主义现代化的重要保证。

（六）提高师资水平是实现教育现代化的保证

世界各国在实现教育现代化的进程中都遇到师资问题。许多新教材不仅学生不适应，教师也不适应，应该说，更主要的是教师不适应，因而他们不能把这些新的科学知识深入浅出地教给学生。苏联在20世纪60年代的教育改革中，就采用了一面编教材，一面试验，一面培训教师的做法，收到了较好的效果。最近这次改革，更加重视教师的作用。除了加强培养各科教师外，还专门培养指导课外活动的教师、指导生产教学的技师，并普遍提高教师的工资达30%~35%。他们要求各级学校的教师乃至校长每5年进修一次，并加以评定，保证教师不断更新自己的知识和能力。

我国当前的师资水平与现代化的要求相距很远。就目前的状况来讲，胜任的教师还不到教师总数的一半，如果进一步地实现现代化，又会有许多教师不能胜任。因此，必须把培训教师、提高师资队伍的质量作为开创教育新局面、实现教育现代化的战略问题来抓。

现有教师需要在哪些方面提高。我认为，不仅要提高他们的科学文化水平，改变那种小学毕业教小学，中学毕业教中学的状况，而且要提高他们的教育理论水平，使他们具有先进的正确的教育思想，懂得学生心理，善于按教育规律教书育人。这样才能培养出社会主义现代化所需要的有科学文化知识和创造能力的人才。

朴永馨

1936年生，辽宁沈阳人，北京师范大学教授。曾任中国教育学会理事、学术委员会委员。2005年建立中国高等教育学会特殊教育研究分会任第一届理事长，现任名誉理事长。

主编获奖作品有《特殊教育概论》《特殊教育学》《特殊教育词典》；著有《特殊教育学》；合著《缺陷儿童心理》《聋童教育概论》等；译著《智力落后学生心理学》《特殊教育》。为第一版《中国大百科全书》撰写特殊教育条目，任《中国教育大词典》《中国教育大百科全书》特殊教育分主编。应约为第二版《美国特殊教育百科全书》《美国聋人百科全书》撰写中国条目。享受国务院特殊津贴，获第一届曾宪梓教师奖，获"当代教育名家"称号。

试论我国特殊教育的发展和普及①

为适应建设社会主义强国的需要，党和政府作出了普及小学教育和有步骤地实行九年制义务教育的决定。在实现普及小学教育的历史任务时，必然涉及身心发展中遇到的各种障碍和有残疾的缺陷儿童的特殊教育的发展和普及问题。是不是需要提出发展和普及特殊教育？如何走中国式的发展和普及特殊教育的道路？本文拟对这些基本问题进行初步探讨。

① 本文曾发表于《北京师范大学学报》1986年第2期。

一、发展和普及特殊教育问题的提出

有残疾的缺陷儿童（即盲、聋和聋哑、智力落后、肢体残疾、语言障碍等儿童）的特殊教育是一个国家整个教育事业的有机组成部分。早在1951年，新中国刚刚成立不久，周恩来总理签署的《关于改革学制的决定》中就把缺陷儿童的教育从慈善救济性质的社会事业纳入了整个国民教育体系。这个文件指出："各级人民政府应设立聋哑、盲目等特种学校，对生理上有缺陷的儿童、青年和成人施以教育。"三十多年来，我国的盲聋哑教育有了较大发展。从旧中国（1948年）的42所盲聋哑学校、2380名学生、360名教工发展到1984年的330所盲聋哑学校、39684名学生、10291名教工。不只是数量上的较快发展，而且有了质的变化：加强了党的领导，改变了慈善救济的性质，按照教育事业发展的要求规定了统一的学校方针、任务，制订了教学计划，编写了教材等。这是旧中国的特殊教育所无法比拟的。但是，过去由于认识上的错误和工作上的失误，我国的教育长期被忽视。而特殊教育在被忽视的教育中又是一个薄弱的环节。特殊教育的发展不只与经济发展的比例不相适应，而且与普通教育事业的发展也不适应。我国盲聋哑适龄学生的入学率仅为百分之七。实际上，盲、聋仅是有残疾的缺陷儿童的一小部分，其他类型缺陷儿童的教育更加薄弱或者是空白。估计我国需要受特殊教育的各类儿童约有二三百万人。我国缺陷儿童在人口中的比例与世界其他国家的平均数大致是相同的。但我国有残疾的缺陷儿童就学的人数与全部人口的比例大大低于世界平均水平和其他第三世界国家。据1981年联合国教科文组织统计，不包括中国在内的共有24亿人口的96个国家和地区的注册特殊学生数为6347900人，约占这些国家总人口数的2.61‰，其中美国特殊学生占总人口的1.7‰，欧洲为4.4‰，日本为1.7‰，亚洲为0.25‰，非洲为0.17‰，阿拉伯国家为0.23‰，而我国盲聋哑学生入学人数仅占总人口的0.03‰（十万分之三）。特殊教育的这种落后状况与建设现代化社会主义强国的要求是不相适应的。1982年12月我国通过的新宪法中规定了"国家和社会帮助安排盲、聋、哑和其他有残疾公民的劳动、生活和教育"。把有残疾人的教育问题列入国家的根本大法在各国宪法中还是不多见的。1985年5月《中共中央关于教育体制改革的决定》中也提出了"在实行九年制义务教育的同时，还要努力发展幼儿教育，发展盲、聋、哑、残人和弱智儿童的特殊教育"。作为即将普及的教育的一个组成部分，特殊教育的普及问题也应提到日程上来。要提高对特殊教育重要性的认识，使特殊教育在教育事业中有恰当的地位。普及特殊教育将有以下几方面的作用：

第一，政治上体现了宪法赋予公民的平等权利，体现了社会主义制度的优越性。我们社会主义国家不分民族、性别地给予每一个公民法定的平等权利，这是世界人民有目共睹的。

我国宪法也规定了各种生理残疾的人有同样平等的权利，而且有些法律（如《刑法》第16条）上还给予了特别的革命人道主义的关怀。特殊教育就是实现这些平等权利和人道规定的基础。我们党提出了要提高全民族的教育和文化水平，要调动一切积极因素从事现代化建设的要求。这里面包括了对一部分残疾人的文化水平的提高和积极性的调动。只有这样才达到了调动全民一切积极因素的要求。如残疾的人不受教育，他们也无法享受平等权利，无法接受人类的文化遗产，甚至因不识字而不能行使选举权。特殊教育是不少外国朋友看新中国社会和教育的一个窗口，从这个侧面可以反映出我国社会主义制度的优越性。

第二，经济上变消费者为生产者。未受教育的残疾人要依靠父母和社会生活，几乎是单纯消耗社会物质财富；文化程度很低、从事简单手工劳动的残疾人劳动生产率低，创造的财富很少，勉强维持自己的生活，有时还需社会补助。如果用一定经费开办特殊教育进行智力投资，使残疾人受到教育和劳动训练，提高文化水平和劳动技能，他们就可以从社会物质财富的消费者变为生产物质财富或精神财富的劳动者，智力得到开发后就可以提高劳动生产率，为社会创造更多的价值。普及初等教育是经济发展的基础，这已从很多国家小学入学率高，经济发展就快的事实得到证明（参见《国外经济文献摘要》，1982年，2期55页）。反之，社会经济发展又对其成员的文化教育提出新的要求。社会的进步，生产的发展，要求人的教育程度越来越高，社会和人类的文明程度也就随之提高。对于普通人适用的这个规律，对于需要特殊教育的残疾人也是适用的。残疾人作为社会的平等劳动者也需要受到越来越多的文化教育。过去残疾人纯手工的简单重复性劳动已逐渐为机械化、自动化的设备所代替，没有现代化的科学知识就很难适应这种生产的要求。例如，过去耳聋工人修剪地毯用手工剪，现在多使用电剪了。生活中现代化的电器产品越来越多，助听、助视和助残的设备也多是电子化了。没有现代科学知识不只难于从事现代化生产，也难于过现代化生活，更难于使用现代化的补偿各种缺陷的设备和工具。我们绝不能只让健全的普通人进入现代化生产和生活，而让有生理缺陷的残疾人永远处在简单手工劳动和非现代化生活的状况。少量的特殊教育投资可获得更大的经济效益。绝大多数（95%以上）的盲、聋、智力落后的人是可受教育、可掌握劳动技能并从事生产性或服务性劳动的。北京市民政工业公司所属的11个工厂、1个农场有盲、聋哑、残工人2321名，占全部工人的一半以上。1982年每人平均产值7160元，其中橡胶五金厂的372名盲聋哑工人的平均产值为12712元。1982年这个公司给国家上缴税收230万元。这里的工人多是受过初等教育的。至于极少数生活不能自理的残疾人，那是社会照顾的对象，不是特殊教育的对象。

第三，可以促进精神文明的建设。胡耀邦同志在党的十二大报告中指出，“要努力提高每一个社会成员的精神境界”，要在共产主义思想指导下“在全社会建设社会主义精神文明”。这个任务中应包括有生理缺陷的社会成员的精神境界的提高，没有特殊教育，盲、聋、智力落后等缺陷儿童就不能有效地学习文化科学知识，聋哑人甚至不能掌握语言，那么他们就不能学习和接受共产主义思想，不能继承人类的文明和文化遗产，也不能享受今天社会的文明。社会主义精神文明建设就会出现一块空白，作为社会主义重要特征的社会主义精神文明的建设任务就没有全部完成。这是一个方面。另一方面，很多身残志坚、刻苦学习成才的残疾人的奋斗精神又为我们社会主义精神文明增添了新的内容。吴运铎、张海迪以及盲、聋成才的劳动模范和先进人物鼓舞着全社会的人们去建设更高度的精神文明。

第四，使普及小学教育的工作更加完善。如果在普及小学中有1%的健全学龄儿童还未入学，可以说是实现了小学普及教育，只是在数量发展上还有一点缺陷。但是，如果占儿童总数99%的健全儿童全部入学，而占儿童总数1%（事实上不只1%）的残疾儿童还是文盲，那就很难说是完善地普及了小学教育，而要说在普及小学教育中缺少了一个方面，是不完善地普及了小学教育。在某种意义上说，就像不在少数民族地区普及教育，而只在汉族中普及教育一样。由于普通教育和特殊教育的基础、条件不同，要从实际出发来确定发展的规模和速度。但不考虑特殊教育这个有机的组成部分来规划普及小学教育是不恰当的。

此外，特殊教育对于这些儿童的家长、对于社会也有积极的影响；对于心理学、教育学、医学等科学的研究也有很大的意义。

特殊教育与计划生育也有密切的关系。我们的政策是计划生育，努力做到优生优育。但是，目前的科学技术和文化普及程度还不能保证每一个婴儿都是优生的。事实上还有少数非优生的残疾儿童或后天造成非优育的缺陷儿童。如果我们发展特殊教育，特别是早期诊断和早期教育，使这些非优生或非优育的儿童也能受到早期的优良教育，使他们的缺陷得到最大限度的补偿，使他们能健康地成长，成为自食其力的社会平等成员，其中的一些人还可发挥其才能，成为国家需要的专业人才。那么，一对夫妇只生一个孩子的计划就可以实现，可以不发生因第一胎子女残疾而生第二胎的现象。

因此，特殊教育是教育的一个重要而薄弱的组成部分，是随着我国经济建设的发展和小学教育的普及而提到日程上的一个问题，必须给予应有的重视。

二、国外普及特殊教育的经验

在欧洲，从事残疾儿童教育的特殊学校作为教育的一个组成部分已有二百年的历史。目前世界上宣布或实行普及特殊教育的国家和地区有几十个。在我们面临普及特殊教育的时候，考察和分析一下各国普及特殊教育的状况，会对我们有所裨益。根据现有资料综合这些国家普及特殊教育的基本经验是：

第一，随着社会与教育的发展及时提出普及特殊教育的问题。人皆平等、人皆有用、人皆要受教育的自由平等博爱思想的提出和传播以及社会政治、经济的发展是18世纪欧洲特殊教育学校产生的条件之一。随着社会生产的发展和对于劳动力的文化要求的提高，普及教育问题被提出来了。特殊教育作为教育的一个组成部分，其普及问题也随之被提出。苏联“十月革命”后不久列宁就签署过协调对缺陷儿童教育的决议，以斯大林为首的苏联党和政府也研究过特殊教育，做过决议。随着苏联经济建设和文化建设的发展，联共（布）中央在1930年7月做出了《关于普及初等义务教育的决定》。随后在1931年6月又提出了对有生理缺陷（盲、聋等）、智力落后和语言缺陷少年儿童实施初等义务和普及教育的问题。日本在19世纪末20世纪初分别实施了普通小学的四年制和六年制义务教育，1947年决定了实行普通教育九年制义务教育，同时提出了实施6至14岁的特殊教育的义务教育问题。美国在19世纪中就在有的州规定了义务教育，但直到20世纪中各州才全部实现了8至12年的义务教育。特殊教育的普及问题在各州不断被提出。1972年马萨诸塞州通过法令，实施所有缺陷儿童接受义务教育。南斯拉夫在第二次世界大战后经济恢复时期就注意了发展教育，由于铁托总统的重视，发展特殊教育的问题也提出来了，随着普通教育的发展，已实现了聋童十年义务教育、盲童十二年义务教育。

第二，普及特殊教育要有法令，并不断修正、完善。宣布和实施普及特殊教育的国家多是有国家法令或行政规定。这些规定有两种形式，一种是与普通教育法令合在一起。例如，日本1947年公布的教育法中，特殊教育作为与大学、中学、小学、幼儿园等并列的一章，规定了普及特殊教育的有关问题。在以后的年代还不断修正、充实施行特殊义务教育的内容。另一种是在普通教育法令之外单独做出决定。例如，1930年8月14日苏联政府通过了关于普及初等义务教育的决定，1931年6月8日俄罗斯人民教育委员会另外发布了关于对有生理缺陷、智力落后和语言障碍儿童、青少年实行初等普及义务教育的命令。美国曾在普通教育法令中多次规定过特殊教育的问题，在各州发布有关特殊教育法令的基础上，1975年通过了教育全部缺陷儿童的PL94—142号联邦法令。1983年又通过了进一步发展缺陷儿童学前教育和初中后教育的PL98—199号缺陷儿童教育的修正法令。在很多国家的法令或附件中，对于特殊教育的对象的鉴定标准和方法做了规定，这便于统一而准确鉴定各类缺陷儿童，并使他们进入适合自己特点的学校或班级中去。日本、苏联的法令中都有这种范畴的规定。

在这些国家特殊教育的普及是逐步、分阶段的，在一国内各地也是发展不平衡的。一般都是先普及初等教育，规定4或5年的学习年限或者规定从几岁到几岁的年龄。然后再逐步增加普及的年限并提高到初中、高中或中专的水平。在普及各类缺陷儿童特殊教育中也是逐步的。例如，日本盲校、聋校有一定基础；在1948年开始实行盲、聋校小学义务教育，到1954年开始实行盲、聋校初中义务教育；由于智力落后、肢体残疾等特殊学校在第二次世界大战后没有及时恢复，直到1979年才实行了智力落后、肢体缺陷、病弱儿童的中学义务教育。苏联1931年开始实行的是四年制小学特殊义务教育，以后才逐渐实现了初中和高中的义务教育。现在盲、聋校是十二年制的中学义务教育，智力落后学校是八年制义务教育。美国各州普及特殊教育的发展是不平衡的，有的州在联邦法令之前已实现了义务教育，有的在1975年后才逐步发展。

第三，同时要有关于师资培养和教育经费问题的规定。为了发展特殊教育，特教师资和特教经费是两个重要的条件。普及了特殊教育的国家在规定普及特殊教育的同时（在同一个法令、决定或另发出指示）对师资和经费做出相应规定。例如，苏联在1931年的命令中专门有一部分讲缺陷学校的教师。要求教师要在中等师范或短训班中受过专门训练。根据当时急需特教师资的情况规定在1931至1932年由教育部门加强短训班的师资培训。短训班设在各地已有的特殊学校内，同时在各地中等师范内设特殊教育师资部；还要求在中等师范内设语言矫正课和盲校教育短期课程，使每一个师范毕业生有这方面的知识。培训班的师资由有经验的教师和大专院校特殊教育系毕业生担任。以后在高等师范院校中逐渐成立了特殊教育系，分布在各加盟共和国中，为各类特殊学校培训师资。日本在1947年的教育法中对特殊教育师资问题做了规定，随即在东京、广岛的大学中开始培养盲校和聋校的师资。以后逐步发展，至今在日本培养各种特殊教育师资的大学有几十所，遍布各地。在普及特殊教育的决定或命令中对于办学的经费问题也有所指示。例如，苏联的决定中有专门写给计划经济部门的条文。日本在教育法后又有许多文件，对特殊教育财政上有规定。美国的有关法令也是如此。

第四，普及特殊教育采取多种形式和重视学生的劳动教育。在普及特殊教育时除了传统的正规特殊学校外，很多国家还规定了对有特殊需要儿童的各种形式的帮助，如设在普通学校的特殊班，与普通儿童混合编班学习并加强课外辅导，对父母的帮助和咨询，医疗、教育、科研、劳动相结合的特殊教育中心，个别教学等。

在对特殊学生进行文化科学知识的教育时都注意了依照实际情况加强对学生的劳动教育，培养一定的劳动技能。有的国家在普及特殊教育时就明确提出有专业教育的普及教育，有的在后期加强这方面的工作或者设立专修班。有的国家由政府有关部门颁布对残疾人雇佣的专门法令。

三、走中国式的发展和普及特殊教育的道路

我们要建设现代化的国家，走中国式的社会主义道路，创立有中国社会主义特色的教育科学。特殊教育同样要吸取中国历史经验，博采各国之长，走中国式的发展和普及道路。我国的特殊教育总的讲基础薄弱，各地发展不平衡，国家经费有限，受过专门教育的师资缺乏，入学率低，特殊教育门类不齐全，未建成完整的体系。但是，党、国家和社会各方面很重视这方面的工作，有一些地方（如黑龙江、吉林、辽宁、山东、江苏等地）有迅速发展特殊教育的好经验，国家已采取措施逐步解决特教发展中的问题。根据我们的国情，除了可借鉴国外普及特殊教育的某些合适的经验（如立法）外，目前我们可以：

第一，多层次办特殊教育，以地方和集体办为主，国家加强领导和适当补助。我们现有的盲聋学校和智力落后特殊班多是国家教育行政部门拨出经费、设备，派出教师来办的；也有少部分是民政部门出钱办的，用的都是国家的经费。国家预算中的教育经费是有限的，增长速度也不会太快，不可能短时间内拿出大量的钱开办特殊学校。除了国家根据财力继续有计划投资并办新的特殊学校这条途径外，应该还有地方办学和集体（或个人）办学这两条途径。有一些地方的财政收入有条件，该地方又需要特殊教育，那么地方领导应该把这项事业纳入地方发展规划，拿出钱办特殊教育，解决当地问题。有一些大的国有企业单位、盲聋人的生产单位、农村的乡镇或一部分群众有这样的子女需要入学，集体或个人愿意出资、出力、出地方和设备来办特殊教育，国家应按规定批准办学，由集体（或个人）解决自己单位或一部分群众的缺陷子女入学问题。国家一方面对这些教育机构要加强领导，给予适当的物质帮助，另一方面应把国家办的学校搞得更好，成为各个地区特殊教育业务上的中心校，担负起特殊教育科研和提高的任务，在业务上指导和帮助其他学校。地方和集体（或部分群众）办的教学单位要按照国家的方针、政策、规定和要求，对缺陷儿童进行普及初等义务教育和劳动训练。使学生从三四年级（或从十二岁起）加强劳动教育，参加生产性劳动，逐步做到办学自力更生，做到学生上学不用家长和国家花钱。要多层次办学，主要不是用国家从中央拨款的途径办学，而是由地方和集体出资办学，这样，我们的特殊教育事业才会有较快

的发展。

第二，多种形式办特殊教育，以特殊班为主。现有的盲聋教育多是专门的特殊学校，有单独校舍、领导干部、职工、独立的财会核算等。要办这样一个新学校，一般需要几十万，甚至上百万元投资，还要几十个人员编制。在有条件的地方应继续办专门的学校，但是应当看到，在普通学校附设特殊班是国内一些地方办起特殊教育的好方式。在当地教育部门和学校领导、老师重视的条件下或在有关单位（或个人）的资助下办起一个聋童或智力落后儿童特殊班只需要一间教室、一或二位教师和少量的开办费（少则几十元，多则几百元），不需要很多的基建投资和全套人员编制。这样可以解决一个村镇或一个居民聚居地区的缺陷儿童入学问题。在逐步发展后有条件可以单独设校；也可以长期设在普通学校内。我国已有不少在普通学校长期附设特殊班的经验，有的已设了十几年。特别是在一些边远和偏僻地区开办一所特殊学校的条件是不具备的，而在普通小学附设一个或几个班则是可能的。十个左右学生就可开班。有新生来源可每年招生，如当地学生来源不足，可以隔一二年招收一个班。学生可避免长途往返到中心城市去读书，食宿费用也可节约。预计今后我国特殊班学生的数量将超过特殊学校的学生数量。这应是我国普及特殊教育的一种重要组织形式。教育部门对这种特殊班在财政上可给予适当照顾。居民分散的个别地区可以由特殊教师巡回教学或采用其他合适方式。为了开展特殊教育中的幼儿教育和技术教育，也可以开办特殊幼儿班或技术教育班，不需要采用大量投资在各地普遍建立专门幼儿园和中等专业学校的办法。建立少量的示范性的专门机构还是必要的。

第三，多种办法训练特殊教育师资，以地方培训为主。有了办特殊教育的钱、学生和组织形式后还要解决大量特殊教育师资问题。我国已建立了第一所中等专业性质的特殊教育师范学校，计划每年招收160人， 4年毕业，这是很可喜的。但建设这样的学校投资较大，建设周期也较长。只靠这种方式培训特殊教育的师资，从时间上和数量上都是不能满足特殊教育事业发展的需要的。要普及各类特殊教育，需要的特殊师资要以十万计。目前尚不足一万。因此，除了用这种正规学校用较长的周期培训骨干教师外，应该充分利用我国各地现有的高等或中等师范院校的力量培训更多的特教师资。我国已有了在普通中等师范培训特殊教育师资的尝试。黑龙江、山东等地已在普通中师开设特殊师资班。前两年学共同的师范课程，最后一年学特殊教育课程和进行实习，由当地（或外地）特殊学校教师讲课和带领实习。有的地方还有过三个月至半年的短期培训经验，对受过普通师范教育或现任小学教师的人进行再培训，这些是又快又多培养特教师资的办法，可以较快地满足各地发展特殊教育的师资需要。国家教委可确定一所高等师范院校办特殊教育专业或培训班，为中师特教班代培专业

（特殊教育学、特殊心理学）教师。除了这种中央和地方培训、长期和短期结合外，还可以搞函授、面授结合，由国家教委组织有关单位编写一套教材，发展特殊中等或高等师范函授教育，先由少数地方试点，逐步铺开。

第四，多种期限和不同要求。我国地域广大，各地经济条件不同，文化教育基础参差不齐，对于特殊教育的发展和普及不能一刀切和一步走。应该在有中央统一法令之前，在特殊教育发展较好或普及初等教育较快的地方（如黑龙江、吉林、山东、江苏、上海、北京等）能先提出或实行普及特殊教育，不要等待全国统一号令，等现代化实现了再搞特殊教育普及。特殊教育发展缓慢、入学率低或普及初等教育较慢的地区可以努力创造条件，逐步发展。有条件的地区和省可以直接普及初等特殊义务教育，并进而考虑延长年限，普及幼儿和初中特殊教育，加强劳动技术教育，提高特殊教育质量等。条件较差的地区可以分两步走，先解决扫盲和劳动训练问题，再达到小学水平。要承认差别，有不同要求。

我们要依据中国的实际情况，贯彻“三个面向”的方针，加强党的领导，提高认识，努力工作，艰苦奋斗，走出中国式的发展和普及特殊教育的道路。

李吉林

(1938—2019)，江苏南通人。儿童教育家，全国著名语文教育专家。1956年毕业于江苏省南通女子师范学校，毕业后任教于南通师范第二附属小学。中学高级教师，江苏省首批特级教师、名教师。生前任江苏情境教育研究所所长。从教六十余年，先后出版《情境教育的诗篇》《为儿童的学习》等28本专著，发表论文350多篇。专著《情境教育三部曲》由斯普林格出版公司购买英文版权，于2017年9月正式全球发行。曾被授予“全国先进工作者”“全国劳动模范”“全国三八红旗手”“全国五一劳动奖章”“当代教育名家”等荣誉和称号。2014年，获得全国首届“基础教育国家级教学成果”特等奖第一名。

情境教学的理论与实践①

小学语文是一门综合性很强的学科，它对儿童的智能、情感、意志及个性品质的发展，影响极为深远。语文学科的重要特点是思想政治教育和语文知识教学的辩证统一。因此，小学语文教学本身，包含了促进儿童全面发展的诸多因素。通过小学语文教学，促进儿童全面和谐地发展，不仅是必要的，而且是可能的。

中华人民共和国成立以来，小学语文教学做了许多有益的改革，但由于传统习惯势力的羁绊，致使小学语文教学在实现其任务方面，仍存在不少问题。如长期以来“为考而教”“为考而学”的偏向，造成小学语文教学“呆板、烦琐、片面、低效”的弊端，制约了儿童的发展，延误了儿童发展的最佳期。如何针对传统教学的片面性与当今儿童发展之间的矛盾，进

① 本文曾发表于《人民教育》1991年第5期。

行一番改革，从整体出发，在语文教学过程中，促进儿童智能及心理品质的全面发展，近年来，我就小学语文教学（一至五年级）全过程，进行探索改革，从在外语教学中运用情景进行语言训练中得到启示，借鉴我国古代文艺理论中的“境界学说”，吸取传统教学注重读写以及近代直观教学的有效因素，总结出“情境教学”体系。

情境教学的探索经历了“创设情境，进行片段语言训练”，“带入情境，提供作文题材”，“运用情境，进行审美教育”，“凭借情境，促进整体发展”四个阶段，实验由雏形到日臻完善，逐渐形成了具有以情景（境）交融为主要特色的小学语文教学新体系。

一、情境教学的特点

情境教学的出现，受到学生的普遍欢迎。在小学语文教学中运用情境教学，学生学语文就感到“易”“趣”“活”，极大地提高了课堂教学的效率。语文教学在运用情境教学后，不再是那薄薄的一本教材，不再是那没完没了的单调重复的各种习题和可有可无的乏味的问答；学生的视野，学生的思想，也不再被禁锢在小小的教室里。那丰富有趣的教学内容，鲜明生动的形象，真切感人的情意，以及耐人寻味的哲理，使教学变为具有吸引力的有趣而有意义的活动。这是由情境教学本身具有“形真”“情切”“意远”“理念寓于其中”的特点所决定的。

（一）以鲜明的形象，强化学生感知教材的亲切感

叶圣陶曾指出：“作者胸有境，入境始于亲。”只有感受真切，才能入境。进入了情境，便可见可闻。教材中，无论是英雄刘胡兰、黄继光、李大钊，还是异国他乡的小音乐家杨科，以及托尔斯泰笔下的桑娜、渔夫；无论是山明水秀的漓江风光，四季如画的小兴安岭，还是日出的壮观，海底世界的奇景，通过情境教学，学生仿佛都看到了；也无论是大榕树下鸟的鸣叫，瀑布的轰响，还是小茅屋里、月光下贝多芬为盲姑娘弹奏的《月光曲》，凡卡给爷爷写信时轻轻的哭泣，通过情境教学，学生也仿佛听到了……情境缩短了时空距离，增强了形象的真实感。这才有可能引起儿童对课文中的人物事件的关注，才能产生细致的情感体验，得到精神的力量，促使儿童的情感敏感起来。并由此情此景打开认识更远、更广阔的世界的通道，而对语言的感受也必然敏锐起来。

“形真”，是情境教学的第一特点。但这并不意味着所有情境都必须是生活真实形象的再现。所谓“形真”，并不是实体的复现，而是以简化的形体，暗示的作用，获得与实体在结构上对应的效果，给学生以真切感，即神韵相似。能达到“可意会，可想见”就行。如同京剧中运用的白描手法一样，演员操一支船桨，就表示船在水中行驶；着一根竹鞭，就意味着跃

马奔驰……中国画里的白描、写意，简要的几笔，勾勒出形象，并不要求重彩，看来同样是真切、栩栩如生的。以“神似”显示“形真”，形象才更具有典型意义。

（二）以真切的感情，调动学生参与认识的主动性

情境教学在小学语文教学中运用的目的，是为了促使儿童心理品质、智能及个性的和谐发展。儿童的情感易于被激发，一旦他们的认知活动能伴随着情感，那他们对客观世界的认识会更为丰富、更为深刻，也更为主动。情境教学是以生动形象的场景，激发学生的学习情绪，从而促使他们主动积极地投入整个学习活动。情境教学正是抓住促进儿童发展的动因——情感而展开一系列教学活动的。它是以教师的真切情意去感染学生，从而激起学生的相应的情感，使教学成为学生主观所需的，成为他们情感所驱使的主动发展的过程。

情境教学的“情”并非凭空产生，它植根于教材及生活之中。情境教学通过再现教材的有关形象，引导学生对优美的或丑恶的、崇高的或卑劣的、愉悦的或悲惨的种种不同事物，作肯定的或否定的评价，体会到自己所表现的爱与憎、喜欢与讨厌的情感。进而对课文塑造的领袖人物、英雄人物从心底升腾起崇敬之情，受到激励，并决心付诸行动；对课文描写的祖国山河的秀美壮丽，为之赞赏、惊喜，甚至骄傲；而对课文揭露的资本主义制度摧残下的小伙伴的不幸，倾注关切与忧虑……在这一点上，情境教学“情意真切”的特点，有它特有的教育功能。

（三）以广远的意境，激发学生拓展课文的想象力

教材所选取的是生活中或大自然中典型的形象，其内容源于现实生活。“情境教学”取“情境”不取“情景”，其原因就在于情境要具有一定的深度与广度。情境教学把学生带入作者创作时置身的意境中，因而使所创设的情境意境深远。

情境教学讲究“情趣”和“意象”，因此，它不是图解式地机械地运用情境。情境，它总是作为一个整体，展现在学生的眼前，而且为学生开拓广阔的想象空间。情境教学把教材内容与生活情境相联系，由近及远，由此及彼，由表及里，以今及昔以至未来……因为情境给学生想象造成“直接的印象”。在情境中，学生激起的情绪，又成为“需要的推动”，这种“直接的印象”“需要的推动”，会引起大脑皮层相当强烈的兴奋。在这种状态下，大脑贮存的表象便会进行新的组合，这就形成了想象。因此，情境往往成为学生想象的契机，教师便可凭借学生的想象活动，随着学习课文或观察活动，带学生一同进入广远的意境中，可以飞向蓝天，潜入大海，越过崇山峻岭，跨过历史的长河，把学生带到世界上任何一个地方……情境教学所提供的广远的意境，发展了儿童的想象，儿童的想象又丰富了情境。教学效果表明，意境的广远，不仅发展了学生的创造性，而且促使学生更深刻地理解教材内涵。

（四）以蕴含的理念，诱导学生提高对事物的认识力

情境教学所创造的鲜明的形象，所伴随抒发的真挚的情感，以及所开拓的广远的意境，这三者融为一个整体，其命脉便是内涵的理念。情境教学失去理念如同没有支柱一样，站不起来，深不下去，只能是内容贫乏、色彩苍白的花架子。如《桂林山水》，其理念便是祖国山河的壮丽，而漓江的山水则是这壮丽山河中的明珠。《詹天佑》则是表现一个爱国者不畏千难万险，在崇山峻岭中创造的奇迹，表现了詹天佑火热的爱国心。因此可以说，情境教学所蕴含的理念，是教材所要显示的、阐述的思想观点，也可以说是课文的中心。情境教学的“理寓其中”，正是从教材中心出发，借助图画、音乐、实物、表演、语言及活动场景，一步步地展现、引导学生去琢磨、领悟。因此，情境教学“理蕴”的特点，决定了儿童获得的理念是伴随着形象与情感的，是有血肉的。这不仅是感性的、对事物现象的认识，而且是对事物本质及其相互关系的认识。

情境教学正是具有以上所说的“有形”“有情”且“意境广远”而“理寓其中”的特点，使它为学生学好语文，并同时促进诸方面发展提供了一条有效的途径。

二、情境教学的理论依据

情境教学为什么具备以上的特点，能为学生喜闻乐见？这便要追究到情境教学的理论依据。情境教学所具有的“形真”“情切”“意远”“理蕴”的特点，之所以形成独特的优势，这是由它的科学性所决定的。

（一）从心理学看

研究表明，人的大脑功能，左右两半球既有分工又有合作。大脑左半球掌管逻辑、理性和分析的思维，包括言语的活动；而大脑右半球则负责直觉、创造力和想象力，包括情感的活动。传统教学中，无论是老师的分析讲解，还是学生的单项练习、机械的背诵，所调动的，主要是逻辑的、无感情的大脑左半球的活动。而情境教学，往往是让学生先感受而后用语言表达，或边体验感受边促使内部语言的积极活动。感受时，管形象思维的大脑右半球兴奋；表达时，管抽象思维的大脑左半球兴奋。这样，大脑两半球交替兴奋、抑制或同时兴奋协同工作，大大发挥了大脑的潜在力量，学生可以在轻松愉快的气氛中学习。因此，情境教学可以获得比传统的注入式教学明显良好的教学效果。

（二）从方法论看

情境教学是利用反映论的原理，根据客观存在对儿童主观意识的作用进行的。而世界正

是通过形象进入儿童的意识的。意识是客观存在的反映，儿童的意识也同样是客观世界的反映。情境教学所创设的情境，因其是人为有意识创设的、优化了的、有利于儿童发展的外界环境，这种经过优化的客观情境，在教师语言的支配下，使儿童置身于特定的情境中，不仅影响儿童的认知心理，而且促使儿童的情感活动参与学习，从而引起儿童本身的自我运动。

（三）从儿童的思维与语言特点看

儿童的思维处在表象思维的阶段，即直观的形象思维阶段，以后逐渐向抽象的逻辑思维阶段过渡、发展。情境教学正是从儿童感受形象开始，去感知教材，去认识大千世界。而儿童在感受形象时，观察的客体和词语之间就会建立相应的联系，就会努力检索贮存在大脑中的词语，并迅速地按一定顺序进行词的组合来描摹眼前景物的情态、声色。“视觉经验的词语化”，即词与形象沟通起来，语汇及表象的贮存随之丰富。而注入式的词语教学，注重学生背熟词的解释，但往往不会灵活运用，因为凭记忆是不可能形成词和它所显示的那个形象之间的联系的。这种在儿童记忆中没有形象的词，是无法投入周转的。而运用情境教学语言，词汇带着生动的形象，连同色彩、音响活生生地进入儿童的意识。因此，情境教学成为丰富儿童语汇、发展儿童语言的好途径。

综上所述，所创设的情境本身的丰富美感、鲜明的形象，伴以教师情感的抒发、渲染，激起儿童的情绪，使儿童纯真的情感参与学习活动。这样，在运用情境教学的过程中，儿童不仅是靠耳朵听、靠眼睛看老师的演示，而且以教师的情去拨动儿童的心弦，促使他们用“心眼”去学习。这样，主客观的一致，智力、非智力因素的和谐，使整个情境成为一个多向辐射的心理场。儿童置身于这样特定的心理场中，会产生一种驱动力，主动地投入学习活动。而对具体情境的感受、领会，一般又要比所表述出的语言更加深入，处于“未尽人意”中。这种整体和谐的情境，必然带来儿童知识、能力及心理品质的协同发展的令人愉快的效果，从而保证语文教学任务的全面完成。

三、情境教学的内在机制

情境教学因为从理论上决定了它特有的优越性，因此，它有效地促进了儿童的全面发展。情境教学从促进儿童发展的前提、基础、动因、重点及手段五方面，构成其内在机制。

（一）以培养兴趣为前提，诱发主动性

教学过程，准确地说，应该是促进学生“自我发展”的变化过程。情境教学的目的，就是促进教学过程变成一种不断能引起学生极大兴趣的、向知识领域不断探索的活动。心理学

家告诉我们，除无意、有意注意外，还有第三种注意，即后继性有意注意，这种注意便是靠兴趣来维持的。情境教学借助新异的教学手段，创设生动有趣的情境，激起学生的学习情绪，使学生固有的好奇心、求知欲得以满足。在情境中，教师表现出的鼓励和期待学生逾越学习“障碍”的情感，又进一步激发、强化了这种心理。因为“好奇”“求知”的兴奋情绪使学生的注意力非常集中而且可以持续，但无须作意志的努力。所有这些，就有利于形成“老师的肯定——学生满足、树立自信心、自尊感——需要学习一再肯定、再满足——需要学习更新的有一定难度的内容……”的学习程序，学生的主动性便得到进一步调动。

（二）以指导观察为基础，强化感受性

情境教学提倡把学生带入大自然的怀抱，去接触社会、认识周围世界；在课堂上再现富有美感的生活情境，所有这些观察活动都帮助学生积累了丰富的感知材料。情境教学一般优选具有深远意境的观察客体，又通过启发性导语，激起观察者的情致。它利用大自然的色彩、丰姿、奥秘，拓展想象空间，激起学生对它的神往；优选社会生活中光明美好的人物和景象，多角度地显示祖国、家乡的美好，社会主义的优越，培养学生对生活的热爱……总之，情境的美感，激起了学生的情绪，情绪又激发想象的展开，加上语言的表述，使学生的感受丰富而深刻，并且由于“情绪记忆”的形成，使所获表象带着情感色彩，久远地保持在学生的记忆中，成为学生发展的基础。

（三）以发展思维为重点，着眼创造性

只有当教学走在学生发展前面的时候，才能通过教学不断地把学生带入永远没有终结的一个又一个的“最近发展区”，使学生不断意识到以前没有意识到的东西。情境教学是以“发展”作为教学的目的。其“发展”的内涵，并不局限于智力的发展，它是以教育方针为总原则，包括知识的积累，语言、智力以及情感、意志等心理品质的整体和谐发展。其重点为发展思维力，尤其是思维的创造性，而着手处则以学科特点为依据，在学生理解和运用祖国语言文字、发展语言的过程中进行的。基本途径为：注重词的理解和运用，发展思维的准确性；引导运用修辞手法，发展思维的形象性；加强篇章训练，发展思维的逻辑性；设计想象性作业，发展思维的创造性。

（四）以陶冶情感为动因，渗透教育性

情感是儿童思想意识、道德行为强有力的发动者和鼓舞者。儿童的道德行为以道德情感为驱动，情境教学正是以激发学生情感为主要特点的。一方面让学生从感受形象出发，以教师的真实情感激发学生的审美情感、道德情感，从而逐渐形成正确的道德观念，达到思想教育的目的；另一方面，这种热烈的情绪、丰富的美感及高尚的道德感，又必然会成为学习的动机。这样，学生在美感中感受到愉快，在道德感中感受到高尚，在学习中体验到自己的智慧，享受到创造的愉快。

（五）以训练语言为手段，贯穿实践性

上述所论及的语文教学中培养兴趣、指导观察、陶冶情感、发展思维四者并不是外加的，而是贯穿在学生语言的实践过程中，只有这样才是语文教学中的“发展”，是“着眼发展”的语文教学。语文课就是要讲究训练，加强学生的语言实践，并将其贯穿在整个语文教学过程中。情境提供了训练的题材，激发了学生训练的主动性，情境教学的语言训练从整体结构出发，采取识字、阅读、作文多向的螺旋式上升的序列方法进行，以改革结构，优化情境，提高效率。

四、情境教学的实际操作

运用情境教学首先要用“着眼发展”的观点，全面地提出教学任务，而后优选教学方案，根据教学任务、班级特点及教师本人素质，选择创设情境的途径。

（一）创设情境的途径

创设情境的途径初步归纳为：生活展现情境；实物演示情境；图画再现情境；音乐渲染情境；表演体会情境；语言描述情境。

生活展现情境：把学生带入社会，带入大自然，从生活中选取某一典型场景，作为学生观察的客体，并加以教师语言的描绘，鲜明地展现在学生眼前。

实物演示情境：以实物为中心，略设必要背景，构成一整体，以演示某一特定情境。以实物演示情境时，应考虑到相应的背景，如“大海上的鲸”“蓝天上的燕子”“藤上的葫芦”“珊瑚礁的珊瑚”，通过背景，激起学生的联想。

图画再现情境：图画是展示形象的主要手段，用图画再现课文情境，实际上就是把课文内容形象化，课文插图和特意绘制的挂图、剪贴画、简笔画都可以用来再现课文情境。其中剪贴画、简笔画更简便易行。

音乐渲染情境：音乐的语言是微妙的，也是强烈的，给人以丰富的美感，往往使人心驰神往。它以特有的旋律、节奏，塑造出音乐的形象，把听者带到特有的意境中。用音乐渲染情境，并不局限于播放现成的乐曲、歌曲，教师自己的弹奏、轻唱，以及学生的表演唱、哼唱都是行之有效的办法。关键是选取的乐曲与教材在基调上、意境上以及情境的发展上要对应、协调。

表演体会情境：情境教学中的表演有两种，一是进入角色，二是扮演角色。“进入角色”，即“假如是课文中的某某”；“扮演角色”，则是担当课文中的某一角色进行表演。由于让学生自己进入角色、扮演角色，因此课文中的角色已不再是只停留在书本上的抽象概念，而是自己或自己班集体中的同学，这样，学生对课文中的角色必然会产生亲切感，很自然地加深了内心体验。

语言描述情境：以上所述创设情境的五种途径，都是运用了直观手段。因此，情境教学十分讲究“直观手段与语言描绘的结合”。在情境出现时，教师伴以语言描绘，这对学生的认知活动起着一定的指向性作用，提高了感知的效应，情境会更加鲜明，并且带着感情色彩作用于学生的感官。学生因感官的兴奋，主观感受得到强化，从而激起情感，促进学生进入特定的情境之中。

随着年龄的增长，直观手段逐渐减少，单纯运用语言描绘带入情境增多。

（二）情境教学在阅读教学中的运用

阅读教材中的每一篇课文，几乎都描写了一个特定的情境，而一个情境便是一个整体。其中包含着作者所要抒发的情感、表达的思想或说明的道理。所有这些，都是由具体的字词句篇构成，以一定的表现形式展现在读者面前的。情境教学正是从这个具体的整体出发，把知识、能力、智力、情感综合起来进行教学的。但在教学过程的不同步骤上，有所区别。

1. 初读——创设情境抓全篇，激发动机理思路

初读，是学生第一次感知教材，这在教学一篇课文的全过程中，显得分外重要。因此，在教学一篇课文的起始阶段，或通过语言描述情境，或描绘画面，或展示实物，或联系学生的已有经验，导入新课，激起学生阅读全篇的兴趣，使学生主动地去读全篇，弄清作者思路。写人、写事的课文，通过情境的创设，唤起学生对故事中主人公的关注；写景、抒情的课文，通过情境的创设，把学生带入丰富的美感中，使学生因爱美而乐于读全篇，主动地了解、欣赏课文所描写的景物，从而体验作者抒发的情感；状物的课文，通过情境的创设，对所摹状的物体获得具体的表象。在此过程中，教师充分利用已激起的学习兴趣，培养学生良好的阅读习惯。从“爱读——认真读”，每次读全篇，做到要求明确，激起思考。防止产生追求情节而对语言、文字不求甚解，并注意培养学生自己下功夫读通、读懂课文的独立性。

2. 细读——突现情境抓重点，从整体上理解关键词、句、段

在概览课文后，准确地掌握重点段，区分主次是培养学生实际阅读能力的十分重要的方面。一般通过带入教材描绘的具体情境，并结合使用点拨、设疑、对比等方法，引导学生去理解关键词句。作者总是通过一定的语言文字去表达某一情境的，由此也可推论，一旦学生

进入了作者描写的那个情境，作者用来表达这一情境的语言文字则可以从整体上、从内在的相互联系上去理解，即形成“作者用语言文字——（表达）——胸中之境；学生进入作者所描述的情境——（理解）——描述作者胸中之境的语言文字”这样的阅读程序。就拿教学叶圣陶先生的《小小的船》来说，文章虽是短短的四行，但是教者给小读者的却是丰富而奇趣的。不过，丰富而有趣的课文往往也会因为教授不得法而致使学生学得单调而乏味，如果用“弯弯的月儿像什么?”（像小船）“小小的船是什么样?”（两头尖，“尖”就是下面大上面小）“我坐在小船里看到了什么呢?”这样的纯客观的抽象的分析，作品中描写的蓝天、明星、弯月的美感；小朋友凝望月亮而展开的奇妙的联想；登上月亮的无穷乐趣，一年级学生怎么能感受理解呢？又如何通过课文学习，激起他们长大去探索宇宙奥秘的遐想和志向呢?

而情境教学，正是细致地体会了作者的写作意图，引导学生进入课文描写的情境，突出课文重点第三、四两句的教学“我在小小的船里坐，只看见闪闪的星星蓝蓝的天”。教学时，教师以一张画有蓝天、星月的很简单的挂图，结合语言描绘把学生带入月夜小朋友凝望像小船一般的弯月的情境中，启发学生观察、思考、想象：“课文中那个小朋友想飞上月亮，你们想上去吗?”“好，现在老师带你们上月亮，想想现在你们正坐在院子里，你看着月亮，听着琴声，看着，听着，慢慢地眯上眼睛，于是你一直向月亮飞去”……图画、音乐与教师形象的描述相结合，使情境具备一定的强度律，学生多种感官兴奋，产生强烈的情绪，想象开去，一个个圆脸上露出甜甜的笑容。这表明他们已进入看着月亮，仿佛飞上月亮的情境中。片刻，孩子睁开眼睛，兴奋地说：“我上月亮了!”“我也上去了!”“我觉得身子轻了!”“我的腿好像长长了!”“我好像有了一对翅膀”……学生真实的感受、美妙的遐想，不仅有眼前的景象，也有广远的意境，且激荡着美好的情感，使学生一个个成了文中的“我”。这就不是文中的那个小朋友上了天，而是“我”上了月亮。这种感情体验的真切感，对课文的亲切感，使学生兴奋不已。阅读过程的多种心理因素积极活动，读出韵文的情味，而且是百读不厌。当进行“我在月亮上，看见______”“在蓝蓝的天上______”的句式训练时，学生恰到好处地表达了自己真实的感受，这与那种搜索枯肠的用规定词造句的情绪与效果是大不一样的。因为情境为学生提供了运用语言的整体的具体形象的场景。在细读过程中，通过创设情境，带入情境，引导学生从蕴含在教材字里行间的情理的整体上来理解词、句、重点段，这样的理解是伴随着形象与情感的理解。这才是真正的语言学习。

同时，如何通过语文教学渗透教育性，发展审美情感及道德情感也随之得到落实。经过如此引导训练，日后就可以不用等待教师带入情境，学生即可运用“视象”，自己进入作品描写的情境，从而理解作品语言，深受作品感染——应该说，这是情境教学的理想境界。

3. 精读——凭借情境品语感，欣赏课文精华

所谓“精读”，要求能在读懂全篇的基础上，抓住课文精华读深。课文精华即绝妙之笔，或一段，或一节，或一词一句。多读精华之处，是体会教材思想感情、提高文字表达能力的重要环节，也是提高学生阅读能力、欣赏水平的有效步骤。并从中形成关于“美”与“丑”、“是”与“非”的审美观念，因此，培养初步的鉴赏能力就显得十分重要。

我们的主要做法是引导学生体会语感。读画，要能悟出其中神韵，体会“画中之情，画外之音”。同时，读书也要能悟出文章中传神的字词。而作为一个读者对文章神韵的敏锐的感受，便是语感。抓住语感便抓住了语言最本质的东西。苏霍姆林斯基曾强调，“学校里应该有一种高度的言语素养，有一种对词的高度敏感的气氛”。在组织学生精读时，教师十分重视对教材语言的形象、节奏、气势以及感情色彩的推敲、品味。文章的语感，非读者在阅读过程中亲自体会不可；教师的讲授、解释是不能代替学生对语言的感受的。到精读阶段，则凭借所创设的情境，抓住教材传神之笔，让学生体会其语感。做法：一是比较，二是诵读。有比较，才有鉴别。比较的方法是最有效的。具体说来，有如下几种：（1）“增”与原文相比；（2）“删”与原文相比；（3）“替换”与原文相比；（4）“前后改动”与原文相比。引导学生比比、读读、想想、讲讲，从而体会到整齐与错乱、细腻与粗略、形象与干巴、具体与空洞、准确与牵强之间的差异，从而在比较中加深感受。例如，《粜米》一课：“‘还是不要的好，我们摇回去放在家里吧!’从简单的心里喷出了这样的愤激的话。”句中“简单的心里”就用“删”与“留”相比的方法，而“喷”则用“替换”相比的方法。这样的推敲、比较，学生对语言的敏感程度必定会逐步提高，在阅读中就会较敏锐地抓住一些富有神韵的词句，在自己的书面表达中也逐步懂得锤炼词语。

文章的语感除了内含的神韵，还可以通过声音和语调显示出它的气势和节奏。因此，在语感教学中，常常把比较词语与比较朗读结合进行。这样一比一读，学生通过自己的运动觉，发出声响，又传到听觉，多种感官活动，从而体会到语感，对文章语感的体会就更深了一层。长此以往，语言的功底才会逐步打好。

如上所述，在情境教学的探索中，摸索出“带入情境读全篇”，“强化情境抓重点”，“凭借情境品语感”适用情境教学的阅读程序，达到“初读——读通——弄清作者思路”，“细读——读懂——理解关键词句段”，“精读——读深——学会欣赏课文精华”。这是顺应了学生学习生活及将来工作实践的阅读程序的。

（三）情境教学在作文教学中的运用

1. 指导方式：以观察情境为基础

“观察情境作文”可作为作文教学的主要形式。所谓“观察情境”，就是去观察世界，不过它更讲究观察客体的意境和观察者本身的情致。从儿童的思维特点、心理特点以及学习语言的特点，可看出观察情境教作文的科学性。

那么，让儿童观察些什么呢？主要是观察大自然，观察社会生活（也包括学校生活），此外也要观察一些艺术作品或具体的实物。这三者从美学原理来讲，正涉及自然美、社会美和艺术美的审美范畴。这样，儿童在学习作文的同时，也势必会感受到美，从而使儿童的情操得到陶冶。在这里，应该十分强调儿童对大自然的观察，那是艺术语言的发源地。在大自然的怀抱中，学生心情愉悦，爱美之情升腾起来，学生的语言会伴随着情感而产生飞跃。生活中种种充满活力的声音，简直像音乐一样诱惑着孩子们。学生观察大自然是持续进行的，概括起来，大致有五个方面，即“春夏秋冬、日月星辰、山川田野、风云雨雪、冰雾雷电”。到了小学中高年级应有计划地引导学生去认识社会生活。观察社会生活，一定要选取那些光明的、美好的人和事。选取那些美的人和事为作文题材，让学生在情境中观察体验，培养学生健康、纯真的情感。这样有选择地带领学生观察社会生活，不仅丰富了写作题材，而且在此过程中学生受到了良好的审美教育和道德教育。

在观察情境中，努力选取鲜明的感知，安排合理的观察程序，提炼富有启发性的导语，那么，学生便有可能做到“多见而识之”。通过学生自己实际的感受，让他们去说、去写，表达的是真实的感受，学生的作文便是有感而发。

2. 指导重点：激发情境，拓宽思路

要想发展学生的语言能力，首先应该发展他们的思维能力。从当代教育的培养目标来要求作文教学，更应该将训练学生的思维、发展他们的创造性，列入教学要求。事实上，只有注重儿童思维的发展，尤其是创造性思维的发展，学生的作文才能写出自己的感受。“观察情境教作文”，通过观察情境，学生获取了题材，写作欲望也随之激起。在作文指导课上，通过教师的引导、描述或某些直观手段，将观察的情境再现学生眼前，唤起他们亲切的回忆，进一步激发写作动机，使思维活动处于活跃状态，教师利用学生急于表达的心理，把重点放在拓宽学生的思路上，促使学生在情境中构思，在情境中表达，进入“情动而辞发”的境界。至于审题立意、布局谋篇的能力，不是靠注入式的教学、靠老师的讲解所能形成的，而是要靠学生在一次又一次的写作实践中、在成功与失败之中去体会、去领悟的。

拓宽学生思路的具体做法，可概括为四点：（1）确定题材范围，自我选材命题；（2）灵活运用提纲，提倡多种组合；（3）抓住重点段落，帮助生发开去；（4）鼓励大胆创造，进行想象性作文。

3. 指导原则：范文引路，实行读写结合

一篇课文就是一个例子，以范文引路，实行读写结合，是提高小学语文教学质量的重要途径。同样，在运用情境教学的过程中，为进一步发挥范文的作用，我们对教材的增选编排以及使用都作了初步的改革。

运用情境教学改革，仅仅是教学途径、手段的问题，重要的是教学内容，即教材。我们的实验以发展儿童的创造精神和审美情趣为重点，带动儿童的全面发展。因为人的创造精神及审美情趣，不仅影响着人的智力发展，而且直接影响人的道德情感、道德观念的形成。实际上，这正是语文教学发展性与教育性的体现。这种指导思想需要通过教材去体现。于是，我们除了使用部编教材，又自行编写了一套补充教材（共十册，已由江苏教育出版社出版）。这套教材的编写意图：（1）体现了实验目标的重点，侧重发展儿童的创造性和审美情趣；（2）体现学科特点，以能力训练为主线，使儿童提早掌握读写工具；（3）考虑未来社会对学生的要求，早期渗透科普教育，注意应用性语言的训练。总的编写原则是“着眼发展，着手基础”。每册50篇，全套500篇，入选文章注重语言规范，文字优美，名家名篇所占比重逐年增加，以真正发挥范文的示范作用，使学生可读、要读、爱读。

一、二年级从改革教学序列、结构着手，采取“识字、阅读、作文”三线同时起步；结合学生生活组成单元，然后根据单元主题，进行观察说话、写话。三至五年级，为强化感知效应，帮助学生掌握规律，采取“四结合”大单元教学，将部编教材按题材类型归类，相对集中，重新组合单元，并紧密结合单元内容，安排观察、访问、劳动、制作等课外活动及相应的习作训练。由于单元入选教材基本属同一范畴，不仅可以强化思想教育，而且可以在习作中帮助学生触类旁通，充分发挥每篇范文的范例作用。教学内容这样编排单元，使读与写、认知与情感、课内与课外、训练语言与发展智力“四结合”，形成一个整体。以单元形式集中教学，集中训练，有利于以读带写，以写促读，文道统一，促进儿童各方面和谐发展。

4. 训练程序：提早起步，螺旋上升

儿童发展的诸多方面，是通过语言实现的。小学阶段学生还处在语言发展的最佳时期，应及早地加以培养训练。为了不失时机地促进儿童的发展，我们对语言训练提早起步，提高起点，从一年级起，在识字的同时，进行大量的语言训练，以词句训练为主，并同时开设口头作文课，包含简单的字词句篇的综合训练。从二年级写观察日记到三年级写情境作文，有词句段篇的训练，克服“注入式”教学搞大量单项的习题式训练的弊病，而是从整体出发，各年级有所侧重，螺旋上升，有效地促进儿童语言的发展。具体做法可概括为四句话：（1）从写“一句话”开始；（2）观察日记打下认识与表达的基础；（3）情境作文是训练的主要方式；（4）辅以各种应用性语言训练。

情境教学的运用，使作文教学出现了生机勃勃的景象。观察情境作文，极大地丰富了学生的表象，他们作文不再为无话可说而苦恼。学生语言文字的基本功，早期得到扎扎实实地训练。因此，学生的思维与语言通过情境作文，得到较大的发展。实验班43个学生，有33人在报纸、杂志上发表了观察日记、作文70余篇，有3名学生的作文在全国获小学生作文一等奖，有93.5%作文成绩达到优良，其中55.8%达到优秀。

情境教学在操作过程中，注重情感的作用，把儿童的情感活动与认知活动结合起来，二者互为手段、互为目的，不仅促进了学科能力的“特殊发展”，而且促进了儿童智力、情感意志的全面发展。从这样的理论高度再思考、再探索，情境教学将获得进一步的发展。

王策三

（1928—2017），安徽省潜山市人，毕业于中国人民大学。中国共产党党员，新中国教学论学科重要奠基人，著名教育理论家，北京师范大学教育学部教授、教育学原理专业博士生导师，中国教育学会教育学分会学术顾问。主要从事教育基本理论和教学论的教学、科学研究和培养研究生等工作。主要论著有：《教学论稿》(专著)、《教育论集》(专著)、《教学认识论》(主编)、《教学实验论》（主编）、《现代教育论》（合作主编）、《基础教育改革论》（合著）。获“当代教育名家”称号。

教学论学科发展三题①

我国教学论学科的发展，在历史新时期的10多年中，获得了长足的进步。这是有目共睹和大家公认的。已经有了不少总结性文章（《中国教育科学的回顾与展望》，《教育研究》杂志社编，教育科学出版社，1988年），不再赘述。近年来，在外部，又不断听到一些议论，如说：教学论苍白无力，脱离实际，不能对教改实践发挥理论指导作用。在内部，教学论工作者对好多问题诸如该学科发展的现状、存在的问题、重要动向等等，理解颇不一致；对于上述的外部的批评，反应也不一样：有的坚决不同意；有的则承认并接受；还有的虽然不同意但却不那么理直气壮。我们认为，这是正常的，正需要广大教学理论工作者、教学实际工作者以及关心这个问题的同志们，从不同的角度，发表各种见解，共同讨论，以期对于某些现

① 本文曾发表于《北京师范大学学报（社会科学版）》1992年第5期。

象和观点，作出比较合理的解释和评价，推动我国教学论学科进一步发展，促进我国教学改革的深化。这里提出个人观察到的一些情况，供研究参考。

一、教学论学科正在发展为一个学科群

（一）教学论分化的趋势

教学论分化的趋势看来是肯定的了。西方早已如此，早已看不到包罗万象、囊括无遗的一个教学论学科。我国也有许多迹象透露了这种信息。是否可以说，从夸美纽斯的《大教学论》发展到今天，走了一条否定之否定的道路。由一本书表述一个学科，不断分化出互相独立的不同部分，又走向一个有机的学科群。简言之，由一个学科发展为一个学科群。

这是符合规律的。一个学科的发展，通常都是在经验积累和理论研究的基础上，形成个别的范畴（概念）。这是认识世界的小阶段，是帮助我们认识和掌握自然现象之网的网上纽结。[①]它表示了一种研究成果，又促进着进一步的研究。诸多“纽结”即范畴（概念）之间发生各种各样的联系便形成一定的科学体系，这反映了研究成果的概括化和系统化，更加推动该学科的研究。可是，当研究进而不断发展，内容逐渐丰富变化，就会生发出新的范畴，已有的体系容纳不下，就要分化出去。在分化的同时，又进行着各式各样的综合。这是并进的，不是光有分化而没有综合。这种分化和综合不仅在教学论学科内部进行着，而且在外部进行着跨学科的综合。这种分化和综合朝着几个方面进行。上向，跟哲学等学科综合，分化出新的领域或学科，如教学认识论、教学辩证法、教学逻辑学、教学科学学、教学系统论、教学信息论、教学控制论等；下向，跟各种应用技术学科综合，分化出新的领域或学科，如课程论、教学模式论、教学方法学、教学技术学、教学艺术论、教学评价学、教学管理学等。横向，跟多得不可胜数的其他有关学科综合，分化出诸如教学伦理学、教学社会学、教学论史、比较教学论、教学生态学、教学病理学、教学实验论，等等。至于在过去很长历史年代早就分化出的分科教学论，如语文教学法、数学教学法、物理教学法等，以及教学心理学、教学卫生学等，就更不必说了。总之，教学论在发展中不断地进行着内部和外部的不同综合，愈来愈多地分化、生长出众多的学科。这种趋势日益明显，甚至呈现出加速度。

（二）教学论研究对象和性质的变化

任何一个学科在其发展的历史过程中，不仅研究的观点不断变化，而且其研究对象也不断变化，教学论也不例外。从上述分化情况看得很清楚，不仅夸美纽斯时代那种教学论不复

① 列宁全集：第38卷［M］. 北京：人民出版社，90.

存在，而且我国和苏联通行的教学论也正在变化，变成了多样性的统一。统一只在于都是面对教学这一客观对象；而在这个统一性之下，具体的研究对象则多样化了（我们在这里特意区分了客观对象和研究对象这两个不同的概念）。出现了众多的教学论学科，它们各自分别地研究教学的不同方面、层次、问题和规律。例如，教学技术学只研究教学的技术方面，研究教学技术的时用问题和规律；教学认识论着重研究教学的认识方面，居于高的层次，如此等等。

研究对象的变化，当然就意味着学科性质的变化。我国教学理论界多年来对教学论学科性质问题存在着不同的观点和争论，归纳起来不外乎三种理解：一是理论科学；二是应用科学；三是理论兼应用科学。这种讨论无疑是有益的，对于明确研究对象、提高研究效益和效率是有帮助的，应该继续讨论下去，不必忙于下结论，更不应定于一论。不过，讨论这个问题可参考的情况之一，就是上面说的教学论学科分化的趋势，要看到研究对象的变化。这就是说，当判定教学论属于何种性质的学科时，首先要问一声：你说的是哪一种教学论？因为教学论学科已经分化为众多的学科组成的学科群。面对这种变化了的新情况，关于学科性质问题的提法就不那么省事了。对于学科群整体而言，如果说它是理论科学显然是不对的，因为它包括了许多应用学科；如果说它是应用学科也显然是不对的，因为它包括了许多理论学科；如果说它是理论兼应用的学科似乎合乎事实，因为它既包括了理论学科，又包括了应用学科；不过，这样说与不说同样，没有什么意义。争论不在这里。争论在于分化之后剩下的一般教学论。它究竟是什么性质的学科呢？据我所知，关于教学论应是理论学科的主张，主要是指这种一般教学论。它是否同时是应用学科呢？这就要对所谓的应用性作具体分析。如果指的是较直接地解决具体操作方法和技术等实际问题，那么，它胜任不了而又有了其他专司其职的学科，如教学方法学、教学技术学等；如果指的是对教学实际提供一般指导的立场、观点和方法，那无疑是适用于一般教学理论的。因为连马克思主义哲学这样高度概括的理论也适用。毛泽东说对于马克思主义的理论，要能够精通它、应用它，精通的目的全在于应用。[①]马克思自己也说哲学家们只是用不同的方式解释世界，而问题在于改变世界。[②]从这个意义上，当然可以说也应该说：一般教学论作为理论学科也是应用学科；不过，这样说与不说也差不多。因为分歧和争议的不是这个意义上的“应用”。而且那样说来就再没有不是应用学科的学科了，也就再没有了理论学科和应用学科的区别和分类了。

这里自然要产生一个问题，即在教学论学科群里，还有没有一般教学论的一席之地？这

① 毛泽东选集：第3卷［M］. 北京：人民出版社，815.

② 马克思恩格斯选集：第1卷［M］. 19.

倒是值得研究的。如果有，那么它的研究对象是什么？发挥什么作用？根据教学论发展的历史经验教训和现实需要，一般教学论不仅是现实存在着的，而且是有可能存在和有必要存在的。它以教学的普遍问题和一般规律为其研究对象。它要依靠和概括其他众多学科的成果，同时向它们提供最一般的图景、发展线索和原理原则。它不能代替其他众学科，也是其他众学科所不能代替的。至于它本身的体系如何变革当然还有待于逐步探索，但研究的实践证明，一般教学论有着独特的优越性。这10多年来，我国教学论工作者讨论了不少的重大理论问题，如教学中发展智力的问题，教学中的非智力因素问题，教师教和学生学的关系问题，教学过程的本质问题……获得了相当可观的成果，积极推动、深深影响了所有教学论学科的研究，进而深入教学实践。这些事例不仅说明一般教学论在教学论学科群里仍然有它一席之地；而且说明它只能是理论科学，也必须是理论科学。换句话说，在诸多应用学科里，上述那些理论问题、普遍问题，是不能够得到全面系统深入研究的；而如果要求一般教学论也像应用学科那样去涉及诸多应用方法、技术问题，那么它也不能做到这一点。其结果，必然是两败俱伤：应用问题不能很好地解决；理论问题也不能很好地研究。在教学论尚处于包罗万象、囊括无遗的形态的时代里，要求一个学科（乃至一本书）兼理论和应用（有特定含义的），这曾经是必然的合理的；而在今天已经加速分化的时代里，就显得不合时宜了。“理论兼应用”不再是一本书或一个学科的事情，而已经是并应该是一个包括众多层次、众多方面的学科群的事情了。至于比例如何，如何谋求合理的优化结构，自然需要进一步研究。从管理和规划的角度看，也许99%应该搞各种应用、开发，只宜用1%搞一般理论研究，但这1%无论如何是必要的。

综上所述，可以引出两条重要的结论：

第一，对原来的或现行的教学论范畴和体系，再也不能抱住不放，不能阻碍它分化和变革的过程，相反地，应该积极促进它的分化，让它的原来各个组成部分分化出去，经由内部或外部的各式各样的交叉、综合，生长出各种各样的独立领域或学科。这既有利于教学理论向着更高层次的抽象水平发展，又有利于增强教学理论的实用性。

第二，我们广大教学论工作者，包括千千万万的教师，就可以根据和结合自己的特点和条件，发扬优势，分别地深入到各个具体领域去探索，天地广阔得很，人人有用武之地。或者侧重一般理论研究，或者侧重某一学科教学研究。具有现代化技术优势的同志，可以着重研究教学技术学、电子计算机教学、人工智能教学，而具有艺术或美学修养的同志，可以着重研究教学艺术论或教学美学；如此等等。不必再为“既要理论又要应用”这种责备求全的束缚，望而却步了。

这样一来，我们的教学的上上下下、方方面面，都能得到不断深入、不断拓新的研究，我们的教学论就会生气勃勃，丰富多彩，而不会苍白无力、理论脱离实际了。

二、教学领域中理论联系实际问题的研究有所进展

“你们理论脱离实际”——这种议论和批评并不是今天才有的，而是很早就有、从来就有的。夸张一点说，它就像一把达摩克利斯剑一直悬在教学论工作者头上。这其实很有好处，使我们时刻如履如临，即使在研究工作有较大进展时也保持清醒的头脑，看到、想到我们的理论本身总还不够好，至于指导教学实践，确实存在问题。

不过，有一个现象却是耐人寻味、发人深思的，就是过去长期以来，人们往往停留于慷慨激昂的一般议论，而很少认真研究一下所谓理论脱离实际问题的实质究竟何在？又怎样有效地解决这个问题？人们也往往满足于一般地号召教学理论工作者要下到教学实践中去，而不再进一步作实质性的具体的研究。可喜的是，近年来在这方面有了重要的进展。理论界越来越多的同志深切地感觉到，一般议论和一般号召无论多么慷慨激昂、多么正确，总归是不够的。必须进行理性的思考，必须探讨具体的机制。这也就是说，对于理论脱离实际问题，不能停留于感性认识水平，而要提高到理性认识水平，要分析它，理解它，从理论上加以解释，把握它的实质。同时，对于“联系”或“结合”问题，也不能满足于“深入实践”等原则性要求，而要具体化，要具体弄清它所需要的条件，经过怎样的具体过程，具体地采取哪些方式方法和手段。《教育研究》杂志1991年第5—11期开辟了“教育理论与实践”专栏笔谈讨论，发表了很多好文章、好见解，对我们教学论学科很有启发。这些年来教学实验蓬勃发展，教学模式研究热烈兴起，更对我们研究和解决理论脱离实际问题，提供了重要的启示。学习之余，试着谈谈我个人对这个问题的一些体会。

（一）如何理解所谓“脱离”的现象

教学领域也跟其他领域一样，理论脱离实际几乎是很容易发生的经常状态。不但在一定条件下是不可避免的，而且也不像有的同志所认为的那样是绝对的“坏事”，仅凭道德义愤也是不能解决问题的。

第一，理论与实际是一个矛盾的两个方面。统一是相对的；而对立是绝对的。当教学理论超前或落后于教学实践时（暂不涉及理论或实践的正误），更容易显出脱离的现象。当新的教学范畴和理论体系初建时，它具有超前性，教学实践未必及时跟上，当然就会发生脱离现象。其实，如果不是这样的话，也就无所谓理论联系实际或指导实践了。当现存的教学理论

范畴和体系容纳不了新内容、解释不了新现象时，它落后了，也就脱离了教学实践。如果至今仍抱住现有的教学理论体系不放，就必然发生这种情况。

第二，教学理论也和其他科学理论一样，虽然来源于实践，由实践派生并服务于实践，但是，教学理论有它相对的独立性。当它产生之后，特别是形成一定体系之后，就有它自己的逻辑，按它自己的逻辑发展，教学实践对理论的作用严格讲只在于促进理论体系自身的改造，理论并非简单地从属于实践。反过来也一样，教学实践也有自己发展的逻辑，也非简单地从属于理论。这是两个系统而不是一个系统。如果不是这样，也就无所谓联系或结合了。

第三，也和其他领域一样，从教学实践到教学理论和从教学理论到教学实践，都有一个转化的过程，要通过一定的手段或工具、一定的方式方法。如果这条道路上出现障碍或断层，没有解决好转化的机制问题，那也就会发生理论与实践脱离的状况。

（二）如何解决“脱离”问题？

的确，这个问题真正重视研究，并获得比较具体的解决线索，还是近若干年的事。换言之，在过去很长时间里，这个问题不仅在教学领域没有得到很好的研究，而且哲学认识论也还未解决好。直至20世纪80年代初，我国哲学工作者仍然认为，“如果说，从物质到精神的阶段中，感性认识和理性认识的关系，人们已有较多的研究，哲学史上留下不少的材料，那么，对于马克思主义者提出的精神到物质，即认识到实践这个意义更加伟大的飞跃，我们至今还缺乏研究（注意，这里不是指唯心主义者所说的‘精神到物质’，对这个东西人们的研究是不少的，特别是黑格尔）。这个飞跃过程究竟有几个阶段，有多少环节，我们还不清楚”。[①]随着研究的深入，这个问题被强调地提了出来，哲学工作者和教学论工作者，已陆续开展了这方面的探索，并获得了一些成果。

概括说来，理论联系实际这件事，包括两个方面即理论本身的品质和向实践转化这样两个方面。

先来考察一下理论本身这个方面。

不是任何教学理论都能转化为教学实践的，必须理论本身具备某些品质。

能够转化为实践的理论所应具备的基本品质之一，就是它应有一定的实践性。就是说，这种理论是反映实际的理论，而反映实际的理论同时也是现实性的、具体性的理论。反之，不现实的理论、抽象的理论即空泛的或超社会历史和具体时间、地点、条件的没有具体规定

① 参见吴江《认识论十讲》，上海人民出版社1982年版第112、113页。着重号为引者所加。又参见李声禄《理论到实践发展阶段初探》，按苗、王军《实践检验真理的具体过程初探》。以上两文均载《实践·认识·真理》一书，四川人民出版社1982年版。

性的理论，是不能转化为实践的。我们的教学理论在这一点上既有成功的经验，也有失败的教训。例如，关于知识教学和智力发展的关系，在20世纪80年代前，我们受苏联凯洛夫教学论的影响，仅仅满足于这样的一般议论：在传授和学习知识的同时，学生的智力也就得到了发展。掌握知识是发展智力的基础，而发展智力又能促进知识学习。但经过新的研究，特别是赞科夫和我国学者近些年的研究和实验，就发现并证明上述理论是比较空泛的，不实际、不全面、不具体，因而很难转化为实践，很难有效地指导实践；相反地，掩盖了甚至助长了教学实践中偏重知识教学而忽视发展智力的偏差。

对此，作为教学理论工作者的我们，是应该深长思之的。如果有人批评我们的理论脱离实际，指的不是全体而是上面说的这种情况，那是不应该否认的，相反，应该老老实实承认，并以此批评鞭策、推动我们的理论研究。我们的理论研究应该面向实践，有的放矢，遵循从感性认识到理性认识的路线，力图从理论和实践的结合上研究和说明客观事物，回答现实提出的重大问题。尽量避免只在既有的教学论范畴体系里因循辗转，重复空泛的议论，为写而写，乃至为发表而写。再以知识教学和智力发展的关系问题为例，这几年的理论研究由于针对性和现实性加强，自觉朝具体化方面努力，因而进展较大，较前进一步深知：知识教学和智力发展的统一是有条件的而不是自发的。要作出专门的努力，要在教学目标、教材教法等一系列环节上建立两者具体的联系，要经过一个过程，教学要使学生对知识技能由一般掌握逐步系统化、概括化、个性化，才能逐步转化为一定的能力。这种理论研究确实受到了教学实践工作者的欢迎和肯定，已经或正在逐步转化为教学实践，不同程度地在广大教师的思想认识上、教学大纲和教材的制定编写上、日常教学工作上体现出来。

能够转化为实践的理论所应具备的再一个基本品质，就是要有适度的超前性。一是要超前。落后于实践的理论要么不能指导实践，要么拉实践后腿，是不应该的，最终也是不可能的。跟实践同步的理论也没有什么意义，这个道理不言而喻。唯有对实践具有超前性的理论，才有转化为实践、指导实践的意义。二是要适度，要有一个恰当的距离。过分超前或距离太大都缺乏现实的可能性，难以转化。所谓适度当然是相对的、变化的，取决于主客观的具体条件。例如，关于知识教学和智力发展统一的理论，在今天是适度的，因为客观上对这个问题解决的迫切性空前地增加了；同时心理学和教学论本身的科学成果也提供了解决这个问题的新条件。对比而言，20世纪60年代美国布鲁纳等人提倡的结构课程、发现教学的理论，由于不具备相应的条件——脱离教师和学生的现实水平、学科结构尚处于难以捉摸的状态——所以在付诸实践时就受到了挫折。苏联达维多夫等人提出从小学一年级就培养理论思维、实施从抽象到具体的学科结构的教学形成理论，他们自己也认为这种理论距离现实还较远。

简略地考察了理论本身的品质之后，让我们来讨论一下向实践转化这个方面。

向实践转化，也就是理论回到实践、指导实践，同时也是理论接受检验、修正和进一步丰富发展。这几者是统一的过程，实质上它们是一回事。比起从实践向理论转化而言，这个从理论向实践转化是意义更加伟大的飞跃。因为不经转化为实践，则理论就没有现实的意义；再好的评论如不经转化是回不到实践的。教学论工作者对这一点体会是深切的。许多具有实践性和适度超前性的教学理论，由于这个转化环节没有解决好，以致未能回到实践、指导实践，并接受检验和进一步发展，更有甚者因此而怀疑到这些教学理论本身不好。我们认为，在教学领域，所谓“理论脱离实际”的议论，相当一部分是由此而生的。所以，当哲学工作者提出这个转化环节研究薄弱、应该注意和加强研究的时候，就引起了教学论工作者极大的兴趣，愿意而且一定要进行这方面的研究。

那么，这个转化过程究竟是怎样的呢？显然，像魔术师变魔术那样是不行的；像黑格尔那样在纯思辨中进行也是荒谬的。我们借助哲学工作者的研究成果，总结教学理论和实践的经验教训，初步获得一些线索。

1. 理论要“掌握群众”

理论要回到实践，首先要有使用实践力量的人。要使这个理论为人所掌握，为群众所掌握。某种教学理论要指导教学实践，首先要靠广大教师以及教学管理工作者，学习、理解、掌握这种教学理论。如果没有这一条，那么，再好的教学理论也永远只是理论，不会回到实践，不能指导实践，永远脱离实践。从这个意义上说，教学理论是不是脱离实践，这个主动权和决定权，操在教学实践者手里。在现实中，我们既可以看到教学理论本身有问题从而脱离教学实践；也可以看到有些理论脱离实际现象的发生，是由于教师和教育行政工作者没有很好地学习、理解、掌握相应的教学理论。这是不能否认的，把理论脱离实际的责任一味地或完全地归诸教学理论，是不合事实的，不公正的。教学理论工作者在这里的责任是，除了尽量使理论具有科学性而外，还要对理论多做传播工作，特别是通俗化的工作，以便广大教师易于学习、理解和掌握。

2. 要经历几个环节

广大教师对某种教学理论有所学习、理解和掌握，这还不等于自然而然地会回到实践，还要经过一系列的步骤。在有关的研究中，对此概括和表述不尽相同，约有以下几种说法：两阶段说：（1）以思维为主的认识情况的过程（目的、模式、计划、决心）；（2）以行动为主的行动过程（试验、推广）。[①]

三阶段说，又有两种说法。一种说法：（1）理论、目的的提出和计划、方案的制定；（2）计划、方案的实施；（3）实践的结果。[②]另一种说法：（1）实践目的；（2）制定实现实践目标的具体方案；（3）典型试验。[③]

四阶段说：（1）提出目标；（2）制订方案；（3）选择方法；（4）分析结果。[④]

这些划分和描述，从不同角度着眼，各有优越之处，能够帮助我们深入地、全面地认识问题。在教学领域，一般常见的过程大体是：

（1）提出教学目的；（2）制订教学方案；（3）开展教学活动；（4）分析教学结果。

大而言之，中小学整个教学计划的制订和实施前前后后的全过程是这样；小而言之，教师在日常教学中的一节课前前后后的情况也是这样。展开一些说，就是：

我们学校的教学目的是根据马克思主义关于个人全面发展的理论和教学基本理论而制定的。这些理论是教学目的的前提，没有这些理论就提不出这种目的；可是反过来说，如果不提出教学目的，那么这些理论即使再好也不能转化为教学实践。因为目的是实践的出发点和动力。所以广大教师必须把学习、理解、掌握的某些理论与当前现实情况结合，经过分析和综合研究，提出教学实践目的。这是教学理论向教学实践转化的第一步。停留于教学目的这一步还不够，还要进一步具体化为行动方案、计划，或观念模型、模式，包括：教学内容、教学活动、师生关系以及它们在时间、空间上怎样互相交错配置。每位教师上课都要写和会写教案，就是做的这一步工作。教学的方案、计划或模型、模式，是教学理论走向教学实践的桥梁和结合点。教学科学的追求之一，从实践这一头来说，就是希望教师们的教案日益具有理论自觉性、科学性；而从理论这一头来说，就是希望书本上的东西能真正变成教师们的教案。但是，到此为止，还没有超出思想、认识、精神范畴，还未真正回到实践，所以第三步是要将教案付诸行动、活动、实施。一方面坚持实施所设定的目的和既定方案，另一方面排除各种无关或不利因素的干扰。这才算真正回到了实践。不过，教学实践也和人类其他一切实践活动一样，不同于动物本能活动，也不只是形体动作或物质变换活动，而是寓有理性和社会意义的活动。这种活动在多大程度上达到了目的，所依据的理论在多大程度上合乎实际、合乎科学，还要视其结果来确定，所以教学效果的分析与评价，也是理论回到实践的一个必经环节。特别是理论回到实践，不仅为了指导实践，而且还要接受检验，进而修正和进

① 李声禄.理论到实践发展阶段初探［M］.实践·认识·真理.成都：四川人民出版社，1982.

② 按苗，王军.实践检验真理的具体过程初探［M］//实践·认识·真理.成都：四川人民出版社，1982.

③ 张恩慈.认识论原理［M］.第19章.

④ 北京师范大学教育系.教学认识论［M］.247.

一步发展理论自身。这就更要经过评价这个环节。

3. 要重视教学实验、教学模式的研究

从以上的叙述，我们可以很自然地得出这个结论。不难理解：教学理论向教学实践转化，回到实践、指导实践、接受实践检验、修正和进一步发展等等活动过程，其实就是我们近年来热烈讨论和实行的教学改革实验，同时也就是教学模式的生成过程。只不过我们一些同志一方面兴高采烈地赞赏和参与教学实验，一方面却又在那里消极议论：教学理论还脱离着实际；而没有把这两件事情联系起来，没有意识到：教学实验的兴起和教学模式研究的开展，正在切实地解决教学理论脱离实际的问题。我们试对国内外任何一个教学实验分析一下，无不体现了理论向实践转化和进一步发展的过程。例如，规模很大的自学辅导实验，就是根据教师指导学生学习书本知识的理论、学生应该作为教学主体的理论、学生学习具有个别差异的理论……第一步提出教会学生自己读书以达到培养自学能力和提高教学质量的目的；第二步接着设计特殊教材或自学提纲、课程类型、教学方法，以及教师和学生活动的安排。第三步付诸实施；最后，对学生学业成绩和能力进行分析评定。这样，有关的教学理论不仅化为实际活动，指导教学获得实际效果，而且生成了自学辅导教学模式。又例如，我国小学低年级识字教学实验，根据两种理论，分别形成两种各具特色的识字教学模式。这是大家熟知并称道的。其一，主要从汉字本身的特点，如严谨的结构、形音义之间有规律性的联系等，运用分析的方法，采取识字、阅读、写作分步走的教学结构，于是而有“集中识字”的教学实验；其二，主要着眼于语文学习的整体性，利用汉语拼音以克服汉字表音功能差的弱点，运用综合的方法，采取识字、阅读、写作同步的教学结构，于是而有“注音识字、提前读写”的实验。这两种教学实验实际效果都很好，也都证明各自依据的理论回到了实践，指导了实践。同时，它们也都不同程度地检验、丰富了我国语文教学理论乃至汉字语言理论。其他如赞科夫的教学实验，正是他关于教学与发展理论，转化为实践，回到实践，指导实践并接受实践检验和进一步发展的过程。布鲁纳的教学实验，包括他亲自在一些实验学校小型实验和20世纪60年代初美国的课程改革运动，也正是他的“结构—发现”的理论转化、回到、指导教学实践并受到严酷检验的过程。布卢姆的教学实验，则是他关于教学目标分类学、形成性评价和掌握学习等理论应用于教学实践的活动；如此等等。他们也都使各自的理论通过实践逐步形成各具特色的教学体系实即教学模式。

由此可见，教学实验的开展和教学模式的生成，正是教学理论和教学实践之间的桥梁，正是教学理论转化、回到、指导实践并接受实践检验的重要形式和结果。令人欣喜的是，我国近年来教学实验蓬勃发展起来，教学模式的理论研究也应运兴起。不仅在内容和形式上体现了理论和实际相结合，而且在队伍上也体现了这种结合。就是说，教学实验和教学模式的研究，把教学理论工作者和教学实际工作者包括广大教师和教育行政管理工作者，联系到一起。可以认为，教学实验的兴起和教学模式研究的开展，使传统上教学理论和教学实践的关系发生了一个重大变化。我们应该及时地觉察到这种变化，及时把握这种变化，积极参与教学实验和教学模式的研究。这种变化不仅使理论向实践转化这一飞跃过程具体化了（本文重点讨论的是这一方面）；而且对从实践到理论的飞跃过程，也加深了理解。对于在实践基础上从感性认识到理性认识路线，不能误解为：从头做起，走着瞧，等待自然的恩赐；而理论先行，进行教学实验，生成教学模式，进而上升理论，乃是有效的途径。

4. 要全面看问题，防止简单化

对于教学理论向教学实践转化问题，通过以上论述可以说具体化一些了，但严格讲还是简单化了的。根据历史和现实的经验教训，特别要提到以下几点：

第一，教学理论对教学实践的指导具有间接性，不是直接实现的。例如，要通过人，借助物质力量，要经过几个环节，采取一定的形式，等等。这从上边的叙述中已经看到了。

第二，间接性还表现出层次性。教学理论和教学实践之间的联系呈现出一种链条或阶梯的形态。苏联赞科夫等人在其《教学与发展》一书中有这么一段话说得很有道理，合乎事实。他们说：从实践、实验基础上产生的教学论原则，“以后会离开教师现实日常活动、每个学科的特点、掌握学科内容的程度以及学生发展的特点等等，而发挥指导调节作用，那时，以产生直接效能为特征的教学法，便在其推行的过程中，不断地具体指导教师的工作。实验体系的指导思想及其教学论原则，就是靠教学法才得以在教师日常活动和学习中得到贯彻”。[①]

这就是说，理论一旦产生就“离开”了实践；它再回到实践和指导实践，要途经教学法这个中间层次的学科。其实按照我们在本文开始所讲，中间学科还更多。它们与实践之间“离开”的程度和“结合”的路线、方法各不一样，显出很多的层次。如果我们不建立起层次性概念，把理论转化为实践的过程看成一次到位的事，对于不同的学科等量齐观，那就未免简单化了。

第三，整体性。这在前边论述时暂且搁置和舍弃了未谈，因为它是一个总的问题需要集中讨论。所谓整体性，就是教学理论向实践转化，虽然一般可以说具体的某一理论指导了实践，但严格讲这是形而上学的说法，是把它从整体中抽出来孤立静止地加以考察的。事实上，没有什么某一孤立的教学理论单独地发挥指导实践的作用，而是已有的理论的全部总和

① 参见《教学与发展》（中译本），文化教育出版社1980年版第371页。重点为引者所加。

起作用的，并且呈现出一条历史长河。例如，赞科夫的教学与发展理论通过实验、指导实践，一方面可以说五大原则是主要的、具体的、起作用的理论，但另一方面又应当说是纵横多学科历史成果的总和在起作用，而且也只是无尽之流中截取的一段。又例如，我国上海青浦县的数学大面积提高质量的教学实验，总结出四条基本原理即：情意原理、序进原理、活动原理和反馈原理。这固然是相当好的抽象概括，也突出了重点。但如果更仔细地看一看，我们认为这是在中外传统教学理论与实践的总和中突出了某些固有的成分，添加了某些新的成分，主要是加强了探索、活动、情感、反馈、回授等因素，从而引起了指导理论整体的改组和质的变化。正是这种理论的整体发挥着指导作用，而不单是某几条脱离整体的原理径直发挥作用。因此可以说，理论指导实践是整体效应或整体与重点相结合的效应。理论与实践的对应，只是在极有限的范围内极个别的问题上，可以相对地看到简单的一对一、线性因果联系。我们在一个时期中曾对此有所误解：所谓“学一点，用一点”“用什么，学什么”“现学现用”“学了就用”……这从哲学认识论来说，就是经验主义，甚至是白板论。它既否定了理论的系统性、整体性，也曲解了实践的真正含义。马克思主义所谓的实践是社会历史实践，只包括而不局限于个体、当前的实践。而所谓的理论，其产生和发挥作用，也决离不开人类所创造的全部知识总和。

第四，我们还必须考虑到社会学因素的影响。这也是上面论述时暂时撇开了的。这就是说，上面的分析主要是从认识论角度进行的，而未涉及社会政治、经济、文化等因素，特别是未涉及价值观。列宁曾经指出有一句著名的格言说：几何学公理要是触犯了人们的利益，那也一定会遇到反驳的。[①]现实中一个特别突出的例子，就是片面追求升学率，一切围着升学考试转，极大地阻碍了全面发展教育方针的贯彻。教学实验遇到极大的困难，在临毕业的班级（初三、高三）几乎无法进行。即使是最好的教学理论、教学模式、教学方法策略技术，只要和升学考试不合拍，都只会搁置一边。因此，教学理论向教学实践转化，还必须具备相应的社会条件，包括正确的社会动机和良好的社会环境。

综上所述，教学领域“理论脱离实际”问题，的确正在受到重视和较认真的研究，主要表现在对这个问题的实质开始进行理性的思考，同时，具体地探讨向实践转化的各种条件和运行机制。这就比停留于一般议论、批评和号召，前进了一步。但是必须看到，理论联系实际问题毕竟是个非常复杂的问题，以上所说的教学实验和教学模式，只是其中具体化、形式化的一途。事实上，理论和实际的联系要广泛、深刻得无比，并不能都具体化、形式化。所以还要继续研究下去。无疑这是一个永恒的课题。

---

① 列宁全集：第17卷［M］. 11.

三、一个值得注意的动向——“科学主义”和“人本主义”的对峙的影响

在教学理论和实践中，日益表现出显著不同、互相分歧对立的两种教学思潮、教学模式、教学倾向或偏向。这就是“科学主义”和“人本主义”两大思潮对峙的影响。这种现象在西方有着久远的历史渊源、广阔的社会背景、特别是深刻的心理学和哲学的基础，随着国际交流的开展，也影响到我国。这是一个很值得注意的动向。对这两大思潮本身进行全面研究不是本文的任务，这里只是指出二者在教学领域的若干重要表现。

在“科学主义”思潮影响下，教学论认为，教学追求的结果主要是学生掌握可见可测的知识技能技巧，而不大重视学生个性、需要、兴趣、情感、意志等的发展；因此，教学论也就认定教学认识过程主要是一种认知活动、理性（智）活动、逻辑思维活动，不大注意它同时也是情感交流活动、非（超）理性（智）活动、艺术形象思维和创造活动；也因此，教学论的研究就把教学主要当作一个“科学”的过程，探索其客观的稳定程式、方法和规则，而不大注意它作为个性影响、道德践履、艺术审美的过程。唯其理论观点如此，所以在研究方法上主要崇尚自然科学实证方法，强调“规范化”、数量化，而不大注意甚至否定其他的方法如理论地、艺术地、直觉地把握世界的方法，不重整体、本质的研究。简言之，在“科学主义”思潮影响下的教学论，重视“科学”因素而忽视“人”的因素。这是它的主要特征。甚至对于教学中的教师和学生，也主要不是把他们看作活生生的人，而是知识技能的载体——传授者和接受者。所谓好教师，就是因为他身上载有很多知识技能，包括一般的知识技能以及传授这些知识技能的知识技能；所谓好学生，就是因为他是善于接受知识者。

在“人本主义”思潮影响下，情况大都相反，认为教学追求的结果主要是价值的实现、学生个性发展需要和兴趣的满足、感情的宣泄等，而不大重视掌握多少知识技能；因此，这种思潮影响下的教学论，也就认定教学过程主要是人的个性交往、情感交流、即时创造等非（超）理性（智）、艺术审美、社会化的过程；也因此，教学论就主要探讨教学中的人际关系、情感效应、潜意识活动等，而不大注意教学的程序、法则、方法等。唯其抱着这种理论观点，所以在研究方法上崇尚自然主义，一般重视主观的方法而轻视客观的方法，重整体而轻分析。简言之，重视“人”的因素而忽视“科学”因素是这种教学论的主要特征。甚至认为教师有多少科学知识和教学技巧乃是次要的，教学过程无一定形式和章法，因人而异，依赖于教师和学生的个性以及各种具体的情景。

当然，以上的描述是多少夸张了的，其用意是为了突出两者对立的尖锐性和鲜明性。事

实上，没有哪一种教学体系包括理论和实践两个方面完备地具有这些特征，能够绝对地划入某一思潮，也没有哪两种教学体系之间竟如此的泾渭分明以至水火不容。但是，不同程度、不同形式的对立则是真实的，而且在某一时期、某一范围内，其中一种倾向较占优势而另一种倾向被掩盖，这也是事实。例如，20世纪50年代程序教学流行，20世纪60年代结构课程论受到热烈关注，多少反映了“科学主义”思潮的抬头；而20世纪七八十年代“非指导性”教学、隐形课程研究的兴起，则多少反映了“人本主义”思潮影响的增强。我国20世纪80年代兴起教育实验的热潮，有力地反对了教条主义和经验主义，但同时比较强调自然科学实证方法而忽视自然的、整体的社会学方法，这多少在研究方法领域反映出“科学主义”的影响。

在指出“科学主义”和“人本主义”两种教学思潮对峙的若干重要表现之后，就让我们来讨论几个问题。

（一）为什么说这是一个值得注意的动向？

这是一种带有规律性的现象。上面曾经提到，它有久远的历史渊源、广阔的社会背景特别是深刻的心理学和哲学基础。它的影响是全面的。不像有的同志认为的那样似乎只涉及课程之类的局部教学论问题，而是深深地渗透到包括教学本质、教学目标、教学过程、教学方法等在内的各个方面。不仅影响着教学论的理论体系，而且影响着教学论的研究方法。它的影响不仅是全面的，而且将持续一个相当长的时期，它是继实质主义与形式主义（通常称为“实质教育派”和“形式教育派”之争）、主知主义与行动主义（通常称为以赫尔巴特为代表的“传统教育”派和以杜威为代表的“进步教育”派之争）的对峙之后，刚刚突显出来的又一场更广泛、更深刻的论争。

这种动向之所以值得注意，是因为它为我们观察当代和今后一段时期教学论学科发展，提供了一条重要线索。掌握这条线索，就可以较好地对各种教学体系把握其基本倾向、主要特点和运动的规律，以及它的优势和局限性。同时，这两大思潮的论争，客观上促进着教学理论和实践的发展，因而也促进着我们全面地看问题，防止片面性、绝对化乃至僵化。

（二）我们的评价和对策应该是怎样的呢？

从今天教学理论和实践发展所达到的高度来看，以上两种教学思潮及其实际模式，显然都是片面的，但也都有其合理因素。我们应抱的态度，简单说就是要批判吸收。

教学论历来与哲学、心理学关系密切并深受其影响。上面所说的两大教学论思潮和倾向便是直接受到哲学、心理学上“科学主义”和“人本主义”两大思潮影响的产物①。所以我们的批判必须触及根本，密切联系其哲学、心理学基础来进行。本文的任务不在于系统讨论这些哲学、心理学思潮本身，主要讨论教学理论界存在的一些思想认识问题。

我们有些同志全盘肯定“科学主义”，认为教学难道不是一种科学活动吗？要求合乎科学规范还有什么疑问吗？这是极有代表性的、有影响的一种观点。殊不知这是对“科学主义”的本质缺乏认识，也说明其对教学本质认识不够全面。应该严格区别清楚：“科学主义”和“科学”不是一个概念，或者说，“科学主义”者所讲的“科学”与我们所讲的“科学”不是一个概念。我们是辩证唯物主义者和历史唯物主义者。我们所理解的科学是反映客观世界的认识活动和成果。它的根本特点是符合客观世界的本来面目，不仅要求细节上真实，更要求本质上真实。另外，我们也在与艺术相对应时使用科学这个概念，艺术主要借助于形象诉诸情感领域；而科学则主要借助于逻辑概念，诉诸理智领域。但是，“科学主义”者有它独特的理解，它所谓的科学只是实证自然科学，只承认感觉范围内的东西，否认或轻视理论推论。只讲求事实和证明（证实或证伪）、数据精确、逻辑或语言明确，而不管教学的全体和本质，不管教学本身内部联系以及与其他外部事物、特别是与社会历史文化、价值观念等等的联系。通过这种简单对比，就可以基本上知道我们同“科学主义”的分歧，知道“科学主义”是片面的但又有合理因素，知道它对教学论既有利处又有害处。我们应该用其利而避其害。

“科学主义”者重感觉、经验、事实、逻辑、语言的精确和明确，重外部现象或外显行为的可见、可测、可证，这对克服单纯思辨和满足于笼统的经验等缺点，无疑是正确的、有用的。问题在于它“唯”此而否定、抛弃其他的一切，这就不正确了。教学是一个包括社会、自然、物质、文化……各种现象的综合体，又主要属于社会历史文化现象，教学理论和实践需要“科学主义”者所重视的那些东西，在多年教条主义、经验主义积习很深的背景下，当前，也许仍然需要，但是，“科学主义”的一套却又远远不能满足教学理论和实践的全部需要。只有依靠辩证唯物主义和历史唯物主义，才能把握教学的整体，才能揭示教学的本质。如果依靠“科学主义”，不仅做不到这一点，而且会相反，使我们只见树木不见森林，抓住局部而丢了全体，以表面现象掩盖了本质。这种教训在教育史上和现实中都是深刻的。例如，智力测验，作为个别方法之一，当然是可取的。但是在“科学主义”影响下，特别是在早期，抛开前提条件，不管社会政治、经济、文化、教育、民族、阶级、阶层等等极其复杂、

① 我国哲学界一般把现代西方哲学区分为科学主义（或称实证主义、理性主义）和人本主义（或称非理性主义）两种主要思潮。这种划分当然是不严格的。参见复旦大学哲学系现代哲学研究所编《现代西方哲学概论》，复旦大学出版社1986年版，第8页。从现代西方哲学各流派所代表的社会思潮的总倾向或基本特征来看，它们大体上可以分为两类：唯科学主义和人本主义。参见王克千、欧力同等编著《现代西方哲学流派》，第6页。

多样的差别，而使用某种量表普遍施测。它曾经被认为是有效的证明工具，即证明发达国家有产阶级子弟的智力，生来比无产阶级、少数民族人民子弟的智力高。这可说是用“实证”掩盖了事物本质的典型例子。又例如，教学实验，在一定范围和条件下，实行变量分离和精确地测量效果，当然是必需的，但是在“科学主义”影响下，硬要对各种教师、各种课程、各种教法和各种的教学效果，跟广阔、深刻、复杂多样的社会、历史、文化、心理背景和教学的具体情境等，都实行所谓变量分离；也不顾教学效果大多是模糊性的、长效的、后效的、随往后的各种条件变异的等等特点，都要求当前进行精确的检测和量化，便遽作终结性判断。这一切，很难说真实地反映了实际和合乎科学。这要算是表明“科学主义”不科学的一个例子。我们认为唯一正确的态度，就是运用辩证唯物主义和历史唯物主义的科学方法论，对“科学主义”加以分析，否定其错误的整体，吸取其合理因素，置于我们的科学方法指导下，纳入我们的方法体系整体而发挥其积极作用。

对于“人本主义”也应该抱同样的原则态度。有的同志完全肯定，而有的同志又完全否定，这都是不正确的和不利的。

所谓“人本主义”，作为一种世界观，它要超越唯物、唯心的对立而唯“人”，从人的存在本身出发。人的存在本身是什么？他们说法不一。一般说大都是指人的非理性的情感意志或下意识的心理和本能活动。认为只有处于这种状态中的人才能领悟到自己的真正存在，并从而能领悟到其他一切存在物的真实存在。离开了这种人，其他一切存在都将失去意义[①]。仅就教学论而言，注意到这种“人”的因素，看到它们的存在以及它们的作用，认真地研究它们，利用它们，无疑是应该的。无论是教条主义、经验主义，或者是刚刚在上边讨论的“科学主义”或实证主义、理性主义，都忽视或排斥了对这种“人”的因素的存在和作用，给教学论造成严重的片面性和消极后果。现代心理学研究和教学实验的积极成果表明，加强对教学中人的情感意志以及潜意识等现象的研究和利用，是教学理论和实践发展中的重要进步。但是，对于“人本主义”及其对教学论的影响，从整体上或原则上又是必须持否定的、批判的态度的。依照辩证唯物主义、特别是历史唯物主义的世界观和方法论，人是全面的完整的。孤立地片面地强调乃至吹胀非智力因素或“人”的因素，跟孤立地、片面地强调乃至吹胀理性主义或“科学”因素，是两个极端，其错误性质是正相同的。尤其根本的一点，“人本主义”把上述“人”的因素、特别是非理性因素本体化，是不能认同的。它抛开社会历史实践，抛开物质生产、生活条件，抛开社会关系，抽象地谈人，是无从理解人、把握人的，事实上会这样那样掩盖、歪曲人的现实的本质。仅就教学论而言，人（教师和学生）的情感、

① 复旦大学哲学系现代哲学研究所．现代西方哲学概论［M］．13．

意志、兴趣、需要、爱好、独特个性等等因素，固然是重要的存在，也具有重要的作用，但它们不是自然而然存在的，不能自身规定自身，它们自身还是被规定的，决定于社会历史实践（包括他们自身参加的实践）、社会物质生活条件、社会关系，它们不能作为出发点，或者确切地说不能作为根本的、最终的出发点。教师和学生热爱科学和相互友爱的情感，顽强地实现教学目标的意志、求知的兴趣、发展身体的需要，等等，从根本上讲取决于环境和教育，是有待于培养才会有的。在教育教学中，“人”，与其说是“本”，不如说是“果”；若说“人”是目的，却不是随心所欲的。所以说，对于“人本主义”，我们也必须运用辩证唯物主义和历史唯物主义的观点和方法，从其整体中把合理有用的因素剥离出来，纳入我们方法体系的整体中，发挥其积极作用。

（三）在马克思主义教学认识论的基础上，实行多样综合

这是从前边关于评价和对策的论述中应该得出的具体结论。这又包含两个要点。第一，对于“科学主义”和“人本主义”中的合理成分或因素，经过批判剥离出来之后，仍然不能现成地拿来，而必须加以改造。这主要的就是在马克思主义教学认识论的基础上加以运用。对它们各自的种种命题作出本质上不同的解释，摆到应有的、适当的地位。根据辩证唯物主义和历史唯物主义原理，教学总是受一定社会（阶级）条件和教育方针制约的，教师领导学生学习和发展的活动，本质上是一种人的认识活动亦即教师教学生学的认识活动，在教师教导下学生能动地反映客观世界的活动。教学认识活动要遵循它固有的客观规律，这些规律既体现了人类认识的普遍性，又体现了教学的特殊性。这样一来，无论是“科学主义”所强调的认知、理性（智）活动、逻辑思维活动，或是“人本主义”所强调的情感、意志、非（超）理性（智）活动，等等，都是教师、学生对客观世界的反映活动；都是需要的但又都只是部分而非全部；更不是本质或独立的实（本）体。第二，对于“科学主义”和“人本主义”中的合理成分或因素，经过批判改造之后，究竟采取什么形式具体地运用，这就要实行多样的综合，这也是改造的继续和具体地落到实处。综合不是机械地拼合，而是使各种因素组合成一个有机的整体，从整体出发有机地结合。各种被综合的因素或成分，在整体中绝不是等量齐观、千篇一律的，而必然是和应该是多样的。因为教学活动非常复杂。外部的社会历史文化条件各不相同；内部的目的、课程、教材、方法、形式各有特点；教师和学生又都是各有独特个性的活生生的人。因此，每一教学活动如一堂课便有自己的特点；而不同的教学活动如不同的课，就会千差万别。一方面，每一教学活动都是活生生的丰满的整体；另一方面，组成教学体系的又是极其多样的个体。在一般教学实践和教学实验中，有的可能理性成分强些，而有的可能情感色彩浓些；有的可能操作性强些，有的可能思辨性深些；有的可能逻辑性强些，有的可能形象性鲜明些；有的可能侧重分析性，有的可能更重视整体；有的可能更多体现出科学性的特点，有的可能更多地体现艺术性特点，还有的可能更多地体现技术性特点，如此等等。前文已经提及，事实上没有哪一种教学体系简单地从属于某一种思潮，也没有哪两种教学体系之间各执一端和水火不容，而是在各种不同的具体情况下，表现出某种优势倾向。而这，实际就是我们正在讨论的多样综合的结果；只不过人们做得不自觉，更没有（有的则是不可能）明确地以马克思主义教学论为理论基础罢了。

以上，我们对教学论学科发展的现状、存在的问题以及某些重要的动向，作了一些考察、讨论、解释和评价，即教学论正在发展成为一个学科群；教学领域中的“理论联系实际”问题的研究，正在取得进展；“科学主义”和“人本主义”对峙是一个值得注意的动向。这三者，既是重要的事实，又是重要的成果或线索。我们应该引起足够的重视，深入思考，加强研究，把握动向，扩大、发展已经取得的成果，使我们的教学论学科的层次结构更加合理更有力量，更好地把教学理论和教学实践紧密地结合起来，既有效地促进教学实践的改革，又使我们的教学理论丰富起来。

谈松华

1935年生，籍贯上海，北京大学、北京师范大学、华东师范大学兼职教授，清华大学中国科技政策研究中心资深研究员。参与起草了《中国教育改革和发展纲要》、国务院《教育振兴行动计划》《中共中央、国务院关于深化改革，全面推进素质教育的决定》《中国教育改革和发展规划纲要（2010—2020）》，主持了国家重大课题“中国区域教育现代化”共三期，参与了国家“九五”“十五”教育发展规划和远景目标的制定。在《中国社会科学》《人民日报》《求是》《教育研究》等期刊报纸发表文章220余篇，主编《中国教育现代化的区域发展》等专著10余部。享受国务院政府特殊津贴，获“当代教育名家”称号。

我国人力资源开发的现实途径[①]

——教育、劳动制度与人力资源开发

一、我国人力资源开发的主要特点与途径选择

第一，我国人力资源开发潜力大，且具有一定的开发优势，主要问题是人力整体素质还不高。提高人力素质是变人口负担为人力资源优势的关键所在。

我国人口基数大，劳动年龄人口（16—59岁）比例高，劳动力后备资源丰富，1989年，

① 本文曾发表于《教育研究》1992年第5期，《中国社会科学（英文版Social Sciences in China）》，1994.2〈春季刊〉全文转载。

我国劳动力资源总数为68364万人，其中社会劳动者55329万人[①]，1990年，我国劳动年龄人口为6.96亿人，0—14岁人口3.21亿人[②]，其中一部分在今后10年内亦将陆续参加劳动大军，这为开拓生产的广度和深度提供了丰富的劳动力资源。由于社会主义制度的优越性，由于国家日益重视文化教育建设，与同等经济发展水平国家相比，我国的人文发展指标明显高于同类国家。根据联合国开发计划署《1990年度人文发展报告》中采用的综合评价发展水平的人文发展指数，即用平均寿命、识字率和按购买力平均计算的人均国内生产总值等几项指标为衡量国家人文发展的主要因素，我国人均国民生产总值居世界第103位，而人文发展指数则居第65位，居于发展中国家的前列[③]，说明我国在人力资源开发方面具有明显的优势。

另外，从国家建设和社会发展的要求来看，我国人口和劳动力的整体素质仍然比较低。人口多、素质低是我国人力资源的主要特点，也是开发我国人力资源的一个现实起点。据我国1990年第四次人口普查，我国15岁以上人口中的文盲、半文盲占总人口的比例为15.88%，全国人口中，具有小学文化程度的占37%，初中文化程度的占23.3%，高中文化程度的占8.03%，大学文化程度的占1.42%[④]。我国城镇劳动者文化程度以初中和文盲、半文盲为主，城镇新增农村劳动者文化程度则以小学和文盲、半文盲为主，城镇新增劳动力受过职业和技术训练的比例在30%—40%之间。城乡均存在着大量水平低、未经培训的非熟练劳动者，成为一种沉重的人口包袱，制约了经济社会的发展。因此，开发人力资源首先要着眼于提高人力的思想道德、科学文化和身心等整体素质。

第二，我国人力资源结构近几年来有了很大改善，高级专门人才紧缺的状况开始有所缓和，新就业劳动者的职业培训面扩展，但各项建设事业急需的中、初级应用人才（主要是指联结科学研究和生产过程的技术应用和技术推广人才，例如工科工艺类技术人员和农科技术推广人员；介于宏观决策和操作执行层次之间的中层管理人员，例如企业厂长、经理人员；介于沟通技术人员和熟练工人之间的高级技能型人才，例如高级技术工人和技师等）在数量和规格上仍不能满足社会需求，这已成为我国人力资源开发中的“瓶颈”。1987年全国全民所有制单位551.99万名科技人员中，技术职务的分布为：高级3.5%，中级25.7%，初级70.8%，比例为1∶7.4∶20.3，而国外高、中、初级科技人员的比例大体是1∶3∶6或2∶4∶5。我国高、中级技术人员比例偏低[⑤]。在现有的专业技术人员中按学术理论型人才规格培养的比例较大，而适

① 中国统计年鉴（1990年）[M]. 北京：中国统计出版社，115.

② 第四次人口普查第七、八号公报附表.

③ 上海市智力开发研究所. 基本教育与国家发展 [M]. 上海：华东师范大学出版社，165.

④ 关于1990年人口普查主要数据的公报：第一号.

⑤ 中国国情 [M]. 北京：中共中央党校出版社，356.

合在第一线解决实际问题的技术和管理人才偏少。工人技术等级分类以技术水平较高的上海市为例，在全民所有制工业企业中，初级工占59%，中级工占37%，高级工占4%，技师和高级技师比例极小①。这种人力结构影响科学技术转化为生产力、产品转化为商品的生产和流通过程，也影响人力资源整体效益的发挥。

第三，人力资源分布方面，由于人力资源分配方式上的重点倾斜，艰苦、落后地区和行业的专门人才有所增加，历史上人才分布严重不均的状况有了明显改善，但地区和部门之间发展水平和工作条件的差距一时难以消除，因此，越是人才密集的地区、行业和单位，越是吸引人才竞相进入，越是人才稀缺的地方、行业和单位，人才越是进不去、留不住，仅以专门人才的行业分布（即专门人才占职工总数的当量密度）为例，1983年6月30日这一时间的统计，电子航空业为15.7%，石化业为7.4%，而煤炭业为1.87%，纺织业为1.58%，农业只有0.08%②，这就造成有些地区和部门大量积压人才，而有些地区和部门长期紧缺人才，使本就有限的人力资源不能充分发挥其作用。

第四，我国劳动用工制度近10年来正由单一的集中计划用工制度向计划管理和市场调节相结合的体制转变，从总量上保持了劳动力供求关系的平衡，尤其是开辟了多种就业渠道，为多方面开发人力资源提供了舞台。这一新旧体制转换将经历相当长的时间，一方面目前占主导地位的仍然是比较划一的计划用工制度，用人部门和劳动者即劳务活动的主体缺乏自主选择权，加之缺乏选优汰劣的机制和手段，人浮于事，人力资源使用效益不高；另一方面劳动者被动接受分配，又缺乏流动机制和竞争机制，个体潜能不能充分发挥。使人力资源开发缺乏压力、动力和活力，成为一种体制性的障碍。

第五，我国人力资源开发的途径选择。按照人力资源开发的一般含义和我国的现状，我国人力资源开发需从三方面着手：教育培训、有效使用和合理配置。其中发展教育以提高人力素质和改革劳动用工制度以发挥人力潜能这两者是基本途径，人力资源的合理配置也要取决于这两个方面的协同作用。在现代科技和经济发展的条件下，开发智力资源作为人力资源开发的重点是不言而喻的，它从根本上决定了人力资源开发所能达到的水准。但是，培养人才和使用人才是不可分割的，教育提高人的素质，在人的素质尚未被有效使用时，还只是一种潜在的素质；只有在劳动过程中，劳动者的体力、智力、能力等素质被实际使用时，才能说是完整意义上的人力资源开发。如果把这个过程作为一个相互连贯的“投入—产出”过程，那么教育可以看作是投入，而使用过程则可以说是产出。没有投入当然很难有产出，而

① 上海教育发展战略研究报告［M］. 上海：华东师范大学出版社，207.

② 周贝隆. 面向21世纪的中国教育［M］. 北京：高等教育出版社，77.

不注重产出，则也会影响投入的效益。这样，我国人力资源开发的现实课题大体可以归纳为：力争通过教育体制和劳动制度的配套改革，把培养人才和使用人才贯通衔接起来，以充分发挥人力资源开发的整体效益。

二、教育与人力资源开发

第一，教育对于人力资源开发的作用。人力资源开发一般是从经济角度进行的，把它作为一种手段，作为促进经济和社会发展的一个重要因素。如果从另一个角度说，它也可以说是一种目的，它的开发程度应该是经济和社会发展程度的一个标尺。这样，人力资源开发不仅具有经济意义，还具有社会意义，教育通过提高劳动者的素质，在这两方面都起着基础性的作用。

新中国成立40多年来，教育事业的发展对人力资源开发，进而对国家建设和社会发展起了突出的作用。1949年，全国人口中80%是文盲，小学入学率只有20%，高等学校在校学生仅11.65万人。劳动者大多只是靠世代相传的生产经验维持生产。没有独立的近代工业体系，处于前工业社会的落后状态。经过40多年的发展，我国已在占人口总数80.1%的地区普及了初等教育，初中阶段入学率达到60%以上，文盲为主的劳动者队伍已经改变为小学（农村）和初中（城市）为主的新型就业者队伍，中等职业技术教育在校生人数达到626.70万人，接受过在职职业技术培训的农业劳动者有1459万人，高等学校（包括成人高校）在校生人数为392万人。[①]全国各级各类学校在校生总规模为2.2亿人，1987年专门人才达2200万人，可见我国人力资源开发的规模达到了十分可观的程度。尽管其间有过失误和曲折，但总体上说，教育的发展促进了人力资源的开发，进而促进了国家建设事业的发展，从尖端科技成果、高科技产业的出现，到独立完整的国民经济体系的建立，以及8亿多农村人口温饱问题的初步解决，总是包含着各级各类专业人才和能工巧匠智慧的结晶。

第二，人力资源开发的智力指标。智力开发在人力资源开发中占有日益重要的地位。智力开发程度，也可以说是广义的教育程度，应该成为人力资源开发程度的一个重要标尺，因此我们需要研究它的指标体系。在《联合国教科文组织统计年鉴》和世界银行的《世界发展报告》中都把初等、中等、高等这三级教育的入学率作为衡量各国教育程度的指标；有些国际组织又增加了居民识字率这一指标，这就不仅注意了在校学生，还注意了成人的实际教育程度。如果从人力资源开发的角度看，这些指标还不能完整地反映智力开发水平。有的人口

① 中国教育统计年鉴［M］. 北京：人民教育出版社，1989：3.

学者主张用人口素质指标来衡量[1]，虽然比较接近我们这里探讨的范围，但它毕竟还不是从人力资源开发的角度提出问题的。笔者认为，如果把就业劳动者作为人力的主体部分，在校学生作为劳动力的后备部分，智力开发指标可否从下列4个方面思考：后备劳动力（6—15岁）教育普及程度；在业劳动者（16—60岁）的识字率、平均受教育程度；在业劳动者的职业技术培训水准；高级专门人才现实和可能的拥有量：包括现在高级专门人才数量和高等学校在校学生占同龄人和全部人口中的比例。这些方面只是提供研究参考，希望能从多种角度探讨指标体系，以引导和推动人力资源的智力开发。

第三，兼顾公平和效益、普及和提高的适度教育，是现阶段我国智力开发的合理选择。前面我们讨论发展教育对人力资源开发的作用，但并不能由此得出结论：不顾任何条件，只要教育发展得越快，它的作用就越大。教育发展水平不能由热情和愿望决定，而要受到经济发展、社会需求和财力支持的制约。

在相当长时间内，我国人力资源开发的一个现实矛盾是：庞大的人口基数和劳动力大军构成了超大规模的社会教育需求的压力，经济起飞急需大量专业人才和熟练劳动者的现状更刺激加重了这种压力，而我国现有的经济物质基础不可能支撑过度扩张的教育体系，也不能满足社会和受教育者的各种教育需求。这样，适度教育就是一种现实的选择。它是指从我国一定阶段的国力出发，确定普及教育的适当年限，不同地区和行业劳动者的文化和技术培训的要求，以及培养各种专业技术人才的数量和规模。这里的“度”是个动态的概念，随着经济文化发展水平的提高而逐步提高。在今后一二十年内，我国教育发展的格局大体可设想为：先在全国扎扎实实普及初等教育，并在大部分地区逐步普及九年制义务教育，为提高民族素质打下基础；在城乡劳动者中普遍进行初、中等职业技术教育和实用技术培训，使之成为胜任本职工作的熟练劳动者；在基本普及高中阶段教育的大中城市，发展多种形式的高中后教育，力争满足社会多方面的教育需求；高等教育在稳定规模、调整结构、提高质量的基础上，有重点地适当发展，使其规模和结构大体适应国家建设急需高级专门人才的现状。这种格局的主旨就是在保证社会成员和劳动者的基本教育和职业培训的权利的前提下，更多地开发一部分人的较高的智力和特殊才能，然后逐步提高基本教育程度，更多地满足社会各方面的教育需求。

第四，以加强中、初级应用人才的培养为轴心调整教育结构，是提高人力资源整体开发效益的关键所在。许多国家的经验证明：随着科学技术的发展，科学技术转化为生产力的中介环节增加，生产过程的技术管理和组织管理的职能日益分化，从工程科学研究到工程技术

---

① 侯文若. 全球人口趋势［M］. 北京：世界知识出版社，230.

研究，从产品设计开发到工艺设计实施，从生产决策到生产组织，需要一大批介于研究决策和操作执行之间的“中间层”人才，直接担负解决第一线实际问题的责任，在人力资源开发中起着承上启下的作用，是今后一个时期我国人力资源开发的重点。

我国担负培养这种应用人才责任的教育，大体包括中等专业技术教育、高等专科和高等职业技术教育，以及一部分以培养基层应用人才为主的本科教育。这几类教育近十多年有了很大的发展，但是，相对而言，这几部分教育仍然比较薄弱，因此，以加强这几部分教育为重点调整教育结构已经成为一个急迫的现实问题。解决这个问题，第一，在观念上要突破单一的人才观，应当承认社会需要各种人才，包括不同层次、不同规格、不同特长的人才，不仅需要各种“家”（科学家、理论家等），也需要各种“师”（工程师、工艺师、会计师等），还需要各种“匠”（技师、高级技工等），培养各种人才的教育应有合理的比例，有各自应有的地位。第二，理顺各类教育之间的关系，培养学术人才的学科性教育、培养技术人才的技术性教育、培养操作人才的技能性教育，在专业设置、培养规格和途径、办学模式上要有各自特色，并且都要办出一批高水平的学校和专业，培养出不同类型的高水平人才。第三，要建立不同类型人才职务和薪酬晋升制度，鼓励不同禀赋的学生通过不同道路成才，使各类人才安于本职工作。

三、劳动制度与人力资源开发

第一，我国人力资源供求关系的特点及劳动用工制度的改革意向。前面已经提到，合理的劳动用工制度影响到人力资源的开发程度和效益。而劳动用工制度是同经济、政治体制相联系，又与劳动力供求关系相关的。我国劳动力供求关系的主要特点是，一方面总供给大大超过总需求，另一方面又存在某些行业（如煤炭、纺织等）的结构性短缺，如何从这样的实际情况出发，建立符合国情的劳动用工制度是一个很大的问题。

我国现有社会劳动者5.5亿，其中农村4.1亿，占75%，据估测农村剩余劳动力约1亿左右，城市实际剩余劳动力约有1500万—2000万人。长期以来，我国实行国家统分统包的计划用工制度，在新中国成立初期安置了旧社会遗留下来的大量失业人员，保证了劳动力供求的稳定。但是，随着劳动人口的激增和国民经济各部门对劳动力需求的多样化，过于划一、呆板的劳动工资制度不能适应新的供求关系的调节需求，也在一定程度上影响劳动力使用效益和职工积极性的发挥。据有关部门统计，我国工业企业有效工时只占制度工时的40%—

60%[①]。另据国家科委1987年对全国专业技术人员抽样调查推算，专业人员中能100%在岗位上发挥作用的占14.3%，能发挥75%作用的占44.76%，能发挥50%作用的占30.25%，能发挥25%作用的占8.3%，不能发挥作用的占1.71%[②]。还有从另一个角度研究我国人力使用潜能未能充分发挥的，即以人口素质指标（或称物质生活质量指数，简称PQLI，由包括一岁以下婴儿死亡率、出生时平均预期寿命、成人识字率三个指标换算而成）和人均GNP相比，我国PQLI指数为75%。按此水平人均GNP应在1345—5637美元之间；反观我国目前人均GNP仅330美元，则PQLI应在53.9%—36.6%之间[③]。这就是说人口素质指标水平高于人均GNP水平，这一方面说明我国社会主义制度的优越性，居民基本生活质量远远超过同等经济发展水平国家；而从另一方面亦说明我国存在着已经开发的人力资源潜能未能充分发挥的问题。因此，改革劳动用工制度不仅是调节劳动力供求关系的需要，也是提高劳动力使用效益的需要。

近10年来，随着经济、政治体制改革的推进，我国在城乡劳动用工制度上进行了一系列改革。一方面，城镇实行广开就业门路、多种渠道就业，农村实行离土不离乡、亦工亦农的方针，吸纳了大量劳动力，也在一定程度上提高了人力资源使用效益。这一时期劳动用工制度的显著变化，就是在计划指导下引进了市场机制。这种趋势今后仍会进一步发展，市场调节在劳动用工制度中将发挥更大的作用。另一方面，正由于我国人力资源供求和分布极不平衡，完全依靠市场调节会加剧城乡之间、地区之间和行业之间的分配不均，甚至会造成劳动力使用上的混乱，不仅影响经济的发展，还会影响政治上的安定团结。因此，国家必须实行宏观计划调控，实行计划管理和市场调节相结合的劳动用工制度是符合我国国情的现实选择。

第二，有计划的劳务市场的特征和功能。我国实行的有计划的劳务市场制度是适应我国有计划的商品经济的社会主义经济体制的，是由社会主义生产方式所决定、为巩固和发展社会主义经济和政治制度服务的。它的基本特征是计划管理和市场调节相结合，国家通过计划调控劳动力供求的总量平衡，指导人力流动的流向，制定劳动工资基本政策，以保证人力的合理使用。计划指导下的劳务市场在人力资源开发中的主要功能是：一、在调节供求总量平衡的同时，为劳动力寻求更大的活动空间，使我国庞大的劳动年龄人口通过多种渠道就业，找到发挥潜能的场所。二、促进人力的合理流动，优化人力资源配置，实现劳动者和生产资料的有效结合，也有利于劳动者在变换工作岗位的同时扩大阅历，增长知识和经验。三、市场调节引进了人力使用中的竞争机制，企业和劳动者分别成为用工和就业的主体，企业有了

---

① 中国劳动科学［J］. 1988(7)，28.

② 中国国情［M］. 北京：中共中央党校出版社，357.

③ 许金声. 中国人口素质与经济发展［J］. 人口研究. 1991（4）：10—16.

选优汰劣的手段，劳动者有了择业权，两者结合既能调动劳动者的主动性和进取精神、增加提高自身素质和适应性的压力，又能给企业提供提高人力资源使用效益的必要手段，它对于有效地开发人力资源将起到积极的作用。当然，这种有计划的劳务市场既不同于单一的计划用工制度，又不同于资本主义的劳动力市场，劳动力并不是作为商品进行买卖，用人单位和劳动者之间也不是剥削和被剥削的雇佣关系，劳动者是企业的主人，他们的权益受到法律的保护。这种劳务市场只是在国家计划指导下的用工制度方面的一种调节手段，它的作用和范围将按照国家建设的需要和劳动力供求状况来确定。

第三，有计划的劳务市场的运行机制与相关政策。有计划的劳务市场同计划用工制度运行机制的明显区别在于：劳务活动的主体由国家变为用人单位和劳动者，两者联系的纽带由以往国家统配改为招聘和应聘过程，两者的相互关系也由以往的“一次分配定终身”的单位终身任用制改变为双方动态选择关系。它与完全劳动力市场运行机制的主要区别是，它受国家计划和政策的指导和管理，也可以说是在国家计划范围内的市场调节机制。这种运行机制的基本内容就是要正确处理国家、用人单位和劳动者的相互关系。国家由劳务活动的主体变为指导者和监督者，通过法律、经济和行政手段，规定市场活动的范围，规范市场活动的规则，仲裁市场活动的纠纷，保护劳务活动双方的权益，引导市场朝着符合国家建设和社会发展需要的方向发育成熟。用人单位作为用工主体逐步扩大用人自主权，这种自主权由单位内部逐步扩展范围，包括在国家计划指导下确定用工数量、规格以及内部工资制度和奖惩制度等。它起着提高人力资源使用效益的关键性作用。用人单位自主权的运用要兼顾国家利益（包括国家计划、政策和社会安定等）和劳动者合法权益，使劳务活动得以正常运行。劳动者成为就业主体，有了择业自主权，选择职业和工作单位是劳动者的权利，就业上岗是劳动者和用人单位双向选择的结果；但劳动者择业受到社会需求的制约，他只有按照社会需求不断提高自身素质、增强就业适应能力，才能有更多的选择余地。在有计划劳务市场的运行中，劳动者要适应国家建设和用人单位的需要，在国家计划范围内自主择业，在为国家建设和社会发展服务中充分发挥自己的聪明才智。总之，有计划劳务市场运行中的各方要按照国家建设的全局需要和总体计划，各尽其责、各得其所，协调一致，才能发挥其应有的作用。

四、教育体制、劳动制度的配套改革与人力资源开发

第一，配套改革的目标模式。教育和劳动制度作为人力资源开发的基本途径，只有协同作用才能奏效。离开了教育，即使人员合理配置和使用了，人的素质没有提高，人力资源开

发的水准也不可能提高；反之，劳动制度不合理，人员不能合理配置和使用，教育培养的人才不能适应社会需要或者不能充分发挥作用，结果只能是事倍功半，甚至适得其反。两者相配套、相协调，才能实现人力资源开发的良性循环。这里的关键在于找到两者的联结点。社会的需求可以被认为是这种重要的联结点之一。诚然，教育不仅要为社会发展服务，还要为人的发展服务，但人的发展总要受他所处的社会和时代的影响，也在一定程度上间接反映社会发展的需求。如果这种论断可以成立，那么，教育和劳动制度的配套改革就是要使人力资源开发更好地为社会发展服务，通过配套改革使两者的作用联结起来形成合力。按照这样的思路，在教育、劳动制度和社会发展需求之间，劳动制度就是一个中介，通过它把人力资源供给和人力资源需求、教育和社会发展需求联结起来，这种相互关系或许可以表述为：通过计划管理和市场调节相结合的劳动制度的作用，社会人力资源需求在一定范围内影响和引导教育的发展和改革，教育提供的人力资源供给主动地适应社会需要。如此相互配合、相互作用，形成人力资源开发的良性循环，不断提高人力资源开发的水平。

第二，配套改革的主要内容。教育体制和劳动制度各自包含多方面的内容，两者配套改革涉及许多方面，需要系统地考虑设计、精心组织。本文只能把近几年已经或正在进行的改革，或者改革中遇到的问题罗列几项，未免失之偏颇。第一项是劳动用工制度改革与大中专毕业生分配制度改革相配套。毕业生分配制度改革是打破学校培养人才的封闭模式，使高、中级人力资源开发更能适应社会需求的突破口。前几年在这方面实行了国家计划指导下的供需见面、双向选择的改革，初见成效。但由于劳动用工制度仍以计划调配为主，尚未形成平等竞争就业的社会机制，限制了大中专毕业生分配制度改革的广度和深度。深化改革的方向是劳动用工制度改为公务员实行考任制，专业技术人员实行聘任制，工人实行合同招工制，社会公开招工、招聘、招考，优才优用，平等竞争；相应地，大中专毕业生除国家重点建设急需人才实行计划分配外，其余参加社会就业，双向选择。第二项是上岗资格制度和中等教育结构改革相配套。大力发展中等职业技术教育是中等教育结构改革的主要内容，也是提高劳动者素质的重要途径，但在发展中等职业技术教育时，一方面企业缺乏参与办学的动力，另一方面企业招收了未经培训的劳动者就业上岗，中等职业技术学校毕业生反而没有出路。问题在于“先培训、后就业”的制度没有严格执行，而缺乏上岗资格制度，给招收未经培训的劳动者上岗留下了空隙。因此，要逐步建立各种岗位职工上岗资格要求。技术要求高和关键岗位实行岗位资格证书制度，将推动企业参与职业教育培训，造就一支合格的熟练劳动者队伍。第三项是多种证书制度与多样化的教育结构相配套。我国教育体制的一大弊病是唯学历文凭的导向，使教育沿着考试、分数、升学率、高学历这样的阶梯运行，在一定程度上扭曲了教育的功能，也不利于各种人才脱颖而出。这种现状的形成，除了文化传统、社会心理的因素之外，招聘任用、职称职务、提升晋级都同学历挂钩，其他各方面人才也一定要有了学历才能肯定其社会地位。改进思路是在重视学历文凭的同时，实行专业资格（如医生、律师、工程师等）、岗位资格、技术等级等多种证书认证制度，使各种优秀人才通过不同途径成才，也推动多层次、多类别教育的发展。第四项是人才流动制度与教师职务聘任制相配套，形成教师队伍优化机制。第五项是工资制度与教育分类、学生分流相配套。改变过于划一的工资标准和政策，允许不同能力和水平的学生的起点工资有所不同，注重依照实际能力和实绩拉开工资档次，激励劳动者好学上进，提高实际本领。

第三，配套改革的相关政策措施。配套改革的政策措施本身要力求配套，以保证改革的预期效果。这里，仅就直接有关的提出几点：一、制定劳动法规，规定我国劳动制度的性质、原则和基本内容，规范有计划劳务市场的运行规则，明确国家、用人单位和劳动者的关系、权利和义务以及劳动纠纷的处理等，使劳务活动有法可依、有章可循。二、健全考核、录用、待业、培训、转岗等系列化工作规程。特别要建立行业协会，由他们承担岗位资格、技术等级考核发证工作，使行业机构参与和评估教育，既有利于合理用人，也有利于学校教育更好地适应社会需要。三、建立社会中介组织，如职业介绍机构、职业培训机构、人才交流机构、劳动仲裁机构等，推动劳务活动纳入社会化的轨道，通过各种渠道开发人力资源。

潘懋元

1920年生，广东揭阳人，厦门大学人文社会科学资深教授，博士生导师，英国赫尔大学荣誉博士，现任教育研究院名誉院长、中国高等教育学会顾问、全国高等教育学研究会名誉理事长。中国高等教育学的奠基人与开拓者。在高等教育基本理论、高等教育史、高等教育课程与教学、比较高等教育、高等职业教育、民办高等教育、高等教育大众化等众多领域开展了卓有成效的研究，先后出版10多本著作，在国内外重要报刊杂志上发表了数百篇学术论文；承担了多项国家级、省部级科研项目，许多观点和理念在我国教育界和政府决策层产生了重大影响。1984年，他主编出版全国第一部《高等教育学》，构建了高等教育学科的结构体系。享受国务院特殊津贴，获“当代教育名家”“全国教书育人楷模”称号。

关于高等教育学科建设的若干问题[①]

——在全国高等教育学科建设研讨会上的报告

今天这个会议，它的全称应是“高等教育科学的学科建设研讨会”。也就是说，所要研讨的是高等教育科学，包括各个分支学科的学科群的建设问题，不只是研讨高等教育学一门学科。由于各个分支学科的建设问题，将有许多专门研究的同志发言，我这里只着重谈高等教育学这门学科在建设中所遇到的若干基本问题，偶或也涉及高等教育科学的学科群的建设问题。

① 本文曾发表于《高等教育研究》1993年第2期。

一、高等教育学的学科性质问题

第一，高等教育学是教育科学体系中的一门分支学科。教育学是一级学科，高等教育学是二级学科。为研讨高等教育学的学科性质，有必要从教育科学体系谈起。

教育科学，所包含的分支学科，大体上可以分为三类：

第一类是从教育学这门基本学科分化出来的分支学科。如教育原理、德育原理、课程论、教学论等等；

第二类是教育学与其他学科结合产生的交叉学科，如教育哲学、教育心理学、教育社会学、教育经济学、教育人类学（教育文化学）、教育管理学、教育法学、教育卫生学、教育统计学、教育工艺学等等；

第三类是研究不同教育对象所构成的分支学科。如学前教育学、普通教育学、高等教育学、成人教育学、特殊教育学等等。

当然，上述分类，只是相对的划分。如教育史、比较教育、学科教育学（分科教材教法）等，既可归于第一类，也可归于第二类。同时，只是按照学科的总体性质分类，至于学科的内容，则更加错综复杂，某些内容属于这一类，某些内容可能属于另一类。一般说，第一类、第二类，就其总体说，基本上属于理论科学，但包含许多应用性以至技术性内容；第三类，就其总体说，是应用教育学的基本理论来认识不同对象的教育现象，解决不同对象的教育问题，基本上属于应用性科学。但应用性科学也有其应用性理论。高等教育学不可能只是简单地应用现成的教育学基本理论直接解释高等教育现象和解决高等教育问题。一方面，它必须在教育基本理论与高等教育实际活动之间架起中介的桥梁；另一方面，它还要探讨高等教育的特殊规律。而对于高等教育问题的研究和高等教育规律的探讨，在丰富和发展教育基本理论上，具有重要的作用。这是因为现成的教育基本理论，大多是以普通教育为研究对象所概括出来的，或从哲学、心理学的基础理论所引申出来的，在科学技术高度发达，经济和社会迅猛发展的今天，已显得贫乏、落后，必须不断充实、加深、更新、提高。高等教育同科学技术、经济和社会的关系，比普通教育更为直接与密切，因而以高等教育为研究对象的高等教育学，可能为教育学基本理论提供新的信息与理论；教育基本理论的研究，也有必要汲取高等教育学的研究成果，以丰富和发展教育基本理论。

总之，高等教育学，就其总体说，它是一门应用性学科，而就其研究任务说，既有应用教育基本理论以认识高等教育现象，解决高等教育的任务，又有以其研究成果来丰富和发展教育基本理论的作用。高等教育的研究工作，大量的应是应用性、开发性的研究，但也必须重视理论研究，包括应用性理论和基本理论研究。

第二，高等教育学作为教育科学体系中的一门分支学科，在中国已被大家所确认。在1983年国务院学位委员会所公布的学科、专业目录中已被确定为二级学科。但在国外是有不同意见的，从而影响国内也有争论。首先是搞比较教育的同志提出怀疑，理由是高等教育理论还未具备作为一门独立学科的条件，只能作为一个研究领域。

那么，作为一门学科应当具备什么条件呢？众说纷纭，标准不一。比较权威的说法是：要有特殊的研究对象，要有完整的理论体系，要有公认的专门术语和方法论体系；有的还加上要有代表人物和代表著作。这些条件的要求是很高的。除了一些古老的、很成熟的自然科学学科和社会科学中的经济学等之外，众多已被称为“学科”的学科，很难说都符合这些条件。因此，国外有的认为教育学也只是一个研究领域而不是一门学科；遑论高等教育学了。

1992年5月在厦门大学高教所召开的全国比较高等教育研讨会上，我同意周南照研究员的说法：“从广义上说，高等教育是一个研究领域；从发展说，高等教育学是正在走向成熟的一门学科。”我认为：研究领域与学科，不是不可逾越的界限，更不是两个对立的概念。研究领域指的是有一定的研究对象的范围，而学科的首要条件正是特殊的研究对象。高等教育学由于有它独特的不可替代的研究对象，更由于它有其特殊的不同于普通教育的规律，因而可以构成一门独立的学科。至于理论体系、专门术语、方法论体系等等，只有在它的发展过程中不断完善，不断成熟。确切说，它既是一个研究领域，也是一门正在走向成熟的学科。正因它还不成熟，所以高等教育理论工作者，必须面向艰巨的学科建设任务；正因为必须面向艰巨的学科建设任务，我们这个学科建设研讨会更具有重大的理论意义。

二、高等教育学的研究对象、范围与重点问题

高等教育学的研究对象，不言而喻，就是“高等教育”。但什么是“高等教育”？作为常识性的概念，谁都懂得；一经推敲，却很模糊。它的共同特点是什么？哪些教育现象属于高等教育？简单说，这个概念的内涵与外延至今很难说清楚，因而很难为“高等教育”下个精确的定义。联合国教科文组织曾花了很大力气，要为高等教育下定义，1962年在非洲举行的一次高等教育国际会议上，形成了这样的一个定义：“高等教育是由大学、文理学院、理工学院、师范学院等机构实施的各种类型的教育。”这种列举式的下定义，既没有从内涵上体现它的本质属性或共同特点，又没有从外延上穷尽多种各类的高等教育，很难令人满意。因而又

加了三个界定：入学条件是受完中等教育；入学年龄通常为18岁；修完课程即授予相应的学位、文凭或高等学习证书。前两个界定同我在50年代所提出，其后写在《高等教育学》绪论中的两个特点差不多。这两个特点是：高等教育是建立在普通教育基础上的专业教育；一般全日制大学本科的年龄是20岁左右的青年。主要的不同点是有没有指明专业性的教育。我认为，第一个特点可以视为高等教育的定义，即“高等教育是建立在普通教育基础上的专业教育”。

但是，不论是这两个特点，或者是教科文的定义与界定，都受到日益复杂多样的高等教育形式与内容的挑战：有许多称为大学或高等学校的教育，并不一定建立在普通教育基础之上或以受完中等教育为入学条件；国外有的高等教育并不是专业性的教育，而仅仅实施高于中学的普通教育课程，而且这种情况有继续发展的趋势，有相当一部分高等教育将逐渐成为中学所实施的普通教育的延长；大量的成人高等教育、继续教育、研究生教育，入学年龄不是18岁，在学年龄也不是20岁左右。即使是大学本科学历教育，国外也大多没有年龄的限制。因此，严格意义的高等教育共同特点，由于高等教育的多样化而几乎不复存在。国外干脆称之为“第三级教育”或“中学后教育”。但同样很难含蕴多样化的高等教育。这是在概念内涵上所遇到的难题。

那么，在概念外延上呢？高等教育多样化也意味着高等教育外延的扩大。现在高等教育已经不只是大学、文理学院、理工学院、师范学院等等。高等教育随着社会发展的需要而向下伸为专科教育（短期大学、社区学院等），向上伸为研究生教育，向旁伸出现多种多样的职业技术教育、成人高等教育、培训班、进修高等班等等。还有，中国的高等教育自学考试，也是一种高等教育形式。那么，高等教育学，是不是应当把各层次、各类型的高等教育都作为它的研究对象呢？这又是在概念外延上所遇到的难题。

当然，作为高等教育科学群中最基本的一门学科，高等教育学不可能也不必要一一铺叙各种各样的高等教育，只能研究共性的问题，探索一般的规律。这样，问题仍然又回到上面所说的“共同特点”来。如果只能研究共性的东西，则许多从本科教育所总结出来的理论、原则就不适用了。例如，大学生的年龄特征、把科研引进教学之中的原则等等，并非都适用于各种各样高等教育。甚至培养德智体全面发展的高级专门人才这一共同目标，也很难在各种各样的高等教育中都能得到实现。

如何解决这个难题？我认为，高等教育学还是应当以全日制普通高等教育的本科教育作为它的主要研究对象。这是因为本科教育是高等教育体系中的基本组成部分。它在高等教育体系中地位比较稳定，经验比较丰富，理论比较成熟。它的理论、原则，虽不尽符合各种各样高等教育的实际，但有一定的典型性与代表性。同时，我们所研究的是有中国特色的社会主义高等教育学，从中国的实际出发，上面所说的两个特点，仍然是符合中国高等教育实际的。至少在相当长的一个历史时期仍然是有效的。当然，在必要处，也可以适当论述其他层次、类型的高等教育。如在“高等教育结构”“高等教育学制”等篇章中，要给予必要的地位，甚至可以专章、专节论述高等专科教育、研究生教育、成人高等教育等等，但不作为主要的研究对象。对于各种各样非本科的高等教育，应当作为高等教育科学的分支学科，分门别类，专门研究，编写专书。

三、高等教育科学与高等教育学体系问题

第一，教育科学是一个学科群，教育学只是其中一门学科，以研究教育的基本理论，探索教育的一般规律，因此在学科分类上，把它作为一级学科。高等教育科学也是一个学科群，高等教育学只是其中一门学科，以研究高等教育学带有一定共性的问题，着重研究本科教育，探索高等教育的一般规律（共同特殊规律），因此在学科分类上，也就把它作为教育学的二级学科。

高等教育科学，作为一个学科群，也有它的学科体系，其下同样可以分为若干层次的分支学科，可以算作三级学科。这在逻辑上是顺理成章的。在实际上，也已出现了不少可以称为三级学科的高等教育科学分支学科。如高等教育哲学、高等教育经济学、高等教育史、比较高等教育、高等教育管理学、大学生心理学、高等学校思想政治教育、大学课程论、大学教学论、大学生学习学、高等学校体育论、高等学校美育论等等，以及高等工程教育、高等师范教育、高等军事教育、高等专科教育、高等职业技术教育等等。这些三级学科，在国外早已出现，在国内近十余年来，尤其如雨后春笋，破土而出。这些三级学科，大多同教育科学的二级学科相对应，它们实际上是有关的二级学科与高等教育学结合的交叉学科。对于如此众多的新冒出来的三级学科，一般教育理论工作者，大多持不承认态度；高等教育理论工作者，也有持怀疑态度的。但恰恰是这些在学科地位上被怀疑的新学科，往往很受教育实际工作者所欢迎，参加研究的积极性很高，有很好的群众基础。高等教育管理学、大学生学习学，近十年来的蓬勃发展，便是突出的例子。

应当如何对待这个问题呢？逻辑上顺理成章，因为学科的分化与交叉是科学发展的必然趋势；实际上已经大量涌现并有群众基础，因为这些三级学科多数更为贴近高等教育实际，实践性、可操作性更强。我们理论工作者，是固守几条“学科”标准而不予承认呢，还是从

实际出发而积极支持呢？当然，积极支持应当是有条件的。那就是必须有充分的实践基础与理论论证。那种凭空构想，持之无故，言不成理，只要冠上一个“学”字，便以为可以自立门户，成为一门独立的新学科，那是不足取的。

第二，一门社会科学的学科，可能有三种相互联系的不同体系：理论体系，知识体系（经验体系、工作体系），课程体系（教材体系）。

如上所述，一门成熟的学科，必须有它完整的科学理论体系。高等教育学的专著与教材，已经出版了多部，但尚未形成完整的科学理论体系。所以，它还不是成熟的学科，或者说，是一门“正在走向成熟的学科”。有的同志把学科的建设过程分为三个阶段：初创阶段、发展阶段、成熟阶段。我认为当前只能说是发展阶段初期。学科建设所要努力的最终目的是建成完整的科学理论体系。

学科的科学理论体系，是指该门学科的概念和联结这些概念的判断，通过推理、论证，形成一个层次分明、结构严密的逻辑系统。教育学科的理论体系，应当揭示一系列的教育科学概念、规律，构成逻辑严密的科学理论体系，而这个理论体系应当充分反映教育本身固有的内在逻辑。因而，最重要的工作是确定理论体系的逻辑起点。

一般认为教育科学理论体系的逻辑起点应是一切教育活动中最普遍、最基本的要素，有如生物学中的细胞、《资本论》中论述的商品。从逻辑起点出发，借助逻辑手段，层层推导，逐步展开，从抽象上升为具体，构成严密的逻辑系统。这样的科学理论体系，不但高等教育学尚未形成，教育学也很难说已经形成。例如，教育理论界对于什么是教育学体系的逻辑起点——人性？社会？生活？知识？教学？教师？学生？众说纷纭，只能说是各种“假设”，还未见有据之形成科学理论体系的著作。

因此，当前讨论高等教育学的学科体系，只能先解决第二种学科体系的建设问题，即如何建构高等教育学的知识体系。

已有的高等教育学专著的知识体系，大多是从教育学的知识体系移植过来的。我国教育学的知识体系，一般是用历史与逻辑统一的方法，从教育的发生与发展说起，然后论述教育与人的关系和教育与社会的关系、一定社会的教育目的、教育方针，接着是教育内部诸因素的关系，最后是教育工作的各个方面，包括教育工作、非教学工作的其他教育工作、管理工作等等。因理论知识少而应用知识多，有人就称之为经验体系或工作体系。这种知识体系的教育著作，是有实用价值的。它包含了一定的理论、知识和经验，并且有一定的规范、方法、措施，有的可以直接运用它来解决实际问题，但并不要求其完整地反映教育自身固有的内在逻辑体系。它也不像课程体系，因为课程体系还必须根据培养目标，对知识进行选择，并且要根据认知心理和教学原则来组织与编写教材，充分考虑学生的可接受性，例如由易到难，由浅入深。现在许多作为教材的教育学，往往是由深到浅，由难到易，反其道而行之，实际上是知识体系而不是课程体系。

现时以“高等教育学”或“高等教育学概论”题名出版的专书，我手头就有七部，其中六部，包括我所主编的第一部《高等教育学》，基本上是从教育学移植过来的知识体系，只是根据高等教育的特点和问题，有所增删，如增加大学教学方法、科研工作、研究生教育等等，并尽可能写得便于自学。只有田建国的《高等教育学》，另立体系，分为三篇：上篇高等教育基础理论，中篇宏观高等教育学，下篇微观高等教育学，相对接近于理论体系，但基本上仍是知识体系。

现时的教育学专书，一般只是以普通教育为研究对象的普通教育学。普通教育学近十余年来，在体系上正在力图摆脱凯洛夫教育学的框框，使之较为合理与完善，如把智育论与教学论分开（智育论与教学论合并，在逻辑系统上显然不合理，但因智育主要是通过教学工作来实现，教学工作大量的是智育，从工作体系来说，也有一定的道理）。已出版的六本高等教育学专书，仍然没有分开。田建国的《高等教育学》，没有教学论，不谈教学工作，智育论也只谈“创造教育”。智育是全面发展教育的基本因素，课程论与教学论是教育理论的核心组成部分，略而不论，似有所欠缺。我们正在重编一部新的高等教育学，尝试把智育论与教学论分开，使之既不脱节，又不重复，难点在于教学论仍保留着浓厚的智育论痕迹而不能充分地全面体现德智体美诸育的教学过程。

我认为，不论普通教育学或高等教育学，学科建设的努力方向，都应当是一方面努力探索如何形成学科的科学理论体系，另一方面研究如何编写出符合认知心理与教学原则的课程的教材。但这些都需要长期的努力。目前只能要求如何使知识体系合理些、完善些，并富有中国的社会主义教育特色，便于学习，便于操作。

四、高等教育理论研究的方法与价值问题

上面提到，教育科学的学科理论体系，要以最普遍、最基本的概念（范畴）作为它的逻辑起点。那么，研究工作是否也要从最普遍、最基本的抽象概念出发，借助逻辑手段，层层推导，逐步展开呢？我的看法，一般是不可以的。高等教育学是应用科学，应用科学的应用性理论研究，不能像哲学、数学的纯粹理论那样，从“公设”“定理”出发进行推导。一般必须建立在大量的教育实践、总结的基础上。也就是教育实践→经验总结→应用性理论。即使

是教育学的基本理论，也同样要建立在一定的实践、总结的基础上，不过比应用性理论较为间接，更为概括。也就是教育实践→经验总结→应用性理论→基本理论。这里的实践、总结基础，包括历史的、外国的、中国当前的。最重要的是从中国当前的教育实践所总结的经验，包括间接经验和自己的实践经验。

建立学科理论体系和进行研究工作，是密切联系的两码事。研究工作要从具体上升为抽象，而建立学科体系要从抽象上升为具体。马克思在《资本论》中所说的认识的两个阶段或两条道路，前者称为研究的方法，后者称为叙述的方法。“在形式上，叙述方法必须与研究方法不同。研究必须充分占有材料，分析它的各种发展形式，探索这些形式的内在联系。只有这项工作完成之后，现实的运动才能适当地叙述出来。这一点一旦做到，材料的生命一旦观念地反映出来，呈现在我们面前的就好像是一个先验的结构了。”学科的理论体系是按照叙述的方法展开的，它的逻辑起点“好像是一个先验的结构了”。但学科理论体系的展开只能在研究工作的基础上进行，只有研究工作完成之后，“现实的运动才能适当地叙述出来”。逻辑起点只是形式上好像先验的结构，实质上则是以充分的实践材料为基础。我们有些理论研究者，只看到呈现于面前的好像先验的结构，以为研究工作也可以从抽象的概念出发，往往以某种主观的“假设”作为前提，导致理论脱离实际。当然，我这里所指的是社会科学、教育科学的研究，至于像数学这一类最抽象的理论研究，是不是可以从抽象的“公设”“定理”出发，不敢妄言。但我想即使以“公设”“定理”作为研究的起点，而“公设”“定理”可能已包含着“不证自明”的实践基础。

在学科建设中，人们更为关心的是学科理论的现实意义，有没有社会的实际价值，有没有指导教育实践的作用。一般说，越是基本的理论，就越一般、越抽象，离实际越远；但也越能含蕴众多教育现象，越具普遍性。教育的外部关系和内部关系的基本规律，是教育活动中最一般的规律，在我们一切的教育活动中，无处不存在，无处不起作用。用它来考察一切教育问题，能够看得更全面，更深远，更能揭示事物的本质。改革开放之初，我们之所以对地区性高等教育和民办高等教育必将随经济体制的改革和经济的发展而产生与发展确信不疑，就是以两个前提为依据：一是事实的依据——我国经济体制改革的取向和经济发展的现况与前景；一是理论的依据——教育外部关系规律对高等教育的改革与发展的制约作用。

但是，也应看到，抽象的理论与具体的现实是有距离的，在理论与现实之间存在一连串中间环节。因此，并不是大家都能清楚地洞悉它们之间的关系。同时，理论研究的成果是“无价”的。我所说的“无价”，有两层意义：一是抽象理论不能直接转化为生产力（社会实践），没有现实的经济价值，不能申请“专利”；一是科学的理论是“无价之宝”。一般人只看到它没有直接的、现实的经济价值而很少能认识到它是“无价之宝”。因此，在市场经济还处于初级阶段，搞理论研究，尤其是基本理论研究，包括我们开这个会研讨学科的理论建设，就显得与当前的气氛不太协调，暂时会受到冷遇。搞理论研究，尤其搞基础理论研究的，就要有“板凳甘坐十年冷”的思想准备。

刘堂江

中国教育学会常务副会长、《未来教育家》总编辑、教育部新闻宣传专家顾问组成员，历任江西武宁伊山玉溪学校教师、华东师范大学教师、教育部办公厅干部、《人民教育》总编辑、中国教育报刊社常务副社长（正司级）、《中国教师报》创刊总编辑。中宣部、教育部全国优秀教师师德报告团专家组长，中国作家协会第五、八、九次全国代表大会代表。出版《醉人的蟹香》《杏坛红杏》《读书百法》《中华之光——王选传》《热血师魂》等作品多部，获“五个一”工程奖、国家图书奖、广电部星光奖一等奖、教育部教育好新闻特别奖等部级奖6项。享受国务院特殊津贴，获国务院“突出贡献专家”“全国百佳出版工作者”“当代教育名家”等荣誉和称号。

跨世纪教育工程①

——记上海市建平中学整体教育改革

上海浦东，一片希望的热土。

飞跨浦江的杨浦大桥，世界第一双塔双索面斜拉桥，被誉为“世纪桥”。

位于浦东，坐落在世纪桥畔的建平中学，从1985年开始，就致力于进行面向经济建设和社会发展、面向21世纪的整体教育改革。

建平人构筑的是跨世纪教育工程。

① 本文曾发表于《人民教育》1993年第9期，合著者为梁友君。本书节选其中部分内容。

合格+特长=建平人

这样的表彰会，真算得上别开生面。

1987年9月5日，建平中学1987至1988学年度“三好学生”授奖大会隆重举行，会场四周彩旗猎猎，主席台上16名领奖者披红戴花。开学才四天，离学年结束还有300多个昼夜，怎么就召开年度“三好”表彰会呢?

原来事出有因。

这年暑假，“《新民晚报》杯”足球赛摆开了擂台，建平中学高二年级的16名学生自发地组织了一个队，偷偷地参赛去了。不瞒着点行吗？马上就是高三了，离高考还有多少日子？不好好在家复习功课，却要去参加什么球赛，要是让老师、让家长知道了，这还了得?没有领队，没有正规的教练，更没有什么营养补助，可这帮初生之犊敢打敢拼，硬是在全市450多支球队中，夺得了第五名。当他们为建平中学赢得了荣誉的时候，建平的老师们还蒙在鼓里呢!

校长冯恩洪从《新民晚报》上看到这则消息后，喜不自禁。他觉得这里面有文章好做：中学阶段的最后一个暑假了，这些学生不是一头钻在书堆里，这至少说明他们能自觉把握德、智、体全面发展的教育方针；同时也表现了他们难能可贵的参与和竞争意识。为什么要等到学年结束才“算总账”呢？得抓住这个契机唱一台戏。

于是便有了开学之初的年度表彰会。

16名足球队员中有5人被授予“三好学生”，其余11人为“三好积极分子”。奖给每人一部《英汉词典》，还有一台半导体收音机。

冯恩洪在表彰大会上的讲话掷地有声：“因为他们把党的教育方针变成每个人的自觉行动；因为他们具有现代人主动参与、勇于竞争的精神；因为他们各方面都合格，并且有突出的体育特长，我们建平的‘三好学生’是‘特长三好学生’!”

表彰会开了半个小时，隆重热烈，全校震动。

冯恩洪刚走下主席台，一个学生就追了上来，讲话文绉绉的：“校长，我想问问你，今天的表彰会，是你为了庆祝得第五名，脑子一热想出来的？还是意味着我们学校评‘三好’的政策有所变化，要出台一种新的人才导向?”冯恩洪并不正面回答，而是反问道：“你为什么要问我这样一个问题呢?”学生说：“如果是后者，那我也要争‘三好’啦!”“你也去踢足球?”冯恩洪故意给他一激。“不，不，校长，你看我戴着副近视眼镜，这是‘自然灾害’

呀，天生就不是踢球的料子。可是我数学好，假如我数学有特长，你能不能给我评‘三好’？”“当然可以。”冯恩洪说。“好，你看我的！”学生乐滋滋地走了。11月份，这个学生，也就是现在被国家派到莫斯科留学的王旻豪，在上海市初三学生数学竞赛中获得一等奖。好一个王旻豪，说到做到，冯恩洪校长自然不会失言：奖！

这第二批“特长三好学生”就表彰学科竞赛获奖的。

第三批表彰市五届中学生运动会的金牌得主。

第四批表彰动手能力特长生。

第五批表彰社会活动能力特长生。

最后，到学年结束的时候——1988年7月4日，一次表彰了108名“三好学生”。

评“三好学生”的传统框框被打破了，过去是一年评一次，现在是随时冒出来随时评；过去是引导学生均衡发展（必须每门功课都在85分以上），现在是鼓励学生冒尖，发展特长；过去是调动少数人的积极性，现在是调动多数人的积极性。

差不多每一个学生都在思考：我的潜在长处在哪里？我应该怎么努力？

家长会上，冯恩洪应接不暇。这个说：“冯校长，阿拉小囡特长有哦？”那个也问：“冯校长，你看我的小孩子有什么特长？”连家长的积极性也调动起来了。

“人哪，不是跟着感觉走，而是跟着政策走。理智的人是跟着政策走的。”冯恩洪在回忆当初的情景时，有几分得意，几分诙谐，更有几分感慨。

“不能把学生训练成应考机器”

令人感慨的事情经常会遇到。不久前，冯恩洪到某地考察，那里的一家著名的大企业办了两所子弟中学，并给两校配备旗鼓相当的条件，目的是让两校竞争，看谁的升学率高。于是，这两所学校年年开展“升学率大战”，打得飞沙走石，人仰马翻，今年甲校比乙校多两个百分点，明年乙校又比甲校多两个百分点，战了一个回合又一个回合，直杀得难解难分。“这样的竞争对于培养人才有什么实际意义呢！”冯恩洪感慨地说，“我们的学校不能把学生训练成应考机器，而要造就共和国的高素质的公民。”

“所以，在我们建平是不允许加班加点的。”冯恩洪显然有些激动。

的确，建平是不靠加班加点的，而是走提高教学质量的路。这条路他们基本上走出来了，当然，走得相当艰难。当别的学校到晚上六点多钟才放学的时候，你建平的毕业班到四点多钟就放学了，压力之大是不言而喻的。

首先内部就不统一。有同志问冯恩洪"校长你要质量吗?"他说要。"问谁要?"他说我把学生交给你了，当然问你要啰。"你不给我时间，哪来的质量?你要质量，你就得允许我加班加点。"他说加班加点，不但不给加班费，不奖励，而且还要处罚，因为，这是违反教育规律的行为。他从理论上提出两点："第一，学习的时间和学习的效果可能是正效果，可能是零效果，也可能是负效果；第二，学生进入学习过程的情绪状态和学习的结果之间肯定是正比例关系。"他请大家研究这个问题，学生以什么样的情绪状态进入学习过程为最佳。他笑着说，当然笑的里面是很有分量的，哪一位教师要求加课，可以，请你向校长提出申请。他说，我只有一个要求，学生一天上六节课，这六节课你也跟着一块上。六节课下来，如果你依然神志清醒，思维敏捷，我允许你下午加第三节、第四节课；如果你自己都受不了，那么，对不起，己所不欲，勿施于人；请你另辟蹊径，不要打加班加点的主意。

可是堵不胜堵啊！冯恩洪堵住不许加班加课，好，接着就出现了一个怪现象，下午广播操出不来啦，为什么?大家都延长啊，把45分钟一节课延长到46分钟、47分钟，甚至延长到50分钟。他是一方面笑着疏导，一方面疏堵结合：通知教导处召开学习委员会议，宣布下课铃响超过两分钟，教师还没有结束教学的，作为教学责任事故，上报教导处。

再说，外部的压力也不轻，家长的心态，一方面是觉得孩子的书包很重，另一方面希望你学校上课的时间长一点，布置的作业多一点，这是一种矛盾心理。所以，当大家都把学生关到六点的时候，你这里首先放了的话，那可了不得。谁先放，社会舆论就朝着谁来，那真是铺天盖地呀……

"加班加点"在建平没有立足之地，"题海战术"在建平自然当属取缔之列。冯恩洪采取了很多的措施，包括他亲自到文印室去没收正在印制的考卷。每年到了高考、中考之前，各种各样的习题、模拟试卷堆积如山，他跑到文印室："我不管你急用不急用，不印啦。"统统拿走了。

有一年，他把初三的教师请来，说："对不起，各位老师，你们太辛苦了，这么多的卷子，你们都要批阅。现在我请你们转换一下角色，当一次学生，自己把你们本学科的这些卷子做一遍，看需要多少时间。然后再把各科的卷子加起来做一遍，看总共需要多少时间。设身处地想一想，学生们受得了吗?你们为什么要一本一本地印发给学生呢?"

他激动了，发火了，嗓门有点异样："再这么下去，我扣你们的奖金！"

冯恩洪的激动是建立在理性的基础之上的，他对中国的教育有过深层次的思考——

“要给学生以选择的余地”

“为什么现在那么多的学生学习积极性不高？不可能高。因为我们现在的教育是‘补短教育’，要求学生每门功课都在85分以上，而根本无视每个学生发展特长的要求。

“既要坚持全面发展，又要让学生个性健康和谐地发展，要给学生以选择的余地。现在的教育是没有学生选择余地的教育，从进校到出校学生接受的教育都是一模一样的，教育只面对全体学生，不针对个别学生，忽略了教育对象的差异性。人是有潜在能量的，没有选择的余地就无法开掘人的潜在能量。

“首先要把学生当作社会的人来考察研究，把全部教育的基础，奠定在每一个学生不同的发展需求之上。教育要注重人的个性、特长的发展。

“一个学生将来不当医生、不搞生物工程，为什么一定要他的生物课考85分以上？我看75分可以，甚至65分也合格。一个学生有限的学习精力，应该让他通过选择，用到他特长的方面去。

“我们建平所做的，就是使每个学生的个性充分地、完全地得到发展，改‘补短教育’为‘扬长教育’，扬长就能激发每个学生的学习热情。将来，每个建平毕业生服务于社会的，应该是他的特长方面。

“什么是人才？时下的标准最简单不过了，达到大学最低录取分数线的就是人才。我们建平有自己的人才观，那就是：合格 + 特长 = 建平人。

“发展特长就得给予选择的余地。发展必须选择。”

冯恩洪妙语连珠，这位全国模范班主任、语文特级教师出身的重点中学校长，仿佛天生善于演讲。他那修长的身躯有点弯曲，面容也有些许倦意，看得出，这是因超负荷工作所致。但是，他那一双眼睛极为明亮，机敏、深邃，那正是他广博精深的思想库的窗户。他给人总的印象是稳健、潇洒，充满活力。他还习惯于用一句口头禅：“坦率地讲……”

充分扬长的“第二课程”

“坦率地讲，开发学生潜能，发展学生特长，最佳突破口是第二课程，第一课程森严壁垒，谁敢轻举妄动？”

“由外围向核心逼近”，这是冯恩洪的改革策略。早在1985年刚到建平之初，他就着手建设校园文化，即向学生渗透教育影响的“第三课程”（建平人习惯于称它为“隐性课程”），1986年开设“第二课程”（即活动课程），1987年开始向“第一课程”（即必修课程）发起进攻。“三”……“二”……“一”，由外围向核心步步紧逼。北京八中校长陶祖伟生前参观建平时，曾以极为赞赏的口吻说：“由外围向核心逼近，你们这是一个非常聪明的办法。”

但是，1985年以前，建平中学连一个课外兴趣小组都没有。那时，要是遇上市里举行学科竞赛，便临阵磨枪，组织几个人对付对付。比赛结束之时，也就是课外活动寿终正寝之日。

冯恩洪提出：建平要开设育人的第二课程，第二课程要系列化、正常化，像第一课程一样有章可循，要提供教育思想保证、师资保证、条件保证、经费保证、政策保证。

霎时，课外兴趣小组如雨后春笋般在建平园里生长起来了，发展到98个。

第二课程按照尊重学生选择的原则，设有各种门类：

第一种是学科知识类，这是要培养拔尖人才的。请高中部的高级教师、教研组长，到初中部去带“小研究生”。像邵伟达老师培养数学尖子张健，就是典型的例子。张健从初一进校起，就跟着邵老师，一同看书，一同吃饭，形影相随。邵老师自己的儿子也在建平上学，于是同事们开玩笑说：邵老师又多了一个儿子，两个儿子啦！由于邵老师的悉心指导，张健到了高一，数学课就不进自己的课堂了；到了高二，学校里已经没法教他了，因为高中的课程、大学一年级的课程，他全学过了。学校就专门派车送他到华东师大数学系、复旦大学数学系、上海市数学学会等单位去，请那里的专家、学者给他上课。有人说：张健获得的各种竞赛的奖牌多不胜数，只能用“模糊数学”来计算了，这话可能有点夸张，但至少他获得全国数学竞赛一等奖4次、市级竞赛一等奖21次这两个数字是精确的。像建平中学这样下功夫培养拔尖人才，谁能断定中华民族将来不多出几个华罗庚、陈景润呢？

第二种是技能类，技能类又有高级技能（如电脑）和基本技能（如修车、缝纫）之分。现在重点中学的学生，大多自我感觉良好，觉得自己将来准是国家某个方面的重要角色。但不管你将来从事什么职业，担当什么角色，最基本的生活技能你应该具备。于是，男孩子学修自行车，女孩子学缝纫、结绒线。陈文荣副校长亲自抓，他跑到派出所买了几辆无主的自行车，十块钱一辆，破破烂烂的，大约就是侯宝林相声里说的，“除开铃不响，其余哪儿都响”的那种车。把车让兴趣小组的学生拆了，洗干净，装起来；再拆，再装，反复几次，一辆辆破车居然能骑着上街了，学生的修车技能也就差不多掌握了，街上的修车铺也不过如此嘛！

第三种是文化类……

建平第二课程的“硬件系统”是相当过硬的。30间课外活动专用教室，清一色瓷砖铺地，间间窗明几净，室内设备一应俱全。这些教室是未来科学家们的研究室，是未来工程技术人员的设计室，是未来艺术工作者的创作室，是未来能工巧匠们的操作室……学生们的兴趣特长和聪明才智，在这里得到尽情的、充分的发展。还有，每天中午，英文打字室的56架打字机全部开放，语言实验室的300盘外语原版磁带可任意选听，理化生实验室可以做自己设计的实验……学生们天天可以学自己喜欢学的知识，做自己乐意做的事情。

怪不得有人说："数字是枯燥的，但又是最能说明问题的。"当我们问起建平开设第二课程的效果时，教导主任胡宗锐如数家珍般地给我们列了一堆数字：1985年，建平学生获奖150人次（而且获奖的档次都比较低）；1986年开设第二课程后，获奖人次逐年增加，由151、154、330一直上升到1991、1992年的500人次。1978—1984的6年中，建平学生获市级竞赛一等奖的只有1人次，而1991年一年，获市级竞赛一等奖以上奖励的就有112人次。

前后两者自然不能同日而语，其实数字还远不止这些。"东华杯"中学化学竞赛，建平已蝉联五届团体冠军，这可是权威竞赛，获奖者高考可以加20分的。美国第43、44届高中数学奥林匹克邀请赛，建平连续两次都是上海赛区第3名，第1名是设有专门数学班的，第2名是设有理科班的；第1、2名得分是并列的：450分，建平是445分，第4名是425分，比建平要少20分。1992年，建平一校组队代表中国前往美国参加第12届世界头脑奥林匹克竞赛，共有65个国家参赛，建平获第4名，日本代表队获第6名……

"按程度分层次教学"

1987年，建平的改革逼近了"第一课程"。

冯恩洪运筹帷幄：第二课程可以发展个性、发展特长，第一课程能不能？首先从进度上讲，比如你是喜欢物理的，而我是不喜欢物理的，为什么我们两人非得要在同一水平上学习呢？为什么不可以我学得轻松一点，我只要通过就行了，而你是喜欢的，你就可以学得深一些？大家各得其所不好吗？对！就从这里下手——"第一课程"的改革方案出台了：按程度分层次教学。

没想到领导班子内部一片哗然。这个说：这几年第三课程、第二课程搞得红红火火，学校搞得颇有名气，第一课程升学率98%，现在我们的日子很好过了，你何必要冒这个风险呢？那个说：升学率是锦，第二课程是花，锦也有，花也有，锦上添花，已经很漂亮了，你让我透一口气吧，别再改啦！说到底，这些同志的顾虑是怕动"第一课程"影响升学率。

冯恩洪机灵地退了一步：把将在高一出台的方案，放到初一出台，行不行？

领导班子五分钟之内一致通过：同意。道理简单得很，初一大胆让你去试验好了，砸了锅的话，初二再收回来也不迟，离高考还有五年呢！但高中可不是闹着玩的，得谨慎从事。

说干就干，初一的数学、外语两科实行一种教材，三种进度：A进度、B进度、C进度。A进度实际上就是学习有困难，六七十分，弄不好还要亮红灯的学生；B进度是中等水平的绝大多数学生；C进度是尖子生，拓宽、加深、超前，能学多少，就教多少，没什么限制。

根据每一个学生的学习兴趣、实际水平和接受能力，分别按自己的选择进入不同进度的课堂学习。第一周，允许自由流动，你自己挑老师，哪个老师上的课最对胃口，就进哪个课堂。第二周，相对稳定。一学期结束，还可以根据各自的适应状况，重新选择，小规模地流动。

按程度分层次教学与原来的快慢班有什么区别？冯恩洪自然有他的权威解释："原来的快慢班是按总分分班，按程度分教是按能力和兴趣分班；原来的快慢班是教育者选择的结果，按程度分教是受教育者选择的结果；原来的快慢班是大一统，按程度分教是快中有慢，慢中有快，灵活可变，有利于发展学生的特长。按程度分教，一个学生可以在A班学数学，在B班学外语，在C班学物理；也就是说，他可以在A班保证合格，在B班保持兴趣，在C班发展特长。"

试验一年，运转正常。1988年，这套改革方案，在高中部到位。高中学生兴趣相对稳定，按程度分教，效果比初中部更好。

冯恩洪说："当改革遇到阻力的时候，我们就把一步分解成两个半步来做，坚持继续走下去。走得虽然吃力一点，但是是值得的。就拿数学来说吧，过去建平是没有什么特色的，进行按程度分教改革以后，在会考、高考和各项竞赛中，我们的数学成绩已跻身于上海的先进行列。"

提高课堂效率，压缩授课时间，加强选修课

实行按程度分教，虽然在改革第一课程方面迈进了一大步，但冯恩洪觉得：给学生选择的余地还是太小，让学生发展特长的机会也还不多。比如高一年级，13门课程，一周34个课时，门门重要，节节重要，哪一课都不能落下。课表这样一排，学生还有什么发展自己特长的余地呢？

从1991年开始，建平的改革又跨出了新的一步：提高课堂效率，压缩授课时间，加强选修课。具体地说，就是将每一节课压缩5分钟，由传统的45分钟改为40分钟，上午4节课就

节约出20分钟，再与晨读20分钟加起来变为第5节课，必修课在上午全部完成，把下午的时间腾出来开选修课。

压缩5分钟，谈何容易？有的老师说：40分钟一节课，哪里来得及？有的老师说：我一个实验就得十几分钟，40分钟怎么行？

冯恩洪耐心说服：再好的老师上课，也会有5分钟的话是可说可不说的。减少5分钟，增加课堂密度，提高教学效率，不会有问题的。试一试，老师们，试一试吧！（两年之后，建平的教师都适应了40分钟一节课，如果叫他们再上45分钟一节课，反倒不适应了，这是后话。）

下午的选修课，不是上午课程的延伸，更不是上午上课，下午做习题，而是根据经济建设和社会发展的需要，根据学生自身发展的需求，开设各种门类的选修课。选修课有自然科学的，也有社会科学的；有长期相对稳定的，也有及时针对学生热点问题的；有大型的，也有微型的。

电视台在放连续剧《公关小姐》，学校开了一门公共关系选修课，由上海师大政法系毕业的一位青年教师执教，呼啦一下子，有200多人报名参加，这是热门课。也有不那么热门的，总支副书记杨月娣亲自开的《形式逻辑》，就不太景气，报名者只有寥寥6位。杨老师是语文高级教师，她如果开《写作指导》，准保门庭若市；而开《形式逻辑》却门可罗雀。门可罗雀也要开，因为形式逻辑的训练对一个人思维的发展是很重要的，必须让学生明白学习形式逻辑的意义，引导学生对形式逻辑发生兴趣。结果，杨老师的队伍也在渐渐壮大，由6个到十几个，到二十几个……

上海开设证券市场，引得年轻学子们心旌摇动，有的高中生甚至在嘀嘀咕咕研究炒股票的技巧。你堵，堵得住吗？你说中学生不得谈论股票，他也不一定就听你的。不能堵，只能疏。干脆请上海财政金融学校的高级讲师来开一门课，正大光明地讲有关财政金融知识，让学生了解证券对于国民经济发展的作用，从而对股票有个比较正确的认识。美国向台湾地区出售F-16战斗机，中美关系处于微妙状态，学生们对此很敏感，马上就讲《中美关系的历史和现状》，帮助学生分析、判断国际形势。东亚运动会前夕，则开设《亚洲体育运动的回顾和发展》，进行体育与民族精神密切结合的教育。杨浦大桥就在建平中学旁边，学生们天天看着大桥在延伸，于是便议论开了：杨浦大桥的桥架是“A”型；而南浦大桥的桥架是“H”型，同样都是斜拉铁索桥，为什么两个桥架的形状不一样呢？这时物理教师发挥优势了，开一课，讲讲大桥结构中的力学原理……

像这样，抓住学生的热点问题，给学生一种知识的享受和满足，教学效果无疑是好的。因为，当他迷惑的时候，搞不清楚的时候，他最有强烈的求知欲望。说不定某个学生就因为听了一门选修课，从而对这个专业产生了兴趣，将来会在这方面为国家作出重大贡献呢！

“富于创造性和完全正确的”工作

有一次，英国一个科普代表团访问上海，冯恩洪参加了接待，这个团来华的宗旨是在中国青少年中普及科学常识。冯恩洪听了，当时一愣。他就领着代表团参观建平的课外活动，给他们介绍建平诸多的选修课项目。看完了，听完了，代表团的领队不由得一愣：原来我们在英国了解到的中国的情况是不全面的。

建平的改革，在发展个性、培养特长方面无疑是成功的。那么他们的教学质量是否受到了影响呢？对于这一点，当初就连冯恩洪本人也心中没底。

那一年暑假，高考放榜之前，冯恩洪把学校骨干全部集中起来，拉到了风光旖旎的千岛湖，而在学校里留下一位同志看家，告诉他：“高考一有消息，你就给我打长途电话，一定要我第一个接电话，我好决定怎么处理。”冯恩洪是做好了最坏的打算的，一旦高考升学率滑坡的坏消息传来，千岛湖山美、水美，大家心情舒畅，骂人的声音可能会小一点，思想工作可能会好做一点。谢天谢地！上海飞过来的不是讨厌的乌鸦，而是可人的喜鹊：建平164名学生参加高考，考取大学的是161个。皆大欢喜，于是乎千岛湖山更美、水更秀。

1992年，建平中学187名学生参加高考，考取了183个，其中考取重点大学的占70%，这在建平中学49年历史上是最高纪录。

建平中学并不片面追求升学率，可他们的升学率却总是那么高，这难道不值得人们深思吗？不管你的思考得出什么样的结论，冯恩洪校长的那段治校名言总是难以忘怀的：

“我的治校宗旨是：

崇尚一流，保证优良，

建设合格加特色的学校，

培养合格加特长的学生。”

难怪胡乔木同志生前视察建平时欣然命笔：“建平中学现在所采取的教育方针是富于创造性和完全正确的。”

邱学华

1935年生，江苏省常州市人，特级教师，1960年华东师范大学教育系本科毕业，1983年加入中国共产党。中国当代著名的小学数学教学专家。中国教育学会数学教育研究发展中心尝试教学理论研究会理事长、华东师范大学教育科学院兼职研究员、南京师范大学兼职教授，曾任常州市第八届、第九届、第十届人大常委会委员。编著和主编250多本图书，在国内外教育报刊发表600多篇文章。编著和主编的著作中主要分三个方面：一是尝试教学研究，二是小学数学教学研究，三是学生读物。《尝试教学法》在1989年获全国首届教育理论优秀著作奖。享受国务院特殊津贴，曾荣获教育部颁发的“全国第二届教育科学优秀成果二等奖”，江苏省“有突出贡献中青年专家”等称号。

尝试教学法的理论与实践①

尝试教学法的产生和发展

从1979年开始，我对国内外先进的教学法进行分析对比，从中选出自学辅导法和发现教学法进行实验研究。在教学实验中发现这些方法有一定的优越性，也有一定的局限性，应该吸取各种教学方法中的有利因素，按照中国教育的特点，创造出一种新的教学法。如，注入式教学方法的主要特征是“先讲后练”，教师把什么都讲清楚了，学生照着练。能不能先让学生尝试练习，教师再讲解呢，这样逐步形成“先练后讲”的思想。

1980年，我根据“先练后讲”的思想，在常州市劳动中路小学数学教学中开始实验，逐

① 本文曾发表于《人民教育》1994年第4期。

步形成尝试教学法的操作模式。经过两年时间的实验，结果表明，实验班学生的自学能力增强了，智力水平提高了，学习成绩上升了，作业负担也减轻了。

我根据教学实验的结果并进行理论上的分析，写出了第一篇论文，刊登在《福建教育》（1982年11月）上。论文发表后引起小学数学教育界很大的反响，许多教育杂志相继转载，全国许多地区纷纷开展了实验。

为了交流经验，促进研究，从1985年开始，每一年或两年举行一次全国协作区尝试教学法研讨会，有力地推动了尝试教学法在全国的推广应用。尝试教学法在教学实践中不断发展、完善和提高。1988年，我根据来自全国各地丰富的实践资料写成专著：《尝试教学法》，并获得全国首届优秀教育理论著作奖，江苏省教育科研成果一等奖。

据1991年不完全统计，尝试教学法已在全国30个省、市、自治区推广应用，应用尝试教学法的教师约有32万人，受教学生达1500多万人。宁夏有将近三分之一的小学教师掌握了尝试教学法。广西灵山县有一半以上的小学教师应用尝试教学法。

尝试教学法的实验和应用受到国家教委基础教育司的支持，他们在给全国协作区第六届尝试教学法研究会的贺信中指出："尝试教学法在十年来的试验中，取得了很好的效果，目前已广泛用于小学各学科的教学中，并且试验分布在全国许多省、市、自治区，促进了我国各地教法改革的广泛开展。"我国著名教育家、华东师范大学名誉校长刘佛年教授为《尝试教学法》一书题词指出："尝试教学法问世七八年来，影响已遍及全国，发展之快，规模之大，在过去是很少见的。我想这是因为邱学华提倡的这种方法有它的特点，它既吸收了古今中外一些有影响的教学法的积极因素，又符合我国大部分学校当前的教学条件与需要；它既有一定的理论基础，而实践方法又易行，几乎每个教师都能掌握，每个学生都能适应；它虽然有一个大致的模式，但又反对机械搬用，强调从实际出发灵活应用；它在实践中已显示了巨大的效果，但又实事求是地指出自己的局限性，承认它不是万应如意的灵药。这就使这种教学法具有观点比较全面、实践方法比较灵活的特点。因此，也就给它带来了较强的生命力。"

尝试教学法已引起国外教育界的关注。1986年日本佐藤三郎教授已将此法编入《世界有特色的教学方法》一书。1988年日本新算数研究会副会长片桐重男教授亲自到中国考察尝试教学法，并给予高度评价，撰文指出："尝试教学法先让儿童进行思考和讨论，然后给予指导，它不失为一种理想的方法。"尝试教学法论文已译成日文、英文、德文在国外教育杂志上发表，并在1991年8月北京国际数学教育会上交流，1993年6月我应邀到日本讲学。

目前，尝试教学法应用范围已从小学发展到中学，从数学发展到语文、自然、理、化等学科。根据尝试教学法在中小学各学科教学中呈现的普遍的积极效果反应，证明在教学过程中尝试原则是具有普遍意义的。在十多年尝试教学法实验研究和推广应用的基础上，继续通过系统、严格的实证研究，构建了一种新的教学理论——尝试成功教学理论。

尝试教学法的实质和要素

尝试教学法改变了传统的教学模式，不是先由教师讲解，把什么都讲清楚了，学生再做练习，把教师讲解的内容巩固消化；而是先由教师提出问题，学生在已有旧知识的基础上，通过自学课本、学生互相讨论，依靠自己的努力，通过尝试练习初步解决问题，最后教师根据学生尝试练习中的难点，有针对性地进行讲解。其特点是“先练后讲”。

对“尝试”的界说，中国古代《左传》中的注释极为贴切，“尝，试其难易也”。在教学过程中尝试的含义，是指在教师指导下，学生依靠自己的努力去初步解决问题。

这里所指的尝试，是有指导的尝试，同20世纪初美国心理学家桑代克提出的“尝试错误学说”是截然不同的。

尝试教学法所指的尝试活动包含两个要素：学生的尝试和教师的指导。这两个方面是互相依存紧密联系的，学生的尝试以教师的指导为前提，教师的指导以学生的尝试为目标。教师的指导绝不是包办代替，而是根据学生的年龄特点和认识规律，根据教材特点和教学要求，为学生的尝试创设条件。

学生的尝试。中小学各科知识一般可用习题的形式呈现，学生在教师指导下自学课本，在已有旧知识的基础上自己去尝试解决问题，尝试解答习题，或回答问题，或完成某项活动。尝试练习还可采用尝试操作形式，让学生动手操作学具、实验仪器、测量工具等，根据尝试操作的结果，自己尝试得出结论解决问题。学生的尝试过程，就是学生自己探索解决问题的过程。它的表现形式有尝试阅读、尝试操作、尝试练习、尝试讲解等。

教师的指导。学生的尝试不是盲目的，而是在教师指导下有目的有步骤地尝试。教师不但要在学生尝试中进行指导，而且在学生的尝试前和尝试后，都必须认真指导。

在学生尝试前，教师要认真制订课时计划，确定学生尝试的步骤，编拟准备题和尝试题，指导学生自学课本，要设计指导语或提出自学思考提纲。

在学生尝试中，教师必须巡回指导，了解学生的尝试情况，特别对差生要进行个别辅导，帮助他们完成尝试任务。

在学生尝试后，教师可以组织学生讨论，启发学生尝试讲道理，判断尝试的正误，对正确的答案进行强化，对错误的答案进行矫正。根据学生尝试练习的情况，教师针对学生感到困难的地方、教材关键的地方进行重点讲解，以确保学生系统掌握知识。

在现代的教学条件下，把教师的主导作用和学生的主体作用有机地结合起来，创设一定的条件，使学生的尝试活动能够取得成功。达到尝试成功的条件必须充分发挥六方面的作用：学生的主体作用，教师的主导作用，教科书的示范作用，旧知识的迁移作用，学生之间的互补作用，师生之间的情意作用。

尝试教学法的操作模式

尝试教学法的基本精神是“先练后讲”，为了体现这个思想，在教学中逐步形成了一套操作模式。它的基本教学程序分成七步进行：

准备练习→出示尝试题→自学课本→尝试练习→学生讨论→教师讲解→第二次尝试练习

第一步：准备练习。这一步是学生尝试活动的准备阶段。出示尝试题不能太突然，应该采用“以旧引新”的办法，从准备题过渡到尝试题，发挥旧知识的迁移作用，为学生解决尝试题铺路架桥。

第二步：出示尝试题。这一步是提出问题。尝试题一般要同课本中的例题相仿，同类型、同结构，这样便于学生通过自己阅读课本去解决尝试题。尝试题出示后，教师应激发学生的兴趣，提出启发性的问题，如“老师还没有教，谁会做这道题?”“看谁能动脑筋，自己来解决这个问题?”先让学生思考一番，然后转入下一步。

第三步：自学课本。这是为学生在尝试活动中自己解决问题提供信息。出示尝试题后，学生产生了解决问题的愿望。这时引导学生阅读课本就成为学生的需要。“这道题，你们还不会做吧，请大家翻开课本看看例题是怎样做的，再想想黑板上的题目应该怎样做。”

阅读课本前，教师可适当提一些思考问题作指导。学生带着问题自学课本，目标明确，要求具体，效果好。因为学生自学课本后，必须解决黑板上的尝试题，自学课本的效果当时就能看到，这样能够调动学生的积极性。

自学课本中，学生遇到困难时可提出问题。教师要鼓励学生质疑问难。通过自学课本，大部分学生对解答尝试题有了办法，都跃跃欲试，时机成熟就转入下一步。

第四步：尝试练习。这是学生尝试活动的主体，一般让好、中、差三类学生板演，全班学生同时练习。教师要巡视，及时了解学生尝试练习的情况，学生练习时，可以继续看书上的例题，边看边做，同座学生之间也可以互相讨论。尝试练习结束后，就转入下一步。

第五步：学生讨论。尝试练习后，可能一部分学生做对了，一部分学生做错了。教师根据三类学生板演的情况，引导学生评讲讨论。谁做对了，谁做错了，板演的学生可以讲讲为什么这样做的道理，不同看法可以争论。这有利于发展学生的口头表达能力及分析推理能力。尝试练习后，学生迫切想知道自己算得对吗，讲得对吗，这时教师讲解的火候已到，就可转入下一步。

第六步：教师讲解。这一步可以确保学生系统掌握知识。有些学生会做尝试题，可能是按照例题依样画葫芦，并没有真正弄懂道理。因此在学生尝试练习以后，教师还应进行讲解。

这里的讲解同传统的方法不同，教师不必什么都从头讲起。因为这时学生已经自学过课本，并做了尝试题，对这部分的教学内容已经有了初步的认识。教师只需针对学生感到困难的地方、教材关键的地方重点讲解。一般采用评讲尝试题的办法，哪个学生做对了，做对的道理；哪个学生做错了，做错的原因。这样讲解针对性强，学生容易接受。讲解时要注意运用直观教学手段或电化教育手段。

第七步：第二次尝试练习。这一步是给学生“再射一箭”的机会。在第一次尝试练习中，有的学生可能会做错，有的学生虽做对了但没有弄懂道理。经过学生讨论和教师讲解后，得到了反馈矫正，其中大部分学生会有所领悟。为了进一步了解学生掌握新知识的情况以及把学生的认识水平再提高一步，应该进行第二次尝试练习，再一次进行信息反馈。这一步对中差生特别有利。

第二次尝试题不能同第一次尝试题相似。一般要与教科书上的例题稍有变化，或采用题组形式。如出三道题，其中一道题可同例题相仿，一道题同例题稍有变化，一道题是以前的旧知识或综合题。第二次尝试练习后，教师可进行补充讲解。

以上七步是一个有机整体，反映了学生完整的尝试过程。这七步中，中间五步是主体，第一步是准备阶段，第七步是引申阶段。

尝试教学法有一个基本教学程序，它只是为教师合理组织教学过程指出了应遵循的科学程序。但是教学情况是各不相同的，生搬硬套一个模式是不科学的。因此，以上的七步操作模式应该根据不同的教学内容、不同的学生情况以及教学条件的变化灵活应用，增加一步或减少一步，几步互相调换或合并，等等。但万变不离其宗，“先练后讲”的基本精神不能改变。有以下几种变式：

变式1．调换式：

准备练习→出示尝试题→尝试练习→自学课本→学生讨论→教师讲解→第二次尝试练习

把自学课本与尝试练习互相调换一下，可以使学生不受例题的束缚，有利于学生创造性思维的发展。

变式2. 增添式：

根据教学需要，可以在基本式上增添一步或几步。如，在出示尝试题后，增加一次学生讨论，让学生先议论一下，怎样解答尝试题；在尝试练习前增加尝试操作，先指导学生动手操作，在有一定的感性认识基础上，再让学生动手做尝试题。

变式3. 结合式：

准备练习→出示尝试题→边自学课本边做尝试题→学生讨论结合教师讲解→第二次尝试练习

学生熟悉尝试教学法后，基本的操作步骤就不要分得那么清楚，可以有机地结合进行。出示尝试题后，学生可以一边自学课本，一边动手做尝试题；学生讨论和教师讲解也可以结合进行，教师参加学生讨论，在讨论中把需要讲解的内容穿插进去。

总之，在“先练后讲”的基本思想指导下，根据教学的需要，灵活安排学生尝试活动的操作程序。

尝试教学法的实践效果

实践是检验真理的唯一标准，一种教学方法的优劣，主要看教学效果。尝试教学法的实验和应用范围遍及全国，已经有十多年时间，经受了广泛的长时间的考验。据1991年不完全统计，十余年来，研究工作者和实验班教师共写论文32000多篇，仅公开发表的就有1500多篇，大量的教学实验资料证明，尝试教学法有显著的优越性，同时也存在局限性。

（一）尝试教学法的优越性

1. 有利于培养学生的探索精神和自学能力，促进智力发展

尝试教学法冲破了注入式教学方法的束缚，大胆地让学生自己去尝试练习。这样从小培养儿童“试一试”的精神，长此以往，逐步形成一种敢于探索的精神。他们长大以后，对于不懂的事物、不会做的工作都能有“让我试一试”的精神。这种敢于尝试的探索精神是极其可贵的。尝试教学法的重要潜能在于培养社会主义新人的现代化素质。人的现代化素质是多方面的，具有尝试探索、开拓创新的精神，应该是基本的一条。

教育的潜移默化的作用是强大的，一定的教学方法对形成学生的思想方法和习惯会产生很大影响，注入式的教学方法会使人因循守旧、唯唯诺诺。尝试教学一改过去学生依赖教师的全盘授与和灌输的被动地位，而是让学生主动地尝试，在尝试中主动参与知识的形成过程，从而培养学生的自主意识、参与意识、探索意识和创新意识，有利于培养社会主义新人

的现代化素质。

2. 有利于提高课堂教学效率，减轻课外作业负担

注入式教学方法，教师的讲课占去了一堂课的大部分时间，留给学生练习和思考的时间就不多了。尝试教学法一开始就向学生提出问题，让学生自己先尝试一番，在这基础上教师再有的放矢地重点讲解。这样做花时少，效果好，提高了课堂教学效率。

应用尝试教学法后，课堂上教师讲解的时间减少，学生的练习时间增多，学生作业基本上能够当堂完成，不必布置很多课外作业。常州市劳动中路小学实验班，课本中的题目还不够在课堂里做，课外一般不布置家庭作业，而是布置“每日一题”（思考题），让学生回家思考练习，不必交家庭作业本。学生的负担减轻了。

3. 有利于中差生的提高

有些教师以为中差生理解能力差，采取把材料嚼得很细喂给他们。越是这样，他们就越是不肯动脑筋，越是觉得没有兴趣，越是无法提高学习成绩。

尝试教学法先让学生尝试练习，使中差生及早发现困难在哪里，然后听教师讲解，他们就容易接受。学会看书，学会思考，这正是中差生最缺乏的东西。尝试教学法能引导学生主动地自学课本，促使他们进行思考，恰好能对症下药，解决中差生的根本问题。实验结果表明，尝试教学法适用于中差生，他们的学习成绩提高的幅度较大。

湖南湘西土家族自治州花垣小学，原来数学成绩很差，中差生较多，毕业班的数学平均成绩仅有三四十分。经过试用尝试教学法，学习成绩很快得到提高，毕业班在全县初中升学考试中，数学平均成绩达到93.3分，这是该校历史上前所未有的。

4. 有利于大面积提高教学质量

尝试教学法的教学思想明确，操作模式具体清晰，可以充分利用现行教科书，广大教师易学易用，具有很强的适应性。它不仅适用于城市学校，而且也适用于农村山区学校和少数民族地区学校。不论有经验的老教师，还是年轻的新教师都能学习应用。大量资料证明，不管一个班、一所学校，还是在全县（市）范围内，尝试教学法的推广应用都取得了良好的教学效果，有利于大面积提高教学质量，有助于九年义务教育的实施。

内蒙古自治区阿拉善盟左旗塔尔岭小学，是一所蒙、回、汉多民族的村校，原来数学教学质量很差，自1985年开始试用尝试教学法后，连续5年教学质量得到大面积提高。这个事实在阿盟产生了很大的影响，阿盟教育处已决定在全盟推广应用尝试教学法。

江苏省金湖县从1984年开始，在全县推广尝试教学法，小学数学教学质量得到大面积提高。现在全县各年级数学统考的平均成绩都在80分以上，及格率达95%以上。

（二）尝试教学法的局限性

任何一种教学方法不可能是十全十美的，它们都是在一定的教学条件下而起作用的。离开了这些条件，教学效果就会受到一定的影响，不可能有万应如意的灵药。尝试教学法有优越性，也有局限性。

第一，应用尝试教学法，学生要有一定的自学能力，因此，小学低年级应用范围较小。自学能力是逐步培养起来的，开始可渗透“先练后讲”的精神，然后逐步提高自学课本的要求。

第二，对于初步概念的引入课，不适合用尝试教学法，例如几何图形的初步概念、小数的意义、分数的意义等教学内容，但是一些后继概念仍然可应用尝试教学法。

第三，实践性较强的教学内容不适用，例如计量概念、测量面积、丈量土地等，教学中要强调学生动手操作。但是对求积公式的推导和求积计算仍可应用尝试教学法。

应用尝试教学法仅是应用在一堂课中“进行新课”的一段里。一堂完整的课，有时需要采用多种教学方法。提倡一种教学法不应排斥另一种教学法，它们之间不是对立的，而应该是互相结合、互相配合、综合运用。

朱小蔓

1947年生，北京师范大学教授。曾任中央教育科学研究所所长兼党委书记、全国教育科学规划领导小组办公室主任，国家督学，俄罗斯教科院外籍院士，教授、博士生导师，南京师范大学副校长。主要研究方向为教育哲学、道德教育哲学、情绪、情感发展与教育、教师教育，合作专著、合著和主编二十余部学术著作，发表论文百余篇。2016年起，担任人教版部编本义务教育教科书《道德与法治》的总主编。与俄罗斯教科院合作主持《20—21世纪之交中俄教育改革比较》获第四届全国教育科学优秀成果二等奖，《情感教育论纲》获江苏省第四届哲学社会科学优秀成果二等奖，《教育的问题与挑战——思想的回应》获中国教育图书二等奖、教育部人文社会科学优秀成果二等奖，主持项目《小学素质教育模式理论研究》获教育部师范改革项目一等奖。享受国务院特殊津贴，获“当代教育名家”称号。

论情感在个体道德形成中的特殊价值①

由于情感对于人的生存发展的特别功能，其作用的机制越来越被现代科学与哲学揭示出来，同时，随着人类文明进步的发展，道德的主体性质、道德作为人类自由精神的本质越来越被人们认识，情感与个体道德形成的内在关系也就越来越清楚地显现出来。情感不仅是道德认识转化为道德行为的中间环节，而且在个体道德形成的完整过程中，始终具有特殊的地位、特殊的价值。

一、人对道德信息的接受以情绪的活动为初始线索

人对道德观念的真正接受、理解，按照心理学家的研究，是在八九岁人的抽象思维发展

① 本文曾发表于《上海教育科研》1994年第5期。

以后。但是道德教育并不是从这一年龄段才开始，原因在于，婴幼儿的自然——社会性情感是人的道德发展在早期最重要的心理基础。

婴幼儿成为社会的人，感情是一种有力的工具。婴儿在前语言阶段的学习是利用情绪信号进行的。心理学研究证明，三个月的婴儿开始有社会性微笑，六个月的婴儿出现依恋感，不足八个月的婴儿已经有表示高兴、愤怒和其他情感的非语言表达方式。幼儿在一岁左右出现最简单的同情感，两三岁出现最初级的道德感。总之，婴幼儿成为社会的人，感情是一种有力的工具。儿童首先通过感情表明他们的需要，感情帮助他们建立或割断与别人的联系。与此同时，他人的情绪表情和事物信息的情绪性也是儿童借以进行判断并接受某种信息的主要线索。有哲学家（劳伦斯·布莱姆）用“联系感”的概念来加以概括。我们认为，“联系感”是一种自然社会性情感，它深深植根于人的自然天性之中，与人的一定的先定性需要相联系，具有早发性、自发性和直接感受性。如果家长或抚育人以及家族亲属在举止行为与亲情关系方面自然渗透并传递了道德文化的内容，婴幼儿的初步道德观念完全有可能通过情绪表情的携带在早期打下基础。国外许多幼儿道德教育专家认为2～3岁的幼儿有可能产生道德观念。我国发展心理学专家通过自己设计的实验也证明，三岁前儿童由于自我意识尚留在生理的自我水准上还没有转向社会自我，完全意义上的道德行为尚不可能，但是可以对他人某些行为作出移情反应，如感受他人悲伤、痛苦，作出同情反应或模仿性的援助行为。这虽然称不上真正的亲社会行为，但却是初级形态的社会性情感，是进一步亲社会性行为的心理基础。

至于高级形态的道德要求，如爱国主义品质，也以爱国情感为其心理基础。有专门研究认为，对12岁前的儿童进行爱国主义教育，应当从爱国的基础情感培养起。这一基础情感是指对形成爱国情感有影响的情感体验，它分直接性基础情感和间接性基础情感。其中间接性基础情感主要是指爱父母、爱老师、爱母校、爱集体、爱家乡等不断扩展、放大了的爱心。这些基础性社会情感虽然与爱国情感在内容指向上不完全相同，但在心理结构上有很多相似之处，伴随着日益复杂的社会生活，在教育的影响下，有可能不断分化、演变和发展，成为与高级社会性需要相联系的情操。

情绪对于接受道德信息的先在性、早发性不仅表现在婴幼儿时期，即使成年人也常常以他人的情绪表情和事物信息的情绪性作为鉴别、判断的线索之一，以自己满意、不满意，肯定或否定的情绪化特征作为不加选择的第一次反应。当代情绪心理学家的最新研究认定：情绪过程可以在无意识知觉的情况下和无认知加工参与的情况下发生。研究者用麻醉手段，证明人的感性知觉一开始，在下意识中就具有把人的周围现象分为肯定和否定两方面的机制。“道德记号”的特征原来是内在情感所具有的，甚至在个体意识范围内从道德意义上没有区别的东西，也会以道德色彩出现在下意识中。正因如此，德育有可能利用人的无意识领域，通过设计各种情境，使人借助无意识联想激发起来的移情效应不断积累、丰富情绪经验，提升无意识领域里的道德信息储备，形成必要的道德准备态势。

二、人对道德价值的学习以情感—体验型为重要的学习方式

人类对道德价值的学习方式，自古以来在东西方文化传统中，就有不同的强调重点。西方自苏格拉底、柏拉图到康德的伦理教育思想强调人对道德知识的学习、对道德规律的认识，而后才有善在自身的展开和显现。东方文化中孔孟的儒家伦理教育思想强调人对道德价值的学习主要是社会规范习俗的熏染、潜移默化以及人的理性思维活动的内化和积淀。但是，长期以来，以西方教育文化为参照背景所逐渐形成的知识论、教学论，无论是唯理论派还是经验论派，都从客体方面理解知识。当代中国德育应站在东西方文化新的背景下，从主体方面，从主客体的关系上重新认识道德价值学习的性质，可以把对道德价值的学习分为三种类型：第一是事实性知识。它是关于道德现象是什么、怎么样、为什么会这样，以及在怎样的条件下其发展变化的进程可能怎样等等的知识。对这类知识，需要运用一定的逻辑—认知学习的方法来掌握其中的概念、范畴、规律及其逻辑推导过程，同时也需要训练人的思维判断能力和语言的运用能力，促进对道德规律的认识、辨析和创造。第二是评价性知识。这是人类，特别是本民族在社会历史过程中积累起来的价值经验，包括社会道德准则、规范体系；社会风尚、习俗；道德理想等等。这类知识必须以情感性或体验性思维和态度来加以把握，将自己的热情、激情，甚至全部身心融合进去，才可能获得个人的理解，成为个人的内在需要，融入个性经验，成为自己追求的价值目标。第三是人事性知识。它是人在直接或间接参与的道德交往关系中由本人领悟、获得的道德经验与体会。这类知识通过榜样作用，通过舆论传导，通过奖励与惩罚，更多地通过生动的直接接触，表现出亲近感、认同感、自豪感、内疚感，直达人的感情喜恶、爱好、偏好与兴趣，使参与主体们的思想、情感和意志相互渗透、交融或互补，使每个个体原有自我感和人际感增添新质，形成新的、超出任何原有个体的通性。

这三种类型的学习，在对道德价值的学习过程中都是不可缺乏的，但在现代教育及现代德育中，很需要重视并引导学生学会后两种主要属于情感—体验型的学习方式。

三、人的道德行为的发生受情感的引发和调节

人的道德行为不是一种本能和适合活动，它必须以一定的道德认识为基础。情感对人的道德行为的引发和调节作用以三种作用形式出现。

（一）情感使人的道德认识处于动力状态，从而在一定程度上保证道德认识和道德行为的统一

什么是道德情感呢？道德情感是人对道德原则、规范在情绪上的认同、共鸣，又是人对道德理想、道德建构的向往之情。它们可能表现为积极的肯定性的情绪反应。如：道德自尊感、尊严感，利他行为后的愉悦感，也可以表现为否定性的，但同样是积极的情绪反应，如：羞愧感、内疚感等。但无论哪一种情绪反应都以当下或者未来出现满足、愉快、安心、尊严等自我肯定的情绪体验为精神报偿。英国近代理论学家、哲学家休谟在以情感原理建构他的理论及道德学说时，提出情感力量和人的精神运动水平的关系，认为："心灵处于自在的状态中时，就立刻萎靡下去；为了要保持它的热忱，必须时时刻刻有一个新的情感之流予以支持。"也就是说，神经冲动的紧张度在心灵的构成中起作用："凡能支持情感和充实情感的东西，都使我们愉快；正如在另一方面，凡使情感微弱无力的东西，也都使人不快一样。"情感力量的运动，创造着道德，没有这一运动，也就无所谓精神。当然，古典哲学家对情感的精神价值的肯定当时没有取得现代意义上的科学实证根据。20世纪60年代以来，心理学家逐渐认识到，一个人趋向积极情感体验而回避消极情感体验，表现出先天性的倾向。正是由于这种先天性倾向，才使得情感具有调节人的行为的功能。苏联的库尔奇茨卡娅（1966）研究发现，学前期儿童已能独立出现羞愧感。起初，它是情境性的、与做出某种行为相联系的体验（如小班、中班），以后，它会变成儿童个性的稳定形成物，不但在做出某一行为时羞愧，而且在做出这个举动之前也会产生羞愧（大班以后）。西方学者鲁玛（Ruma）等人（1967）测量过失者和普通人的内疚品质，发现这两种人在道德评价发展阶段上没有差别，但过失者的内疚得分明显低于普通人。研究认为，内疚得分与道德行为之间呈正相关，与说谎、欺骗、偷盗、争斗等呈负相关（r=-41）。心理学家们认为，当人不断积累了一些积极情感体验后，会在行为上产生某种偏爱的立场，定向的行为。相反，当人想象到将要实施的偏离社会（集体）要求的行为遇到社会否认，而体验到消极情感时，人便会发生情感校正现象，以此来"超前"影响自己的后继行为。

（二）情感本身构成特殊的道德认识，即以道德直觉的方式引发或调节行为

其一，由于道德认识的对象是人与自然、人与社会和人与自身的客观伦理关系，它们始

终与人融合一体、难以分解。获取道德认识更多地靠意会理解，而不能靠言传推理。其二，道德认识是人对伦理关系的认识，这一认识主要是在伦理交往实践中形成的。伦理交往更多地是以情绪感受的形式，而非以认知的形式作用于主体。其三，人在处理这一关系时有更多的情境性、个人具体性和时效性，因此更多地靠个人由理性积淀、规范内化而成的心理财富“不假思索”地在瞬息间完成。这使得以情感为主要表征的体验性思维，体感性、体悟性思维，以道德直觉的方式成为道德认识的基本思维方式。我们在日常生活中常常看到的所谓“良心”、义务感、道德冲动便是这种以情感为载体、有效引发和调节人的行为的道德认识。

（三）由情感的状态水平所构成的稳定道德心境是人们的道德行为的恒常心理背景

20世纪80年代以来，心理学家倾向于把道德行为看作一个极其复杂的过程。美国的雷斯特（J. Rest）详细分析特定道德行为产生过程中的构成因素，概括为四种成分：

解释情境：研究表明一个人对道德情境的理解能力越差，对情境的道德敏感性越是缺乏，产生道德行为的可能性就越少；

作出判断：这一过程所涉及的主要是与道德判断有关的一些问题；

道德抉择：在道德决策过程中，一些非道德的价值观念往往引起个体内部理智与情感的斗争；

履行道德计划：需要坚定的意志去克服挫折，抗拒诱惑，完成道德行动。

这一四成分构成说，显然不是强调道德情感的当下的、直接的引发力量，而是强调情感品质的稳定作用。由此可以引申理解为，当代心理学及其在教育（包括德育）上的应用，更加重视情感品质的培育，由人的情感品质所制约的道德敏感性，对自己、对他人的感受性，情感世界的丰富性、深刻性、稳定性等是人的道德行为过程中的恒常心理背景。

四、人以情感为核心的动机系统作为个人道德发展的内在保证

个人道德的发展既受制于个体的外部环境，又受制于个体的内部环境，而最终由个体内部动机系统作为个人道德发展的内在保证。

视情感为个人道德发展的内在保证，是因为人的情感的性质、内容以及状态主宰着人的动机系统的指向与功能发挥。现在，情绪心理学中一个重要派别的代表人物伊扎德已明确提出，在人类庞大的动机系统中，情绪是核心。无论是与内驱力相联系的动机，或是同知觉、认知相联系的情绪，抑或是蕴含在人格结构中的情绪特质，都起着重要的动机作用。利珀更

直截了当地提出情绪本身就是动机观点。我们认为，把情绪作为动机系统的核心，从根本上说，是因为情绪表征人的欲望和需要。需要得到满足会产生不同程度的快感，需要得不到满足则会导致苦恼。快感与苦恼的程度依欲望或需要的强度而变化，依满足或不满足的具体形式而变化。同时，情绪、情感不仅伴随着任何活动而出现，由需要的满足与否而引发，而且反过来影响机体的需要，并且引导需要，调节需要。人不像动物那样起因于生物适应性的实际需要的满足以及据此而想得到的冲突（需要）的缩小，从本质上看，人的道德要求不是生物适应性需要，而是控制、调适某些生物适应性的需要。不仅如此，人的道德需要不仅表征为将现存的、既有的道德价值体系内化为社会适应性的需要，而且是人追求、适应新的生活方式、品尝新的生活体验、获得新的认识、改变他们自身的周围世界、建构新的理想世界的需要。人的这些道德需要当然不是凭空产生的，根本上说受制于人的建立在物质生产方式之上的交往方式。其深层机制在于人的直接交往或间接交往中由人对社会道德价值体系的一次次生活积累，一次次情感体验的强化和过滤以至逐渐定向并迁移、淡化，最终实现价值体系化、人格化的结果。苏联心理学家鲁克指出："不同的人们各有其不同的最理想的体验标准。任何人所竭力追求的情感谱体现着这个人的个性特征。"也就是说，在人的成长过程中，人在全部道德行为、履行道德义务、发展道德自我的背后，必须有强大的自我肯定的情感来支持自己。这些情绪体验也许伴随着痛苦、羞愧、焦虑等负性情绪，但最终人还是体会到自己的力量。在幼儿期，人的道德行为主要是从感受上的快乐调的激发或受羞愧感的调节。在青少年期，追求自我同一感过程中的欢乐与痛苦伴随整个道德成长。成熟的人则以道德感维系自己的人格尊严。这期间的内在运动轨迹正在于人在品尝各种体验之中，找到自己喜欢的体验，并自愿追求这类体验，扩大这类体验的经验后产生了对某些价值偏爱的感情。人们常说的为了某种价值"甘于清苦，以苦为乐，乐此不疲"正是对这种情感境界的描述。

这一情感运动，并制约人的内在动机的过程，既有外在的形式，也有内在的因素。外在的形式是给予关注，表示赞同，对特定行为给予嘉奖；也可以是不予关注，不许可，给予惩罚，使人重复某种行为或不再做某事。内在的因素是个人的神经生理类型、家庭教养背景以及自己生活经验中的情感体验。但是很显然，外在形式的强化同样是通过人的内在情感上的满足起作用。所以归根结底，仅仅是外部客观条件以及人在道德关系中占有的现实态势，对于人的道德发展并不是本质的东西，而人对道德关系的体验以及由体验所强化和过滤后的人格立场才是本质的，它把人的需求、志向、神经加工类型、性格统合为"内部态度"这一复合体。外部的道德影响始终以个人的这一内部态度为媒介得以折射而发挥作用，并且，正是这一内部态度保证人在实现道德自我的道路上，总能以个人的方式对既有道德价值系统加以掌握、同化并重新外化与创造。

马芯兰

1946年生，北京人，中共党员，特级教师，现任北京市朝阳区星河实验小学校长。在“以学生发展为本”的思想指引下，创造了“马芯兰教学法”，为推动小学数学教学改革提供了良好的经验，并于2014年获得国家级教学成果一等奖。主持研究教育部规划课题《校园网络环境下学生合作学习方式研究》，北京市重点课题《数字化校园环境中校本教研方式研究》的研究工作；组织编写北京市教育学会创新教育丛书《小学数学教学与创新能力培养》《观察阅读与小学生作文》等；撰写的《小学生创造性教学法》获得教育部全国优秀教育成果奖；主持编写的《北京市小学数学实验教材》为推动北京市小学数学改革起到了重要作用。享受国务院特殊津贴，获“全国劳动模范”，“全国五一劳动奖章”“当代教育名家”等荣誉和称号。

构建新的知识结构　培养学生思维能力

一、以最基本的概念为核心，组建知识结构

数学知识本身有着严密的逻辑性，我们应遵循这一特点，使小学数学知识形成一个联系紧密的、纵横交错的知识网络。在这个网络中，我们要弄清哪些知识在网络中起决定作用，哪些知识则是从属关系。

为了使这一知识网络纲目清楚、主次分明，我认真研究了哪些知识是在网络中起决定作用的，以及怎样紧紧抓住这些最基本的知识，形成知识的整体结构。经过多年的研究和实践，我绘制了“小学数学知识网络图”。

小学数学知识网络图由十几个最基本的概念为知识的核心，并且把小学中的主要数学知识联系了起来。“和”这个概念则是知识的核心的核心。在学生学习“10以内数的认识”时就

开始以渗透的手段逐步建立“和”的概念，通过渗透“和”的概念，学习“10以内数的认识”“加、减计算”“理解加减关系”“加减求未知数”“简单应用题的结构”“弄清求和、求剩余应用题结构”。当出现两个或两个以上加数都一样的时候（5+4→5+5→5+5+5），开始由认识“相同加数”“相同加数的个数”，过渡到学习“乘法意义”。以此为概念的核心，理解乘法口诀及其意义，学习有关乘、除法应用题及计算。

小学数学知识网络图（一）

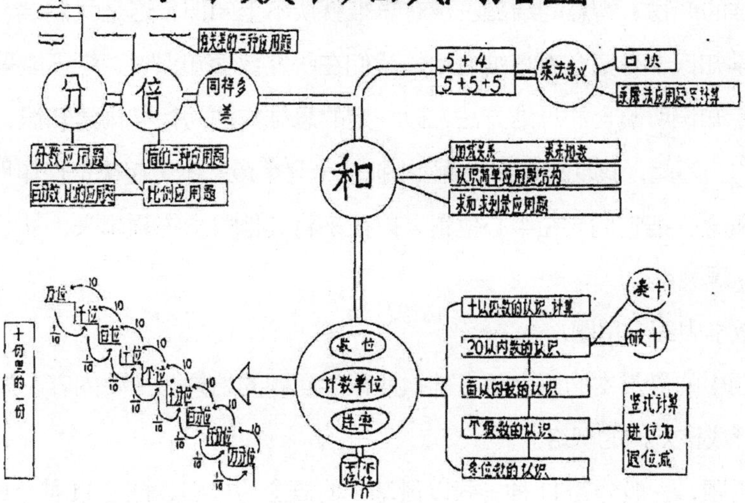

从“和”的概念中还可以引出两个不等的数量相比较而出现的“同样多”“差”的概念，较大数是由和较小数同样多的数、比较小数多的数合并起来的。“较小数”“差”是相当于较大数里的一部分。同时理解有关“差”的应用题的数量关系。

若“差”出现了和较小数同样多，则引出“倍”这一核心概念。较大数里面有若干和较小数同样多的数，较小数为一倍。较大数是较小数的若干倍。又以“倍”为核心理解“倍”的应用题的数量关系。

反之，以较大数为一倍数。较小数是较大数若干份中的几份，较小数是较大数的几分之几。这样以“份”“分数意义”为核心学习“分数应用题、计算”“百分数、比的应用题”“比例应用题”。

这样就以“和”的概念为核心的核心，把小学数学的大部分知识连成有机的网络。

同样在学习“10以内数的认识”时开始渗透“数位”“计数单位”“进率”。如知道10中的1表示1个十，0表示个位上没有，以此为核心学习“20以内数的认识”“百以内数的认识”

“多位数的认识”，同时以“数位”“计数单位”“进率”为核心学习有关的计算。

通过对“十进关系”的理解自然推演到“小数”。

这样，以“和”的概念为核心的核心，以十几个最基本的概念为主线组成了小学数学知识网络图。

在整个知识网络中，蕴含着小学阶段540多个大小概念，它分布在小学五六年的十几本教材之中。若无论大小概念都予以加强，必然会使小学数学知识内容过于“丰厚”，这540多个概念分布在各年级，每年至少讲100多个概念，这样必然使得师生每年都在紧张地完成任务。

知识是思维的产物、智慧的结晶。没有思维就谈不上知识，这是我们学习知识与发展智力的依据。数学知识本身蕴含着思维方法，我们在研究数学知识时，绝不能只停留在知识本身，而是要揭示知识所蕴含的思维方法，以一定的思维方法为指导构建知识，这样的知识是活的、有力量的。为此，我从540多个概念中抓住十几个最基本、起决定性作用的概念作为知识网络中的主概念，把它们放在中心位置，以此来将其他概念统领起来，从而确立了知识网络中的概念的从属关系。

例：小学数学中的应用题。

我以应用题中的最基本的概念为基础，抓数学问题的结构为主要内容，抓数学系统训练为重要手段，形成该知识的网络。

如简单应用题，一般分为11种。我以最基本的概念为核心，把这11种分成4部分。最基本的概念是“和”“乘法意义”“同样多、差”“倍”。通过建立这几个概念，让学生弄清楚有关应用题的数量关系。再以此为基础，教数学问题的结构，并配合相应的训练内容，如“补充条件”“补充问题”“改变叙述方法”“画线段图”“看线段图编题”……（见下图）

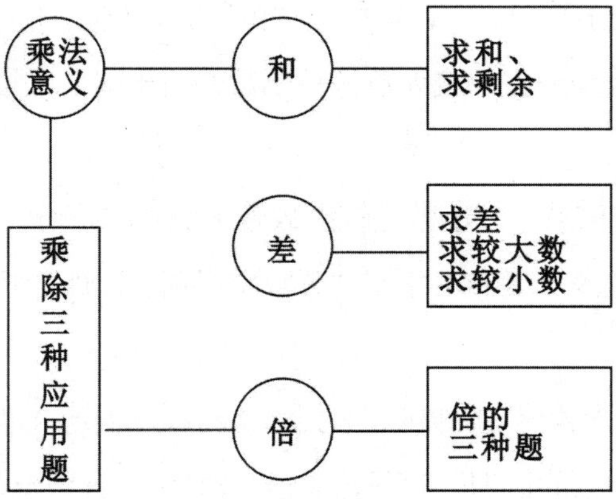

又如“计算”这部分知识，有整数、小数、分数。整数里有10以内—20以内—100以内—万以内—多位数的计算。

分数有同分母分数加减——异分母分数加减。还有整数、小数、分数、四则运算，各部分知识都有算理、法则，我从中抓住其共同的、起决定性作用的、最原始的，也就是最基本的概念形成知识网络（如前面数学知识网络图）。在这当中，“数位”“计数单位”“进率”是核心概念，以此把小学低、中、高年级计算知识统领起来。

数学中最基本的概念，具有其本质性、概括性和指示性的意义，是学生学习知识的导航器，是思维活动的金钥匙。若能使知识形成科学的有机整体，就要抓住各个概念和各条原理之间内在联系的逻辑性、系统性和连贯性，同时使知识网络本身反映出知识自身的传授、能力培养的“序”，使前后内容相互蕴含、自然推演，在思维上为学生提供一个由已知到未知的逻辑思路和迁移条件，形成具有生命力的、使知识处于运动中的、蕴含着较高的思维价值的知识网络。

所以，在我的眼里，这幅小学数学知识网络图是一幅立体的、有主有从的、活动的、延伸的、丰富多彩的美丽图画。

二、组建学生较好的认知结构

怎样将较好的知识结构转变成学生头脑中的认知结构，是我们在教学中研究的中心问题。

由于较好的知识结构是以一定的思维方法为指导构建起来的，故其本身蕴含着思维方法。在客观上，结构中的每一部分知识具有较好的逻辑关系和迁移条件，而且知识结构中的纲目是清楚的，主次是分明的，关系是紧密的，是我们组建学生认知结构的依据，也为我们形成新的教学方法，打开了思维的大门。

知识结构本身决定了我们不可能将零散的、孤立的知识教给学生，也不可能学一例题，就在一例题的范围内进行练习。这就势必要打破旧的模式，在加强知识的内在联系上下功夫，抓住知识间的关系来钻研教材，研究每一个知识与整体知识结构的关系及相互作用，研究已有知识怎样成为后续知识的基础，从中悟出科学的方法。

这样就决定了我们的教学着眼点绝非是单纯传授知识，而应把方法教学寓于学习知识之中，在研究基本概念、基本原理、基础知识中，研究学习知识的基本方法，这样，学生在学习知识的同时，就自然地学到了学习知识的基本方法，提高了学习数学的能力。这是组建学生认知结构的意义所在。

在组建学生认知结构的全过程中，始终渗透着让学生掌握数学结构的能力，提高学生的逻辑推理能力、概括能力……所以说怎样使学生能有较好的认知结构，是我们教学工作的核心。

使学生形成较好的认知结构，就要研究数学知识的发生过程、概念的形成过程、结论的推导过程、问题的发现过程、规律的揭示过程、方法的思考过程、揭示知识间内在联系的过程。

在这当中，我大体是从下面几个方面进行的：抓应用题的问题结构，抓概念组建认知结构，抓联系组建认知结构。

（一）抓应用题的问题结构

在应用题教学中，我首先让学生掌握应用题的结构。如简单应用题是基础，我以认识两个有关的条件和与条件有直接关系的问题来揭示简单应用题的结构特征（具体做法略）。两步应用题是教学的关键，我专门上了两步应用题结构认识课，进行两步应用题的结构训练，从而使学生从结构上沟通了简单应用题与复合应用题的联系，具备了解答两步应用题的分析能力（具体做法略）。

在两步应用题的基础上，我上了多步应用题的思维发散课和多步应用题的思维训练课。下面是我今年给四年级学生上课的教学实例。

这个班是普通班，教学内容是应用题的学习。这是整数知识的综合运用，也可以说是小学阶段整数应用题的最高阶段。我对教材的三个例题通盘考虑后，确定以例1为原始题。

例1. 生产小组要加工780个零件，计划用13天完成，实际每天比原计划多做18个。实际用了多少天？

我对这个例题教学的通盘思想是：通过对这道题解答后的验算，引导学生自编应用题，从而使学生对一般多步应用题的数量关系更加清楚，结构特点也理解得更为深刻。教学的着眼点从单纯教例题过渡到教问题结构上来，从而培养学生的学习能力和解答应用题的灵活性能力。

（第一层）

解：780÷(780÷13+18)

=780÷(60+18)

=780÷78

=10（天）

答：(略)

验算：

把解题结果当作已知数量，把题目中任意一个已知条件作为问题，按题目中的数量关系进行计算，看一看是否与题目中给的已知条件一致。

（1）780个 {计划每天做780 ÷ 13 = 60（个）　　13天完成
实际每天做780 ÷ 10 = 78（个）　　10天完成
实际每天比计划多做多少个？78 - 60 = 18（个）}

（2）看验算过程中的数量关系编题

780个 {计划　　？天完成
计划每天比实际少加工18个
实际　　10天完成}

(3)？个 {计划　　13天完成
实际每天比计划多加工18个　　10天完成}

（第二层）

改：将验算（1）中的“计划每天做的零件个数”作为已知条件，“多做的零件个数”为问题，作为例2：

计划每天加工60个——13天完成

实际每天比计划多加工？个——10天完成

60×13÷10-60

＝780÷10-60

＝78-60

＝18（个）

答：(略)

验算：

（1）计划每天加工60个——13天完成

实际每天比计划多做18个——？天完成

（2）计划每天加工60个——？天完成

实际每天比计划多做18个——10天完成

（3）计划每天加工？个——13天完成

实际每天比计划多做18个——10天完成

18×10÷(13-10)＝60（个）

（4）实际每天加工 ？个

(第三层)

从例1、例2中找出已知条件

(1) 计划13天完成

(2) 计划每天加工60个

(3) 实际10天完成

(4) 实际每天加工78个

(5) 一共加工780个

(6) 实际每天比计划多做18个或计划每天比实际少做18个

(7) 实际比计划少用3天或计划比实际多用3天

根据以上条件问题编出三步以上的应用题。

(1) 实际每天比计划多做18个 ? 天完成 78×10÷(78−18)

实际每天加工78个10天＝13(天)

(2) 计划每天加工 ? 个 比计划少3天 78×10÷(10+3)

实际每天加工78个 实际10天完成＝60(个)

(3) 计划每天加工 ? 个 13天完成 78×(13−3)÷13

实际每天加工78个 比计划少3天 ＝60(个)

(4) 计划每天比实际少18个 13天完成 (78−18)×13÷78

实际每天加工78个 ? 天完成 ＝10(天)

(5) 计划每天加工60个 比实际多3天 (60×3)÷(78−60)

实际每天加工78个 ? 天完成 ＝10(天)

(6) 计划每天加工60个 13天完成 60×13÷(13−3)

实际每天加工 ? 个 比计划少3天 ＝78(个)

(7) 计划每天加工60个 比实际多3天 60×(10+3)÷10

实际每天加工 ? 个 10天完成 ＝78(个)

……

就这样，这节多步应用题教学在原来三个例题的基础上，从例1的认识验算入手，学生改编出70多道应用题，大致涵盖了多步应用题的知识。这样做，深化了原有知识，使学生在掌握应用题的问题结构过程中提高了解答复合应用题的能力。

（二）以最基本的概念为核心，组建学生的认知结构

数学知识本身的内在联系是紧密的，是一个结构严密的整体。因此，我在教学中注意从知识整体结构的高度来研究每一局部知识的地位和作用，挖掘它们中间有利于学生智力发展与逻辑思维能力培养的因素。我们知道，数学概念反映现实世界的空间形式和数量关系的本质属性，没有概念，也就无法构成数学知识体系。因此，我们应特别注意以最基本的、起决定作用的概念为核心，在建立、运用、综合运用和深化这些概念的过程中，来教给学生知识结构。教学实践证实了学生在教学中这样学到的知识，便于理解记忆和再学习。例如："份"的概念是乘除知识、倍的知识、分数知识、比和比例知识及解答一些较复杂的分数应用题的基础。从二年级乘法意义的认识开始建立"份"的概念（过程略），在学习后续有关知识时，都是把"份"放在核心地位，不断理解、运用、深化、综合运用，从而在对"份"的认识的发展中，一直学到小学数学知识的最高阶段。整个过程中，"份"起到决定性的作用（过程略）。

数学家华罗庚说：善于退，退到最原始的而不失重要性的地方，是学好数学的一个诀窍。由此看出科学家把数学最基本的概念放在多么重要的位置上。

可以说，在教学有关乘除知识时，我总是把它退回到对最原始的"份"概念的理解上来。这样做，不仅学生学起来容易，而且学得主动。不仅学习有关的新知识时用它，而且解决有关的难题时也用到它。

例：修一条2000米的路，计划12天完成。实际每天修的是计划的1.5倍，实际用多少天修完？

此题用一般思路需要三步解答出来，然而从"份"的角度分析，只要一步。

12天完成，则平均每天完成12份里的1份，实际每天完成1.5份。所以12份里包含几个1.5份，实际就用了几天。

$12 \div 1.5 = 8$（天）

答：（略）

又例：用"份"来解工程问题。

修一条路，甲独修12天完成，乙独修15天完成。甲修3天后，甲、乙合修，还需要几天完成？

从"份"入手分析：

若按甲独修12天修完，则这条路共12份，乙每天修$\frac{12}{15}=\frac{4}{5}$份。甲干了3天，还余$12-3=$

9（份）。所以从甲、乙二人合修$9\div(1+\frac{4}{5})=5$（天）（或从乙单独做15天完成入手）。

同样，用“份”来解答较难的分数应用题、比和比例应用题（例略），不仅可以拓宽学生的思路，而且能使学生思维灵活、敏捷、简洁。

这样以最基本的概念为核心组建学生的认知结构，便于学生学习的迁移、运用、记忆，而且使学生学得积极主动。由于学生对最基本的概念不断理解、反复认识和运用，即使由于各种原因前面的知识学得不扎实，在学习后面有关知识时也会有机会得到弥补，便于不同层次的学生学习掌握，使学困生不至于掉队。

由于学生对最基本的概念在学习过程中有个“悟”的过程，也可以说是有不断消化吸收的过程，因此就使学生学习时感到“难的不难”“旧的不旧”“新的不新”，培养了学生不断获取知识的能力，提高了教学效率。

（三）抓知识间的内在联系，组建学生的认知结构

系统性、逻辑性是数学的主要特征之一。数学本身的知识间的内在联系是很紧密的，各部分知识都不是孤立的，而是一个结构严密的整体。前面多次强调，我们已有了一个较好的知识结构，这就要求我们时时在整体结构中，研究每一局部知识在结构中的地位、作用及其之间的内在联系，挖掘它们中间潜在的智力与逻辑关系。

数学教学主要是思维活动的教学，只有根据学生的认知特点，引导学生按照思维过程的规律进行思维活动，才能提高学生的思维能力。小学数学教学主要培养学生的逻辑推理能力。为此，教学应从较好的知识结构出发，把教学的重点放在引导学生分析数量关系上，依据知识之间的逻辑关系和迁移条件，引导学生抓住旧知识与新知识的连接点，抓住知识的生长点，抓住逻辑推理的新起点。这样就自然地把新的知识与已有的知识科学地联系起来。新的知识一经建立，便会纳入学生原有的认知结构中去，建立新的知识系统。

知识间的逻辑关系和迁移条件，大致分为两个方面：一是新旧知识含有共同的因素，二是原有知识概括性强。

以这两方面为依据，在数学教学中不断地深化对所学内容的理解，有目的、有步骤地逐步提高要求，逐步提高学生的认识水平、学习能力。这一过程，实际上就是学生循序渐进地学习知识的过程。这种循序渐进就是知识的内在逻辑与学生认知特点的有机结合，就是在深化旧知识中进行逻辑推理的过程。旧与新的连接过程，也就是新知识生长的过程、知识和技能迁移的过程、逻辑推理的延伸发展的过程，以此达到学生将新知识逐渐地、协调地纳入已有认知结构中，建立新的知识系统。

根据上述指导思想，我在教学“分数知识”时，是这样进行逻辑推理的：

例：5天做480个零件，平均每天做多少个零件？

480÷5＝96（个）　　96×2

一天做96个　　96×3

两天做2个96

……

图1：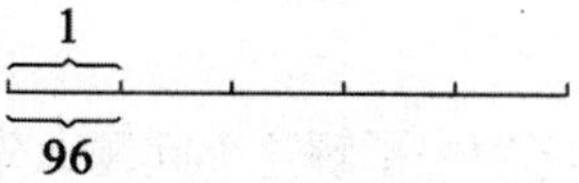

一天完成5份里的1份

两天完成5份里的2份

5份里的1份是96个，也就是480个的$\frac{1}{5}$是96个，

算式：$480\times\frac{1}{5}=96480\times\frac{2}{5}$……

那么，为什么480先要与分母约分后再乘以分子的1、2……的道理自然就清楚了。

接着与工程问题知识联系推导：

5天做480个，平均每天做多少？

改成：一批零件，每天做$\frac{1}{5}$，几天完成？

$1\div\frac{1}{5}=5$（天），看“1”里有几个$\frac{1}{5}$就用几天。

这样在教学中，抓知识之间的逻辑关系，不断组建学生的认知结构，学生在学习中积极主动，进而在学习知识的过程中逻辑推理能力、知识技能的迁移能力得到明显提高。

三、通过训练巩固学生的知识和技能，培养和提高学生的数学能力

数学的高度抽象性和严密逻辑性，决定了数学这门学科在训练学生思维、培养学生数学能力方面有着特殊的作用。数学能力要通过各种训练才能逐步形成。没有训练，就不可能有能力。

那么，什么是训练呢？

我认为，训练不仅是知识的再现，更重要的是旧中有新，这个“新”包含了新知识、新认识、新能力等，通过训练使学生在认识上有新的提高。因此，训练是巩固和熟练学生的知

识和技能、培养和提高学生的数学能力的重要手段。

下面从两个方面说明我的一点看法。

（一）训练培养学生的数学能力

培养学生的数学能力是我们教学的主要目的。通过应用题的教学培养学生的数学能力是很有利的。主要可以培养学生掌握数学问题结构的能力、逻辑思维的能力、思维的灵活性和创造性以及概括能力。

1. 训练有利于学生掌握数学问题结构的能力

什么叫数学问题结构？通常人们在解答一个问题之前必须先了解这个问题，分析这个问题，找出问题的已知条件和要求，这就要进行分析、综合，研究条件之间的关系，条件与问题之间的关系，然后把这些问题综合成一个整体，抓住问题中的具有本质意义的关系，这就抓住了数学问题的结构。“能力强的学生拿到一道数学题时，一眼就能看到问题的结构，就能把已知条件和问题联系起来。”“而数学能力平常的学生遇到一类新问题时，一般说来他们只是感知问题孤立的数学成分，并不理解这个问题。对于能力平常的学生来说特别重要的是要能通过分析和综合过程，把问题的各种成分联系起来。”①在讲一步应用题时，就着重抓住了数学问题结构的训练，如画线段图的训练，补充问题与条件的训练，题意不变、叙述方法改变的训练，自编应用题的训练，根据问题说出所需条件的训练，对比训练等。在讲两步应用题时，重点上了两步应用题的“结构课”，同时进行变直接条件为间接条件，变换问题，让学生扩题、缩题、拆题，看问题添条件等五个方面的训练。讲多步复合应用题时，又进行了多步应用题的“发散思维课”及相应的各种训练。通过一系列的教学和训练，使每个学生掌握了分析、研究应用题结构的能力，取得了明显的效果。

2. 训练有利于促进学生逻辑思维能力的发展

训练一般是从学生原有旧知识的一点出发，在训练过程中把学生放在主体的位置上，在教师适当的点拨下，使学生积极主动地学习，这样促使学生在训练中肯于思考问题，也善于思考问题。“肯于”也可以说是乐于；“善于”也可以说是思路顺畅灵活，有较好的思维品质。而这其中的核心是使逻辑思维能力得到发展。

所谓逻辑思维，概括地讲，是在逻辑规则的控制下，从一定的前提出发，找出有联系的依据，循序渐进，步步为营，连续推导。

由于小学数学知识之间如链条一样连接着，本身就具有科学的逻辑关系。我们在训练中依据这关系，将本来就有密切内在联系的知识有机沟通起来。这沟通的过程就是学生逻辑推

① 克鲁切茨基. 中小学数学能力心理学［M］. 上海：上海教育出版社，1983：252—254.

理的过程。在这逻辑推理的过程中，学生的认知结构不断地组建，逻辑推导的能力也就在学生增长知识的同时得以发展。

如在多位数加减运算中，由于学生对于数位、计数单位、进率有了较深的认识和理解，又因为多位数仍是以数位、计数单位、进率为依据出现的，所以多位数加减计算法则必定是相同数位对齐相加减，哪一位满10就向前一位进1；哪位不够减，就向前一位借1当10，这是以最基本概念为核心，使概念通过训练得到运用、深化、发展，从而不断推导出与它有关的新知识，培养学生的逻辑思维能力。

又如在训练中，将有关旧知识不断联系，联系过程是从一点出发，不断向纵深发展进行逻辑推理过程，在这过程中使新知识在知识链中得到反映。

差的概念：

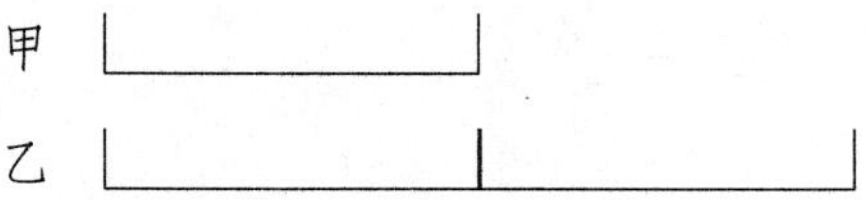

倍的概念：

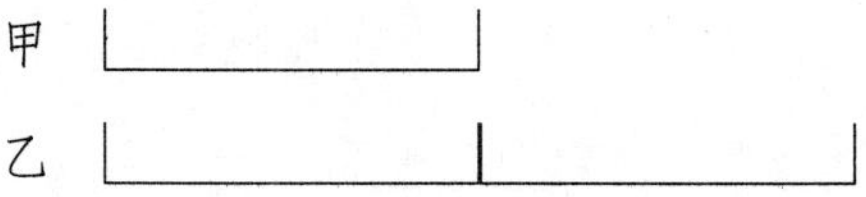

分数意义：

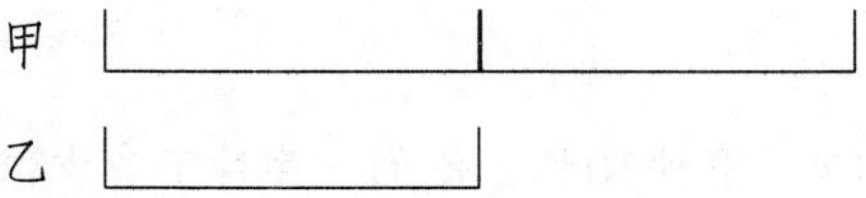

两个数比较，乙比甲多一些；

两个数比较，乙比甲多一些，这多一些又正好是一个甲，出现乙是甲的两倍；

两个数比较，乙是甲的一部分（2份里的1份），所以：乙是甲的$\frac{1}{2}$……

这些知识是在训练中通过有序的、有根有据的分析及推理学到的，从而学生的逻辑思维能力也会随之发展。

3. 训练有利于促进学生思维灵活性和创造性的发展

小学数学教学目的之一是培养学生的创造能力，而创造性思维是思维的一种特殊形式，它具有一般思维的共同点，又有自身的特点。它可以使思维积极，主动发散、开拓，它可以克服思维定式。创造性思维是依靠有关事物的启示，引起联想，从而实现认识的飞跃。数学中重要的基础知识适用性、概括性强，是创造的奠基石，数学知识严密的逻辑关系是创造的条件，训练则是创造的途径。

我们通过训练唤起学生对旧知识的回忆，促进对原有知识的沟通联系，调整学生头脑中原有知识的逻辑关系，借以开阔学生的思路，促使学生思维的多向发散，促进学生创造性思维的发展。如通过训练，联系旧知识，扩展思维，能够找到解题的多种方法。

丰富的知识、扎实的基础、思维的迅速是训练的前提（思维迅速来自对基础知识的熟练掌握）。

甲是乙的4倍。通过不同的联想得到：

甲比乙多3倍。

乙是甲的$\frac{1}{4}$。

乙比甲少$\frac{3}{4}$。

甲、乙之和是乙的5倍。

甲：乙=4：1

乙：甲=1：4

甲占甲、乙之和的$\frac{4}{5}$。

乙占甲、乙之和的$\frac{1}{5}$。

……

在上面联想的训练基础上，出示下面的题。

甲、乙、丙三位同学种树，种的棵数比是2：3：4。甲种10棵，他们一共种了多少棵树？

可以这样解答：

方法一：$(10\div2)\times(2+3+4)=5\times9=45$

方法二：$10\times\frac{2}{3}+10\times\frac{4}{2}+10=45$

方法三：$2+3+4=9\quad 10\div\frac{2}{9}=45$

……

由于进行前面的训练，学生的思路由一个方向转向另一个方向，就可以找到多种解法，从而培养学生思维的广阔性、灵活性、创造性。

4. 训练有利于培养学生的概括能力

小学数学教学大纲中明确指出要提高学生的概括能力，数学知识本身就是抽象概括的产物。如小学生初学具体数1、2、3、4……到认识较为抽象的“自然数”的概念，再延伸到“用字母表示数”，随着知识的不断扩展，学生抽象概括的水平也在逐级提高。因此在教学中要注意引导学生由浅入深、由低级到高级进行抽象概括，从而不断地培养和提高学生的抽象概括能力。

在日常教学活动中，人们一般比较重视一堂课的内容，或通过对一个法则的推理、建立过程来进行概括能力的培养。如学习两位数乘法法则时，教师努力运用各种教学手段，通过一节课或几节课，使学生在掌握其方法的同时逐步引导学生将法则概括出来。这种做法当然很好，但我们认为要完成培养和提高学生概括能力的任务，仅靠一个法则的建立、一个知识的掌握是远远不够的，还需要在将知识结构转化为学生认知结构的同时，在对知识系统整理的同时，进行抽象概括，使学生的知识由薄到厚，再由厚到薄，即厚积薄发。这样，学生的认知结构纲目才清楚、主次才分明，学生的抽象概括能力才能在其中得到提高。

抽象概括能力的培养，一般分为三个层次：在知识的建立中初步培养；在知识的系统联系中进一步培养；在知识的深化中加深培养。使学生在不断进行概括中学习，知识在不断概括中联系，又在不断概括中深化。从而在教学的全过程中，在抓住知识的共同因素、最本质的东西中，培养和提高学生的抽象概括能力。

下面就以一节课为例来阐述我的认识。（分七个层次）

（1）求和、求剩余一组应用题训练。

（2）求差、求比一个数多几的数，求比一个数少几的数的一组应用题训练。

（3）加减五种应用题训练。

（4）“等分除”“包含除”应用题训练。

（5）“求几个相同加数的和”“等分除”“包含除”三种应用题训练。

（6）有关“倍”的三种应用题训练。

（7）11种一步应用题训练。（按知识点分为四个部分进行）

在此基础上进行以下训练。

一步应用题训练课

第一个环节，出示图形。

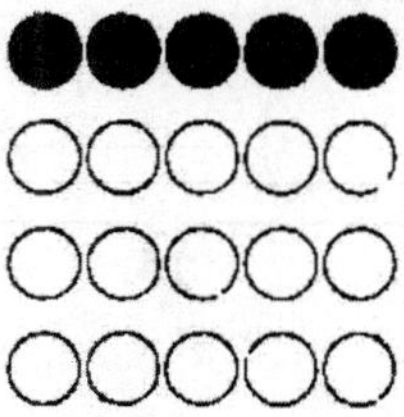

（1）这20个点从颜色上可以分成哪两部分？根据整体与部分的关系编一组题。

求和：

5+15＝20（个）

求剩余：

20−15＝5（个）

20−5＝15（个）

（2）这两部分数量还有什么关系？编题。

求较大数：5+10＝15（个）

求较小数：15−10＝5（个）

求差：15−5＝10（个）

（3）还可以怎样看这幅图？（手势，横着指一排5个，数一数，有4排）横着看每排有5个点，有4排。

（4）根据这组数，编题。

求几个几：5×4＝20（个）

求1份数：20÷4＝5（个）

求份数：20÷5＝4（排）

（5）如果把5个黑点作为标准，通过比较，还可以怎样编题？

求几倍数：5×3＝15（个）

求1倍数：15÷3＝5（个）

求倍数：15÷5＝3

小结：根据这幅图我们编出了11种简单应用题，这11种应用题可以归为哪几种数量关系？这11种应用题可以归为：部分整体关系、相差关系、份总关系和倍数关系四种数量关系。

第二个环节，出示线段图。

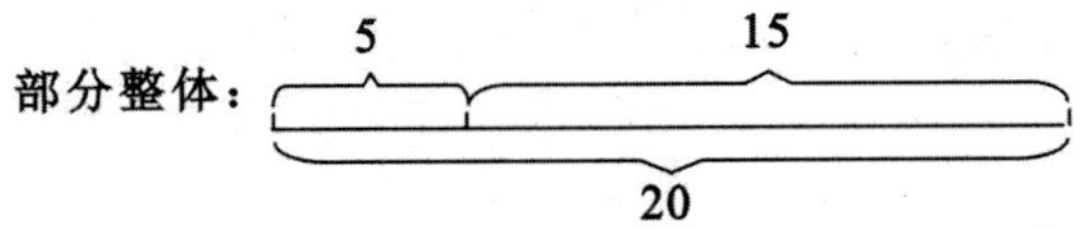

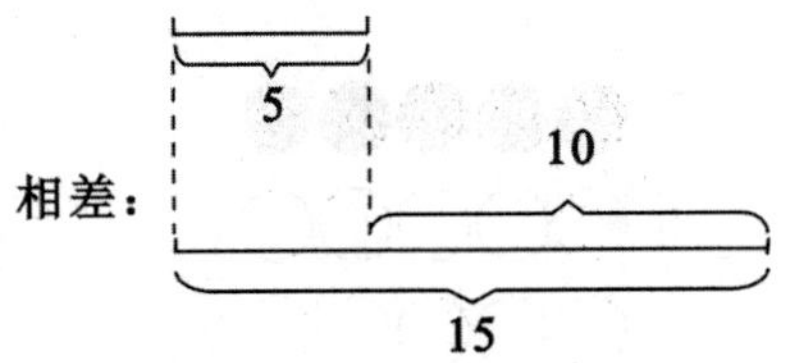

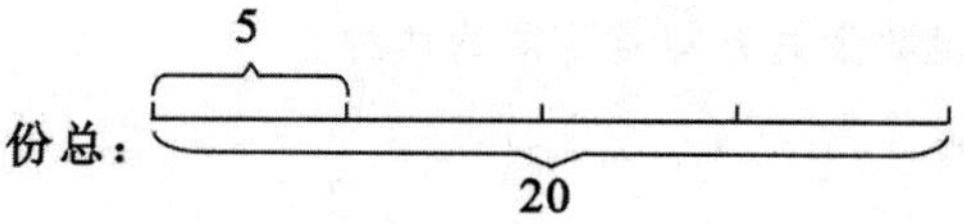

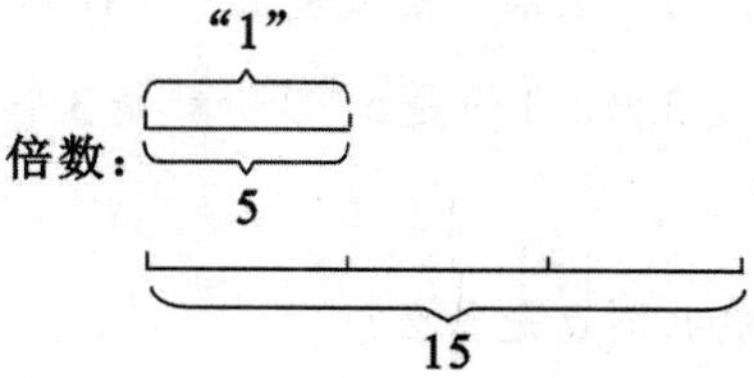

这是以概念为核心组成的四个部分：

（1）和的概念：求和；求剩余

（2）同样多概念：差；大数；小数

（3）乘法的意义：份数；一份数；几份数

（4）倍的概念：倍数；一倍数；几倍数

第三个环节，比较。

（1）横着看	相同点	不同点
求和、求剩余	数量关系相同	方法不同（+、-）
求较大数、较小数、差	数量关系相同	方法不同（+、-）
求几个几、1份数、份数	数量关系相同	方法不同（×、÷）
求几倍数、1倍数、倍数	数量关系相同	方法不同（×、÷）

（2）竖着看第一、二组题

①求和为什么用加法？

因为求和就是把两部分合并起来，所以用加法计算。

②求较大数为什么也用加法？

因为较大数是由两部分合并起来的，一部分是同样多的部分，另一部分是差。求较大数就是把两部分合并起来，所以也用加法计算。

③求和、求较大数的共同点是什么？

它们都是把两部分合并起来，所以都用加法计算。

④求剩余、求较小数和差的共同点是什么？

它们都是求部分数，所以都用减法计算。

⑤加减应用题为什么有两组数量关系？

因为较大数、较小数和差是两个量比较出来的，所以虽然与求和、求剩余应用题的计算方法相同，都是加减法，但数量关系却是不同的两种。

（3）再看第三、四组题

①求几个几的总数用乘法计算，为什么求几倍数也用乘法计算？

因为几倍数就是几份，3倍就是3份。1份是5，3份就是3个5，求3个5的总数用乘法计算。

②求几个几的总数和求几倍数的共同点是什么？

③求1份数和1倍数为什么都用除法？

④求份数和倍数又为什么都用除法？

⑤求1份数、份数和1倍数、倍数的共同点是什么？

⑥乘除法应用题为什么也有两组数量关系？

因为“倍”是通过比较得到的，所以虽然都用乘除法计算，但数量关系却是两种。

⑦观察部分整体关系的线段图，如果每部分都同样多，就和哪种关系的线段图一样？

⑧通过观察比较，部分整体关系和份总关系也是联系的，当每部分都同样多时，就是份总关系了，因此份总关系是部分整体关系中的特例。

⑨观察相差关系的线段图，如果差与较小数成倍数关系，就和哪种关系的线段图相同？

⑩通过观察比较，倍数关系与相差关系是有联系的，倍数关系是相差关系中的特例。

（注：这一层的目的是通过比较，首先从方法上把知识合并起来，前两组都是加减法，实质是“和”的概念，但由于出现了两个量的比较，被分成了两类。同样后两组用乘除法统一起来，归为以“份”概念为核心的两类应用题。同时通过比较，又进一步抓住了第一、二组和第三、四组知识的共同因素，进行联系和概括。这样，学生在加深概念的理解中使知识由厚到薄，其认知结构的纲目、主次也更加清晰。）

第四个环节，编题。

根据两个数的关系编加减法应用题和乘除法应用题（比如，12和4）。

（注：学生在编题过程中进一步消化理解，抽象概括，达到厚积薄发，便于理解和记忆。）

总结，通过这节课的训练可以清楚地看到：11种简单应用题可以归纳为4种数量关系，在4种数量关系中，部分整体关系与相差关系是以“和”的概念为核心，以部分整体关系为主线；份总关系与倍数关系是以“份”的概念为核心，以份总关系为主线，所不同的是相差关系和倍数关系是在比较中得到的。

在训练中培养和提高学生的抽象概括能力要力求体现以下几点：

（1）引导学生在亲身参加抽象概括的过程中逐步培养和提高他们的概括能力。

（2）随着知识的增长和扩展，在概念的同化过程中培养抽象概括能力，使学生已有的知识不断地产生新的飞跃。

（3）抽象概括能力的培养和提高需要经过多次反复，多层次、多角度的训练。

（4）在抽象概括中学习知识，在抽象概括中培养学习知识的能力，使学生能够概括地学习。

（5）学生在抽象概括中获得的认知结构，不仅能形成较好的认知网络，而且能主动抓住其网络中的纲，以纲带目。

（6）没有抽象概括就没有概念，抽象概括是形成概念的基础，而概念又是知识结构和认知结构中的纲。没有纲，结构就没有力量，就没有存在的价值。因此形成好的结构，离不开抽象概括，这是培养学生掌握数学问题结构能力不可缺少的一个过程。

（二）训练是巩固学生的知识和技能的好手段

通过训练巩固学生的知识和技能是小学数学教学的主要任务之一，我从“训练有利于促进知识和技能的迁移，有利于知识与技能的巩固和熟练，有利于促进不同水平学生的提高”三个方面来说说自己的认识。

1. 训练有利于促进知识和技能的迁移

数学教学研究的主要问题，是如何提高学生的数学能力和使学生具有会自己学习数学知识的本领。研究这个问题，就离不开研究学习的迁移问题。迁移得当，学生不仅获取知识，同时也提高了学习能力。

什么是迁移，简单地说，学生学到的知识与技能，能对新的学习产生影响，这种影响就是迁移。迁移可能是积极的，也可能是消极的，消极就是干扰。一般说迁移，是指正迁移，起积极和促进作用的。

迁移得当，需要教师从知识的整体结构来掌握每一局部知识，从中抓住知识的连接点，在新旧知识的生长点上开拓学生思维。在这个过程中，必须使教师的主导作用和学生的主体作用协调配合。教师要引导学生自己架起由已有知识到新知识的桥梁，从而促进学生自己“过桥”进行迁移。这就需要使学生有扎实的基础知识，并使之有一定的深度、广度，使迁移具备足够的知识基础、思维条件，从而促使学生自然迁移。怎样才能达到这样的程度呢？我是通过训练促进迁移的。

如数的认识：学习10的认识以后，通过对10的认识训练学习后续知识。

个位上是3，表示3个1，是3；……个位上是9，表示9个1，是9；9+1，个位上最多放9根小棒，表示9个1，是9，9+1是10个1，也是1个10；十位写“1”，个位写“0”，是10。

个位“0”表示什么？（个位上“0”表示个位没有）

迁移：个位再放一根？（个位“0”改成“1”，十位没变）是多少？11，12，……，20，……，100……）

教师通过对原有知识的再现，在新旧知识点上提出恰到好处的问题，促使学生自然迁移，在迁移中学到有关知识。这“再现”的过程，目的是为进而退，退中悟理。

提出这个问题的目的是以旧引新，在新旧知识点上迁移。这一全过程，是通过训练进行的。在训练中，使旧知识延伸，新知识自然地与旧知识连接起来，因而寓新于旧，这是否是训练的作用？

我们在教学中，依据知识之间的逻辑关系进行训练，引导学生进行迁移。如“除法—分数—比—按比例分配—比例”等有关的知识，在知识结构中是有紧密内在联系的。旧知识不断深化，就为迁移创造了条件，通过迁移学到相关新知识。教学的顺序大体如下：

先学除法：

例：把400米的一条路平均分成4份，每份是多少米？

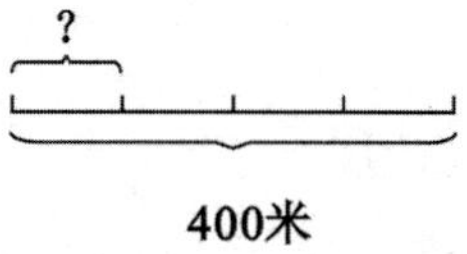

400÷4＝100（米）

答：每份是100米。

这是等分除应用题。在这个知识的基础上，我们继续深化知识。借助线段图，强调把这条路（单位“1”）平均分。如图：

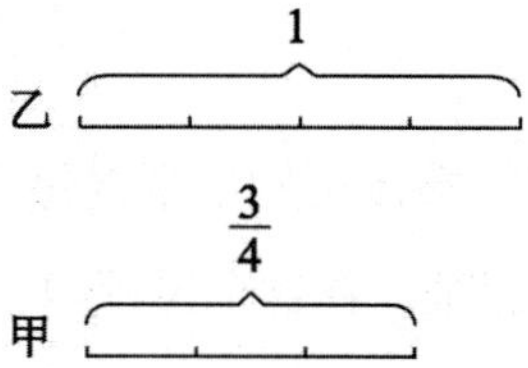

乙是单位“1”，把单位“1”平均分成4份，其中3份相当于甲。也可以说，乙是4份，甲是3份，甲、乙共7份。

自然迁移：

甲：乙＝3：4　甲是乙的$\frac{3}{4}$，

乙：甲＝4：3　乙是甲的$\frac{4}{3}$；

乙：总数 = 4：7　乙是总数的$\frac{4}{7}$，

甲：总数 = 3：7　甲是总数的$\frac{3}{7}$；

……

这样从除法知识出发，逐步深化知识，逐步为学习后续知识创造条件。把有着紧密内在联系的知识，通过训练，纳入学生的认识结构中去，这样掌握的知识，可以举一反三，触类旁通。

例：甲、乙两车从两地相向而行，甲的行驶速度是60千米/小时，乙的速度是甲的$\frac{4}{5}$，两车相遇时，甲比乙多行驶了150千米，两地间的距离是多少千米？

一般解法：

根据甲的速度，乙的速度是甲的速度的$\frac{4}{5}$。

求出乙的速度是$60\times\frac{4}{5}=48$（千米）

$150\div(60-48)\times(60+48)=1350$（千米）

答：两地间的距离是1350千米。

如果这样分析：

乙的速度是甲的速度的$\frac{4}{5}$，乙：甲 = 4：5，速度一定时，时间和路程是成正比例关系，从而可以推导出乙走全程的$\frac{4}{9}$，甲走全程的$\frac{5}{9}$，甲比乙多走全程的$\frac{5}{9}-\frac{4}{9}=\frac{1}{9}$，这$\frac{1}{9}$与150千米对应，可以求出全程长$150\div\frac{1}{9}=1350$（千米）。

从上面这道题的分析我们可以清楚地看到，抓住知识的内在联系，对旧知识的深入理解，就为迁移奠定了知识基础，创造了学习后续知识的思维条件。这样，教学的过程，就是把旧知识与新知识连接起来的过程，它是通过训练进行的。

知识、技能在教学中运用得越广泛，迁移的可能性就越大，“广泛”是需要通过训练来实现的。通过训练使有关知识系统了，相互联系更紧密，逻辑关系更清楚。训练促进了知识的迁移，迁移过程使学生增长了知识，提高了能力。

2. 训练有利于知识与技能的巩固和熟练

训练的显著特点之一就是使学生在教师的引导下能将已有的知识按一定规律再现，这再现的过程就把学过的知识“运动起来”了。一般情况下，训练是从教材的整体知识结构出发，把一个知识作为起点（起点较低），有时使知识逐步向纵深发展，在串联过程中运动；有时则从一点起，向横向发展，使知识成群、成块联网。在这个过程中，学生又一次理解、认识、感受、巩固、记忆，这样避免了学生只往头脑里零散地装知识，忘了拿出来复习，到用时又不知从哪儿去找的现象。

这种在训练中使旧知识得到不断巩固、发展，符合教学的巩固性原则，使学生的学习呈循序渐进、螺旋上升的趋势。

如两步应用题的认识，就是在简单应用题的各种形式训练中进行的，也就是在训练中通过不同形式、不同角度、不同深度的再现，巩固了简单应用题，认识了两步应用题的结构特点。

（1）补充条件：________，小牛6头，一共多少头牛？

（2）给条件，提问题：大牛20头，小牛6头，________？

（3）给问题，补条件：________，________，一共多少头牛？

（4）选择条件和问题。

（5）看式子编题：20+6＝26（头）

（6）给两个条件，说出两个条件有什么关系。

20+6＝26

可见两个条件的关系是：

20比6多14

6比20少14

（7）根据上述关系组编应用题：

20−14＝6

6+14＝20

……

（8）在问题不变的情况下，改变条件与条件关系。

（从认识两步应用题结构开始）

前面过程是旧知识的再现（或旧知识的运用）。从一个角度看，巩固了旧知识，从另一个角度看，在联系发展中认识新知识。所以说训练有利于巩固旧知识，这是训练的又一个作用。

3. 训练有利于促进不同水平学生的提高

在课堂上，我们面对的是不同层次和水平的学生，接受能力不同，知识基础不同，思维方式不同……怎样使课堂上的每一位学生都能不同程度地得到提高和发展，使每一位学生都融进整个课堂的学习氛围中去，这是每一位教师应该研究的问题。在这方面处理得当，则全班学生的学习效率就能提高。我认为，训练是使不同层次和水平的学生得到提高的好办法。

在训练中一般从最基础的知识出发，不断引出与之相关的知识。这当中，教师要做到心中有数，十分清楚每一位学生对基础知识的掌握程度如何，从而在训练的过程中结合每一位学生的实际，充分发挥群体效能，在相互启发、诱导、补充中，使不明白的学生通过其他学生的分析，得到弥补，使不全面、不系统、零散的知识在相互诱导中得以启迪；促使思维在不断加深理解知识的过程中“系统化”“条理化”。

有些训练属于“保底不封顶”。所谓“保底”是指保证基础知识人人过关，使绝大多数学生牢固掌握。之后使学生对基础知识从不同角度、不同深度进一步加以认识，保证了基础知识的学习质量。“不封顶”，则是指在这个基础上，不同学生对于知识的掌握程度不同，有的是自己通过学习得到发展的；有的是在原有知识的基础上发展得更深、更广些；有的是在前两者基础上得到启示进而发展的；有的是在前三者的消化过程中慢慢才悟出来的；有的对发展后的知识还不太清楚，但必定听到了，而且也听懂了一些。这样，在群体功能充分发挥中，使不同层次水平的学生有不同程度的提高。

这样的训练，学生学习得主动、积极，使全班学生既拉开了档次，又能相互启示。训练有利于促进每一位学生智力的发展。

郭齐家

1938年生，湖北省武汉市人。中共党员。北京师范大学教育学部教授、博士生导师，享受国务院政府特殊津贴。现兼任中华孔子协会副会长，国际儒联理事会顾问，北京师范大学珠海分校法政学院教授。长期从事中国传统文化教育的教学与研究，著有《中国教育思想史》《中国古代学校》《中国古代考试制度》等专著；撰写《阳明学研究的一个突破——儒学的转折》《中国传统文化与当代市场经济》等论文多篇。享受国务院特殊津贴，获“当代教育名家”称号。

论中国传统教育的基本特征及其现代价值①

一、世界古代文明的四大系统

从人类文明发展史来看，世界古代文明主要有四大系统对人类的发展产生了经久的影响，那就是西欧、伊斯兰世界、印度和中国。而从教育来看，严格地说，也许只有西欧和中国才形成了一套复杂多样的教育系统。记住这个事实，对于我们深入研究西方教育史和中国教育史是很有意义的，我们之所以对西方教育史加以强调和研究，最主要的原因就是因为在19世纪以后，西方教育已成为世界很多民族、很多国家、很多地区教育发展的一个共性，从整个人类教育发展史来看，了解西方教育史也是对19世纪以后整个人类教育发展史的一种共

① 本文曾发表于《北京师范大学学报》（社会科学版）1995年第5期（总第131期）。

性的认识。然而我们绝不能因此而低估了中国传统教育的影响，特别是当前西方在现代化过程中出现了一些问题，许多西方有识之士，把眼光转向了中国的传统文化和传统教育，希望从中寻找有价值的东西，以补救现代化过程中所出现的种种弊病。

二、中国传统教育的形成和演变

根据历史文献记载，中国教育的起源可以追溯到三代以前。商周时代，中国教育已有相当的积累，知识大体具备规模，这就为学校教育的兴盛发展创造了条件。西周时期已逐步形成了一个以“礼、乐、射、御、书、数”为主体的“六艺”教育体制。到了春秋战国时期，中华文明的果实成熟了，中国教育进入了“古典”时代，产生了私学和专门从事教育工作的教师群体，一大批对后世影响深远的教育家，如群星灿烂，各家学派教育思想竞相争辉。不仅《论语》《墨子》《孟子》《荀子》《礼记》《管子》《吕氏春秋》等典籍中记载了大量的教育资料，而且还出现了像《大学》《学记》《劝学》《弟子规》等这样的教育专著。这些教育专著是春秋战国时代丰富的教育经验和教育思想的总结，成为世界上最早出现的自成体系的教育学著作，奠定了中国传统教育的理论基础。

从历史上看，先秦时期是中国传统教育的形成时期、奠基时期；秦汉至宋明时期是中国传统教育的发展时期、辉煌时期；清代开国直至近代，中国传统教育出现了衰萎的倾向；20世纪以来，“重建教育”成为中国教育的重大课题。

中国传统教育是指中华民族长期形成的、已定型的教育遗产，是已经成为实际的教育历史实体，是中华民族文明进化过程的教育渊源。与中国传统教育略有不同，中国教育传统是指中华民族文明进化过程中形成的教育源流，是属仍在不断丰富发展的还未完全定型的教育动态和教育发展趋势。

中国传统教育包含的内容十分广泛，大致包括以下6种：中国儒家的传统教育；中国道家的传统教育；中国佛教的传统教育；近代西方教育科学传入后形成的传统教育；20世纪以来，特别是二三十年代中国众多的教育家和教育流派，通过教育实践和教育理论的创新形成的传统教育；中国无产阶级的传统教育，包括马克思主义教育思想在中国的传播及老解放区的教育实践、1949年后社会主义教育实践形成的传统教育。

在古代，儒家教育思想体系构成了中国传统教育的主流，道家与佛教的教育思想起辅助作用。到了近代，随着西方教育科学的传入与引进，中国的教育面貌发生了一系列变化，一部中国近代教育史是中西教育全面接触、冲突、吸收和融合的教育史，是交织着被迫接受和主动探索的矛盾与痛苦的历史，近代的中国传统教育往往与民族救亡相联系。尽管如此，中国传统教育并没有完全丧失其意义和活力。意味深长的是，在今天，当西方社会和西方教育面临一系列新的难题时，他们把眼光又一次转向中国，我们就不能在中国古老的传统教育中重新获得灵感和启示吗?

三、中国传统教育的主要贡献及其特征

中国传统教育对于世界教育的贡献是多方面的。从世界范围来看，中国源远流长的传统教育是相当独特并富有创造性的。无论是在教育制度上，还是在教育思想和教育的价值取向上，中国都提供了一整套不同于世界其他国家、其他民族、其他地区的独创性的东西，这些至今仍然具有不衰的魅力。

以教育制度为例，中国古代有丰富的办官学、私学的经验，有按行政区设置教育网络、多渠道多层次办学的经验，有自学成才、自学考试的经验，古代还有博士制度，唐宋以后还有科举考试制度、书院制度以及推行社会教育、家庭教育的传统，这些不仅在当时的世界上占领先地位，而且其内容和形式也多有独到之处。

以教育思想和教育的价值取向为例，中国传统教育关于教育与政治、经济关系的认识，关于教育与法治关系的认识，关于德育与智育关系的认识，关于知识与才能关系的认识，关于教与学、教师与学生关系的认识，关于学校教育与社会教育、家庭教育关系的认识，以及形成的一系列具有独特风格的道德教育与道德修养的手段，如立志有恒、克己内省、改过迁善、身体力行、潜移默化、防微杜渐等，形成的一系列具有独特风格的知识教育与教学的手段，如格物致知、读书进学、温故知新、学思并重、循序渐进、由博返约、启发诱导、因材施教、长善救失、教学相长、言传身教、尊师爱生等，这些不但是中国传统教育中的精华，也是对人类教育宝库和世界教育史上的主要贡献，对此我们应该批判地加以继承和弘扬，并使其在新的教育科学理论的基础上加以提高和发展。

中国传统教育究竟有哪些重要的特性或特征呢？现在学术界、教育理论界对此众说纷纭。有的是从中国传统教育哲学思想的整体构架上探讨了中国传统教育的基本特点：天人合一，政教统一，文道结合，师严道尊。[①]

有的是从中西教育的比较角度，提出了中国传统教育的基本特征：重世俗而轻神性，重道德而轻功利，重政务而轻自然，重和谐而轻竞争，重整体而轻个体。

---

① 黄济．中国传统教育哲学思想概论［M］．郑州：河南教育出版社，1994：398—408.

其实还不只是这几个特征，还有如重积累而轻发现、重趋善而轻求真、重综合而轻分析等。当然这里所谓“重”与“轻”也是相对于西方教育而言的，而且是就其整体特征而言的，并不意味着绝对地偏向一方或忽视另一方。①

中国传统教育的主要贡献和基本精神，是其教育的价值观；中国传统教育的重要特性或基本特征，则是中华民族关于教育价值取向的反映。如果我们通过对中国传统教育的主要贡献和教育价值观的透视来探讨中国传统教育的基本特征，是不是还可以提出以下三个方面加以探讨：

一是综合观，即大教育观。中国传统教育认为教育这一系统是整个社会大系统中的一个子系统，许多教育问题实质上是社会问题，必须把它置于整个社会系统中加以考察和解决。而教育问题的解决，又必然促进整个社会的发展和进步。如孔子十分重视教育，把人口、财富、教育当作“立国”的三个要素，认为在发展生产使广大人民群众富裕之后，唯一的大事就是“教之”，即发展教育事业。他从“国之本在家”的思想出发，重视社会道德和家庭伦理——“孝悌忠信”的教育，孔子看到了教育对于治理国家、安定社会秩序所发挥的重大作用。这种把教育放在治国治民的首要地位的认识，把个人的道德修养和提高社会道德水准看成是治国安邦的基础的思想，是十分深刻的。《学记》则把教育的社会功能概括为16个字：“建国君民，教学为先”“化民成俗，其必由学”，认定教育的社会功能包含相互联系的两个方面：一是培养国家所需要的人才，二是形成社会的道德风尚，形成良风美俗。这称得上是中国传统教育关于教育的社会功能的经典性的概括和总结，至今仍不失其借鉴意义。

二是辩证观，即对立统一观。中国传统教育强调把道德教育放在首要地位，但同时也不忽视知识教育的作用。如孔子说：“君子怀德”“君子务本，本立而道生”“行有余力，则以学文”；同时孔子又说：“好仁不好学，其蔽也愚”“仁者安仁，知者利仁”“未知。焉得仁?”；董仲舒也说：“仁而不智，则爱而不别也；智而不仁，则知而不为也。”这就是中国传统教育的德智统一观。首先是道德教育及其实践，其次才是知识教育，德育要通过智育来进行，智育主要也是为德育服务。德育与智育之间存在着相互依存、相互渗透、相互影响、对立统一的关系，知识与才能之间也存在既矛盾又统一的关系。唐人刘知几说，一个人如果有学问而无才能，好比拥有巨大的财富却不会经营它；如果有才能而无学问，则像本领高超的工匠，没有刀斧和木材，也无法建造宫室。长期以来，有一种观点是：“鸳鸯绣出从君看，不把金针度与人。”明人徐光启反其语曰：“金针度去从君用，未把鸳鸯绣与人。”徐光启强调培养才能的重要，认为教育不只是讲一些现成的知识，而是要培养人的能力和才干，特别是培养人的

① 朱永新. 中华教育思想研究：从远古到1990中国教育科学的成就与贡献［M］. 南京：江苏教育出版社，1993：44—58.

思考能力与习惯，进而掌握科学的方法。《学记》深刻地阐述了教与学之间的矛盾，并要求教与学辩证统一，明确地指出了教与学之间相互依存、相互促进的关系，认为教与学是不断深入、不断发展的同一过程的两个方面。教因学而得益，学因教而日进。教能助长学，反过来，学也能助长教，这就叫作教学相长。中国传统教育认为教学相长不只意味着教与学之间对立统一的关系，还意味着教师与学生之间平等的相互促进的关系。中国传统教育中的这些深刻的辩证法，即使在现代世界教育学专著中亦属罕见。

三是内在观，即强调启发人的内在道德自觉性、心性的内在道德功能观。中国传统教育的显著特点是启发人的内心自觉，教育人如何“做人”，如何在现实生活中实现其“治国平天下”理想的入世精神，强调的是对自身的肯定，人不仅与天地相参而且顶天立地，追求“同天人”“合内外”（即殊相与共相统一、主观与客观统一）。在这种“天人合一”之中得到一种最高的理智的幸福。中国传统教育提出了“做人”的道理、“做人”的要求、“做人”的方法，并让人从中得到“做人”的乐趣，表现出人的崇高的精神境界。与西方教育不同，中国传统教育不是悲观型的，而是乐观型的；不是“罪感教育”，而是“乐感教育”；不是消极无为、逃避现世的，而是刚健有力、自强不息的；不是以个体为本位，而是以群体为本位的；不是要依靠宗教信仰和祈祷，不主张离开社会和家庭，而是强调在家庭、学校及日常生活之中积累道德行为，加强自我修养，即此岸即彼岸，“极高明而道中庸”；不用到上帝面前而是在自己内心寻找美丑善恶的标准，追求道德的“自律”，而不是“他律”。中国传统教育强调人内心具有一种价值自觉的能力，“为仁由己”“自我修养”“自省”“自反”“慎独”，直到“自我完善”——自我求取在人伦秩序与宇宙秩序中的和谐。中国传统教育追求价值之源的努力是向内、向自身而不是向外、向上，不是听上帝的召唤，亦不是等待外在的指令，重视其内在的力量，重内过于重外，这是一个很值得我们注意的教育特色。

李瑞环同志在《关于弘扬民族优秀文化的若干问题》一文中指出：“中华民族文化对于人类的进步和发展产生了广泛深远的影响。我国古代的四大发明对于人类文明的贡献自不待言，若干领域的学术思想成就也丰富了世界思想文化宝库。中国古代的辩证法、教育思想、军事理论等，在当今的世界上仍然具有不衰的魅力。”[①]这个肯定中国传统教育成就的论断是符合客观实际的。

---

① 求是［J］1990（10）.

四、中国传统教育与现代化社会

西方的现代化取得了很大的成功，西方的“民主”与“科学”取得了一系列成就，确实应该成为其他各国学习的范例。然而西方文化教育的内涵并不仅仅只限于“民主”与“科学”，还有很多现实问题，其中有过度发展的个人主义、漫无限制的利得精神、日益繁复的诉讼制度、轻老溺幼的社会风气、紧张冲突的心理状态等，所有这些不但未必能适合于其他国家，而且也已引起西方人自己的深刻反省。[1]

现代社会中人的心性恶化膨胀的发展，用科学是克服不了的，甚至相反。不少罪行是利用现代科学进行的，要想从根本上治疗通病，如性猖獗、战争狂、极端利己的物欲权以及盲目破坏生态平衡等，依靠科学本身是不行的。

现在一些西方有识之士要求到中国来，他们对中国古老的传统文化教育感兴趣，这是什么原因？难道是要走回头路、开倒车？他们要学习中国传统文化教育，而我们则要学习西方现代化的知识经验，这个现象，从整个人类历史来看，可以带给我们一个启示，这就是东方与西方应该是相辅相成、相依相存的，东方的人文教育道德理性恰好是西方所需要的，西方的科学技术管理知识恰好是东方所需要的，这是很自然的两极。从这个眼光来看，整个世界的教育是一个系统，这个系统中间有两类：一类是科技教育，一类是人文教育。人文教育假若没有科技，也有它的缺陷；科技教育缺少人文的价值，也有它的问题。从西方国家来看，现代化在某一阶段就需要重新调整人与物、人与人、人的自身与内心的关系，所以他们要向中国古老的传统文化教育——中国的儒、道、佛家学习，追求道德理性，追求和谐，追求人的价值，也就是说，他们要从中国古老的传统文化教育中寻找重新调整他们的社会关系、人际关系、人类与宇宙自然关系的方法原则，比如西方国家普遍存在子女与父母的沟通问题、青少年犯罪与道德教育问题、老年人的赡养和精神上的孤独问题、环境污染与生态失衡的问题等，这些西方现代化社会的焦点问题，他们觉得中国的一些社会伦理和家庭教育原则可能有用，他们从中国家庭伦理教育进而检讨到社会伦理教育和社会人际关系以及人与自然之间的关系。而当今的中国社会形成一个相反的潮流，当代中国青少年刚要肯定自我，从家庭里面走出来，提出参与社会现代化的要求，这种发展与西方刚好是一个相反的发展，一个是从东往西，一个是从西往东，时间在这里发生了错位。现在西方社会出现的后现代化的要求，刚好就是中国传统文化和传统教育可以提供的；在中国社会里出现的现代化的要求，刚好就是西方文化和科技教育可以提供的。这是世界发展的一个很自然的趋势，虽然它是多源头

① 余英时．从价值系统看中国的传统文化［M］//近四十年来孔子研究论文选编．济南：齐鲁书社，1987.

的，但最后总要统合在一起。也就是说从一个整体来看，要把一个现代化的要求与一个后现代化的要求整体化。当然这个整体化并不是说，因为西方人要学习中国的传统文化与传统教育，我们就马上回到中国的传统社会中去，而是说他们了解到中国传统教育的人文价值，启发我们也应该重视自己的人文教育的传统，对中国的传统教育作一番新的认识。

当代著名的英国历史学家汤因比说："自从人类在大自然中的地位处于优势以来，人类的生存没有比今天再危险的时代了"，"不道德程度已近似悲剧。而且社会管理也很糟糕"。他认为中国传统文化教育，特别是儒家、墨家的仁爱学说，是解决现代社会伦理问题所急需的。

他说儒家的仁爱"是今天社会之所必需"，"墨家主张的兼爱，过去只是指中国，而现在应作为世界性的理论去理解。"①

1989年西方一批自然科学家，包括76位诺贝尔奖获得者在一次集会后发表的宣言中认为：如果人类要在21世纪继续生存下去，避免世界性的混乱，就必须回首2500多年前孔子的道德智慧。

1989年底联合国教科文组织在中国召开"面向21世纪教育国际研讨会"后发表了一项《学会关心》的宣言，列举了当代道德教育的危机，提出"恢复具有早期时代特征的关心价值观已势在必行"，并发出"关心家庭、朋友、同行、社会、国家、其他物种，乃至地球"的号召，这些正好是中国传统教育中如何"做人"的主要内涵和基本精神。

现代社会要关心人的问题，肯定人的生命生存的价值和意义，西方的"工具理性"不能完全代替"价值理性"，因此，我们应深深挖掘中国传统文化和传统教育关于这方面的思想资源，这对于加强现代人文主义教育思潮和影响，遏制科学主义片面发展"工具理性"所造成的种种现代弊病，可以起到一定的积极作用。从这个意义上说，中国的传统教育，包括儒家、道家、佛教的教育并不是完全没有现实意义的，不只是有观赏价值的博物馆中的陈列品，而是可以给予现代人以相当重要的启迪的。越是科技高度发达的现代化社会，中国传统教育的人文关切和"天人合一"的理想对人类的启迪和警示作用则越大。②

20世纪即将过去，20世纪是人类社会大发展、物质文明和精神文明均以空前速度提高的时期；同时也是人类社会经受各种各样困扰的时期，当前世界各国，不论其社会制度如何，不论其社会经济发展程度如何，都普遍认识到人类社会发展到21世纪必然会遇到几大难题：如能源大量需求、资源日益耗竭、环境加剧污染、不治之症不断出现、人口恶性膨胀、生态严重失衡、自然灾害频频发生、人与自然的同盟关系遭到严重破坏等。这些难题如不及早重

① 展望21世纪：汤因比与池田大作对话录［M］．北京：国际文化出版公司，1985：390、425—426.

② 方克立．展望儒学的未来前景必须重视的两个问题［J］．天津社会科学，1991（1）．

视解决，势必会给人类社会的生存带来极大的危害，如及早重视克服，将使人类社会及其赖以生存的自然环境，维持到21世纪以后相当长的一个时期，并得到和谐稳定的发展。分析产生这些难题的根本原因是，20世纪科学技术发展给人类社会带来了繁荣，同时也带来了这些难题，特别是高科技的发展模式基本上是建立在高温、高压、高能耗基础上的，如不改变这种高科技发展模式，依靠现有的科学技术不能根本解决这些难题。

如何改变科学发展模式，从根本上解决这些难题？1989年《温哥华宣言》已明确指出：为了改善21世纪科学、文化和人类生存发展，要更新思想、更新观念，要展示一个不受机械规律硬性制约的、具有持续创造力的宇宙形象。于是西方科学界又一次把眼光转向了中国，求助于东方古老的文化教育传统，“天人合一”“天人相应”，这是最大的生命整体观。

中国传统教育追求的是人的身与心、人与人、人与社会、人与宇宙自然的统一与和谐。这对于21世纪完善人的性格、情操、行为和心态，净化心灵，净化社会；这对于促进现代科学技术中局部与总体、客体与主体、精神与物质、人与宇宙自然相沟通、相统一的新的发展模式和方法论有重大意义。所以挖掘中国传统文化与传统教育的有价值的观念，对于促进人类、社会和生态得以协调发展，从根本上解决当代几大难题和现代化进程中的种种困惑，是很有帮助的。这已经成为时代的呼唤和历史发展的要求。

中国传统以教育为立国之本，教育不应片面地理解为科学技术知识的传递，还更应强调道德理性和人文精神的重建。中国传统教育的终极目的是培育民族精神，淳化代代人风，提高人的心灵素质，帮助人们修养身心，达到一种真善美统一和谐的人格境界。不管现代社会科技、商业如何发达，不管我们从事的现代职业如何先进、精密，人性的培育、心灵境界的提升、人们从实然的人向应然的人的超越，总是不可替代的。这对于人类、国家与人的自身来说，都是生命攸关的大问题。因此，人类现代化事业的一个重要的建设层面是人性的培育、道德境界的提升。从长远的观点来看，应当把人的心性建设放到一定的高度。对人类心性的关怀，才是最根本的关怀。①

当21世纪宣告黎明到来时，中国不仅要在经济层面、物质层面，而且要在教育领域、心性建设层面，为世人瞩目。我们应和世界各国人民一道，互相学习，互相支持，汲取各国优秀的传统文化和传统教育中有价值的观念，共同创建现代世界文明，维护世界和平和生态平衡，成为导引人类历史的动力。这是历史的期待！

① 郭齐勇. 论中国哲学资源的当代价值［J］. 武汉大学学报，1993（特刊）.

田正平

1944年生，山西应县人，现为浙江大学文科资深教授。1968年毕业于北京师范大学教育系。中国教育学会教育史分会名誉理事长、中国地方教育史志研究会副理事长、教育部全国教育科学规划领导小组教育史学科组组长等。长期从事中国教育史和中外教育文化交流史的教学与研究工作，曾先后主持全国哲学社会科学、浙江省哲学社会科学和教育部教育科学重点课题“中国教育近代化研究”“中外教育交流史研究”“中国近代义务教育研究”“中外教育现代化比较研究”等多项。主要研究领域是中国教育现代化史、中外教育交流史、中国高等教育史、中国留学教育史、中国近代教育思想史、中国近代职业教育史等。专著有《留学生与中国教育近代化》《传统教育的现代转型》《调适与转型：传统教育变革的重构与想象》等6部。享受国务院特殊津贴，获“当代教育名家”称号。

论中国教育近代化的延误[①]

1840年爆发的鸦片战争，以《南京条约》的签订而告终。西方资本主义列强用大炮和军舰轰开了关闭120多年的中国大门，有着几千年文明历史的中国被无情地卷入资本主义世界性扩张的旋涡中。马克思曾经指出“英国的大炮破坏了中国皇帝的权威，迫使天朝帝国与地上的世界接触”。[②]“在这场决斗中，陈腐世界的代表是基于道义原则，而最现代的社会的代表都是为了获得贱买贵卖的特权——这的确是一种悲剧，甚至诗人的幻想也永远不敢创造出这种离题的悲剧题材。”[③]马克思的论述深刻地揭示了鸦片战争的性质及其对中国社会的深远影响。一方面，这是号称“日不落帝国”的英国殖民主义者发动的一场旨在获得“贱买贵卖的

① 本文曾发表于《华东师范大学学报（教育科学版）》1996年第4期。
② 马克思恩格斯选集：第2卷［M］. 北京：人民出版社，1972：3.
③ 马克思恩格斯选集：第2卷［M］. 北京：人民出版社，1972：26.

特权”——图谋征服与掠夺中国的野蛮的殖民战争。另一方面，从世界范围看，它又是当时地球上两种不同的社会制度——陈腐的、代表中世纪农耕文明的、经济技术落后的东方封建主义制度，与新兴的、代表近代工业文明的、拥有先进经济技术的西方资本主义制度间的一场特殊形式的碰撞，碰撞的结果，“使天朝帝国与地上的世界接触”，中国开始了走向世界的艰难历程。先进、文明与侵略，落后、陈腐与道义，奇妙地交织在一起，铸成了近代中国绵延百年的历史悲剧。中国传统封建教育的解体和近代新式教育的产生和发展，正是在这样一个广阔的背景下起步的。

一、盛世之后的衰败

清代是中国最后一个封建王朝，亦是中国封建社会的晚期。它既是中国封建社会的终结，又是中国近代社会的起点。作为最后一个封建王朝，清代成为中国封建社会发展最高、最完备的形态，封建的政治、经济、文化比之前代都有进一步发展。鸦片战争前的近二百年间，清代的教育曾经有过辉煌的历史。作为少数民族入主中原，清朝统治阶级接受并自觉地提倡中国传统文化，“稽古古文，崇儒兴学”，在继承明代教育体制的基础上，大力发展各级各类教育。据史籍记载，至1825年，全国有各类官学1788所[①]，清代的书院，更是在数量上远迈前代，“统治清代二百余年，书院遍于天下，……合之十余行省必近二三千之数”。[②]此外，还有数量更多的各种形式的社学、义学和私塾。正是这种相对发达的教育网络，使清代人口中的识字率达到相当水平。据张仲礼的统计，1840年前后，全国生员达739199人，占当时全国总人口数的0.18%。[③] 乾隆时曾规定，府考时录取生员的名额与应试生的比例是1：50，以此推算，大致具有进入官学学习所需文化程度的人当占总人口数的9%左右。如果考虑到通过纳捐途径取得生员资格的人一般均有一定的知识，至少须粗通文墨；而这类人员与通过正规考试取得生员资格者的比例通常是1：2，那么，总人口中的识字率将上升为13%左右。应该说，对于幅员辽阔、经济文化发展极不平衡的清代中国而言，这是一个相当高的比例。中国传统教育在封建社会晚期，出现了回光返照似的一抹光彩。

康雍乾盛世，延续了近一个世纪。至乾隆后期，终于由盛转衰。清代在盛世之后，已无可奈何地步入“日之将夕，悲风骤至”的颓境。与此相适应，嘉庆以降，封建传统教育再难

---

① 钦定大清会典事例：卷1096.

② 商衍鎏.清代科举考试述录［M］.北京：生活·读书·新知三联书店，1958：225.

③ 张仲礼.中国绅士［M］.上海：上海社会科学院出版社，1991：100.

重现昔日的辉煌。翻检时人的议论和后人编纂的史籍，再也找不到诸如“天子右文，群臣躬遇休明，翊赞文化，彬彬称极盛矣”[①]等不无夸张粉饰而又大体反映了实际情况的充满激情之语。呈现在人们面前的封建教育体制已是百孔千疮。太学、官学、书院，科举、士风、学风，鸦片战争前夕，封建传统教育的各个层面，均已露出衰微破败的景象。

在漫长的封建社会，每逢王朝末造，有关学校荒芜、士风日下的记载，可以说史不绝书；至于朝野上下对科举取士制度的批评指责，更是自宋明以来从未间断。如果清代所面临的仍然是封建社会周期性的改朝换代危机，那么，上述传统教育的衰败也许只是一种相对暂时的现象，随着历史更迭会逐渐得到调整。但是，这种局面终究未能再现。西方资本主义列强的东来，改变了中国历史运行的轨道，农民大起义的急风暴雨，又加速了这种脱离旧有轨道的离心力。传统教育与它赖以存在的封建社会一样，被迫走上了近代化的曲折道路。

二、两种冲击

发生于1840—1842年间的鸦片战争和11年之后爆发的太平天国运动，尽管是来自外部和内部的两种性质不同的冲击，但对于正在走向衰败的封建传统教育而言，其影响和作用却是相辅相成，具有大致相同的文化意义。

（一）游离于封建传统教育体系之外的“洋学堂”

鸦片战争后，清政府被迫与英、美、法等国先后签订了一系列不平等条约。西方资本主义列强在用坚船利炮轰开中国的大门之后，又通过一系列不平等条约巩固和扩大他们的侵略成果。割取香港和五个口岸城市的开放，使殖民主义者获得了经营中国的基地和由沿海向内地推进的孔道。有关允许外国人和传教士在通商口岸居住和建立教堂的规定，以及嗣后道光皇帝发布的准免查禁天主教的上谕，为大有开展的传教工作开辟了一个门径。[②] 商人、外交官、军士和传教士纷至沓来，至1850年前后，在华外国人总数已有500名左右，其中，基督教传教士150名，约占总人数的三分之一[③]。凭借不平等条约不请而至的这些西方人，就其各自来华的活动领域和追求的具体价值目标而言是不尽相同的；但是，他们都把自己看作是西方文明的代表，都把自己的活动视为传播西方文明、改造中国文化的一个组成部分，在这一点上又是不约而同的。其中，尤以传教士的活动更具典型意义，且与中国教育近代化关系密

① 清史稿：卷106［M］. 北京：中华书局，1976.

② 丹涅特.美国人在东亚［M］. 北京：商务印书馆，1959：159.

③ 中国丛报：卷20［M］. 520.

切。近代西方传教士把创办学堂作为传播福音的辅助手段，并不是从鸦片战争之后才开始的。早在1818年，英国伦敦会传教士马礼逊（Robert Morrison）和米怜（William Milne）即在马六甲创办英华书院。书院“以交互教育中西文学，及传播基督教理为宗旨”。[①]涵盖中学与小学范围。所授课程包括宗教、英文、中文、数学、天文、地理、伦理哲学等。1843年迁至香港。在校就读的华人学生多时有200余人。最早在中国本土开办的教会学校是马礼逊学堂，由马礼逊教育会主办，1839年11月4日在中国澳门成立。教师是美国长老会传教士布朗（Samuel Robbins Brown）。学校为中小学程度。1842年迁校至中国香港，1850年停办。由于清政府实行闭关锁国政策，这两所最早的以教育中国学生为主的教会学校，只能分别办在马六甲和中国澳门。前者远离中国本土，后者则由于我国澳门地区早已是葡萄牙的殖民地才得以在那里立足。1842年《南京条约》签订以后局面大变。不仅英华学堂、马礼逊学堂迅速迁至中国香港；而且，新的教会学校在广州、宁波、上海、福州、厦门等五个通商口岸纷纷设立。据统计，至1860年以前，各国教会在上述6个地区开设的教会学校有50所左右，学生共计一千余人。

如果从教会学校在中国发展的全过程来看，1860年以前的近20年远不是它的辉煌时期，充其量只能说是“事属草创”；而且，50所学校和一千余名学生与以后教会学校的大发展相比较，无论是数量方面还是质量方面都可以说是无足轻重的。但是，换一种角度，如果从教会学校对于中国封建传统教育体系而言是一种完全陌生的新的教育机构的角度审视，问题就要复杂得多。

第一，早期教会学校毫无例外地都把传播宗教教义、培养宗教感情放在首位，这与中国传统教育的非宗教性以及各级学校始终注重儒家伦理道德熏陶的办学宗旨大相径庭。

第二，教会学校的课程设置，“均本以和平传播基督教及东方一般文化之原则，冀以达致有效影响为目的”。[②]除宗教课程之外，均程度不同地开设天文、数学、生理、历史、地理等课程，儒家典籍和经史之学的研习被大大冷落。这对中国传统教育几千年来陈陈相因的教学内容格局是一种明显的突破。

第三，主持教会学校的传教士们自觉或不自觉地把西方近代教育的一些基本观念、教育制度、教学方法等运用于自己的办学实践活动中，使教会学校不同程度地体现出西方近代教育的特点。

第四，早期教会学校中涌现出一批女子学堂。据不完全统计，在1860年以前，教会创办

① 马六甲筹组英华书院计划书.

② 马六甲筹组英华书院计划书.

的女子学堂有16所之多。女子走出家门到学校去读书求学，对于封建传统教育而言，更是不可思议的。

上述种种特点，不仅使教会学校作为一种完全陌生的教育机构游离于封建传统教育体系之外，而且，就其总体倾向性来说，它们存在的本身就是对封建传统教育的冲击和挑战。当然，早期教会学校在创办和发展过程中遇到了巨大的困难，传统“夷夏之辨”社会心理的抵拒和排斥，“爱人如爱己”的空洞说教与殖民主义者强盗行径的鲜明反差所激起的强烈民族情绪，都迫使传教士不得不在贫民百姓、村夫俗子中开展工作，不得不通过免收学费、提供食宿、奖励衣物的办法招来贫家子弟入学，这些在一定程度上使人们忽视了教会学校的冲击和影响。直至19世纪50年代，在清政府的官方文书中极少提及这些学校。咸丰元年（1851年），浙江学政吴鍾骏奏称：“宁波府城诸夷杂处，左道易惑，见饬各学教官于乡镇中劝立义学以正人心。”[①]以“劝立义学”来抑制“左道易惑”，可以看作是清朝统治阶级用来对付教会学校影响的一种手段。与这种苍白无力的防范措施相比较，传教士们对教会学校的创办却劲头十足，雄心勃勃。19世纪60年代以后，随着《天津条约》等第二批不平等条约的陆续签订和国内新经济因素的产生增长，教会学校由沿海到内地，由开办于五个通商口岸城市到遍布全国，由初等教育到中等教育、高等教育，获得了迅速发展。对传统教育的冲击和影响亦由微而著，终至形成一个独立于封建传统教育体系之外的教会学校系统。

编译出版书刊，作为传播福音的辅助手段，与创办学堂一样，从开始即受到传教士的高度重视。1842—1860年的近20年间，传教士在中国香港和开埠的五个口岸城市共编译出版西书434种，其中属于宗教宣传品者计329种，占75.8%。[②]所余105种书籍，其内容涉及数学、天文、地理、物理、植物、医学、历史、经济、道德、语言、风俗等西方近代自然科学和人文科学的诸多领域。许多书籍的出版，在近代西学传播史上具有开创性意义，如蒙克利编的《算法全书》是第一部在中国境内出版的用西方数学体系编成的数学教科书；伟烈亚力口译、王韬笔述的《重学浅说》是近代中国译介的第一部关于西方力学的专书；合信所编的《全体新论》等医书是近代输入的第一批医学著作；艾约瑟、李善兰合译的《植物学》是传入中国的第一部西方植物学著作；哈巴安德的《天文问答》、合信的《天文略论》是介绍西方近代天文学的第一批著作，等等。[③]这些西学书籍的编译出版，不仅解决了当时教会学校急需教材的问题，也在中国知识分子中产生了一定的影响，在潜移默化中改变着部分知识分子的知识结

① 刘锦藻．清朝续文献通考：卷97［M］．杭州：浙江古籍出版社，1988.

② 熊月之．1842年至1860年西学在中国的传播［J］．历史研究.1994（4）：63—81.

③ 熊月之．1842年至1860年西学在中国的传播［J］．历史研究.1994（4）：63—81.

构、思维方式，并进而导致他们对外部世界、对自然、人生、历史的观念的转变。近代中国科技教育的先驱李善兰、徐寿、华蘅芳，近代早期改良派思想家、因担任格致书院监院培养新型人才而在近代教育史上有重要影响的王韬，他们的成长都与积极参与编译或认真研读这些西学书籍有密切关系。

教会学校的创办和传教士的早期译书活动由于蕴含着西方近代资本主义教育和文化的某些因素，对于正在走向衰败的传统教育来说是一种不可低估的冲击力量。需要指出的是，这种对中国教育近代化有一定积极意义的影响，由于资本主义列强不道义的侵略行径和传教士们以基督教义征服中国的并不高尚的目的而大打折扣，理所当然地引起中国人民的反感并遭到不同程度的抑制，特别是在19世纪60年代以前，这种影响，更多地是以一种潜在的形式存在。

（二）武器的批判

相对于以坚船利炮和不平等条约为后盾、由传教士为主体所介绍的西方文化教育而言，太平天国运动参与者们用大刀长矛作武器，以“火烧”“水浇”的暴力方式对传统教育的冲击，似乎来得更为直观、激烈，更具震撼的力量。

在《南京条约》签订后的第十个年头，广西省桂平县金田村爆发了气势磅礴的农民起义。太平天国运动对封建传统教育的冲击是多方面的，从中国教育近代化的历史进程看，可以大致概括为两个方面。一是主张教育的平等性、普遍性，反对封建教育的等级性和男女受教育权的不平等；二是对封建教育中处于至高无上地位的孔孟学说给予无情的批判和扫荡。

太平天国纲领性文件《天朝田亩制度》中有关教育平等性、普遍性原则的规定是人们所熟知的史料，这里不再赘述。尤为可贵的是，这些原则大多在实践中得以贯彻实施。以太平天国时期最普遍、最通行的教育形式“上礼拜堂”和“集会听讲道理”为例，时人的记载中，无论作者对起义者持何种态度——赞赏或是仇视，都留下生动、直观的描述：“太平天国尊重妇女的地位，认为妇女为男子的伴侣，在教育上她们受到了同等的注意，在宗教上她们受到了谆谆的教诲，在宗教礼拜中她们享有适当的位置”。[①]这是曾在太平军中任职的英国人呤唎的亲身感受。“礼拜堂开七日参，天兄天父诵喃喃，两班男女齐争跪，黄纸焚来是笑谈。”[②]“大方伯里火烧场，垒土成台作讲堂，台下万人来听讲，不知道理在何方？”[③]在这些地主阶级知识分子的嘻笑讽嘲的背后，仍然透露出太平天国教育所贯彻的上述原则。

① 呤唎. 太平天国革命亲历记：上册［M］. 北京：中华书局，1961：233.

② 太平天国历史博物馆编. 太平天国史料丛编简辑：第6册［M］. 北京：中华书局，1963：402.

③ 太平天国历史博物馆编. 太平天国史料丛编简辑：第6册［M］. 北京：中华书局，1963：462.

也许太平天国对科举制度的改革更能说明问题。科举取士是中国自唐代以来统治阶级为了网罗人才、培养统治骨干而给教育发展以重大导向的“抡才大典”。由于对参加考试的人有严格的出身限制，所以在表面的平等竞争之下掩盖着事实上的不平等。清代定制，凡“出身不正，如门子、长随、番役、小马、皂隶、马快、步快、禁座、件作、弓兵之子孙，倡、优、奴隶、乐户、丐户、蛋户、吹手”等，都不准应试。此外，还有冒籍之禁，不是本地人，不准参加考试。[①]太平天国把这些限制一概取消，“不论门第出身”，不分本地流寓，一律准予考试。据有关史料记载，1854年，太平天国在湖北、安徽开科取士，湖北中额举人800余名，安徽计785名[②]。反动文人曾有“天朝一统四十二里半，文武各官三百六十行”的讥讽，这后半联恰好从反面说明太平天国在改革科举制度网罗人才方面所取得的实绩。

应该指出的是，太平天国运动在教育政策和教育实践活动中所体现出的这种平等性、普遍性原则，虽然在一定程度上反映了农民阶级对千百年来被剥夺了文化教育权的义愤和反抗；但从根本上说，它更是现实的政治斗争、军事斗争需要的反映。对于千百万分散的、缺乏共同联系而又无知无识的农民而言，实施平等的、普遍的政治思想教育、宗教教育和社会教育，是动员组织他们投身于反清斗争，并在斗争中统一思想、统一意志、统一行动的有力保证。如果联系到太平天国教育的内容（充满宗教色彩）和具体形式（简陋而原始）来看，这一点就更加明显。从这个意义上讲，太平天国反对封建传统教育的等级性和两性差别，与其说是一种自觉的文化意识，毋宁说是一种不自觉的斗争需要。19世纪中叶，历史的发展没有赋予农民阶级建立平等教育的责任，农民阶级也不可能真正完成这一任务。尽管如此，这毕竟是千百万人的一次规模空前的实践活动，封建传统教育等级森严的秩序被搅乱了，作为一场农民起义，它已无愧地完成了时代赋予自己的使命。

在封建社会里，孔孟被统治阶级奉为“至圣先师”，作为顶礼膜拜的对象；以孔孟学说为核心的儒家思想体系是封建制度的精神支柱，也是几千年封建教育的灵魂。太平天国运动是中国历史上第一次大规模的反孔群众运动，从近代教育的发展来看，它开启了百余年来绵延不断以各种形式否定、冲击、批判孔孟学说至尊地位的历史潮流。

太平天国反孔批儒，经历了一个发展过程，1853年定都南京后达到了高潮。当时三令五申，罢黜孔孟学说以至诸子百家，代之以新政权颁发的各种读本。“凡一切孔孟诸子百家妖书邪说者尽行焚除，皆不准买卖藏读也，否则问罪也。”[③]有人记载当时太平天国首都搜禁焚烧

① 光绪大清会典：32卷礼部.

② 罗尔纲.太平天国史：第2册［M］.北京：中华书局，1991：1036、1037.

③ 太平天国（一）［M］.上海：上海人民出版社，1957：313.

“妖书”时的情景是：“搜得藏书论担挑，行过厕溷随手抛，抛之不及以火烧，烧之不及以水浇。读者斩，收者斩，买者卖者一同斩，书苟满家法必犯，昔用撑肠今破胆。”[①]对于儒家典籍采取往厕所扔、以火烧、用水浇的极端办法；对教读收藏儒家典籍的人采取“一概皆斩”的严刑惩处，确实给人一种粗暴、幼稚甚至愚昧的感觉。但同时，在这烈焰升腾和肃杀的禁令面前，更使人感受到传统权威的斯文扫地、一落千丈。起义大军所到之处，一向受到崇奉的学宫圣像被扫荡殆尽：“大成牌位不完全，委地搀将马粪捐。”地主阶级文人留下的这些记载，从一个侧面反映了太平天国运动反孔批孔的强大辐射力。

在起义的后期，随着形势的发展和农民领袖自身地位的改变，太平天国的反孔批儒政策和实践活动亦发生了重大转变。从抛弃孔子牌位、焚烧儒家典籍、删改四书五经，到提出“孔孟之书不必变”，太平天国运动中农民对待孔子和孔孟学说的态度，犹如他们的起义事业一样，在经历了一番轰轰烈烈之后，终究归于平寂。

严格地说，太平天国运动中的反孔政策主要是出于宗教信仰的需要。拜上帝会定一尊于上帝，决定了其对人世间其他一切权威偶像都必须取缔。正因为如此，起义农民反孔，也反道、反释，甚至也反对祖宗崇拜。在封建社会里，“天地君亲师”都被作为崇拜的对象，于是，由拜上帝会组织发动起来的农民起义，就把孔子与皇帝捆在一起予以扫荡。另一方面，起义农民本身就是在被儒家思想和孔孟学说浸润了几千年的封建社会里成长起来的，他们可以从斗争的需要出发，激烈地批孔反孔，但却难以摆脱儒家思想在他们身上留下的深深烙印。这就是太平天国颁发的、用以取代儒家典籍的大量官方文书和各类教材中，同样充满封建伦理纲常说教气味的原因所在。

太平天国运动失败了，暴风骤雨似的反孔群众运动也归于平寂。但是，它对封建传统教育文化的震撼和创伤却再难平息。“自唐虞三代以来，历世圣人扶持名教，敦叙人伦，君臣、父子、上下、尊卑，秩序如冠履之不可倒置。粤匪窃外夷之余绪，崇天主之教，……士不能诵孔子之经，而别有所谓耶稣之说、《新约》之书，举中国数千年礼义人伦诗书典则，一旦扫地荡尽。此岂独我大清之变，乃开辟以来名教之奇变，我孔子、孟子所痛哭于九泉。”身历其境的曾国藩写下的这篇著名“檄文”，道出了由太平天国运动所开启的“名教之变”留给历史的巨大影响。

鼓浪而来的传教士创办学堂、翻译西籍，揭竿而起的农民起义倡言平等、反孔批儒。分别地看，两者的目的、动机是如此的不同。前者是为了传播上帝的福音，后者是为了建立人间的天堂；前者是资本主义列强侵略的辅助手段，后者是被压迫农民起义造反的精神武器。

① 太平天国：四［M］. 上海：上海人民出版社，1957：735.

但是，对于正在走向衰败的封建传统教育而言，两者却都是一种异己的力量。西方近代教育文化知识信息的传播，教育上平等性、普遍性要求的提出，孔孟学说至尊地位的动摇，等等，都是传统教育变革、近代新式教育产生这个大课题中的应有之义。尽管上述种种因素均以被扭曲的形式出现，历史在这里却表现了极大的宽容，它把来自内外两方面的冲击，融汇导向为加速旧教育衰败进程的巨大合力。

两种冲击，既是挑战，亦是机遇。那么，面对西方资本主义近代教育文化的冲击浸润和起义农民的武器批判，清朝统治阶级在整合封建传统教育、迎接挑战方面采取了哪些措施呢?

三、药方只贩古时丹

鸦片战争的失败以严酷的事实暴露了当时的中国与西方世界的差距，以无情的暴力，把中国抛入世界资本主义大潮之中。对于这种形势，清朝统治阶级中只有极少数人有所觉察和认识，“开眼看世界”的林则徐和提出“师夷长技以制夷”的魏源即是其中杰出代表。但是，就整个封建统治阶级而言，直到19世纪60年代，依然是文恬武嬉、歌舞升平，沉湎于一纸和约可换来万年和平的美梦和对“天朝声威”的迷恋之中。鸦片战争后近20年间，清朝统治阶级对外部世界这样一种基本认识，决定了整合传统教育、回应内外冲击的总体方向。

（一）整顿官学书院，增广官学学额

道光、咸丰两朝，清政府多次发布谕旨整顿官书院。1837年，道光皇帝在御史巫宜楔所奏《振兴学校折》中批示：“著直省督抚学政严加整顿，通饬教官，务当敬教劝学，无负乃职。……务使馆无虚旷，士有师承，勉副朕崇重实学至意。”①1850年，连发两道谕旨，要求严行考校教官整顿官学：“学校为教化之原，士子训课，责在教官；教官贤否，责在学政。近日教官一途，半皆年老衰庸及末学浅见之士。著各省学政，严行考校：文行兼优者，方准列荐；庸劣不职者，即行甄别。”②“国家建立官学，原以教养宗支及八旗子弟，自应循名责实，无令旷功。……嗣后著管学王大臣严饬各该学正副管助教教习等，督率各生勤加讲课，以整学规，毋任虚糜廪饩也。”③1859年，咸丰皇帝发布谕旨：“嗣后各属生监滋事，教官不能认真约束，即着该学政严参惩办。至学政扃门考试，场外弊端，势难稽查，全赖知府提调弹压巡查。”④上述四则史料，是清政府在这一时期整顿各级各类官学书院的主要措施。仔细分

① 刘锦藻.清朝续文献通考：卷97［M］.杭州：浙江古籍出版社，1988.

② 刘锦藻.清朝续文献通考：卷97［M］.杭州：浙江古籍出版社，1988.

③ 钦定大清会典事例：393卷.

④ 刘锦藻.清朝续文献通考：卷97［M］.杭州：浙江古籍出版社，1988.

析起来，在所谓“严加整顿”“严参惩办”“严行考校”“弹压巡查”等严厉措辞后面，还很难看出有突破性的新举措。谕旨中反复强调的“崇重实学”“认真教习”“毋任虚糜”“循名责实”云云，实在是历代封建王朝同类谕旨中的“习惯用语”。从这个角度看，在19世纪60年代以前，作为传统教育主体的官学和书院，并未有任何实质性的变化。

值得注意的是，太平天国运动爆发后，清政府大幅度地扩大了各地官学的学额。清代对全国各级官学学额一直控制较严，偶然增加学额的事也是有的，往往是新皇帝登基或遇其他重大庆典时临时性增加。太平天国时期情况发生很大变化，表1是咸丰年间各省奉旨增广官学学额次数的初步统计。

表1　1853年至1861年各省增广官学学额次数统计[①]

省 份	增广学额次数	省 份	增广学额次数
奉 天	3	山 西	4
直 隶	2	湖 北	4
江 苏	5	湖 南	6
安 徽	6	陕 西	3
浙 江	4	甘 肃	2
江 西	5	四 川	5
福 建	3	广 东	5
河 南	4	广 西	1
山 东	2	合 计	64

从表中可以看出，官学学额的增加，几乎遍及各行省，而且在短短的9年间，有的省增加五六次。那么，学额增加的幅度有多大呢？据《国朝长元吴三邑诸生谱》一书统计，1841年至1850年的10年间，苏州府长、元、吴三县取中生员（考取官学）总数是449人；而1851年至1860年的10年间，上述三县取中生员总数是591人，学额增加31.6%。[②]清政府大面积、大幅度增广官学学额的直接动因是解决财政困难：“现在大江南北军营，援剿之兵，数逾十万。……际兹大兵云集，南非饷尤殷，仍不能不借资民力，以济军储。……凡绅士商民，捐资备饷，一省至十万两者，准广该省文武乡试中额各一名。一厅州县，捐至二千两者，准广该处文武试学额各一名。”[③] 同年的另一道谕旨重申了这一规定：如果一县捐输银一万两，

① 刘锦藻.清朝续文献通考：卷97［M］.杭州：浙江古籍出版社，1988.

② 张仲礼.中国绅士［M］.上海：上海社会科学院出版社，1991：151.

③ 钦定大清会典事例：卷370.

那么该县或是可以在下次官学入学考试时一次性增加文武生员学额各5名，或是可以永久性增加文武生员学额各1名①。这两道谕旨都是颁布于太平天国运动达到高潮时的1853年。很明显，通过增加学额，获得急需的军饷，以解决在镇压农民起义过程中碰到的财政困难问题，是导致清政府扩大官学学额政策出台的主要因素。另一方面，也包含着吸引封建士子、恢复受到严重冲击的封建教育秩序的更深一层考虑。如表（一）所示，多次获得增广官学学额机会的安徽、江苏、江西、湖南、湖北、浙江等省，恰恰是太平天国运动长期活动的地区。上述省份增广学额分别为江西670名，湖北427名，湖南418名，浙江374名，江苏360名，安徽315名；相比之下，贵州、云南、甘肃等省因远离太平天国活动中心，仅分别获得1名、3名和7名的增额。②

（二）严禁科场积弊，扩大取士名额

鸦片战争后的近20年间，清政府在科举取士制度方面，主要采取过以下几项修补措施。

第一，定制各省举人一体至京复试。对乡试中式举人进行复试，一般而言，或因下第士子抗论考官取舍失当，或因科场舞弊东窗事发，总之，是一种非制度化的临时性措施。清代自顺治十五年（1658年）开始举行乡试复试，以后断断续续，时有举行，但终未形成制度。1843年清政府明令："各直省中式举人，自下科始一体复试。"③至此，中式举人非经复试不许参加会试，遂成为一种制度，一直延续到科举制度被废除。

第二，严肃科场规程。针对士子在考试中请谒舞弊、弄虚作假、贿赂公行的现象，三令五申严肃科场规程。但此种现象屡禁不止。1858年顺天乡试，50多名考生作弊，事发后，曾任内务府大臣、军机大臣的主考官大学士柏葰及编修浦安、主事罗鸿绎、李鹤龄被处斩，户部尚书朱凤标等数十人受到严惩，构成有清一代两次最大的科场案之一。

第三，扩大科举取士名额。大约在增广官学学额的同时，出于同样的目的，清政府大幅度地扩大了乡试中额人数。规定：各省捐饷数至银十万两者，可一次性增加1个名额；捐饷数至三十万两者，可永久性增加1个名额。据粗略统计，1855年至1860年间，增加的永久性名额共53名④。如果把同治年间增加的名额算进去，共计181名。这个数字相当于当时中等省份每届乡试定额数的3倍（如山西、四川每届定额均为60名，而湖南、广西则每届定额仅45名），可见扩大名额数量之大。

---

① 钦定大清会典事例：卷720.

② 张仲礼.中国绅士［M］.上海：上海社会科学院出版社，1991：86.

③ 刘锦藻.清朝续文献通考（卷86）［M］.杭州：浙江古籍出版社，1988.

④ 商衍鎏.清代科举考试述录［M］.北京：生活·读书·新知三联书店，1958：77.

（三）重振和巩固儒家学说在封建教育中的至尊地位

鸦片战争后，清政府花大力气恢复和巩固儒家学说在教育领域的至尊地位。1850年，道光皇帝发布上谕："著各省督抚会同各该学政转饬地方官及各学教官，于书院家塾教授生徒，均令以《御纂性理精义》《圣谕广训》为课读讲习之要，使之家喻户晓，礼义廉耻油然自生，斯邪教不禁而自化，经正民兴，庶收实效。"[①]1853年，继承皇位不久的咸丰皇帝亲临国子监彝伦堂，讲《中庸》"中和"一节，《尚书》"皇天无亲"四句。"自王公大臣以及有司百执事，自先圣、先贤之裔，以及太学诸生，环集桥门璧水之间者，以万计。"[②]演出了晚清最隆重、也是最后一幕辟雍大典。1856年，清政府将武英殿刊刻的"清文、汉字合璧"的《五经新语》"颁行中外，俾士子讲习有资用昭法守"。[③]越一年，咸丰皇帝针对河南学政俞樾出题割裂一案发布上谕，严令嗣后各省学政考试出题，要引导士子"能阐发圣贤义理"，[④]等等。从私塾书院、各级官学到国子监，从一般教学内容到科场命题，全面强调儒家学说圣贤义理在国家教育中的至尊地位。

通过上面的简略回顾我们可以看出，鸦片战争后的近20年间，清政府对来自内外的冲击的回应，对传统教育的整合具有如下特点。

第一，从总体方向上看，清政府采取的上述诸种措施，主要是针对现实的教育问题，力图恢复被太平天国运动搅乱的封建教育秩序；而很少对西方资本主义近代教育文化的冲击作出正面反应。据统计，在1861年以前，各级官员和士人中至少有66人发表过采用西方坚船利炮的言论文字[⑤]。但是，极少有人能把这种认识与改革教育联系在一起。魏源在《海国图志》中曾提出改革武举的建议："今宜于闽、粤二省，武试增水师一科，有能造西洋战舰、火轮舟、造飞炮、火箭、水雷、奇器者，为科甲出身。"[⑥]曾任两广总督的祁埙也提出过类似建议，请在文试第三场中，"定为五门发题：曰博通史鉴，曰精熟韬钤，曰制器通算，曰洞知阴阳占候，曰熟谙舆图情形。……如所言足资采用，及技击精强，即分别咨明吏、兵二部，调取入京，……分别酌用"[⑦]。现在看来，这些建议在当时确实很富有时代气息，又有很强的可操作性；但是，却未能在清政府的教育政策中得到反映。当然，得不到反映的本身也是一种

① 十朝东华录：咸丰朝六，光绪甲午年积山书局石印本，第30页。

② 徐珂.清稗类钞：第2册［M］.北京：中华书局，1981：480.

③ 刘锦藻.清朝续文献通考：卷101［M］.杭州：浙江古籍出版社，1988.

④ 钦定大清会典事例：卷367.

⑤ 费正清编.剑桥中国晚清史：下卷［M］.北京：中国社会科学出版社，1985：173.

⑥ 魏源.筹海篇三［M］//海国图志：卷2.

⑦ 皇朝道咸同光奏议：卷42.

“反映”。它说明清政府对外来冲击回应的迟钝和麻木不仁。与此形成鲜明对照的是，上述诸种措施在很大程度上是针对太平天国运动对封建教育文化的冲击。官学学额的增广和乡试中额的扩大所具有的双重目的我们在前面已做了分析。数年之内接二连三地强调以《御纂性理精义》《圣谕广训》为各级学校“课读讲习之要”和颁行清文、汉字合璧的《五经新语》，在这些堂而皇之的谕旨后面，人们更多地感受到的是对太平天国运动“举中国数千年礼义人伦，诗书典则，一旦扫地荡尽”的极大恐惧和不安。至于1853年咸丰皇帝在国子监演出的辟雍大典一幕，如果把它与在同一年发生的太平天国起义者占领南京的史实联系起来，就更能说明问题：在清王朝的首善之区，承命于天的皇帝亲临最高学府，宣讲《中庸》《尚书分》，王公大臣、太学诸生“跪聆圣训”，一派鼓乐悠扬、庄严肃穆的气象；在起义军的都城，造反者们焚学宫、毁木主，四书五经在烈焰升腾中化作灰烬。两幅色彩斑斓的画面相互映照，为清政府这一时期教育政策的指向作了最好的诠释。

第二，从具体内容上看，清政府所采取的诸种政策，几乎都是祖宗成法的沿用或释版，体现出从传统中寻求应变方案的特点。关于官学书院的整顿，我们已经指出，连上谕中所用语言也毫无新鲜之感。至于严肃科场规程、严惩科场案犯，从历史上看，更是屡见不鲜。即使如皇帝亲临国子监讲学的盛典，仅清代，几乎每位皇帝上台都要重演一次。事实上，整顿官学书院、祛除科举积弊、推崇儒学地位，可以说是千百年来历代封建王朝在教育领域历久不衰的三大课题，积累了丰富的经验；换一种角度看，这些经验也可以说是封建教育在长期发展过程中所形成的自我调节应变的传统。清代康、雍、乾盛世时在教育文化领域曾经出现过的辉煌，放大了这种传统的作用。翻检道光、咸丰两朝论及教育的谕旨奏章，所谓“我朝人才蔚起”、所谓“我朝振兴庠序加意教育”等等，不绝于书。言辞之间充溢着对列祖列宗所创业绩的缅怀与追慕。迷恋于“天朝大国”的心态，既滋生了对外来冲击麻木不仁的冷漠，更决定了“药方只贩古时丹”的思维路向。

“秋风不惊堂前燕，夕阳仍恋路旁鸦。”①

鸦片战争后的近20年间，传统教育的变革步履蹒跚，没有迈出有任何突破性意义的一步，其源盖出于清政府对肃杀“西风”的懵然和对祖宗“药方”的依恋，这正是中国早期教育近代化被延误的原因所在。

① 龚自珍全集［M］. 上海：上海人民出版社，1975：449.

吴颖民

1950年生，广东省惠来人，中共党员。1976年毕业于华南师范大学。博士生导师（研究员）；中国教育学会副会长，广东省中小学校长联合会会长；广州中学首任校长，华南师范大学基础教育培训与研究院首任院长，首席特聘专家；华南师范大学原副校长、华南师范大学附属中学原校长；兼任教育部委托《中小学德育》名誉总编、《教师发展研究》（内）名誉总编。

在国内重要报刊发表论文近三十篇，主编并参与编写基础教育教学参考书和理论读物数十种。主要著作有《以完整的现代教育塑造高素质的现代人》《构建一个走向世界的培养格局》等。1996年被授予首批广东省“南粤优秀校长”称号，2006年被授予广东省首批基础教育系统“名校长”称号，2007年被授予“广东省十大师德标兵”称号。享受国务院特殊津贴，获“当代教育名家”称号。

关于减轻中小学生过重课业负担若干问题的思考[①]

我国中小学生课业负担过重的问题，是近年来社会普遍关注的一个热门话题，也是长期困扰着政府、学校、家长、学生的棘手难题。怎样看待我国社会这一具有鲜明中国特点的文化现象？怎样才能缓解直至根治这一危害下一代健康成长、危害国家前途的教育“顽症”？学校在“减负”这一系统工程中究竟扮演什么角色？应当发挥怎样的积极影响？带着这些问题，我们组织了一些调查研究，分析了一部分有关资料，形成了几点不成熟的看法和想法。我们不敢奢望过多，只希望“于事有补”，也希望同行指教。

① 本文曾发表于《现代教育论丛》1996年第5期。

一、中小学生课业负担过重是我国基础教育领域一个“久治不愈的顽症”

（一）历史的回眸——中小学生课业负担过重问题由来已久

中小学生课业负担过重，并非近十多年来（或者说恢复高考和恢复重点学校制度）才有的“新病”，而是有四五十年“病龄”的由来已久的“老病”，也不是改革开放以后从国外吹进来的“洋病”，而是伴随着我国社会主义教育体系的建立和发展“土生土长的土病”。早在新中国成立之初，社会主义的教育体系正搭架构建之时，就出现了学生学业负担过重的苗头和体质下降的趋势。毛泽东主席当即给当时的教育部长马叙伦写信，指出“要各校注意健康第一，学习第二”，“学习与开会的时间宜大减”。1951年，周总理专门召开政务院会议，讨论改善学校学生健康状况问题。周总理指出工作重点“应该放在减轻课程负担和减少社团活动方面”。这次会议通过的决定还具体规定了学生日常学习和睡眠的时间。1953年至1957年间，毛泽东又多次在有关情况汇报中作批示，强调“教材要减轻，课程要减少”，可是问题一直没有得到很好解决。20世纪60年代初期，当我国开始走出三年困难时期的阴影时，学生负担过重问题再次加剧，以致发生了若干起让人痛心疾首的事件。1964年2月，毛泽东召集刘少奇、邓小平、彭真等高层领导人参加座谈会，专门讨论教育问题。毛泽东尖锐地指出：“（现在）课程多，压得太重，是很摧残人的”，“我看课程可砍掉一半。”同年3月，毛泽东又在北京铁路二中一位教师的来信中批示：“现在学校课程太多，对学生压力太大，讲授又甚不得法。”1965年，毛泽东看了一个有关大学生生活过度紧张导致健康状况下降的材料后，给当时的中宣部部长陆定一写信，信中说：“学生负担太重，影响健康，学了也无用。建议从一切活动总量中砍掉三分之一。”不难看出，毛泽东同志已经意识到学生负担过重的严重性和危害性。

“文化大革命”以后，中小学生课业负担过重的问题又逐渐变得突出起来。历届中央最高领导人和分管教育工作的领导人，几乎无一例外地就这个问题讲过话，作过批示。据不完全统计，新中国成立以来教育部和国家教委先后就这个问题下发的文件有16个之多。时至今日，关于减轻学生过重课业负担的呼声，还经常见之于总理的《政府工作报告》、最高领导人的讲话，以及出现在我国20世纪末、21世纪初教育改革发展的纲领性文件《中国教育改革和发展纲要》中。

（二）“多发病”演变成“慢性病”——党和政府一直致力于解决学生课业负担过重问题，但成效不大

学生课业负担过重问题，虽然由来已久，但党和政府一直密切关注和高度重视这一问题，多次指示并采取一系列措施，试图尽快予以解决。毛泽东同志一直十分关心青少年的健

康成长，就学生负担过重问题作过多次讲话和批示。“文化大革命”前，他对学生课业负担过重问题解决不力的不满和对青少年学生的关心、爱护常常溢于言表。现在我们回过头来看毛泽东同志当时的讲话和批示，可以强烈地感受到他对置学生健康于不顾，肆意加重学生负担，摧残学生身心发展的种种做法深恶痛绝。

“文化大革命”以后，邓小平同志在1978年召开的全国教育工作会议上讲话指出：“学生负担过重是不好的，今后仍然要采取有效措施来防止和纠正。”1985年，胡耀邦同志就北京一学生自杀事件批示：“全国大、中、小学多数教育思想不对头，对要培养什么样的人不明确……”“灌的量那么大、灌的方法那么死，作业考试那么烦琐，有什么用？这个事提了几十年，从毛主席时就那样说，但总是解决不了……”到了20世纪90年代，李鹏、李铁映、李岚清等领导同志就此问题也作过多次批示。李铁映提出“要像抓校舍危房改造一样抓减轻学生负担”，李岚清提出“尽管这件事（指减负）解决起来难度很大，但难度再大也要下决心逐步解决”。1993年，国家教委为此还专门颁发了《关于减轻义务教育阶段学生过重课业负担、全面提高教育质量的指示》。1994年年底，国家教委再次下发《关于全面贯彻教育方针，减轻中小学生过重课业负担的若干意见》。

可见，党和政府对中小学生课业负担过重问题是重视的，解决问题的态度是认真的、坚决的，作了多次调查、指示，但是情况并不尽如人意。学生负担过重的现象依然严重存在，在有些地方甚至有愈演愈烈之势。

长期以来，我国实行的是计划经济体制，主要是依靠行政手段来指挥各项工作和管理国家。我国又是一个中央集权制的国家，行政领导的权力和权威都很大，过去几十年的经验表明，只要党和政府重视，许多老大难问题都可以迅速解决。令人费解的是，学生负担过重问题却成了一个“例外”。尽管历届最高领导人直接过问和干预，然而问题一直未能妥善解决。这种违反常规的社会现象，很值得人们深思。

（三）现状如何——“顽症”仍“顽固不化”

据报刊披露，小学一年级学生一入学就有六七门功课，仅教材及配套教材就有20多本，书包重达3~4千克。初中学生书包更是重达9千克。至于初高中毕业班的学生，书包中的课本和复习资料多达几十本。他们每天的学习时间，少则十二三个小时，多的达十五六个小时。《1994年上海市中小学生课业负担问题的调查与研究》报告中指出：上海市区中小学生课业负担普遍较重，其中约1/3的小学生、1/3以上的初中生课业负担过重。由于学习时间过长，身心疲劳程度在休息后也难以调整和恢复，因此引发了某些疾病或出现了心理偏差问题，如视力减退、厌学情绪、考试综合征等。该调查报告还指出：约有37.6%的小学生对完成现行教学大纲规定的学习任务感到吃力，需要增加学习时间进行补课。约有39.5%的初中生对眼前的学习生活感到太累、太苦。62.4%的小学生和50%的初中生除完成大纲规定的学习任务外，还额外增加了学习任务，比如使用大量参考书，参加校内外各种补习班、专题班、提高班等。有32%的小学毕业生和41.37%的初中毕业生请了家庭教师，非毕业班学生也有相当比例请了家教。市区小学生的学习时间在9小时以上，初中生的学生时间在10小时以上，均大大超过国家教委的规定。

作为师资力量较强、办学条件较好、教育管理比较严格、升学就业机会比较多的上海，中小学生的课业负担尚且如此，其他经济和教育欠发达的地区，中小学生的负担会怎样，人们可想而知。

1994年下半年，国家教委又对京津沪冀辽五省市的中小学生课业负担问题组织了专题调查，结论是“目前在相当一些地方，学生课业负担问题仍较严重”。

根据国家教委和一些省市的调查情况，以及中央最近一个时期仍三令五申强调“减负”问题，表明目前中小学生课业负担过重问题仍然十分严重，“顽症”依然“顽固不化”。

（四）良策何在——人们心中的疑问和困惑

“减轻中小学生过重的课业负担，全面提高教育质量，是全社会的共同愿望，是广大中小学生的迫切要求，也是关系到我们到底培养什么样的人和国家前途命运的大事。”（李岚清语）对于这样一个关系重大而又受到普遍关注的重大问题，竟然长期得不到妥善解决，成了教育界一个“久治不愈的顽症”，人们不禁要问：是病因未明？是医治不力？是医疗乏术？还是诊治失当？抑或是有良方而“买不起”良药？

二、中小学生课业负担过重问题的动因分析与对策选择的共识、歧见和误区

为了医治“顽症”，寻找有效地减轻学生课业负担过重的途径，政府和广大教育工作者一直没有放弃努力。近几年来，一些研究成果和实践经验不断在报纸杂志上发表。人们试图去剖析原因、寻找对策，进行了有益的探索，提出了不少新的见解和建议。在理论探索和实践操作中形成了一些共识，也存在不少歧见。由于一些认识上的偏颇和措施上的失当，客观上也妨碍了努力“减负”的进展。

（一）中小学生课业负担过重问题的动因分析与对策选择的共识

1. 中小学生课业负担过重这一“顽症”的病根是一个复杂的多重的因素群。

这个因素群的主要因素有：（1）东方文化传统与当今社会奉行的价值观念，其中起支撑

作用的仍旧是“万般皆下品，唯有读书高”和“望子成龙，盼女成凤”的观念；(2) 经济发展水平的制约，以及由此导致的教育需求与教育供应的尖锐矛盾和就业的无情竞争；(3) 劳动人事制度、教育制度、招生制度改革的相对滞后；(4) 政府（或政府职能部门）某些政策措施的导向失当（譬如下达升学指标、奖励高升学率的学校和高分学生等）；(5) 学校办学指导思想的偏差、学校管理水平和师资队伍素质的相对低下；(6) 同龄学生的相互影响和家长的过重压力。

2．“减负”是一个关系到未来人才素质，关系到国家前途命运的刻不容缓的重大问题，全社会上上下下都应高度重视这一问题，并以一种社会责任感和时代紧迫感来协助解决难题。

3．“减负”是一个复杂的、需要多方“协同作战”并持之以恒的“系统工程”。由于学生负担过重的成因是复杂的，因而综合治理必然也是一个复杂的“系统工程”。它涉及教育投入、培养目标、教育制度、用人制度、课程设置、教育内容、师资队伍、教育手段、教育和评价方法等众多领域。社会、家庭、学校、学生在各个方面需要全面规划，实施全面的有步骤的改革。

4. 当前“减负”的关键在于观念更新，根本出路在于深化改革。

“减负”涉及整个社会，必然也是一场深刻的改革，而改革的先导是观念的更新，不建立新的人才观、教育观、课程观等新观念，改革便无从入手；不深化各个领域的改革，“减负”的目标也就无法实现。

（二）中小学生课业负担过重的动因分析与对策选择的歧见

尽管社会各方面对学生负担过重问题的动因分析和解决途径取得了不少共识，但不同观点的存在仍然是显而易见的，主要的分歧有：

1. 有的人认为学生负担过重问题出在学校，根本原因是学校办学思想不端正，片面追求升学率所导致；有的人则认为问题虽然表现在学校和学生身上，但根源在社会，是社会诸多矛盾在学生身上的一种反映，学校不能承担主要责任，在“减负”中也难有大的作为。

2. 有的人认为学生负担过重问题主要根源在教育内部，而不在教育外部；直接动因是课程设置和教学要求不合理、招生考试制度不合理、学校管理不善以及教师素质不高。因而解决问题应“眼睛向内”，甚至认为解决问题的钥匙掌握在学校手里。有的人则不以为然，认为学生负担过重问题，从根本上讲是一个社会问题，是教育供给与教育需求尖锐矛盾的反映，是民族文化传统与社会舆论导向使然，因而解决问题的根本途径是解决教育的供求矛盾。

3. 有的人认为学生负担过重，问题主要出在下面，出在基层。因为中央的大政方针是正确的、指导思想是明确的、对学生要求也是合理的，问题就出在贯彻执行上的偏差走样。因此，解决问题主要是抓下面、抓基层、抓学校。有的人则认为问题主要出在上头，出在政府。因为政府的投入不足，政府没有抓好教育的有效供给和相关制度的改革，没有协调好资源的配置和方方面面的矛盾，是政府的决策、组织、指挥、协调不当使然。所以，“减负”问题的解决，责任在政府，主要靠上头。

4. 有的人认为学生负担过重问题长期得不到解决，关键在于思想观念落后，思想认识不对头。因此，要突出地抓观念更新，认为思想观念解决了，其他问题会迎刃而解，旧观念作祟是主要问题。有的人则认为学生负担过重的问题在于观念陈旧落后，但主要的原因不是观念问题，而是条件问题，是国家的经济实力不足，是国家对教育投入不足，是学校的办学条件和规模不足，是由于待遇不高导致教师素质不高等客观条件的限制所造成的。所以，根本问题还在于改善条件、增加投入、满足需要。

除此之外，还有人认为主要问题出在考试的指挥棒，关键在于改革招生考试制度；也有人认为主要原因是教师素质不高，关键在于提高教师待遇、提高教师素质等等。在此就不一一列举。

（三）中小学生课业负担过重的动因分析与对策选择的误区

多年以来，“减负”的呼声不断，上上下下调研分析的工作不停，各个方面采取的措施不少，然而见效不大。为什么？这里面恐怕也有一些认识和对策上的误区，需要重新审视和评价，并理出新的头绪来。

1. 在治本和治标问题上忽左忽右，顾此失彼，忽视“速效药”和“迟效药”并用

学生课业负担过重，有深层的社会政治、经济、文化原因，也有浅层的政策、管理、课程、教学、师资等原因，要多管齐下，标本兼治。从治本的角度看，要增加投入，扩大教育供给，改革招生、考试、用人等制度，改革课程设置，优化师资队伍等；从治标的角度看，要抓好学校管理，减少课程总量，调整政策措施，加强检查监督，严肃行政纪律等。遗憾的是，现在看来，治本既不得力，治标也不坚决。

2. 重打下面轻视上头

这些年，一谈起学生负担过重问题，充斥视听的多是指责一些学校办学思想不端正，批评一些教师教学方法不对头，历数一些家长观念陈旧。总之，对下面批评的多、指责的多，给予具体帮助、指导的少，体察基层苦衷、帮助排忧解难的少。实际上，“见效迟缓”，上头的责任不小。比如，地方政府和教育行政部门给学校下达升学指标，就一直没有杜绝。不少地方政府以升学率高低来评价并奖惩学校，甚至决定校长的升降去留。试问在地方办学、地方管理的体制下，学校能“顶”得住吗？又比如，这几年虽说不少课程降低了要求，减少了

课时，但学生在校学习的总时数也因双休日的实行而减少。还有，这几年也增加了不少新课程，如“国情和近现代史教育”“人口教育”“环境教育”“社会实践教育”“法制教育”以及一些结合形势临时增加的专题教育（我们并非认为这些课程不必要）。这些新增课程，也会增加学生的负担。基层的同志有这样的感觉：“上头”在课程设置和改革问题上缺乏总体规划和设计，有些措施自相矛盾，使下面第一线的同志无所适从。

3. 重面上号召，轻点上示范

这几年，“减负”的呼声叫得震天响，领导人讲话不少，文件也发了不少，舆论声势也造了不少，但是不见抓出几个有说服力的典型来。不少领导人的讲话中除了表达政府的决心外，并没有实质性、可操作性的措施。倘若各级各类学校中都树立起既“减负”又高质的榜样，情况可能会大为改观。可惜的是不少领导部门和领导同志并没有深入实际，掌握第一手材料，具体指导“减负”，摸索并创造出有普遍指导意义、有充分说服力的经验来。这不能不说是“减负”成效不显著的重要原因。

4. 重宣传鼓动，轻纪律约束

在“减负”的实际操作中，宣传鼓动的多，讲重要性、严重性、危害性的多，讲要求的多，“雷声”很大，但“雨点”很小。对于那些明显地违反规定、违背教育规律行为的部门和直接责任人，有多少受到批评？又有多少受到纪律的制裁？学生负担过重问题在不少地方十分严重地存在，并常见诸报端，然而似乎还没有听说某个责任人因此受到批评和惩处。行政纪律的权威性和严肃性不足，是否也是“减负”成效不显著的原因之一呢？

5. 重抑制需求，轻扩大供给

前些年，教育界有一股“淡化重点”之风。有的人以为这样做可扶持薄弱学校，可以淡化对重点学校的印象，可以缓解对重点学校的追求，但是形势的发展并不以人们的意愿为转移。在市场经济体制建立的深刻影响下，人们要求进好学校受更好更高教育的愿望迅速膨胀，追求名校、重点学校的势头愈演愈烈，使不少重点学校措手不及，人满为患，供不应求。于是，进入重点学校的“攻坚战”从幼儿园阶段就开始了。试想，在这种趋势的引导下，孩子们的负担怎能不重呢？

这几年，大学招生的供求矛盾也十分尖锐。经济的发展、社会的进步、知识价值的日益体现，使人们对接受更高更好的教育有了更强烈的愿望，然而据说这几年大学发展的战略是控制规模、提高质量、走内涵发展的道路。不少发达地区的地方政府都有投资创办大学或扩大大学招生规模的愿望，有很高的办学积极性，但他们的愿望普遍得不到满足，高等教育的供求矛盾在近期内也难以趋于缓和。实际上，从国际上的经验看，我国目前大学招生的潜力还很大，师生比和设施的利用率还很低，在这方面似乎还可以解放思想，采取一些灵活措施来扩大教育的供给。

6. 对“减负”问题的复杂性、艰巨性、长期性认识不足，期望值不尽合理，措施也不尽稳妥有力

虽说学生负担过重是一个老问题，一个“顽症”，但在一部分人的眼里，似乎还不是一件很复杂很棘手的问题，不难解决；而在另一部分人的眼里，则似乎认为此症无药可医，不可救药，把它当死老虎来打，提不起劲头。这两种具有一定代表性的观点，无疑会给“减负”的力度和目标实现带来不利的影响。

三、学校在减轻学生过重课业负担中的地位和作用

综上所述，学生课业负担过重问题，不仅仅是一个学校的问题，而是一个影响因素众多的复杂的社会问题。可以这样说，它是我国现阶段社会政治、经济、文化诸因素对教育的制约和影响的一个缩影，是教育领域诸多矛盾的一个集中反映。“症状”虽然反映在中小学生身上，而“病根”却在社会。在众多的影响因素中，有的比较明显，有的比较隐蔽；有的比较直接，有的相对间接；有的属主观因素，经过努力可以改变；有的属客观因素，在短时间内难以改变。因此，医治学生负担过重这一“顽症”，是一个需要多方面协同作战的系统工程，是一个长期艰巨的战役。对此，人们必须有清醒的认识和足够的思想准备。由于学校是专司教育的场所，学生的大部分学习时间是在学校度过的，因此，弄清学校在造成学生课业负担过重的影响中扮演什么角色，正确认识学校在“减负”工程中的地位和作用，无疑是一个具有现实意义的课题。

（一）在造成学生课业负担过重的影响中，学校扮演什么角色？

要正确认识学校在“减负”的系统工程中的地位，充分发挥其积极的推动作用，首先必须正确认识学校的角色，也就是说，要给学校一个合理、恰如其分的定位。为方便大家理解，我们不妨以下面的图示来讨论这个问题。

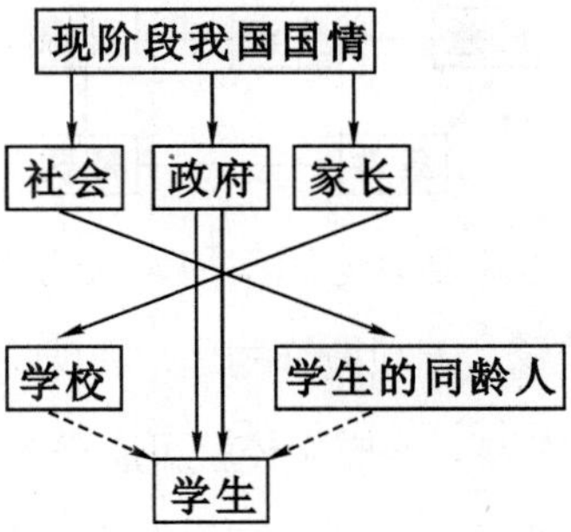

说明：

现阶段我国国情指的是我国目前的社会发展阶段、经济发展水平、社会制度、资源和人口等。社会指的是社会文化、民族传统、社会舆论宣传等。政府指的是各级政府，包括教育行政部门和其他与教育有关的职能部门。家长指的不仅是父母，而且包括祖父母和对学生有直接影响的社会关系。学校指的是学校的办学思想、办学条件、学校管理和师资水平等。学生的同龄人指的是本校学生和外校学生。

从示意图我们可以得出以下结论：

1. 学校是学生负担过重的一个直接的明显的影响因素。既然是直接的影响因素，势必要承担直接的责任，这是不言而喻的。然而需要界定的是，直接的因素并不等于主要的因素，也并不表现为全部的因素，这是寻找对策必须把握的一个前提。

2. 学校具有“双重身份”的明显特征，它既是“压力源”，又是“受压体”。作为“压力源”，它给学生施加压力，过重的压力便会形成过重的负担；作为“受压体”，它又要承受来自社会、政府、家长等各方面的压力，自身也负担不轻。因此，清醒地认识学校的“双重身份”，对把握学校的角色和作用至关重要（如下页图所示）。

一般来说，人们比较注意学校对学生施加的影响和造成的压力，不大注意学校所承受的巨大压力，因而也就不容易了解到学校给学生施加的压力和影响，既有自觉的、主动的一面，又有不自觉、被动的、不情愿的甚至是无可奈何的一面。

来自政府的压力，主要表现为某些地方政府或教育行政部门给学校下达升学指标（或美其名曰升学预测），完成或超额完成任务的，论功行赏甚至重奖；没有完成任务的，自然得不到奖励，还要承受巨大的压力，弄不好还要砸“牌子”、丢“帽子”。能否完成上级下达的升学指标，在不少地方决定着学校的荣辱、决定着学校经费的增减，甚至决定着校长的去留升降。为了求得学校（也包括校长）的生存和发展，学校能置上头的压力于不顾吗？

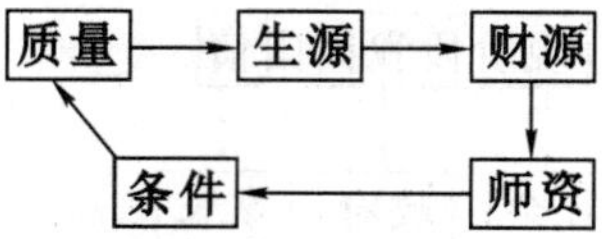

来自社会的压力，主要表现为社会舆论倾向和大众的质量观——升学率高就是质量高。好学校自然“宾客盈门”，趋之若鹜。无须掩饰的是，在现阶段，生源的背后是财源，有生源就有财源，学校才能稳定、才能发展。这样学校就可能进入一个良性循环。在市场经济条件下，学校的办学行为也不可避免地受到市场机制的牵动，受到利益的驱使。在这个问题上，校长面临着痛苦的两难选择：是从学生的长远发展出发，追求理想的、然而在现实条件下是模糊的“素质”呢？还是从学校眼前的生存和发展出发，追求现实的清晰的“质量”呢？毋庸置疑，为学生今后的长远发展着想，着力培养学生具有良好的素质，不做有损学生健康成长的事是学校一切工作的出发点和归宿。但同时要肯定的还有，在现实条件下，学校要在激烈的社会竞争中求生存求发展，不面对现实、不考虑老百姓的“觉悟”程度和可接受程度来选择自己的办学策略，也是不合情理的。能否求得两者的平稳和统一呢？理论上讲是可能的，而现实操作却是困难的。和学校的生存发展问题相比，学生负担过重问题只好暂时搁到一边去了。

家长对学校的压力也不容忽视。在不少家长眼里，升学率高就是好学校，作业多说明学校管得严、教师负责任。如果学生的作业少，家长则认为学校管理不严、要求不高、教师责任心不强。于是，不少家长要求教师给学生多布置作业（免得放学没事干，容易学坏），或者为孩子请家教，各自再给学生加码、开小灶。这种观点和行为，无疑给学校办学行为带来一定的冲击。

（二）在“减负”的“系统工程”中，学校的地位和作用

在上面的讨论中，我们可以比较客观地认识学校的“角色”和“形象”。我们讨论学校的“双重身份”，并不意味着企图推卸学校应负的责任，而是为了找准学校在“减负”中的着力点，更好地发挥学校在“减负”中的积极作用。

1. 学生的过重负担，大量的、显而易见地来自学校、来自教师，表现为教学的深度、广度和进度、作业的数量和难度、考试测验的次数和难度，以及学校、班级一系列规章制度。因此，学校对“减负”负有不可推卸的责任。

2. 学校向学生施加的压力，有些是源于学校内部的主观因素，如学校的办学指导思想、学校管理水平以及教师的责任心等，这些是可以通过自身的努力予以纠正和改善的。

3. 学校对学生施加的过重压力，有些则是源于学校内部的客观因素，如学校的办学条

件、师资队伍的总体素质等。这些客观条件的限制，也是可以通过主观努力，积极创造条件使之逐步转化的。

4. 学校给学生施加的过重压力中，有一些是来自学校外部的压力，如政府、舆论、家长的压力。对此，学校应该首先作出是非判断和价值判断，然后采取不同的策略和方式来化解或减轻其强度，而不应将这些压力转嫁到学生身上。

简而言之，在减轻学生课业负担过重的实际操作中，学校可以发挥调节、缓解的积极作用，是完全可以有所作为的。

（三）着眼于全局利益和学生的长远发展，为减轻学生过重负担尽力而为

正如解决任何一个问题总要受制于现实条件一样，解决“减负”问题同样受到现实条件的制约。虽说学校在“减负”问题上能力有限，但并非无所作为。即使能力有限也不能成为学校不尽心尽力的理由。相反，倘若各个方面都在各自领域为“减负”尽心尽力，则学生过重负担必定能得到有效的减轻，问题的缓解必将向前迈进一大步。

1. 更新教育观念，端正办学指导思想，加强管理，练好“内功”

（1）更新教育观念，端正办学指导思想

要切实减轻学生的过重负担，关键在教育观念的更新和办学思想的端正。有什么样的教育观，就有什么样的办学行为。当前不少学校的办学指导思想，不同程度地存在着“四重四轻”的倾向，即重眼前得失，轻长远利益；重考试分数，轻能力素质；重学校利益，轻学生发展；重外部关系，轻内部改革。这些倾向，实质上反映了学校领导在认识和处理自身面临的诸多矛盾时价值选择上的偏差。由于眼前是实的，而长远是虚的；分数是实的，素质是虚的；学校利益是实的，学生发展是虚的；外部关系是怠慢不得的，而内部改革则是着急不得的。

于是，在急功近利的观念驱使下，学校本位的意识膨胀，办学宗旨发生了偏差。这些根本性的认识不解决，学校自身的改革就无从谈起。值得一提的是，由于学校实行校长任期目标责任制，校长在“为官一任，造福一方”的思想支配下，也容易诱发短期行为，而短期行为与认识上的偏差是密切相关的。

（2）发挥规章制度的正确导向功能

学校的规章制度，是校园文化的重要组成部分，是办学指导思想和管理思想的具体体现。表扬和奖励什么样的学生，批评和惩罚什么样的行为，都具有鲜明的导向作用。通过学校的规章制度（尤其是奖励制度）倡导和树立既注重打好基础，又充分发展特长的榜样；提倡既刻苦钻研，又讲究方法、注重效率的精神，都可以对减轻学生过重负担起到一种潜移默

化的缓解作用。

（3）加强教学管理，抓好总量控制

学生的课业负担，与学生在校的学习活动总量有很大关系。这个活动总量，包括课程门类、课时、教学进度、教学要求、作业量、测验考试量等。如果教学活动总量得不到有效控制，则势必造成学生负担过重。需要指出的是，当前不少学校的教学观，有两个值得注意的倾向，一是只相信教师的教，不相信也不重视学生的学，总认为只有教师教得细、嚼得烂，学生才能消化吸收得好，因而挤占了大量的时间，学生完全丧失了学习的自主权。二是一些教师为“保险”起见，随意加大教学难度和广度。这种任意加大“保险系数”的做法，增加了教学总量，占用了本该留给学生的自由支配时间，使学生被动地被教师牵着鼻子走。这两种倾向，严重束缚了学生的手脚，剥夺了学生的学习自主权，扼杀了学生的活力，客观上也加重了学生课业负担。因此，学校必须大力加强常规的教学管理，制定详尽的、具体的教学规范和要求，并加强活动总量的适当安排。

（4）改革教学组织形式，实施按学生程度分层次教学实行高效率的因材施教，并相应地改革和调整教学评价办法

目前，由于招生制度的改革，不论是重点学校还是非重点学校，都不同程度地存在学生程度参差不齐的问题。这不仅带来教学组织上的困难，也带来了教学效果上的差异。按同一种要求去组织教学，有的“吃不饱”，有的“吃不消”，有的正合适。教学要求的划一性与学生程度的差异性，也会带来学生负担过重。在目前现有的编制条件下，怎样发挥班级授课制高效率的优点，去解决划一的教学要求与参差的学生程度的矛盾？可行的办法之一就是分学科按程度组织分层次教学。在有条件的学校，可根据学生程度分为2~3个层次组织教学，使教学要求适应学生的程度，增强针对性和可接受性，这样做既可提高教学的效果，又可减轻学生的负担。当然，变革教学组织形式，还要相应调整教学要求、教学进度和评价办法，增强学生的自信心和进取精神。眼下由于受到办学条件的限制，这种变革恐怕还不可能普遍推广。

（5）努力提高师资队伍的素质

一个学校的学生负担如何，与这个学校教师队伍的素质高低有直接的关系。学生对某门学科的学习负担的轻重，与这门学科的教师素质也是密切相关的。经验证明，一位素质高的教师所教的学生，往往不仅学得好、学习有兴趣，而且学得比较轻松。教师对教材的把握，对学生学习过程的把握，对教学手段的运用，组织教学的艺术，教师的理论和学识的修养，直接牵动着学生的学习积极性，左右着学生的课业负担。当前加强师资培训，要着重抓好以下四个方面：一是教育观念的更新；二是教育理论（主要是教学论、德育论、心理健康教育

理论）的学习和提高；三是教学方法和手段的更新，教育技术的运用；四是增强教育科研意识，开展教育科研。提高师资队伍素质的工作，是一项影响深远，相对迟效又长效的基本建设工程，应花大气力长期不懈地抓。这也是从根本上减轻学生过重负担的一个关键因素。

（6）努力改善办学条件

学校的办学条件（主要是教学设施），是教师施展教学才能的重要舞台，也是提高教学效率和增强教学效果的重要保证。正如军队打仗一样，兵要精、武器要好，胜利的希望就大。同理，要减轻学生的过重负担，固然教师素质很要紧，但教学条件的因素也不容低估。众所周知，近几十年来科技的进步带来了教育技术和手段的更新，迅猛发展的信息技术，在教育领域有极大的应用前景，并深刻地改变着教育的面貌。教育技术的进步和教学手段的现代化，已经导致了教学效果的极大提高，这就为减轻学生过重负担创造了十分有利的条件。

目前，学校教师的劳动，基本上是劳动密度高、效率低的手工操作，技术应用少。换个角度看，倘若教师的劳动广泛应用先进技术手段，则其“劳动生产率”必将有大的提高，先进的教育技术和手段在学校教育中的应用有着广阔的前景和巨大的潜力。邓小平同志指出“科学技术是第一生产力”，教师劳动是人类自身再生产的一种特殊劳动，采取先进的教学手段就意味着使用先进的生产工具，这就为减轻劳动强度、提高生产效率和效益，为有效地减轻学生的过重课业负担，开辟一条新的路子。广大教育工作者对此应予足够的重视，并以更高的热忱来加快新技术、新手段在教学中的应用。

2. 加强和改进学生的德育工作，调动积极性，增强承受力

学生的课业负担，既与外部给予的压力有关，又与自身的体验有关。它与学生的理想抱负、学习动机、精神状态、基础状况、兴趣爱好、学习方法等有很大关系。不同的学生，面对同样的压力，各自的体验也是不同的。因此，要减轻学生的过重负担，还必须改进和加强德育工作，在学生非智力品质的培养上下功夫。

首先，切实帮助学生端正学习目的，激发求知欲望，增强进取精神，提高自觉性，培养自信心，磨炼克服困难的毅力和勇气，这是减轻过重负担的一个重要前提。

其次，加强学习作风和学习方法的教育和指导。良好的学习习惯和学习作风，是学生提高自身学习效率的重要保证。要重视学生学法的研究，加强学习技能技巧的传授和训练。有条件的学校，要把学习方法作为一门课程来开设，并在一切教学活动中培养学生学会学习，这可以说是有效“减负”的重要保证。

最后，加强学生心理健康教育，开展心理咨询，积极防治心理疾患，可以调整学生的精神状态，增强学生的进取、竞争意识和承受压力、挫折的能力。这项工作，对于目前心理比

较脆弱的学生来说很有现实意义，并且它又是学校工作中一个比较薄弱的环节，务必引起重视。

3. 高度重视家庭教育和家长工作，努力协调学校教育和家庭教育的一致性

来自家庭的压力，是学生过重负担的重要组成部分。家庭压力对学生个体是因人而异的。这种差异，主要受家长的文化层次、个人经历、社会地位、家庭结构等因素的制约。总体上讲，家长的认识与学校的认识还是有相当距离的。比如：对于中小学生普遍存在的负担过重问题，有人高声疾呼“救救孩子”，有人却不以为然。根据国家教委有关部门的调查，上海有64%的家长认为自己孩子负担不重；北京有82.5%的家长要额外地给孩子加码，再布置一些作业；河北近90%的家长认为自己孩子学习负担并不重，希望老师再抓紧一点，再多留些作业。

为什么学校与家长的看法有如此之大的差别呢？究其原因，恐怕是人们考虑问题时的出发点不同造成的。说重，是从孩子们该有一个什么样的童年出发的，是从一个理想化的教育过程着眼的；说不重，则是从孩子们将来的前途、出路考虑的，是从社会无情的竞争现状出发的。家长们普遍认为：面对如此激烈的升学、择业竞争，负担不重行吗？

家长们爱子心切、望子成龙的心情是完全可以理解的，但是这种认识是片面的、是违反教育规律的，这也是显而易见的。因此，加强家长工作，协调学校教育与家庭教育的一致性就成为“减负”中一项不可或缺的重要任务。

首先，学校应主动加强与家长的联系与沟通，了解学生家庭的生活、学习环境，表明学校的观点和要求，争取学校和家庭在孩子教育上协调一致。

其次，学校应加强和改进家长委员会的工作，培养和树立家教方面的好典型，通过家长的现身说法让家长互相学习，互相教育，增加共识，减少歧见。

最后，加强和改进家长学校的工作，使之在提高家长的家教水平上发挥更大的作用。

由于我国实行计划生育政策，家庭中的孩子少，家长对子女的期望值上升，而家教的经验却减少。家长普遍缺乏教育孩子的知识、能力和经验，只能“边学边干”“摸着石头过河”。于是，有的管得过严过死，有的撒手不管，有的无暇顾及，种种家教失当的现象，无疑是加重学生负担的重要原因之一。为了改变这种状况，我们建议在城市中试行中小学生家长的培训制度，像抓计划生育措施落实一样来抓家长的家教培训。譬如可以规定中小学生的家长在子女上小学和上中学的这两段时间内，各参加一次有学时限制的培训，经考核合格发给培训证书，让家长“持证上岗”。家长的教育观念更新了，家庭教育的水平提高了，对孩子提出的不合理要求和施加不恰当的压力的现象便会减少，学生的成长环境也就可能得到优化。

为此，学校还可以编写或推荐“家长必读”之类的读物，作为家长提高自身家教修养的教材，帮助他们树立良好的家长形象。

4. 呼吁与抗争

“减负”问题是一个复杂的社会问题，学校除了要练好“内功”，搞好学生教育和家长教育外，还应加强宣传工作，通过各种渠道和媒体，宣传正确的教育思想和人才观念。学校领导班子，要敢于坚持原则，坚持正确的办学方向，自觉遵循教育规律，不屈服于权势，不拜倒于金钱。然而，要做到这一点并非易事。对于校长们来说，这是一个严峻的考验。

四、结论与展望

中小学生课业负担过重，作为我国一种长期存在的社会现象，必然有其长期生存的社会条件和土壤、有其诱发的种种因素。我们不能孤立地、片面地、简单地把它看作是教育内部的问题。表面上看，它似乎只是教学过多过高要求与学生承受能力的矛盾，实则不然。从微观上讲，它是学校教学要求与学生个体能力的矛盾；从中观上讲，它是伴随教育需求旺盛与教育供给不足矛盾而共生的必然现象；从宏观上讲，它是社会发展对人才素质的不断提高、科技进步导致的知识总量激增、人口众多且教育需求日益高涨、课程总量增加与教育投入不足、教育供给短缺、师资素质不高、办学条件和教育技术手段落后之间尖锐矛盾的一种特殊表现形式。从某种意义上讲，这也是教育投入不足所带来的直接后果，是不遵循教育要与社会经济、政治、文化、科技协调发展的客观规律所受到的惩罚。

我们在讨论学生过重负担形成的原因时，曾经谈到学校的“双重角色”。的确，学校也是一个“受压体”，同样负担过重。可是谁来关心学校的负担？谁来帮助学校减轻负担呢？这不能不说是诊治学生负担过重这一“顽症”中的一个盲区。

学校的过重负担，主要表现为四个方面：

一是经济负担。目前，几乎所有的学校都入不敷出，经费严重不足。学校既要办学，又要创收，要自筹部分经费，才能稳定教师队伍，才能保证教学活动的正常运转。这是学校最沉重的负担。

二是人事负担。由于社会处于转型交替期，体制变换、关系复杂、利益交错，而教师队伍又尚未建立合理的流动、优化机制。学校要在社会上生存和发展，必须花费大量精力、财力去协调人际关系，去背许多人事方面的包袱。或超编，或缺员，或好的进不来，或差的出不去。教师队伍素质不高，战斗力不强，学校的改革发展就难有大的作为。

三是生源负担。为了创收，为了改善办学条件，为了协调各种关系，重点学校几乎都人满为患。由于学生程度参差不齐，增大了教育的难度，削弱了对学生个体的具体指导，客观上也使学生负担加重。

四是教育负担。由于全社会关心青少年教育的意识还不强，社会教育体系尚未建立起来，加上家庭教育的软弱无力或方法不当，大大加重了学校的责任和工作负荷。学校不仅要负责在校学生的教育，还要举办家长学校教育家长，还要创造健康文明的校园小气候去影响带动社会大气候，要担负社会公德宣传等社会主义精神文明建设的重任。学校的责任这么多、这么重，据说在国际上是少见的。

任何的教育活动，都是在一定的社会历史条件下进行的，都不能超越历史条件的限制和约束。尽管社会对教育的需求是多方面的，但社会对教育的制约也是多方面的。看不到制约，只讲需要，不讲可能，是理想主义者；看不到制约因素的可变性和主观努力的能动性，只讲客观条件限制，不讲主观能动性的发挥，是宿命论者，是懦夫懒汉。由此可见，对于学校在“减负”的系统工程所发挥的作用，应有一个合理的期望值。期望值不合理的话，势必导致评价的偏差，甚至目标的落空。

顽症并非绝症，久治不愈也不等于不可救药。随着我国社会主义市场经济体制的建立与完善，随着我国综合国力的不断增强，随着教育投入的不断增加和教育领域两个根本转变的逐步推进，我国教育总需求和总供给的尖锐矛盾将会逐渐有所缓和。在这个基础上，我们的学校教育课程将得以不断改革，师资队伍将得以不断优化，教育的“劳动工具”将得以不断改良，学生课业负担过重的问题就一定会逐步得到解决，人们期待已久的让孩子们生动活泼地主动学习的局面一定会到来！

石伟平

1957年生，上海市人，教育学博士，现任华东师范大学终身教授，华东师范大学“长三角”职业教育发展研究院院长，华东师范大学国家教育宏观政策研究院首席专家。曾经担任亚洲职业教育学会（AASVET）会长、英国伦敦大学教育学院客座研究员、美国加州大学伯克利分校“富布赖特学者”，曾任两届中国职业技术教育学会副会长兼学术委员会主任。兼任国家教师教育咨询专家委员会委员，教育部全国职业院校教师培训专家工作组副组长，上海市教育综合改革专家咨询委员会委员，上海市教育决策咨询委员会委员。自1995年以来，主持了教育部哲社研究重大课题攻关项目“职业教育办学模式改革研究”等50项科研项目；出版了《比较职业技术教育》等17部著作；主编并且出版了《现代职业教育研究丛书》与《职业教育经典译丛》各1套；在国内外期刊发表了180多篇学术论文，并向教育部等政府部门提交了近40项政策咨询研究报告。主编《现代职业教育研究丛书》获“上海市第十届教育科学研究优秀成果奖（教育理论创新奖）”一等奖；著作《职业教育课程开发技术》获“第四届全国教育科学研究优秀成果奖”一等奖。获黄炎培职业教育奖（优秀理论研究奖），享受国务院特殊津贴，获“当代教育名家”称号。

从国际比较的角度
看我国当前职教发展中的问题①

《中国教育改革和发展纲要》明确地把职业教育列为我国当前教育发展的重点。通过大力发展职业教育来促进经济的发展，已成了我们今天的共识。但是，在实践中如何“大力发展”呢？只要查阅一下有关的新闻报道或一些省、市的教育发展规划，就不难发现这样的表述：到某年，某个教育阶段的职校在校生比重要达到某种规模。“大力发展职业教育”似乎被简单理解为单一地“扩展职校规模”。然而，事实是严酷的，职业教育的这种“大发展”，不但没有给我们带来预期的实效，相反产生了一些令人大惑不解的问题：如原以为职校是那些“升学无望”学生的理想去处，职校的课程将激发这些学生的学习热情，但事实是职校生的流

① 本文曾发表于《比较教育研究》1996年第6期。

学率更高于普通学校学生；原以为职校毕业生比普通学校毕业生更易就业，但事实是企业和其他用人单位更喜欢录用普通学校毕业生，许多职校毕业生因此找不到对口的工作。周贝隆先生曾把这些费解的现象归为“我国职业教育中的困扰”[①]。三十年前，国际著名学者、美国芝加哥大学比较教育中心主任福斯特（Philip Foster）教授曾把这种现象归为“发展规划中的职业学校谬误”[②]。要弄清周贝隆先生所列“困扰”之成因以及福斯特所言“谬误”之所在，有必要从国际比较的角度对当前我国职教发展和变革的一些根本问题做认真的思考。

一、“大职教观”与“小职教观”

目前，国际社会习惯把“职业教育”理解为“职业和技术的教育与训练”（Vocational and technical education and training），它包括：以在校生为主要对象的“职业准备教育”（Pre-Vocational education），其中有普通学校的“职业基础教育”与职业学校的“职业教育和培训”；以在职人员为主要对象的“岗位培训”（vocational training）；以及以失业人员为主要对象的“再就业培训”（training for a job 或 employment training）。就职业教育的形式而言，包括学校本位的（School-based）职教模式、企业本位的（company—based）职教模式、社会本位的（community—based）职教模式，以及“学校—企业”综合模式。随着终身教育思想的深入人心，职业教育成了贯穿于个人职业发展全过程的一种教育：职业准备教育→就业培训→岗位培训→晋级／转业／再就业培训。这就是现在所说的“大职业教育观”。

那么，对“职业教育”的概念，我们是如何理解的呢？最近，某市组织了一次职教课程、教材改革研讨会。会上发表的论文很少有涉及企业培训的；涉及普通学校中职业准备教育的一篇都没有；绝大多数论文谈论的是学校形式的职业教育（中专、技校与职业学校）。这种现象不是个别的。此外，在教育发展战略上，我们习惯把“企业培训”作为成人教育的一个重要内容而排斥在职教范畴之外。既然我们把“在职教师培训”视为师范教育整体中一个不可分割的组成部分，那么我们为什么不能把“企业的职工培训”也视为职业教育体系中的一个重要组成部分呢？显然，正如周贝隆先生所言：“我们通常所说的职业教育，主要是指职业技术学校教育……并不等于对任何岗位都必须的具体职业培训”[③]。如果这个“小职教观”的问题不解决，那么，在职业教育发展中走向片面、极端的危险性便不可避免。

---

① 周贝隆.我国职业教育方针刍议［J］.教育参考，1994（4/5）：24—25.

② FOSTER PJ. The Voactional School Fallacy in Development Planning ［M］// ANDERSON C A，BOWMAN M J. Education and Economic Development. Chicago: 1965: 145—154.

③ 周贝隆.我国职业教育方针刍议［J］.教育参考，1994（4/5）：26.

二、“以需求为动力”与“以供应为目标”

多少年来，在计划经济体制下，我们习惯采用国际上“人力资源派”所支持的那一套：根据政府的经济发展规划进行“人才预测”，尔后再根据所预测的结果制订出“人力发展规划”，然后再要求学校按“人力规划”提前培训人才，以形成一定数量的“人力储备”；职业教育则通过这种主动的“人力供应”来促进经济发展。在我国的经济体制由“计划经济”向“市场经济”转轨的今天，这种基于“发展经济学”的“人力规划模式”（manpower planning model）仍在广泛使用。我国一些省、市时下隆重出台的一些“面向21世纪的教育发展规划”，就是根据有关部门预测，到2000年，按经济发展需求，我们尚需某种规格的人才多少名，而制订的。

其实，上述这种以“供应”为目标的“人力规划”，自20世纪60年代时兴的那天起就受到质疑。最初对“人力规划”提出异议的是美国芝加哥大学的福斯特教授。1965年他在“发展规划中的职业学校谬误”一文中指出，首先，人才预测的准确性很值得怀疑，因为经济交换部门的增长率是很难估计的；其次，根据这种假设的人力需求所建立起来的大规模人力培训计划，往往脱离经济中就业机会的实际结构，一旦经济增长率不足以吸收和消化“人力规划”所培训出的人才，这不仅会造成严重的人力和物力浪费，更会加重社会上的失业状况①。鉴于职业教育发展要受到就业机会的制约，而就业机会的创造又来自于经济发展本身，因此福斯特强调，职业教育只能被动地反映经济发展的需要，而不可能在人力培养上跑到经济发展之前。他认为，经济发展对人力的需求，是通过劳动力就业市场反映出来的，职业教育就是根据劳动力市场已经出现的这种需要尽快培养出所需人才；职业教育就是通过这种方式来促进经济发展的。因此，福斯特在否定以“供应”为目标的“人力规划”的同时，也否定了“人力储备说”。

福斯特的这种反主流观点，到20世纪70年代在国际社会已被较多的学者所接受。英国伦敦大学著名教育经济学家布劳格（Mark Blaug）教授曾指出，这种长期的人力规划的准确性是极差的，“它无法准确预测到2—3年之后经济发展对特定技术的要求，因此，职校的2—3年全日制培训只能教授一些通用技能；这样，这种培训事实上也就不再是人们通常所理解的那种职业教育了”；他认为，“要求学校通过培训学生以为一些明确限定的职业做准备，这实际

① FOSTER P J. The Voactional School Fallacy in Development Planning［M］// ANDERSON C A, BOWMAN M J. Education and Economic Development. Chicago: 1965: 145—154.

上是要求学校做不可能的事”[①]。

20世纪70年代之后，随着福斯特和布劳格这种观点在国际社会被广为接受，“人力规划”和“人力储备说”逐渐失去市场。1991年，世界银行的职业教育研究报告证实了“以需求为动力的职业教育能满足市场需要，而以供应为其目标的职业教育则较少成效”[②]。

“人力规划”在计划经济体制下流行，这不足为奇；但是，在我国目前向市场经济转轨过程中以及在一系列的条件发生变化之后仍沿用“人力规划”，仍以“人力储备”与“人力供应”的角度去发展职业教育；这种不合国际潮流的思维定式，难道不值得我们反思吗？

三、“就业需求第一”与“技术目标第一”

什么是职业教育的出发点？这也是职业教育发展中的一个根本问题。在理论上，我们似乎已经较正确地回答了这一问题——“为经济建设培养所需的合格人才，便是一切职教活动的出发点”；但是，在实践中并没有这么简单。这里有两个要求：“所需”与“合格”，前者是职业教育的“市场目标”（就业之需），后者是职教的“技术目标”（岗位之需）。在我们的观念上或实践中往往忽视就业需求而片面追求“受训人才是否合格”的技术目标。我们常听到或看到这样的表述：……通过改革课程、教材、教法和加强师资队伍的建设，要使受训学生毕业时在某个职业领域达到几级工的水平……似乎只要能培养出技术指标合格的人才，便是高质量的职业教育，成功的职业教育。这种倾向，也是与当前的国际潮流格格不入的。

30年以前，福斯特就指出：受训者在劳动力市场中的就业机会和就职后的发展前景，是职业教育发展最关键的因素；因此，他提出“职业教育必须以劳动力市场的就业需求为出发点”，只有这样才能避免受训者找不到工作；只有当受训者所学知识和技能在实际职业生活中得到充分应用，才能称得上是“成功的”职业教育；即使培养出来的“合格人才”能达到某个技术等级，若找不到工作或找不到对口的工作，这只能说是失败。因此，他认为对职业教育来说，“就业需求”是第一位的，“技术目标”是第二位的。福斯特把所训“合格人才”找不到工作的现象称之为“技术浪费”（wastage of Skills），并指出应把这种“技术浪费”列为职教计划评估中的一项重要内容。所以，他提出，开展职教不能只考虑“技术目标”，只有在就

① BLAUG M. Educational Policy and Economics of Education: Some Practical Lessons for Educational Planners in Developing Countries［M］// WARD F C. Education and Development Reconsidered. New York: Praeger Publishers, 1973: 27—28.

② 亚当斯.世界银行关于职业教育和培训的政策文件［J］. 教育展望（中文版），1993（2）：9.

业的前提下再考虑技术要求，才能避免上述职教“技术浪费”现象的发生并减少失业。[①]福斯特的这一观点，目前已成了世界银行所倡导的职业教育发展重要战略之一。在1991年《世界银行关于职业教育和培训的政策文件》中，世界银行在对职业技术培训的理论与实践充分审查之后得出结论：“确定正确的职业技术教育培训目标十分重要”，“职业培训应能同有效的就业需求紧密结合”，“当以现存的或预期的就业与技术需求为重点时，职业教育最有效”。[②]

四、学校形态的职教发展战略质疑

我国的职业教育应采取何种战略？《中国教育改革和发展纲要》似乎已经给予了明确回答：“各级政府要高度重视，统筹规划，贯彻积极发展的方针，充分调动各部门、企事业单位和社会各界的积极性，形成全社会兴办多形式、多层次职业教育的局面。”但是，在实践中，我们仍未完全走出过去那种“职教投入以政府为主、办学形式以学校为主、管理经营以教育部门为主”的职业教育发展模式。

殊不知，这种“学校本位”的职业教育发展战略，正是世界银行二三十年前积极倡导、后被事实证明为失败的而今已被放弃的战略，在这里有必要介绍一下这个过程。

30多年前，在发展经济学的影响下，以英国经济学家巴洛夫（T.Balogh）为首的主流派提出，职业教育比普通教育具有更高的投资价值。他们主张，发展中国家政府为振兴经济应把投资重点放在发展学校形态的职业教育，通过兴办职业学校与在普通学校课程中渗入职教内容来使学生掌握现代生产技术，在本国的经济发展中发挥重要作用。[③]这一主张在当时得到了联合国教科文组织和世界银行的热情支持和响应。世界银行20世纪60年代和70年代的教育贷款战略，在很大程度上以“人力资源派”的这一假设为依据，把资助的重点放在职业和技术培训上，而牺牲普通教育（尤其是初等教育）数量的扩展和质量的改进；在中等教育方面，支持发展学校形态的职业教育；在发展中国家，尤其在非洲，资助了许多类似的“多样化的学校课程计划”[④]。世界银行这种导向性做法，在当时对发展中国家职教发展战略的影响是非常之大的。

其实，这种职业教育发展战略一开始便受到学术界的质疑和批判。福斯特是这种战略最

① FOTER P J. The Voactional School Fallacy in Development Planning [M]// ANDERSON C A, BOWMAN M J. Education and Economic Development. Chicago: 1965: 145—154.

② 亚当斯.世界银行关于职业教育和培训的政策文件［J］. 教育展望（中文版），1993（2）：9.

③ 亚当斯.世界银行关于职业教育和培训的政策文件［J］. 教育展望（中文版），1993（2）：9.

④ 福斯特. 职业教育与培训：世界银行政策的主要转变［J］. 教育展望（中文版），1993（2）：29—30.

为著名的反对者。福斯特在他的名作《发展规划中的职业学校谬误》一文中指出：尽管职业学校的成本要大于普通学校，但是职业学校并没能产生人们通常预期的那种效果。他在加纳对职业教育的研究结果表明：学校的职业教育课程并不能影响学生的职业志愿（影响学生职业志愿的是学生对劳动力市场就业机会的看法），学校的职业教育并不能减轻社会上的失业状况，反而加重就业危机；这是因为职业学校毕业生比普通学校毕业生更难找到对口工作，更难找到高薪工作，而且许多职校毕业生选择了与其所受培训无关的工作，造成了“技术浪费”。因此，就结果而言，福斯特认为职业学校在发展中国家的经济发展中并不能发挥有效作用，职业学校只是一种“谬误”。所以，他主张发展正规学校教育之外的职业教育，即私营企业的内部培训。福斯特的这些反主流派观点，尽管在当时未受到联合国教科文组织和世界银行这样的国际组织的应有重视，但在国际学术界却引发了一场长达25年之久的大论战。

福斯特的这种观点，在20世纪70年代得到了英国著名教育经济学家布劳格的支持。布劳格从另一角度来论证福斯特的“职校谬误论”。他指出，首先，职业学校办学成本高；其次，既受过良好学术教育又具有丰富专业工作经验的职校教师，事实上是难以找到的；再次，职业学校的培训设备往往难以符合现实的工作要求；最后，在课堂内事实上也难以产生企业中的那种工作节奏和气氛。正是职业学校这些自身难以克服的“缺陷”，使布劳格赞同福斯特的观点，认为学校形态的职业教育“毫无意义”。[①]

到20世纪80年代，世界银行著名经济学家萨卡罗波洛斯（George Psacharopoulos）对哥伦比亚和坦桑尼亚学校形态职业教育的研究结果，使更多的学者和决策者正视福斯特的职教思想。萨卡罗波洛斯采用“成本效益法”和“目标评估法”，对两国的“多样化中等教育计划”（Diversified Secondary Education Programmes）进行研究，结果表明：“学校课程职业化”并未能使学生在教育和经济上获得明显优势，而且这种“多样化的教学教育”在两国都是“最昂贵的中等教育形式”和“最难实施的方案”。为此，萨卡罗波洛斯提出：“既然学校形态的职业教育不能达到既定目标且又成本高，找不到任何可以证实的好处，那么我们还有什么必要继续支持这样的办学形式呢？[②]。萨卡罗波洛斯的结论是：世界银行多年来倡导的“多样化学校课程计划”或“多样化中等教育计划”，被实践证明是一种“失败的计划”。[③]萨卡罗波洛斯的这些观点发表之后，引起了职教理论界与世界银行内部的强烈震动。

---

① BLAUG M. Educational Policy and Economics of Education: Some Practical Lessons for Educational Planners in Developing Countries［M］// WARD F C. Education and Development Reconsidered. New York: Praeger Publishers, 1973: 27—28.

② PSACHAROPOULOS G. Curriculum Diversification, Cognitive Achievement and Economic Performance: Evidence from Tanzania and Colombia［M］// LAUGLO J, LILLIS KVocationalizing Education: an International Perspective. Oxford: Pergamon Press, 1988：257—277.

③ 福斯特. 职业教育与培训：世界银行政策的主要转变［J］. 教育展望（中文版），1993（2）：29—30.

随着福斯特的“职校谬误论”在学术界不断得到一些著名学者实证研究的肯定，以及世界银行所倡导的“多样化学校课程计划”在许多发展中国家的不断失败，世界银行内部以萨卡罗波洛斯为首的一批新经济学家觉得有必要对多年来世界银行所倡导的职业教育发展战略进行认真的反思；此外，第二次世界大战后经济发展成功的一些国家和地区（如日本、新加坡、韩国、香港），它们成功的教育与经济发展战略也受到了世界银行的重视。这些国家和地区大多在学校教育投资上以绝对优势集中在普教（而非职教）的规模扩大和质量提高，而限定的职业培训则让私营企业（而非学校）来承担，并把职教的重点放在就业人员的在职培训（而非在校生的职业教育）上，采用正规与非正规教育相结合（而非只有正规教育）的形式发展职业教育。这些战略都获得了令人信服的成功。正是上述因素，促使世界银行在1991年它的《关于职业教育和培训的政策文件》中在职教发展战略上来了个180度的大转弯。

世界银行职业教育发展战略上的“巨变”，也许可以概括如下：第一，职业教育的主要职能由原来的“有计划地培养人才、供应人才、促进经济发展”变为“根据劳动力市场的实际需求组织培训、满足需求、适应经济发展”；第二，在职教办学的主要模式上，由原来的“学校本位的职业教育”变为“企业本位的职业培训”；第三，在职教与普教的关系上，由原来的“替代关系”变为“互补关系”，提出“普教在前、职教在后”，学校教育的主要任务是为学生以后接受职业教育打基础。世界银行的新战略还主张在职业教育的职能上做如下分工：职业培训以企业为主，主要任务是岗位培训；就业培训以政府为主，主要任务是解决失业、转业问题；职业基础教育以学校为主，主要任务是解决职业教育的文化基础问题；三者之间互相配合、协调发展①。

结束语

“历史的”“国际的”经验教训值得我们注意。了解世界银行职业教育发展战略转变的全过程，可使我们今天避免重蹈覆辙；此外，世界银行目前所倡导的职教发展新战略，多少也反映了当今世界职业教育发展的趋势；这些都是当前在重新构建我国职业教育发展战略时值得我们认真思考的。在当前我国某些行业中已出现大批下岗待业人员的情况下，劳动力市场上的这种“供过于求”，使“学校本位”的职业教育原来所具有的“人力生产规模效应”已不再是一种优势，相反成了加重“就业危机”的一种危险。如果在今天仍大力发展这种“正规的、长学制的、以人力供应为出发点”的职教模式，这只能使福斯特所言的“谬误”和周贝隆先生所列的“困扰”更加严重。

① 福斯特．职业教育与培训：世界银行政策的主要转变［J］．教育展望（中文版），1993（2）：27—33.

刘京海

1950年生，正高级教师、中学特级校长、教心学科特级教师。上海市闸北第八中学原校长。上海市成功教育研究所所长，上海市田家炳中学首任校长，上海成功教育管理咨询中心董事长。中共十五大代表，第九、十届上海市政协委员。他主持的成功教育研究获上海市教育科研成果一等奖、上海市哲学社会科学研究成果著作三等奖、教育部第二届教育科研成果二等奖。享受国务院政府特殊津贴，2003年9月被评为“上海市教育功臣”，获得“当代教育名家”“全国五一劳动奖章”、国务院全国“两基”工作先进个人及“全国先进工作者”等荣誉和称号。

成功教育的基本模式①

所谓成功教育，是转变教育观念和方法，通过老师帮助学生成功，学生尝试成功，逐步达到自己争取成功。它是追求学生潜能发现和发展的教育，是追求学生自我教育，是追求全体学生多方面发展的素质教育。

成功教育的“成功”是：成功的下限是达到义务教育的基本要求；成功意味着超越自我，超越他人；成功的本质是不断发展，不断提高；成功总是相对于原有基础而言，没有终极意义的，是永无止境的；成功的最高境界和目的是主体获得自己争取成功的能力。

成功教育既有改革教育目标的意义，又有改革教育思想的意义。

① 本文曾发表于《上海教育》1997年第1期。

一、成功教育的基本思想及改革教育目标的含义

成功教育主张：人人都可以成功，都可以成为成功者；成功是多方面的，不应局限于少数方面；在教育过程中，把培养学生的成功心理学习内部动力机制作为教育目标。

（一）成功教育的基本思想

1. 学习困难学生同其他学生一样，具有很大的发展潜力。他们的困难是暂时的，可以克服的，他们也有获得成功的愿望和需要。教师应对每一个学生的成功持有热情和期望，坚信每一个学生都能成才。

2. 学习困难学生形成的原因，主要是他们在学习过程中，反复失败形成了失败者心态。成功教育主张积极为学生创造成功的机会和条件，诱导学生尝试成功，促使学生主动内化教育要求，启动和形成学生自身的学习内部动力机制。

3. 成功教育在教育、教学过程中的基本特点是“低起点、小步子、多活动、快反馈”。因此，教育、教学过程具有针对性、可操作性和实效性。

4. 成功教育坚持对学生实施鼓励性评价。其立足点是从学生原有基础出发，发现和肯定学生的每一点进步和成功，促使学生发现自己、发展自己，看到自己的力量，找到自己的不足，满怀信心地不断争取成功。

5. 成功教育认为非智力因素既是提高教育效率的手段，也是人才培养的目标。特别重视在教育、教学过程中培养自信心、意志力、成功动机等成功心理和自我学习、自我教育的学习内部动力机制，以此形成学生自我增值的再生能力。

6. 成功教育追求学生在原有基础上的发展、个性的全面发展和社会适应能力的提高。通过培养学生成为学习的成功者，进而为其成为社会的成功者做好基本素质的准备。

（二）成功教育改革方法的含义

成功教育方法的改革，是从外压式的“加班加点”“管头管脚”的强制教育转变为内调式的自我教育。通过帮助学生成功、学生尝试成功，提高学生的自信心，发展学生的积极性，最终形成学生自己争取成功的内部动力机制，从而提高教育和学习的效率。

在实践研究过程中，我们逐渐发现成功教育也是一种方法，因为：

1. 成功适合儿童的心理特点。儿童天生喜欢成功、喜欢活动，因此，我们才可能借助活动来帮助学生成功；儿童喜欢称赞，成功教育的第三个要素就是强调以鼓励、表扬为主的鼓励性评价，适合其心理要求。

2. 反复成功可提高人的成就动机，因此需要提高儿童的内在积极性，这是被许多经典心理学实验证明的。

3. 成功也是成功之母。对于学习困难学生，成功的积极意义要远远大于失败，因为新的失败往往不能成为后进生的成功之母，恰恰成为他们更大的失败之母。

4. 教学过程的本质是追求成功。教师精心备课的目的显然是为了成功，教师的知识和能力之所以能在教学过程中转化为学生的知识和能力，显然不是通过失败实现的，正是通过成功实现的。

5. 成功既是方法，也是目标，两者是一体化的。

二、成功教育改革的基本要素和运行机制

（一）成功教育的基本要素

成功教育有三个基本要素：

1. 积极的期望要求。远景性的期望是坚信每一个学生都有成功的愿望，都有成功的潜能，都能在多方面成功；近景性的期望，是在具体教育教学过程中，从学生实际出发，提出学生努力后能达到的目标和要求。

2. 成功的机会。就是要遵循“低起点严要求、小步子快节奏、多活动求变化、快反馈勤矫正”的原则，为学生不断创造成功的机会。

3. 鼓励性评价。帮助学生学会评价，发现和发展自己，坚持以找优点为评价的出发点，坚持以个体为主的评价标准，坚持以鼓励表扬为主的评价方式。

（二）成功教育的运行机制

成功教育的运行机制分为三个阶段：第一阶段：教师帮助学生成功；第二阶段：教师创造条件，学生尝试成功；第三阶段：学生自己争取成功。这三个阶段是一个螺旋式上升的过程，其核心就是从教育逐步走向自我教育，从他律走向自律。

第一阶段：教师帮助学生成功。这一阶段的特点是以教师帮助、触发学生为主，目标是诱导学生积极参与学习活动。要求教师对学生的发展抱有积极的期望和要求，为学生创造成功的机会，诱导学生参与教育、教学活动，教师对学生实施鼓励性评价，使学生获得成功的体验。通过反复成功，学生的基本学习习惯、基础知识、基本能力和基本成功心理逐步形成，于是产生第二阶段的循环。

第二阶段：学生尝试成功。这一阶段的特点是教师帮助的成分减少，学生尝试成功的力

度加大，目标是推动学生主动参与活动。要求教师创造条件和情境，以问题为形式激发学生主动参与活动。在尝试过程中，使学生获得较高层次的成功，使学生争取成功的能力和成功心理得到高层次的发展，逐步产生自我期望、自我激励。通过尝试成功阶段的循环，教师进一步发现学生，学生进一步发现自己，于是产生第三阶段的循环。

第三阶段：学生自己争取成功。这一阶段的特点是以学生自我开发为主，但仍需要教师继续给予帮助指导，目标是学生自我学习、自我教育。要求教师帮助学生产生自我期望和要求，自己主动争取成功的机会，形成无论成功还是失败都能自我激励的机制。通过学生自己争取成功阶段的循环，促使学生逐步形成积极、稳定的自我学习、自我教育的内部动力机制。

整个循环的核心是以主体在活动中的成功为中介去作用于主体的自我概念、自信力等，从而实现主体对教育、教学的主动内化，使教育走向自我教育，他律走向自律，学生获得成功，教育也获得成功，师生关系得到进一步改善，整个教育形成了师生相互作用的良性循环。

必须指出的是，实施成功教育，也会有失败。我们反对的是制造失败，尤其反对让学生反复失败。因为对学习困难学生来说，新的失败不但不能为成功之母，反而成了他们更大的失败之母，尤为重要的是反复失败，导致学生自信心下降，自我概念消极。心理学家的研究证明，早期自我概念消极将会导致学生终身难以改变，这样的人在竞争日益激烈的社会中将一事无成。

三、成功教育的基本做法

成功教育首先是教育思想的改革，办法只有一个，即换思想，而不是换人。我们认为，教师和学生一样也是有潜能的，只有转变观念，改革方法，才能取得学生的成功，教师的成功，教育的成功。成功教育的内涵十分丰富，其核心思想是教育目标的转变，学校办学目标的转变。义务教育再也不能只培养少数学生仅在分数方面的成功，而要立足于面向全体学生，着力提高全体学生的基本素质，尤其是提高学习困难学生群体的基本素质，让每一个学生都成为社会的成功者。我们首先抓了三个转变：变埋怨、责怪学生为相信每一个学生；变教师对学生外压式的强制教育为学生内调式的自我教育；变片面追求分数的应试教育为争取多方面成功的素质教育。

（一）不断实现教育思想的转变

转变观念的主要途径和方法：

1. 领导带头转变观念。把提高学生素质作为办学目标，勇于承担责任，创造一个支持性的环境，鼓励教师大胆改革。

2. 学习理论。发掘教师先进的教育思想因素，推动其逐步理论化、系统化、自觉化。

3. 虚实结合。把教育思想的转变与教育方法的改革结合在一起。

4. 注意把成功教育的思想转化为常规。通过常规管理再推动教育思想的转变。

5. 鼓励教师在实践的基础上不断总结、提高、创新，使教育思想的转变不断深化。

（二）以提高学生素质为目标，强化和适当增加与提高学生素质有关的内容

我们从学习困难学生相对集中的实际出发，以学生走向社会成功为目标，确立了素质的四个主要内容：良好的思想、道德品质和行为习惯；基础的文化知识；基本的学习习惯和学习能力；良好的适应心理素质。强调自我学习、自我教育的学习内部动力机制和成功心理方面的长足发展，各学科还增加了学习能力和社会适应方面的要求。

（三）以成功心理培养和自我教育能力形成核心，深化德育改革

我们在加强德育常规工作的基础上，针对学校实际，逐步形成了这样的德育改革思路：以班级集体建设为载体，以班级“成功教育”工作六条为抓手，以成功心理培养和自我教育能力的形成为特色，实施“成功教育”中的德育改革。

我们根据“成功教育”基本思想，整理出班级“成功教育”工作六条：深入了解学生，收集、分析信息，进行针对性教育；重视非智力因素教育，改变学生心态，促进成功心理的形成；积极开展各种活动，培养自我教育能力；不断对学生提出积极期望和要求，实施目标引导；实施鼓励性评价，为学生不断创造成功机会；重视班集体常规建设，形成良好班风和学风。

为贯彻这一思路，我们主要抓了以下两方面的工作：

1. 成功心理的培养

我们主要加强了非智力因素培养。其基本要求是帮助学生了解、掌握、认识自我和调节自我的方法，把消极的失败心态转化为稳定的成功心理。

我们根据学生的心理特点和影响学生学习生活、班级生活和社会生活的障碍，确定各年级的教育重点：预备班年级重点培养积极的情感，初中一年级注重培养自信心，初中二年级注重培养意志力，初中三年级注重培养成就动机。

教育的主要途径和方法是一门讲座、三个结合：

一门讲座是：心理常识讲座，每学期十次左右。讲座的基本模式是：教师提出问题—学生讨论—教师讲解、小结—课后测试、行为作业—配套活动。

三个结合是：

（1）与思想政治教育相结合（包括团、队活动）。活动是形成学生能力、发展学生心理的基石。我们注意与年级教育重点配套，与学生实际结合，着手点小，着眼点大。活动中做到对个体和群体的教育相结合，为每一个学生的发展提供机会。

（2）与教学过程相结合。我们注意在教学这一主阵地培养学生的非智力因素，对学生的各种进步都注意从非智力因素的角度予以表扬和鼓励。对学生的各种反复也都从非智力因素角度予以分析和诱导，促使学生自我认识，把偶然出现的良好的非智力心理品质方面的表现逐步转化为稳定的成功心理，从而促使学生的认知系统和动力系统相互作用、协调发展。

（3）与课外活动相结合。有84%的学生参加学校的26个兴趣小组，并积极开展形式多样的各种学科活动，激发培养学生的兴趣，发挥各自的特长和潜能，并引导到学习中去。

2. 自我教育能力的培养

我们这类学校，学生的特点之一是自己管不住自己。于是我们的教育往往片面地用外压式的强制教育强化管理，学生似乎被管住了，一旦没人这样“管”，他们又故态复萌。这样做的结果，扼杀了学生自我教育能力的形成，最终也阻碍了学生的长远发展。

我们认为，针对学习困难学生的特点，必须在加强正面教育和管理的同时，要立足于学生自我教育能力的形成，一旦这种素质形成，学生就获得一种不断自我增值的能力。我们主要从以下两方面开展工作：

（1）在加强班级集体建设的过程中，不断创造有利于学生自我教育能力形成的环境。努力把班级集体建设的过程，转化为学生自我教育能力形成的过程，如在制订班集体、小队、小组的发展规划和目标中，在干部队伍的形成、建设的过程中，都注意发挥学生的主体作用。又如试行“今日我当家”干部轮流等制度，让每一个孩子都有表现和锻炼的机会。再如经常把学生中的一些问题交给学生讨论，充分发挥学生相互教育、自我教育的作用。

（2）通过有计划地开展各种活动，培养学生的自我教育能力。为了在活动中培养学生的自我教育能力，我们强调三个自我：自我设计、自我组织、自我活动。教师则主要在上述三个环节中指导、帮助学生。这些活动，既为学生的发展提供了机会，又为自我教育能力的形成提供了条件。

（四）以帮助学生成功、创设成功机会为核心，改革教育教学方法

帮助学生成功、创设成功机会，就是要根据学生认知和非认知的特点，从多方面为学生创设成功机会，诱导学生参与学习活动，产生成功体验，从而激发、形成自我学习的学习内部动力机制。理论和实践证明，学习上的多次成功，对于学习困难学生，对于未成年的孩子，其积极意义和作用是十分明显的。反复的成功可以促使学生产生一种内驱力——因为学

得好，所以爱学习，可以促使学生在积极、愉快的情感支配下，主动内化教育要求，可促进学生的成就动机发展，为其成为社会的成功者创造条件。

我们帮助学生成功的主要措施是：

1. 在过程中调整教学要求和进度

这一措施的主要目的是：在具体的教学过程中帮助学生成功创造宏观方面的条件，保证学生逐步、稳固地达到大纲的基本要求；为学习困难学生创造新的成功机会，全面提高素质。教学要求的调整有调低的，也有调高的；教学进度的调整有调慢的，也有调快的。

调整的原则是：对基础的连续的要求，学生有困难，就放慢、抓实。当然一开始，大家也很担心，放低要求、放慢进度后的成功，是不是真正的成功，会不会影响学生达到大纲规定的要求。其实，我们主要是调整过程中的要求，而不是调整最终的要求。在过程中，学生在原有基础上，经过努力获得成功，对学生来说是真的成功。更重要的是，正是有了这种一开始相对大纲来说是低层次的成功，才促使学生愿意紧跟教师去不断地争取高一层次的成功。也正是得益于此，我们的教师才可能逐步诱导学生接近、达到乃至超过大纲的基本要求，这就是调整中的辩证法。我们改革的效果也充分证明了调整的有效性。

增加和强化学习能力和社会适应能力，这是提高要求，作为教学的硬要求来抓。如各科教学中都重视了基本学习习惯的培养。我们认为，今天作业好的学生，就是明天成绩好的学生，就是后天服务态度好的公民。我们是把学生作业习惯培养当作培养学生认真办任何事的基本素质来抓的。如在语文教学中增加了写字（钢笔字、毛笔字）、听写、阅读（包括速读）、说话等能力的培养；数学教学中增加和强化了思维、基本运算、珠算、计算器统计等能力的培养；外语教学中强化了运用外语的听、说能力的培养等。

2. 实行“低、小、多、快”的方法改革

“低、小、多、快”是我们教学改革的基本方法，它为学生在学习中成功提供了具体保证，在实施中受到教师、学生的欢迎。

“低”即“低起点”。摸清学生相关准备知识、基础、能力和心理准备的实际，把教学起点放在学生努力一下就可以达到的水平上，使新旧知识产生联结，形成网络。我们通过问卷、谈话、诊断性测试、预习检查、口头或书面提问等方式了解学生的水平，确定适当的教学起点。

“小”即“小步子”。根据学生实际，确定能达到的实际进度。教学的步子要小，把教学内容按由易到难、由简到繁的原则分解成合理的层次，然后分层渐进，把产生挫折事件的频率减至最低程度，使学生层层有进展，处处有成功，处于积极的学习状态，感到自己有能力进行学习，从而不断增强学习的自信心和动机。

“多”即“多活动”。针对学习困难学生的注意力集中时间短、记忆容量小、概括能力差的特点，改变教师大段讲解的方法，使师生活动交替进行。这样不仅调节了学生的注意力，更重要的是学生大量参与教学活动，自我表现的机会多了，能力的发展也通过逐步积累而得以实现。这种良性的循环，又大大促进了学生各方面的发展。在实际教学中，学生活动时间一般达到三分之一至二分之一，教师一次持续性讲课控制在10分钟之内。

“快”即“快反馈”。在每一层次的教学过程中，既有教师的“讲”，也有学生的“练”，还有教师的“查”。这种快速的反馈，既可以把学生取得的进步变成有形的事实，使之受到鼓励，乐于接受下一个任务；又可以及时发现学生存在的问题，及时矫正乃至调节教学的进度，从而有效地提高课堂教学的效率，避免课后大面积补课。

（五）从学生水平出发，实施鼓励性评价

以往的评价往往有着这样的不足，即用一把尺子、从一个方面对所有的学生进行分等，这就使学生特别是学习困难的学生因得不到正确的评价，从而陷入更加困难的境地。在这种评价体系的支配下，一再失败的学生无法发现自己、激励自己，失去了他们发展过程中必不可少的因素。因此，我们主要实行适应学生起点、鼓励学生进步的评价。确定评价标准的主要原则有3点：适应全班大部分学生的起点，适应不同层次学习困难学生的起点，有利于发挥学习困难学生的某些长处。实施鼓励性评价的主要做法有如下4种：编制适应学生起点的测试；根据不同学生的水平，确定其要达到的最近区域目标；对学生在原有基础上的每一点进步或对某些长处有所发展的，都给予鼓励；采用教师评价、学生群体评价、学生自我评价等多种评价方式。鼓励性评价的主要原则是：

1. 评价的主要目的不是分等，而是帮助学生学会评价，发现自己，发展自己。

2. 评价的出发点是找优点，找到孩子的优点就找到了孩子的生长点。

3. 评价的主要方式是鼓励、表扬。鼓励和表扬的效果最好，这是被经典的心理学实验反复证明了的。

4. 评价的标准坚持以个体为主。这是由大班集体授课造成的内部差异较大的实际情况所决定的。只要每一个个体在原有基础上不断提高，那么，学生一定会达到、乃至于超过社会的标准。

5. 评价宜粗不宜细，以模糊为主。精确的以分等为目的的评价，将会导致更多学生的失败。其实日常的评价只能反映学生大致的发展方向和趋势，并不具备分等的功能。

6. 扩大评价范围和内容。单一的书面考试既不能反映学生各个方面的水平，更容易挫伤

那些学习困难学生的学习积极性。例如，我们在语文教学中把说话、写字、速读等都列为评价的范围，这就形成了“东方不亮西方亮”的效应。

7. 多让学生自我评价、相互评价，帮助学生学会评价。现实的评价中，教师习惯于评价学生，很少让学生成为评价的主体，而评价的根本在于每一个孩子学会在群体中正确评价自己，尤其是进入青春发育期孩子的特点之一是更关注同伴对自己的评价。

8. 帮助学生在失败时正确评价自己。第一，教师承担一定的责任，以利于改善师生关系；第二，帮助学生进行正确的归因，找到失败的真正原因；第三，鼓励学生，只要继续努力就一定会成功。

（六）要学生成功，必须要有一大批成功的教师

要扩大成功教育必须把主要的精力、主要的时间投入到研究、提高教师的工作中去，只有培养出一大批具有成功教育思想的教师，才能取得突破。为此，我们着重抓了以下几方面的工作。

1. 领导正确认识教师

首先要把教师成功作为学校工作的重点，校长和学校领导要把主要的时间、主要的精力、主要的经费投入到提高教师、帮助教师成功的工作中去。

成功教育要求校长和学校领导对教师做到“三个相信”，即相信每一个教师也都有成功的愿望，都有成功的潜能，都有可能取得多方面的成功。这就是成功教育的管理思想、管理信念。

2. 帮助教师认识自己

苏联有一个专门研究科学学的专家讲过这么一句话：最可悲的是当一个人走向坟墓的时候都不知道自己有什么才能。为了形成一种主体想发展的机制，我们首先在领导班子和党员中召开了“超越自我，争当成功之星”的自我发展研讨会，并逐步推广到骨干教师和一般教师中去。这个活动的主要内容是：个体分析，群体分析，确立发展目标和措施，关键是找五个点：优点、缺点，潜在的优点、缺点，新的生长点。强调用发展的眼光看自己，分析别人，不要落实到对自己、对别人的评价上，核心是发现自己，发展自己。

3. 加强校内教师培训

我们除了支持教师提高学历和参加市区的职后培训外，还特别重视校内的教师培训工作。培训的主要内容是成功教育等教育基本理论和以教材教法为重点的教育方法。讲课的教师有市区的专家、学校领导、本校的优秀教师。我们还提出好教师不准多上课，好教师要带教师，凡是带教师的“师傅”，节节课开放，“徒弟”每节课都听。先模仿后创造，“师傅”还要经常听“徒弟”的课，进行指导，师徒工作考核捆在一起，包括班主任带教也是同样严格

要求。我们把“徒弟”工作量减少一半，“师傅”加6节课工作量。通过几年的培训，现已带出了一批骨干教师。

4. 在课题研究的过程中提高教师

教育教学的特点是充满创造性，只有通过改革和教育科学研究，才能有所创造，教师才能有更大的发展。因此我们着重从两方面组织教师开展研究，那就是研究教育的问题和教育的经验。

研究教育的问题，就是要找到问题的原因，制订解决问题的对策，预测和争取教育问题的解决，提高教育的效益。

研究教育的经验，就是要帮助教师把经验理论化、系统化，最后使之自觉化，产生更大的效益。

我们组织教师参与各课课题研究。我们借钱买了摄像机，进行课堂实录，然后定格研究教育教学过程，探索教育规律，发动教师对自己的教育教学过程进行比较研究。这样，教师对教育科学的认识就逐步加深了。如，教师们对好学生帮助学习困难学生有顾虑，通过实证研究发现，不但被帮助的学生有明显提高，帮助别人的学生也有明显提高。对此我们进一步要求教师分析背后的原因，于是，许多教师纷纷自觉地扩大这一研究。

5. 在师德建设的过程中提高教师

师德是教育的重要方面，师德的核心问题之一是如何对待后进生、面向全体学生。对此，我们主要抓了以下两个方面的工作。

（1）抓制度的执行，不断提高要求

制度的一个重要方面，就是严肃处理违反师德的事件。我明确提出，在任何问题上我和教师有分歧，校长可以退让，唯独在师德问题上寸步不让。由于领导敢于抓，这方面的问题也逐步减少。

（2）抓先进典型的树立，进行耐心疏导

我们定期评选教学能力强、师德好的优秀教师，树立先进典型，表扬他们的优秀事迹，定期组织师德经验交流，定期表扬那些在突发事件中善于理解学生、解决问题、化解矛盾的先进人物。同时，针对学校存在的矛盾，请专家来讲解与学生谈话的艺术、方法，心理矫治的技术等，帮助教师提高教育学生的能力。

（七）要学生成功必须帮助家长建立成功心理

在多年实践的基础上，我们逐渐认识到教师和家长是学生发展的双翼，仅有教师的一翼展翅，学生发展还是不快的。为发挥另一翼的作用，首先我们分析家长状况，帮助教师建立信念：孩子是能够提高的；通过我们的工作，家长一定会支持学校，教育好子女的。其次，建立了4项制度：每月一次的家长会和家长学校制度；班级、年级、学校的家长委员会；教师、家长联系制度；公布校长电话，设立校长信箱。

帮助家长建立成功心理的工作分三个方面：

1. 帮助家长认识家庭教育的意义，变换各种角度，从家长切身利益、子女发展前途、国家发展长远目标等多方面帮助家长提高认识。

2. 通过宣传闸北区教育、闸北八中取得的成绩、教师努力工作的精神和很强的教育教学能力、每一个孩子的变化、典型学生的进步等，让家长认识孩子提高的潜力，建立帮助孩子提高的成功心理。我们规定家长会必须坚持正面教育，任何教师不得在全班批评家长、学生，有意见可以个别交换。这样，家长对孩子的教育信心增强了，对自身的责任与压力也增强了。

3. 加强家长对孩子教育方法的指导。我们对家长的要求很简单，那就是树信心、抓习惯、管思想。帮助家长弄清孩子的问题不是脑子问题，是动力问题、是习惯问题。我们要求家长做到“四个一”：一个目标，一盏灯，一张桌子，每天陪一小时。习惯形成后，逐步让学生自己管理自己。我们明确思想工作、交友等方面家长要多管，学习由学校管，家长只要每天检查一下“√” 多还是“×”多，字迹是否端正，具体内容不要管。家长们听了觉得有道理，做了有实效，感到孩子有希望。

总之，我觉得很多现实问题的产生都是有原因的。我们学校是专门从事教育的，不能怨天尤人，埋怨这个责怪那个，因为这不但不能提高质量，还会涣散人心。学校的改革，要主动适应家长、社会，主动争取家长、社会的支持。人心齐了，蒸蒸日上的“能量场”形成了，整个教育就能进入一种良性循环状态，很多矛盾就会迎刃而解。归根结底，要做好家长工作的关键，还是学校先要改革，学校搞不好，谁来支持你？要有地位，先要有作为；有了作为，还要主动争取家长社会的支持，封闭式办学是办不好学校的，这是历史的结论。

顾泠沅

江苏吴江人，1967年毕业于复旦大学数学系，1993年在华东师范大学获得教育学博士学位。先后在上海市青浦县任中学教师、教师进修学校校长等职，1998年调任上海市教育科学研究院任副院长，1999年起兼任华东师范大学数学系教授和博士生导师。上海青浦教育改革实验主持人，领导“青浦实验”教育改革项目40年；他还提出在职教师专业成长“行动教育”模式、教师发展指导者实践知能结构等理论，广泛应用于教师培训和教研活动中。多年来曾兼任过国家和地方的各种与教育相关的职务，享受国务院特殊津贴，获“全国优秀教育工作者”“全国劳动模范”“当代教育名家”“改革开放40周年人物”“上海市劳动模范”“上海市教育功臣”等荣誉称号。

青浦实验

——一个基于中国当代水平的数学教育改革报告①

从1977年至1992年，我们在青浦县（可视为当时中国的缩影）开展一项大规模的教育改革实验，使全县中学生数学的合格率从16%上升到85%以上，国家教育委员会将此定为基础教育改革的重大成果并在全国推广。本报告简要介绍适合于教师群体的实验方法的独特体系，以及让所有学生有效学习的教学原理与策略等实验成果。

① 本文是作者在第8届国际数学教育大会（ICME-8，1996西班牙）上所作的系统性讲演。曾发表于《课程·教材·教法》1997年第1期。

一、从困惑走向成功

青浦县是中国上海市所属的一个县，全县面积600多平方千米，人口40多万。21世纪60至70年代，中国的教育受到了灾难性的破坏，青浦县也未能幸免。1977年，我们对该县全体中学毕业生作了一次最低水平的数学知识考查，4300多人得分率仅占11.1%，零分人数所占比例高达23.5%。青浦县堪称全国的一个缩影。以此为起点，我们在该县开展了一项大规模的数学教育改革实验（简称青浦实验，1977—1992），前期旨在改变落后状况，嗣后致力于理论总结（1987—1997）。实验的口号是："回到数学教育的规律去!"为此，必须求助于教育科学研究。

如何从青浦实际出发开展改革实验，这一来自实践的困惑正是当时亟待复兴的中国教育的写照。借鉴国际上的经验教训是十分重要的。事实上，自21世纪50年代开始，各经济发达国家为着实现改革教育的宏大目标，空前地重视对教育的研究。然而时隔不久，由于经济和政治等方面的原因，整个70年代却是"对教育研究失望的时期"①。当时从工业界移植过来、原先成功地用于技术开发的"研究（Research）——开发（Development）——推广（Diffusion）"模式遭到猛烈的抨击。从教育研究方法的角度看，这种从学者到教师的直线式的单向过程，在研究者和实践者之间人为地设置了一道鸿沟，由此导致研究成果连同它所开发的新编课程在学校实施时备受挫折。人们开始放弃旧方法和寻找新的研究模式，并认为新的模式应有利于解决实际问题，有益于发挥实践者的作用。正如英国当代著名教育家史坦豪斯（L. Stenhous）所说的："教育要取得重大改进，就必须形成教师能够接受又有助于教学的研究传统。"②我们的改革避免了上述教训，转而鼓励教师成为研究、开发工作的局内人，并在寻找新的研究模式的探索中形成了自己的研究路线：调查——筛选——实验——传播。循此，青浦数学教育改革达到了预期目的。自20世纪80年代中期以后，全县中学生数学成绩合格率从原先16%达到并稳定于85%以上。在国内专业刊物上发表的各种研究报告迄今已达100多篇，由国家著名出版社出版的实验总结和理论专著有《学会教学——青浦教改实验过程》《教学实验论——青浦实验的方法学与教学原理研究》等。1986年，实验小组被上海市教育局命名为"顾泠沅数学教改实验小组"，实验初步成果在全市推广。1990年，由国家教育委员会有关部门组织的18人专家研究小组经9天实地考察，认证青浦实验。两年后，国家教委将此定为基础教育改革的重大成果并向全国推广，目前已在不少省市取得实效。

青浦实验以新的实践把理论推向前进，在基本原理与研究方法上有所突破，重要的论

① HUSÉNT.The International Context of Educational Research［J］. Oxford Review of Education，1983，9（1）.

② STENHOUS L. An Introducation to Curriculum Research and Development［M］. Portsmouth，NH：Heinemann，1975.

述有：

数学知识的最佳呈示应是个“套箱式”的过程。只有确立每个套箱的最佳结构及其间的适当梯度才有理想的教学效率。成功的教学恰巧在于把握好原有知识固着点与新问题间的“潜在距离”。

数学学习过程的最佳模式应是“接受式”与“活动式”的正确结合、相互补充。学生的外部行为（包括语言）活动可以内化为内部的心理活动，这对学习过程的组织无疑具有指导意义。由此可以构建把人的行为活动和心理活动共同作为中介的新的学习模式。

实验表明，认知领域的教学目标由更基本的记忆、理解和评判等三大内隐因素所决定。通常划分的数学教学目标可以简化。据此，不同方式的习题训练对应着不同的目标水平，变式递进的训练对提高教学效率十分有益。

发掘教学过程中师生交际传播的有利因素对学习的理想模式具有不容忽视的影响，其中应特别重视让学生的学习热情保持在最佳状态。教学经验的传播是社会传播学的一个专门领域，其中教师接受外来经验更多地需要选择和内化。

在调查和实验之间尚缺一个如何从发现问题到形成假说的中间过程，行动研究法通常无法得出科学假说。实践筛选的方法可以填补常规研究方法的上述空缺，并具有从原型经验提炼出纯粹、有序的经验系统以及构建理性认识的可能。

在教学过程中恰当地运用信息反馈机制可以克服教师、学生两方面存在的不足，从而有效地提高教学目标的达成度。青浦实验独具的方法使我们有可能构筑有效目标控制下的数学教学基本原理。这就是——情意原理、序进原理、活动原理和反馈原理。

二、数学知识结构与“套箱理论”

学生的认知结构主要是从教材的知识结构转化而来的。为了塑造学生良好的认知结构，我们必须有步骤地提高所呈示的知识和经验的结构化程度。这是因为：第一，结构化的知识以基本概念和原理作支撑，因此重点突出、体系简约，使数学知识容易被领会；第二，结构化的知识是记忆的支柱，可以抗拒遗忘；第三，结构化的知识便于联想，具有迁移与被应用的活力。青浦实验进一步发现：结构化一定要适合学生发展阶段的特征，这是一个“套箱式”的连续构建的过程。也就是说，对现代日益丰富的学科内容，可以按照不同的学习阶段，构建程度不同的知识结构，使其一个包含一个形成“套箱”，数、式、数学关系与数学模式，图形、形式演绎、符号处理等都可建立各种套箱模式，以此呈示给学生，对学习有很多优越性。问题在于两个相邻的套箱之间的梯度怎么确定。实际中经常出现的不当处置有两类：一类是梯度太大，于是结构化的知识因为过于精练或严谨反而成了学习的障碍；另一类是梯度太小，无法引发学生的学习激情。我们所注目的是，探明各个阶段知识内容的最佳结构以及这些结构之间呈现合适梯度的最佳序列。因为只有确立合适的梯度，才能产生理想的教学效率。在这里，对数学家合适的结构对学校里的学生不一定合适；适于某一年龄段学习者的好的结构，对于另一年龄段的学习者来说也不一定依然称好。而且，知识结构总是应该因每个人的思维与才能的不同而有所变化。这样一来，“教学应按学科的逻辑程序还是按学生的心理程序来进行”这个长期争论不休的问题，便转换成如何确立知识结构之间最佳序列的问题了。

对于这个问题，历来有不同看法。布鲁纳（J. S. Burner）从知识的形成过程着眼，认为这个序列至少有行为把握、图像把握和符号把握三层阶梯。①由此他论及几何教学的安排应当逐级上升，构成所谓“螺旋型课程”。奥苏贝尔（D. P. Ausubel）则从学生内部心理过程的角度着眼，提出了设计教学内容、安排教学序列的同化理论——学习是否有意义，取决于新知识与学生已有知识之间是否建立了联系。他认为，影响有意义学习的变量主要在于与新知识相联系的学生已有知识中的相应部位，即知识的固着点及其性质。由此他非常强调学习知识时的“先行组织者”、逐渐分化和整合协调等原则，以有助于对知识的学习、保持、迁移和运用。②我们的看法是，布鲁纳的认知顺序强调知识形成的过程，而不仅仅是结果，对我们组织教学内容很有启迪。关于概念的形成，他设计了不少发现式的实验，但似乎都与教师的原有观念有较大差距，难以在课堂教学中完全实施。相比之下，奥苏贝尔对概念学习和概念同化的阐述，使概念教学具体化、操作化了，对课堂教学更具指导意义，但过于注重细节有时会陷入刻板，对于培养学生像科学家那样从事发现过程，即对创造性的培养会带来阻碍。

1987年至1988年间，我们在关于学生思维过程的实验研究中，曾考察了新问题与学生已有经验、知识固着点的关系，得出了它们之间的“潜在距离”的概念。例如，探究由两圆半径及圆心距的数量关系判断两圆的位置关系，如图1所示，初一、初二、初三各年级学生所具知识与新问题的距离差别较大。实验表明，原有知识固着点与新问题的潜在距离愈远，一般说来探究的难度就愈大。由此可见，知识、经验是学习和探索新问题的基础，离开了一定的知识、经验的丰富度强调发展能力，去构建过分简约的结构，必然会在实际教学工作中造成失误；相反，无限制地缩短距离，不分主次和难易，一律把知识嚼得稀烂然后喂给学生，则是另一种形式的失误。新问题与知识固着点间的潜在距离可长可短，短距联结符合渐进分化

① BRUNER J S. Toward a Theory of Instruction［M］. Cambridge，Mass：Harvard University Press，1966.

② AUSUBEL D P. The Facilitation of Meaningful Verbal Learning in the Classroom［J］. Educational Psychologist,1977，12（2）.

的原理，长距联结更多地需要学生的创造智慧。优秀教师的成功经验，恰巧是在这两者之中把握好“适度”两字，他们始终把能有力推动学习前进的适度序列，视为课堂教学的生命线。此外，实验还表明，平时我们认为成绩中等的学生（仅就掌握知识的程度而言），在探究能力方面拥有并不比成绩优秀学生逊色的巨大潜力。男女学生数学思维能力存在着某些差异，就其特性而言，男生在思维的简约性、灵活性和对启示的感受性等方面略好，女生则在思维的独立性、稳定性等方面稍强；就其发展而言，女生在初中低年级发展快些，男生在初中高年级发展快些。还有，学生从直观形象思维到抽象逻辑思维发展的飞跃期在中学低年级，但这种飞跃必须通过环境和训练才能真正成为现实；平时教学中未予训练的归纳、直觉等思维类型，即使在飞跃期也不发生飞跃。基于这类研究，我们认为，首先辨明数学学科各知识点间的固着关系及其潜在距离，然后以此为尺度，构建适合于不同学生特点的、针对不同发展时期的、具有合适梯度的知识结构序列，也许是件前景堪羡的工作。

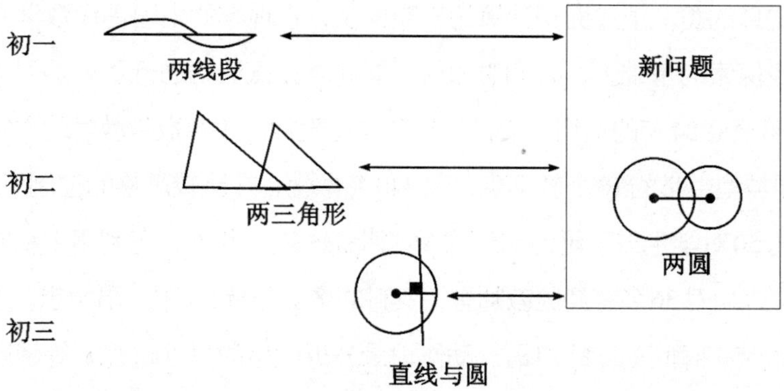

图 1　原有知识固着点与新问题间的“潜在距离”

三、数学学习的活动中介说

讨论了教学内容的理想呈示之后，必然要讨论学习过程的最佳模式问题，它们是教学研究的两大重要问题。我们开始关注这个问题，尚需追溯到一二十年前。那时候，全县大部分学生学习数学还停留于机械模仿，不会独立思考。造成这种情况的原因，主要是教学不得法。在课堂里，学生被视为简单接受的“容器”，他们只需记住教师讲的公式，然后直接套用，完全处于一种被动地位。为了解决这个问题，我们先对已有的经验，如讲练结合、要求学生动手动口动脑等进行分析，然后参照我国古籍《学记》上“道而弗牵，强而弗抑，开而弗达”①的要求，试着在采用讲授法的同时，辅之以这样的方法：让学生自行“尝试”获取知识，教师则根据“尝试”需要予以指导。例如，“勾股定理”的教学，教师先引导学生观察图2–①阴影部分所示的直角三角形，注意斜边上的正方形面积c^2随着a、b的变化而变化，特别当a、b的长分别为1、2，1、3，2、3，2、4，3、4等时，根据图2示例的网格图试算c^2的值并填入表格（表内除c^2外，另含a^2、b^2、ab等行）。接着比较所得的结果，直观地猜测其中关系，引导学生得出“表内各个c^2的值正好是相应a^2、b^2两值的和”这一结论。然后教师再与学生讨论斜边上正方形面积c^2的计算方法：一种方法是把它划分成四个直角三角形和一个小正方形，如图2–②的非阴影部分。另一种方法由整个大正方形减去四个直角三角形，或者如图2–③那样拼合，剩下非阴影部分面积即为所求，很明显它等于a^2+b^2。最后，教师要求学生思考，撤除网格结论是否仍然成立，从而获得直角三角形三边之间的一般关系式：$a^2+b^2=c^2$。这样的探究活动不仅有助于学生形成关于勾股定理的猜想，而且也随之得出了定理证明的思路。关于这个定理的类似上述面积计算的直观证法，在现存的中国古代数学典籍中即有几十种之多。在初步探索的基础上，我们对如何开展此类尝试活动进行了一系列实验研究，这主要是指从1981年至1984年的运用“尝试指导”等心理效应改革数学教学的主实验，该实验对象来自5所不同类型中学的10个教学班，共440名学生，在比较严格的控制下进行等组试验，同时还就其中的50对学生作了更为细致的对偶跟踪比较。此外，还利用主观判据对课堂教学进行评价（判据来自对36名有经验教师有关资料的聚类分析）、用“出声想”方法评价学生解题思维过程（用带有时间刻度的口语、动作记录分析学生的思维过程）等辅助实验。结果表明，指导学生开展尝试活动的教学方法，对于激发学生的学习动机，培养他们学习数学的兴趣，确立学生在学习过程中的主体地位有很大作用，实验组学生的阅读能力和思维能力均比控制组学生有更大的提高，而且“出声想”的口语材料表明，实验组学生在解题时所表现出的思维的准确性、敏捷性、深刻性等方面明显优于控制组学生。

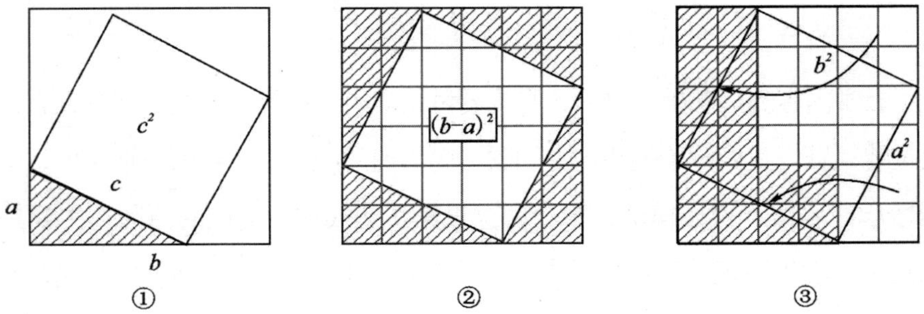

图2　网格图上的勾股定理

① 礼记·学记.

对尝试活动的进一步分析，需立足于教学论层面，也就是应分析活动式教学的过程和特点。根据上述实验，我们认为活动式数学教学大体包含以下四个阶段：1. 引导学生思索某个数学问题；2. 为了解决这个问题，借助于观察、试验、归纳、类比以及概括经验事实并使之一般化和抽象化，形成猜想或假设；3. 在已经掌握的概念和知识体系的基础上检验猜想或假设，运用数学符号演绎出问题的结论，从中获得新的概念，以丰富原有的知识体系；4. 新概念和知识的应用，进一步巩固和发展所学得的概念和知识。显然，这四个阶段的安排与科学认识形成和发展的一般途径大致相符。数学家反省自身的研究生涯，发现一个基本数学过程的循环，它反复出现，形成了最基本的模式，这就是抽象、符号和应用。然而，历来的接受式的数学教学主要着眼于传授前人积累的系统知识，它突出了符号运演，忽视了对现实问题的数学抽象与实际应用，因而陷入偏颇。活动式教学重演了科学地组织现实世界的完整过程，正可弥补接受式教学的不足。当然，活动式教学往往费时较多，有时又难以顾及数学知识的结构系统等。这就有必要研究活动课题的正确选择和合理布局，使讲授的形式和活动的形式在教学中各得其所。大量的事实表明，赫尔巴特（J. F. Herbart）开创的接受式教学与杜威（J. Dewey）力主的活动式教学，近30年来有明显接近的趋势——真理也许就在这两个极端的中间。目前不少教育理论家提出，教学论研究中极其重要的是：一要确定形成认识能力与实际掌握知识之间的正确比例；二要灵活地运用包括儿童中心主义所主张的适当的教学方法和方式，促进教学过程积极化。

更为重要的是，对于活动式教学的研究，渐渐使我们悟出了一个道理：学生的外部行为（包括语言）活动可以内化为内部的心理活动，两者不仅具有发生学上的同源关系，而且相对同构、同步发展。这对学习过程的组织无疑具有指导意义。换句话说，我们必须重视学习者的亲身感受、动手操作和动口交流等行为在教学过程中的作用。此外，尽管20世纪中叶以来有关学习理论的论争不息，但无论是行为主义，还是认知理论，这两派心理学都力图用科学的方法研究人的学习，都将介于主体与环境之间的某个中介物视为学习的本质。然而令人遗憾的是，前者仅注目于行为活动，后者则注目于心理活动，它们均未去查明行为和知识经验、情意状态之间的关系，因而反映不出人类学习的实质所在。直至晚近，这种状况才有所改观，皮亚杰（J. Piaget）从其认识发生论的角度提出了智慧的操作内化理论，苏联的心理学家们则以马克思主义的人类活动论为依据系统研究了儿童的学习过程。在这里，回头看看中国古代的学习理论是意味深长的。早在春秋战国时代，古代哲人就已认识到，学习需要人的全部心理活动（包括认知的、情意的活动）的积极参与，而且明确指出，学习是获得知识经验的“学”与进行行为实践的“习”相结合的活动范畴，诚如孔子所说“学而时习之，不亦说乎”[①]。到了宋代，朱熹更明白地提出学与习、知与行，“相须互发”的观点[②]，揭示了两者之间的密切关系。据此我们认为，体现中国传统特色的学习理论，是一种以人的活动为中介的学说。这种活动可区分为内部的心理活动和外部的行为活动两类，它们的关系如图3所示。人通过与自身紧密相连的这两类活动，实现主体与环境之间的物质和精神的变换，从而呈现一种不断发展的动态图式：在原有行为结构与认知结构的基础上，或是将环境对象纳入其间（同化），或是因环境作用而引起原有结构的改变（顺应），于是形成新的行为结构与认知结构，如此不断往复，直到达成相对的适应性平衡。对此，数学学习可提供大量的、最恰当不过的例子。

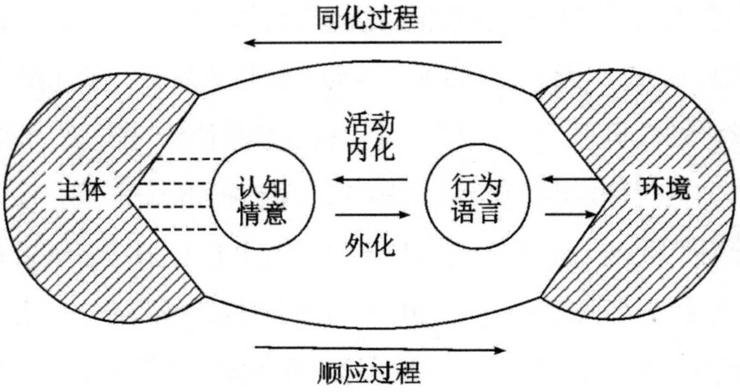

图3　活动中介的学习模式

四、变式递进的习题训练

中国传统的数学教学一向把习题训练作为它的有机组成部分，并把正确地组织练习视为让学生学好数学的必要条件。从学习理论看，学生学习的意义全在于使新知识与学生已有的知识之间建立实质的联系。问题是如何辨别实质与否，对此可以变换一种形式去检查学生，看其是否仍能掌握，这就是用所谓“变式”而不是“照葫芦画瓢”的方法。在这方面，我们曾根据有经验教师创造性工作的素材，提炼出了“变式递进”的训练办法。现作简要介绍。

我们把数学题分解为三个基本成分：初始状态A——问题的条件；解决的过程B——运用一定的知识和经验，变换问题的条件，向结论过渡；最终状态C——问题的结论。如果一道题的条件和结论都很明确，其解题过程也是学生所熟知的，那么可称为标准题。对标准题作一

① 论语·学而.
② 朱子语类：卷九、卷十四.

些改造和变化，使三个基本成分中缺少一个或两个，这些成分学生不知道或不明确，这样得到的题可称为封闭性变式题或开放性变式题，这三类题具有一种递进的关系，如下表所示，其中x、y、z是对应于A、B、C的未知成分：

标准题	封闭性变式题	开放性变式题
ABC	ABz AyC xBC	Ayz xBz xyC

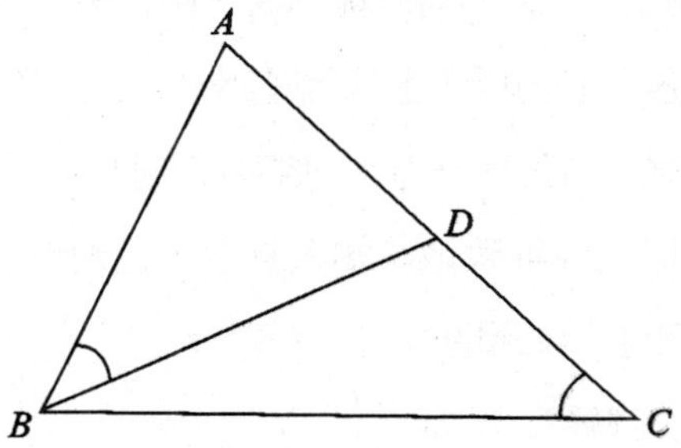

图4　一道简单的基本题

一道题到底属于哪一类型，取决于教学的实际，还取决于学习该题的学生。例如，“解方程$x^2-4x=1$”这道题，在学了求根公式之后，它是封闭性变式题（ABz型），但在此之前求解，需要自己探求方法，如通过配方变为$(x-2)^2=5$，然后得$x=2\pm\sqrt{5}$，求解的过程和结论事先很不明确，就是一道开放性变式题。对数学题做这样的划分，习题的教学功能可以得到比较充分的发挥，使不同水平的学生都能得到有效的训练，有利于发展学生的独立思考能力。此外，这种划分给我们提供了一条途径，适当改造中学数学教材中的某些基本题，为不同的训练要求服务。如图4那样一道简单的基本题，$\angle ABD=\angle ACB$，求证：$\triangle ABC\backsim\triangle ADB$。一般说来，这是一道标准题或封闭性变式题（$AyC$型）。把这道题改变一下：“要使$\triangle ABC$与$\triangle ADB$相似，$D$点应取在何处？”这样一改便成了开放性变式题（$xyC$型）。解该题时，学生必须从已知的三角形相似判定方法中挑选出某个方法（可能不止一种），然后结合图形恰当地运用已知条件，最后才能完成证明。教学实践表明，学生数学思维能力的提高，以及独立工作能力的形成，主要取决于有关变式问题的长期训练，而不是死记硬背。因此我们认为，按照循序渐进的原则，根据教材，针对不同年级、不同学生的实际水平，逐步形成分年级的顺序要求，适当开展变式训练，这样做对于提高教学效率是十分有益的。

当然，习题训练必须依据教学目标，为了深入研究这两者的关系，我们从1989年至1990年，在青浦县进行了一项由3000名初中同年级学生作为被测试的大样本实验。首先采用通常的各种数学教学目标开展测试，然后运用因素分析技术对测试数据作主成分分析。结果表明：认知领域的教学目标都是由更基本的内隐因素所决定的，这些基本因素构成一个层级模型，依次的三级主成分分别以记忆、理解和评判为主要标志。因素分析结果呈现知识、计算、领会、应用、分析、综合等六个测验变量在记忆、理解两个因素上的负荷量两两非常接近，这种情况能予直观反映，如图5所示。可见，知识与计算、领会与应用、分析与综合可以合并为同一目标。这样，布卢姆（B.S.Bloom）等人提出的目标分类可以简化。这一结果与前述数学习题的三种类型十分吻合。现代学习论通常把教与学区分为三级水平：记忆水平、解释性理解水平和探究性理解水平[1]，而前面提到的三种习题变式正好与这三级水平相对应。因素分析实验还提供了“在各个能力层级上的因子得分”这一新的评分思路。运用因子得分可以甄别学生与教学水平相对应的三种能力倾向类型，据此我们绘制了3000名被试学生能力倾向的地域分布图，从而可以比较细致地获知该县学生在地理、文化背景下的能力倾向差异，以便为因地、因人而异的习题训练示明方向。

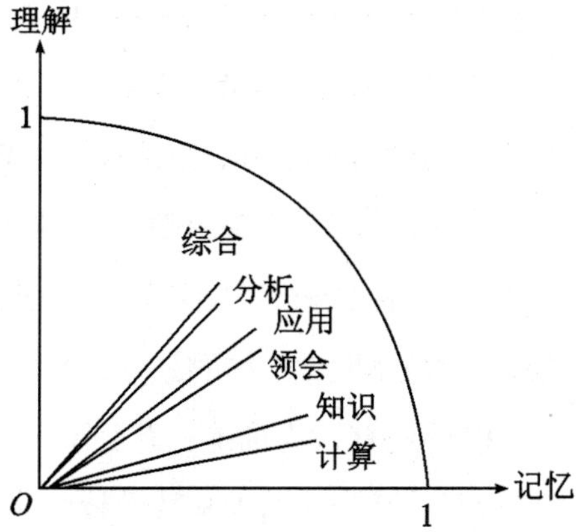

图5　六个测验变量在记忆、理解两因素平面上的矢量表示

五、交际传播理论进入教学法科学

教学法科学可以说是教育科学的最基本、最古老的核心。到了现在，它不仅包含有关教学方法和技术、课程论、教学论等的应用和评估，而且已经受到交际传播学的有力介入。实际上，人们早已意识到，教学过程是一个人际交往与知识经验传播的过程。调整好教师和学生之间的人际关系，是任何教学情境所不可回避的一个重要问题。我们在青浦所做的许多调

① BIGGE M L. Learning Theories for Teachers［M］. 4th ed. New York：Harper & Row Publishers，1982.

查和试验证明，师生情感缺乏沟通以及教师期待的丧失是造成学困生多的相当重要的原因；而教师对学生的适当鼓励、教师热爱学生的情感倾注，常常会提高学生的学习效率。足见师生之间的交际关系将对学习的理想模式带来不容忽视的影响。由此还可以引出这样的问题：教师如何组织和指导学生的学习活动，才能使他们学习数学的热情保持在最佳状态？这个问题的解决，在当前教学条件下需要努力发掘下列几种有利因素：1. 问题作为出发点。教师积极为学生创设问题情境，与学生一起对某些问题进行考察，使他们逐渐形成认知冲突，这样可以激发学生的求知欲和思维的积极性。2. 面对适度的困难。训练中，教师采用分步设置障碍等方法让学生面对适度的困难，让其得到一定的锻炼，这样可以提高学生思索的兴趣。3. 根据结果调整学习。在学习进程中，当学生感到新的内容“高不可攀”而气馁，或者获取知识过于容易而自满时，学习的热情往往都会下降，为了避免这些情况的发生，应当根据结果随时做出调整。现代关于教学法的研究有两个新动向，一是如前所述借助情感因素促进学习，强调过程的情感化；二是借助最先进的传媒，整个地改造教学手段，强调手段的技术化，达到高效低耗的目的。还需着重指出的是，数学语言作为交际传播的重要工具，更有其区别于一般语言的精确性与简约性，它已成为通用的科学语言。今天，训练学生用数学语言表述思想、进行交流，理应成为数学教学的必要侧面，因为学生的体验、猜想和创造，多半是在数学交流中达到的。

交际传播理论进入教学法科学还有一个尚未引起人们注意的崭新领域，那就是先进教学方法及其经验的推广普及。青浦实验所以能取得显著成效，从教改实验之初起就有目的、有计划、有步骤地对全县教师进行培训，及时传播实验研究的成果，是个重要的原因。经过多年的传播实践与研究，我们认为，教学经验的传播如同其他社会传播一样，也都要通过信息流、感情流和影响流而起作用①，就是说教学经验的传播也会受到感情的影响，也需要“劝服”和作出有力的决定。但这种传播却有其独特之处，它既不同于新闻传播所具有的共赏性，又不同于技术革新成果推广所具有的转让性。就其本质而言，教学经验的受传主要是个选择和内化的过程，如图6所示，对传者和受者来说：1. 教学经验的传播不宜采用强制手段，而应自愿选择。试验与研究表明，人们接受教学经验必然是有选择的，这可称之为选择性接受。因此，传递经验的过程中必须坚持既讲特点又讲不足与局限性，让别人全面了解；受传经验的过程中应当提倡致力于寻找共同的认知要素和情感要素，尽可能取得一定程度的协调，以便兼收并蓄、择善而从。2. 教学经验的传播不是照搬，而是内化。任何一个教改经验和成果中的生动实例，都不是可以原样照搬的。这是因为这个实例只能用来表明哪些原理

① DEFLEW M L，DENNIS E D. Understanding Mass Communication［M］. Boston，Mass. Houghton Miffin Company,1981.

可以运用，以及运用这些原理的方法；同时它在应用中产生较好的效果，又是以当时当地的特定基础、条件为前提的。由此我们认为，教学经验的传播其实是上升到原则或原理高度的一种再创造——首先应努力运用正确的教育思想、教学论知识去认识、鉴别各种经验成果；然后结合自己的经验、特长，对他人的东西做一番改造制作，再创造；最后在自己的实践中检验修正这种再创造，内化为自己的东西。

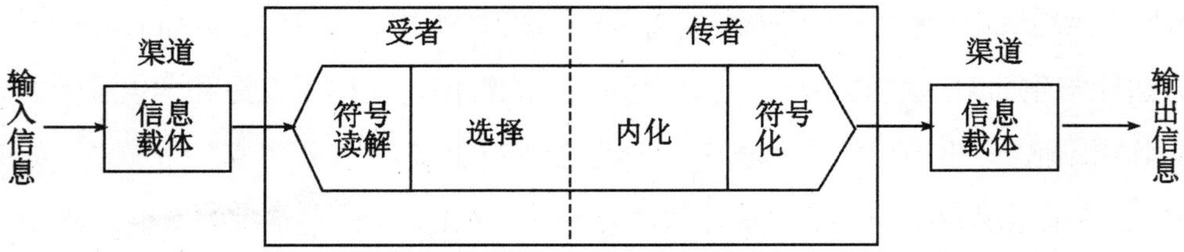

图6　经验传播的构成要素及其关系

六、"实践筛选"的教学研究之路

前已述及，20世纪70年代国际上对教育研究的反思得到了一个历史性的教训，其要点是必须强调研究者与教师的通力合作，仔细考虑革新的技术。于是人们重新想起了美国心理学家勒温（K. Lewin）早在1944年提出的行动研究法。这种方法所指的是由教师和研究者协作进行的一种研究活动，其研究结果及时为现场人员所理解、掌握和实施，它是以解决问题为目标的"诊断性研究"①。这种方法的一般操作程序大体可表述为：1. 计划；2. 实施；3. 计划的记录与评价，或事实的发现；4. 再计划；5. 再计划的实施；6. 再计划的记录与评价……行动研究于20世纪50年代进入了美国的教育科研领域，70年代以来，人们渐渐意识到它的独到之处，以致有的学者甚至预言："也许可以说行动研究法将会构成教育心理学研究法的主流。"②然而近几十年来，这一预言并未成为现实。问题的关键是：行动研究法只具备改善行为的机制，不具备确立假说的机制，因此对理论的支持力度是不够的。这种方法尚须改造。我们选取了逻辑归纳、假说－演绎、逆推溯因等几种科学发现的模式，将其导入行动研究的流程，使"计划"过程同时是基于理论或经验事实提出初步假说（或称预设）的过程，由该假说可以推论出若干可检事实：然后经过实施，使"计划的记录与评价"同时也是检验、修正或补充可检事实的过程；而"再计划"的过程同时也就是将预设相应地修正

① LEWIN K. Resolving Social Conflicts［M］. New York：Harper & Row,1948：204.
② 大桥正夫. 教育心理学［M］. 上海：上海教育出版社，1980：13.

或补充为新假说的过程。如此将行为改善与理性思辨同步进行，教育改革的实践性研究便因此而增加了理论创新的可能性和期望值。这就是我们提出的“实践筛选法”。①

教育科研就常规而言，大体可分为调查性研究和实验性研究两大类②。比较这两类研究可知，调查的方法能够获取问题的信息，但一般无法得出具有因果联系的假说；实验的方法能够确证事件的因果联系，从而获取可靠知识用以指导实践，但它必须以理论假说为先导。显而易见，调查和实验之间尚缺一个如何从发现问题到形成假说的中间过程，而实践筛选的方法正好可以填补这个空白。当然，每种具体的研究方法有其特点及适用性，下表对这三种方法作扼要比较。

方法	特征	优势	局限
调查	对客观自发现象的考察与记录	应用范围相当广泛	不能说明因果关系
实验	对人工诱发现象的主动观察	最能揭示现象的本质	分解、孤立的研究，与实际有距离
筛选	现场取样，系统考察	结论能迅速返回到实际中去应用	控制不够严格，可信度、精细度不高

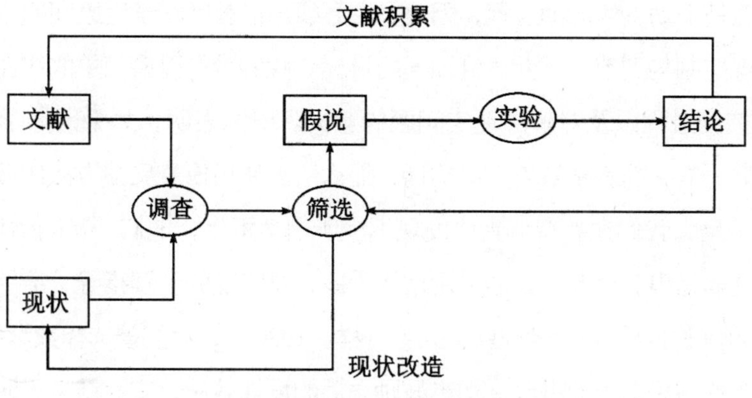

图7　研究方法的总流程

作为科学的方法体系，必须正确运用各种方法的特长，使之互相补充、合理结合。我们在青浦所作的数学教改研究，综合地采用了调查、筛选和实验三种方法，只是由于研究阶段的区别，各种方法使用的侧重程度有所不同。整个研究的总流程如图7，此图显示了青浦实验的网络状研究结构。从现状和文献的调查引出各种问题，获取大量的原型经验；由筛选将经验的本质内容从原有背景中剥离出来，提取其最能体现一般教学规律的、具有内部一致性而不是简单镶嵌的完整系统（有序化）及与之相应的假说。这里，筛选是整个研究网络的核心。

① 青浦县数学教改实验小组. 学会教学：青浦教改实验过程［M］. 北京：人民教育出版社，1991.

② NISBET J D. ENTWISTLE N J. Educational Research Methods［M］. London：Hodder and Stoughton,1974.

一方面，筛选所得的假说可通过自然实验或心理实验加以验证，以便揭示教育现象间的因果关系，所得结论归入科学水平的文献积累，这是一条旨在构建理性认识的研究主线；另一方面，无论是筛选所得的经验系统，还是实验得出的结论，都应与新的经验背景相融合，或经过进一步的筛选，以便在教改实践中得以传播，改造现状，这是一条旨在实际应用的研究主线。

实践筛选的方法在青浦实验中的特殊作用，初步显示了它在方法学上的重要意义。第一，它提高了勒温提出的行动研究的价值，因而对行动研究法具有发展意义，使行为改善的过程同时也成为科学发现的过程。第二，它阐明了从经验到科学假说的发生机制，使教育科学的常规研究方法——调查方法和实验方法之间存在的空缺有了切实可行的填补方法。第三，它对教育实践活动具有实际的指导意义，为群众性研究如何从原型经验提炼出纯粹、有序的经验系统提供了可行的道路。

七、有效目标控制下的数学教学原理

学生的学习是个动态的活动过程，因此，它必须通过教师和学生之间的信息传递和信息反馈，才能实现控制与调节，从而达到预期的目标。我们曾经以最简单的线性反馈模式为对象，探明它的控制过程以及对解决现实问题的意义。研究表明，如果因为学生基础差别悬殊、教师水平低一些，而教学效率不高的话，那么恰当使用信息反馈方法作调整，就可以弥补这些方面的不足。我们在教育调查中发现不少所谓学困生，他们一旦问题积累甚至脱节，要补救过来就并非易事。对此，如能采用反馈手段，及时加强个别指导、给予“第二次教学的机会”，激励他们的自信心，情况就会大不一样。1986年，我们曾选择数学练习这个角度，考查教师对学生练习采取当面批改、适当鼓励之后的反馈效应，实验结果表明，面批加鼓励能促使学生对学习数学产生兴趣，这种兴趣又是进一步提高学习成绩的前提条件；如果学生自觉产生一种适当的期望目标，那么学习效果的提高将更为迅速。

最后，随着各个研究项目的陆续完成，我们便有了一种可能，综合所有这些研究成果，构筑有效目标控制下的数学教学基本原理。①在这里，青浦实验所特有的方法起了十分重要的作用。这些原理的提出，最初是从调查现状和筛选有效的教学经验开始的。通过调查和筛选形成了纯粹、有序的经验系统，那就是：1. 让学生在迫切要求之下学习；2. 组织好课堂教学的层次（序列）；3. 在采用讲授法的同时辅之以“尝试指导”的方法；4. 及时获取教学效果的信息，随时调节教学。这个由筛选得到的经验系统，应该说已为此后建立具有完备性和

① 顾泠沅. 教学实验论：青浦实验的方法学与教学原理研究[M]. 北京：教育科学出版社，1994：160—186.

简约性的原理框架打下了初步基础。后来，我们的研究进入实验和传播阶段，这个经验系统经受了科学实证和实践的考验，其结果应该说是在大范围内证实了它的特别有效性。紧接着，借助有关教学理论和认知科学的学习与研究，我们逐步将这个经验系统提炼升华，使之更具合理性。认知的全过程主要包含认知动因的激起、认知内容的组织、认知方法的安排和认知结果的处理等四大要素，青浦县大面积提高教学质量的经验系统恰巧也在于这四个方面。经验的归结和认知过程要素如此的一致，使我们更加有把握地提出下面四条基本原理。

（一）情意原理

学生的心理活动包含着互为前提、互相促进的认知结构和情意状态两个方面，激发学生的学习动机、兴趣和追求的意向，加强教师与学生间的感情交流，是促进认知发展的支柱和动力。

（二）序进原理

来自外界的知识和经验可以相应地转化为学生的认知结构、情意状态和行为结构，教师根据不同对象的发展水平，有步骤地提高所呈示的知识和经验的结构化程度，组织好从简单到复杂的有序累积过程，是提高转化效率的基础。

（三）活动原理

学生外部的行为结构与内部的心理结构之间有着直接的互化关系，教师精心组织各类行为活动与认知活动，并使之合理结合，学生充分发挥活动的自主性，是促成行为结构与心理结构迅速互化的有效途径。

（四）反馈原理

学生的心理和行为向预期目标的发展，都需要依赖反馈调节，教师及时地、有针对性地调节教学。学生自我评价的参与，可以大大改善学习的进程，有效的反馈机制是目标达成的必要保障。

青浦县数学教育质量的大面积提高，在教学上主要得力于上述几条原理的综合运用。这些原理揭示了教学过程中情意过程与认知过程的统一，新知识与旧知识、掌握知识与发展能力的统一，接受式学习与活动式学习的统一，动力系统与控制系统的统一。基于这些原理，我们初步得出了让所有学生都能有效地学习的一种数学教学结构，它包括具有层次性的五个环节：把问题作为教学的出发点——指导学生开展尝试活动——组织变式递进的习题训练——连续地构造知识系统——根据教学目标及时反馈调节。

叶　澜

1941年生于上海，祖籍福建南安，中国著名教育家，国务院学位委员会教育学学科评议组召集人，全国教育科学规划领导小组成员兼教育学原理学科组组长，中国教育学会副会长，上海市哲学社会科学联合会副主席。曾任华东师范大学教育系主任，教育科学与技术学院院长，华东师范大学副校长，基础教育改革与发展研究所首任所长等职。主要研究领域有教育学原理、教育研究方法论及当代中国基础教育、教师教育改革等。已出版的专著有《教育概论》《教育研究方法论初探》《“新基础教育”论——关于当代中国学校变革的探究与认识》等；撰写并主编的丛书与研究报告有“教育学科元研究”丛书、“世纪之交中国基础教育改革”系列丛书、“新基础教育”探索性研究系列丛书、“新基础教育”发展性研究系列丛书、《中国教育学科发展年度报告》等；在《中国社会科学》《教育研究》等学术期刊上发表论文80余篇。享受国务院特殊津贴，获“当代教育名家”称号。

让课堂焕发出生命活力①

——论中小学教学改革的深化

一

教学，尤其是课堂教学（其中最基本的是必修课的课堂教学），过去是，当今依然是我国中小学教育活动的基本构成部分。近年来，随着课程改革的开展，不少学校冲破了必修课一统天下的局面，增设了选修课和活动课，丰富了课堂教学的内容和形式，但在必修课的课堂教学中却大多还保留着习惯的方式，顽强地展现着传统教育思想。有些同志认为，提倡素质教育就是加强选修课和活动课。由此，往往会提出这样的问题：实施素质教育降低了升学率

① 本文曾发表于《教育研究》1997年第9期。

怎么办？似乎素质教育就是只要发展学生的特长和多让学生活动，不追求基础学科的教育质量。在这种思想的指导下，占教学总时数比例最高的必修课的课堂教学的改革，不会有本质意义上的进展，也不可能产生真正的效应。在此背景下，集中探讨课堂教学改革问题，就具有推进、深化学校内部教育改革的全局性意义。

课堂教学改革是学校教育改革中的一场攻坚战，对此我们必须有充分的认识。课堂教学作为教学方式在我国已有近百年历史。它随新学校的诞生而逐渐形成。20世纪上半叶主要受日本式的赫尔巴特学说控制，50年代后至“文化大革命”前，则以苏联教育家凯洛夫的教学理论为指导（在教学形式理论方面实质上与西方传统教学论是一致的），在实践中形成了较稳定的传统模式。粉碎“四人帮”后，学校恢复正常教学秩序时主要采用的依然是凯洛夫的教学理论。近十多年来，随着教学改革的开展，课堂教学有了不少新的组织形式，开始注重学生的主动投入。但大多数的课以及在教师的教学观方面，在深层次上并没有发生实质性的变化。这一传统之所以具有超常的稳定性，除了因它主要以教师为中心，从教师的教出发，易被教师接受外，还因为它视知识的传授和技能的训练为主要任务，并提供了较明确的可操作程序，教师只要有教材和教学参考书，就能进入规范，依样操作，理论也因此而得以广泛传播，逐渐转化成实践形式，扎根于千百万教师的日常教学观念和行为之中。总之，已有教学理论传统之长，深入实践主根之深，形式硬壳之坚，传习的可接受性之强，都使今日教学改革面临着强劲的真实“对手”，教学改革要改变的不只是传统的教学理论，还要改变千百万教师的教学观念，改变他们每天都在进行着的、习以为常的教学行为。这几乎等于要改变教师习惯了的生活方式，其艰巨性就不言而喻了。

攻坚战之艰巨性还来自课堂教学综合研究之不足。我们已有丰富的教学论著作，但大多只是从某一侧面或层次切入：传统教学论从教的角度探讨问题；实用主义教学论则从学生立场出发；教育心理学的兴趣在心理过程的分析，无论是对“教”还是对“学”；社会学的眼光集中在师生互动、课堂生活、人际关系等的描述上；学科教学法则偏重于结合学科内容的教学原则与方法的设计；国外学派林立的教学模式的研究，各自强调一个侧面，或认知，或策略，或行为控制，或情感、人际关系、人格发展。这一切都有助于我们认识课堂教学，但我们依然缺乏对“课堂教学”作为一个整体的、师生交互作用着的动态过程的研究，缺乏整合，缺乏对课堂教学的理性认识。因此，我们面临的任务不只是改变实践，同时，还需要在对已有理论批判性反思的基础上，通过对课堂教学的深入研究，通过整合与创造，形成既能揭示课堂教学实质，又能指导课堂教学改革实践的新理论，这同样是一项艰巨的任务，可以说，在理论上我们已走近“百川汇合”的“入海口”，但还没有见到浩瀚无边的“大海”。

二

传统课堂教学的主要问题是什么？为何会存在这些问题？这是当前深化课堂教学改革首先要回答的。应该说，这些问题曾有过讨论，人们的认识也有进展。如认为过去的课堂教学主要关注教师的教，忽视学生的学；重视知识的传递，忽视能力的培养，忽视学生学习中的非智力因素等。然而，这些认识的进展尽管起了拓展思路、丰富认识的作用，但仍然局限在对教学性质的传统认识中，并未跳出原有的“大框架”。今天，课堂教学改革的深化首先要求我们重新审视这一“大框架”的合理度。

所谓“大框架”，即指把教学活动的性质框定在“特殊认识活动”范围内的教学观。它具有广泛的影响并至今活跃在教学论界，故揭示教学作为认识活动的特殊性，历来是教学论的基本任务。现被普遍认同的观点大致如下：在教学中，学生不是独立的，而是在教师指导下进行学习的；学习的内容不是随意、自发产生的，而是经过选择和教育学加工的，人类已经创造出来的、最基本的文化知识；教学过程是有目的、有计划、有组织的活动过程，不是日常生活中随机进行的认识过程。

上述教学理论在实践特别是在教师的课堂教学行为中的表现，一般呈现出如下特征：

第一，完成认识性任务，成为课堂教学的中心或唯一目的。教学目标设定中最具体的是认识性目标，浅者要求达到讲清知识，深者要求达到发展能力。其他的任务，或抽象、或附带，并无真正的地位。

第二，钻研教材和设计教学过程，是教师备课的中心任务。尽管也提出研究学生的任务，但大多数情况下，只是把学生作为一个处于一定年级段的抽象群体来认识，研究的重点也是放在学生能否掌握教材，难点在何处等，依然是以教材为中心来认识学生。教学过程的设计除了课程进行的程序外，重点是按教材逻辑，分解设计一系列问题或相关练习，在教师心目中甚至在教案上都已有明确答案设定。

第三，上课是执行教案的过程，教师的教和学生的学在课堂上最理想的进程是完成教案。教师期望的是学生按教案设想作出回答，教师的任务就是努力引导学生，直至得出预定答案。学生在课堂上实际扮演着配合教师完成教案的角色。于是，我们就见到这样的景象：课堂成了演出“教案剧”的“舞台”，教师是“主角”，学习好的学生是主要的“配角”，大多数学生只是不起眼的“群众演员”，很多情况下只是“观众”与“听众”。

以上就是传统课堂教学模式的大框架，在理论和实践中表现出来的基本特征。本文无意否定它的合理性方面。教学确实应以完成认识任务为主，确实与日常生活中和科学研究中的认识活动不同，具有自己的独特性。但是，我认为这种认识又是有局限的。我们有必要进一步思考以下两个指向不同层面的问题。第一，现行理论是否已经把握了作为认识活动的教学之特殊性？传统理论在区别教学与其他认识活动的同时，是否忽视了它们之间的联系？这一问题在它所处的认识层面上与传统观点是相同的，即仍然把教学当作特殊的认识活动来研究，区别只是在具体观点和视角上。第二，对课堂教学的认识是否仅仅在认识论层次上就足够了？换言之，"特殊认识活动论"能否概括课堂教学的全部本质？这是比第一个问题更富有冲击力的问题，它要求从更高的层次、更综合的角度去认识课堂教学，而且也只有这样，才能更准确地把握教学作为认识活动的特殊性。

总之，把丰富复杂、变动不定的课堂教学过程简括为特殊的认识活动，把它从整体的生命活动中抽象、隔离出来，是传统课堂教学观的最根本缺陷。它既忽视了作为独立个体、处于不同状态的教师与学生，在课堂教学过程中的多种需要与潜在能力，又忽视了作为共同活动体的师生群体，在课堂教学活动中多边多重、多种形式的交互作用和创造能力。这是忽视课堂教学过程中人的因素之突出表现。它使课堂教学变得机械、沉闷和程式化，缺乏生气与乐趣，缺乏对智慧的挑战和对好奇心的刺激，使师生的生命力在课堂中得不到充分发挥，进而使教学本身也成为导致学生厌学、教师厌教的因素，连传统课堂教学视为最主要的认识性任务也不可能得到完全和有效地实现。

为了改变上述状态，我认为，必须突破（但不是完全否定）"特殊认识活动论"的传统框架，从更高的层次——生命的层次，用动态生成的观念，重新全面地认识课堂教学，构建新的课堂教学观，它所期望的实践效应就是：让课堂焕发出生命的活力。

三

从生命的高度用动态生成的观点看课堂教学，包含着多重丰富的含义。

第一，课堂教学应被看作师生人生中一段重要的生命经历，是他们生命的有意义的构成部分。对于学生而言，课堂教学是其学校生活的最基本构成部分，它的质量，直接影响学生当前及今后的多方面发展和成长；对于教师而言，课堂教学是其职业生活的最基本的构成部分，它的质量直接影响教师对职业的感受、态度和专业水平的发展、生命价值的体现。总之，课堂教学对于参与者具有个体生命价值。

然而，这一重要价值以前被人们普遍忽视，包括被一些强调教育与生活关系的教育家所忽视。如提出“教育即生活”的美国著名教育家杜威，他反对把教育的意义只看作是为学生将来的社会生活作准备，主张要从学生的生活出发来改造以书本作为出发点的旧教育，然而，他并未提及教育、教学活动对于教师的生命意义。我国近代著名的教育家陶行知先生提出过“生活教育”，主张“关于生活”“依据生活”和“为了生活”的教育，但主要是从社会生活与教育的关系的角度、从学生的角度提出要求的，同样地未涉及教师。另一位著名的教育家是苏联的列·符·赞可夫，他曾以《教学论与生活》为名发表过专著，主要也是从教学与学生个体发展的关系角度进行阐述，同样没有顾及教师，在《和教师的谈话》这本著作中，赞可夫专门谈到了课堂上的生活。他突出了课堂教学不仅要在内容上反映生活，更要注意“儿童在课堂上的生活”，“不要忘记学生本身的生活”，① 应当从精神生活（人们思想、感情、愿望）的意义上来理解生活。精神生活可能是积极的、丰富的、多方面的，也可能是贫乏的、萎靡不振的、单调的。② 这里涉及个体的生活，但依然把视线停留在学生身上。我认为，这些认识是重要的，但依然是不完全的，必须看到的是课堂教学质量对教师个人生命质量的意义。如果一个教师一辈子从事学校教学工作，就意味着他（她）生命中大量的时间和精力，是在课堂中和为了课堂教学而付出的。每一堂课都是教师生命活动的一部分。因此，十分重要的是使每个教师都要意识到这一点：课堂教学对他们而言，不只是为学生成长所作的付出，不只是别人交付任务的完成，它同时也是自己生命价值和自身发展的体现。每一个热爱学生和自己生命、生活的教师，都不应轻视作为生命实践组成的课堂教学，从而激起自觉上好每一节课，使每一节课都能得到生命满足的愿望，积极地投入教学改革。这就是我们在认同课堂教学的社会价值、促使学生发展价值的同时，再指出它对教师同样具有生命价值，形成和提出课堂教学对教师和学生都具有个体生命意义这一观点的重要原因。

第二，课堂教学的目标应全面体现培养目标，促进学生的全面发展，而不是只局限于认识方面的发展。

如前所述，把课堂教学目标局限于发展学生认知能力，是当前教学论思维局限性的最突出表现。这一方面是近代以来理性主义哲学和主智主义教育主流思想的反映，同时也是习惯于把原本为整体的事物分割为部分、方面的思维方法的表现。具体地说，就是把生命的认知功能从生命整体中分割出来，突出其重要性，把完整的生命体当作认知体来看待。

平时，当谈及学校教育培养目标，即学生发展的理想目标时，几乎无人会不顾及人的发展之全面性。但在学校教育的实施中，在教学实践中，却又常常把某一类的活动，或以某种

① [苏] 列·符·赞可夫. 和教师的谈话 [M]. 北京：教育科学出版社，1980：8.

② [苏] 列·符·赞可夫. 和教师的谈话 [M]. 北京：教育科学出版社，1980：9.

内容为主的活动视作只为某一方面发展服务的。人们忽视的恰恰是一个重要的基本事实：无论是教师还是学生都是以整体的生命，而不是生命的某一方面投入到各种学校教育活动中去。因此，任何学校教育活动都会对人的身心产生影响。所以，每一项学校教育活动都应顾及学生多方面的发展。课堂教学，作为教学的基本活动形式更应该关注这一点。

在此要指出的是，我并不否认在课堂教学中，认识发展作为中心任务的地位，但是，不赞成把学生其他方面的发展任务丢掉，或者使它们完全依附于认识任务。有不少教学论著作中也强调教学过程中要十分注意调动学生的情感，引起学习兴趣，使学生乐学、好学，这里，对情感的重视，实际上只是把它作为服务于学习的手段。又如，有的学者强调语言学习中的情境与情感体验，其旨意是使情感作为有助于识记的背景发挥作用。还有学者强调把文学教材中的情感发掘出来，使学生体验并内化，这比前两者仅把情感作为帮助教师完成教学认识任务的工具要前进一步，但还没有注意到课堂生活本身促使学生情感发展的价值。在我看来，课堂教学的目标中应该包括情感目标，但不是美国教育家布卢姆在目标分类中所提到的，以服务于认知目标完成、与认知目标相呼应的情感目标[①]，而是指向学生在对己、对事、对他人、对群体的情感体验的健康、丰富和情感控制能力的发展。显然，这不是一节课能完成的，但却必须通过每节课来实现，渗透在课堂教学的全过程之中。自然，课堂教学的完整目标，还应该包含学生意志、合作能力、行为习惯及交往意识与能力等多方面。其中每一项，都应既有与认知活动相关的内容及价值，又有其相对独立的内容及价值。这些方面的统合，才构成学生生命的整体发展。因此，在研究课堂教学时，要注意两方面的关系与整合：一方面是知识体系的内在联系、多重关系，以求整合效应；另一方面是学生生命活动诸方面的内在联系、相互协调和整体发展。这是一个尚需下大力气深入研究的问题。不仅要揭示上述两方面的规律，还要研究课堂教学与这些目标之间的具体关系。但今天可以明确提出的是：我们需要课堂教学中完整的人的教育。

第三，问题进入到对课堂教学过程的探究。本文提出的观点是：课堂教学蕴含着巨大的生命活力，只有师生的生命活力在课堂教学中得到有效发挥，才能真正有助于新人的培养和教师的成长，课堂上才有真正的生活。因此，要改变现有课堂教学中常见的见书不见人，人围着书转的局面，必须研究影响课堂教学师生状态的众多因素，研究课堂教学中师生活动的全部丰富性，研究如何开发课堂教学的生命潜力。

所谓影响课堂教学师生状态的因素，是指那些对教师、学生参与课堂教学的态度和活动

---

① ［美］D. R克拉斯沃尔，B. S. 布卢姆等编. 教育目标分类学：第二分册：情感领域［M］. 施良方，张云高译. 上海：华东师范大学出版社，1989：198—208.

产生影响的因素，不是指那些课堂教学过程中，因教学活动本身的进行状态而生成的动态的影响继续活动的因素。这些属于“前在”的因素有间接和直接影响之分。其中，主要的直接作用因素可作以下分类。

影响课堂教学师生状态的因素从大的方面可分为物质因素和心理因素。物质因素包括自然条件（季节，天气，星期几，上、下午等）和教室条件（空间，空气流通度，光线的亮度，室内布置，洁净状态，设施功能，物品有序态，教学用品配置量，座位排列式，周边噪音程度等）。心理因素较为复杂，又分为个体稳定性因素（在学生方面，包括学习成绩，学习兴趣，习惯，获奖情况，在班级中的地位，期望，与教师的关系，认同程度，个性等；在教师方面，包括业务水平，教学能力，自信度，准备状态，对班级的态度，师生关系，个性，期望等）、个体不稳定因素（师生即时心态，身心疲劳状态，外界临时性强刺激的效应等）和群体因素（包括班风和师生关系等）。

显然，上面所列的因素，除了自然条件外，其他的因素都是可改变和可控制的，改变、控制都应该以教学任务的优质完成为定向。其中，心理因素大部分是通过一段时间的教育、教学实践形成的，形成后即成为稳定态，对形成后的教学实践产生影响。把心理因素作“个体”与“群体”之分，是因为两者不仅有区分，而且有相互作用，尤其是当群体因素形成后，会对个体产生有效的影响。另外，心理因素的非实体性，往往使师生都易忽视，或者不被自觉意识到，但它们却最具影响力。不仅影响到学生在课堂上认知活动的状态与质量，而且影响到人生中处事、对人的态度与方式、整体的情绪状态、情感体验（满足与否）、意志行为等。教师同样如此，他（她）也是带着自己的全部身心和已有经验、状态进入教室，他（她）的心理状态影响他（她）对学生的态度、处理问题的方式、宽容度、耐心、机智，以及满足与否等情感体验。显然，这些都不能被简单地归结为认知因素或仅仅是与认知相关的因素，它们的存在本身具有自己的形态，有自己的作用方式和独立的意义。认识影响课堂教学的全部因素，包括显性的和隐性的；努力形成积极的因素，包括物质的和更重要的心理的；改变消极因素，包括稳定的和暂时的，这些都是为实现课堂教学高质量所必须首先要做的。

众多的因素参与、影响课堂教学，还不是课堂教学丰富性的全部，甚至可以说还不是主要部分。课堂教学的丰富性主要是在过程中展现。若要使其丰富性发挥积极效应，则必须改变课堂教学只关注教案的片面观念，树立课堂教学应成为师生共同参与、相互作用、创造性地实现教学目标过程的新观念。也就是说，课堂教学要真正成为实现上述新的教学目标的过程，不但要使师生的生命活力在课堂上得到积极发挥，而且要使过程本身具有生成新因素的能力，具有自身的、由师生共同创造出的活力。

为此，仍然首先要作好课前的教学设计，但应该按照新的教学任务来设计教案，内容的组织、方法的选择、学生教师共同活动的方式与过程，都应全面策划。不同的教学观必然会影响教案的设计，本文不可能具体地详细讨论服务于新目标的教案应如何设计（这需要有另一篇文章作专述），只能以提问设计为例。不要以为凡提问必能达到启发学生、调动思维积极性的目的。教师也许把问题编得十分细碎，使学生易获标准答案，由一串细小问题循序渐进走向目标；也可能设计得使学生调动起自己的经验、意向和创造力，通过或发现、或选择、或重组的多种过程形成答案。前者体现出教师控制具体过程，希望学生按规定路线行进的强烈愿望；后者则表现出教师重视学生努力进行获取、形成、发现知识的过程，相信这一过程对学生的发展具有多方面的意义。关于教学设计与上课的关系，我十分赞赏德国教育家克拉夫基关于教学计划与教学关系的论述："衡量一个教学计划是否具有教学论质量的标准，不是看实际进行的教学是否能尽可能与计划一致，而是看这个计划是否能够使教师在教学中采取教学论上可以论证的、灵活的行动，使学生创造性地进行学习，借以为发展他们的自觉能力作出贡献——即使是有限的贡献。"[①] 所以，一个真正关注人的发展的教学设计，会为师生在教学过程中发挥创造性提供条件；会关注学生的个体差异（不仅是认知的）和为每个学生提供主动积极活动的保证；会促使课堂中多向、多种类型信息交流的产生和对及时反馈提出要求。这样，教学设计就会脱去僵硬的外衣而显露出生机。

教师只要思想上真正顾及了学生多方面成长，顾及了生命活动的多面性和师生共同活动中多种组合和发展方式的可能性，就能发现课堂教学具有生成性的特征。因为课堂上可能发生的一切，不是都能在备课时预测的。教学过程的真实推进及最终结果，更多地是由课的具体行进状态，以及教师当时处理状态的方式决定的。从这个意义上可以说，一个教师尽管教同一门课，面对同一批学生，但他（她）在每节课上所处的具体情况和经历的过程都并不相同，每一次都是唯一的、不可重复的、丰富而具体的综合。教师的创造才能、主导作用，正是在处理这些活的情境中得到发挥，这些活的情境向教师的智慧与能力提出一系列的挑战：当学生精神不振时，你能否使他们振作？当学生过度兴奋时，你能否使他们归于平静？当学生漫无头绪时，你能否给以启迪？当学生没有信心时，你能否唤起他的力量？你能否从学生的眼睛里读出愿望？你能否听出学生回答中的创造？你能否觉察出学生细微的进步和变化？你能否让学生自己明白错误？你能否用不同的语言方式让学生感受关注？你能否使学生觉得你的精神脉搏与他们一起欢跳？你能否让学生的争论擦出思维的火花？你能否使学生在课堂上学会合作，感受和谐的欢愉、发现的惊喜？……

① 瞿葆奎主编，徐勋、施良方选编．教育学文集·教学：上册[M]．北京：人民教育出版社，1988：778.

也许，还可以再列出一百个这样的问题，但却不可能穷尽一个真正充满生命活力的课堂可能发生的一切。我们把教学改革的实践目标定在探索、创造充满生命活力的课堂教学，因为只有在这样的课堂上，师生才会全身心投入，他们不只是在教和学，他们还在感受课堂中生命的涌动和成长；也只有在这样的课堂上，学生才能获得多方面的满足和发展，教师的劳动才会闪现出创造的光辉和人性的魅力，教学才不只是与科学，而且是与哲学、艺术相关，才会体现出育人的本质。

吴昌顺

1938年生，江苏淮安人。曾任第七、八、九届北京市政协委员，第九届全国政协委员。曾担任北师大兼职教授、高中教育专业委员会副理事长，全国非智力因素研究会副会长。曾与北师大合作主持中小学科研课题并发表论文；主编、合编学术著作数十部。退休后担任教育部“国培计划”教师，每年在全国各地授课近百次，专著有《愿有英俊出于中国》《明师心语》等。1991年被评为特级教师，曾获全国优秀语文教师、全国优秀教育工作者称号，享受国务院特殊津贴，获“当代教育名家”称号。

教育科研导向，提高办学水平①

1983年中国两位学者提出“马太效应”：穷则愈穷，富则愈富，差距拉大，恶性循环。为什么？经济发展取决于人口素质，人口素质取决于教育水平。当今世界各国此强彼弱、武力消长、贸易竞争、科技较量等等，最终归结为教育。这是历史的结论。因此，我们结合邓小平的“特色理论”，在学校不断宣传马太效应，就是为了加强全民族教育的危机感、紧迫感、使命感。我们认为有没有忧患意识是一个人政治上成熟与否的重要标志。事实证明，科技可以使生产力成倍数增长，而高新科技可以使生产力成指数增长。一些发达国家经济增长源于物的投入仅占20%，而源于人的投入却占到80%。诺贝尔奖获得者美国舒尔茨教授测得大中小学生的智力活动能量比为25∶7∶1。20世纪80年代中期，上海、江苏等发达地区的乡镇企

① 本文曾被收录于《21世纪素质教育探索之路》，1998年9月出版。

业要求应聘人员必须高中毕业已经成为招聘的重要条件。……这就要求我们要有办好基础教育的自觉性和自信心，要求我们每一个教师上好每一节课，教好每一个学生，为提高全民族素质，促进经济腾飞做出贡献。

1985年《光明日报》发表评论员文章“苏步青效应”：并非名师出高徒，实乃高徒捧名师。“教师的成功，在于创造出值得自己崇拜的学生”。不想超过老师的学生，不是好学生；不想让学生超过自己的老师，不是好老师。否则，一代不如一代，民族的兴旺发达、国家的繁荣昌盛，还有什么指望?“不合格的教师教出更不合格的学生”，这种可怕的恶性循环已构成对我们基础教育的极大威胁。在岗教师的德、才、学、识亟待提高，崇尚师承、依附中庸、文人相轻、妒贤嫉能等扭曲心态亟待改变。据R.林恩对百万名青少年的调查结果表明：如果西方人（主要指欧美国家）的智商为100的话，东方人（主要指中国、日本）的智商则为113；高智商（130以上）的人中西方仅占2%，而东方则占10%。我们的学生是大有希望的!“苏步青效应”告诉我们，长江后浪推前浪，一代更比一代强是完全可能实现的愿景。

基于此，我校自“七五”计划开始，逐步明确提出为了贯彻三个全面、三个特色、三个面向（全面贯彻教育方针，对全体学生全面负责，全面提高教育教学质量；教师教有特色，学生学有特色，学校办出特色；学校教育面向现代化、面向世界、面向未来）的指导方针，坚持一个导向、完成两个转轨、抓好三支队伍、提高四种素质的办学思想：坚持教育科研导向；完成学校管理从经验型、行政型向科学型、民主型转轨，教育教学从依靠大干、苦干向依靠提高教师素质和科研水平转轨；抓好干部班子四化（革命化、知识化、专业化、年轻化）建设，教师队伍素质（职业道德、专业技能、教育艺术、学术水平）建设，学生队伍风气（坚定正确的政治方向、勤奋刻苦的学习态度、丰富多彩的课外活动、和谐民主的师生关系）建设；着眼提高学生的政治思想素质、科学文化素质、劳动技能素质、身心健康素质。

一、科研导向，开辟德育新思路

近年来，根据社会发展的形势和上级的要求，我们联系学校的实际，了解学生心理发展状况，分析社会大环境的利弊，针对传统德育中存在的成人化、模式化、理想化和形式主义等问题，研究新时期德育工作的实质、特点和规律。我们把学生当作社会中的个体，探讨他们的社会化进程和个性发展的需求，从而得出一些共识。我们提出德育的总原则是：素质为主，实效第一。提出德育的思路有以下几点：

（一）提高学生的全面心理素质是中学德育的基础工程

人的素质原本指受之于天的生理解剖特点，现在泛化为人的基本品质。它受遗传规律和变异规律的双重限制。我们强调的是受之于人的一面，力争将可能性转变为现实性。经过分析，我们认为心理素质是其他素质得以形成或改变的先决条件之一，对于青少年尤其是这样。这一代青少年的优点很多，但感情脆弱、意志薄弱、经风雨耐劳作抗挫折的素质差。心理素质分智能和非智能两大方面。智能方面包括知识、智力、技能三项；非智能方面有个体意识倾向性中包括的需要、信念、理想、动机、兴趣五项，个性心理特征中包括的情感、意志、态度、气质、性格五项。在实际工作中我们注意到改变只重视智能方面培养而忽视非智能方面教育的错误倾向，医治只抓文化知识而不抓操作技能的通病，克服片面强调理论说教而忽略行为习惯养成的弊端。为此我们从1994年建立了心理咨询室，20多位教职员工自愿参加，一边学习一边工作，为数以千计的学生作了各种心理测试，对上百名学生作了心理咨询，收到了良好的效果。

（二）职业准备教育是中学理想教育的主要渠道

思维发展心理学的研究表明：一个人的思维发展是有其规律性的。初中阶段一般处于经验型，高中阶段才上升到理论型。马斯洛的需求层次理论也告诉我们，愈是高级的需要，它的产生和满足愈是需要更多的条件和更好的环境。过去我们进行的理想教育有的离学生的实际太远了，心是好的，但收效不大。“七五”计划期间我们承担了国家教委的一个重点科研课题：职业准备教育的理论与实践。我们对初中至高中各年级分层次进行职业理想的教育，让他们的生活理想上升到职业理想的高度，社会理想落实到职业理想的高地上来。换句话说，就是职业理想是学生生活理想和社会理想的中介、过渡和阶梯。如，让学生采访亲属，作社会调查，搜集资料、图片，了解职业的多样性和人才素质的多样性，举行各种讨论、辩论与主题活动等。事实证明，这样做不仅能让学生接受，并且受学生欢迎，对他们长大成人、日后成才都极为有益。

（三）养成教育是中学思想品德和行为规范教育的重要步骤

养成教育不是小学阶段就可毕其功于一役的工作。根据中学生心理发展规律，我们认为在中学阶段应始终不渝地、坚持不懈地抓紧培养学生健康的生活习惯，良好的文明礼节，严谨的行为规范，和谐的人际关系，崇高的道德品质，高度的社会公德心、责任感等。我校开展了以爱国主义为核心的“五自”教育（自制、自主、自学、自强、自我管理）；以学生为主，围绕弘扬中华民族传统美德、学习中华骄子的高风亮节的主题，每周向全校同学作国旗下讲话；支持学生广播站、学生电视台、学生记者团、学生爱心社开展的各种工作，包括科技、文艺、体育等社团活动；严格学生一日生活常规，包括课堂常规、课间纪律、两操一课规定、自习纪律、午餐公约、集会要求、课后扫除及静校规定等。

（四）美育是中学德育的桥梁

我校近年来，提倡各科教学都要渗透美学因素，进行包括自然美、社会美、艺术美，尤其是科学美的美学教育。要让学生在学习和活动的实践中体验美、感受美、鉴赏美、表现美、创造美。我们开设了“美学入门”选修课，引进“口才艺术”课，举办了美育讲座；聘请专家学者来校讲学，提高学生的审美认识、审美情趣、审美能力。

（五）科学教育是培养学生正确的世界观、人生观、价值观的中心环节

各类课程、各门学科、各种知识、各样活动，毫无例外地要对学生进行科学观点、科学态度、科学方法、科学史话（包括科学家传略）、科学动态、前沿科学等教育。在这种认识的基础上，我们承担了北京市重点科研课题“从中学实际出发，对学生进行马列主义基本观点的教育”。首先在政治课上进行，并在课外开展一些活动，整理归纳大量资料，使学生在中学阶段初步掌握历史唯物主义和辩证唯物主义的立场、观点与方法，了解一些科学社会主义和政治经济学的常识。在其他各科教学中强调教师要贯彻科学思维、科学用脑、科学解题的系列训练。1994年我们组织全校学生到贫困地区的中小学调查研究、捐钱捐物，开展“手拉手 献爱心”的活动，使学生思想受到很大震动，价值观在实践中得到升华。

在德育方面，我们将爱国主义教育作为贯彻始终的一条红线，将爱国心、赤子情、民族魂作为教育的指导思想与核心内容。（《爱国主义教育三题》和《结合教学进行爱国主义教育》等论文已在报刊上发表）

二、科研领路，教学再上新台阶

如何不断地把教学工作提高到一个新水平，一直是困扰我们的大问题。题海战术、疲劳轰炸、加重负担、课内损失课外补等，早已证明是得不偿失的蠢办法，至于以邪门歪道、弄虚作假的手段去片面追求升学率更是错误的。我们反对以牺牲学生的身心健康为代价去一味要求高分数、高优秀率、高升学率，我们要求的是对学生个性特长的全面发展乃至一生前途负责的高水平、高质量、高效益的教学。经过一段时期的反复探索，我们得出结论：只能以教育科研指导进行改革，否则没有出路。

（一）学校工作以教学为主

我们始终认为，学校工作以德育为首、教学为主并不矛盾，五育并举，辩证统一。行政

干部每周例会必把教学摆在重要议事项目上，定期研究。一学期五六次全校教工大会必有半数以上是讲教学工作。学校主要干部11人（书记、校长、三位副校长、一位校长助理、五位主任）全部兼课（一般每周4至6节），始终不脱离教学第一线。他们中的多数每人兼管一个年级，联系一个教研组，牵头一个教育科研课题。干部兼课不是简单的上岗顶班，而是要求种试验田，要出经验，搞教改，开展教育科研。多年来，干部轮换、调离、升任都坚持了这一优良传统，既锻炼了一批人才，又推动了学校的教学工作，这已成为我校一大特色。

（二）以课堂教学质量和效率为龙头

我们总结重点校多年教学经验，制定出一节好课的标准，强调质量和效率并重。为此，我们每年每学期有计划地开展多种多样的课堂教学研究活动，除安排上级指定的观摩教学课以外，经常举行高级教师示范课、青年教师评优课、专题研讨课等，还多次组织社会开放课、家长开放课，主动邀请上级领导、学生家长以及外地外校教育同行来校听课指导，并且主张“推门课”，任何教师任何课不得拒绝别人听课，以期形成浓厚的相互学习、彼此切磋、共同提高的学术氛围。1991年至1993年校舍改建，所以借校办学，条件差、困难多，但全校师生团结一致，努力奋斗，没有叫苦，坚持科学办学，教学质量不仅没有滑坡，反而稳中有所提高。

（三）借鉴国内外教育科研成果指导教学实践

国内外教育科研成果除了学科专业范畴的内容极其丰富以外，还有许多具有共性的宝贵财富，我们强调要积极学习、吸收、利用。诸如现代思维科学中的SIC理论，现代心理学中的IN结合论，以及学习迁移说、成功曲线、遗忘曲线、霍桑效应、圆周效应、厌学归因、学习怪圈、心理定式、智力周期、角色期待、舌尖现象、舒特尔表、生物钟等，在教学实践中都可以借鉴，会使我们少走弯路，提高质量，提高效益。与此同时，我校教师还就各学科知识结构、能力结构、各类人才的素质结构、青少年的思维发展规律、思维品质的构成、学习的策略方法等问题分别进行了有效的研究，也取得了相应的成果。

（四）归纳十条教学思想规范为奋斗目标

为了克服老校大校的传统惰性，纠正教学工作的随意性，将老、中、青教师的教学思想统一到正确的轨道上来，1991年我们针对本校普遍存在的问题，总结本校先进的经验，逐步形成一些共识，制定了以下十条规范：

1. 热爱学生，从严治教，面向全体，教书育人

坚持“爱”是教育的出发点，“严”是教育的主策略；

继承“有教无类”的传统，对全体学生的全面发展负全面责任；

坚持寓教育于教学之中，要求人人做德育工作者。

2. 尊重学生，发展个性，鼓励超常，培育英才

学校应成为独立思考的王国，坚信“无个性即无人才”；

恪守“不想让学生超过自己的老师，不是好教师”的信条。

3. 失败教育只会使教育失败，成功教育才会使教育成功

自卑是人生的第一大敌，自信是成功的第一要诀；

给学生以信心：天生我辈必有才，天生我材必有用；

遵守成功动力等于目标期待值与实现概率的乘积的公式。

4. 课堂教学是信息输入输出反馈的可调控的系统

SIC理论是现代思维教学的方法论指导；

教师是教学的主体，学生是学习的主体，教材是主线、是媒体；

教学的科学性、艺术性在于教学结构的精心设计上，以此将学生的认知结构和教材的知识结构巧妙地结合成有机体。

5. 课堂教学应着眼于“综合学力”的提高

基础学力、分析解决问题的能力、创造性能力等构成“综合学力”；

个性心理、人际关系、身心健康、策略方法四大因素共同作用于核心的智力因素，形成“综合学力”。

6. 课堂教学要完成四大任务：传授学科知识，培养专业能力，训练科学思维，教会学习策略

强调教学=教学生学会学，让他们永远不当“学盲”；

“只要教人们去思想，人们就会把真理想通。”课上的精心施教主要表现在对学生思维的启发；

研究教法与研究学法并重，把学习的主动权交给学生，让他们做学习的主人。

7. 课堂教学中教师要自觉地体现美育，渗透美育

挖掘学科体系中的美学因素，发挥知识本身的魅力，培养学生热爱生命、热爱科学、热爱学习的精神；

要以真情实感、真才实学、真知灼见去征服学生；

教师每一节课都要体现“精、气、神”三个大字——精力充沛，气势旺盛，神采飞扬。

8. 一节好课的评价标准

除了按照教学计划（包括时度）、学科特点、年级要求、学生年龄特征等考查思想性、科

学性、艺术性以外，主要依据教学设计、教学过程、教学效果（学生反馈的注意力、吸收率、巩固率等）来评定；

具体要求归纳为：目的明（前提），效果佳（归宿）。四个环节，八个要素：知识新、信息多，密度大、节奏快，设计精、结构巧，气氛和、方法活。

9. 教学法总则：教无定法，选有定则，发挥优势，形成特色

主张八仙过海，各显其能，博采众家之长，走自己的路；

运用多种教法，使之最佳结合，以调动学生学习积极性为准则；

方法可以千变万化，钥匙只有一把，它的名字叫作“活”。死教书把活人教死，活教书把死书教活。

10. 学习教育多媒体技术，加强视听教学，推广CAI

打破一支粉笔一张嘴的传统局面，促进教学手段现代化；

充分利用现有条件和设备，将声、光、电引进课堂；

重视实验教学，加强劳技训练，强化电脑教学，提高外语水平。

三、科研搭桥，全面提高教师素质

学校管理包括物的管理和人的管理、思想管理和制度管理、学生管理和教工管理等。我们认为办好一所学校，教师是关键，而教师是知识分子，对教师的管理首先要满足他们的高层次的精神需求，为他们创造成名成家的环境和发挥聪明才智的机遇，确立他们在普教界的学术地位。经过多年的实践证明，参加教育科研是提高教师全面素质的一条捷径。

（一）提出要求，树立目标

近年来，我们提出的较低标准是履行教师的基本职责：

1. 教好一门课；

2. 当好一个班主任；

3. 开设一门选修课、带好一个学科小组或指导一项课外活动；

4. 积极参加继续教育，投身教育改革，进行教育科研并取得成效。

较高标准就是要实现教师的努力目标：

不仅作“经师”，更要为“人师”。要成为历史文化的传播者、人际关系的艺术家、学生心理的保健医、人类灵魂的工程师、未来事业的引路人。

（二）面临挑战，更新观念

宣传当代先进的教育观、人才观、教学论、课程论，交流世界教改大潮的各种动态；宣传第四产业（信息）、第五产业（心理）和中学教育的关系，促进教育观念的转变；宣传第五次产业革命与钱学森的“大成智慧工程”“大成智慧学”对我们教学改革的启示；宣传信息高速公路的开通，教育多媒体的应用，推动学校教学手段的现代化；宣传只有成名成家的教师才能教出成人成才的学生，鼓励教师在教育科研方面作出成绩。

我们认识到，教育不仅是一门艺术，更是一门科学。教育工作是一种特殊的产业，由于它的本质特性、过程的长期性、效益的滞后性等，如果不以教育科研为先导，一切改革就只能在黑暗中摸索。所以，我们在教职工中大力提倡学习先进的教育理论，树立良好的风气，形成正确的舆论。学习之钟常鸣，校风建设之本已成共识；“活到老，学到老”已成为大家的行动口号。我们提倡两个三结合：有权之士、有识之士、有志之士三结合；教师走学习、实践、科研三结合的道路，鞭策教师破除科研神秘感，树立自信心，提高理论思维，增强科研意识。

（三）知行统一，落实举措

首先是书记、校长带头承担课题，党总支号召党员示范，党政工团齐动员，老中青三个年龄段的同志都有典型代表，滚雪球式地逐步发展。

其次是培养骨干教师作为课题的负责人，支持教师参加校内外的学术活动，包括讲学、交流、访问等。现在学校已有学科带头人和市区教研员34人，开设选修课22门；11位大学毕业不久的青年教师进入北师大的研究生课程班进修，22位教师进入北师大心理系的心理咨询函授班学习，十余位教师参加专业技术培训，40多位教师相继去过十几个省、市、自治区参加培训、交流经验；已和十余所学校建立了友好往来的关系。

最后是创设条件，增添设备。自1991年全面改造校舍以来，已先后自筹资金200余万元，开设了语音教室、心理咨询室、天文观测台，应用了计算机校园网络系统，购置了有关学习的图书资料。同时邀请专家学者来校讲学，普及教育统计学知识和教育科研方法等。

四、教育科研的管理措施

（一）课题选择的超前性和实效性

如“心理咨询”的课题是学校教育教学和行政管理以外的“第三势力”，具有超前性；“中学美育”教材的编写、“学习策略”选修课的开设、计算机校园网络的开通也具有一定的超前意义。“物理学习中的思维障碍”“中学生听力现状的测试与分析”“历史教学与国情教育”等重在实际运用的有效性。

（二）组织实施的群众性和可操作性

十年来承担部级课题9个，市级课题5个，区级课题8个。每个课题都有一个小组，组织一些教师共同研究。参加课题的教师已由“七五”计划时的65%逐步增加到“八五”计划时的76%，至今已有90%。课题实施方案注意到教师的工作特点，分工明确，任务到人，操作方法力求简明易行。

（三）科研成果的阶段性和广泛性

鉴于教育科研转化为教改取得显性成果需时较长，我们强调每年要出阶段性成果，边学边做边改；同时要求参加课题的教师人人拿出成果，以成就感、成功感来自我激励。

“七五”计划以来，我校已出刊校内论文《探索集》8册、《论文集》一本。每学期召开一次全校性的教育科研大会已成惯例。在1991年“七五”课题总结和“八五”课题发布会的同时，举办了校内教育科研成果展览，受到教育部门领导的好评。

据不完全统计，截至1994年的论文发表情况：属国家级的有176篇，属省市级的有192篇，区级的93篇；获国家级奖的有7篇，市级奖的有25篇，区级奖的有88篇。

这几年，报刊多次发表了我校教育科研的文章，电台、电视台也报道了有关我校的消息；我校在市、区教育科研大会上多次介绍经验，也曾在全国十几个省市交流情况，在全国知名中学科研联合体中也享有一定的声誉。同时，我校连续五年被评为教育科研先进单位。

近年来，我校全面工作在教育科研导向下，取得了长足的进步：

图书阅览、档案管理、实验教学、体育运动、学科竞赛、通讯报道、外事接待等方面都获得上级多次表彰。中高考成绩均名列东城区甚至北京市前列。党总支书记被评为优秀党务工作者，校长被评为有突出贡献的知识分子。学校有4人被评为特级教师，十几位有较高知名度的教师应邀在电视台授课，六七位青年教师成为东城区甚至北京市的优秀典型，4个教研组被评为东城区以及北京市先进教研组。十年间多次接受市、区教育督导并合格通过，对我校工作也给予较高评价。1994年被授予“首都精神文明单位”称号，1995年被评为“东城区德育先进集体”。总之，一种学风浓厚、教风严谨、校风向上、人人“知耻而后勇”“发奋而成才”的朝气蓬勃的局面正在形成。

朱正威

1934年生，江苏宜兴人，1954年7月毕业于华东师范大学生物系。特级教师，北京师范大学教授。2000年至今，兼任课程教材研究所生物课程教材研究开发中心编审；教育部基础教育司新生物课程标准组核心成员；义务教育新的生物教材（实验版）主编。兼任《生物学通报》副主编，人民教育出版社课程教材研究所兼职研究员，中国教育学会生物学教育专业委员会副理事长，北京市人民政府专家顾问。著作和论述颇丰，亦有众多学术成果。北京市具突出贡献专家，全国先进教育工作者，享受国务院特殊津贴，获“当代教育名家”称号。

生命科学的学科特征和生物教学改革①

由于面向21世纪提高全体国民素质的需要，基础教育正面临着新一轮的课程和教学改革。中学生物课程，无论是分科设置还是综合（理科）设置，都需要结合生命科学的现代进展来思考它的学科特征问题。即使是还使用着原课程、原教材，也应该尽可能地注入新的理解、新的精神。

还因为以下的原因，更需要就生命科学的学科特征多做一些探究和思考。

一是虽然生命科学和其他自然科学有其共性，遵守基本的物质运动规律，有相似的科学研究方法、相似的哲学思考，但生命科学有其因研究的对象不同、发展的历史不同、运用的

① 本文曾发表于《中学生物教学》1999年第1期。

方法不同等所形成的学科特征，即它的个性。

二是对于中学生物科学教育目标的研究和确定，课程教材的建设，教学的实施，教学的评价，都不能游离于生命科学的特征以外，而与其他自然科学教育雷同。尤其对一线教师来说，其教学行为是否符合生命科学特征的要求至关重要。在我国某些地区、某些学校，把中学生物课当作人文学科来对待，任何课时不满工作量的教师都可去“填补”生物课就是一例，实在是太不了解生命科学的特征了。

三是生命科学的特征未见有诸多专家们的论述，也许是生命科学发展太快，难以恰当地概括，或无暇顾及。笔者和赵学漱先生合著的《中学生物教学》（光明日报出版社，1987. 12）曾将生命科学的特征概括为“生命性”“实验性”“广延性”“现代性”四个方面，现在看来也比较肤浅，仍需继续探究。

以下的认识可能对即将展开的中学生物课程和教学改革会有一些启发。

生命物质基础的特殊性——生物大分子

确实没有什么特殊的“生命物质”或“生命元素”，组成生命体的全部元素都来自自然界，是非生命自然界普遍存在的。

然而，生物化学的进展，特别是从1953年沃森和克里克发现并建立了脱氧核糖核酸（DNA）模型起，不仅把20世纪初建立的细胞遗传学推向了分子遗传学，而且产生和推动了分子生物学及相应的生物工程技术的飞速发展。它的令人目不暇接的成果，不仅使我们认识到遗传信息是细胞内生物大分子之间的转移，而且从DNA到RNA再到蛋白质的信息流动的“中心法则”，随后的遗传密码和氨基酸分子对应关系的破译，还表明了从病毒、细菌、植物、动物直至万物之灵的人类，通用一份密码，所有生物在分子进化上是同源的。进一步对生物大分子——以核酸和蛋白质为主的大量研究，超出了遗传学的范畴，揭示了生物的生长、分化、神经传导、肌肉收缩、免疫等生命现象，无不与生物大分子的结构和功能，以及它们之间的相互作用有关。这是人类对生命本质认识的一次大飞跃，生命的重要特征之一是组成生物体的核酸、蛋白质等大分子的运动和相互作用。

这一认识已经超出了科学家的书斋和实验室、科学论文和专著，通过大众传媒进入了千家万户，人人都可接触到，包括青少年。从人类基因组计划到致癌基因；从转基因动植物到克隆基因；从线粒体基因到人类始祖“非洲夏娃”；从餐桌上的转基因食品到DNA侦破技术等，渐渐地成为有文化的公民必备的常识，连被誉为“中国硅谷”的北京中关村的街心都竖立着DNA分子模型的雕塑。

于是，作为基础教育中的生物科学教育，就需要跟上时代的步伐，改革我们的课程和教材，寻找浅显、生动的形式，使学生关心它、了解它。许多国家，即使是小学、初中阶段，分子水平的生物科学内容已经涉及，只是用了故事、图画（包括漫画）、图表及现代媒体技术等生动活泼的手段和形式。如果我们囿于成见，低估了青少年的接受能力，小学接触17—18世纪的生物科学，初中接触19世纪的生物科学，高中才有现代的生物科学，那就太保守和机械了。

生命自然界的多层次性

生命自然界的复杂性之一是它的多层次性。细胞是一个基本的结构和功能单位，其下有细胞器、分子和原子；其上有组织、器官、系统、个体、种群、群落、生态系统和生物圈。每一层次都可以成为独立的研究对象和学科，这一层次和那一层次之间的关系又不可忽略。

从自然演化的角度来看，存在着病毒界、原核生物界、真核生物界，真核生物中又有菌物界、植物界、动物界等。每一界又有许多层次。它们都可成为独立的研究对象，同时相互之间的关系，从进化到生态都要涉及。而随着细胞工程、基因工程的进展，更深入地研究和应用它们之间相互关系的规律，又突显出来。

对于中小学生来说，了解生命科学，既不可忽略这种多层次性，又不可能去穷究多个层次——连生物科学家都不可能。于是，基础教育中的生物课程内容的取舍和组合就成了一件艰难的事情。

应运而生的改革，似乎是从以下几个方向来展开的。其一是用综合理科（科学课）的办法，与理、化、地结合起来，重建一个标准框架，多学科相通的物质世界的组成、结构、运动以及应用成为新课程的“脊梁”。在这种情况下，各门学科只能“入选”那些最基本的事实和规律，生命科学也一样，被高度地精简了。这看来更适合初中和小学阶段，就环球教育来看，它风行160多个国家和地区。其二是以美国（20世纪60年代开始）为代表的高中BSCS（生物科学课程研究，Biological Sciences Curriculum Study）教材。它有三种教科书，分别以蓝色、黄色和绿色为教科书封面的颜色。蓝色以生理和生物化学为中心，黄色以发育和遗传为中心，绿色以生态和进化为中心。这样以各有侧重点来解决多层次性。这套教材对世界高中生物课程影响甚大，我国在北京大学吴相钰教授主持下正在翻译出版其绿皮本，从1999年9月起，拟在有条件的学校试用。其三是席卷当代的课程改革的主导理念，已经把知识、能力、态度、价值观的教育目标，从以知识为主到突出能力、态度、价值观的培养，可能有助于生命自然界的多层次性在中小学生物课程和教学中的妥善解决。

生命是一个复杂的开放系统

一般系统论，是一门运用逻辑和数学方法研究一般系统运动规律的理论。它的创立者是一位奥地利生物学家、心理学家贝塔朗菲（Ludwig Von Bertatanffy，1901—1972）。20世纪20年代，他在批判生物学中流行的机械论和活力论中创立了机体论，强调“系统”是中心的概念，从而提供了一种新的系统思维方式。

他认为生命是一个开放系统，是在同环境进行物质交换的过程中呈现输入和输出，自身物质组分的组建和破坏才能存在和发展的系统。他说：“生命的形式不是存在着，而是发生着，它是通过有机体同时又是组成有机体的物质和能量的永恒流动的表现形式。”同时，这个开放系统的重要特征是稳态（流动的平衡，不是封闭系统中的真平衡）、自主和自组织性，处处表现出有机体的自我调整。

生物大分子不管多么重要，其本身不具备生命属性，只有形成细胞这样的复杂系统（病毒没有细胞结构，必须依赖活细胞而生存），才表现出生命现象。没有活的分子，只有活的系统。生命是系统活动的整体表现，整体不是部分的线性叠加，是非线性的动力系统。

这样的现代理解，应该更好地反映在基础教育的生物课程和教学之中。在生理、发育、遗传、进化、生态、行为等方面，用系统的观念（包括开放、稳态、自主）来排除那些机械论、外因论、活力论的影响，对于树立正确的自然观是十分重要的。

生命活动和信息变换

人类已经步入信息时代。在生命科学发展的历程中，自从有了遗传学的中心法则的发现，使得我们恍然大悟，原来生物世代延续中复杂的遗传、变异规律，竟是简单之极的三联体（三个碱基）遗传密码在操作；使我们领悟到生命活动是物质、能量、信息三位一体的运动和变化；使我们对生命活动的本质的认识，又大大向前推进了一步。信息本质上不是物质和能量，但需要物质作为载体，需要能量供应。于是，在研究生命活动时，在进行有关教学活动时，不仅要揭示物质变化和能量变化，还要同时揭示信息的发送、接收、储存、加工、复制、传递等规律。

放眼生命活动的方方面面，除遗传信息的传递外，还可看到许多的信息变换、加工和表达，激素调控，神经调控和整合，细胞识别和免疫，发育中的核质关系，胚层组织者、诱导者，动物行为中的信息传递，基因调控中的操纵者、顺反子、跳跃基因等，乃至1998年度诺贝尔生理医学奖获奖项目也是一种用于调节心血管的化学分子氧化氮。

在我们的基础教育的生物科学教育中，其滞后于生命科学的进展方面之一，就在于此。我们如何来改进呢？值得思考。

生命自然界是一个复杂的网络

地球上有如此众多的生物种类，它们塞满了几乎一切可以生存的空间。而且每一种生物的生存发展，都以其他种类生物的生存发展为前提，一种或几种生物的消亡，可能对其他生物造成灾难性的后果。这种生物界的多样性和相互依存、相互制约的关系，在非生命自然界中，远没有达到这种程度。我们可称之为生命之网。人类也是这个网络的一部分，而且是至关重要的部分。由于人口的剧增，掌握着巨大的生产力和不断发展的科学技术，我们对生物界的正、负两方面的影响力与日俱增。如果人类的行为破坏了这个生命之网（这种行为已经产生了严重后果），最终将殃及人类自身的生存和发展。

于是，从教育的角度说，给予学生多一点还是少一点的生物学知识，虽然也须细细斟酌，但可能不是最重要的，最重要的是要使学生懂得尊重自然，爱护生物，并身体力行，这是现代人应有的道德素养。人—自然—社会的和谐统一，是现代社会文明的追求，是现代社会文化的重要特征。

在生命科学中人是研究的主体又是客体

在自然科学的众多门类中，自然界是被人所研究的客体，唯独在生命科学中，人既是研究者——主体，又和其他生物一样是被研究者——客体。因为人的自然属性是生物，属于哺乳纲灵长目的人科。

于是，生物学要研究的形态、结构、代谢、生长、发育、繁殖、遗传、变异等的规律性也适用于人类。人类的心理行为、社会行为也无不具有生物性的烙印。在生态系统中，在生物圈中，人类的一切活动都受到制约，又极广泛、极深刻地影响着整个生物圈。

在这样的背景下，来审视我们传统的生物科学教育，就有明显的不足：一是重生物轻人类。一个草履虫可描述得细致入微，人体的重要结构和生理则描述得粗而又粗；一个蜂群的成员之间的关系可描述得栩栩如生，人类社会成员之间的生物学关系则避而讳之者甚多；青蛙如何生殖发育，从幼儿园到高中，层层深入，而青少年对人类自身的生殖发育却知之甚少。凡此种种，习以为常，似乎基础教育中的生物学主要是了解人类以外的生物界。作为现代人，对自身的了解、调控和开发潜力，对他人的关怀和爱护，都应该具有坚实的生命科学素养。二是对生物—社会问题缺乏重视。当代社会面临的人口、粮食、能源、环境、健康等重大问题，既是广义的STS（科学、技术和社会）问题，也是不同程度的生物—社会问题。正是在这里，基础教育中的生物科学教育，可以也应该发挥它的重要的教育功能和社会功能。如果我们的生物科学教育，真是实实在在地进行素质教育的话，理应在这方面作出努力，即对生物—社会问题有敏锐的观察力，善于发现和捕捉，并把它纳入相关的课程教材之中，组织学生参与学习、讨论、调查和探究，使生物科学教育的内容和教学过程生动活泼起来，既使学生对基本的生物学知识掌握得好，又在联系和参与中培养了学生多方面的能力、积极的态度，并树立起正确的价值观。

生命科学研究方法的独特性

我们都说生命科学是实验科学，尤其是从定性到定量的发展中，实验愈益重要、愈益精确。在基础教育的生物学学习中增加实验，提高实验的质量和效益，自然十分重要。但是，同样无疑的是其他自然科学也是实验科学，那么其特殊性在哪里?

回答这个问题非常困难，仅提出两点供参考。

一是两位著名的物理学家说过相似的话。一位是玻尔，丹麦物理学家，量子力学的领头人，哥本哈根学派的创始人。他于1932年在“光与生命”的演说中曾说：“生命现象具有区别于物理、化学现象的独特性，它不能用完全正规的物理概念为依据来解释。但物理学家参与对生命现象的研究，将有助于物理学和化学新规律的阐明。”另一位是薛定谔，奥地利物理学家，波动理论力学的创始人。他于1944年在《生命是什么》中指出：“用经典物理学和化学去描述生命现象是不可能的，但物理学、化学渗透到生命科学中，介入，有助于解开生命之谜，开辟生命科学研究的崭新领域。”他们的话启示我们：生命科学的研究方法应可兼容物理学、化学的方法，但仍有它的独特性。因此，把生命现象的研究最终还原为简单的物理或化学过程，归结为物理或化学原理是不妥的，也背离了贝塔朗菲的机体论。

二是1952年德国物理学家赫尔希（A. Hershy）和学生蔡斯（M. Chase）用放射性同位素

(^{32}P和^{35}S）标记法研究大肠杆菌噬菌体侵染大肠杆菌的著名实验，确证了遗传物质是DNA而不是蛋白质（噬菌体外壳），因此而说了一段话："要揭示生命现象的本质，必须研究具有活力的有机体，那种脱离生命有机体，孤立地、单纯地去研究化学反应，试图去寻找生命现象的本质属性的答案，那是不可能的。"这告诉我们，研究活的有机体，是研究生命科学的根本方法。

基础教育中的生物教学，必须创造各种条件，组织学生去研究活的生物（连同它的生存环境)、真实的生命自然界。模拟的方法、现代媒体的使用等，都是对生物学学习和教学的补充，不应去替代对活的生物及组织、细胞的实验研究。当然，学习和实验研究中要爱护生物、珍惜生物材料、保护生物的生存环境。

从教育科学的角度来探讨生物教学是必要的，从生命科学自身的特征来探讨生物教学也是必要的。两个方面形成一股合力，将更快、更健康地推动基础教育的生物科学教育改革。

林崇德

1941年生，浙江宁波人。北京师范大学教授，博士生导师。1965年毕业于北京师范大学教育系心理专业，专长为发展心理与教育心理学。其社会兼职30余种，是14所国内外高校的兼职教授。撰有学术论文与研究报告160余篇，学术专著16部，主编《心理学大辞典》《中国少年儿童百科全书》《应用心理学书系》等大型工具书和心理学系列教材。主持国家自然科学基金和国家哲学社会科学基金研究课题12项。获省部级以上的业务奖励24项，其中国家级优秀教学成果奖3项、全国高校优秀教材特等奖1次、一等奖2次，教育部人文社科一等奖2次、科技进步二等奖1次、优秀教育科学研究成果一等奖2次。获“全国先进工作者”“首届全国十佳师德标兵”“当代教育名家”荣誉称号。

基础教育改革心理学研究30年①

1996年第12期《中小学管理》杂志发表了特约记者肖扬的一篇文章，题目为《中国基础教育的播火者》，其中写道：“基础教育改革心理学研究遍布全国26个省、自治区、直辖市3000多个实验班，从黑龙江五常县到广东随溪县，从上海黄浦区到新疆天山脚下，从内陆河南偃师市到沿海浙江瑞安市，频频传来喜报，几乎每一个实验班的教学质量都提高了，学生过重的负担减轻了，出现了全面发展、学有特色的景象。”这是事实。又过了12年，隐含在其中的不仅是教育现象，而且也检验了我所坚持的心理学观和教育观。

① 本文曾发表于《教育研究》2009年第4期。

一、思维品质的培养

教育界对我基础教育改革心理学研究30年的称谓是“从事思维品质培养的30年”。思维品质原先在《普通心理学》思维一章中是可有可无的智力品质，可我于1978年9月在北京市124中学的一次报告中，提出了思维品质的培养是发展智力和能力的突破口的观点。1978年10月，我在北京市朝阳区幸福村学区开始了思维品质发展与培养的实验。从小学数学到中学数学，从小学语文到中学语文，我以培养中小学生数学能力与语文能力两科为基础，用数学的语言和语文的语言对思维品质作了具体的表述。[①]

思维是智力与能力的核心，作为个性心理特征的智力与能力是分层次的。如何确定一个人的智能是正常还是超常或是低常的呢？这主要是由智力品质决定的。智力品质是在智力活动中，特别是思维活动中智力与能力在个体身上的表现，因此它又叫思维的智力品质或思维品质，其实质是思维的个性特征。它体现了每个个体思维水平、智力与能力的差异，是区分一个人思维乃至智力层次、水平高低的指标。因此，在智力与能力的培养上，往往要抓学生的思维品质这个突破口，做到因材施教。美国圣约翰大学的周正博士使用其智力（认知）发展量表，在我们坚持训练学生思维品质的实验点——天津静海县一所农村小学测了学生的时空和速度等智力发展水平，然后与北京市一所名校的学生相比较，发现该农村小学生的成绩略高于城市的被试，但无显著差异。最后，又对比了美国一城市被试的成绩，发现我国农村小学生不仅高于美国被试，而且有显著差异。从中可以看出，思维品质训练的确是发展学生智力的突破口，且训练时间越长，效果越明显。[②]这个研究的部分结果，被最有影响的美国教育心理学教科书引用。[③]

思维品质的成分及其表现形式很多，主要包括敏捷性、灵活性、创造性、批判性和深刻性五个方面。在一定意义上说，思维品质是智力与能力的表现形式，智力与能力的层次离不开思维品质，集中表现在上述五种思维品质上。这五种思维品质，是完整的思维品质的组成因素，它们之间是相互联系、密不可分的。我的博士生李春密教授的博士论文涉及思维品质的变化和完善过程，其研究数据表明：学生的深刻性品质得分最高，反映了深刻性是诸思维品质的基础，这是逻辑抽象思维发展的必然趋势；学生的创造性品质得分最低，这说明创造

① 林崇德.培养思维品质是发展智能的突破口［J］. 国家教育行政学院学报，2005（9）.

② ZHOU Z，PEVERLY S T，LIN C D. Cross-and-Within-Cultural Variationsin Children's Understanding of Distance，Time，and Speed Interrelationships: A Follow-Up Study［J］. The Journal of Genetic Psychology，2004（1）.

③ WOOLFOLK A.教育心理学［M］. 北京:中国轻工业出版社，2008.

性的思维品质的发展，较其他品质要迟、要慢，且难度最大。为了清楚地看出各品质之间的相关性，李春密把各品质之间的相关系数表示成相关矩阵。由此可见，敏捷性品质与其他品质的相关系数最高，说明敏捷性主要是由各品质所派生或所决定的；灵活性、批判性与创造性的相关系数很高，证明发散思维或灵活性是创造思维的前提或表现，创造程度与批判程度具有高相关；深刻性与创造性的相关系数低，说明抽象逻辑思维未必都能产生创造性思维，同样说明创造性思维也未必都来自抽象逻辑思维，因为创造性思维也来自形象逻辑思维。所有这些理论，既为基础教育改革的研究提供了理论依据，又在教改实验中更趋完善。

二、概括

在恩师朱智贤教授与我合著的《思维发展心理学》[①]中，我们把“概括”视为思维的首要特征。所谓“概括”，就是在思想上将许多具有共同特点的事物，或将某种事物区分出来的一般的、共同的属性或特点结合起来。概括的过程，就是把个别事物的本质属性推及为同类事物的本质属性的过程。这个过程也就是思维由个别通向一般的过程。在30年基础教育改革心理学研究中，我把学生概括能力的培养视为发展智能的基础。

从理论上说，概括是人们形成或掌握概念——思维细胞的直接前提，学生掌握概念的特点，是直接受他们的概括水平高低所制约的；概括是思维活动的速度，灵活迁移程度、广度和深度，创造程度等智力品质或思维品质的基础；概括是一切科学研究的出发点，是掌握规律的基础，任何科学研究的结论都来自概括。

从教学实践上说，学习和运用知识的过程是概括的过程。知识迁移的实质就是概括。没有概括，学生就不可能掌握知识、运用知识；没有概括，就难以形成概念，由概念所引申的公式、法则、定理、定义就无法被学生掌握；没有概括，学生的认知结构就无法形成，通过学习形成在意义上、态度上、动机上和技能上相互联系着的越来越复杂、越来越抽象的模式体系，就会发生困难；没有概括，学生就很难形成学科能力，因为任何一种学科能力都是通过概括表现出来并形成起来的。以语文学科的听说读写能力为例，听的关键是“听得好”，即会听，听得准确，抓住别人讲话的中心，理解所听内容的实质，这是“听”的概括能力的表现；说的关键是“说得清”，即掌握准确、鲜明、生动的口语表达特点，做到词达意明、层次分明、说到“点子”上，这是“说”的概括能力的表现；读的要素较多，分析课文，即分析段落层次、提炼中心思想、掌握文章脉络是读的重点，它以学生的概括能力为基础；写作能

① 朱智贤，林崇德.思维发展心理学［M］.北京:北京师范大学出版社，1986.

力发展也是一个概括化的过程，中小学生从“说”到“写”，从“读”到“写”（仿写）的两个过渡，都要通过书面语言条理化地、生动地表达出事物内在联系，这里就有一个综合、提炼的过程，即概括过程。数学能力也是以概括为基础的。数学能力在一定意义上说就是对数学知识的概括能力，所以中学数学特级教师李观博先生在课堂里进行基本概念的讲授时，强调数学概括能力的训练：重要的数学概念反复出现、反复巩固，以便学生合并同类项；用简洁、明白和通俗易懂的语言，引导学生一步步深入地概括；引导学生看书，在看书中慢慢地理出头绪，以提高数学概括能力。

由此可见概括在思维过程中的地位，以及概括能力在现实中的作用和重要性。正因为如此，概括也成为思维乃至智力训练的重要方面。我在基础教育改革心理学研究中强调，把训练学生的概括能力，作为发展学生思维乃至智能的一个重要环节，积极引导学生通过观察或语言，描述概念与知识所提供的感性材料；分清事物的本质特征或属性；给各类概念作解释或下定义；对已有的概念逐级归类组成新的概念。

三、学科能力

我在基础教育改革心理学研究中，深入地探索了中小学生学科能力，并在自己的专业中最早招收学科能力发展与促进方向的博士生。学科能力是学生的智力、能力与特定学科的有机结合，是学生的智力、能力在特定学科中的具体体现。学科能力又是衡量学生的智能乃至心理发展的一个重要的指标，是当前学科教育改革的一个中心问题。同时，学科能力也是一个被研究者长期忽视的问题。

任何一种学科能力，不仅体现在学生有一定的某学科的特殊能力，而且有着学科能力的结构，而这种结构，不仅有着常见的某学科能力的表层表现，而且有着与非智力因素相联系的深层因素。

我在考虑一种学科能力的构成时，是从以下三个方面来分析的。①

第一，某学科的特殊能力是这种学科能力的最直接的体现。要探索一种学科的学科能力，就要揭示这种学科的特殊性，找出最能直接体现这种学科的特殊要求与特殊问题的一般能力。在与语言有关的语文、外语两种学科能力中，听、说、读、写四种能力是其特殊的表现，只不过母语与外语在内容与形式上有着差异罢了。而任何一种语言，听、说、读、写都互为前提。在听、说与读、写的关系中，听、说是口头语言的理解与表达；读、写是对书面

① 林崇德.论学科能力的建构［J］.北京师范大学学报（社会科学版），1997（1）.

语言的理解和表达。口头语言和书面语言各具特点：口头语言生动、形象、活泼，口头语言表达要求思路敏捷、灵活；书面语言简练、严谨、规范，书面语言表达要求思路严谨、有条理。但它们又是相关的：口头语言是书面语言的基础，书面语言又可提升口头语言。在听、读与说、写的关系中，听、读是说、写的前提，说、写也是听、读的前提。因为听、读是“输入”，是“吸收”，是“内化”；而说、写则是“输出”“应用”和“外化”。这一进一出、吸收和应用、内化和外化，是辩证的统一。与数学学科有关的特殊能力，首先是运算（数）的能力和空间（形）的想象力。同时，数学是人类思维的体操，数学的逻辑思维能力也应该是数学学科的特殊能力。运算不仅是指数或数学运算，还包括各种数学式子及方程的变形，以及极限、微积分、逻辑代数的运算等；空间想象包括对空间观念的理解和对二维、三维空间几何图形的运动、变换和位置关系的认识，以及形象结合、代数问题的几何解释等。而这两种能力的核心和基础是数学的逻辑思维能力，它包括数或数学的概念、判断、推理等基本思维形式以及比较、分类、概括、类比、归纳与演绎、分析与综合等思维方法。运算、空间想象和数学中的逻辑抽象思维，共同构成数学能力的一般能力系统。每门学科都有特殊性，所以要揭示每门学科能力的特殊表现，例如，自然科学学科（物理、化学、生物等）要涉及实验能力，思想政治课学科须有观点采择和明辨是非能力，等等。所有这一切有关能力，体现了某一学科的特殊能力，并成为这种学科能力结构的表层成分。

第二，一切学科能力都要体现智力与能力的特点。我在教改实验中，强调概括能力的基础作用，强调思维品质的参与结构。人的思维是语言的思维或理性的思维。语言有两种功能，一是指示性；二是概括性。正因为如此，人类通过语言—思维达到交际的目的；人类把一般的联系或某一类从个别属性中分出以后，借助于概括性的词，思考一般的联系或某一类事物；人类在思考一般联系和某一类事物的同时，用语言去揭示内在异同点，加以系统化，例如生物学科的“门、纲、目、科、属、种”就是思维借助语言对生物知识系统化的结果，于是概括成为科学研究的关键机制。在学科能力的结构上，概括有三个重要表现：一是掌握概念，尤其是科学的概念，因为掌握概念是在概括的基础上形成的；二是形成概念—判断—推理，且越来越多地使逻辑思维形式趋向成熟和完善；三是借助内部言语，使概括不断“深化”“内化”和“减缩化”，在思想深处越来越多地“存储”类化、减缩化、密集化的知识系统。学生的学科能力正是其在获得学科知识的基础上通过概括化（或类化）而形成的。抓住了概括能力，也就抓住了学科能力的基础与核心问题。学科能力的结构，应有思维品质参与。任何一门学科的能力，都要在学生的思维活动中获得发展。因此，一个学生某学科能力的结构，当然包含体现个体思维的个性特征，即个体思维品质。于是，我们详细展示了数学、语文两科中各种特殊能力的思维品质表现。根据上面两点考虑，我才把语言能力看作以语言概括为基础，将听、说、读、写四种语文特殊能力与上述五种思维品质组成20个交结点的开放性的动态系统；把数学能力看作以数学概括为基础，将运算能力、空间想象能力和数学逻辑思维能力与五种思维品质组成15个交结点的开放性的动态系统。

第三，按大学科分类，学科可归纳为理科与文科，这相应地与抽象逻辑思维和形象逻辑思维、认知和社会认知紧密地联系。一般说来，理科的学科能力，更多地要与抽象逻辑思维、与认知相联系；文科的学科能力，更多地与形象逻辑思维、与社会认知相联系。至于大学科下属的具体学科，大致和大学科的思维或认知成分相对应，但具体学科可以作具体分析，包括交叉学科，更有其特殊性。不过，抽象逻辑思维与形象逻辑思维、认知与社会认知却体现着建构不同学科能力中思维或认知成分的特色。

综上所述，我获得学科能力的四个特点：学科能力以学科知识为中介，学科能力是一种结构，学科能力具有可操作性，学科能力是稳定的。正是从这四个特点出发，在基础教育改革心理学研究中，我把学生学科能力的发展视为培养其智力与能力的标志。

四、非智力因素

北京通县（现通州区）第一中学、第二中学和第六中学三所学校，1986年招收的新生，入学考试的最低成绩分别为193分、185分和121.5分（满分为200分）；智商测定分别为114.5、104.8和87.79（正常智商为90—100）。但通县六中狠抓学生的非智力因素的培养，加上其他实验措施，经过三年的努力，在初中毕业升高中的“中考”时，名列全县第二，仅次于通县一中。智商不满90的学生跻身于智商超过110学生的行列，做到智力有所发展，学习能力明显进步，学习成绩极大提高。1994年，通县六中被评为北京市中学“特色校”。这里不难看出教师在学生智力发展中的主导作用，以及从非智力因素入手来训练学生的智力与能力，从而提高教育质量的重要性。这也是我主持的全国26个省、市、自治区各实验点的一个共同的突出的措施，即抓学生的非智力因素或非认知因素的培养。由此，我获得一个结论：一个学生的成才，不仅要依赖于智力因素，而且更重要的是要依靠非智力因素或非认知因素。[①]

非智力因素是指与智力、能力有关的一切非智力（认知）、非能力的心理因素。非智力因素是一个整体，具有一定的结构和功能。非智力因素的结构，包括以下五个方面：一是与智力活动有关的情感因素，我们在研究中抓学生的情感强度、情感性质和理智感（或求知欲）

① 林崇德.智力活动中的非智力因素［J］.华东师范大学学报（教育科学版），1992（4）.

的培养；二是与智力活动有关的意志因素，我们在研究中重视学生目的性（自觉性）、果断性、坚持性（毅力）和自制力的培养；三是与智力活动有关的个性意识倾向性因素，即需要的形态，我们在研究中抓学生理想、动机和兴趣的培养；四是与智力活动有关的气质因素，我们在研究中重视学生心理活动的速度、强度和灵活程度问题；五是与智力活动有关的性格因素，我们在研究中重视学生的态度特征、意志特征和理智特征，个体是否勤奋，是直接影响一个人是否有成就的关键。

从非智力因素与智力因素相互作用的关系来看，非智力因素在学生智力发展和学习活动中起到三个方面的作用。一是动力作用，它是引起智力与能力发展的内驱动力。在研究中看到，优秀学生并非个个都有天赋，他们出色的成绩，多数来自学习的动机系统，包括强烈的求知欲、学习兴趣，以及由此产生的学习主动性和积极性。所以，我们在研究中重视学生兴趣的激发和学习动机的培养，以及积极情感的调动等诸多方面的培养。二是定型作用，良好的智力与能力的固定化，往往取决于学生原有的意志、气质、认知方式等非智力因素及智力与能力的各种技能重复练习的程度。三是补偿作用，即非智力因素能够补偿智力与能力的某方面的缺陷或不足。“勤能补拙”的事例在我们教学中是屡见不鲜的，学生在学习过程中的责任感、坚持性、主动性、自信心和果断性等性格特征，勤奋、踏实的性格特征，都可以使学生确定学习目标，克服因知识基础较差而带来的智力与能力上的弱点。在基础教育改革心理学研究中，我十分重视对中小学生非智力因素的培养。它使优秀学生“锦上添花”，给暂处后进学生增加信心和动力。于是，我们对实验班教师要求是掌握非智力因素概念的性质，并要求他们对学生培养非智力因素时，重视从整体性出发。我们在学生非智力因素的培养上，还提出四条主要措施，即发展兴趣、顾及气质、锻炼性格、养成习惯。

五、智能的发展模式

基础教育改革心理学研究，其目的是提高中小学生的智力与能力。智力与能力的发展，是发展心理学的主要研究课题。皮亚杰认知发展理论的一般观点，都认为是单维发展途径：感知动作思维（或直观行动思维）阶段—具体形象思维（或前运算思维）阶段—抽象逻辑思维阶段。当然，抽象逻辑思维又可以包括初步抽象逻辑思维（或具体运算思维）、经验型的抽象逻辑思维、理论型的抽象逻辑思维（后两种或叫作形式运算思维）。这种途径主要的特点是替代式的，即新的代替旧的，低级的变成较高一级层次的。（见图1）

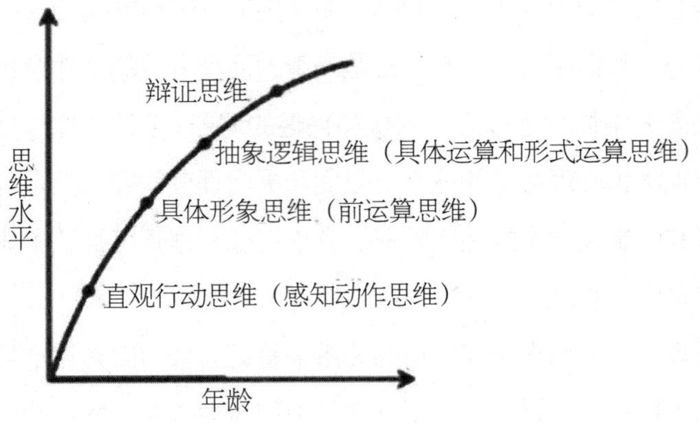

图1　替代式的思维发展模式

当然，这样分析有一定道理。但是，它也有一个难解之处，这就是如何揭示这些包括思维在内的智力与能力之间的关系和联系。我在基础教育改革心理学研究的基础上，提出了智能发展的一个新途径。①（见图2）

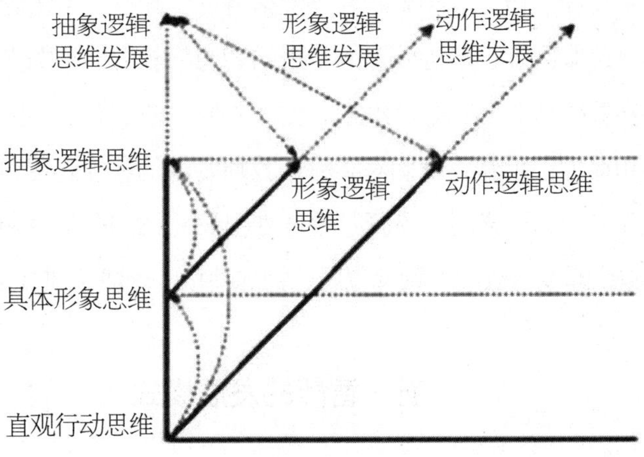

图2　思维发展模式

在个体发展的进程中，最初的思维是直观行动思维或感知动作认知。直观行动思维在个体发展中向两个方向转化：一是它在思维中的成分逐渐减少，让位于具体形象思维；二是向高水平的动作逻辑思维（又叫操作思维或实践思维）发展。动作逻辑思维以动作或行动为思维的重要材料，借助于与动作相联系的语言作物质外壳，在认识中以操作为手段，来理解事

① 林崇德.学习与发展［M］.北京：北京师范大学出版社，2003.

物的内在本质和规律性。这种思维在人类实践活动中也有重要的意义。例如，运动员的技能和技巧的掌握，某种操作性工作的技能及其熟练性，就需要发达的动作逻辑思维或操作思维作为认识基础。

具体形象思维是以具体表象为材料的思维。它是抽象逻辑思维的直接基础，通过表象概括，发挥言语的作用，逐渐发展为抽象逻辑思维。具体形象思维又是形象思维或言语形象思维的基础，通过抽象逻辑成分的渗透和个体言语的发展，形象思维本身也在发展着，并产生着新的特质。所以，形象思维又叫形象逻辑思维。形象逻辑思维，即形象思维以表象、想象和联想为思维的重要材料，借助鲜明、生动的语言作物质外壳，在认识中带有强烈的情绪色彩的一种特殊的思维活动。形象逻辑思维一方面是具体的、活生生的、有血有肉的、个性鲜明的形象；另一方面又有着高度的概括性。

在实践活动和感性经验的基础上，以抽象概念为形式的思维就是抽象逻辑思维。这是一切正常人的思维，是人类思维的核心形态。抽象逻辑思维尽管也依靠动作和表象，但它主要以概念、判断和推理的形式表现出来，是一种通过假设的、形式的、反省的思维。抽象逻辑思维，就其形式来说，就是前面已经提到过的形式逻辑思维和辩证逻辑思维。前者是初等逻辑，后者是高等逻辑。两者既有区别又有联系，它们是相辅相成的。

综上所述，各种思维形式之间的关系并不是简单的替代关系，而是替代与共存辩证统一的关系。所以，我在基础教育改革心理学研究中提出，必须重视各种逻辑思维的发展。换句话说，在教学实践中，既要发展学生的抽象逻辑思维，又要培养他们的形象逻辑思维和动作逻辑思维，任何一种逻辑思维能力都不可偏废。这被实验学校推行，也引起学术界的重视。①

六、教师教育

我在大量教育教学改革的研究成果中发现，学生成长与发展的关键是教师，教师素质的高低是决定智能培养与训练效果的关键。因此，我研究基础教育改革也必然要研究教师：研究教师素质的构成，研究教师素质与学生素质的关系，研究提高教师素质的有效途径。②

基础教育改革实验是中小学教师执行一定实验措施的实验，是依靠教师并控制教师某些教育行为的实验。干预成功，实际上是一种教师教学教育改革的成功。我们课题组在全国许多所中小学进行了教育教学实验。我在小学的教育教学实验中，主要通过三种手段抓小学生

① 李庆安，吴国宏.聚焦思维结构的智力理论［J］.心理科学，2006（1）.

② 林崇德.教育与发展——创新人才的心理学整合研究［M］.北京:北京师范大学出版社，2004.

思维品质的培养：一是直接抓实验小学，对实验班教师进行指导和培训；二是让实验班教师使用思维品质的载体——我们课题组编写的数学、语文两种教材；三是使用突出思维品质训练的数学、语文两科的练习手册。例如，北京琉璃厂小学是我们直接抓的一个实验点，教师按照课题组的要求进行思维训练，不仅对小学生思维品质的提高有显著影响，而且全面提高了教育质量，成为北京市对外开放的教育科学研究先进校。与小学不同，中学的教育改革课题组在吴昌顺、孙敦甲的带动下，主要依靠各个实验点的教师有意识、有目的地在学科教学中促进学生的思维品质的发展，进而提高智力水平和学习成绩。例如，江苏扬州中学的沈怡文校长，曾带领多个学科教师按思维教学的要求，使实验班学生的语文、历史、英语、物理、生物成绩和学科能力都显著地超过了对照班。由此可见，基础教育改革研究必须依靠教师，只有提高教师的素质，让教师掌握干预措施，才能保证教育教学实验的成功。

教师素质是指教师在教育教学活动中表现出来的、决定其教育教学效果、对学生身心发展有直接而显著影响的思想和心理品质的总和。我的弟子申继亮教授和辛涛教授帮助我构建了教师素质结构的五种成分：教师的职业理想、知识水平、教育观念、教育监控能力，以及教师的教学教育行为。为了简化起见，我把教师素质的这五个成分又概括为三个方面：教师的师德、教师的知识和教师的能力。我对培养学生思维品质的教学“干预实验”的成果，反映了实验点教师的师德、知识和能力的水平。

在基础教育改革心理学研究中，我又提出了“如何提高教师素质”的问题，这成了我国最早涉及“教师教育”的理论和实践问题之一。提高教师素质的途径有很多，我于1984年8月在中国教育学会学术大会的讨论会上提出：“教师参加教育科学研究，是提高自身素质的重要途径。”在那次会上，我呈递大会的录像带展示了四位实验教师培养小学生敏捷性、灵活性、深刻性、创造性这四种品质的成果，提供了20个实验班和20个对照班在四种品质上不同的数据。在一定程度上，这20位实验班的教师参与了我们思维品质培养的实验，即参加了教育科学研究实验。从中使我认识到，教师之所以要参加教育科学研究，是因为通过参加教育科学研究，可以学习教育理论，不断掌握教育规律；可以了解国内外教育发展的趋势，不断地与先进思想接轨，更新自己的教育观念；可以明确教育改革的实质，更好地当好教改骨干；可以提高他们的教育科研意识，改变他们的角色，因此，教师参加教育科学研究是非常必要的。我们课题组的经验证明，教师参加教育科学研究也是完全可能的。近30年来，参加我们课题组的中小学教师上万名，他们与我们一起培养学生的思维品质，发展学生的智力与能力，并发表了400多篇研究报告，其中10%以上的文章发表在中文核心期刊上。与此同时，所有研究报告几乎都突出一条：实验学校学生思维品质乃至智力提高了，学习成绩超过了相邻学校或非实验点班级的学生。我和这些中小学教师一起完成了从“七五”到“十五”期间（1985—2005年）全国教育科学规划的国家重点或教育部重点项目。

从30年的研究中，我得出的结论是：教育是一种传承文化、培养人才的社会活动，教育的目的在于促进人的发展和社会的发展。教育的实质到底是什么？我是研究发展心理学的，从自己的专业出发，我认为教育就是发展。作为从事教育工作的教师，促进人发展了，推进社会发展了，搞的就是好教育、出色的教育、成功的教育；否则，就没有搞好教育。

陈玉琨

1951年生，华东师范大学首批终身教授，博士生导师。现任华东师范大学考试与评价研究院院长、国际慕课研究中心主任。历任教育部中学校长培训中心、教育部华东教育干部培训中心主任；华东师范大学教育科学学院、教育管理学院、公共管理学院院长。社会兼职有全国教育管理干部培训专家委员会主任，国家教育考试改革专家委员会工作组成员等。著作包括《教育评估的理论与技术》（全国首届教育科学优秀论著二等奖）、《教育评价学》（全国第三届教育科学优秀论著一等奖）、《发展性教育质量保障的理论与操作》（教育部哲学与社会科学优秀论著二等奖）、《基础教育慕课与翻转课堂导论》（上海市哲学社会科学优秀论著二等奖）与《基础教育慕课与翻转课堂问答录》等18部，主编《人工智能入门》等图书25部，发表论文150余篇。获“当代教育名家”称号。

课程价值论①

一、课程价值引言

19世纪中叶英国实证主义哲学家、社会学家斯宾塞以一篇著名的论文《什么知识最有价值?》引发了一场知识在课程乃至在教育中的地位与价值的旷日持久的争论。

课程的价值是作为客体的课程和其学习主体之间的一种特定关系的反映，其本质是对备择学习领域及其知识相对价值的比较研究。如果说课程是学校教育的核心，那么备择学习领域及其知识相对价值的比较研究就是决定学校课程取舍的关键。

“什么知识最有价值?”这一问题的提出意味着：对教育而言，并非所有的知识都是有用

① 本文曾发表于《学术学刊》2000年第5期。

的，更不是所有的知识都具有同等重要程度的。“人类在漫长的岁月中积累了学问、知识、技艺等等系统知识，自古以来就被视为教育内容选择的重要视点。而且认为，人类知识是支撑社会存在与发展的支柱。夸美钮斯（J.A.Comenius）就是这一观点的代表。他的注重百科全书知识的主张形成了近代学校课程的基本特色。”① 斯宾塞的问题就是对传统的古典主义教育观点的挑战。

“什么知识最有价值?”斯宾塞的回答是：“一致的答案就是科学。这是考虑到所有各方面得来的结论。”“为了直接保全自己或是维护生命和健康，最重要的知识是科学；为了间接保全自己，即所谓谋生，有最大价值的是科学；为了正确地完成父母的职责，正确指导的是科学；为了了解过去和现在感受生活，使每个公民能合理地调节他的行为所必不可少的是科学。同样，为了各种艺术的完美创作和最高欣赏所需要的准备也是科学。而为了智慧、道德、宗教训练的目的，最有效地学习还是科学。”② 在斯宾塞看来，科学作为学校的教育内容，对学生来说具有最大的价值。

作为哲学家，斯宾塞从人生活的需要去分析了知识在教育中的相对价值，其影响是深远的。他的基本思想可以概括为：第一，教育的重点应放在维系人类生活的各种活动上；第二，培养人们卓有成效地完成这些活动的教育才是有价值的；第三，科学是课程的重点，因为它有助于有效地完成人类生活的活动。然而，他从功利主义出发得到的观点，是与历来的学科价值观针锋相对的，并且，从其提出的那天起就受到不少教育家的抗争与反对。“什么知识最有价值?”至今仍然是课程价值研究中最有魅力的问题。为此，本文从历史上最有代表性的几种课程价值观的分析开始，对现代课程价值作一些探讨。

二、几种不同的课程价值取向

在教育发展中，课程价值取向纷繁复杂，可以说，每个教育工作者都有自己对课程的价值认识。然而，在这种纷繁复杂的价值观中，人们可以辨认出主要有以下三种（当然，在这三种以下，人们还可以分析出多种流派）：

（一）知识本位的价值取向

知识本位的倡导者认为：知识引导着人的整个生活，因而，“要把教育建立在知识的本质及其重要性的基础上，而不是建立在儿童的偏好、社会需要或政治家的意愿基础上”。为此，

① 钟启泉.当代课程研究展望：语义与意义［M］//当代中小学课程研究丛书，济南：山东教育出版社，1998：总序.

② 斯宾塞.教育论（1859）［M］.胡毅，译.北京：人民教育出版社，1962：43.

课程“则必须根据知识本身的状况与逻辑来组织”。①

知识本位在希腊时期的自由教育中就十分风行，在战后英国三大课程流派之一的“知识课程论”学派中得到理论的提升。②

知识本位的倡导者要求根据知识的分类和知识与知识之间的内在逻辑来组织课程，学习一部分知识对学习另一部分知识是必需的，因此学习这一部分知识被看成学习另一部分知识的必要“准备”。学生已经为后续知识的学习准备了充分的基础了吗？这便是有些教师与教育工作者判断一定阶段教育质量的依据。

在实践中，由于在历史上形成的教师在教学活动中的优越地位和教育与社会联系的间接性特点，教育系统在很大程度上几乎成为一个封闭的系统，从而使教师们在教育活动中很容易认同这种课程价值观。此外，知识界从来就有着执着地追求真理的传统与为真理不惜牺牲一切的信念，这种传统与信念是社会文明进步的动力。一些知识在其发现的最初阶段，甚至在一段较长的时间里它的应用价值并非是那么明显的。这一切就构成了知识本位课程价值取向合理性的基础。教育工作者非功利追求的精神和不畏权贵的人格特征更赢得了人们对这种价值观的强烈认同，这就使得即使在社会功利追求日益风靡的情况下，知识本位的课程价值观至今仍有重要影响。以至于在世界各地，社会与政府部门多年来一直在运用各种手段对其加以纠正。但是从实际效果来看，至今仍然收效甚微。

（二）社会本位的价值取向

社会本位的课程以满足社会（主要是以国家、民族和社区发展）的需要作为课程与内容价值的基本取向。

社会本位的课程价值取向集中地表现在国家主义的教育课程中。德国著名的哲学家费希特是其代表人物。1806年普鲁士在与法国的战争中失败，垂于亡国边缘。费希特痛心于祖国的耻辱，在法军的监视下，作14次“对德意志国民的演讲”。在这些演讲中，他要求，教育要以爱国主义为号召，激发青年一代的朝气，恢复国家的独立。德意志复兴后，费希特被称之为“复兴国家之父”。“良师兴国”的结果是欧洲民族主义思想的勃兴，国家主义普遍受到重视，课程则被要求充分地反映国家对青年一代的期望。

从国家（民族、社区）的观点来说，这种价值又可分为政治价值、经济价值、科学技术与文化发展的价值等方面。

就政治价值来说，本土的语言、历史、文学、地理和公民教育是最具价值的。法国教育

---

① 单丁. 课程流派研究［M］. 济南：山东教育出版社，1998：392—393.

② 关于“知识课程论”的有关论述，可参见张文军博士论文：赫斯特知识课程论述评［J］. 外国教育资料，1999（1—2）.

部原部长约斯宾（Lionel Jospin）在1989年6月介绍一项新的教育法案时说道："法国的学校，和其他任何国家的学校都不同，它是我们文化遗产的一个生动的组成部分；是我们大家引以为豪的源泉；是锻造法兰西民族特性的大熔炉。"一位协调法国中小学课程计划执行的法国总督学曾这样解释法国的课程："法兰西共和国的统一不是抽象的，它要以知识和文化的统一为基础……从小学到中学，年轻人都必须接受统一的知识，特别是涉及法兰西过去的各个方面：文学、历史、公民教育。国家教育计划必须提供一种统一的文化……这样才能保证社会的统一性。这是一项基本原则。"

就经济价值和科学文化价值来说，有助于国家与民族发展的课程是应予以优先考虑的。1997年2月4日美国总统克林顿在其连任后发表的国情咨文《为了美国的教育，行动起来!》中，提出"国家将制定教育标准，这不是联邦政府标准，而是全国的标准，该标准将反映我们全体学生所必须懂得的在21世纪的'知识经济'中获胜的内容。每个州和每所学校必须设置足以反映这些标准的课程，培训教师以使学生得以符合标准，为了帮助学校达到标准和测量他们的进步，我们将于下两年加倍努力，并在阅读和数学两门课程中实施全国统考"。[①] 除此之外，自然科学与信息科学在现代社会常被当作最能满足这一需要的，因而，在众多国家被列在学生必修的"关键学习领域"。

这种价值观在教育活动中的表现，就是依照社会需要制订教育目标，并据以设计组织学校教育课程，最后以教育目标实现的程度判断课程质量的高低。学校教育实践中广为流行的教育评价的泰勒模式，就是这一价值观的体现。除此之外，对泰勒模式的改进或修订还产生了其他许多新的教育评价模式，如系统分析模式、CIPP模式、CSE模式等等，它们共同的特点是注重外部需要，并以满足外部需要的程度作为评价教育质量高低的标准。[②]

这种以外部需要为标准的课程价值观引起了许多人的不满。教育界有人提出，教育是学生的自我实现过程，因此，学校课程应着眼于学生个体的认知、情感、兴趣、特长、意志、品质等方面的发展。英国哲学家罗素曾以日本为例说道："现代的日本最清楚不过地说明了一种趋势：把国家强大作为教育的最高宗旨——日本的教育目的是通过培养学生的爱国热情来造就为国献身的公民，并且使他们用所学的知识为国家效劳。"罗素对这种教育作出如下评价："自从培里准将率领他的海军舰队抵达日本以来，日本人一直处在自我保存的境地之中；假如我们认为自我保存不该受到责备，那么，日本人的成功就可证明其方法的合理性。——除了这种危急的形势外，任何国家采用这种方法的话，都该受到谴责。"[③]

① 陈玉琨，钟海青，江文彬．90年代美国的基础教育［M］．广西：广西师范大学出版社，1998.

② 关于系统分析模式、CIPP模式、CSE模式的评述，参见陈玉琨著．教育评价学［M］．北京：人民教育出版社，1999.

③ 罗素．美好生活的教育目的［M］//瞿宝奎．教育学文集．教育目的．北京：人民教育出版社，1989：487.

（三）学生本位的价值取向

学生本位课程价值论者主张尊重学习者的本性与要求，主张学校的职能是“使人充分地培养成为名副其实的人，而决不能只是提供人力资源”，学校课程的价值就在于为每个学习者提供真正有助于个性解放和成长的经验，重视人的存在，强调学习的内部动机基础。用罗素的话来说，我们不应当把学生当作手段，而应当把学生的发展本身当作目的。这种价值观强调学生作为人的自由与独特性、整体性、自我指导性，认为学生理智的训练、心智的发展和完善比功利的目的更重要；人格的陶冶比知识的掌握更重要。这种强调学生个体自由发展的课程价值观，与强调满足外部需求的课程价值观相比，给了学生以自主的人的地位，学生已不再被当成是为适应外在的目的被训练的对象，而是在学校和教师的帮助下，完成一定阶段上自我实现的人。

从人的发展出发，罗素认为：“有四种特质共同构成了一种理想性格的基础，它们是活力、勇气、敏感和智慧。”① 是否有利于帮助学生形成这四种特质，这就是罗素为我们确立的课程价值判断的标准。

三、多元与整合：现代课程价值取向演变的趋势

前述的三种课程价值观所反映的，是人们站在不同的立场上对教育的不同看法。教育在当代社会受到重视的最根本的原因，是它对社会发展，尤其是经济发展巨大的促进作用。因此，社会本位的价值取向大行其道并不令人感到意外。但是任何事情都有一个限度，在为追求经济发展的目的而忽视学科的自身逻辑与在教育中日益压抑人性的发展时，人们开始重新重视课程的学术价值与教育的人文价值是毫不足怪的。在课程价值取向问题上，我们走过的弯路太多了，当那些各执己见的评判者至今仍然在上述三点之间打转转的时候，实践已经走在了我们的前面，当代的课程在价值取向上已经形成了整合的趋势。

（一）人性与功利性

从19世纪中叶一直到20世纪80年代，造就“完整健全的人”与“满足人的需要”两种课程价值取向一直处于矛盾和争执中。进入80年代后，二战以来世界快速发展中带来的问题逐渐暴露了出来，经济快速发展之后社会的矛盾和问题不仅没有消失，反倒逐渐显现出来，并且不断在激化，传统的发展模式进入了“发展的极限”。世界在徘徊中酝酿变革，在反思中探讨未来的发展方向，人们对教育在建设一个更加美好的世界中的作用寄予前所未有的厚望，

① 罗素．好生活的教育目的［M］//瞿宝奎．教育学文集．教育目的．北京：人民教育出版社，1989：492.

教育担负着为解决人类面临的一系列问题，确保可持续发展作出贡献的新的历史使命。为此各种教育思想、课程价值取向都在总结与反思，人们发现，一种课程价值取向在解决人类面临的不同问题时常常是矛盾和冲突的。环境恶化、人口激增、民族矛盾、地区冲突、社会排斥、道德沦丧、失业增加、吸毒、犯罪等等，这众多的社会问题的解决，既需要个人的自我觉悟，需要文化的认同与理解，更需要个人职业发展与职业能力的提高。这是社会与个人的问题，建立在一种课程价值观基础上的学校教育显然不能担负这样的历史使命。世界的课程理念开始出现统整的新趋势，人们不再非此即彼的选择一种课程价值观，每种课程价值观都在反思自身的不足，吸收不同课程理念的长处和优点，努力适应变革的新时代的要求。

90年代世界信息化速度大大加快，科技革命已经开始导致世界一场新的变革，一个个性化的新时代已经到来。历史上的两种课程价值观在这样的时代都有了体现的机会，在知识经济中达到了统一，越来越体现出两者互为条件、互相依存的新现象。新的科技知识的教育，对人的心智发展至关重要，而同时又能增强人的职业适应能力。知识是个人完善的基础，同时也是个人职业发展的前提。通常的人文教育是以“人”为中心的，在这样一个个性化的时代，这样的教育对于学生把握个性化市场需要却具有十分重要的“实用”意义。一种逻辑的思维能力在商业活动中可以发挥十分重要的作用，体现出“有用性”。计算机、多媒体和网络，既是人们在信息时代生存的条件，也是一个人理解世界的钥匙。两种课程理念逐渐走向统合，这是新世纪世界课程改革发展的新趋势。

（二）社会的发展与人的发展

教育应满足人的发展的需要还是应满足社会发展的需要？在社会本位论中，社会的利益超越个体利益，社会的利益就是个体利益的最高准则，个体没有也不应当拥有超越社会的利益。因而，教育，如同任何其他事物一样，首先是为社会服务的，应当依照社会发展的需求去造就个人。而在个人本位论中，更强调个体的独特性，强调个人存在的价值，个体存在本身被当作是其价值的合理前提，因此，它强调个体发展的需要优于社会发展的需要，人不应当被当作社会发展的工具去训练，而应充分实现自我，使个体的潜能得到充分的发挥。教育的目的应当是促进个体全面、自由的发展。

这两种教育价值观是对立的还是互补的？人是否可以不依赖社会而完成自我实现？社会的发展一定要压抑个体的发展才能实现吗？抑或社会的发展与个人的发展是互为前提的？人生活在一定的社会关系之中，互相依存，个体一旦离开社会，就失去了发展的可能性。社会发展的水平，决定了作为其成员的个人发展的可能性，社会的发展是个人发展的必要条件，人的自由、自觉的发展，只有到社会发展到一定的阶段才能实现。另一方面，社会毕竟是由个人构成的，社会的发展水平是以个体的发展水平为重要标志的，没有个体的发展，社会的发展也就无从谈起，只有人的发展才能推动社会的发展，在这一意义上，人的发展又是社会发展的必要条件，是社会发展的目的。因此，人的发展与社会的发展并不是对立的，而是互相促进、互为条件的。

然而，在过去的几十年中，经济的发展一直被许多国家，特别是发展中国家当作是社会发展主要的甚至是唯一的目标。经济增长率长期被当成是衡量经济发展的最主要的指标。在教育经济学盛行的六七十年代，教育更被当作是促进经济增长的重要手段，被看作是人力资源开发系统，学校成了未来劳动力的训练机构。在社会发展中对经济发展的强调，使得整个教育系统甚至整个社会愈来愈受经济利益的驱动，人的教育在某种程度上不仅被社会视为促进经济发展的手段，甚至被人自己当作追求经济利益的手段。但是，在许多发展中国家，对经济发展的片面追求和教育对人的劳动工具化训练不仅没有收到促进经济发展的预期效果，反而带来了许多新的社会问题。教育越来越沦为经济活动的简单工具，背离了促进人的发展和社会发展的目标，降低了它自身存在的价值。这是需要引起我们警觉的。

一个高度发展的社会不仅仅是一个经济高度发达的社会，而且是一个精神文明同样高度发达的、把人的发展当作目的，并使人在一定的条件下尽可能得到充分发展的社会。时代的发展要求现代教育成为发展人的教育。

（三）科学的逻辑和人与社会的发展

很少有人否认，教育有着客观的规律、人的认知与情感的发展也有着自身的逻辑。教育能够违反这种规律与逻辑吗？答案当然是否定的。

但是，人之成为人就在于他的任何活动都是有意识、有目的的。他在认识必然的基础上，努力向自由王国前进。人不能只是规律的奴隶而不懂得对规律的利用与选择。

知识本位的课程价值观假设：知识是人理性之源，为善之本。因而，必须根据知识自身的逻辑来组织课程。然而，人们不难发现，这一理论的一个重要失误在于：他们忽视了一个简单的事实：知识无限，人生有涯。在有限的生命里，人们不可能掌握所有的知识，因而，“什么知识最有价值”，是任何教育工作者所不能不回答的一个重要问题。显然，这一问题从知识本身来说是无法找到答案的。知识本身并不能证明自身的相对价值。知识的价值只能从它对人和社会的发展中寻求。知识对人理性与善的促进，对社会发展的贡献程度是知识相对价值的判断依据。

事实上，为知识而知识这样的思想是如此的根深蒂固，以至于今天的一些教育者，仍然认为这是不证自明的真理。于是在当今的学校课程中出现了人们所批评的那种情况：过分狭隘地集中于学术准备，排除了个人、社会和职业的目标，过于偏重理论，只是指向考试和高一级的学术训练，以致学生认为他们的学校生活枯燥乏味，与真实生活相去甚远。然而，这一切却被不少教育者认为是神圣不可侵犯的。

科学的逻辑是一种客观的存在，人们无法违背这种存在，但人们有能力也应该充分利用这样的规律和逻辑。教育本质上要满足学生的需要，学习者有选择课程的充分权力，但这样的选择不应违背教育的规律和科学的逻辑，应是在这种限制范围内的自由选择。同样，教育规律和科学逻辑是应该遵循的，但遵循这样的规律是为了更好地满足学生的需要。这里必须明确目的和手段的关系，遵循和利用教育规律、科学逻辑是手段，而满足学生的需要是目的，当我们把手段异化为目的的时候，这种教育的价值也就失去了合理的基础。

同样，任何的教育和课程只能在尊重教育规律、科学逻辑的基础上为社会发展服务，一味强调教育为社会发展服务而不顾教育的规律和科学的逻辑，就无异于杀鸡取卵，这样的教育无法得到成功，最终也无法满足社会的需要。然而，教育不能背离社会的需要，否则就连教育发展所需要的基本资源都难以获得，教育自身的存在也会成为问题。

课程，或者学生学习领域的选择不能不尊重教育的客观规律与科学发展的自身逻辑，但是，这种尊重是在既定的社会条件下，合目的性与合规律性统一下的尊重。教育是一种以促进社会的发展和人的发展为目的的活动，离开了这一目的，任何教育都是盲目的，无的放矢的。离开了这一目的，学校课程的价值也是令人怀疑的。

四、课程价值取向与课程质量依据

课程是实施教育的手段和途径，任何课程都是为实现一定教育目标服务的，课程的价值选择以教育价值为基础，同时，它又为判断课程质量提供了依据。现代的课程价值观呼唤现代的课程质量观。

从本质上来说，教育机构所培养的学生、创造的知识以及提供的服务是教育质量的载体，教育机构的教学、科研与社会服务等各项活动通过它所培养的人才、创造的知识以及科技服务满足了社会的需要，这是教育质量的重要方面；教育机构通过课程及其各种教学活动对学生个性发展的促进，这是教育质量的另一重要方面。全面的教育质量是由这两方面的充分程度来加以表征与反映的。

然而，无论什么样的教育，只有通过具体的教育活动才能实现。教育的客观规律与科学发展的逻辑是对教育质量实现程度的现实限制，这一现实的限制是需要尊重并且必须认真对待的，由此产生的教育质量是派生质量。这就是说，如果一种学习或者一项研究它不能满足社会或人的发展需要的话，它就没有质量可言。然而，当把它作为后一项学习或后一项研究提供了必需而有充分的准备，而后一项学习或研究可以为社会或人的发展作出贡献，前一项学习或研究由此就获得了意义。前一项学习或研究对后续学习或研究提供准备的充分程度作为一种质量，它由后续学习或研究的意义所衍生，为此，我们把它称作派生质量。它可以作为教育质量度量的尺度，但是，它毕竟不是教育的实质质量。理解这一区别对于正确把握高等教育质量，从而对于正确把握课程质量的本质至关重要。

由此，我们得到如下的看法：课程质量是教育机构在遵循教育客观规律与科学发展的自身逻辑基础上，在既定的社会条件下，培养的学生满足社会现实和长远需要的充分程度和促进学生个性发展的充分程度。

所谓“既定的社会条件”强调的是：社会需要与学生个性发展的要求是随着时代的变化而变化的。课程质量标准是人们在特定的社会条件下的课程价值具体的抉择，是与决策时的社会环境和教育环境相适应的。时代在变，社会需求和个人需求也在变。一个与原有的特定条件相联系的具有特定内容的课程质量标准，并不能必然地与变化了的环境相适应。因此，课程质量标准也应随着社会的变化对新的环境条件作出及时而有效的反应，不断地更新、丰富和完善，以适应变化了的新形势。在我们这个世界上，只有变化是永恒的。课程质量标准的内容惟有不断地随着世界的变化作相应的调整，才能使学校的教育教学活动沿着人们希望的方向发展。如果固守既定的条条框框，一个旨在引导教育更好地为社会发展与人的发展服务的课程质量标准，只会变成教育自身发展的桎梏。

胡大白

1943年生，河南郑州人。黄河科技学院董事长，第十届全国人大代表。先后主持全国教育规划“十五”重点课题《中国高校类型定位的政策导向研究》子课题“民办高校的定位与特色研究”等多项国家课题，出版理论专著《感悟与探索》等多部，发表《试论民办本科高校人才培养模式改革》等有影响的学术论文数十篇。享受国务院特殊津贴，第三届“中国十大女杰”，“全国三八红旗手”，获“当代教育名家”称号。

发展民办高校与实现高等教育大众化[①]

一、我国民办（私立）高等教育在改革开放中蓬勃发展，趋势喜人

20世纪80年代，民办高等学校在我国中断了30多年之后重新登台亮相。一大批热爱民办高等教育的志士仁人，以强烈的使命感和责任感，以真诚和执着、汗水和智慧，改革探索，艰苦创业，构筑了中华高等教育领域一道亮丽的风景线。截至1999年底，全国民办高校和高等教育机构已达1200余所，其中，经教育部批准参与普通高等教育统一招生、具有颁发学历文凭资格的学校37所，进行高等学历文凭考试试点的学校370所，其他民办高校教育机构800

① 本文曾发表于《海淀走读大学学报》2001年第1期。

余所，共有在校学生约150万，成为一支不可小觑的新生力量。这些民办高校坚持资金自筹，办学自主，自我积累，滚动发展，由租赁校舍到自建校园，由外聘教师授课到建立自己的教师队伍，由教学条件简陋逐步实现教学设施现代化，由管理粗放到管理科学规范，内强素质，外树形象，不断扩大办学规模，提高教学质量，树立良好信誉，为国家培养了大批人才，顺应了市场经济发展的需求，缓解了因政府包揽办学财政不堪重负的压力，满足了广大适龄青年求学成才的迫切愿望，使众多高考落榜生圆了自己的大学梦，提高了就学率，降低了就业人口的压力，涌现了一大批规模较大、实力较强、教学质量优良、颇具发展后劲的学校，为21世纪民办高校的可持续发展奠定了良好的基础。

我所在的黄河科技学院，位于黄河之滨的郑州市。郑州是全国人口最多的河南省的省会，是一座既有中华民族古老文明，又具现代都市繁荣昌盛的中原名城。改革开放以来，郑州市经济快速发展，城市建设日新月异，是著名的商贸城和工业基地。黄河科技学院得益于郑州优良的社会人文环境，依靠国家大力支持民办高等教育发展的政策，自1984年10月创办以来，经过16年的改革探索，艰苦创业，实现了三大步跨越。第一步，由举办业余制高等自学考试辅导班到全日制自学考试辅导班，适应了市场经济发展的需求，学校规模迅速壮大。第二步，1994年2月经国家教委批准，实施普通高等(大专)学历教育。第三步，2000年3月经教育部严格评审，获准实施本科教育，成为全国第一所民办本科普通高校。目前，学校占地500多亩，校舍建筑面积15万平方米，累积校产2亿多元，开设7个学科，23个专业，在校学生万余人。十多年来，不花国家一分钱，培养了2万名本、专科毕业生和各类专业人才，受到社会各界的广泛好评和政府的多次奖励。先后有12个国家的36个代表团来校参观考察，已与美国、加拿大、日本多所院校结为友好学校。

在全国1200多所民办高校中，多数民办高校主要依靠收取学费来维持运转和建设，借鉴产业管理经验，尽量节约教育成本，争取规模效益，做到自负盈亏，略有节余，自我积累，滚动发展；有一部分民办高校由国有企事业单位或民营企事业单位投资，或以土地房屋参与合资；还有少数民办高校以股份制模式办学，如广州私立华联学院在几年前就实行股份制，设法人基金股、创办人股和普通股三大类，法人基金股由全校教工的办学积累及社会捐款构成，部分划归教职工个人名下；创办人股为学校创始人及以后为学校发展有重大贡献者而设；普通股为个人或团体投资所有，可以转让、继承、赠予。此外，还有个别民办高校获得政府直接或间接的经费支持，可称为“民办公助”。不论哪种模式，在发展过程中都不是一帆风顺的，困难与挫折不断出现。特别是为了做到既要学费低廉，能为普通群众所接受，又要教学质量优良，以取信于民，就更为艰辛。促使学校创办者和管理者在办学模式、管理模式、运行机制等方面大胆创新，打破长期计划经济体制下形成的单一公办教育的办学模式，在紧跟社会需求办学、充分利用资源开放办学、建立高效的运行机制、多渠道筹措资金、毕业生自主就业等方面，积累了丰富经验，取得了丰硕成果，是对传统高等教育体制的冲击，推动了整个高等教育系统改革的深入，导致一系列新的变化。从这个意义上来说，民办高等教育不只是公立高等教育发展的简单补充，还是全国高等教育改革和发展的重要力量。

二、民办高校在实现我国高等教育大众化事业中肩负重大的历史责任

我们所处的时代，知识经济已见端倪。知识经济较之工业经济更加依赖知识和智能。各国经济竞争归根结底是人才的竞争，尤其是高层次优秀人才的竞争。人才培养靠教育，经济建设和社会发展对高等教育的要求之高是空前的，可以说知识经济是一种建立在高等教育大众化和普及化基础上的经济。因此，加快步伐发展高等教育，已经成为各国发展经济、增强国力的战略举措。

我国根据时代要求，加快实施“科教兴国”战略，决定把实现大众化作为21世纪最初十年高等教育发展的主要目标。教育部制定的《面向21世纪教育振兴行动计划》和《中共中央国务院关于深化教育改革全面推进素质教育的决定》中明确提出，到2010年我国适龄青年受高等教育的比例要达到15%以上，跨进高等教育大众化的门槛。从国外高等教育发展的经验来看，大众化不仅指规模扩大、量的增加，还要有质的变化。这个质的变化，包括教育观念的转变、教育功能的扩大、教育模式的多样化，以及学术方向、课程设置、教学方式、招生条件、管理方式、学校与社会关系等一系列的变化。许多国家在传统大学之外，设立不同于精英教育的大众型高等院校。如美国的社区大学，日本的短期大学等。这些学校多是开放的、面向大众的、能自由入学的高等教育机构，适应社会的不同需求。我国是穷国办大教育，财力有限，实现高等教育大众化，应大力发展民办高等教育，尽快建立以政府办学为主、公办高校与民办高校共同发展的格局。朱镕基总理在全国教育工作会议上强调“在发展民办教育方面可以迈出更大的步伐，鼓励社会力量以各种方式举办高中阶段和高等职业教育，有条件的也可以举办民办普通高等学校。”还说：“我国是穷国办大教育，不走多种形式办学的路子，别无选择。”表达了政府对发展民办高等教育的重视和决心。国家对民办高等教育的发展寄予厚望，我们民办高校的同人要深刻认识肩负的重大历史责任，要在实现高等教育大众化的事业中，抓住机遇，迎接挑战，以前所未有的积极性和创新精神，充分利用主客观有利条件，努力实现自身的发展。当前，应着重解决好以下问题：

（一）解放思想，增强信心

解放思想的关键是深刻领会党的十五大和全国教育工作会议精神，认清高等教育大众化历史进程中民办高校的地位和作用，去掉自卑感，信心百倍地上水平、求发展。长期以来，我们误解了社会主义，不认识社会主义处于初级阶段，片面要求一切“公有”。这种观念不转变，民办高校就很难有大的发展。十五大关于调整和完善所有制结构、公有制实现形式多样化的思想，是对社会主义所有制理论的重大突破，使非公有制的地位从“对立”“补充”到共同发展。有利于消除对民办学校的偏见；促使政府在办好公立学校的同时，支持民办学校的发展，促使学生和他们的家长确信：“不管公校私校，能教好学生就是好学校”；促进民办高校的教职工深刻认识：“不管公校私校，能体现自身价值、展示自我才华就是好学校。”为民办高校的迅速发展奠定了坚实的思想基础。

（二）理清思路，找准位置，弄清民办高校在高等教育大众化事业中担当的角色

民办高校与公办高校相比，有许多先天不足，明显处于劣势，不宜走公办高校的老路，但又不能违背人才教育的共同规律，另搞一套。比较现实的选择是：在民办公办共同发展的体制中，民办高校以市场需求为导向，以培养有实践能力的创新型人才为目标，发挥办学自主、信息灵通、贴近社会、机制灵活的优势，大量培养第三产业、高科技产业、新兴职业岗位的人才，以及“三资”企业急需的国际金融、国际贸易、市场营销、外事服务人才，乡镇企业急需的专业技术、经营管理人才，以满足市场经济对不同层次人才的需求。

（三）坚持以质量求生存，以特色求发展

高等教育大众化，对民办高校的办学特色和教育质量，提出了更高的要求，我们要认真贯彻全国教育工作会议的精神，全面实施素质教育，按照有实践能力的创新型人才的标准，在全面提高学生思想政治素质的基础上，大力加强对学生解决实际问题的创新能力的培养，避免读死书、死读书。为此，要改革课程设置，调整教学内容，使专业教育与通识教育相结合，理论与实际相结合，科学知识与科学方法相结合。注意教学的实际操作和实验环节，多给学生创造接触实际的机会，促使他们学会结合。在整个教学过程中，不能把单纯掌握知识作为目标，还要采取有效措施让学生在学习科学知识的同时，懂得该学科的科学方法及其价值，改变重结果甚于过程、重标准答案甚于智力开发的做法，达到知其然、也知其所以然。并通过对科学知识的理解与对科学方法的把握，培养科学态度和科学精神，使学生崇尚真理、勇于怀疑、善于发现，具有提出问题、分析问题、解决问题的能力，成为敢于大胆推陈出新的人才。

三、政府大力扶持民办高校发展是实现我国高等教育大众化的重要保证

实现高等教育大众化，增加资金投入是前提。大众化与政府资金投入不足的矛盾，是世界性问题。为了解决这一矛盾，无论发达国家或发展中国家，都很重视私立高等教育的发展。美国私立高等院校发展历史悠久，哈佛大学、耶鲁大学等私立名牌大学是美国高等教育的骄傲，美国将私立高校看成是自负盈亏、相对独立的法人经济实体，私立高校至少在财政和行政管理方式上是按产业模式来运作的，政府除给予一定拨款扶持外，主要是营造私立高校发展的良好法律环境，规定向教育捐款可以免收资产税、营业税和捐赠收入税，鼓励社会各界对私立高校捐资。日本曾经长期不给私立学校以经费扶持，但在1975年颁布了《私立学校振兴助成法》，政府对私立学校给予三方面资助：税收上对学校法人实行优惠；提供长期贷款；对办学经费给予财政补助。该法实施后对私立高校的资助额将近学校日常经费的一半，促使私立学校与公立学校一样有了很大发展。1994年，日本私立高校学生占全国高校在校学生的76%。韩国、马来西亚、泰国、菲律宾、巴西、哥伦比亚等发展中国家，在向高等教育大众化迈进过程中，也都大力发展私立高等教育，私立高校学生数占高校学生总数的比例不断上升，如韩国1995年为82.2%，泰国1995年为45.8%，马来西亚1996年为24%[①]。相比之下，我国民办高校所占比重实在太小。现在，政府已经确定要尽快建立公办学校与民办学校共同发展的新体制，如果民办高校占不到一定比例，没有多少分量，怎么能实现“共同发展”呢？不能共同发展，就很难发挥民办高校在高等教育大众化进程中的作用，势必拖大众化的后腿，从这个意义上说，民办高校的发展是影响高等教育大众化的一个关键环节。因此，借鉴国际经验，大力扶持民办学校，加快我国民办高校建设发展的步伐，是实现高等教育大众化过程中既重要又紧迫的一件大事。当前，要重点解决以下两个问题：

第一，政府决策层要提高认识，转变观念。由于我国长期实行高度集中的计划经济体制，政府包揽办学，人们对民办高校的成长发展必然经历由轻视到重视、由歧视到支持的认识过程，直到1997年国务院颁布的《社会力量办学条例》中，还有“严格控制民办高等教育的发展”的条文。此后，虽然在《面向21世纪教育振兴行动计划》和《中共中央国务院关于深化教育改革全面推进素质教育的决定》中，出台了积极发展民办高等教育的政策，并相继审批了十几所实施高等学历教育的民办高校，但这并不意味着思想认识问题的完全解决，提高认识、转变观念将伴随我国民办高等教育发展的全过程。目前，政府决策层要转变忽视、歧视民办高等教育的观念，树立主动服务和切实扶持的思想；转变教育是单一公益事业的观

① 谢作栩.论高等教育大众化的两大走势：国营化与民营化［J］.黄河科技大学学报，1999（3）：24.

念，树立教育产业、积极引入产业管理模式的思想。思想观念的转变，是制定政策、落实政策的先导，是营造民办高等教育发展的宽松环境、促进民办高校加快成长的关键。

第二，要借鉴国际上扶持私立教育发展的具体做法，制定一整套鼓励支持民办高校发展的政策法规，以政策法规的创新，来开创发展民办高等教育的新局面。政策法规的制定和完善要从实际出发，有针对性，着眼于解决制约民办高校发展的主要问题。发展资金不足和师资队伍不强是多数民办高校普遍存在的突出问题。据中国成人教育协会全国民办高等教育委员会1998年“百所民办高校的调查统计”，在102所民办高校中，由于资金紧缺，有70所长期租用校舍，50%以上的学校校舍建筑面积不到1万平方米，校舍建筑面积4万平方米以上的学校只有10所。教师队伍的状况更令人担忧，在90所有专职教师队伍的学校中，专职教师不足20人的35所，20至40人的24所，两者相加有三分之二的民办高校专职教师不足40人，大量教学工作由兼职教师担任。这两大难题如果不解决，民办高校生存都将出现危机，更谈不到发展。在两大难题中，资金是主要矛盾，有了资金，不仅可以自建校舍，也可以重金招聘优秀教师。因此，政府扶持民办高校，最主要的是从法规政策上扩大民办高等教育的筹资渠道，除了支持民办高校引进产业管理模式，建立自负盈亏、自我积累、滚动发展的运行机制之外，还要鼓励以下办法筹资：一是金融机构给民办高校提供长期贷款；二是企业或公民个人给民办高校投资(包括土地、房产等实物投资)，可以有适当回报；三是国内外热爱教育人士向民办高校捐款达到一定数量者，由国家授予荣誉称号；四是民办高校之间联合兼并，由弱变强；五是政府对实施高等学历教育的民办高校，按招生人数给予一定的财政补助，补助额可低于公立高校，以促使更多的民办高校积极创造条件进入实施高等学历教育的行列。此外，还要从人事制度上改变教师单位所有制的现状，使教师可以同时在多所院校任教，并为民办高校引进优秀的专职教师提供制度上的便利。

今后，随着政府对民办高等教育扶持力度的加大，以及政策法规的完善，必将有大批民办高校脱颖而出，在高等教育大众化进程中，在构建公立学校和民办学校共同发展的格局中，在全面推进素质教育的实践中，发挥更大的作用。有的学校将成为名扬海内外、独具特色、颇有优势的一流民办大学，能与重点公立大学相媲美。要做到这一点，必须有一流的校长、一流的教师、一流的管理、一流的设施。最关键的是校长，民办高校校长所扮演的角色、所发挥的影响、所产生的效应，比公办高校的校长要大得多，这是由两种体制所决定的。因此，民办高校校长的办学思想和理念要跟上时代步伐，反映人才培养的规律，强化使命感和责任感，努力创新办学模式和管理模式，引导学校攀登一流民办高校的高峰。

刘道玉

1933年生，湖北枣阳人，著名教育家、化学家、社会活动家。1977年担任教育部党组成员兼高教司司长，对高教战线上的拨乱反正和恢复统一高考起到了很大的作用。1981年至1988年起担任武汉大学校长，推动学分制、主辅修制、插班生制、导师制、贷学金制、学术假制等改革，领风气之先，拉开了中国高教改革的序幕。已出版《刘道玉讲演录》《一个大学校长的自白》《拓荒与呐喊：一个大学校长的教改历程》《教育问题探津》《高等教育改革的理论与实践》《珞珈野火集》等作品。

大学校长必须是教育家①

近几年，我国高等教育工作虽然取得了某些成绩，但出现的问题也相当突出，如大学盲目合并，追求大而全；“大跃进”式的扩招，导致教学质量严重下降；形式主义越来越严重，大学精神普遍失落；学风严重浮夸，抄袭、造假、剽窃盛行；相互攀比，重量不重质；大兴土木，债台高筑；官本位越来越严重，置群众的呼声而不顾；等等。这些问题已经成为社会广泛关注的焦点，甚至引起了民众的强烈不满。造成这些问题的原因固然多种多样，但有一点却是共同的，那就是完全违背了教育规律。如果教育领导决策部门尊重教育规律，他们就不会做出那些错误的决定；如果大学校长们坚持按教育规律办事，他们就应该抵制那些错误的决定。遗憾的是，我国既缺乏清醒的决策者，也缺乏敢于抵制错误的校长，以至于使得我

① 本文曾发表于《中国地质大学学报（社会科学版）》2007年9月第7卷第5期。

国大学教育问题越来越严重。痛定思痛，我们方感到选拔教育家型的校长是多么重要，他们是保证我国高等教育健康发展和建设世界一流水平大学的关键。

一

一提起教育家，人们不免感到有些神秘感，似乎只有那些教育成就斐然的杰出人士才能被称为教育家。20世纪80年代，国外一个媒体曾说中国只有孔子、蔡元培和陶行知两个半教育家，这显然不是实事求是的①。我国有着5000多年悠久的文明史，在古代拥有许多有智慧的文人学者，他们之中就有很多堪称教育家的人，如孟子、墨子、荀况、韩愈、朱熹、王夫之、黄宗羲等。我国又是一个人口众多的大国，无论是从教或是受教的人数都是其他国家无法比拟的。因此，我国应当产生更多的教育家，近现代也的确出现了许多教育家，如严复、蔡元培、梁启超、王国维、蒋梦麟、梅贻琦、陈寅恪、胡适、赵元任、陶行知、张伯苓、朱家桦、竺可桢、王星拱等。当然，这是从数量上讲的，如果从对世界教育所产生的重大影响来说，我国堪称世界著名教育家的，确实是寥寥无几，这是颇值得深思的。

怎样界定教育家呢？其实，“家”在英文中是翻译不出来的，也就是“工作者”的意思。如，educationist（教育者或教育家），scientist（科学工作者或科学家），chemist（化学工作者或化学家），physicist（物理学工作者或物理学家），biologist（生物学工作者或生物学家），writer（写作的人或作家），painter（绘画工作者或画家），等等。在中国人眼里，似乎对“家”情有独钟，有时甚至成了一种身份与地位，受到人们的崇敬甚至崇拜。时下，许多医院都打出了“专家门诊”或“著名专家门诊”的牌子，花高价挂专家号者趋之若鹜，其实他们也就是医院里的主任医生（教授），有的甚至是副主任医生（副教授）。至于他们是否能够确诊病因和治好病人的病，那就是另一个问题了，反正崇拜专家成了中国人普遍的情结。

中国人的专家情结是怎样形成的呢？虽然冠以“家”的职业，在我国历史上早已有之，“家”者也，含有行家、学到了家和对某门学问或技术达到了专透精深的程度。但是，“专家”一词的普遍流行，要追溯到20世纪50年代初。那时我国提出了“向苏联一边倒”的方针，苏联培养专门家的教育制度对我国产生了很大的影响。同时，根据中苏两国协议，苏联向我国政府各部门都派了专家顾问，许多中苏合作的大型建设工程，也都是由苏联专家担任总指挥，那些专家们不仅享受特殊的待遇，而且一言九鼎，受到了无可置疑的权威般的尊敬。从那个时候起，“专家”一词就受到普遍的尊敬，并且广泛地流行起来了。

① 申玉萍. 中国不乏教育家［N］. 世界经济导报，1989-01-02(1).

教育家当然就是教育领域里的专家。如果要给教育家下一个定义的话，不妨引用英国德·朗特里编纂的《西方教育词典》的注释：“教育学家是指教育领域中知名的研究者或理论家，和具有比教师威信更高的人（他们可能不再当教师，或甚至从来未当过教师）。”[①]从这个定义来看，对教育家特别突出了两点：一是教育领域知名的研究者或理论家；二是比教师威信更高的人。不难看出，联结这两个特点的前提是对教育和教育理论的研究，而知名度和威望又是由其研究成果来决定的。

鉴于“家”在中国人心目中已经扎了根，再加上各行各业都有专门的行家，如科学家、理论家、革命家、作家、画家、音乐家、企业家等，当然教育界也应当有自己的教育家。我们虽然不能迷信教育家，但要成为教育家又必须具备一定的条件，应当把教育家与教师、教育劳动模范和教育管理者区别开来。依我之见，教育家应当挚爱教育，潜心研究教育理论，勇于进行教育改革实验，提出具有独到见解的教育理论（或理念），发表或出版系统的或有代表性的教育论著。

当然，教育家是一个总的称谓，他们又有不同领域和层次之分。从教育领域来说，教育分为高等教育、普通教育、学前教育、幼儿教育、职业教育和特殊教育；如果按照教育学科来划分，又可分为教育心理学、教育哲学、教育社会学、创造教育学、实验教育学、教育技术学等，在每一个教育领域和分支学科中，又有与其相对应的教育家。根据教育家们的研究成果和学术水平，又可以把他们分为若干个档次，但无论在任何国家和时代，最富有创造性成就的教育家总是极少数的。这里，我们不妨摘引陶行知先生在《第一流教育家》一文中的精辟论述，他说：“我们常见的教育家有三种：一种是政客的教育家，他们只会运动，把持，说官话；一种是书生的教育家，他们只会读书，教书，做文章；一种是经验的教育家，他们只会盲行，盲动，闷起头来，办……办……办。第一种不必说了，第二种、第三种也都不是高尚的。依我看来，今日的教育家，必定要在下列两种要素当中得了一种，方可以算为第一流的人物。”[②]接着，他说道：“敢探未发明的新理，即是创造精神；敢入未开化的边疆，即开辟精神。创造时，目光要深；开辟时，目光要远。总体来说，创造、开辟都要有胆量。在教育界，有胆量创造的人，即是创造教育家；有胆量开辟的人，即是开辟教育家，都是第一流人物。”这是陶行知先生在五四运动前夕讲的，虽然已过去88年了，但对于我们今天选拔什么样的教育家来当大学校长，仍然具有十分重要的指导意义。

---

① [英] 德·朗特里. 西方教育词典 [Z]. 上海：上海译文出版社，1988：81.

② 陶行知. 陶行知全集：第1卷 [C].长沙：湖南教育出版社，1985：114.

二

人们在研究世界著名大学的同时，也没有忘记对那些领导大学获得成功的校长们进行跟踪调查。近年来，国内外对于大学校长的研究越来越多，人们运用统计和比较的方法，从不同的角度收集大学校长们的资料，以期从中找出某些可供借鉴的规律。

墨西哥《千年报》发表了阿曼达·古多尔的研究报告①，他分析了世界上最好的100所大学的校长的背景，从中可以初步看出某些新的趋势：第一，大学校长的学术研究成果与他们领导管理才能之间不存在必然联系，但他们的学术背景与该校在世界大学学术排名之间却有着不可分的关系；第二，每一个大学校长都获得了博士学位，除少数人继续做研究工作外，大多数校长在任职期间不再从事教学与研究工作，专心致志地履行校长之职，这是由大学校长是职业管理者的定位决定的；第三，大学在哪个国家并不能证明其校长就必须来自哪个国家，也就是说，大学校长国际交流趋势越来越明显；第四，选拔大学校长已经走出了从本校教授或校友中遴选的狭小范围，这样既可以破除"近亲繁殖"，又可以广泛地选拔人才，保证遴选到最优秀的大学校长；第五，大学校长的任职年龄趋于年轻化，对于一个称职的校长来说，他们不受任期的限制，以便有充裕的时间积累经验，以实现其办学理念与远大抱负。

大学校长在人们心目中具有崇高的威望，并不是一般学者可以企及的。一个大学校长应该具有多方面的素养，如高尚的人格魅力，渊博的学识，理想与激情，革新与开拓精神，文雅的风度，亲民的民主作风，较强的决策与管理能力等。虽然这些条件都是必需的，但最核心的一条就是必须是教育家，一流大学必须拥有作为一流教育家的校长。对于这一点，在我国大学选拔校长时是常常受到忽视的，而看重的是他们的职衔和研究成果，这也是我国大学校长出身于理工科的人居多的原因。

为什么大学校长必须是教育家呢？这是由大学的功能与校长的职责决定的。虽然中国与西方国家大学的体制不同，但是如果按照教育规律来办学，大学校长的主要职责应该是相同的。过去有一种说法：美国大学校长主要是募集资金的，但这种说法并不全面。实际上，美国大学的办学理念，招聘最杰出的教师，招收最优秀的学生，做出高水平的研究成果，在很大程度上都要依赖于校长的远见卓识。

从本质上来说，一个大学校长的最主要工作就是掌握两条规律和抓好三件大事。"两条规律"一是指外部规律，即大学与国家的经济和社会相适应的规律；二是内部规律，即大学的

---

① ［墨西哥］阿曼达·古多尔. 世界最好的100位大学校长在哪里［EB/OL］. http://www.ccpe.ch/bbs/TopicOther.asp?t=5&BoardiD=53&id=1553，2006-05-19.

各项工作都必须遵从教育规律，大学的各项制度、学风、环境都要符合人才成长的规律。

“三件大事”是：第一，提出大学的理念，培育大学的精神，这是决定一所大学与其他大学相区别，是否能够办出特色的关键问题。纵观世界著名大学，它们之所以享有盛名，无一例外地与其校长的办学理念息息相关。世界上的研究型大学源于德国，著名教育家洪堡（Freikerr Von Wilhelm Hamboldt，1767—1835）于1809年创建了柏林大学，他所倡导的著名三原则：独立性、自由与合作统一的原则、教学与科学研究统一的原则，对世界高等教育的发展产生了深远的影响。哈佛大学最早引进了德国的经验，也是当今世界上实力最强的研究型大学，该校之所以在300多年里成为引领世界高等教育改革的先锋，就在于它在每一个时期都有把握大学前进方向的校长。例如，1829年昆西（J. Quincy）出任哈佛校长，任职达16年，他极力扭转哈佛大学的办学方向，创办了理学院，建立了天文台，自然科学受到了极大的重视。化学家出身的艾略特（Charles William Eliot，1834—1926）自1869年至1909年任哈佛大学校长，任期长达40年，他立志要在查理士河畔创建世界最伟大的大学，并倡导自由选课制，强调提高教师素质，严格挑选合格的学生，保证学术自由，这一切为哈佛大学长期兴盛奠定了基础。接替艾略特校长的是洛厄尔（Abott Lowrence Lowell），他的突出贡献是创立了三大制度，即课程集中与分配相结合制度、导师制和住宿制，使大学教学质量得到了有力的保证。自20世纪以来，哈佛经历了7任校长，他们在任内都有建树，为这所大学的发展作出了自己的贡献。

第二，把教学与科学研究作为大学的两项中心任务来抓，而且要把它们做到极致。大学的任务是出人才和出成果，因此教学与科学研究是大学中的永恒中心工作，任何时候都不能放松。雪莉·蒂尔曼（Shirley Tilghman）是普林斯顿大学现任校长，她说她的工作主要是两项：一是非常严格的本科教育，二是非常学术化的研究生教育。不难想象，有了这样的校长，还愁没有杰出的人才和最顶尖的研究成果吗?

人才应该是大学校长关注的第一重要问题，因为新思想、新理论、新成果、新技术、新学派都是由杰出的人才创造出来的。一个大学校长始终要把发现人才、培养人才、使用人才、保护人才和推荐人才作为头等大事来抓，要做好这些工作就必须研究教育学和人才学的规律。爱才不是一个空洞的口号，必须具有远见卓识和大无畏的胆识，前者是辨别杰出人才所需要的智慧，后者是保护有争议甚至是身处逆境的人才的勇气。

第三，肩负着为社会服务的功能，必须做到与社会息息相通。大学校长不应只是关注校内的事务，而是还应该统观社会全局，放眼世界，要在社会变革和技术革命的潮流中发挥中坚作用。这是一个很高的目标，但是要想成为世界一流水平的大学，就必须朝着这个方向努力。例如，哈佛大学的肯尼迪政府学院、麻省理工学院的“媒体实验室”和斯坦福大学的世界第一个“科学园区”等，它们都从不同的方面影响和促进美国政治、经济和科学技术的变革，其影响甚至超过了美国的范围。

很显然，如果大学校长不是教育家，他们根本就不能胜任上面的任务。试问：如果不精通教育学理论，没有丰富的教育经验积累，不能预见教育未来发展的方向，怎么能够提出具有本校特色的办学理念呢？同样，如果不懂教育规律，怎么能够抓好教学与科学研究这两项永恒的中心任务，怎么能培养出杰出的人才和产生创造性的研究成果呢？由于我国大学校长大多是双肩挑的技术专家，他们基本没有自己的教育理念，所以我国大学没有个性、没有特色，也培养不出世界级的杰出人才。因此，为了建设我国一流水平的大学，遴选职业教育家的校长，已是刻不容缓的头等大事了。

三

唯物主义者承认人的天赋是有差异的，并不一般地反对天才论。一个人能否成为天才的教育家，主要的还在于后天的教育实践和个人努力。同时，人们的兴趣与爱好也是有偏重的，对于一个挚爱教育的人来说，无疑具有了成为教育家的重要前提。问题是，一个挚爱教育的人怎样才能成为教育家？我们又怎样才能选拔到教育家型的校长呢？

一般来说，选拔教育家型的校长无非是两种做法：一是从已经是教育家的人中选拔，我国应当有一大批职业教育家，他们以治校为终身职业，可以先后在不同的大学任职，就像新中国成立前蔡元培、蒋梦麟、张伯苓、成仿吾、王星拱等人那样。二是从那些挚爱教育和具有良好学术背景的学者中选拔，通过长期的教育改革实践逐步成长为教育家，正如西方著名大学职业校长所走的道路那样。

教育学既是一门理论学科，又是一门技术性和实践性的科学，因此，一个教育家应当具备这两方面的素养。有的研究者提出，教育家既要有“见”又要有“行”，这个见解是很高明的①。所谓“见”就是远见卓识，高明的见解；所谓“行”就是笃行和躬行，也就是坚定不移地亲自进行教育改革实践。很显然，如果只有见而没有行，那只能是一个空洞的教育理论家；反之，只有实践而没有远见，那只能是盲目的教育实干家。因此，只有见与行的结合，知与行的统一，那才是合格的教育家。

目前，我国的大学校长绝大多数是学者型的“双肩挑”校长，堪称教育家的校长是极个

① 胡志坚．哪些人可以称得上教育家［N］．中国教育报，2006-04-14(6).

别的。正是由于这个原因，所以各个大学的校训雷同，大学精神普遍缺失，各校没有自己的特色，也没有涌现出有代表性的致力于教育改革的校长。

那么，怎样改变目前我国大学校长这种不适应的状况，又怎样使校长能够成为教育家呢？我认为主要办法有两条：

第一，认真学习，补上作为一个教育家所必需的理论知识，如教育学、哲学和心理学等。特别要指出的是，必须学习西方教育经典著作和西方哲学。例如，古希腊哲学家和教育家柏拉图的《理想国》，捷克教育家夸美纽斯的《大教学论》，英国哲学家、教育家洛克的《教育漫话》，英国哲学家、教育家斯宾塞的《教育论》，英国数学家、教育家怀特海的《教育的目的》，法国启蒙思想家、教育家卢梭的《爱弥尔》，德国教育家、哲学家赫尔巴特的《普通教育学》，德国教育家第斯多惠的《德国教师培养指南》，德国教育家洪堡的《人的教育理论》，德国哲学家、教育家康德的《教育论》，美国哲学家、教育家杜威的《明日之学校》和《民主与教育》，美国教育家科南特的《教育与自由》和《教育政策的制定》，美国教育家、心理学家桑代克的《教育心理学》，苏联教育家苏霍姆林斯基的《家长教育学》《给教师的一百条建议》等。这些经典著作是自公元前300多年到20世纪中期的2000多年的教育学财富，是一代又一代教育家们智慧的结晶。可惜的是，我敢说我国大学的校长们绝大多数没有读过这些著作，因此他们提不出自己的教育理念也就不是偶然的了。

我们从世界著名教育家的经历中，还发现了一个重要的特点：他们要么本人就是哲学家，要么他们具有非常坚实的哲学基础。这就说明，教育学与哲学之间有着密切的联系，在开发人的智慧上它们是一致的。但是，这又是我国教育领域里的一个盲点，哲学家们几乎不关心教育，更不涉足教育改革的实践；而从事教育学研究的人和大学校长们，又没有厚实的哲学基础。兴许，这又是我国不能产生著名教育家的原因之一。

学习教育经典著作的目的是丰富自己的知识，吸取前人的宝贵经验。在此基础上，通过消化、吸收，特别是经过自己大脑的再思考，进而形成自己的教育理念，这是成为教育家必不可少的一步。

第二，要致力于教育改革的实践，从实践中积累经验，经过实践、认识、再实践、再认识的循环，把感性认识上升到理性认识，最后形成自己的教育理论。统观世界教育发展史，绝大多数教育家都是走的这条道路。例如，柏拉图为了实现自己的教育理念，创办了“柏拉图学园”，并一直延续了900年。夸美纽斯曾经担任过几个中学的校长，开展学校的教育改革，写出了许多鸿篇巨制。杜威为了实践自己的教育理念，创办了“芝加哥实验学校”，采取以活动为中心的教学方法，经过8年的实践，构成了杜威全部教育理论的实验基础。苏联教育家苏霍姆林斯基的教育改革实践精神，更是令人无比敬佩。他是师范学院科班出身，曾获得教育学副博士学位，是苏联教育科学院院士，曾获得两枚列宁勋章和一枚红星勋章，在苏联教育界享有极高的声誉。他从30岁开始担任帕夫雷什中学校长，历时22年。为了进行教学改革，他几乎承担过该校每一门课程的教学，广泛接触教师和学生，写下了大量的教育日记，为后人留下了极为丰富的教育遗产。

中学校长的教育改革实践为大学校长树立了榜样。可惜的是，在我国像这样进行教育改革实践的教育家太少了，陶行知先生恐怕是仅有的一个。他是美国教育家杜威的学生，为了实现自己的教育理想，他毅然辞去了东南大学教授、教务长的职务，于1927年3月在南京老山小庄创办试验乡村师范，后改为晓庄师范。他立志要培养100万个具有“农夫的身手、科学的头脑、艺术的兴味和改造社会的精神”的教师，进而创办100万所乡村学校，以达到改造落后农村的目的。由于在办学过程中遇到重重阻力，他最终没有实现自己的夙愿，但他却给我们留下了丰富的教育论著。

联合国教科文组织指出：“教育领域是一块伟大的实验场地，发展个性、教育技术需要随之改变。”①这句话深刻地表明，教育改革需要实验园地，教育家既是这个园地里的播种者，又是教育成果的收获者。可是，令人奇怪的是，在我国教育工作者中，竟然很少有人利用这个伟大的实验场进行教育改革试验，自然也就不能产生著名的教育家了。

在我国教育领域还有一个令人困惑的问题，有思想而又很想进行改革实验的人，他们没有试验的园地；而拥有舞台和巨大教育资源的人，他们又不愿进行改革。为什么会出现这种悖论呢？原因是我国教育改革的环境并不宽松，再加上中国人大多缺乏冒险精神，所以不少人抱着宁肯不改革，也不愿冒犯错误的风险。

与20世纪80年代相比，现在教育领域普遍缺失改革精神，浮躁、实用主义和一切向钱看的歪风邪气逐渐替代了严谨、求实和创新的学风，这是非常可怕的现象，我们不能再视而不见了！

严峻的教育形势呼唤教育家型的大学校长，这是振兴我国高等教育的一项带有战略性的任务，不可等闲视之。当然，这是一项综合性的和长期的任务，唯有制定开明的政策，营造民主、自由的环境，提供教育改革实验良好的条件，经过持久的努力，才能形成一支符合时代要求的教育家型的大学校长队伍！

---

① 联合国教科文组织．未来教育面临的困惑与挑战［M］．北京：人民教育出版社，1991：90.

许嘉璐

1937年生，江苏淮安人，北京师范大学中文系毕业，大学学历，教授。第十届、第十一届民进中央主席；第九届、第十届全国人大常委会副委员长；现任尼山世界文明论坛理事长，北京师范大学汉语文化学院院长、人文宗教高等研究院院长。长期从事训诂学、《说文》学、古代文化学、中文信息处理等学科的教学与研究，主持《文白对照十三经》《文白对照诸子集成》《二十四史全译》等大型文化工程，被称为中华传统文化的代表者，在中华文化研究方面享有盛名。获“当代教育名家”称号。

高校发展与中华文化①

中国在本世纪头20年，经济建设和社会发展必将登上一个大台阶。无论是物质文明、精神文明，还是政治文明，都需要大量高学历、高水平的人才。另外，随着广大人民群众收入的提高，人们对接受高等教育的需求也将空前的高涨。社会与人民的需要，为我国高等教育的发展提供了极其广阔的空间，同时也提出了很高的要求，这其中机遇与挑战并存。

现在学术界、教育界都在思考我国高等教育如何进行改革、如何发展的问题。这是一个高潮行将到来之前的智力筹划和必要的思想理论准备。

在诸如体制、机制、教学质量保证体系、学生创新能力的培养等方面之外，我想提出一

① 本文曾发表于《中国大学教学》2003年第1期，是作者2002年12月7日在“高等教育发展与改革（天津）研讨会”上的讲话稿。

个与这些问题都有关，而又并不完全是高等教育本体的问题。这就是如何在提高学术与教学水平、管理水平、更新教育观念、加大培养学生的创新能力的同时，营造浓郁的人文气氛，使高等学校成为培育和传播中华民族文化的基地，使培养出的人才不但掌握最前沿的科学技术知识、能力，而且受到中华文化的熏陶，具备和中华民族传统道德、价值观念相衔接的精神底蕴。

我的这一问题是基于以下几点前提而提出的。第一，在当前经济全球化、科技现代化的大势中，由于强势经济的诱惑和现代信息传输手段的迅捷，也出现了似乎文化也要全球化、一体化的趋势。而如果各个民族的文化同一了，世界不但要变得单调，而且人类将找不到前进的方向，世界将变得混乱、污浊。第二，综观人类历史，任何民族如果没有先进的生产力，就不可能强大；但是如果缺乏与时代相适应的民族文化，民族文化中没有为全民族所认同的民族精神，就不是真正的强大，即使强大了也不可能持久。没有先进的生产力就不能强大，可没有先进的文化，就会亡种。第三，中华民族具有悠久的文化传统。这一传统起源于从采集狩猎向农业生产过渡之际，完成于农业社会开始发达之时。在这传统当中既有人类组成社会、发展社会的共性，也有中华民族的个性；既有几千年促进中华民族发展的经验，也有事过境迁，后来阻碍发展的教训。在经过去粗取精、结合时代特色并吸收了其他民族文化的优秀成分之后，中华文化将进入一个新阶段、新时代，成为凝聚民族、鼓舞人民的巨大力量。第四，作为社会个体，特别是国家建设的骨干，当然应该是德、智、体全面发展的人；而任何社会所谓的“德”，都是民族文化灵魂的具体化，是在民族文化基础上结合其时其地的情况，对社会个体和群体提出的关于处理人际关系、个体与群体关系的人格要求。和国家与民族的情形一样，社会个体如果没有民族文化的根基，也就没有了灵魂。所谓的“智”，当然应该包括个体的和群体的创造性。而在创造性的形成过程中，实际上得益于人文领域的成分要比来自自然科学的成分大得多。现在的大学生就是不久后国家建设的主力，我们应该从现在起就为他们更为健康的成长营造必要的文化环境。

任何文化，特别是历史悠久、博大丰厚的文化都可以分为三个层次。表层文化，是一般人都能感受到的，体现在人们日常生活衣食住行中的文化。这个层次的文化变动最快，也最易接受异质的同层次文化。中层文化，包括宗教、艺术、风俗、制度（含法律）等以体现民族伦理观、世界观等哲学观念为己任的文化形式。底层文化，是一般人不易感受到，而又须臾不可离的哲学文化，这是民族文化的核心和灵魂。底层文化演变最慢，也最不易被异质文化所取代。

文化还有雅、俗之分。雅、俗是随着社会的精细分工、财产的不平等、社会成员文化修养的差异而出现的，是为满足社会不同成员的需求和维系社会的稳定而形成的。在一个正常的社会里，雅、俗只是文化精细与否的不同，都受到底层文化的制约，并没有本质的区别；二者之间互为动力，彼此启发，相伴前进。相反，在一个衰落的社会中，二者则逐渐远离，最后甚至彼此隔绝，而这意味着社会的异化，其结果将是社会的动荡、解体。现在的中国，没有了阶级压迫和剥削，但社会分工和文化差异依然存在，因而雅、俗及其沟通、互动的问题必须引起高度注意。

我之所以强调高等教育对培育和传播先进文化的作用，有这样几点理由。第一，从中华民族文化延绵发展的规律看，承担文化培育和传播任务的主要有两个系统：一个是政府和官员系统，一个是学校和教师系统。这两个系统又在每个层次上进行横向沟通。现代社会并没有脱离这个规律，没有减轻教育，特别是高等教育在这方面的任务。第二，在现代社会，高等教育实际是教育系统的龙头，它所培养的人将直接进入社会，站在物质文明和精神文明建设的第一线，民族文化素质的高低与高等教育及其所培养的人文化素质的高低有着直接的关系。第三，从目前我国的情况看，无论是公务员还是教师，提高民族文化素养的问题都迫在眉睫。解决这一问题的途径不外乎两条：为未来培养更高素质的人才；继续提高现有人员的水平。不管是哪条途径，都离不开高等学校的系统的教育和文化熏陶。

那么，如何造就高等学校的人文气氛呢？我认为这就要按照文化发展的总规律，第一，在高校中提倡文化的自觉。所谓文化的自觉，就是对文化的理性认识，是运用历史唯物主义的观点、方法，洞察民族文化的源流和规律，了解民族文化的优点和不足，是对文化未来走向的深谋远虑。高校是知识集中、文化集中、高级人才集中之地，理应成为国家和社会对文化进行思考的阵地、文化理论诞生之地。民族的文化自觉，首要的是知识阶层的自觉，只有知识阶层自觉了，并把这种理性认识传播到全社会，民族才有希望。第二，学校的领导层要把校园文化建设纳入学校发展规划和议事日程，把这项工作放到和学科建设、思想政治工作同等重要的位置，有人管，有机构管，有固定的经费来源。第三，结合时代特点和本地本单位的情况，构建校园文化的表层和中层体系，既满足学生和教师对文化的需求，又有意识地渗透中华文化的底层精神，在浓厚的先进文化氛围中陶冶师生的性灵。第四，雅文化与俗文化并举，为社会作出雅、俗沟通的表率。俗文化贴近人民群众的日常生活和感情；雅文化则以其精细和深刻震撼人的内心。不接触俗文化实际也就在一定意义上拉开了和人民的距离；不了解雅文化则难以提高人的品位。在文化史上，许多俗文化可以用雅文化的形式、方法表现，雅文化也可以移入俗文化领域，而二者的共同基础，则是中华文化的核心与灵魂。这些历史的经验在我们高校的文化建设中都可以借鉴。

我国社会主义现代化建设的第三步战略已经开始了。我相信，到2020年，我们不但在经济建设、民主法制建设方面将达到既定目标，而且在精神文明建设方面也将取得令世界瞩目的成绩，而在这中间，高等教育中的人文精神的培育将起到极其重要的作用。到那时，我们所培养的人才，素质将更高，创新能力将为现在的人们所钦佩和羡慕。

让我们为中国高等教育的美好明天努力工作，做好一切准备。

胡百良

1934年生，江苏无锡人。1963年毕业于南京师范学院业余大学。南京师大附中物理教师、校长。1994年退休。被评（聘）为江苏省中学物理特级教师、江苏省有突出贡献中青年专家、全国教育系统劳动模范、南京师范大学和江苏教育学院兼职教授。曾任中国教育学会物理教学研究会理事、江苏省物理学会常务理事、江苏省教育学会副会长、江苏省物理教学研究会理事长、中国教育学会高中教育专业委员会副理事长等职。撰写教育论文370多篇，共计300多万字，公开发表150多篇。出版《胡百良物理教学研究集锦》《中学物理教学实践与研究》《胡百良教育文集》《校长的特殊使命》《我对中国基础教育的反思》等专著。应邀在全国20多个省（市、自治区）做过240多次专题报告。获“当代教育名家”称号。

南京师大附中20世纪70—90年代课程改革的历史回顾[①]

“文化大革命”结束后，在改革开放大潮中，南京师大附中深入开展了高中课程改革。这里，重点回顾在这段历史发展过程中我们的所思所为，供大家研究参考。

一、1977—1994年南京师大附中课程改革发展的几个阶段

我这里所讲的这段历史，是指从1977年恢复高考，到1994年我退休这段时期，南京师大附中课程改革的历程。我亲身参与和领导了这段时期的改革，它可以分成以下几个阶段。

① 本文曾发表于《中国基础教育》2004年第6期。

（一）从苦干、困惑到反思（1977—1980）

历史背景和发展特点：

1. 奋战迎高考。1977年，中央决定恢复高考制度，这在当时拨乱反正、百废待举的历史条件下是必要的。那时突出的矛盾是，高考制度只要中央做个决定就可以恢复，但是“文化大革命”期间，学生没有好好读书，所造成的损失并不是一下子就能补回来的，集中表现在学生实际的文化水平和高考要求之间的差距甚大（当时的初高中学制都只有两年，到1980年10月才恢复为三年）。在“要把被‘文化大革命’耽误的时间补回来”“早出人才、快出人才、出好人才”的思想指导下，加班加点，一天上8节课，白天上，晚上上，节假日上。为了让学生能应对高考，很早就文理分科，考文科的不学理化生，考理科的不学史地。这样做，不仅违背了教育规律，还严重忽视了学生德智体的全面发展，后果逐步暴露出来。据1980届高中一个班的统计，最后一学期，学生的平均体重下降了7.5千克。我们班的物理课代表考进了中国科技大学，但由于患了严重的神经衰弱症，不能坚持学习而休学，一年后病逝。这件事在全校引起了很大的震动，在升学率的统计表上，他是一个很大的正数，但在合格率上却是一个不可估量的负数。

2. 1978年恢复重点校，我们开始反思升学、合格和成才的关系。

（二）转变办学思想，严格执行教学计划（1980—1984）

历史背景和发展特点：

1. 1980年8月，我参加了教育部在哈尔滨召开的全国重点中学会议。会议的主题是，重点中学应该重在哪里。会议使我们明确了重点中学应该重在全面贯彻国家的教育方针，按教育规律办学，提高教育质量。全校开展了“重点中学应该怎么办”“是重在升学还是重在全面提高教育质量”的讨论。

1980年10月1日经国务院批准，教育部颁发了《关于分期分批办好重点中学的决定》。1981年4月，教育部颁布了《全日制六年制重点中学教学计划试行草案》。

2. 1980年11月，我参加了江苏省首批普通教育考察团去日本考察，开始走出国门。这次考察，对我来说最重要的收获是增加了思考教育的参照系。日本对国民教育的重视程度、普通劳动者的高素质以及人们良好的法规意识，都给我留下了极为深刻的印象。

3. 从1981年开始，我们认真执行教育部颁布的教学计划，取消了和高考对口的文理分科，严格执行规定的课时计划，不随意增减课时、加快进度，控制作业量和考试次数。从高一到高三逐渐开设了英语、文学、计算机、实验化学、生物、音乐欣赏、美术、电工、无线电、历史、天文、地理、经济管理、速记等20多门选修课程，有80%以上学生选学。1983年起，开设了第二外语（日语、俄语）选修课。为了加强体育，初三以上，每周体育课增至3节，另有两节课外体育活动，全校体育课都采用男女生分别集中上课的方式。按教学计划，高中每学期安排两周劳动，其中一周半集中，半周分散，组织学生参加建校劳动；初中每学期安排一周劳动。在高中开设了劳动技术课，各班到校办工厂劳动一周。每天下午第六、第七节课，开展文体活动，阅览室、实验室、语音室都向学生开放。组织了航模、海模、无线电、生物、历史、文学、摄影、美术、音乐、舞蹈等课外活动小组。

4. 1982年6月到1983年5月，学校分别去北京、武汉、合肥、南京等地的重点高校进行调查，深入了解学生进入大学后的情况。从实践中，我们得出了“升学率≠合格率≠成才率”的教育观点。中学属于基础教育，一定要立足于合格，着眼于成才，为学生一辈子做人和成才打好基础。评价教育质量，不仅要看学生一次考试的成绩，更要看学生一生做出的业绩。我们开始认识到课程计划对学校教育质量的重要性。

5. 1984年6月，我担任南京师大附中校长。同月，我参加了教育部在北京召开的全国教育改革座谈会。会后，发起成立了由北京景山学校、北师大实验中学、南京师大附中、华南师大附中、天津南开中学、东北师大附中、华东师大二附中、上海市控江中学组成的“八校教育改革研讨会”的年会制度，1984年12月在南京举行了第一次会议，南京师大附中开始走上和全国兄弟名校联合开展教育改革的探索之路。

（三）提出课程结构改革是教学改革的关键（1985—1990）

历史背景和发展特点：

1. 1985年5月，中共中央、国务院召开了全国教育工作会议，接着颁布了《关于教育体制改革的决定》，我作为江苏的代表出席了这次重要的会议。

2. 1985年8月，我发表了《人才素质与教学体系改革》一文（此文在1985年11月中国教育学会第二次全国学术讨论会上发言交流，部分内容发表在1985年11月26日《中国教育报》上），明确提出了教育目标决定教育方向，人才的素质要求是教育目标的核心，并提出了素质教育的十条具体要求：坚定的信念与理想、广博而扎实的文化基础知识、有个性特长、开拓创新精神、身心健康、务实作风、合作品格、社交才能、自立能力和丰富的生活情趣。①

学校教育的根本作用，在于为达到预定的教育目标而提供必要的环境条件，而教育的功能，又决定于教育体系的结构。构成教育体系的要素是：学制、课程、教材、教法、教学手段和评价制度。我们提出了要从培养目标、课程结构和教学方式三个重点方面对学校教育进行改革，其中课程结构改革又是教学改革的关键。开始提出要建立一个能够促进多层次学生发展的新的教育体系。

3. 1985年9月，南京师大附中和南京大学联合创办了高中“少年预备班”，基本学制两年，制订了相应的课程计划，探索超常学生的教育规律。第一届在全省范围内招收初中优秀毕业生39名，其中男生27名，女生12名，最大15岁，最小12岁。1987年，南京大学少年班共招收了46名学生，其中31名是附中少年预备班的学生；入学后英语分级考试，24人达三级，其中附中毕业生占23人，附中的其余8人均达二级。由于招生体制的原因，附中的高中“少年预备班”只办了3届。

---

① 关于素质教育十条要求的阐述：

1. 坚定的信念与理想。古今中外，凡有贡献于社会的人才，无一不具有崇高的理想、强烈的社会责任感和集体意识、民族意识、国家意识，热爱自己的祖国，懂得要为人民服务。信念和理想，不仅是一个人一生为之奋斗的目标，而且也是学生时代刻苦勤奋学习的动力，因而是教育内容中最基本的部分。

2. 广博而扎实的文化基础知识。掌握文化知识的深广度，对一个人来说，是一种重要的素质标志，也是继续学习和创新的基础。这方面应该包括有较强的求知欲、独立学习的能力，有较合理的知识结构和智能结构，掌握一定的劳动技能，并具有终身学习的进取心。

3. 有个性特长。凡优秀人才总是不仅有共性的基础，又有某种个性专长，在某些方面有特殊的兴趣、才能和成就。

4. 开拓创新精神。在这充满激烈竞争的世界上，开拓创新是一个国家、一个民族，以及每一个人立于不败之地的关键因素。开拓创新，主要表现在乐于接受新的思想观念与行为方式；能适应社会的发展与变革，有不断探索真理的精神；有独立创新的意识与能力。

5. 身心健康。有保健意识，懂得健身的基本方法，有一两项喜爱的体育活动；能适应高强度的工作和生活节奏；能正确对待成功和失败，有不怕挫折、不畏艰难、自我平衡的心理品质。

6. 务实作风。任何成功都要依靠脚踏实地的努力才能取得。务实作风主要是指不讲大话、空话和假话，办事讲究实效，思考问题符合实际。

7. 合作品格。人的活动有强烈的社会性，现代社会的发展，更需要依靠群体的合作。这方面应包括能理解不同的意见，听得进反对的意见；人与人之间能相互尊重，相互包容，相互依靠，合作共事。

8. 社交才能。现代社会广泛的人际交往，使得社交才能成为人才的基本素质之一。主要指有说理、宣传、交际、组织和公关等社会活动能力，举止文明，有教养，正派而灵活，遵守社会公德和法纪。

9. 自立能力。现代社会特别要求人富有独立精神，不依赖别人，有劳动自立的观念；有较强的独立生活、学习和工作能力；有较强的自我评价能力，鉴别是非能力；掌握基本的生活技能。

10. 丰富的生活情趣。对生活有高尚的美的理解与追求；生活有弹性、有节奏，会学习、会工作、会娱乐、会休息；具有一定的艺术欣赏能力和艺术表现技能。

4. 1985年，学校开始建立毕业生跟踪调查制度。我们认为，学校的教育质量，不仅要受到会考、竞赛、升学考试等近期效果的检验，更应该有学生毕业后的继续学习和参加社会实践等远期效果的检验。学校教学研究室对1983年后的8届高中毕业生进行了19次跟踪调查，涉及调查对象3848人次，每次调查问卷有100多项。重点反馈学生毕业后的表现，以及对学校教育改革的意见，从而指导学校的教育改革实践。

5. 1986年7月，我在《中国教育报》发表了题为《校长首先要有正确的办学思想》的文章，明确提出了“校长对学校的领导，首先是教育思想的领导”。

6. 1986年9月，在学校首届教代会上我们提出，要把附中办成一所现代化、高质量、有特色、实验性的社会主义中学。现代化是指有现代化的教育思想、现代化的教育体系、现代化的教育设施；高质量是指有高质量的师资队伍、高质量的学校管理、高质量的教育质量；有特色是指学校有特色、教师有特点、学生有特长；实验性是指从管理体制、教育模式、课程、教材教法等方面，积极进行改革实验和教育科学研究，不断有所创新。

7. 1987年10月，我作为江苏代表参加了中国共产党第十三次全国代表大会。在这次大会的报告中，第一次提出“把发展科学技术和教育事业放在首要位置，使经济建设转到依靠科技进步和提高劳动者素质的轨道上来”。使我们进一步明确了方向，更加坚定了进行教育改革的决心。

8. 这一时期，我们提出了新的课程观念：学校课程应该是指能够对学生有目的、有计划地施加教育作用的活动的总和，并且从改革必修课程、增设选修课程、开设劳动技术课程、社会实践课程化和建立课外活动体系五个方面进行了课程结构改革的实践。

（1）改革必修课程。必修课程是中学阶段共同的基础课程，是中学课程的主体部分。其主要特点是，具有广泛的基础性和长期的有效性，教材相对稳定，更新周期长。原来中学必修课程的门数偏多、统一的要求偏高、周课时过多，应该进行必要的精减和调整，以便有时间增设其他必要的课程和改变原来的教学结构。我们在1987届高中进行了适当压缩必修课周课时，适当增加选修课，适当增加学生自己支配的学习时间的改革试验。1984年提出了学生的学习负担应由指令性（包括规定作业）和自主性（由学生自己的兴趣爱好决定）两部分组成：应该减少指令性负担，增加自主性负担。高一下（1985年2月）必修课周课时由原计划的29节压缩为27节（语文5节、数学5节、英语4节、政治2节、物理3节、化学2节、历史2节、体育4节）。高二上数学压缩为4节（英语恢复5节）。高三上语文压缩为4节（数学恢复5节）。必修课原则上安排在上午，有三个下午为选修课时间，其余为各学科讲座和学生自修时间。1987年9月，又对1990届高中进行了第二轮压缩必修课的实验。从1985年开始，各年级体育课周课时均增加为4节，其中2课时按大纲教学，1课时为保健，1课时为选修内容，另外还有2课时为内容自选的课外体育活动。为此，学校的体育老师人教增加了1倍。

（2）增设选修课程。选修课程的主要特点是课程设置灵活多样，内容更新周期较短，学生可以自由选择，有利于因材施教，改善学生的知识结构和智能结构，发展个性特长。从1981年3月起，根据我校学生的实际，从高一下至高三上的两年时间里，逐步开设了20多门选修课程。还开设了第二外语选修课程。当时我们把选修课分成三类：第一类是扩大知识面的，着重于改善知识结构；第二类是培养兴趣爱好的，着眼于发展学生的个性特长；第三类是培养尖子学生的，可以不受现行大纲教材的限制。学校自编了选修课程的教学大纲和部分教材。从1987届高中开始，选修课实行学分制，每周2课时的学科，一学期按10个学分计算，40个学分为及格。高中毕业时，必修课程和选修课程同时合格的，除发给一般毕业证书外，还发给特种毕业证书。评选市级以上三好生和高校免试直升者，均须选修课程及格。

（3）开设劳动技术课程。劳动技术课程的特点是技术性强，紧密联系实际，动手与动脑相结合，着重于知识的应用和技能的训练，属于活动性课程。调查表明，我校有87.5%的毕业生认为开设这门课程是必要的。普通中学的劳动技术课程，应既区别于一般的劳动，又区别于职业培训性的技术课程。我们认为普通中学开设劳动技术课程的主要目的有三个方面：一是培养劳动观念，二是掌握一定的劳动技能，三是促进学生智力的发展。我校自1981年开始，先后在初中开设了植物栽培、菌类培植，在高中开设了缝纫、英文打字和电脑等劳动技术课程，并在初一、初二年级进行了开设缝纫、英文打字劳动技术选修课程的试点。以后，我们在总结前几年实践经验的基础上，在初、高中分别调整劳动技术课程的设置计划为：初一工艺美术，初二裁剪、缝纫，初三家用电器的使用和维护，高一英文打字和电脑，高二制图，高三金工。编写了劳动技术课程的各科教学大纲和部分课程的教材。劳动技术课考核及格者，发给单科结业证书。劳动技术课程的成绩，同样作为三好生的评定条件之一。

（4）社会实践课程化。多年来，我校各学科结合教学，组织学生进行社会实践，收到了比较好的效果。但是，这些都比较分散，并偏重于学科教学。1983年起，我校又从加强学生的思想教育，培养“有理想、有道德、有文化、有纪律”的社会主义公民的基本任务出发，采取多种形式，组织学生进行社会调查，广泛接触社会实际。有全校统一时间，分别进行调查的；也有少数班级到农村、工厂、部队和商店进行重点调查的。1984年后，我们又将社会实践作为一门活动性课程，正式列入教学计划，规定高中二年级下学期有一周时间集中进行。当时我们建立了这样的社会实践活动系列：高一年级新生入学后到部队进行军事训练；高二、高三年级重点到农村、工厂、商场等地进行社会实践和调查，并且制定了社会实践课教学大纲。

社会实践课是一门综合性很强的课程，它以社会为课堂，通过有目的、有指导的劳动、服务、调查、研究、撰写调查报告与小论文等活动方式，使学生进一步了解祖国的历史、现状和未来，体察工人、农民、战士以及各行各业的实际工作情况，增强学生的社会意识与使命感；在活动中培养适应社会环境、组织调查、交际应变等能力。学生在进行社会实践活动之前，要做好动员和组织工作；语文教师要结合教学，讲解调查研究、收集资料、撰写论文的基本方法；政治教师要指导学生如何运用正确的立场、观点和方法去观察、认识社会现象；有关学科做好相应的指导。社会实践活动结束后，要根据原定计划和学生的实际表现，特别是活动能力、调查报告或小论文的水平，进行考核，评定成绩，做出综合鉴定，并记入学籍档案。

（5）建立课外活动体系。传统的课外活动是相对于课内的学科性课程而言的，它被排斥在课程之外。现在，我们改变了过去的认识，把课外活动看作是学校课程体系中的一个不可缺少的组成部分，它对于促进学生个性特长的形成、各种独立活动能力的培养，都具有不可替代的作用。

学校的课外活动体系主要包括：①校、班会活动；②团队活动；③读书活动；④向学生开放实验室和语音室；⑤组织文艺、科技、体育等各种社团和小组活动；⑥举办各种讲座；⑦编辑学科黑板报；⑧每年定期举行文化节和科技节活动；⑨开展各种竞赛活动；⑩开展文娱体育活动。当时学校有各种社团和小组36个，参加学生870多人，占学生总数的43.5%。

建立课外活动体系，关键要做到组织、时间、地点、指导、经费五落实。我们专门制订了课外活动时间表，每周一下午统一为各社团、小组活动时间，另外各年级每周都有两次课外体育活动、一次讲座，并把课外活动指导任务与教师任职条件结合起来，要求各教研组均要有三分之一以上的教师从事课外活动的指导工作，以争取全校70%左右的同学参加各种课外社团小组活动。课外活动既然是一门课程，就要求建立活动纲要，各社团和小组都有明确的目的、要求和活动计划。

截至1989年，学校已完成了有关选修课、劳动技术课和社会实践课的24门教学大纲（试行稿）、17门教材（初稿）的编写工作，撰写了有关课程改革的16篇论文和3篇自编教材的实验报告。

9. 1987年，我校的课程结构改革列入国家教委“我国普通中小学课程改革研究与试验”国家级课题，并得到了香港华夏基金会的资助，从此我校的课程改革得到了国家教委直接的指导和帮助。

10. 1989年12月，我应邀参加了在香港召开的“面向90年代的校内创新”国际研讨会，并在会上做了“课程结构改革是教学改革的关键”的发言，介绍了我校课程改革的实践。

11. 在改革实践中进行理论探索，不断调整对课程改革的理性认识。1985年，我们把课程改革概括为把原来只有必修课程的单一课程结构，改变为由必修课、选修课、劳动技术课相结合的课程结构。1988年，又概括为把原来只有必修课的单一课程结构，改变为由必修课、选修课、劳技课、社会实践课和课外活动相结合的复式课程结构。1990年，又概括为把原来只有学科性必修课的单一课程结构，改变为由学科性、活动性和环境性课程相结合，必修与选修相交叉的复式课程结构。我们认为，从实现教育目标的宏观途径来划分，学校课程可以分为学科性课程、活动性课程和环境性课程三大类：学科性课程具有建立在概念基础上的理论体系，并主要通过课堂教学进行；活动性课程是以学生参与实践活动为主，使学生获得一定的直接体验；环境性课程是以潜在形式达到教育作用，主要指校容、校貌、校风、校纪。

12. 1990年开始，连续两届招收“初中文艺特长班”，在初中阶段继续培养学生的文艺特长，并探索人的艺术素养和全面发展的关系。

13. 1990年2月，南京师大附中的课程改革获江苏省教委教育科研成果一等奖。1990年4月，获国家教委全国首届教育科研优秀成果二等奖。1990年5月，高中选修课程建设获香港华夏基金会成果奖。

14. 1992年第4期《人民教育》，发表了以《树人——南京师大附中10年课程改革纪实》为题的长篇报道，并加了“编者按”，对南京师大附中这一时期的课程改革给予了充分的肯定。

（四）必修课程分层次教学试验（1991—1994）

历史背景和发展特点：

1. 1990年，教育部颁布了《现行普通高中教学计划调整意见》。

2. 1991年5—7月，我参加了国家教委组团的“中国中学课程改革考察团”，赴美国和加拿大考察。回国后，决心进一步改革必修课程。

3. 1991年，夏西远同学获第三届国际中学生信息学奥赛银牌，1992年沈凯同学获第三十三届国际中学生数学奥赛金牌，1993年韦韬同学获第二十四届国际中学生生物学奥赛银牌，连续三年取得这样的成绩，在附中历史上还是第一次。教育改革促进了学生个性的发展，这是一个很好的例证。

4. 重新认识基础教育的任务。

我们现在培养的中学生，为什么普遍缺乏个性？这不能不说与我们中小学的教育有关。长期以来，我们的中小学教育强调为学生打好共性基础，这是有道理的。但基础教育模式过于单一，统一的大纲，统一的教材，统一的教学计划，统一的考试要求，忽视了学生个性的发展，这是需要改变的。

无论从社会的需要还是青少年的实际状况来看，人才是一个多模式、多层次的结构。社会需要科学家、社会活动家、文学家、艺术家，也需要工艺师、运动员、服装设计师等专门人才。作为基础教育，就应该为培养各级各类人才打基础。从长远来说，今天打基础，就是为今后更好地发展个性服务的。建造不同的房屋，就要有不同的基础。不同的人才，也应该具有不同的基础，所以我们不能脱离发展人的个性，抽象地去谈打基础。到中学毕业时，每个学生都应该具有比较鲜明的个性特征。基础教育阶段，也是人发展和形成个性的阶段。因此，打好共性基础和发展个性都应该是基础教育阶段的任务。我们应该树立新的基础教育观，将发展个性纳入基础教育的范围。

5. 在高中开展必修课程分层次教学的实验。

1991年，我们明确提出了高中阶段的教育目标为：素质全面、基础合理、个性鲜明，并提出课程设计应该包括课程内容、形式和计划安排。学校对1992年暑假后入学的高一学生(即1995届)，开始进行必修课程分层次教学模式的实验和研究。1991—1995年，学校制订了详尽的工作计划，完成了第一届高中必修课程分层次教学的实验与研究工作，为我国高中课程改革做了有益的探索。

分层教学深层次的价值，在于它推动了教育个性化的进程，改变了近一个世纪以来我国实行的固定教学班的传统教学模式。

至此，从1981年算起至1995年，历时15年，我们把高中原来只有学科性必修课的单一课程结构改变成由学科课程、活动课程和环境课程相结合，必修课程与选修课程相交叉，必修课程分层次的复式课程结构。

6. 1993年10月，国家教委基础教育司成立制定高中新课程方案工作组，由我担任组长。南京师大附中十多年课程改革的成果，有一部分被吸收进了国家新的高中课程方案。

7. 1998年1月，教育部基础教育司组织专家组对南京师大附中分层次教学实验与研究的课题进行了成果评定。专家组评定意见如下：

“课题研究观点鲜明，论证有据，能够较好地将理论研究与实际研究有机结合起来，方法科学、合理。由南京师大附属中学承担的国家教委基础教育司研究项目‘普通高中课程改革的研究与实验’子课题‘升学预备教育类型的高中课程结构改革研究与实验’，是一项具有开拓性、创造性的研究课题。”

“该课题围绕必修课分层次教学的理论与实践问题，有重点、有计划地探讨了必修课的课程结构、层次、内容与教学策略和目标评价体系，制定了必修课A层次各科教学大纲，调整了选修课、活动课等的结构与种类。通过改革，增强了课程的弹性。”

“本课题研究不仅为构建我国升学预备教育类型的同类高中课程结构的改革提供了理论范式，而且对我国21世纪的高中教育办学模式的改革具有重要的实践指导意义。这种课程模式的构建，为学生智慧潜能的发挥、个性品质的发展以及因材施教等开辟了新的途径，为丰富和完善教学组织形式和教学方法积累了有益的经验，效果显著。”

“希望今后在课程整体优化上做进一步的研究和探索，进一步完善分层次教学目的的指标体系。专家组一致同意通过鉴定。”

二、对南京师大附中办学传统的认识

南京师大附中建校于1902年，是一所百年老校，有着优良的办学传统。

就我在附中学习和工作40多年的亲身感受，说一点对“附中办学传统”的认识。什么是附中最根本的办学传统？我认为最主要的有这样几条：

1. 始终坚持把为学生打好终身做人和成才的基础，作为自己办学宗旨的核心。学校长期以来有较高的升学率，但又不片面地追求升学率。

2. 为了适应社会和人自身发展的需要，不断改革创新校内教育，探索新的教育教学规律。

3. 造就出了一大批良师，他们师德高尚，教艺精湛，实为学生的楷模、国家之栋梁。

4. 培养出来的学生，综合素质较高，有较强的社会责任感，可持续发展，不论做什么事情，都希望做的是最好的。

附中办学传统的本质特征不是高升学率，而是强烈的进取精神和高度的社会责任心。

附中优良的办学传统，是一百多年来许多代附中人共同创造的结晶，是社会的一份宝贵财富。我们应该认真地学习研究，并在新的历史条件下发扬光大。

三、历史的选择

课程改革是一项系统性的改革，它不仅涉及课程自身的目标和结构等问题，还涉及大纲教材、课堂教学、评价考核、班级模式、思想教育、教学管理、教师队伍、校园建设等学校的各个方面的相应的改革和建设。在改革中，我们遇到了许多困难和挫折，也受到了来自校内外的各种压力，是什么力量支撑我们坚持改革？那就是我们要为学生打好终身做人和成才的坚实基础的办学理念。素质教育十条具体要求始终是我们进行课程改革的出发点和归宿。

教育是一项社会的公共事业，在任何历史时期，教育的价值取向都是多元的，同时涵盖着国家、家庭和个人的生存和发展的需要。按理说，这要通过一个科学的评价制度的导向，来合理地兼顾各方的利益，推动社会和个人的健康发展。但是目前在中国，这个问题还没有解决好，由此产生了很多矛盾。现在，对于学校教育来说就面对着两个现实：一个是国家和民族的大现实，是我们国家的发展目标和现状与世界先进水平之间的差距，迫切要求我们的教育能为振兴中华的伟大事业，“造就数以亿计的高素质的劳动者、数以千万计的专门人才和一大批拔尖创新人才”；另一个现实是广大家长、学生，出于对升学的迫切要求，希望提高考试成绩，甚至把升学率看作衡量办学成效的唯一标准。这种压力，在以一次文化考试分数作为录取学生的唯一依据的背景下，把中国的基础教育压得变了形。应该怎样正确处理两者之间的关系，成了现阶段中国中小学教育普遍遇到的一大问题。

有人说，人生就是一种选择。1977—1994年的近20年中，南京师大附中选择了一条坚持全面贯彻国家的教育方针、坚持遵循教育规律、坚持开展教育改革的办学道路，有较高的升学率，但不片面地追求升学率。对于我个人来说，从1975年参加学校的领导班子，到1994年退休的20年，是我和附中同甘共苦、同呼吸共命运的时期，是我的教育观系统形成的时期，也是我一生事业的最重要的时期。我与当时的附中领导班子和老师们一起，做了这样的选择，走了这段历程，其价值如何，能留下哪些有益的启示？那就只有让后人去评说了！

杨东平

1949年生，北京理工大学教育研究院教授、博导，国家教育咨询委员会委员，国家考试指导委员会委员，中国陶行知研究会常务副会长，21世纪教育研究院院长。主要研究方向为教育现代化理论、教育公平、教育公共政策等，曾任中央电视台《实话实说》、凤凰卫视《世纪大讲堂》总策划。主要研究领域为高等教育理论、教育现代化理论、教育公平理论等。关注中国教育改革、生态环境保护、历史文化保护、传统文化继承和改造、教育公平等问题并参与实际行动。主要著作有《城市季风：北京和上海的文化精神》《未来生存空间》《倾斜的金字塔》《艰难的日出——中国现代教育的20世纪》《中国教育公平的理想和现实》等。

教育公平是一个独立的发展目标[①]

——辨析教育的公平与效率

在教育公平的理论研究中，公平和效率的矛盾是一个令人困惑的问题。长期以来，在教育领域沿用“效率优先，兼顾公平”的说法，但并未对它的适用性进行过必要的论证。针对当前日益严重的教育不公，有人提出在教育领域应当实行“公平优先，兼顾效率”，或者“公平与效率并重”。究竟应当如何认识这一关系及优先次序，区别其不同的含义和适用范围，应该做一番理论的梳理和辨析。

① 本文曾发表于《教育研究》2004年第7期。

一、教育公平具有独立的价值

教育公平和教育权利平等的理念是政治、经济领域的平等权利在教育领域的延伸。在超越了身份制、等级制等将教育视为少数人特权的历史阶段之后，平等接受教育的权利作为基本人权成为现代教育的基础价值之一。20世纪40年代的《联合国人权宣言》规定，“不论什么阶层，不论经济条件，也不论父母的居住地，一切儿童都有受教育的权利”。在60年代以来的世界性教育改革浪潮中，教育平等成为“全世界所有国家和所有与教育问题有关的人最关心的问题”。①

近些年来，我们对教育重要性的认识，侧重在促进经济增长和科技进步的功利价值上，但教育还有一些更为基本和重要的功能。②如美国教育家杜威认为，教育的三个主要功能是促进人的心智发展，通过人的社会化实现社会整合，以及促进社会平等的功能。在社会客观存在经济、社会地位等方面巨大不平等的情况下，教育给人提供公平竞争、向上流动的机会，帮助弱势者摆脱他出身的那个群体的局限，能够显著地改善人的生存状态，减少社会性的不公平。因而，现代社会的教育，既是经济发展的“加速器”、科技进步的“孵化器”；同时，由于在社会流动、社会分化中具有的“筛选器”的功能，被视为是社会发展的“稳定器”和“平衡器”。被称为美国“公立学校之父”的贺拉斯·曼这样宣称：“教育是实现人类平等的伟大工具，它的作用比任何其他人类的发明都伟大得多。”③

在社会现代化的过程中，伴随着消除歧视和不平等，保障教育权利平等、争取教育机会均等是一种独立的社会政治诉求和一个独立的社会发展目标，作为一种社会运动或社会思潮，基本与经济政策无涉（如美国的民权运动和废除种族隔离的学校制度）；作为理论问题，则基本与效率无涉。无论卢梭、罗尔斯，还是阿马蒂亚·森，他们对社会公平的研究，都出自对社会正义、自由、民主、保障人权的强烈关怀，是超越于经济生活之外的。

有一种流行的说法，认为只有经济发展了才能谈公平，才有可能解决公平问题。这一认识是值得商榷的。如同社会正义一样，保障教育公平与经济发展水平没有直接的、简单的因果关系。经济发展与社会公平之间的因果关系，只有在长时段的文明演进的概念中才是确定的。从历史上看，发达国家公共教育制度的建立和普及义务教育都是在经济起飞之前、财政相当困难的情况下实现的。虽然在现实生活中，教育公平必然受制于政治、经济、文化等各

① 查尔斯·赫梅尔．今日的教育为了明日的世界［M］．北京：中国对外翻译出版公司，1983：68.

② S. 鲍尔斯，H. 金蒂斯．美国：经济生活与教育改革［M］．上海：上海教育出版社，1990：28.

③ J. S. 布鲁贝克．高等教育哲学［M］．杭州：浙江教育出版社，1987：66.

种因素，但经济水平对教育的影响与促进教育公平是两个不同质的问题：前者主要意味着教育投入总量的增加与否，后者关注的主要是如何分配和使用有限的教育经费。一般而言，前者对后者并不能产生决定性作用。那种认为我们现在太穷，追求教育公平是一种奢侈的“超越阶段论”，以及经济发展了公平问题自然会解决的“经济决定论”，是未经检验和似是而非的。因为，这一思维定式会模糊我们的正义追求，使公平问题的解决永远处于“将来时”。而对任何一个政府，钱总是不够用的。关于穷国或贫困状态能否关注公平，阿马蒂亚·森的研究令人信服：“一个贫穷的经济可能只拥有较少的钱用于医疗保健和教育，但与富国相比，它也只需要较少的钱就能提供富国要花多得多的钱才能提供的服务。”“通过适当的社会服务项目，尽管收入低，生活质量还是可以迅速提高的。再说，教育和医疗保健的发展也能促进经济增长率的提高这一事实，也增强了在贫穷经济中应该大力发展这些社会安排，而不必等到先‘富裕’起来的观点和说服力。”①

就现实公共政策的制定而言，我们越来越认识到，不同的选择更主要地取决于决策者所拥有的政治理念和文化价值。由于认为“估量科学或文化造福于一个社会，不应过多地着眼于这个社会拥有少数掌握高深知识的人，而在于广大人民掌握足够的知识”②，贺拉斯·曼推动了19世纪初美国的公立学校运动。类似地，在国家财力有限的情况下，韩国从1985年开始普及初中阶段义务教育，制定了《岛屿、偏僻地区教育振兴法》，首先从岛屿和偏僻地区开始实行免费教育，逐步向经济富裕地区和城市推进。发达国家普及教育在先、经济发展在后的一般进程，说明教育公平在现实中的推进，在很大程度上取决于社会民主的发展和民主价值、人权意识的普及，经济发展水平倒并不是决定性的因素。类似地，一个家庭的选择，是节衣缩食供子女上学，还是先盖房子买彩电，也主要是由其观念和文化所支配的。反之，如果没有社会公平的追求，经济虽然发展了，公平状况也并不必然会得到改善。因为“问题的关键是：经济增长的影响，在很大程度上取决于经济增长的成果是如何使用的”。③我国近些年来城乡差距、阶层差距显著拉大，学校两极分化严重的事实，都加深了我们对这一问题的认识。

---

① 阿马蒂亚·森. 以自由看待发展［M］. 北京：中国人民大学出版社，2002：38—39.

② 理查德. D. 范斯科德. 美国教育基础——社会展望［M］. 北京：教育科学出版社，1984：12.

③ 阿马蒂亚·森. 以自由看待发展［M］. 北京：中国人民大学出版社，2002：36.

二、我国“公平与效率”问题的泛化

在国外公平问题的理论研究中，很少有公平与效率之争。在政治理论层面，讨论较多的是公平与自由的矛盾。由于社会公平主要由政府解决，自由主义的理论家担心政府对公平的重视有导致集权、侵害市场和个人自由的倾向。在教育学本体的意义上，关注的则主要是公平与优秀的矛盾。功能主义教育家担心基于公平的考虑把低于学术标准的人吸纳进来，会降低教育质量，损害追求卓越的学术标准，从而伤害社会的整体利益。

我国对教育公平的讨论之所以完全陷入公平与效率之争，几乎没有其他的命题，原因之一是我国20世纪90年代末对教育公平的关注，是从经济领域“效率优先，兼顾公平”这一命题切入的，既不是源自人文主义、民主主义的社会思潮，也不是来自教育内生的民主需求。

“效率优先、兼顾公平”是我国在建设社会主义市场经济的过程中，在经济领域尤其是收入和分配领域处理效率与公平关系的原则。其所指非常清晰和具体，即破除在计划经济体制下形成的平均主义、吃“大锅饭”的分配政策，使一部分人、一部分地区先富起来；政府则通过二次分配，调节收入差距，促进共同富裕。然而，这一提法逐渐被泛化并迅速进入社会其他领域，成为一个简单化的、工作性的口号，未经论证地变成了各行各业通行的改革准则。这是我国社会生活中一个具有普遍性的现象——经济学话语的“霸权”。由于改革滞后而“失语”的其他领域不得不大量地借用、套用经济领域的概念。

当“效率优先、兼顾公平”的原则沿用到文化、教育、卫生等公共事业上时，其所指和价值变得模糊不清，适用性已成问题。社会公共产品的提供，是以政府为主，以公共财政为基础，而且是以“公平、公正、公开”作为基本行为准则和价值的。那么在这一领域，“效率优先”所指究竟是什么？是指优先发展营利性的教育，用市场化、产业化的手段做大“蛋糕”，还是优先发展高水平的“优质教育资源”，优先满足精英阶层的需求？由于缺乏基本的理论共识，它便成为各取所需、各行其是的口号。另一方面，在现实的社会环境中，“兼顾”成为一个很软的概念，往往意味着可以“不顾”。因此，这一口号最直接的后果，就是强势的经济主义成为教育发展的主导价值，“效率优先”成为不容置疑的“硬道理”，导致教育公平价值的旁落，在教育决策中失去了应有的位置。

严格地说，效率作为一个经济学概念，关注的是典型的经济学问题，即投入产出、投资回报。效率的概念经常被置换为“效益”，它表示的是一种广义的社会效率，其核心是“资源的有效使用和有效配置”。公平则是典型的社会学概念，关注的是社会正义和社会资源“合理的分配”。经济效率、经济增长本身不是目的。发展经济是为了改善人民生活、增进社会福祉，包括增进社会公平。因而，公平是社会发展具有基础性和终极性的目标；而效率和经济增长则是一种工作性的、工具性的目标。对公平和效率的追求成为现代社会发展的两个基本动力，在大多数情况下，两者并不存在此消彼长的简单关系，而是可以相互促进的。在现代社会的治理中，公平与经济发展分属两个不同的领域，政府和市场的分工是十分明确、清晰的，即所谓“政府管公平，市场管效率”。通过国家财政的二次分配以帮助弱势群体，促进和维护社会公平，是公共政策的基本出发点和政府的主要职责之一。

在我国的社会现实中，包括教育部门在内的一些非经济部门之所以会有“公平与效率”的困扰，其中一个重要原因，是教育和其他公共领域的改革，多年来实行的是一种“经济主义路线”，或者说是一种“财政视角”的改革，其动机在很大程度上是为了弥补经费不足的困窘，其兴奋点围绕着创收、营利、股份制、产权、市场化等经济问题，致使经济学成为教育研究的强势理论，这是造成经济话语霸权的另一个原因。政府部门直接地、过多地参与市场活动和经济活动，将经营、创造经济效益视为重点，这必然与他们维护市场秩序、提供公共服务和促进社会公平的职责相冲突。社会生活中公平问题突出，反映的不仅是价值失衡，也反映了社会治理中政府行为的偏差和“缺位”。

三、教育领域不同层面的“公平一效率”问题

在我国的教育现实中，教育的公平与效率之争并不是一个假命题。在这一命题之下，大家关注讨论的其实是两种不同的问题：一类是教育效率问题；一类是教育公平问题，两者大致是相互独立的。只有在教育资源配置、发展战略和教育公共政策的制定过程中，才涉及公平与效率的冲突问题。

（一）狭义的教育效率问题

狭义的“效率”，主要指在教育和学校管理层面上开源节流，提高投入产出效益，基本与公平问题无涉。以高等教育为例，如有学者所言，“高等教育领域内似乎不存在公平与效率之间的直接的矛盾关系”，因为“影响高等教育效率的因素主要来自高等教育内部，诸如资源的有效配置、学校的师生比、校舍设备的利用率等。影响高等教育公平的因素则主要来自高等教育外部，如家庭背景、地区经济发展水平、居住环境等”。①

也就是说，在既定的教育资源约束下，提高效率主要是教育系统内部的事。显而易见的是，民办学校的办学效率远远高于公立学校，是一种制度性的效率。在不涉及入学机会的问

① 刘海峰．公平与效率：21世纪高等教育改革与发展［C］．福州：福建教育出版社，2003：34.

题时，通过市场化的手段，通过增加竞争以提高效率，是行之有效的（如后勤、人事管理等）。但对高校这样多功能、多产出的系统，如何评价和提高教育效益（效率）是一个复杂的问题，显然并不是学校规模越大、师生比越高就越好。因为，教育效益并不是单纯的经济指标，是与培养目标、教育质量、学术水平等密不可分的。对于高等教育这样的大系统，如何提高效率的问题更为复杂，尤其是学术的评价和管理。如就学术发展而言，重点建设一批高校与重点建设一批重点学科相比，哪一种投资效益更高？在这类问题中，会涉及一些程序公正、公平竞争，以及学生权益、教师权益等问题，但不是常义的教育公平问题。

（二）三级教育不同的“公平与效率”

教育经济学的研究，以教育的投资收益率来衡量与评价初等、中等和高等教育的经济效益，虽然方法不一，其结论大致是清晰的。如1985年世界银行的经济学家萨卡罗普洛斯对不同地区、不同类型国家的教育收益率进行测算，发现在发展中国家，初等教育的收益率远远高于高等教育，见表1。

表1 世界若干地区的教育收益率（%）

	社会收益率			个人收益率		
	初等教育	中等教育	高等教育	初等教育	中等教育	高等教育
非洲	28	17	13	45	26	32
亚洲	27	15	13	31	15	18
拉丁美洲	26	18	l6	32	23	23

转引自蒋凯《从“奢侈品”到“生存的必需”——世界银行关于发展中国家高等教育的新观点》，刘海峰主编《公平与效率：21世纪高等教育改革与发展》，福建教育出版社，2003年，第345页。

这意味着，在发展中国家优先发展初等教育、中等教育，不仅是最公平的，也是效率最高的。在初等教育阶段，公平和效率之间不仅没有矛盾，而且是高度一致的。这一研究结论对发展中国家的教育政策产生了深远的影响。

20世纪90年代以来，世界银行的专家对高等教育社会收益率的看法有很大的改变，认为高等教育对促进宏观经济、科学研究和公民社会建设有巨大影响，其社会收益率要远远高于个人收益。如对拉丁美洲的研究，获大专文凭的工人，比只受过6年教育的工人收入高出200%。[①]如何测算三级教育不同的收益率，仍然是个值得探讨的复杂理论问题。例如，当前高等教育出现的高收益率，是否与教育不同的发展阶段和社会经济不同的发展阶段有关，即

① 蒋凯．从“奢侈品”到“生存的必需”——世界银行关于发展中国家高等教育的新观点［A］.

当前出现的高等教育高收益率或许恰恰是当初普及基础教育的后果，因而不能以今日之成效否定当初的发展选择。

三级教育之间的公平与效率问题，在于发展昂贵的高等教育挤占了基础教育的资源，从而影响了大多数人接受必要的教育的机会和权利。我国近年来教育资源的配置就产生了这样的失衡：2002年高等教育经费所占比重高达24%，为多年来之最高，为世界各国所仅有；而中等、初等教育经费所占比例，2002年比2001年却有所降低，见表2。

表2　近年来我国政府预算内教育经费在三级教育中的比重（%）

年份	初等教育	中等教育	高等教育
2002	33.63	35.93	24.24
2001	34.24	36.6	22.85
1998	32.64	34.39	22.69
1997	32.91	35.63	20.96

转引自王烽《2002年度中国教育经费报告》，杨东平主编《中国教育蓝皮书（2003年）》，高等教育出版社，2003年，第173页。

由于先发达国家普及教育实行的是由低到高、循序渐进的路径，而且高等教育以私立教育为主，因此三级教育之间争占资源的问题并不突出。但在政府主导型的发展中国家，优先普及基础教育，还是优先发展高等教育，对社会整体的公平和效率影响至关重大。以牺牲基础教育来发展高等教育的政策选择是有巨大风险的。破解这一症结的另一思路，是加速制度创新，打破政府包办高等教育的陈旧模式，通过更加社会化和市场化的途径，去发展高等教育。

（三）教育资源配置中的公平与效率

三级教育经费的例证显示，教育公平与效率的矛盾集中在教育资源配置上。这一矛盾的根源在于教育资源尤其是优质教育资源的不足，即短缺与发展的矛盾。

有人认为，在资源短缺的情况下，教育的主要问题不是不公平，而是“不发展”，只有做大“蛋糕”才有利于增进公平。“发展”优先，是否公平以后再说，是“效率优先”的另一种表达。如前所述，发展并不能代替公平，除非明确地将公平视为发展的基本价值和目标。因此，发展与公平的矛盾，并不是要不要发展，而是如何发展，如何在发展中保持公平。当前愈演愈烈的“择校热”便是一例。

采取多种手段发展教育，努力扩大教育资源，无疑是必需的。在多数情况下，利用包括市场手段在内的多种途径扩大教育资源，增加教育的多样性和选择性，以及为富裕阶层提供差别性的教育等，并没有损害教育公平，群众也都能接受。当前在基础教育阶段群众意见最大的，主要是短缺的“优质教育”资源——公立名牌学校及其衍生的“转制学校”收取高额择校费的做法。

择校热固然有唯学历的社会环境、望子成龙的文化心态等原因，但主要却是由于过大的学校差距造成的。我国长期实行的中小学重点学校制度，有其历史的原因，且义务教育阶段的重点学校制度已被教育部明令废止。但事实上，不仅历史形成的巨大差距客观存在，而且名校在投资、贷款、师资、基建、招生等多方面仍有优势。究其原因，除了以往政策的惯性、追求政绩和政府形象（如一些县城，多数教育经费被投入到一两所有一定升学率的高中），更为重要的原因也许是“利益驱动”。少数名校造成了巨大的“寻租”空间，具有巨大的经济利益。

近年来，在扩大优质教育资源的口号下，一些地方不惜巨资打造“优质高中”。前些年，一所高中耗资亿元成为新闻；现在用两三亿元建一所高中已不再是新闻。这一政策所追求的究竟是什么？是大可置疑的。显然它追求的不是效率，因为用同样的钱足以建设数所高水平的高中，从而使在校生数量增加两三倍；它追求的也不是公平，因为它极大地提高了教育成本，造成许多家庭难以享受的“豪华的教育”。

可见，当前的主要问题不仅仅是优质教育资源不足，而是不足与差距过大并存。我国的“短缺型教育”，既有硬件的属性——资金和办学条件的短缺；也有软件的属性——公平价值的短缺。事实上，我国大多数地区尤其是城市，教育已经摆脱了极度短缺的状态，我们并不是完全被动、无可选择的；相反，今天我们已经有可能追求比较协调、健康、公平的教育。从上面的例子可以看到，如果不是为了打造名校、追求豪华和利益集团的经济利益，对于确定的教育投入而言，我们是可以作出既更为高效、又更为公平的选择的。

（四）教育公平问题

我国当前教育公平最主要、最突出的问题，是教育机会均等——更多的入学机会和更公平地获得入学机会。这也是西方国家促进教育公平为时最久、最主要的层面。在教育规模、总量扩大的情况下，如何保证城乡之间、阶层之间比较平等的入学机会，通常与“效率”并没有直接关系，主要是一种公正的制度和政策设计。在这一领域存在公平与不公平的冲突，而不是公平与效率的纠缠。

在义务教育阶段，理论和价值是非常清晰的，即“为了一切学生”“一个也不能少”。对于客观存在的教育不均衡发展和差距过大的现实，需要通过推进教育均衡化的方针，逐渐缩小差距，保证学生平等的受教育权利和大致相同的教育质量。对于非义务教育的高中教育而言，情况比较复杂。一般而言，对于选拔性的教育，“分数面前人人平等”的标准是最公平的；但学校为了发展的需要，包括为了支付“名牌”教育的高昂成本，高中的入学标准事实上已经从一元的分数标准转化为分数、金钱、关系（权力）的多元标准。在这个问题上，虽然不能够过于理想化，但在政策制定上必须有维护公平的考虑，需要建立一种可评价、可控制的评判依据。高等教育入学机会中突出的城乡差距、地区差距和阶层差距，主要是从高中阶段教育延续下来的，也与高考制度、高校录取制度和其他高等教育政策有关，所体现的主要是公平问题，不再赘述。

综上所述，本文的基本结论如下：

第一，教育公平具有独立的价值，是一个独立的发展目标。保障和促进教育公平是公共教育政策的基本价值。对各种教育现象应当具体问题具体分析，不宜简单地套用“效率优先、兼顾公平”的提法。

第二，义务教育是全民教育，必须坚持“公平优先”的价值取向。一般而言，优先发展基础教育，不仅是最公平的，也是投资回报率最高的，即公平与效率在义务教育阶段是高度一致的。

第三，教育的公平与效率的冲突，主要表现在教育资源的配置上。高中教育的主要问题是资源不足与差距过大并存。需要通过缩小学校差距、提高投资效率以促进教育公平。

第四，当前大量存在的教育机会——入学机会问题，主要是公平问题。需要在教育发展的过程中维护教育公平，保护弱势阶层、弱势群体的受教育机会。

第五，政府是维护和促进教育公平的社会主体，承担主要责任。政府应贯彻教育均衡化的方针，对中小学实行公平的财政政策，在资源配置上向弱势学校倾斜，努力缩小学校差距。在教育总量不断扩大的情况下，政府的招生、收费政策应当做到：1. 至少确保受益面不减少；2. 在可能的情况下尽量扩大受益面，增加公费生的比例；3. 在收费状态下给予弱势者经济资助；4. 作为政府行为的底线，至少不人为地制造和扩大不公平。

卓　立

北京市东城区史家胡同小学校长，北京市政协委员，北京市人民政府专家顾问团顾问，北京市对外友好协会理事，中国教育学会教育管理分会副秘书长，中国教育学会基础道德教育委员会常务理事，北京市教育学会常务理事。提出了“一切为了孩子，一切为了明天”的办学指导思想，“和谐教育”的办学特色，以及“三全三爱三服务”的办学宗旨。在东城区的名师工程中成立了“卓立校长工作室”。著有《探索和谐教育》丛书。首届全国十大明星校长、北京市特级教师、北京市先进工作者、北京市德育先进工作者、北京市小学优秀党支部书记、北京市全心全意依靠教职工办好学校的优秀校长和优秀书记等，获北京市关心青少年工作奖。获“当代教育名家”称号。

和谐——教育的追求①

和谐——教育永恒的追求。

我校在1991年初提出了“和谐教育”的理念，至今已有15年了，“和谐教育”在我校产生了巨大的影响。

“和谐教育”和“和谐发展”的思想是早就存在的。“和谐发展”指人的才能和品质得到协调发展。“和谐发展”一词最早出现于希腊语，表示健美体格和高尚道德的结合。希腊哲学家亚里士多德认为人有植物、动物、理性三种灵魂，相应的有体育、德育、智育三个方面的教育。教育的目的就在于发展这三个方面，使体、德、智得到和谐发展。文艺复兴时期人文主义者从人性论出发，反对中世纪教会对儿童本性的压抑，认为应该通过教育使人的身心得

① 本文曾发表于2005年《和谐社会：社会公正与风险管理——2005学术前沿论坛文集》(下卷)。

到和谐的发展，并在思维能力、热情和性格上，在多才多艺和学识广博上提出了多方面发展的要求，在体育、德育、智育上都增加了新的内容，并采用激发人心灵的教育方法，以促进人的发展。17、18世纪法国启蒙思想家发展了人文主义教育思想，如卢梭要求培养身心协调发展的自然人；裴斯泰洛齐要求按照自然的法则全面地、和谐地发展人的一切天赋力量。18、19世纪的空想社会主义者进一步提出人的全面发展思想和全面发展教育。

在中国，不少古代教育家和近代教育家也都提出过“和谐”的思想，“天人合一论”“和合论”就是“和谐”的理念。孔子强调把知、仁、勇三者统一起来，以培养学习者成为“成人”“君子”乃至“圣人”，这就是中国古代和谐教育的思想。董仲舒、王守仁、王国维等著名思想家、教育家也都举起了和谐教育的旗帜。在现代，有许多教育家也一致称道“和谐教育”。苏霍姆林斯基认为，学校教育过程包括德育、智育、体育、美育、劳动教育，旨在培养全面发展的、和谐的个性。现在，在我国也有不少学校在实践和发展着“和谐教育”的办学特色。当然，今天我们所讲的和谐教育是从适应21世纪和现代化建设的要求出发，是现实教育改革的需要，而不是停留在对理想的追求。

我们懂得，和谐产生美，和谐是一切美好事物的最大特征。就像一幅画的美就在于它色调、构图等各方面的和谐；一首歌曲的优美就在于它音色、音调、旋律、节奏等方面的和谐。和谐是最佳组合，和谐是事物的最佳状态，和谐是人们的追求，也是教育的追求。因为和谐能够产生动力、提高效率、产生最佳效益。

我们认为，“和谐教育”就是以科学理论为指导，以社会发展需求与人的自身发展需求相和谐为宗旨，协调并整体优化各种教育因素，创设和谐的育人氛围，使受教育者在德、智、体、美诸方面得到全面和谐发展。它是实施素质教育的一种教育模式。

和谐教育致力于精心雕塑孩子的心灵，努力培养学生的实际能力，用心挖掘儿童的潜力，为社会培养出色的人才，培养与自然、与社会、与学生身心发展相和谐的人才。努力创造条件让学生在和谐的教育氛围中愉快地学习，在和谐的兴趣乐园中陶冶情操，发展个性，在和谐的人际关系中接受教育，健康成长。和谐教育，不仅是德、智、体、美全面发展的和谐，也是每个学生情感、意志、性格形成过程的和谐；不仅是某一时期的和谐，也是学校教育各阶段全过程的和谐；不仅是教与学的和谐，也是教学内容与教学方法的和谐；不仅是校内各种教育的和谐，也是学校教育、家庭教育与社会教育的和谐。

和谐教育的培养目标是使学生具有优良的品德、灵活的知识、创造的能力、文雅的举止、健康的心理、健壮的体魄。和谐教育就是要促使学生的思想素质、文化素质、身体素质、心理素质都得到发展。

实施和谐教育，我们力求做到四个和谐，即人与社会的和谐，人与人的和谐，人与知识的和谐，人与自身的和谐。

一、人与社会的和谐

随着社会的进步、教育的发展，新的时代对教育提出了新的要求，教育观念必须随之转变。我们认为，教育应该是既要从社会的需要出发，也要按人的个性特点、人的全面发展的需要出发来培养人。这两者虽然是相对的，但又是相互统一的，只强调哪一个方面都是片面的，应对社会需要和个性发展都予以重视，遵循一般要求与个性发展需要相结合的观点来培养人才，创设和谐的教育氛围，使学生得到和谐的发展。

改革人才培养模式，这是基础教育改革的重要目标，《中国教育改革和发展纲要》指出，中小学教育要“面向全体学生，全面提高学生的思想道德、文化科学、劳动技能和身体心理素质，促进学生生动活泼地发展，办出各自的特色”。

我认为，今天提出要全面实施素质教育，是对传统教育的继承与革新，是在新的历史条件下对基础教育提出的更高要求，是使中小学教育更加适应现代化建设的迫切需要，也是实现人的和谐发展的必由之路。检查一所学校是否按照素质教育的目标办学有三条标准：一是坚持学生的全面发展，在引导学生学会做人、学会认知、学会做事、学会共同合作、学会生存的基础上，充分发展学生的个性特长；二是坚持面向全体学生，不是选择适合教育的学生，而是选择适合学生的教育；三是要让学生主动地、生动活泼地发展，充分发挥学生的创造性，发展学生的思维能力、学习能力和操作能力。

目前，推进素质教育的实施已成为大多数人的共识，作为素质教育这架车子的其中一个轮子——“政府行为和社会行为”，正在加大运转的力度，如教育体制改革，教材和课程设置的改革，升学考试制度的改革等。这架车子的另一个轮子——“学校行为和教师行为”，必须加大改革的力度，必须在教育和教学的观念、途径、方法上，在学校办学模式等方面积极探索，也要加快运转的速度。

小学教育是一项为了未来的事业，是为了培养十几年、二十几年以后的建设者，所以，教育必须追求与社会需求相和谐。我们深知，“今天你如果不生活在未来，那么明天你必定生活在别人的过去”。为了明天培养人才，就必须要有超前意识。一方面要确立现代的教育思想，另一方面要努力创设现代化的办学条件，这包括现代化的育人设施和现代化的育人环境。

和谐教育是各育之间协调发展的需要，我们的培养目标是使受教育者在德、智、体、美等方面全面发展。但是，如何实现这一培养目标，还有两个很值得研究的问题：一个是德、智、体、美各育发展的关系问题，另一个是每一种教育如何实施的问题。我们认为，德、智、体、美各育不可偏废，既不可唯我独尊、排斥其他，也不可平起平坐、平均对待，应该使各育之间得到和谐的发展。同时，对每一种教育，不能只重视提出这种教育的培养目标，而不重视实现这一培养目标的方法、途径等问题。例如：在德育中，我们提出了爱国主义、集体主义等是素质教育的灵魂，但在实施中，如果教育者和被教育者之间的和谐程度、德育的艺术性、德育目标和方法的协调性等方面还缺乏研究的话，正确的德育目标依然很难实现。因此，研究每一种教育的和谐施教问题是极其重要的。总之，我们把使受教育者在德、智、体、美诸方面全面并和谐地发展作为我们的奋斗目标。

在树立现代教育思想上，我们明确了现代正确的人才观、教育观、教学观和质量观。其中，正确的人才观包括：懂得社会对人才的需求是全方位、多角度、多层次、多规格的，我们的责任是为每个孩子成才铺平道路，教育的成功是使每个学生都能成为祖国所需要的有用人才。正确的教育观包括：努力实现社会需求与学生自身发展的和谐；真正使学生德、智、体、美全面发展；全面发展学生的才能，使学生学会认知、学会做事、学会合作、学会生存与发展，重视学生多元智能的培养，包括语言智能、数理逻辑智能、音乐智能、身体运动智能、视觉空间智能、自然观察智能、内省智能、人际关系智能等；重视培养学生健康的心理品质；树立大教育观，使学校、家庭、社会全员主体参与教育。

我们应该明确，教育的目的是最大限度地促进人的发展。由于方方面面的原因造成的学生之间的个体差异还是很大的，但这种差异不应该影响他们成才。人才的培养关键在于老师的人才观，人才观变了，教育孩子的态度也会变，不能单纯地认为学习成绩优秀、乖巧听话的就是好孩子。在当前，我们必须看到，未来社会已经对教育提出了新的要求，要着力培养学生面向明天的意识和能力，如竞争意识、合作意识、时效意识、审美意识；自学能力、创造能力、实践能力、应变能力、社交能力等。这些方面能力突出的人，往往是现代社会更需要的人，只会死读书、读死书的人在现代社会上的发展面就比较窄。有人曾做过统计，发现世界上非常有成就的人，往往在学校上学的时候排在班里第十名左右，有人称这是“第十名现象”，这种说法未必准确，但可以给我们以启示。总之，教育者的责任是要把每一个学生都看成是人才加以培养，为他们成才铺平道路。

此外，还要树立大教育观：也就是“全员主体教育”，即学校教育、家庭教育和社会教育成为一体的多维教育体系。这是现代教育思想中一个重要的观念。这一方面是教育为适应市场经济浪潮冲击和信息技术高速发展的需要，另一方面也是教育发展和适应教育自身规律的需要。我们要通过各种渠道、各种方式形成这种教育体系。不能把教育封闭在学校内，也不能让学生只会“闭门造车”，只有这样，各方面的教育才能互相协调、取长补短，形成一个教育的网络。

培养什么样的人的问题是教育的一个根本问题。在当今教育中，在“学知”和“做人”上我们应更多地关注“做人”；在“知识”和“能力”上我们应更多地关注“能力”。作为教育工作者，我们一方面必须面向明天培养未来社会所需要的人，另一方面也必须着眼于每个学生的个性特点，按照个性发展的需要培养人。这才是面向明天育人的方向。

二、人与人的和谐

学校的一切教育教学工作都离不开人，都是围绕着人进行的。因此，用和谐的方法培养人，培养和谐发展的人，培养善于和别人和谐相处的人，这些都是至关重要的。教育必须要有和谐的人际关系，学校应该创建和谐的氛围。我认为，“尊重”是人与人之间和谐的润滑剂。我在学校领导班子里强调要互相尊重、宽容、理解、团结、协作，并要求领导班子的成员尊重、信任和善待每一位老师，老师要尊重每一个学生，也要尊重学生家长，干部与群众之间、老师与老师之间、老师与家长之间、老师与学生之间、同学与同学之间，都要做到互相尊重。我们特别要求老师们能够做到热爱学生、尊重学生、理解学生、信任学生和宽容学生，不仅让学生感受到爱，更要让学生享受到爱，还要让学生学会爱。这是师德的根本，因为学生爱其师，才会信其道。

小学是孩子学习的启蒙阶段，决不能由于我们的偏见和工作的缺失过早地给孩子戴上“智商低”“不成器”这些帽子。事实上，在小学，不少被认为“不会有多大出息”的孩子，长大后都“出息”得让我们大吃一惊。因此，承认差别，正视差别，又善于发现每个孩子的长处和闪光点，扬长避短，会使孩子受益匪浅。不要嫌弃每一个学生，要善于发现每个孩子闪光的地方，老师的一句鼓励学生的话、一个关爱学生的行为也许就会为一个人才的产生奠定了基础，但是老师的一句打击学生的话，也许就会埋没一个人才，老师的一个过分伤害学生的行为，也许就会毁了一个人的前程。教育的成功是使每个学生都能成为祖国需要的人。培养并发展学生的个性，不仅是为了培养尖子学生，更重要的是面向全体学生，因材施教，使他们的才能得到最大限度的发展。我们提出“要给特殊的学生以特殊的爱”，特殊的学生包括生理上有机能障碍的、学习吃力的、单亲家庭的学生，等等。我们提倡尊重学生，具体来说，就是尊重学生的人格、尊重学生的情感、尊重学生的爱好、尊重学生的需求、尊重学生的创造、尊重学生的意见、尊重学生的权利、尊重学生的幼稚。我们甚至把学生犯错误看作是孩子的权利，然后再加以正确的引导。

合作与交往是现代人才的重要素质。但是现在的孩子绝大多数是独生子女，他们大多数只是在接受周围人的关爱与呵护，缺乏合作与交往的能力。所以，我们在教育学生时不仅要做到尊重学生，而且也要教育学生懂得尊重别人，学会在学习、生活中与别人合作，学会关心他人，为他人着想。让每个人都为人与人之间形成和谐的关系做出恰当的行为选择。

和谐教育有利于全面提高孩子的素养。在和谐、温馨的学校环境和家庭氛围中成长起来的孩子，思想境界、行为习惯和言谈举止应该是高层次的、有教养的，接受的教育是潜移默化的，是自然而然的，因此也会是伴随终生的。

为了在学校中实现人与人的和谐，学校应具有为孩子服务的意识和职责。这是一条很重要的办学思路。为学生服务，就要提供适合所有学生发展的教育，为他们成才创造条件。假如没有这个观念，就认为自己是教育者，是教育人的人，是在选拔适合教育的学生，如此，就会在学生面前总是摆出一副盛气凌人、居高临下的架势，和学生不是平等的关系，动辄就训斥学生、责骂学生，有时连家长也一齐训斥。“爱训人”几乎成了老师的职业病，对于这个问题，如果都是老师在一起感觉还不太明显，如果和其他行业的人在一起谈话，别人很快就会发现你是当老师的，因为当老师的总爱说带结论的话，总爱告诉别人应该怎么做，必须怎么做。提倡和谐教育，就要彻底改变这种状况，使学校和老师转变观念，把自己放在服务员的位置上，诚心诚意地为学生、为家长、为社会服务。这种服务的观念包括这样几个方面：一是创造条件，尽可能地照顾好小学生的学习和生活，尽可能地为家长提供方便，解决他们的后顾之忧；二是师生的地位是平等的，应建立起民主、平等、和谐的师生关系；三是在教育教学中，既把学生看成教育教学的对象，又把学生看成教育教学的主体。衡量教育教学质量不能只看教师教得怎样，重要的是看学生学得怎样。总之，校长和老师要做到心中时时装着学生，学校的一切工作都是为师生服务的，这是创设学校中人与人和谐关系的基础。

三、人与知识的和谐

学生在学习过程中有着客观存在着的认知规律，我们在教育教学过程中，只有遵循这一规律才能使学生在学习的过程中感受到求知的愉悦。过去教学偏重对知识的消化、记忆，忽视了学生学习的主观能动性，忽视了学生的创造性思维。因此，教育必须追求人与知识的和谐。

联合国教科文组织关于教育的四大支柱中提出的“学会求知”，和我们通常所提的让学生“学会知识”是完全不同的概念。“学会求知”是学会学习的本领，是“授人以渔”，教人学会打鱼的本领，而不只是“授人以鱼”，单纯地教会知识。崭新的教学观，必须认识到学生不是知识的容器，而是发展知识的主体。

我们要非常重视学生潜能的开发。第一，每个学生都拥有待开发的潜能，甚至包括身体或智力有缺陷的学生。第二，学生潜能的水平有时是很难预料的，一些学生的潜能被开发出来后，甚至比成人还要高，例如有的“小计算机迷”的水平就远远超过了老师。第三，学生的潜能是需要我们老师去开发的，就像埋在沙子里的金子，要我们去挖掘、去发现，不被发现，就可能被埋没。第四，潜能的开发需要一个和谐的、宽松的环境，学生在激励中、在和谐的氛围中更能焕发出创新精神，开发出潜能。所以我们要尽可能地为每一个学生创造条件，和谐教育恰恰就非常有利于学生潜能的开发。

课堂教学是实施素质教育的主渠道，改革课堂教学、提高教学质量和效率是学校改革工作的主旋律。学生是学习的主人，学生的主动“参与”是课堂教学之魂。我们一方面要不断探索适应素质教育需要的课堂教学结构和模式，改进教学方法；另一方面要努力研究课堂教学如何才能发挥学生的主体性。使用先进的教学手段，创设宽松和谐、生动活泼的课堂教学环境固然重要，但更为重要的是教师既教书又育人；既要研究教法又要研究学法；既培养学生扎实的双基，又注重对学生思维的训练、动手操作能力的培养，特别是创造精神和创造能力的培养。

“使学生生动、活泼、主动地发展”，就是要改变单纯传授知识的教学方法，在教学过程中培养学生浓厚的学习兴趣和求知欲望，营造生动活泼的教学氛围，努力提高课堂教学艺术，以兴趣来启发学生，以情感来引导学生，以激励来促进学生的学习。要努力改变那种“我教你学”的旧课堂教学模式，使学生主动地获取知识，获得自我发展的能力，在课堂教学中让学生参与教学活动，积极探索学习规律，自觉养成良好的学习习惯。要让学生在活动中学习，在活动中加深对学习的理解，这是认识的发展所必不可少的。教学过程中的活动包括学具的操作活动、事物的观察活动、语言的表达活动等。

“探究性学习”的方式，主要指学生在学科领域或现实生活的情境中，通过发现问题、调查研究、动手操作、表达与交流等探究性活动，获得知识、技能和态度的学习方式和学习过程。一方面，探究性学习在“知识建构理论”的指导下，关注学生认知结构的发展及问题解决，基于问题解决来建构知识是探究性学习的核心思路。另一方面，探究性学习不仅关注问题解决的结果，更关注学生学习的过程，关注学生学习过程中的体验与感受，关注学生学习的创造性与主体性人格的培养，并以此作为探究性学习的主要目的。同时，探究性学习是以多元智能理论为指导，使学生的多种智能得到全面的发展。从学生生理、心理特点看，学生本身具有探究和创造潜能，探究性学习可以激发学生学习的兴趣、动机及求知欲，开发学生的潜能。

实施“探究性学习”，就要创设宽松、活跃、和谐的氛围，改变学生在课堂上不爱问、不想问，也不知道问的被动的学习方式。师生关系是民主的、平等的、和谐的。学生在宽松的、无责怪的氛围中，才能勇于提出问题，思考问题，进而找到解决问题的方法。教师必须切实贯彻“民主原则”“无责怪原则”“激励原则”，树立“人人平等”的思想，培养“人人善问”的习惯，激发“人人求新”的欲望，提供“人人动手”的条件，给予“人人成功”的机会，创设轻松活泼的校风和人际关系，才能形成有利于学生创新能力培养的适宜的“气候”和“土壤”。

为培养学生的创造性思维，我们特别注意鼓励学生的发散思维、求异思维和逆向思维，鼓励学生敢于标新立异和与众不同，使学生会学、乐学、活学。我们提倡要在吃透、用好、用活教材的基础上，让知识超越教材；在充分发挥课堂教学主渠道的基础上，让教学超越课堂；在艺术地发挥教师主导作用的基础上，让学生超越教师。

和谐教育有利于提高教育教学的效率和效益。学生学习的优劣除了智力因素外，很大程度上取决于非智力因素。和谐教育对包括动机、兴趣、情感、意志、性格等非智力因素的培养起着重要作用。在教育过程中，我们认为教育的效果在很大程度上取决于受教育者的接受愿望。因此，教育的效果与教育者和被教育者的和谐程度成正相关的关系。

四、人与自身的和谐

实施和谐教育的一个重要方面是重视学生自身发展的和谐。我们的教育必须遵循小学生心理、生理发展的客观规律，培养心理健康的人。

要重视学生非智力因素的培养。在小学，尤其是小学的低年级，必须重视学生非智力因素（非认知因素）的培养，使他们具有健康的心理品质和良好的行为习惯，这既是素质教育的需要，也是培养他们具有健全人格的需要。

我们认为，在小学阶段，心理健康教育尤为重要。学生在这一阶段情绪是不是愉快，情感是不是丰富，性格是不是开朗活泼，与人交往是不是正常，意志是不是坚强，有没有耐挫折能力，有没有应变能力等，这是和学习知识同样重要的事情，这是培养学生健全人格的重要内容。因此，端正教师对心理健康教育的认识，提高教师对学生进行心理健康教育的自觉性，建立家校协同的教育网络，是学校搞好心理健康教育工作的重要内容之一。

我们认识到，教师自身的心理健康水平会直接影响到学生的心理健康状况。因此，教师必须通过学习，通过自我修养，提高自身的心理健康水平。对于小学老师特别是低年级老师，如果只是教会孩子一些基础知识，应该说，他只完成了任务的一部分或者说一小部分；但如果同时使学生做到了三爱：爱上学、爱老师、爱同学，这才是完成了任务的全部。

保持愉快的情绪是孩子心理健康的重要特征。我们认为，看一所学校办得好不好，一个很重要的方面就是要看这所学校的学生的情绪是不是愉快。实施和谐教育，就是要使教育活动符合学生的身心发展规律，让他们在融洽的人际关系中生活，在和谐的课堂氛围中学习，心理上没有过分的压力，情绪上没有过度的焦虑。对待外向型尤其是攻击型的学生要做到接纳他们，不嫌弃他们，能够对他们循循善诱，发扬其闪光点，发挥其特长，给他们展示自己才能的机会，培养他们的自尊心和自信心。对于内向型有自卑心理的学生则要加倍地关注，使他们开朗起来，变封闭式为开放式，以适应未来竞争激烈的社会。

一所学校或一位教师的先进，首先表现在教育思想的先进上。和谐教育理念在全校的建立是很重要的，一所学校实施一种办学模式，绝不是校长一个人的事情，必须把它变为每个教师的指导思想，内化为教师们的理念，成为大家自觉行动的基础。这是实施和谐教育的关键，而且是比提出一种教育观念更重要、更难办的事情。

要提高教师们实施和谐教育的自觉性，使和谐教育内化为他们发自内心的意愿，需要经历这样一个过程："服从—认同—理念"，就像一个三角形分成上、中、下三部分："服从"是三角形的底座，"认同"是三角形的中间部分，"理念"是三角形的顶端部分。一开始是服从学校提出的要求，在实施过程中发现和谐教育的好处时，就认同了；当教师们从实践与理论上都达到自觉实施的时候，和谐教育就成了每个人的理念，这就是我们要达到的最好的状态。我认为，当校长提出自己的办学指导思想后，教师们只是做到了"服从"还远远不够，服从是被动的，是在按照领导的要求工作，在认识上未必明确我们实施和谐教育的目的和意义，因此服从是低层次、低标准的要求；"认同"是已经认识到了和谐教育的重要性，认为和谐教育是应该实施的，但是还缺乏自觉性和创造性；当把和谐教育内化为一种理念来实施的时候，就会在自己工作的时时刻刻、事事处处为学生着想，为他们的未来着想，就会充分发挥自己的主观能动性，创造性地、科学地进行工作，就会规范自己的职业行为，使教育教学工作力求达到一个崭新的状态。作为校长不可能在每个教育活动、每节课告诉教师应该怎么做，只有每位教师都能创造性地实施，才能形成和谐教育的办学特色。

当教师把和谐教育的思想作为一种理念来指导自己的工作时，学校各方面的工作就提高了一个台阶。教师在处理人际关系时，在进行教学时，在开展教育活动时，就会自觉地把和谐教育的思想贯穿其中。大家把干群之间是否互相尊重作为自觉遵守的信条，把教师之间是否团结协作作为评价教师的条件之一，把师生关系是否融洽作为衡量师德优劣的标准之一，把教学过程是否符合学生的认知规律、学生的思维是否活跃、课堂氛围是否轻松愉快作为评价课堂教学成功与否的重要标志，把德育活动是否符合儿童年龄特点、学生们参与的态度积极与否作为德育活动实效性的重要因素。

总之，在和谐教育思想的指导下，学生们在学校的生活应该是活泼的、欢快的，充满生机的，富有创造性的，学校是校园，也是乐园，还是家园。和谐——这是教育永恒的追求，而和谐教育又恰恰是教育改革大花园中的一朵艳丽的鲜花。

谨以此书献给中华人民共和国成立70周年

扎根中国大地办教育

——共和国70年教育70人文选

下

朱永新　主编

坚持党对教育事业的全面领导

坚持把立德树人作为根本任务

坚持优先发展教育事业

坚持社会主义办学方向

坚持扎根中国大地办教育

坚持以人民为中心发展教育

坚持深化教育改革创新

坚持把服务中华民族伟大复兴作为教育的重要使命

坚持把教师队伍建设作为基础工作

山西出版传媒集团　山西教育出版社

朱永新

1958年生，江苏大丰人，1988年加入民主促进会，教授，博士生导师，研究生学历，管理学博士学位。现任十三届全国政协常务委员兼副秘书长，民进中央副主席，中国教育学会第八届理事会学术委员会顾问。著有《朱永新教育作品》(16卷)、《新教育实验：为中国教育探路》《致教师》《未来学校》等40余种著作，著作被译为英、德、日、韩等24种语言。多次被评为“中国十大教育英才”、改革开放30年“中国教育风云人物”“中华十大财智人物”、中央电视台“感动中国”候选人、国家新闻出版总署“全民阅读形象代言人”“为了公共利益”年度人物等。获“当代教育名家”称号。

“新教育实验”的基本理论与实践探索①

一、“新教育实验”的时代背景

新的时代总是要呼唤新的教育，一个时代理应有一个时代的教育特征。进入21世纪，中国的教育如何发展，如何建构具有时代特征的“新教育”，已成为众多有识之士深切关注的重大论题。

对“新教育”一词大家并不陌生。在西方教育发展史中，从19世纪末到20世纪50年代，占据主导地位的便是新教育思想，其代表人物有被称为“新教育之父”的英国教育家雷迪，以及巴德利、怀德海、沛西·能等，此外还有德国教育家利茨、法国教育家德摩林、比利时

① 本文曾发表于《课程·教材·教法》2005年第9期。

教育家德可乐利、瑞典教育家爱伦·凯。他们主张建立符合现代社会需要的教育。在各自的国家建立“新学校”，其中最著名的便是雷迪创建的“阿博茨霍尔姆学校”。雷迪认为，学校的任务主要是促进儿童个人的自由发展，即身体和心灵的健全发展，而不是用书本知识去压抑儿童的发展。

在我国，陶行知先生也曾明确提出“新教育”的概念，他在1919年发表的《试验主义与新教育》中讲了这样一段话：“夫教育之真理无穷，能发明之则常新，不能发明之则常旧，有发明之力者虽旧必新，无发明之力者，虽新必旧，故新教育之所以新，旧教育之所以旧，则视其发明能力耳。”和他同时代的很多人，对新教育和旧教育也都有他们的认识。蔡元培先生就曾经写过《论新教育和旧教育之起点》一文；陈鹤琴先生把活教育作为旧教育的对立面，他虽然没有明确提出新教育的概念，但是活教育实际上就是一种新教育；黄炎培先生也在他的很多论著中多次使用新教育的概念。到了1949年，毛泽东同志在阐述我国的教育方针以及一系列教育问题时，也明确指出：建设新教育要以老解放区的教育经验为基础，吸收旧教育某些有用的东西。

纵观中国教育近几十年的发展历程，在肯定教育获得巨大发展成就的同时，我们不得不遗憾地承认，中国教育，尤其是基础教育中理想主义的色彩还是较少，缺乏应有的对现实目标的批判和超越；中国教育片面追求与现实的适应和协调，在一定程度上削弱了教育引领时代、提升社会水平的功能。

国际21世纪教育委员会提出“教育：必要的乌托邦”这一命题。“必要的乌托邦”意味着教育必须具有一种着眼于未来的精神。波兰教育哲学家苏科多斯基说得好：“着眼于未来的教育表达了这样一种信念：目前的现实不是唯一的现实，因而不能构成教育的唯一要求。着眼未来的教育精神超越了目前的范围，以共创明天的现实为目标。”“必要的乌托邦”还意味着在人们越来越受现实功利羁绊，越来越被实利主义限制了生命意义的拓展之时，由于教育体现着对人类生活最高境界的诉求，保留了对于超越现实的、非功利的价值的追求，至少还可以寄希望于教育，以便使人对人在现实中的病态和畸形保持警觉，对人的纯功利冲动起到平衡和矫正作用。

人们对“乌托邦”是有偏见的，大抵是因了米兰·昆德拉的这句话：“拼命挤进天堂的大门，但当大门在身后砰然关上时，却发现自己在地狱里。”但是，人们忘了可以赋予它新的内涵：去掉空想，留下理想；追逐梦想，成为现实。人们忘了，“征服世界的将是这样一些人：开始的时候，他们试图找到梦想中的乐园；最终，当他们无法找到的时候，就亲手创造了它”（乔治·萧伯纳）。

正是从这样的思考出发，我在2000年由南京师范大学出版社出版的《我的教育理想》一书中发表了《我心中的理想学校》《我心中的理想教师》《我心中的理想校长》《我心中的理想学生》《我心中的理想父母》系列文章，算是用远大的教育理想去拥抱新世纪的第一缕阳光；紧接着，在2002年由人民教育出版社出版的《新教育之梦》中，除了保留并充实前面的五个“理想”之外，新增了“理想的德育”“理想的智育”“理想的体育”“理想的美育”“理想的劳动技术教育”等章节。我有这样一个信念：一个没有理想的人不可能走得多远；一个没有理想的学校，也不可能走得多远；一个没有理想的教育，更不可能走得多远。教育的理想境界是：成为学生享受成长快乐的理想乐园，成为教师实现专业发展的理想舞台，成为学校提升教育品质的理想平台，成为学生、教师、学校共同发展的理想空间。

但是，仅有理想是不够的。1950年的元旦，约瑟夫·熊彼特在弥留之际，曾对前去探望他的彼得·德鲁克和彼得·德鲁克的父亲阿道夫说了一番这样的话：“我现在已经到了这样的年龄，知道仅仅凭借自己的书和理论而流芳百世是不够的。除非能改变人们的生活，否则就没有任何重大的意义。”[①]这个故事给我很深的启发，或者可以说是反思：我的这些教育理念、“理想”能变成现实吗？能不能创建出属于教育的今天而不是明天的实践蓝图？

2002年10月，新教育实验在苏州昆山玉峰实验学校正式启动；2003年，参与新教育实验的学校达到了上百个，遍及江苏、安徽、山东、上海、吉林、广东等十多个省市；2003年岁末，新教育实验被批准为教育部“十五”规划重点课题；截至今日，全国已有二十多个省市的二百多所学校正式参加了实验，其中挂牌学校87所。这些学校包括了北京清华附小、中关村一小，哈尔滨南马路小学，山西运城人民路小学、临汾实验小学，江苏常熟实验小学等省（市）内外名校，并形成了苏州的张家港、泰州的姜堰、河北省的石家庄桥西区等新教育实验基地。

《人民日报》《解放日报》《光明日报》《人民教育》《中国教育报》《中国青年报》和中央电视台等国内多家媒体对新教育实验进行了报道。《中国教育报》在2004年2月20日对新教育实验作出过这样的评价：“‘生于毫末’的新教育实验虽然尚未成就‘合抱之木’，却已成为当今中国教育改革的一枝奇葩。……昭示了独特魅力与盎然生机。”《南风窗》2004年4月16日对新教育实验进行了如下评价：“可以断定的是，作为一场对抗‘教育异化’的实验，理想主义者试图从源头上救赎中国教育危机的努力，起码可以视作以‘人的教育’为旨要的‘新希望工程’的剪彩仪式。”

① 杰克·贝蒂. 管理大师德鲁克［M］. 上海：上海交通大学出版社，1999：153.

二、“新教育实验”的核心思想

（一）新教育实验的核心理念是：为了一切的人，为了人的一切

为什么是为了一切人而不是为了每位学生？因为我们认为教育实际上是一个大的概念，是包含了人类生存、生活和发展的全部的这样一个概念。我们不仅要关注学生，而且要关注教师，关注一切和教育相关的人，无论他是贫困的，还是富贵的；是愚昧的，还是睿智的；是健全的，还是残疾的。为什么是为了人的一切而不是为了学生的一切？因为，我们觉得没有教师的发展就没有学生的发展；没有家长的发展，也可能没有学生的发展。尤其重要的是，十六大提出了“人的全面发展”理念，因此，“以经济建设为中心”应当与“以人的发展为中心”统一起来，人的发展是硬道理。为了一切的人，为了人的一切，这是新教育实验的核心理念。

我们主张以人的个体生命为本位，根据个人发展的需要确定教育的目标并实施教育。我们希望从知识的人本化和学习的人本化出发，引导教育圈中每一个人发展个性，展现自我，在教育中将人提高到“人”的高度，最终把人“还原”为“人”、达到人的“自我实现”。

（二）新教育实验的五个基本观点

1. 无限相信学生与教师的潜力

唤醒潜能、激发力量、促进教师和学生走向成功，这是“新教育实验”的一个重要观点。我们相信，学生和教师身上的潜力你怎么去评估都不会过分。现代医学心理学认为，由于各种复杂的内部和外部原因，人的大脑机能存在着一种抑制现象，使得人们长期难以察觉自己的能力，但是，在恰当刺激的条件下则可以解除这种抑制，从而使蕴藏于人体内的潜能充分地释放出来，产生一种神奇的力量。科学家指出，人的能力有90%以上处于休眠状态，没有开发出来。如果我们能多挖掘自己一些潜能，那将会创造一道亮丽的人生风景线。这一点，“皮格马利翁期待效应”以及“期望值与孩子成长正相关”的心理学实验是最好的说明。就学生的发展而言，教师应该通过各种方式向他传达“你很优秀”的信息，使其感受到教师的关注。这样，就能够产生一种激励作用，促使其学习时加倍努力，进而取得好成绩。对少年犯罪儿童的研究表明，许多孩子成为少年犯的原因之一，就是因为不良期望的影响。他们因为在小时候偶尔犯过错误而被自己、家人或老师贴上了“不良少年”的标签，这种消极的期望引导着他们，使他们也越来越相信自己就是“不良少年”，最终走向犯罪的深渊。人们通常这样来形象地说明“皮格马利翁期待效应”：说你行，你就行，不行也行；说你不行，你就不行，行也不行。要想使一个人发展更好，就应该给他传递积极的期望。期望对人的行为有

巨大影响。积极的期望促使人们向好的方向发展，消极的期望则使人向坏的方向跌落。在我们的家庭教育中，父母如果能灵活运用“皮格马利翁期待效应”，也必将受益无穷。

2. 教给学生一生有用的东西

“教育应当促进每个人的全面发展，即身心、智力、敏感性、审美意识、个人责任感、精神价值等方面的发展。应该使每个人尤其借助于青年时代所受的教育，能够形成一种独立自主的、富有批判精神的思想意识，以及培养自己的判断能力，以便由他自己确定在人生的各种不同的情况下他认为应该做的事情。”[①]为什么新课程提出要在知识和技能基础上重视过程和方法，重视情感态度与价值观呢？其潜台词是：教科书对孩子有用，但管不了孩子一生，因此你教材编得再好，不能解决学生所有的问题；考试是一种选拔，但更多的是知识和技能的选拔，因此考试考得再好，不一定能在以后的工作和人生中胸怀大志、实现自我。曾任南师大附中校长、现任苏州蓝缨学校校长的陆一鹏曾经让那些当年以优异成绩考入高校的南师大附中学生重做两三年前的高考题，结果成绩糟糕透顶。客观地说，把让学生考取一所好大学作为我们基础教育的目标之一是符合当前教育消费者，也就是广大家长意愿的；但作为终极目标、唯一目标，则是实用主义、急功近利的表现，那样会使我们的学生走出校门后“剩下来的东西”不多，那样会使我们的国家、我们的民族，当然也包括我们的城市在未来的世界竞争中丧失“核心竞争力”。

3. 重视精神状态，倡导成功体验

一位诗人说过这样的话：世界上许多事情都可以等待，唯有孩子们的事情不能等待，因为孩子的名字叫“今天”。如果孩子的“今天”是失魂落魄，是萎靡不振，是痛苦难熬，是得过且过……那还有什么起碇的索，还有什么鼓风的帆，还有什么定向的舵？还有什么健康，还有什么快乐，还有什么自信，还有什么向上可言？还有什么理想，还有什么未来？苏霍姆林斯基在他的博士论文《全面发展的人的培养问题》中有这么一段话：“培养全面发展的人的技巧和艺术就在于：教师要善于在每一个学生面前，甚至是最平庸的、在智力发展上最有困难的学生面前，都向他打开他的精神发展的领域，使他能在这个领域里达到顶点，显示自己，宣告大写的‘我’的存在，从人的自尊感的源泉中汲取力量，感到自己并不低人一等，而是一个精神丰富的人。”培养一个人积极的态度非常重要。学校教育要努力让学生在教育中获得成功的体验，而后在成功的体验中确立新的目标，求得更大的进步。学校教育要培养学生能够不断地感受成功，不断地体验成功，从而能够不断地相信自我，不断地挑战自我。学生的“成功”，不能再仅仅停留在“一考定终身”这样一个层面上；要倡导教育的“新成功主

---

① 联合国教科文组织国际21世纪教育委员会. 教育——财富蕴藏其中［M］. 北京：教育科学出版社，1996：85.

义”思想，着眼于个性发展，着力于特长形成。

4. 强调个性发展，注重特色教育

个性发展是指个人在禀赋、气质、兴趣、情感、思维等方面的潜在资质得到发现，心灵自由和精神世界的独特性得到尊重，思考的批判性、思维的独特性和思想的创造性得到鼓励。一句话，在心理方面存在的个别差异性得到正视和发展。在教育从培养造就“接班人”走向“使每一个人都能成为他自己”的今天，不仅学生，而且教师也要走个性发展的路径，要由“个性化的教师”来培养“个性化的学生”。而个性发展的至高境界就是前面所说的精神发展。至于特色教育，特色并不意味着圆满，但特色就是卓越。企业如此，学校如此，凡事莫不如此。去年，美国《时代周刊》评选世界九大新兴科技城市，苏州是唯一入选的亚洲城市。那么，能说苏州就是亚洲最好的城市吗？当然不能。但苏州有它的特色，它是一个把传统和现代结合得很完美的一个城市，它有一体两翼的城市格局，又有两千五百多年的文明底蕴，是外商投资的聚集地。学校也是这样，没有自己的特色，是谈不上辉煌的。对个体生命来说也是如此。

5. 让师生与人类崇高精神对话

文明、文化，它的发展，它的延续，是人类发展和延续的根基。在第二次世界大战时，有一个记者问英国首相丘吉尔：“莎士比亚与印度哪个更重要？”印度当时是大英帝国在海外最大的殖民地，人口最多，土地最广。丘吉尔首相回答：“宁可失去五十个印度，也不能失去一个莎士比亚。”的确，人类之所以伟大，现在看来，不是因为他能够征服世界，主宰世界；而是因为他拥有文化，拥有精神。如果说我们的教育对人的问题已经开始注意，那么我们对于人类的命运，对于人类文化的发展延续，对于人类文明的进程，我认为还没有引起足够的关注。文明不应该在我们这一代人身上，或者说，不应该在我们这一代教育者手里失落。“一个真正的人应当在灵魂深处有一份精神宝藏，这就是他通宵达旦地读过一二百本伟大的书（苏霍姆林斯基）。”我们要让我们的孩子、我们的教师在阅读中亲近大师，拥有思想，直抵精神；我们要让我们的孩子、我们的教师带有强烈的社会责任感、使命感、正义感融入社会，而不是逃避现实，逃避责任。

我们的目标追求是：追寻理想，超越自我。我们认为参加实验的所有学校的师生都应该有自己的梦，都应该给自己一种挑战自我的勇气，一种超越自我的精神。每一个教师、每一个学生都要找到成功的感觉，让相当一部分的教师和学生都能够成才，最后有一定的成就。成长并快乐着，这是我们追求的一种境界。

“新教育实验”追求这样四重教育境界：成为学生享受成长快乐的理想乐园；成为教师实

现专业发展的理想舞台；成为学校提升教育品质的理想平台；成为“新教育共同体”的“精神家园”和共同成长的“理想村落”。

每个人都有自己的梦想和对成功的渴望，但是，若你不去力行实践的话，再美好的愿望也等于零。事事成功的关键，不仅在于知之，更贵在行之，贵在持久不懈地全心投入。我们的价值取向是：行动。我们相信：只要行动，就有收获。不要坐而论道。你去做，你就行；你去做，你就有可能成功。不要瞻前顾后，不要犹豫彷徨。从加入实验这一天开始，就要真正地行动起来。

三、“新教育实验”的具体行动

从操作层面上，我们把“新教育实验”设计为“六大行动”，即“营造书香校园”“师生共写随笔”“聆听窗外声音”“双语口才训练”“建设数码社区”“构建理想课堂”。

（一）营造书香校园

书籍是人类宝贵的精神财富，是采掘不尽的富矿，是经验教训的结晶、是走向未来的基石；读书是人们重要的学习方式，是人生奋斗的航灯，是文化传承的通道，是人类进步的阶梯。一个人的精神发育史实质上就是一个人的阅读史；一个民族的精神境界，在很大程度上取决于全民族的阅读水平。为了实现师生与人类崇高精神的神圣对话，新教育实验在充分研究、积极实践的基础上，形成了“营造书香校园行动计划”，实验学校把每年的9月25日设立为校园“阅读节”，并倡议这一天为全国“阅读节”。实验学校加强了图书馆、阅览室建设，并尝试建立开放式图书广场，每班配备图书架，重视超文本图书馆的建设，研究利用网络开展阅读。实验学校提供专门、足量的阅读时间给师生，鼓励学生家庭建设家庭图书架、形成“书香家庭”。实验学校图书馆向家庭和社区开放，并形成校际合作、区域流动。本着基础性与发展性、科学性与人文性、经典性与时代性、民族性与世界性统一的原则，我们还组织上百名专家在近万份问卷调查的基础上历时6年拟定了《新世纪教育文库》，向小学生、中学生、大学生、教师推荐阅读书目各百种，以年度为界限正式公布。我们还将成立“书香俱乐部”，作为师生开展读书活动的基本组织形式，指导各实验学校开展形式多样的读书活动；为各实验学校读书活动提供导读、评价等服务；促进各实验学校读书群体之间的交流和联谊。昆山的柏庐小学，吴江的金家坝、同里小学，浙江宁波万里国际学校、江苏武进湖塘桥小学，等等，都开展了很多有效的读书活动。读书，读课本以外的好书，正在成为这些实验学校师生的一种文化自觉。

（二）师生共写随笔

“师生共写随笔”就是倡导师生立足于每一天的教育、学习生活，在写随笔（日记）的过程中，体验生活、反思自己，促进超越自我。有人把写日记称之为“道德长跑”，我看不仅如此。试想，我们的教师如果每天坚持写一篇千字文，写10年就是写了3650多篇，就有300多万字了，教书育人怎么可能不得心应手。当然，“写”只是形式，以“写”带动的却是阅读，是思考、是实践。阅读滋养底气，思考带来灵气，实践造就名气。再说，如果每个教师每天记点东西，以后教育家要研究中国的教育，这就是最好的研究资料。为什么要强调师生共同去做？学生也需要记录成长的履痕，反思自己的行为，倾诉心中的秘密。这是一个心灵的窗口、灵魂的寓所、青春的阳台。学生要在日记的写作中培养作文的兴趣，掌握做人的道理。现在，参加新教育实验的一大批教师（有的是学校）在我们的网上交流平台——教育在线（www.eduol.en）上开设了自己的专栏，坚持写教育随笔，我每天上网都能听到花开的声音。江阴环南路小学参加新教育实验半年，就出了两本日记集。我给日记集题名《放飞希望》。教导主任对我说：过去孩子们都讨厌写日记，现在都不讨厌了；以前写东西就像挤牙膏一样，而现在都是从心里流淌出来的。这道理其实很简单：为了写得精彩，就必须做得精彩，活得精彩。

（三）聆听窗外声音

“聆听窗外声音”就是开展学校报告会活动，充分利用校外的教育资源，引导学生学会关心社会，激发学生形成多元的价值观，培养他们创造的激情。我觉得，我们的教师和学生实际上是在一个相对封闭的校园里生活。他们虽然也接触世界，但是他们所接触的世界是没有经过选择的世界。他们所听到的声音主要是教师和家长的声音。他们所接受的教育就是从应试然后走上就业的教育。通过层层的考试，直到考取大学，大学毕业以后再通过考试来就业。所以，我经常开玩笑说：我们培养出来的学生都是去抢饭碗的。但是饭碗本身又是有限的。到最后，就把教育归结为抢饭碗。我们的毕业生中如果能够有百分之五去创业，是去制造饭碗而不是抢饭碗，那么他们就能够为另外的百分之五，甚至是百分之十、百分之二十的学生提供就业的机会。那么就业的压力就减轻了。创业的冲动、创业的激情要靠什么呢？很大程度上都要靠窗外的声音去激发，去培养。把社会的名流、企业家，哪怕是一个普通的工人、农民请到学校，让一个孩子在校期间听100场报告，这是我们的期望。说不定某一个报告就可以改变某一个孩子或者某几个孩子的命运。人是需要榜样的，生活在一个没有榜样的世界里的人是很难有精神的。我们的孩子在他们的成长中需要一个个英雄的丰碑去影响他们，需要一个个感人的故事去征服他们。这就是教育，这样的教育会给我们带来很多意想不到的东西。可喜的是，我们的实验学校已经在行动了。苏州工业园区和昆山的部分学校开始把世界500强企业的驻华代表请进课堂，张家港高级中学甚至初步形成了一个学生报告系列。

（四）双语口才训练

“双语口才训练”就是开展中英文听说活动，培养学生讲一口流利的中文和英文，培养学生具备终身受益的口头表达能力。讲话是一个人展示才华、征服别人的基本能力，是一个人展开交际的重要手段。可是我们现在的教育很少让孩子说话，大声说话，说流利的话，说自信的话。我们实际上是在培养一代失语症的人。所以，我们要求实验学校创立学生论坛，让学生有当众说话的地方，说话时得体大方，声音洪亮，不畏首畏尾，勇于表达，清楚表达。课堂上，更要让学生有说话的机会，老师讲的，能少则少。新课程要把课堂还给学生。怎么还？就是要让学生思考，让学生说话，让学生讨论，让学生争论。英文教学同样如此。我们希望在实验学校中有一个良好的英语学习环境。英语的教育，我们不主张系统的、语法的教育，我们主张生活化的英语，让学生能够开口的英语，能够交际的英语。语言是文化的化石，在开展双语教育的时候，要考虑到东西方文化背景的差异；要不以牺牲任何一方的教育质量为前提保证。为了培养语感，无论是母语还是外语，都要背诵一些名篇。我们已编写出版的书籍有：《中华经典诵读本》《英文名篇诵读》《科技英语阅读》。

（五）建设数码社区

“建设数码社区”就是要加强学校内外网络资源的整合，建设学习型网络社区，让师生进行网络学习、交流，在操作与实践中培养师生的信息应用能力。信息化是我们教育发展的一个很重要的前提。信息化不仅会改变我们教育的形式，而且在很大程度上会改变我们教育的状态，甚至教育的本质。我曾经通过提案建议建立国家教育信息平台，请最好的专家去开发教育信息软件，免费放在这个平台上，所有的家庭，所有的学校，所有的网吧都能看到。目前我们要做的是，我们所有的实验学校联合起来，把自己的资源让所有的学校共享，教案、学案、备课资料，甚至课堂在线。重复的开发，重复的劳动，重复的购买，那将是教育资源的巨大浪费。我们还要让每一个学生和教师都知道，我们生活在一个信息化的社会，生活在一个知识爆炸的时代。我们要形成快速的获取信息的能力，并且学会在网上表达与交流。所有的学生都要利用校园网制作个人网页。目前，许多实验学校都已经建立起校园网，还有相当一部分的学生建立了个人主页。

（六）构建理想课堂

课堂是学校进行教育活动不可或缺的重要场所，学校的教学任务主要是通过课堂教学来完成的，课堂生活的质量直接关系着学生生活的质量和学校教育的成败。理想的课堂应该创设一种平等、民主、安全、愉悦的课堂气氛，应该由以知识本位、学科本位转向以学生的发展为本，真正对知识、能力、态度进行有机整合，因材施教，充分体现课堂的生活性、生命性和发展性。“插秧式”的课堂教学组织形式要求整齐划一，它在维护严格的甚至是苛刻的课堂秩序的同时，约束和限制了一个个活生生的灵性；“填鸭式”的课堂教学只突出了教师传道、授业、解惑的功能，却忽视了教师和学生的情感，激发不了学生感受知识魅力和价值的欲望；而“标准化”教学简单化了学生的思维，扼杀了学生的创新能力。因此，注重开放和生成，对于构建充满生命活力的课堂运行体系是十分重要的。但是，开放对应于封闭，生成对应于预设。课堂教学应当是预设与生成、封闭与开放的矛盾统一体。我们提出了理想课堂的“六个度”：一是参与度，二是亲和度，三是自由度，四是整合度，五是练习度，六是延展度。总之，作为一项综合性、整体性、长期性的改革实验，新教育实验的出发点在于进行“教育共同体及其生活世界改造”，也就是说，新教育实验的六个“自变量”可以初步理解和设定为“六大行动”，即“营造书香校园”“师生共写随笔”“聆听窗外声音”“双语口才训练”“建设数码社区”“构建理想课堂”。当然，还包括有待进一步具体化的“培育学校特色”和“优化家校合作”等活动。“因变量”则体现在“十大领域”。即理想的德育、智育、体育、美育和劳动技术教育，以及理想的学校、教师、校长、学生和父母。而最为根本的三个变量则表现为“学生的生存状态”“教师的行走方式”和“学校的发展模式”。所以说，新教育实验最明显的、可检验的成果将体现为“三大改变”：“改变学生的生存状态”“改变教师的行走方式”和“改变学校的发展模式”。在此基础之上，在新教育实验推进的过程之中，另一个必然生成而又相对内隐的成果是：“改变传统的教育科研和教育改革范式”，即形成一套区域性开发和推广教育科研新成果的动态机制，开拓一条推动我国教育，尤其是基础教育改革、创新、发展的理想道路。

“新教育实验”还只是刚刚起步，还不够成熟。但我坚信，只要一如既往地重建设、重行动，我们的实验就能成功。重建设，就是以积极的姿态多做建设性工作。中国教育现在是有许多弊端，也值得抨击，但仅仅是怒目金刚般地斥责和鞭挞，虽然痛快却无济于事。不如通过建设来进行批判，只有建设才是真正深刻而富有颠覆性的批判，“新教育实验”就是要寓批判于建设之中。而重行动，就是不空谈，就是“用事实说话”。“新教育实验”不求无懈可击的“理论”体系，而是要先行动起来再说，在实践中完善思考。江苏邳州八义集中心小学的教师们说：自从参加了“新教育实验”，自己对学生的表情都不一样了！是的，让我们一起在做中思考，在做中提升，在做中成长。一个个普通的日子、一个个教育的日子，将从此变得灿烂！

钟启泉

1939年生。教授，现任华东师范大学课程教学与比较教育研究所所长、博士生导师。兼任中国比较教育学会副理事长，全国教育科学规划领导小组学科规划组成员，全国高等教育自学考试委员会教育类专业委员会委员，教育部人文社会科学研究专家咨询委员会委员，教育部高等师范教育面向21世纪教学内容和课程体系改革指导委员会委员，教育部基础教育课程改革工作组专家，日本国京都大学、横滨国立大学、大阪市立大学客座教授，日本国际教育学会和日本课程学会会员。专攻比较教学论、课程论、国际教育学。1999年，因为教学科研的杰出贡献而荣获曾宪梓教育基金会高等师范院校优秀教师一等奖。其代表作《现代课程论》出版以来多次获奖，编著《差生心理与教育》《班级经营》，译著《现代教育学基础》《教学论原理》，编译《现代教学论发展》。获“当代教育名家”称号。

中国课程改革：挑战与反思①

一、危机引发改革，改革产生困惑

“危机引发改革，改革产生困惑。”这是诸多国家发展的通则。课程改革也是同样，它不是某些人的心血来潮，是危机引发了改革：因为存在课程危机，我们才策划改革。“应试教育”使得我们的课堂异化、学校异化、人格异化，说得彻底一点，教育的使命和魅力荡然无存。奴役学生、摧残人才的“应试教育”同当今时代的发展格格不入，应当寿终正寝了。一方面，教育改革特别是课程改革势在必行，另一方面，在改革实践中又产生了许多困惑：从观念到体制、机制都不能适应，课程改革面临重重困难。不过，应当说，许多矛盾和困惑并

① 本文曾发表于《比较教育研究》2005年第12期。

不是由新课程本身所产生的，它不过是催化旧体制、旧机制的问题浮出水面而已。在我看来，特别是下面三个瓶颈导致了当前课程改革的种种困惑，需要抓紧解决。

第一个瓶颈，高考制度滞后。尽管教育部已经明确了大体的改革方向——“下放、多样、扩大大学自主招生权”，但至今缺乏一个强有力的研究班子来具体地落实这些原则；尽管我们有一些考试院之类的机构，但它们的着力点好像不在于研究，而是行使职能，严格地说，是一种职能机构，谈不上研究机构。中国的教育人口极其庞大，加上“应试教育”积重难返，如果缺乏指导性的、具体的操作规程的研究，那么，学科教学改革和综合实践活动难以推进，普通高中的课程改革可能崩溃。而高中课改一旦崩溃，会影响到初中、小学，导致应试教育全面复辟。

第二个瓶颈，教育立法滞后。义务教育法、高等教育法等教育法制不到位。比如，义务教育是一种免费的、强迫的教育。义务教育的要件是如下四个义务：(1) 就学义务——监护者（家长）送子女入学的义务。(2) 办学义务——国家或者地方公共团体设置学校的义务。(3) 就学保障义务——义务教育免费。对由于经济缘由而就学困难的学龄子女的保护者，地方公共团体必须给以必要的补助——奖学义务。(4) 规避义务——限制学龄子女劳动的学龄子女雇用者的避止义务。[①]义务教育原则上不分种族、信条、性别、社会身份、经济地位，以所有儿童为对象，实行“强迫的”“免费的”教育。我们不能否定这样一个有目共睹的事实：政府的教育投入不足，是造成教育乱收费的根源。现行的所谓“义务教育”实践水分太大。因此，修订义务教育法等教育法规乃是理所当然的。不过，这种修订需要有一个公众讨论、教育学术界通力合作的过程。

第三个瓶颈，教师研究滞后。在新课程实施中提出了一个响亮的口号——“教师即课程”。但要把这个口号化成每一个教师专业成长的实践，需要改变教师被研究的状态。近20多年来的国际教师研究经历了一连串的进展：教师技能研究→教师思维研究→教师知识研究→教师“反思性教学”研究。[②]“作为研究者的教师”是当今国际教育界新出现的一个热潮，越来越多的教育学者和一线中小学教师以各种形式积极从事教育、教学研究，包括“教育叙事”“教学研究”“行动研究”，等等。我国缺乏教师研究的积累，如何帮助教师转换角色是我们面临的严峻课题。

面对种种观念的障碍和包括评价制度、问责制度、中介性监管机制在内的制度建设的缺失，假如缺乏强有力的跟进措施，那么，这次课程改革可能是虎头蛇尾，而作为改革对象的

① 钟启泉．“教育制度”与“学习社会”［J］．上海：教育发展研究，2005（4）：66.

② ［日］佐藤学．课程与教师［M］．钟启泉，译．北京：教育科学出版社，2003：217—238.

应试教育可能愈演愈烈。现在我们的中小学每日每时围着应试教育转，学生每日每时从教科书到教科书，身心发展堪忧。原本应当是“文化殿堂”的学校被异化为“文化沙漠”。应当说，课程改革的必要性和紧迫性是有目共睹的，改革的大方向不容逆转。基础教育课程改革既是一种政府行为，更是一种专业行为，需要寻求整体推进课程改革的合理的、适度的步伐。在新课程的实施过程中，新旧教育观念的冲突是不可避免的。改革与反改革的声浪，恐怕会持续改革的全过程。我们需要清晰地向整个社会传递这样的信息：素质教育是既定方针，不可动摇。课程改革要进行到底，倒退没有出路。

二、新课程是旨在每一个学生健全成长的活动，而不是“教化”和“训练”

应当承认，多年来我国课程教学改革的文本，甚至一些地方新出台的课程改革的计划，基本上局限于动物学习心理学的视野，一味崇尚行为主义的学习理论，把教育和学习归结为训练。列宁早在《共青团的任务》里面就强调了不能把教育归结为机械的训练。教育，应当是汲取全人类优秀文化遗产的一种文化实践活动。第八次课程改革区别于前七次课程改革的分水岭，就是从课程总体设计到课堂教学设计，始终把学生的发展置于中心地位。新课程背景下的教育是旨在每一个学生健全成长的活动，而不是“教化”和“训练”。教育部出台的驱动第八次课程改革的总体课程设计方案——《基础教育课程改革纲要（试行）》（2001年）（简称《纲要》）以全新的话语系统规划了新世纪我国基础教育课程改革的蓝图，反映了当今时代课程理论和课程改革实践的进步趋势。它从保障每一个人的“学习权”的高度，明确提出改革的基本理念——“为了中华民族的复兴，为了每位学生的发展”，不仅推出了“三级课程管理”的基础教育课程政策，而且针对应试教育的弊端提示了一整套推进大众主义教育的改革方略，包括强化品德教育，关注人文素养，重视媒体教育，确立两种课程，等等。[①]特别值得一提的是，这次课程改革关注课程的整体设计，期望确立两种课程——学科课程与综合实践活动。两种课程的共同点是，基于同样的课程目标，诸如改造学习方式，发展学生个性；拥有同样的基本要素——知识与经验。两种课程不是二元对立的。不能以为学科课程是知识课程，综合实践活动课程是经验课程。两种课程的差异在于不过是知识与经验的组织方式的差异——学科课程是以学科内容为核心组织知识与经验的；综合实践活动是以现实的主题为核心组织知识与经验的。就是说，综合实践活动是学科课程所排除了的现代社

① 教育部．基础教育课程改革纲要［A］//钟启泉等主编．为了中华民族的复兴，为了每位学生的发展——《基础教育课程改革纲要（试行）解读》．上海：华东师范大学出版社，2001：3—13.

会以及人类与人生的切实问题作为课程内容的，它打破了传统的分科主义课程的束缚，为学生提供了一种学习经验的基本框架。这是我国课程发展的重要里程碑。

概括起来，按照《纲要》的规定，这次课程改革力图实现三大转型：课程政策从“集权”到“放权”的转型；课程范式从“科学中心主义课程”到“社会建构中心课程”的转型；教学规范从“传递中心教学”到“探究中心教学”的转型。这个改革的大方向得到国内教育界乃至国际课程学界的高度评价。这种改革是全方位的，许多目标不可能一蹴而就，不可能急于求成，需要稳步推进，这是一方面。但是另一方面，新课程本身也有一个成长、成熟的过程。加上缺乏强有力的跟进措施，确实产生了一些偏差。比如，各门学科之间的衔接，综合实践活动课程实施中的精英主义、功利主义的倾向；教科书编制中的克隆现象，甚至跟“一纲多本”的教科书政策背道而驰的行政举措，等等。另外，由于教师的“课程惰性”等原因，凡是改革力度大的学科和教材，往往会遭到更加尖锐的批评意见。因此，一般说来，在“总体设计—课程标准—课堂教学”的设计链中总会存在两个落差：在“总体设计与课程标准”之间存在第一落差；在“课程标准—课堂教学”之间存在第二落差。

第一落差需要通过对话、讨论（概念重建过程）来解决。大凡付诸实施的重要举措，不宜朝令夕改，不能因为少数人有不同意见就叫停。上海一期课改时就因为某些人告状，把“公民”课程扼杀在摇篮里。今年两会期间，又有三位数学家告状，要求高中数学课改停步，造成了不好的社会影响。学术数学不等于学校数学，数学不等于数学教育。每一个人的见解都是相对的，不是绝对的。同样，即便是权威学者的见解，有深度未必有广度；有局部未必有整体。而教育问题、课程问题是一个整体的问题，需要整体的、全局的思考；也需要善意的批评和理性的响应。学会主张，学会倾听，学会宽容，学会妥协，学会分享，这才是和谐社会所需要的。教育是一个公共文化的领域，教育的公共性决定了教育问题需要作为公共的论题加以思考和讨论。我们需要“对话文化”而不是“告状文化”。

第二落差需要通过教师培训（教师专业成长）来解决。课程实施是一种教育实践过程，是教师行动研究的过程，亦即教师专业成长的过程。新课程实施强调“教师培训”，“校本研修”是新课程的一个亮点。但是，新课程的教师培训除了国家级、省市级培训之外，县级以下的培训往往由低层次的教师进修学校或是一些公司把持，加上师范大学不重视，未能积极介入，培训质量成问题。师范大学不关注中小学课程改革，简直就是一种自杀行为！但是看看国际教育界：近年来，美国有不少教师团体以日本的“教学研究”为榜样，潜心“教学实践”的研究；日本有的教育大学尝试旨在培养“实践性知识”的教师养成课程的开发，在教师教育的课程中引进“体验性学习”“实践性课程的开发”，充实教学见习、模拟教学等课程，值得我们借鉴。归根结底，新课程的实施，呼唤新的教师培训制度的确立。

三、我国的教育发展缺乏资金、人员、技术，但更缺的是思维方式的变革

我国的教育发展缺乏资金、人员、技术，但更缺的是思维方式的变革。长期以来，我国基础教育课程的发展，在课程规划、基础理论、课堂教学等方面，占主导地位的是“非此即彼”的二元对立的思维方式，就是一个明证。

（一）课程规划

我国以往七次的课程改革，充其量不过是学科范围内的知识系统的调整，缺乏高屋建瓴的总体设计，造成分科主义课程的格局。这是因为，我们缺乏“课程意识”，把课程理解为少数人研制、多数人被动实施的过程，自然不需要对课程进行规划和反思。可以说，这次课程改革在这方面迈开了回归专业的小小的一步。从纲要文本来看，体现了国际教育界倡导的教育发展的基本准则——“国际视野”与“本土行动”。“国际视野”与“本土行动”原本不是二元对立的，而是相辅相成的，不汲取先人的成就，缺乏国际视野，你的理论和行动不可能有什么高度。国际教育界从20世纪80年代以来就经历了教育研究范式的转换，经历了“概念重建”的过程，有关课程与教学的话语系统更新了，并且有相当丰富的研究积累。我们需要反思我国教育科学发展的现状。在新中国成立以来的教育科学发展过程中，主要汲取的是凯洛夫（И. А. Каилов）教育学，巴甫洛夫（И. П. Павлов）的“条件反射学说”等等，却丢弃了苏联教育科学的精华所在——比如说，维果茨基（Л. С. Выготский）的“最近发展区”理论。正如顾明远教授指出的，以凯洛夫教育学为代表的苏联教育学的理论体系，“从根本上来讲，实际上没有摆脱赫尔巴特（J. F. Herbart）理论的影响。它强调的是学科中心、课堂中心、教师中心”①。凯洛夫教育学的基本特征就是缺乏“以人为本”的精神，“目中无人”。用苏联教育学界自己的说法，叫作“教育学中无儿童”。早在20世纪60年代的苏联教育学“解冻时期”，苏联教育界就已经把这些清理掉了。这是世界教育史上的典型历史教训。我国一些动辄标榜历史认识辩证法、动辄记取“历史教训”的学者，为什么对此讳莫如深呢？有人批评这次课程改革的理念是“理想主义”，不适合中国国情。其实，“不适国情论”不是什么新东西。早在20世纪20年代，《大公报》针对当时国民党老是在宣传所谓中国的国情，发表社论《贵顺潮流而不贵适国情》抨击道，我们珍贵的是要符合时代的潮流，不是要适合中国的国情。因为国情是人造的，是可以改变的。“国情要适合真理，而不是真理要适合国情。”所

① 顾明远．中国教育的文化基础［M］．太原：山西教育出版社，2004：243.

以，“不适国情论”的逻辑可以休矣。[①]我们在思考教育问题的时候，需要兼顾两个维度——“现实维度”与“未来维度”，这两个维度也不是二元对立的。我们需要求得“变与不变”两者的统一，而两者的统一只能通过改革实践本身来解决。中国最大的教育现实就是教育发展不平衡。然而，“均衡发展”不等于“平均发展”，更不等于“削峰填谷”。东部发达地区要创造先进经验引领中西部不发达地区的教育发展。“发展是硬道理”，西部地区的教育不能永远落后，不能被“唯条件论”牵着鼻子走。我们正是要通过课程改革来推进西部地区的教育发展。

（二）基础理论

综观世界各国课程文本的历史发展，大体经历了三个里程碑——“行为主义→认知主义→建构主义”，这是一种历史的进步。而“建构主义”也已经从“个人建构主义”发展到“社会建构主义”。社会建构主义知识论的一个基本立场，就是旨在消解个体与社会文化的二元对立。在社会建构主义看来，知识的生成并不是单纯个人的事件，而是通过彼此之间心灵的交互作用建构的。就是说，人是在社会文化情境中接受其影响，通过直接地跟他人的交互作用，来建构自己的见解与知识的。更进一步说，人的学习不应当是封闭于个人主义的操作过程，而是以集体主义为基础的“学习共同体”的“文化实践”过程—— 一种对话过程和修炼过程。在我看来，这种社会建构主义兼容了“反映”与“建构”两种机制，是符合马克思主义认识论的。[②]我们当然不应当原封不动地照搬照抄外国建构主义的一套，但是，为什么不可以在立足自身改革实践、博采众长的基础上，建构我们的建构主义呢？有人把“后现代主义”视为洪水猛兽。然而，它作为一种世界性文化思潮，其理论建树和思维方式是不容忽视的。它通过揭示世界的复杂性、事物的不确定性而强有力地挑战现代占主导地位的“划一思维”，有助于我们重新审视人与世界的关系、人与人的关系；后现代主义教育学把儿童置于“自我变革”的主体，有助于儿童基于差异的“多元智慧”和“批判意识”的形成。[③]有人嘲笑说，我们还处于“现代化”时代，何谈“后现代”。后现代主义尽管是一个跟时代相关的词汇，但它实际上代表一种思维方式。我们不能简单化地、线性地理解为“前现代—现代—后现代”的时间系列关系，而是一种“扬弃”“建构”和“超越”的关系。后现代主义的思想不过是对于现代性的缺陷加以弥补而已。“现代”与“后现代”并不是一种非此即彼的关系。我们为什么不能从后现代主义的思想资源中汲取“尊重他人、倾听他人”的“后现代意识”和

---

① 何兆武．文化漫谈思想的近代化及其他［M］．北京：中国人民大学出版社，2004：50.

②［日］佐藤公治．在对话中学习和成长［M］．东京：金子书房，1999：62—70.

③［日］增渕幸男等编．现代教育学的视野［M］．东京：南窗社，2001：63—69.

“开放心态”呢？我想，后现代主义批判归根结底只能促进而不会阻碍中国教育的现代化。

（三）课堂教学

20世纪60年代以来，教学实践已经发生变化：“行为主义范式—信息处理范式—建构主义范式。”就是说，从控制学习者行为的行为主义，转型为学习者自身挑战客观世界、发现其价值与意义，从而再建客观世界之意义的建构主义。因此可以说，“传递中心教学”同“探究中心教学”的差异之一，就在于课堂控制的性格。传递中心教学是尽量把课堂中的人际关系、时间和空间均质化，强调有效地发挥作用的“系统化”的控制；而探究中心教学是把课堂中的人际关系、时间和空间多元化、多层化，在课堂中实现多样的个性的交叉。我国的课堂教学模式几十年一贯制，从“满堂灌”到“满堂问”，课堂教学的本质并没有改变。这是因为，我们缺乏“教学觉醒”，把教学归结为单纯的技术操作过程，导致了刻板划一的教学。“教学觉醒”意味着教学主体的回归，意味着教学过程是一种对话过程。在新课程背景下的课堂教学本身就是一种对话的过程，就是引导学生“与客观世界对话、与他人对话、与自我对话，并且通过这种对话，形成一种活动性、合作性、反思性的学习，也就是形成认知性实践、社会性实践、伦理性实践的‘三位一体’的过程”[①]。这种课堂教学的过程是超越二元论的：它强调知识的主观与客观、知识的接受与发现、知识的解构与建构、知识的抽象性与具体性等诸多关系的统一。例如，“接受学习”与“探究学习”作为人类的两种基本学习方式，在具体的实践过程中往往是交织在一起的，并非势不两立。因此，新课程凸显“探究学习”，并非全盘否定“接受学习”，而是旨在改造学生的学习方式，以“探究文化”取代“应试文化”。有人却强调“一切学习都是接受学习”，批评新课程强调教学与社会生活联系的问题解决型的“探究学习”就是在否定“接受学习”，甚至主张西部地区只能是“接受学习”甚至“灌输式教学”，发达地区才适于“探究教学”，这种“二元对立”的思维方式导致了赤裸裸的“教育歧视”。有人批评新课程强调知识技能、情感和价值观的“三维目标”就是“轻视知识”，等等，所有这些，反映了我们对于新课程背景下的知识观、课程观、学校知识价值观转向的基本特征和基本意义尚缺乏起码的认识。

课程改革的前提是变革思维方式，重建话语系统。长期以来，我国的教育理论界和实践界存在着一种对课程教学的“简单思维”的偏好，希望得到极端的、普适的秘诀。这就是“非此即彼”的二元对立的思维方式。杜威在他的《经验与教育》中开宗明义地指出，他们“……喜欢采用极端对立的方式去思考。他们惯用‘非此即彼’的公式来阐述他们的信念，认为在两个极端之间没有种种调和的可能性。当他们被迫承认极端的主张行不通的时

① ［日］佐藤学. 学习的快乐——走向对话［M］. 钟启泉，译. 北京：教育科学出版社，2004：38—43.

候，他们仍然认为他们的理论完全正确……”[①] 然而，“非此即彼”的二元对立的思维方式对于课程改革文本的种种误读，以及对于课程改革实践的种种曲解，恰恰违背了马克思主义辩证法，贻害无穷，需要断然抛弃。

四、课程改革需要良好的社会舆论环境的准备和配套经费的支撑

课程改革需要良好的社会舆论环境的准备和配套经费的支撑。如果说，没有新中国成立之初大张旗鼓地学习苏联教育学的运动和教育经费的投入，就没有新中国教育的早期建设，那么，新中国成立以来的第八次（从教育思想和课程范式转型的角度说，是第二次）国家规模的课程改革，倘若没有相应的舆论准备，没有新一轮强有力的概念重建运动，没有必要的配套经费的支撑，那是不可想象的。

我国现行中小学课程的功能仅仅归结为百科全书式的“知识灌输”而缺失了“人格建构”，是经不起拷问的。尽管我们喊了几十年的“双基”，但究竟什么是“基本知识”“基本技能”，还是一笔糊涂账。“课程即知识”的偏见所带来的危害和教训，难道还不够吗?！例如，曾经有一位留日的中国学生居然在日本出版一本极度反华、严重歪曲了许多重要史实的书籍，这在很大程度上透视了我国基础教育的缺乏。

这次课程改革为新的课程教学的创造提供了契机。在当今时代，基础教育课程的功能归根结底在于使得学生“学会关心，发展智慧”；基础教育的课程需要从“科学中心主义课程”转型为“社会建构中心课程”—— 一种基于新的知识观和学习观，求得学生人格健全发展的社会建构主义的课程。就是说，第一，这种课程聚焦人类关爱的主题，为学生的人格发展奠基。这是首要的课题。正如诺丁斯（N. Noddings）指出的，“关心是一切成功教育的基石”，“以关心为核心的道德人生应该成为教育的主要追求”。[②] 第二，这种课程聚焦人类的文化和智慧的发展，为学生的终身学习奠基。就是说，为学生的智力发展和学术发展提供坚实的“文化基础”（例如，美国的“核心知识”、英国和法国的“共同文化”、德国的“关键技能”、日本的“基础学力”）。可惜，类似这样的研究，在我国几乎是一片空白。[③] 我国的课程研究任重道远。事实上，新课程实施五年来，种种抵制新课程的舆论甚嚣尘上，有的甚至把原本是应试教育的弊端硬加在新课程的头上。面对种种的挑战——来自旧观念的挑战，来自旧体制

① ［美］杜威著．我们怎样思维？经验与教育［M］．姜文闵，译．北京：人民教育出版社，1991：249.
② ［美］诺丁斯．学会关心：教育的另一种模式［M］．于天龙，译．北京：教育科学出版社，2014：207.
③ 钟启泉．国际普通高中基础学科解析［M］．上海：华东师范大学出版社，2003.

的挑战，来自应试教育的利益集团的挑战，以及来自新课程成长过程本身的挑战，我们也不能听之任之，需要认真对待。

课程改革既然是一种教育思想和课程范式转型的过程，一场破旧立新的运动，我们不仅需要有强劲的专业话语的声音，也需要有一个积极推进新课程实施的社会舆论环境。时下大众媒体展开讨论的教育改革话题多半是不着边际的、鸡毛蒜皮的文字游戏，诸如，“课堂教学该不该放讲台”“教研员要不要参与课堂教学”“金庸小说进教材好不好”“刘翔进教材行不行”之类，无聊至极。除了像日本社会科教科书违背历史事实成为国际政治问题之外，大多问题属于教科书内容设计的问题，或者说，属于教师的专业自律的范畴，不必“全民讨论”的。全社会该讨论的应当是“什么是义务教育”“如何推进公平教育”“基础教育的‘基础’是什么”“什么是优质教育”之类的大问题。目前我国连九年义务教育都难以不折不扣地实施，某些人居然提出实施十二年义务教育。其客观效果只能是模糊视线，粉饰太平。精心选择大众媒体讨论的公共教育话题，是新闻战线的社会责任，也是教育战线的社会责任。新课程的实施，呼唤良好的社会舆论的环境；而良好的社会舆论环境的形成，是需要新的概念重建运动作为支撑的。

我国自改革开放以来，基础教育事业得到了长足的发展，但同经济发展的速度相比，我国的教育投资是不成比例的。谁都承认，“投资教育，就是投资国家和民族的未来”，但我们的认识仅仅停留于口号。4%的国家教育预算，何年何月才能兑现？关系到我国基础教育健全发展的这次国家规模的课程改革，乃至国家教育科学研究院的建设，何年何月才会有必要的投资预算？课程和教学的改革是学校改革的中心，这种改革何时才能纳入国家教育行政的议事日程和学校改革实践的中心地位？——所有这些问题，都需要有高瞻远瞩的发展规划。

基于上述，我的结论和建议是：第一，我们需要寻求整体推进课程改革的合理的、适度的、透明的步伐。“不进则退”“冒进则废”“慢进则毁”，而倒退是没有出路的。第二，新课程的实施呼唤一系列教育制度——包括教师教育制度、教育评价制度、问责制度、中介性监管机制——的确立，呼唤教育科学的重建。第三，课程改革需要有良好的社会舆论环境和配套的经费支撑。归根结底，课程改革是一种“学校文化”的转型。“这场教育革命要求根本性的结构性的变化。仅此而言，它绝非是一场一蹴而就的革命。因为教育实践是一种文化，而文化变革越是缓慢，才越能得到确实的成果”。[①]

① ［日］佐藤学．静悄悄的革命［M］．李季湄，译．长春：长春出版社，2003.8.

徐　辉

1958年生，浙江江山人。现任民盟中央副主席、教授、博士生导师，全国人大常委会委员、全国人大宪法和法律委员会副主任委员，中国教育发展战略学会副会长兼学术委员会主任，国家教育咨询委员会委员，全国教育科学规划领导小组成员。主要研究领域为比较教育学、高等教育学和教育政策与战略研究，出版《国运兴衰系教育》《英国教育史》等著作20余部，主编或参与主编《大国教育战略研究》（11册）、《汉译世界高等教育名著》（12卷本）等，发表论文100余篇。获省部级哲学社会科学优秀奖6项和高校教学成果奖1项。享受国务院特殊津贴。

世界教育发展趋势和深化我国教育体制改革①

一、当代世界教育发展基本趋势

20世纪尤其是第二次世界大战结束以来，世界政治、经济、科技、文化各个领域所发生的一系列重大变化，深刻地改变着教育进程，世界教育呈现出前所未有的发展态势。无论是发达国家还是发展中国家，都越来越充分认识到教育在提高国民素质和增强综合国力方面的巨大作用。经合组织（OECD）指出："社会最重要的投资是国民教育的投资。我们因缺少良好的国民教育而遭受苦难，我们也因有良好的国民教育而繁荣富强。"综观当代世界教育，我们可以看到以下明显特征和发展趋势：

① 本文是徐辉、张力同志2006年8月29日应邀为中共中央政治局集体学习所讲解的基本内容。

（一）教育先行，人力资源开发上升为国家战略

20世纪60年代兴起的人力资本理论对世界教育发展产生了重要影响。与其密切相关的强调教育发展先于经济发展，国家优先开发人力资源的“教育先行”发展模式，受到了各国普遍重视。人力资本理论认为，人力资本与物质资本一样，也是一种生产要素，是经济增长的重要源泉。诺贝尔奖获得者、经济学家舒尔茨通过对美国1929—1957年间国民经济增长因素的分析发现，教育对经济增长的贡献率约为33%。世界银行发现，在低收入国家读过4年小学的农民与不识字农民相比，其粮食产量提高了8.7%。这些研究表明，教育不但是一种消费活动，更是一种投资活动，能够提高劳动生产率，促进经济增长。受人力资本理论影响，许多国家纷纷把教育发展和人力资源开发列为优先发展领域，政府优先保证财力，并积极动员社会资源：通过教育发展促进经济增长，以教育优先发展推动社会现代化，增强综合国力，争得竞争优势。作为国际上后起国家追赶先行国家的典型，日韩两国成功实施教育先行模式一直十分引人瞩目。

日本的教育和人力资源的追赶从明治维新就开始了，尽管第二次世界大战使日本经济整整倒退了30年，但良好的教育基础和教育先行的发展策略为日本经济的迅速恢复和发展提供了有力的人力资源支持。日本在第二次世界大战后仅用10年时间就进入了新的经济起飞阶段，教育基础功不可没。1950年日本的国民生产总值只有英国的46%，到20世纪60年代末已经超过了英国和德国，成为世界第二经济大国。日本前首相吉田茂曾说过：“教育在现代化中发挥了主要作用，这大概可以说是日本现代化的最大特点。”前首相福田赳夫也认为：“（日本）作为资源小国，经历了许多考验，得以在短期内建成今日之日本，其原因在于国家教育水平和教育普及的高度。”20世纪60—90年代末，日本政府和社会对教育的投入增长了近70倍，支撑了高水平普及中小学教育，高等教育毛入学率持续提高，2005年已经超过70%。

韩国1945年“光复”之前既没有工业化基础，教育基础也十分薄弱。12岁以上人口识字率不足20%，小学入学率只有64%。1945年之后，韩国十分重视发展教育，并在20世纪70年代初制定了“教育立国，科技兴邦”的发展战略，注重加大教育投入，全面提升国民教育水平。韩国能够在20世纪60年代到90年代长期保持国内生产总值年增长8%以上的速度，人均国内生产总值从1960年的87美元增长到1995年的10823美元，教育与培训起到了关键作用。1975—1995年间，韩国高中教育毛入学率从不到60%提高到90%，高等教育毛入学率从10%提高到50%，2003年进一步提高到85%，超过了日本同期水平。韩国发展教育事业的成功经验有以下几点：一是政府主导优先发展教育事业，加大教育立法，增加公共教育经费投入；二是注重推行教育公平，大力推进教育“平准化”，公办中小学实施严格的平等入学制度，公

共教育均衡化成就显著；三是积极调动社会力量发展教育事业，鼓励民间甚至外资投资教育，增加全社会教育投入。近十几年来韩国教育总经费一直保持在国内生产总值的7%左右，其中政府投入占3.5%～4.2%。韩国一直注重教育与经济的相互促进，尤其是重视发展职业技术教育与在职培训，一些大企业包括现代、三星、韩进等大力兴办职工培训院校，企业内部培训经费远远超过欧美大中型企业。

美国更是教育强国的典型。自1913年人均国内生产总值超过英国之后，美国能够在过去近一个世纪中牢牢占据世界第一强国的地位，这与它始终保持全世界人力资本积聚强国和教育发达国家的地位是密切相关的。在20世纪40年代，美国率先基本普及高中教育，比欧洲国家提早30～40年；1971年高等教育毛入学率超过50%，率先进入高等教育普及化阶段，比欧洲国家提早25年左右；美国目前26～64岁劳动力平均受教育年限超过13年，高等教育毛入学率达81%，均居世界前列；公共教育经费占国内生产总值比例长期保持在5%～6%，各级生均教育经费也都高于日、英、德、法等发达国家。此外，美国人口虽然只占世界总人口的5%，但却雇用了全球近三分之一的科技研究人员，占据了全球40%的研发投资经费，35%的科技论文数量和44%的科技论文引用量，在全球竞争力排名中高居榜首。

尽管如此，第二次世界大战以来美国始终保持高度忧患意识，数次进行重大教育改革，把重点放在影响国家竞争力的教育质量上。1957年苏联发射世界上第一颗人造地球卫星后，美国政府把教育提高到关系国家兴衰高度来认识，海军将领里科弗指出，“教育是美国安全的第一道防线”。美国于1958年通过了著名的《国防教育法》，强调加强数学、自然科学和现代外语学科的基础教育，大幅度增加教育经费，为“国家安全”培养精英人才。20世纪80年代初美国发现日、德、韩等国家在汽车、机床和钢铁等工商业领域开始超越自己后，又发表了题为《国家处在危急之中：教育改革势在必行》的报告，强调要进行全面教育改革，提升国民素质应对国际经济竞争。近几年美国又针对全球化新形势，开始进行新一轮教育改革，通过颁布《不让一个儿童掉队法案》，制定中长期教育发展规划等措施，加大联邦政府宏观调控职能，确立教育绩效标准，改善学校文化氛围和安全环境，努力实现更全面的教育公平。

近些年来，在信息、生物等领域科技进步的巨大推动下，美国产业转型加快，知识经济发展迅猛，劳动密集型产业进一步被淘汰或转移到国外，高科技产业和第三产业迅速发展。2001年，美国一、二、三次产业结构的比重为：1.7%、26.2%、72%；相应的从业人员结构为：2.7%、24.1%、73.1%。美国劳动力市场现在变化很快，2004年仅私营企业就创造了3000多万个工作岗位，同时也淘汰了2900万个工作岗位，两者相抵盈余140万个工作岗位。现在美国每年约22500个工作岗位被转移到海外。这一趋势对美国教育和人力资源开发产生重大影响。20世纪后25年，美国对高学历和训练有素的劳动力需求增加了30%~50%。高中以下文化水平的劳动力占就业总人口比重，已经从20世纪70年代的36.1%直线降至90年代初的10.8%，而受过大专教育和本科以上教育的劳动力占就业总人口的比重在此期间分别提高了9.5和12.6个百分点。这一现象说明，美国在“经济转型—产业结构变化—劳动力需求—教育发展与人力资源开发”之间形成了良性的互动关系。

今年1月，美国国家科学院、国家工程院联手发表了题为《迎接风暴——振兴美国经济，创造就业机会，建设美好未来》的咨询报告，在美国国内外产生了广泛影响。报告在探讨美国如何持续保持科技卓越领先地位以及如何更好地发挥科技对经济社会巨大作用的同时，着重建议美国政府大力提升基础科学教育水平，进一步采取有力措施吸引国内外最优秀的人才去美国大学接受理工科教育，为美国保持强大科技优势提供和储备创新型人才。因此，美国长期以来一直被称为“世界人才收割机”。上述报告和其他资料显示，2000年美国37%拥有理工科博士学位的职业岗位由外国出生的人员获得，这一比例比20年前提高了13个百分点。2003年美国38%的理工科博士学位获得者是外国学生，其中工科比例高达59%。获得博士学位后留在美国的国际学生比例已经从1989年的49%提高到2001年的71%。显然，“世界人才收割机”有加速运转的趋势。从国际范围看，重视教育先行和优先开发人力资源是当今世界一个共同的发展趋势。不仅韩、日、美如此，其他国家也如此；不仅发达国家是这样，发展中国家也是这样，各国政府优先发展公共教育事业，加大公共财政的教育投入。据统计，2000年世界高收入国家公共教育支出占国内生产总值的平均比例达到5.3%，中等收入国家达到4.5%。从2002年各国公共教育支出占国内生产总值的比例看，突尼斯占6.4%，墨西哥占5.1%，巴西占4.1%，印度占3.4%。上述比例还有继续增长的趋势。

（二）实施全民教育，提高国民素质

全民教育运动是1990年以来国际组织与各国政府为保障公民教育基本权利，缩小教育差距所做的一项重大努力，至今经历了两个阶段。第一阶段从1990年联合国教科文组织等在泰国宗滴恩召开世界全民教育大会开始，历时十年，主要目标是促进世界各国开展扫盲教育和普及基础教育，尤其要促进中国、埃及、印度、孟加拉国、巴西、印尼、墨西哥、尼日利亚和巴基斯坦九个国家进一步加快实施全民教育。当时这九个国家的人口占世界1/2，文盲人数占世界文盲总数的70%。2000年4月在塞内加尔首都达喀尔召开“世界教育论坛”之后，世界全民教育发展进入第二阶段，从注重普及小学教育和扫盲，开始向实施“有质量的全民教育”推进。自1990年以来，发展中国家开展全民教育取得了长足的进步，小学入学儿童每年增长1000万，男女儿童入学率的比例分别达到86%和78%，入学增长率已经超过人口增长

率。2006年报告显示这九个国家的小学净入学率已从不到60%提高到90%以上，成人识字率也从40%增至90%以上，中等教育的学生性别差异也在缩小。其中，我国政府对全民教育作出了庄严承诺，扫除青壮年文盲和普及九年义务教育的目标基本实现，在九个人口大国中位于前列。

在实施全民教育方面，发达国家的重点放在全面推进优质教育。近些年来，欧美一些国家中小学存在着质量下降、学生厌学、学校暴力、校纪松懈甚至吸毒等问题。2003年日本有2.4万名小学生、10.2万名初中生和8.2万名高中生弃学或辍学。美国近15%在校生受过违法行为侵害。1999年美国只有41%的8年级学生接受数学专业毕业的数学教师授课，并且有1/3的4年级学生和1/5的8年级学生缺乏基本的数学计算能力。针对这些问题，欧美国家普遍加大了教育改革的力度，力图提高全民优质教育的水平。如法国规定，所有小学、初中必须对学习法语、数学和外语有困难的学生进行补课或个别辅导，政府拨专款用于支付辅导教师的报酬。美国正在考虑在公共基础教育中推行全国统一的学业和评价标准，并且要用世界级的课程、标准和评价方法打造高水平的基础教育体系，通过组织全国性的教材编写小组编写标准严格、质量一流的基础教育教材作为推荐性全国教材免费向全国开放，促进全民优质教育的发展。

从全面的观点看，职业教育培训也是全民教育的重要组成部分。由于职业教育培训与经济发展和劳动者素质密切相关，各国政府都给予高度重视。德国甚至认为职业教育是其取得经济成就的“秘密武器”。德国职业教育以“双元制”闻名，其主要特征有四个方面：一是工学结合、半工半读，教学培训分别在企业和职业学校交替进行，在企业培训的时间占70%左右。二是制度完备，联邦和各州出台了一系列职业教育法规，将职业教育发展纳入法制轨道。职业教育在社会上享有较高的地位和良好的声誉。三是企业重视，承担“双元制”职业教育发展所需的大部分经费。2003年企业投入203亿欧元，占全部经费的88%；国家投入27亿欧元，占12%。四是行会管理，各种行会组织包括工商会、手工业协会、农业协会成为职业教育培训领域重要的自我管理机构，负责认定培训企业资质，审查管理培训合同，组织实施结业考试，修订审批培训期限，组织专业决策机构，调解仲裁培训纠纷等事宜。德国中等职业教育以就业为导向，特色十分突出。16～19岁青年中接受培训者超过70%。

高等教育是未来全民教育拓展的重要领域，对提高国家人力资源开发和综合国力水平具有十分重要的意义。因此，为了适应知识经济和经济全球化时代产业结构调整和劳动力结构变化的需要，许多发达国家和新兴工业化国家都在加快步伐，大力提升高等教育发展水平。据统计，1998—2002年间，经合组织成员国以及欧盟成员国的平均高等教育毛入学率已从

48%提高到59%。其中，北美、西北欧、大洋洲的15个经合组织国家超过了60%，东欧13个国家同期也从39%提高到52%，明显加快了高等教育大众化向普及化发展的步伐。2003年，韩国高等教育毛入学率达到85%，新西兰达到74%，波兰达到60%。在全球高等教育大幅度增长的形势下，我国在世纪之交迅速发展高等教育，抓住了机遇，缩小了与发达国家的差距，但现在的毛入学率仍排在世界第80位上下。

（三）倡导终身学习，以教育信息化带动教育现代化

全民教育与终身教育是当代世界最具影响力的两大教育潮流，它们不仅主导了当前世界教育改革的方向，也成为当今世界教育发展的重要趋势。总的来看，全民教育任务侧重于普及教育，终身教育任务侧重于继续教育。从人力资源开发角度看两者不可分割，都在关注联合国教科文组织倡导的“学会学习、学会做事、学会合作、学会生存”能力的培养。20世纪60年代以来终身教育观念的出现和不断深化，与知识经济时代知识存量不断增加、知识创新不断提速、知识折旧不断加快密切相关。以美国为例，正是由于创新提速，汽车从开始推广发展到1/4人口使用用了55年，电话用了35年，收音机用了22年，个人电脑用了16年，手机用了13年，而互联网只用了7年。因此，在知识经济时代，学校教育不再成为一个人教育的终点，学习者必须不断地摄取新知识、更新知识才能适应社会发展变化。当前终身教育的发展正在从观念层面转向制度层面，欧洲部分国家、日本和韩国相继颁发了与终身教育相关的法律和政策，健全终身学习资助体系，强调全民学习、终身学习、灵活学习和创新学习，促进正规教育与非正规教育、普通教育与职业教育之间相互沟通。

欧洲许多国家每年从业人员参与学习培训比例达到40%。丹麦、挪威、瑞典等国家鼓励青年人采用半工半读制度和远距离学习等方式接受高等教育，首次入大学者超过22岁的占半数以上，欧美国家25岁以上成人在大学生中比例不断提高。欧洲委员会2004年7月通过了《建立终身教育整体行动计划（2007—2013年）》，该计划被称为欧盟未来教育发展的风向标，预算经费高达136亿欧元。该计划准备将赴欧盟其他国家企业和培训中心接受培训和实习的人数增加到15万，并帮助2.5万成人教育学员出国留学。该行动计划将加快欧盟一体化和终身教育的进程。

知识经济时代信息技术的迅速发展和普遍应用，为终身教育和学习型社会的构建提供了极为重要的支撑。现代化信息技术是自印刷术发明以来对教育最具革命性影响的技术，它彻底改变了知识的创造、收集、储存、传播的方式，极大降低了学习成本，更好地实现了资源共享。许多发展中国家高度重视发展教育信息化技术，总结了一些成本低、实用性强的经验。如古巴和墨西哥在中小学教室安装电视机和录像机，统一收看全国著名教师讲授的某些

通用课程，有效地提高了学校教育质量。近年来，发达国家教育信息化势头更是十分强劲。美国所有公办学校2000年就已实现联机上网，并广泛进行多媒体教学，麻省理工学院（MIT）的系列课程已在线提供。北美国家和澳大利亚的在线学习及攻读学位人数增长很快，德国正在实现全国“学校网络化”，日本也在2005年普及全国中小学计算机教育和因特网授课。

（四）大学在国家创新中成为重要的基础和引领力量

大学的功能是随着社会发展而不断拓展的。工业革命以来，英、法等欧洲的大学从神学分离出来，注重弘扬人文精神，为社会培养知识分子；德国洪堡创建柏林大学，强调大学科学知识创新功能；20世纪以来美国的大学改革特别重视服务社会，确立了现代大学“人才培养、科学研究和社会服务”三大功能。近代以来尤其在科技革命和知识经济时代，大学越来越成为发现和应用知识的社会中心机构。国外有人称誉大学是后工业社会的“轴心组织”或“科技创新发动机”。其根本原因在于知识创新和应用在现代社会越来越重要，从而导致大学在国家创新体系中的基础和引领作用越来越突出，大学成为科技创新的源头。

近半个世纪以来，重大科学发现主要来自大学的学者，70%的诺贝尔奖得主在大学工作。20世纪大部分重要的科学发现或重大科学理论，包括广义相对论、DNA双螺旋结构学说和量子力学，都是由大学著名学者提出的。由于研究体制的不同，欧美尤其美国的自然科学和社会科学基础研究工作主要在大学进行，这种体制的优点在于基础研究与人才培养，即“出成果”和“出人才”两方面能够结合得比较紧密和有效。据美国国家自然科学基金会的资料显示，美国的基础研究工作90%以上在大学或设在大学的各种研究机构中进行。1988—1999年间美国70%以上的科技论文和著作出自大学学者。

大学在科技创新应用方面的作用也十分突出。正是在大学的参与和推动下，欧美高技术园区迅速发展，包括美国的硅谷、英国的剑桥科技园、日本的筑波科学城等，为推动高技术产业发展发挥了重要作用。这些高技术园区一方面积极利用大学教师和研究人员的科研成果，另一方面大力开发高技术产品，极大地推动了原创性科技成果的产业化发展，成为产学研结合的典范和科技创新的重要基地。据1997年有关资料显示，如果将所有麻省理工学院毕业生及教师所成立的公司集合为一个国家，可相当于世界第24大经济体。4000个与麻省理工学院相关的公司共雇用110万员工，年产值相当于1160亿美元的国内生产总值，略小于南非但大于泰国。此外，美国自然科学基金会有关民用技术创新的项目显示，60%以上的关键性研究和开发项目是在大学中进行的。大学成为民用技术开发创新的重要基地。由于大学在国家创新中具有的关键地位，促使各国纷纷重视高水平大学建设。美国拥有全球最多的高水平大学（据英国媒体报道2005年世界大学200强中美国有54所，前十强中美国有7所）和充裕的研究经费，名列前茅的研究性大学年度科研经费高达数亿甚至十多亿美元。日本政府2002年起实施《面向21世纪学术优异中心计划》，期望在大学中创建世界一流学术研究中心和人才培养基地。韩国政府启动了“21世纪智力韩国工程”高等教育改革计划，1999—2005年间出资15亿美元重点建设一部分高校，目标是使其成为世界一流大学。德国政府2005年启动了“精英大学”计划，准备遴选出10所大学重点建设。俄罗斯教育科学部也于2006年3月启动创新型大学申报和公开竞争评选工作，计划在2006—2007年评选出30所创新型大学。从上述情况可以看出，世界各国在建设高水平大学、抢占世界学术高地方面明显加快了步伐。我国自20世纪90年代以来通过实施“211”工程和“985”工程，有力地推动了高水平大学的建设，受到世界各国的广泛关注。

二、世界教育改革与发展面临的主要问题和对策

（一）关于教育公平和效率问题

教育公平与效率问题，始终是世界教育发展与改革面临的一个基本问题。由于各国经济发展水平、社会制度、教育基础等不同，在处理教育公平与效率方面所采取的策略也不同。总的来看，第二次世界大战结束以来世界各国政府普遍重视公平价值取向，努力推进教育公平，缩小社会差距。

教育公平与效率问题首先与经济发展水平有关。在许多发展中国家，政策的重点首先是解决效率问题，即优先发展教育事业，大力兴办公立学校，努力增加受教育机会。原因很简单：没有充足的受教育机会，实现教育公平就没有基础。据1997年统计，发达国家和发展中国家在小学毛入学率方面的差别已不大，但在中学和大学毛入学率方面则差别显著：发达国家中学毛入学率已经接近饱和、大学毛入学率达到61%，而发展中国家中学和大学毛入学率分别只有52%和10%左右。在1990年召开世界全民教育大会时，世界成人文盲超过9亿，其中75%集中在欠发达国家。因此，许多发展中国家在教育政策上体现出优先解决教育效率，逐步追求公平目标，在优先实现效率的过程中追求公平价值取向的特点。

在发达国家，第二次世界大战后很长一个时期，把教育改革和教育政策的重点普遍放在追求教育公平领域。欧洲国家如英国、瑞典、挪威、意大利、芬兰和丹麦等，重点解决的是科学、公平的入学选拔制度和公办学校均衡化发展，力图通过追求教育公平缩小社会差别，实现更高程度的社会公平。美国则关注入学机会平等，资源分配公平，公众参与决策权利公

平，对弱势群体（包括黑人、移民、残疾人及其他处境不利者）采取特殊教育补偿政策等问题。

教育公平与效率问题还与社会制度等密切相关。社会制度不同，教育政策的重点往往也不同。如古巴坚持在社会主义制度下注重教育公平。全面实行免费教育，2005年预算教育经费占财政支出比例高达26%，占国内生产总值11%。小学、初中、高中和大学的入学率分别达到100%、95%、98%和50%，这些数据甚至超过欧美一些国家。在其他实行社会主义制度的国家，在教育政策方面追求公平的价值取向特征比较明显。

从世界各国推行教育公平政策的实践来看，教育公平与效率涉及的问题十分复杂，需要从文化传统、地区差异甚至全社会角度加以认识。例如，韩国公共义务教育通过立法强制推行“平准化”以后，公共义务教育均衡发展的目标逐步实现，但与此同时，教育竞争的激烈程度并没有降低，社会对优质教育资源的追求与日俱增，因此，在韩国私人课外补习活动大量涌现，甚至出现了社会用于课外补习活动的经费开支超过公共义务教育经费开支的现象。再如巴西，凡是公办学校都不收费，从托儿所到初中，政府免费提供教材、文具和午餐；进城农民的子女只要凭原籍学校开具的转学手续，就可以在公办学校上学，待遇与城市儿童相同。尽管如此，由于公办学校无法满足社会对优质教育资源的需求，中产阶级大量将子女送入私立中学读书，然后再凭借优异的成绩进入免费的公办大学学习，享受了大部分公共高等教育的纳税人补贴（如圣保罗大学80%左右的学生来自私立中学）。而在泰国，高等教育发展水平的地区差异十分明显，一个住在曼谷的青年进入高校学习的机会是居住在东北地区青年的800倍。

（二）关于教育普及与提高问题

在教育普及与提高问题上，世界各国面临的任务基本相同：一方面要普及义务教育，提高国民整体素质和劳动力职业技能水平，另一方面要努力培养国家拔尖人才和高层次专门人才，提升国家科技创新水平和管理水平。但受资源和其他条件所限，这两方面的任务常常是矛盾的。

教育普及与提高的矛盾，首先表现在如何选择基础教育与高等教育的发展策略。由于普及义务教育既是强国富民的奠基性工程，又是衡量国家现代文明水平的重要标志，世界各国一直十分重视普及义务教育，优先发展基础教育。近代以来，发达国家经过一两百年的努力，不断延长义务教育年限，普遍实现了9年以上的义务教育，基本完成了从普及初等义务教育到普及中等教育再到逐步普及高等教育的发展过程，当前普及与提高的矛盾更多地体现在提高教育质量方面。发展中国家的情况则有所不同，一方面普及基础教育的任务尚未完成，实现全民教育的任务还很重，另一方面又面临知识经济和经济全球化对拔尖和高层次人才需求的挑战，不可能走发达国家走过的老路，等到全面普及中小学教育之后再抓高等教育的发展。因此，发展中国家教育普及与提高的矛盾主要表现在如何选择合理有效的教育发展战略，促使基础教育和高等教育同时得到合理的发展，最大程度地满足国家和国民发展的需要。在这一方面，一些发展中国家是有教训的。世界银行2000年报告特此郑重提出警告，由于发展中国家和经济转型国家的高等教育普遍未能为知识创新和应用做好充分准备，它们在高度竞争的世界经济中正面临被进一步边缘化的危险，希望发展中国家在发展基础教育的同时，必须注意高等教育对国家生存和发展的重要作用。

印度作为发展中人口大国，教育发展策略选择一直备受关注。总的来看，印度的基础教育明显落后于高等教育。1950年印度法律规定1960年普及6～14岁儿童的8年义务教育，后来这个目标一再推迟，一直未能实现。20世纪80年代中期以来，印度政府试图建立统一学校制度，进一步普及义务教育和扫除文盲。但由于民间资源匮乏，再加上人口庞大、宗教及种姓等因素影响，尽管其财政教育拨款比例超过国内生产总值4%，基础教育至今成效不够显著。诺贝尔经济学奖获得者阿玛蒂亚·森2002年评论说："尽管印度受高等教育的人数众多，但在基础教育和其他普通教育方面，远远落后于中国。"印度实施8年义务教育，少于我国一年。另据联合国教科文组织有关机构分析，2005年印度15岁以上人口文盲率预计高达40%以上，这一比例远远高于我国。但在另一方面，印度独立以来特别重视高等教育发展，早在20世纪50年代就曾仿照麻省理工学院，建立了5所"印度理工学院"，培养工程科技人才。目前全国共有335所综合性大学和1.7万所相对独立的二级学院，就读学生超过1000万，规模居世界第三。印度在国际组织雇员中占据较高比例，信息、生物和制药等技术和产业比较发达，软件服务出口能够从1993年基本为零增长到2002年的100亿美元，重要原因之一是其高学历人才优势。从这一点看，印度高等教育政策是有成效的。不过，在过去几年中，由于我国高等教育规模增长较快，高等教育的规模和毛入学率都已超过印度。2003年印度高等教育毛入学率为12%，我国已经达到16%（2005年进一步提高到21%）。

教育普及与提高的矛盾还表现在如何处理各级各类教育内部的数量与质量问题。从世界各国实践来看，在追求教育规模与数量发展的同时，注重提高教育质量与水平，是世界各国普遍的做法。提高教育质量的政策重点是提高教师质量和教育教学标准。为此，许多国家十分重视提高教师的社会地位和待遇，不断提高教师准入门槛，注重吸引优秀人才从事教师工作，加大在职教师培训力度，确保教师队伍质量不断提高。国外有一种广为流传的说法："多一个教师，就少一个警察；多一所学校，就少一座监狱"，强调的就是教育和教师的重要性。

同时，许多国家还十分重视确立统一和明确的教育教学标准，加强教学评估和课程改革，注重办学绩效，力图大面积地提高学生的知识技能水平和综合素质。

在如何提高公共教育质量问题上，欧美国家普遍重视劳动力市场对学生能力素质的要求，这一趋势值得重视。20世纪90年代美国劳工部“21世纪就业技能调查委员会”曾专门发表题为《21世纪美国对学校的要求》的调查报告，归纳综合了各行各业对未来人才素质的要求，强调应该特别重视能力、思维和素质“三大基础”的培养。一些国家政府对拔尖创新人才早期培养也十分重视，如美国、英国、澳大利亚、俄罗斯、以色列、印度、韩国等国家，通过政府专项拨款或设立奖学金等方式，在中小学选拔培养英才学生方面积累了许多经验。同时，发达国家利用私立学校培养拔尖人才的做法也引人关注。如英国的伊顿公学、哈罗公学，法国的豪世中学，美国的哈佛大学、耶鲁大学，日本的庆应大学、早稻田大学等，都是办学历史悠久、教学条件优越、社会声誉卓著、教育质量优异的私立英才学校，这些私立学校以昂贵学费为基础，面向社会中上收入阶层，同时也向少数学业优异的低收入家庭学生提供奖学金。它们培养了为数众多的经济社会科技领域拔尖人才及各行各业的领军人物，在人才培养方面发挥了独特作用。

（三）关于公共财政与社会资源问题

当今，世界各国普遍面临着如何更好地统筹利用公共财政与社会资源发展教育事业的问题。妥善处理好教育发展中公共财政与社会资源的关系，对于完善办学体制和投资体制，大力开发和合理配置教育资源，调动社会办学积极性，具有极其重要的意义。教育是一项公益性事业，发展教育的主要责任在政府，这是国际社会的一个基本共识。

近几十年来，世界教育发展中的一个突出现象是，凡是综合竞争力比较强的国家，其教育发展水平和人力资本积聚程度都很高，教育总经费投入都达到了较高水平。而从各国教育总经费投入的情况看，公共财政比例一般都远远高于社会资源比例。2000年经合组织成员国80%以上的教育投入来自政府，非经合组织国家这一比例平均为70%左右。1998—2002年间，120多个国家公共教育经费占国内生产总值比例超过4.5%，比十多年前增加了0.5个百分点。其中，高收入国家已经超过5%。尽管各国公共教育经费不断增长，但与教育多样化需求相比仍显不足，于是有些国家试图提高公办教育成本分担比例，有些国家则积极采取措施促进私人和非政府机构向教育投资。

各国政府普遍对不同阶段教育采取不同的资源配置方式，但重点都放在优先保证义务教育的发展上。政府投入在中小学教育总经费支出的比例，经合组织成员国与非成员国分别是93%和83%，义务教育普遍由政府全包，私立学校收费和社会捐赠等非财政支出所占比例很小。

在高等教育阶段，政府投入占教育总经费支出的比例，经合组织成员国与非成员国分别达到79%和64%，因此政府承担主要经费开支的特点也是比较明显的。总的来看，世界各国高等教育经费投入有三种模式：一是欧洲高福利国家基本依靠公共财政，二是多数国家以公共财政为主、社会资源为辅，三是少数国家更多地依靠社会资源。由于近些年来经济发展缓慢，公共财政紧张，欧洲国家改变国家包办大学教育的做法，纷纷出台大学收费政策，增加学生家庭成本分担比例。英国1998年开始实施高等教育收费政策，2003年最高为1100英镑，约占生均成本20%～25%，近些年还在酝酿提高到3000英镑，同时政府对低收入家庭给予全额或部分学费补贴。德国政府也准备下决心结束高等教育“免费午餐”，改变目前德国大学95%的学科免费学习的状况，决定逐步推行高等教育收费制度，每学期约500欧元。尽管英德等国许多家长和大学生对大学收费政策深为不满，甚至上街抗议，但这一趋势很难改变。值得注意的是，在市场经济较为发达的国家，多数历史长、质量好的私立学校属于非营利机构，靠学费和捐赠运行，办学者并不能取得经济收益与回报，因而享有政府对非营利组织的税收等优惠政策。

三、我国教育发展的现状和面临的挑战

改革开放以来，在党中央和国务院的正确领导下，经过全党全社会的共同努力，我国教育发展取得了历史性成就，极大地提高了国民素质，为社会主义现代化建设作出了重要贡献。但是，我们也遇到了不少国家都曾经历的共同性问题，也面临着一些由国情决定的特殊挑战。

（一）我国教育发展与改革的历史性成就

新中国成立初期，全国小学入学率不到20%，初中入学率不到10%。20世纪80年代中期，我国还没有普及小学教育，当时初中、高中和高等教育的毛入学率分别为50%、12%和3%。1985年，《中共中央关于教育体制改革的决定》推动教育步入快速发展和体制改革的轨道。1993年中共中央、国务院发布了《中国教育改革和发展纲要》，对世纪末教育发展与改革进行了重要部署。近二十年来我国教育发展与改革的显著成就，主要表现在以下三个方面：

1. 各级各类教育规模迅速扩大，国民素质明显提高

——基本普及九年义务教育和扫除青壮年文盲。1993—2005年间，九年义务教育人口覆盖率从48%提高到近95%，青壮年文盲率控制在4%以内，小学学龄儿童入学率达到99%，同

期初中和高中毛入学率都提高了20多个百分点，分别达到95%和53%。一般国家从普及小学到普及初中要用30年甚至更长，但韩国较快，差不多用了15年，而我国仅用了10年，并且是在学龄人口比以往高峰期多2000万～3000万的背景下实现的。

——高等教育实现了历史性跨越，进入大众化阶段。1998—2005年间，普通高校招生数从108万增加到504万，高等教育总规模由不到800万人增加到2300万人，先后超过俄罗斯、印度和美国，跃居世界第一，毛入学率由9.8%提高到21%。世界一流大学、高水平大学和重点学科建设取得新的进展，高等学校成为国家创新体系重要组成部分。2004年获得64%的国家级自然科学奖、60%的国家级技术发明奖和55%的国家级科技进步奖，争取到80%的国家自然科学基金、77%的国家社科基金的重点项目，创新和服务能力明显增强。

——职业教育形成比较完善的初中后、高中后分流体系。2005年中职在校生接近1600万，比1993年所有高中段在校生还要多100多万。我国每年有500万中职毕业生、300万高职毕业生进入劳动力市场，初中以上文化的劳动力规模世界第一，为我国总体上进入小康社会提供了人力资源支撑。

我国的教育发展，为提高国民素质和综合国力作出了重大贡献。我国15岁以上人口受教育程度从1982年的5.3年提高到2005年的8.5年，高于世界同期7.8年的平均水平，别的国家在这一阶段要花30年，我国才用了20年。最近，联合国教科文组织公布了2001年127个国家的全民教育发展指数，我国排第54位，处于中等偏上水平，在九个人口大国中仅次于墨西哥。受过高等教育从业人员总数跃居世界第二，仅次于美国，我国人力资源在国际竞争中体现了“质优价廉”的比较优势。事实上，外资来华看重的不仅是劳动力价格，而且还包括专业技术人员在内的整体质量。连美国最近的《迎接风暴》报告都承认，中国现在每年培养的工程师约是美国的近10倍，这是一个令美国担心的数字，中国的软实力在美国引起很大震动。可以说，目前我国已成为世界人力资源大国，教育普及水平进入中等收入国家行列，与世界制造业大国和贸易大国地位基本相称，教育就是多年经济快速增长的一个基本条件。

2. 教育体制改革有了重大突破，促进了教育持续发展

近十多年来，我国教育体制改革的主要任务是，改革计划经济体制下政府对教育包得过多、统得过死的体制，坚持分级管理，增强地方统筹管理教育的权责。中央和地方政府不断加强对农村义务教育的支持力度，取得了明显成效。目前，义务教育实行国务院领导、省级政府统筹规划实施、县级政府为主管理的体制，农村义务教育全面纳入国家财政保障范围。

高等教育管理体制改革有了新突破，国家通过“共建、调整、合作、合并”等措施，基本上改变了计划经济体制下地方部门“条块分割”的状况，形成了“中央和省两级管理，省

级管理为主”的新体制。原属中央部委管理的345所普通高校减少到111所，其余均交给省级政府管理或进行了合并。职业教育基本形成了“分级管理、地方为主、政府统筹、社会参与”的管理体制，加强政府统筹，面向市场需求寻求发展。

我国基本上建立了以财政经费为主，个人成本分担、多渠道筹措经费的投入体制。社会捐集资办学大大地加快了普及义务教育的进程，非义务教育成本分担制度较好地解决了高中阶段和高教规模迅速扩展、而财政难以包揽的关键问题。

办学体制改革不断深化，民办教育有了明显发展，初步形成了政府办学为主、社会各界共同办学的格局。2005年，民办学历教育学生2045万人，还有非学历教育学生1013万人，差不多占全国总数的十分之一。此外，教育系统在招生考试、毕业生就业和高校后勤社会化等制度方面，也迈出了新的改革步伐，焕发出更多活力。体制改革的不断深化支撑了教育的持续发展。

3. 素质教育理念形成新的共识，不断进行新的探索

1999年，党中央和国务院召开了第三次全国教育工作会议，发布了《关于深化教育改革全面推进素质教育的决定》。2004年中央连续发布了8号文件和16号文件，强调了素质教育德育为先的重要性，对全面提高学生的思想道德素质、科学文化素质和身体心理素质提出了更高要求。去年以来，为贯彻中央领导指示精神，教育部与中宣部等部门就素质教育问题进行了系统调研，广泛听取各方面意见，认真研究思路和举措，在多家媒体上组织了素质教育大讨论，在社会上引起强烈反响，素质教育观念进一步深入人心。

国家下决心实施新一轮基础教育课程改革，这是深入到教育教学核心部位的改革举措。去年秋季30个省（自治区、直辖市）所有初中小学起始年级开始实施新课程，普通高中新课程实验也在九省（自治区）展开。我国有着深厚的东方文化背景，学习氛围总体良好，国际社会公认，我国中小学生数学运算与语文阅读能力处于世界较好水平，新课程改革还在适当降低数理化的知识难度，重在改进学习方式和能力发展的环节。尽管发展还不够平衡，但是这次改革涉及的方面之广、程度之深，是新中国成立以来历次课改所不能比的。与此相关，促进学生全面发展的考试评价制度也在探索之中，国家还采取了高校扩招、改革高考制度等举措，为素质教育开辟新的道路。各地在素质教育综合改革方面探索并积累了不少成功经验。

教育系统中党的建设工作得到进一步加强。中组部、中宣部、教育部党组坚持每年召开一次全国高校党建工作会议，高校党的基层组织建设及发展学生党员等工作取得了新的进展。高校连续十多年保持稳定的良好局面，为教育改革与发展创造了有利条件，为全社会稳定作出了重要贡献。

（二）教育持续发展遇到的挑战和深层次体制问题

目前，我国拥有世界上规模最大的教育系统，2.6亿学生占全球学生的22%，小学入学率处于世界上很高水平。但是，中等教育和高等教育的毛入学率要达到中上收入国家水平可能还需10~15年，而接近高收入国家目前的水平恐怕还需要至少30年。从存量劳动力文化程度来看，我国与发达国家相比还有很大差距。25~64岁人口中大专及以上学历仅占6.5%，只相当于经合组织国家的1/4；高中及以上学历约为21%，不足经合组织国家的1/3。我国教育发展还面临着不少矛盾与问题。

1. 教育还不能完全适应经济社会发展和人民群众的强烈需求

我国的经济实力、人均收入状况、产业吸纳就业能力，总体上还处于发展中国家水平，但社会和家庭对教育的需求，却日益趋向发达国家水平。加上我国的文化传统、独生子女、劳动力价格分化等因素的影响，使得社会对教育的需求日益旺盛。升学考试竞争激烈的一个深层次原因是社会求职竞争所导致的学历文凭竞争。一些地区和学校把考试分数作为选拔评价的唯一依据，忽视对学生的综合评价。近年来，虽然学生身高、体重、胸围等形态指标及营养健康状况得到了改善，但是学生体能素质（包括耐力、速度、柔韧性、爆发力等）、肺活量水平持续下降，肥胖学生明显增加，近视率仍居高不下。世界银行报告曾评论，中国教育受几千年儒家文化和几十年计划经济体制的影响，“许多学校并没有开发学生解决问题的能力和创造性，只是帮助学生应付考试竞争”。这一问题严重影响了学生德智体美等全面发展，不利于学生个性发展和创新人才后备力量的培养，不能完全适应全面建设小康社会的迫切需要。

同时，面对新世纪的新挑战，有些职业学校与高等学校的人才培养模式还缺少多样性和灵活性，存在着重理论轻实践、重知识轻能力的现象，不能适应工业化以及知识经济的需要。一些职业学校和高等学校在办学方针、学科专业设置方面，学科本位成分过重，盲目趋同或墨守成规，缺乏面向非正规教育、工学交替和弹性学习需要的压力与动力。企业在经济体制改革中又剥离了本应承担的人力资源开发职责，学校教育体系与社会教育体系之间、正规教育体系内部之间自成系统、自我封闭，教育资源共享程度不高。高等学校的产学研结合、职业学校的产教结合也没有良好的制度保证，学生的实习实训环节普遍较为薄弱，反过来，企业自主创新缺乏足够的创新人才基础。

2. 城乡、区域以及学校之间的教育发展不够均衡

改革开放以来，我国在普及九年义务教育方面的城乡差距有所缩小，农民子女初中完成率从90年代初期的30%提高到75%以上，但与城镇人口接近100%的完成率尚有一定距离。农村学校的办学条件、教师队伍水平都亟待提高，中西部农村教育的薄弱状况还没有完全改

变。我国区域之间教育发展也很不平衡。2004年，西部地区文盲人口比例比东部地区高10多个百分点，而高中、大专以上文化程度人口比例要低9～11个百分点。当年生均预算内拨款最高与最低的省相差8～10倍，同一地区重点学校与薄弱学校之间生均经费相差3～5倍，比许多国家的同类差距要大得多。小学生均预算内拨款最高的省达到6680元，而普通高校生均预算内拨款最低的省仅为1950元，还不到小学生均预算内拨款最高省的1/3，这在世界上也是很少见的。

一般来说，任何一个国家的优质教育资源都不可能惠及所有人。多数国家通过高学费私立学校来满足部分家庭选择优质教育的需求，而公办学校由财政支持来承担大众化教育需求。然而，我国公办学校却占90%以上，优质资源基本集中在公办学校，财政拨款又不能满足运行条件，优质公办学校就成为极其拥挤的公共资源。比如，重点公办大学学生入学后，每年只需交纳占成本20%左右的学费，毕业后却有很高回报率，但多数地区高职学生要交占成本80%左右的学费，这就驱动升学竞争日益集中于少数重点公办大学，并传递到基础教育各个阶段。所以，仅靠学校单方面努力或仅靠公办学校很难解决这一问题。

3. 教育投入不足，资源总量短缺的问题较为突出

我国教育的快速发展，基本上是在财政投入不足的条件下，政府、学校、社会和群众共同付出巨大努力才实现的。教育经费总体水平偏低，必然影响办学条件和教育质量。目前我国人均教育经费约80美元，而发达国家在1000～3000美元。我们的教育人口占世界的22%，而财政教育经费只占世界的3%左右，明显严重不足。目前，全国有一半已经普及九年义务教育的县，生均投入和教学要求尚未达到国家基本标准，农村教育还是比较薄弱，许多地区只能靠超大班额和代课教师来运行。

由于财政投入不足，许多公办学校通过贷款举债进行建设，靠提高收费标准来维持运行。1990—2004年间，财政性教育经费占教育总投入的比重从86%降到62%，全国一半以上的公办高校和公办高中，学费占生均成本50%以上，在一定程度上抑制了居民近期消费需求。目前，公办学校贷款欠债估计在3000多亿元，已引起越来越多的关注。国外公办或非营利私立高校几乎不可能向商业银行直接短期贷款，但有向政府循环基金政策性贷款或政府担保商业性贷款的做法。近年来，我国公办学校的贷款行为缓解了经费压力，对教育发展有一定积极意义，但风险不容低估须妥善加以解决。

四、深化教育体制改革推动教育发展的思考与建议

按照中央的部署，我国将全面建设小康社会和社会主义和谐社会，坚持科学发展观，深入推进科教兴国战略和人才强国战略。最近，党中央和国务院对教育工作做了很多重要指示，为教育指明了方向。我们建议，在深化教育体制改革、推动教育发展方面，采取以下四个举措：

（一）坚持教育优先发展，跻身世界人力资源强国行列

在经济全球化的激烈竞争中，产业核心技术往往难以引进，高素质劳动力和专门人才更难引进。我国人均自然资源和技术资源十分有限，除劳动力资源外，几乎所有主要资源存量在全球的比重，都低于我国总人口占全球的比重。我国要实现社会主义现代化和中华民族伟大复兴目标，唯一可依托的就是人力资源。中央明确了人力资源强国建设方向，并将其纳入“十一五”规划当中，这是极其重大的战略性决策。按照中央的这一部署，我们设想我国到2020年左右，初步实现教育现代化，基本建成中国特色社会主义现代化教育体系，基本形成全球最大的学习型社会，迈入世界人力资源强国的行列，从而为21世纪中叶国家基本实现现代化奠定坚实的基础。

但是，实现这一目标还有相当多的困难。关键的问题是，我国长期将重点过多地放在物质资本或硬件投入上。2001年诺贝尔经济学奖获得者海克曼认为：“中国政府大约把国民生产总值的2.5%用于教育投资，30%用于物质投资。这两项在美国分别是5.4%和17%……中国对人进行投资的支出远远低于各国平均数。……而人力资本是最终决定中国富裕的资产。”

邓小平同志说过，“一个10亿人口的大国，教育搞上去了，人才资源的巨大优势是任何国家比不了的”。他早在1986年就指出，到2000年“拿出国民生产总值的5%办教育”。公共教育经费占国内生产总值比例是衡量一国政府重视教育程度的重要指标。据1998—2002年间163个国家数据估算，这一指标平均为4.5%，其中有56个国家超过了5%。1993年我国提出到2000年达到4%的目标，始终没能实现，现在仅为2.8%，大致在全球排第130位。2004年有19个省级预算内教育经费占财政支出比例仍比上年下降，也就是说，财政“蛋糕”做大后，切给教育的虽每年有所增加，但所占份额小了。这说明我们还缺乏财政决算及超收部分按预算同比用于教育的刚性制度保证。

随着经济发展和国民教育水平的提高，低水平投入状况不可能继续下去。现在教育运行成本比十多年前仅普及义务教育、只有少数人读高中和大学的时期要高得多。国际经验表明，国内生产总值的2.8个百分点，刚够普及基础教育，根本支撑不了具有竞争力的职业教育

和高等教育，我国也不可能例外，近年来普及义务教育和高等教育大众化的两次超前发展，都是在财政经费不足条件下实现的，跨越是实现了，但方法是超常规的，老百姓负担已经不小，许多难点问题均出于此。

根据中央领导强调改变“经济发展一条腿长，社会发展一条腿短”的状况，更加关注社会公平的要求，建议把建设人力资源强国作为国家战略，牢固确立人才资源是第一资源，开发人力资源是政府第一责任的观念。把教育提升到国家重大决策层面，摆在优先发展战略地位，健全公共财政制度，调整各级财政支出结构，调整物质与人力资本投入比例，统筹教育与人力资源开发，形成保障教育持续发展的刚性长效制度。按照当前我国各级财政增长态势，如果在国民经济社会发展规划中能够优先安排教育发展，财政分配能够优先保障教育经费，资源配置能够优先满足教育需求，那么这一指标在2010年前达到4%，以后随着经济发展而稳步提升，是完全有可能做到的。当然，财政教育经费增多了，但要管好用好。这样，才能支撑起人力资源强国的建设。

（二）全面推进素质教育，开发终身学习能力

当前，国际竞争方式发生深刻变化，发达国家掌控了全球80%左右新技术的开发走向，知识更新与转化为生产力周期大大加快，社会财富日益向拥有知识优势的国家和地区聚集，可持续发展优势越来越蕴藏于知识之中，人才竞争居于越来越核心的地位。为此，许多国家从国家战略高度来看待教育质量问题，以终身学习为导向，探索教育观念、课程内容、教学方法和学校制度的改革，这些动向都值得重视。

我国全面推进素质教育，是关系到培养什么人、怎样培养人的重大问题，是落实以人为本的科学发展观、贯彻党的教育方针的集中体现，是培养造就建设国家现代化、参与国际竞争的大批高素质人才的战略决策。我们要立足于社会主义初级阶段基本国情，把当前政策举措与长远战略设计结合起来。

当前正在实施的重要政策举措，主要有五个方面：一是坚持德育为先，从根本上改变重智育，轻德、体、美育的倾向，加强和改进中小学生思想道德建设和大学生思想政治教育，增强针对性、实效性和吸引力、感染力，进一步强健学生体魄，提高审美水平。二是要适应新时代要求，进一步转变教育观念，全面推进基础教育课程改革，改革人才培养模式、教育内容和教学方法，全面提高教育教学质量，减轻学生过重课业负担，克服片面追求升学率倾向。三是要切实提高学校和广大教师实施素质教育的能力和水平。全国1000多万教师尤其是750万农村义务教育教师的质量提升，其工资待遇的保障与培训进修制度的完善，将直接影响素质教育的全局，需要高度重视。四是要改革和完善考试评价制度，着力建立符合素质教育要求的学生学习和成长、学校教育质量与教学效果的评价体系。五是要加强学校教育、家庭教育和社会教育的融合，营造良好的社会氛围和舆论环境，形成推进素质教育的强大合力。

在此基础上，我们认为素质教育作为国家的基本教育政策还需治标与治本相结合。从长远看，要依靠终身学习制度建设，树立21世纪的新理念，在全民终身学习过程中，没有哪个阶段教育、没有任何人与素质教育无关。鼓励行业、社区、家长等参与学校评价，使学校教育、家庭教育和社会教育相互协调，全社会都能积极支持素质教育。加强学校与社会的联系，依托学校及其他公共文化设施，借助现代信息技术，开发灵活、开放并且多样化的学习平台，促进社会各种学习资源的整合与共享，拓展学习时间与空间，成本适宜，注重实效，方便公民终身学习。

建议国家在中长期教育发展纲要中，继续把素质教育作为一条政策主线，在各个领域和环节当中全面进行部署。把加强教师队伍建设作为素质教育的一大重点任务，依法保证教师工资不低于本地公务员平均水平，深化教师人事制度改革，吸引更多的德才兼备的优秀青年当教师，用更高标准要求教师。设立学生科技创新和社会实践奖励制度，鼓励学生自觉创新和积极实践。启动国家为终身学习立法，实行弹性学习制度，逐步缓解升学竞争压力，建设学习型社会，促进人的全面发展。

（三）密切教育与经济社会联系，促进全面协调持续发展

教育必须进一步密切同经济社会的联系，我们要坚持统筹教育的规模、结构、质量和效益，统筹各级各类教育的协调发展，统筹城乡和区域之间教育的协调发展，统筹教育的发展、改革与稳定。按照国家的“十一五”规划，当前教育系统正在着力完成三项任务。

一是普及和巩固九年义务教育。以农村为重点，大力推进区域内义务教育均衡发展，使各校办学条件，经费投入，布局结构调整，校长、教师以及现代教育信息技术配置等方面大致均衡。二是大力发展职业教育。以就业为导向，促使职业教育面向市场需求，准确定位，产教结合，办出特色，大力推行工学结合、校企合作的人才培养模式，逐步建立和完善半工半读制度，努力培养各行各业用得上、干得好的人才。三是切实提高高等教育质量。根据经济社会发展和高等学校自身发展的需求，合理确定办学规模，调整学科布局和专业设置，加快紧缺人才培养，深化教育教学改革，完善质量保证体系，坚定不移地推进世界一流大学、高水平大学和重点学科建设，使高等学校创新能力明显增强，充分发挥在人才培养和知识创新中的重要作用。

建议国家统筹规划，分类指导，加强部际协调、区域间协调的制度建设，继续增强对中西部地区教育支持力度。采取税收优惠政策，鼓励高校产学研相结合，督促企业为学生实习

实践及半工半读提供便利。既要完善中央政府宏观管理，又要把统筹教育权责更多地交给省级政府，允许各地在国家宏观调控下，依法自主决定、各负其责地进行教育体制改革和素质教育试验。

（四）更加关注教育公平，认真解决热点难点问题

改革开放20多年来，我国学历教育及各种培训蓬勃发展。但社会公众对教育尤其是优质教育的需求，远远超出了小康社会标准。最近社会开始关注公办学校“上学难、上学贵”的问题，其实我们学校提供的入学机会要比几十年前多了很多倍。义务教育普及率超过95%，高中阶段入学率超过50%，高等教育毛入学率超过20%，按说上学是更容易了。连大学生也从“百里挑一”变成现在的“五里挑一”。近年来的高校新生中农村学生数超过了城市学生数。可以说，一般意义上的上学已不“难”了，突出的问题是上优质学校难。目前，许多城镇地区的择校及其连带的高收费甚至乱收费现象，就是这一问题的突出反映。此外，我们的非义务教育公办学校收费水平与中等收入国家相比不算很高，也是大多数家庭可以承担得起的，之所以让有些人感觉上学贵了，也与前面说的择校和乱收费等问题有关。这表面上是公众对公共教育资源特别是优质教育资源的配置方式不够满意，实际上是基本国情条件下深层次矛盾积累的结果。如果要从根本上解决这个问题，还是要靠发展教育，当然这需要有一个长期过程。

教育发展水平与经济发展水平相联系，教育公平有着不同的重点。如前面提到的韩国义务教育“平准化”后私人补课产业的兴起，巴西中产阶级子女先上私立中学再进公办大学等等，都说明国外教育公平政策及背景因素极为复杂。不过，国外经验表明，教育公平有一个渐进过程，第一步是让尽可能多的人受尽可能多的教育；第二步是让所有人受基本教育，让更多人受更多教育；第三步才是让所有人受尽可能多的教育。我们是社会主义制度，必须旗帜鲜明地坚持教育的公益性。我们建设社会主义和谐社会，势必更加关注社会公平。教育公平是社会公平的重要组成部分，也是教育政策的核心问题，政府担负着促进教育公平的重大责任。经济发展了，财力增强了，政府会拿出更多的钱支持教育事业。即便财政投入增加了，在义务教育与非义务教育阶段的公平含义和工作侧重点也是不同的。

——政府优先保证义务教育阶段的基本机会公平，承担义务教育全部责任，尽可能做到不难不贵。我国的义务教育大体经历三个阶段，一是1986年根据中央的决定，国家颁布义务教育法，免收学费但收杂费。1993年确定基本普及的目标，在加大政府投入、征收城乡教育费附加的同时，动员社会捐集资助学；二是2000年完成基本普及目标后，随着农村税费改革，国务院实行一费制政策；三是去年国务院决定农村义务教育经费逐渐由财政支付，2007

年前全国农村免除学杂费，今年全国人大通过义务教育法（修订案），增加省级政府“统筹规划”职责，把义务教育全面纳入公共财政保障范围，在原来“免收学费”基础上，首次明确规定不收杂费，要求各级政府均衡安排义务教育经费，缩小学校间办学条件差距，提出不分重点学校和非重点学校、不得分设重点班和非重点班，并特别强调了政府在保障农村、贫困和民族地区实施义务教育方面的责任。

这在我国教育史上具有里程碑的意义，现在关键是落实难度不容低估，特别是中西部地区教师工资保障问题更显得突出。城镇义务教育则要从县（区）开始实现均衡发展。义务教育阶段上学不难不贵的基础是，政府继续给贫困家庭学生给予免费教科书和寄宿生活补贴等更多资助。区域内所有公办校达到办学条件基准，消除薄弱学校，定期校际轮换一定比例的校长与骨干教师，学生就近免试入学，公办校不再择校，而社会上的择校及其他特殊学习的需求，原则上由民办学校满足。

——政府重视保障非义务教育阶段的选择方式与规则的公平，坚持财政投入为主，继续完善成本分担和多渠道筹资机制。非义务教育呈现多样化的形态，如果学生家长觉得上学不难不贵了，要么仅是低成本支撑的教育，要么是财政或其他方面有更多的投入。公民一生的学习不可能由政府包揽，政府既要承担法定教育责任，尤其是对弱势群体教育的支持责任，又要避免承诺没有足够能力保障的教育公平。

不同阶段的非义务教育成本差异很大，采取分担方式是各国普遍的做法，我国还要继续坚持以财政投入为主的成本分担、多渠道筹资的机制。目前，需要尽快建立非义务教育公办学校的生均成本标准，完善学费核定、公示和收支监管制度，利用财政拨款和学费的比例来调节不同学科专业供求关系。公共财政将重点资助弱势群体和确属国家需要但市场难以调节的领域，为符合学习条件的弱势群体学生提供较低成本的入学机会。

近年来，我国对高等学校家庭贫困学生已建立了以助学贷款为主，发放奖学金和助学金、减免学费以及勤工助学为支撑的资助体系，今后还要进一步完善。建议各级政府把重点放在解决弱势群体学生非义务教育阶段上学难、上学贵的问题上，尤其是要千方百计做好资助贫困家庭学生工作，帮助他们顺利完成学业，以充分体现社会主义制度的优越性。比如，政府对中职学校的贫困家庭学生采取类似义务教育的“两免一补”措施、实行半工半读分期支付学费的制度，最后再将其逐渐推广到包括普通高中在内的整个高中阶段贫困家庭学生的资助体系。此外，非义务教育公办学校不可能完全满足多样化的社会需求，应由民办学校提供择校及其他特殊服务。为此，我们还要逐渐试行非贫困家庭的学费个人所得税减免或商业性教育贷款利息优惠等政策。

总的来说，改革开放以来，我国教育事业成就举世瞩目。现在，我国人均国内生产总值1700美元，仅就大中小学三级入学率而言，大致相当于3000美元国家的平均水平。教育为我国综合国力和竞争力的提高作出了重大贡献，现在已站在一个新的历史起点上。从国际教育发展趋势看，重视教育先行、实施全民教育、倡导终身学习、促进大学创新，已经成为各国教育发展关注的战略要点，而在正确处理教育公平与效率、普及与提高、公共财政与社会资源等重大政策关系上，也有许多值得参考和借鉴的地方。今后，我们要始终以科学发展观来统领教育发展与改革的全局，坚持教育优先发展，坚持教育以人为本，全面贯彻党的教育方针，切实推进素质教育。我们坚信，在胡锦涛同志为总书记的党中央正确领导下，在全党全社会的齐心奋斗下，我国教育事业一定能够全面协调可持续发展，为我国尽快建成人力资源强国，为实现现代化和建设社会主义和谐社会，真正发挥出全局性、基础性和先导性的重要作用。

敢峰

1929年生，原名方玄初，湖北黄陂人。中共党员。中国人才研究会第一、二届副理事长，北京市第十届人大代表。1950年毕业于武昌私立华中大学中文系。历任中共中央中南局宣传部、中央宣传部干事，北京景山学校校长，国务院科教组、教育部干部，《人民教育》杂志副总编辑，中共北京市委宣传部副部长，北京市社会科学院院长，北京市社会科学界联合会常务副主席，研究员。1949年开始发表作品。1985年加入中国作家协会。致力于民办教育事业，1995年创办北京力迈学校。著有《人的一生应当怎样度过》《青春的叮咛》《教育与人才新说》等作品。获"当代教育名家"称号。

直面21世纪的教育战略①

——在首届中国科学家、教育家、企业家论坛上的发言提纲

深刻认识我国经济、文化、教育发展的不平衡和穷国办大教育的教育国情，直面21世纪我国社会经济发展对教育的要求和新的挑战，深入研究我国教育改革和发展的战略，是摆在我们面前的一个十分重要而迫切的课题。

第一个要点是广开学路，解放和发展教育生产力。

进一步改变学历教育、正规教育、应试教育的教育定势，实行学历学位教育与职业技术教育并举，正规教育与非正规教育并举，政府办学与社会办学并举，面授教育与远程教育并举，在政府主导下，多办学主体、多渠道、多层次和多种形式办学，不拘一格育人才。重学

① 本文选自《敢峰教育文选》，人民教育出版社2008年1月版。

历学位是为了重人才，如果以正规的学历学位压人才，则走向了它的反面。

一条根本原则：学比不学好，多学比少学好。要使学习风气成为全社会最崇尚的风气。

第二个要点是在东西方教育的交流、汇合和碰撞中，要取我国传统教育与西方教育之所长，去两者的弊端，在教育改革中走“以我为主，融合创新”之路。

第三个要点是精心构建我国21世纪的“根苗工程”。

根要扎好。即扎好中华文化的根，扎好做人的根，扎好现代基础知识的根。

苗也要长好。即长好“三个面向”的苗，使学生在德、智、体各方面都能得到生动活泼、积极主动的发展，创造性的幼芽从小能够得到良好的培育。

总体思路：第一，使学生从小扎下中华文化的根。第二，把学生引上正确的人生路。第三，优化现代基础知识的教学和智能、技能的培养。语言课程重心下沉，数理课程重心上提。第四，注重非智力因素特别是良好心理素质和创新意识的培育。第五，教养与教育、教学并重，养成学生的良好习惯和文明行为。

在教育教学的方式、方法上，要注重贯彻教学互动、“死”活结合、因材施教三原则。要特别重视小学教育。不重视小学教育就是不真正懂得教育。

第四个要点是下大力气凝聚优秀人才和筹措资金，统一规划和构建以研究性大学为火车头的学、研、产联合体，在带动我国现代化建设的过程中努力攀登21世纪的科学技术高峰、文化艺术高峰和学术理论高峰。

第五个要点是根据我国不同地区的经济社会发展、市场需求和就业的需要，因地制宜大力发展职业技术教育，特别是高等职业技术教育，努力提高各级各类职业技术教育的教学质量。各地区都要办一批高质量的示范性的高等和中等职业技术学校，形成职业技术教育网络，在不同类型的高等教育之间构筑“立交桥”。要转变社会观念和采取有效措施，使职业技术学校成为义务教育后的宽带升学渠道，把社会力量办学引导到这个最广阔的天地中来。建议在民工密集的城市，举办“打工者大学”，其中一定会涌现出大批优秀人才的。发展有中国特色的职业技术教育，是把我国沉重的人口包袱变为巨大人力资源最宽广的大道。

1940年生，江苏南京人。教授、博士生导师。曾任上海市高等教育局副局长、上海大学校长、新上海大学常务副校长、上海师范大学校长、全国高等教育学专业委员会理事长等。长期以来从事高等教育管理工作、研究工作及教学工作。出版著作40余部，公开发表论文500多篇，先后承担国家和省部级重点课题十余项，有20余项研究成果获全国教育科学研究奖、上海市科技进步奖、上海市哲学社会科学奖等。第十届中华慈善奖“慈善楷模”，享受国务院特殊津贴，获“当代教育名家”称号。

杨德广

中国高等教育办学理念的八大转变[①]

我国自1978年实施改革开放方针三十年来，在邓小平理论的指引下，神州大地发生了翻天覆地的变化。同样，高等教育事业也发生了巨大变化。1978年，全国共有高校598所，专任教师20.62万人（正、副教授1万人），在校本专科学生85.63万人，研究生10934人；2006年，全国普通高校和成人高校共2311所（其中普通高校1867所，成人高校444所），专任教师107.6万人，在校本专科学生共2500万人，研究生110.6万人。[②] 30年来，在改革开放、市场经济大潮的冲击下，几千年来传统的思想观念以及几十年计划经济观念发生了巨大的嬗变，高等教育的办学理念也发生了重大变革。正是思想观念的变化，推动了社会经济的发展，推动

① 本文曾发表于《北京大学教育评论》2008年4月，第6卷第2期。

② 数据来自教育部2006年全国教育事业统计公报。

了高等教育的发展。30年来，我国高等教育办学理念发生了八方面的变化：从国有化的办学体制向一主多元的办学体制转变；从条块分割的领导体制向中央和省两级领导体制转变；从高度集中统一的管理体制向学校依法自主办学转变；从单一的投资制向多渠道集资转变；从以知识为本、以教为中心的教学观向以人为本、以学为中心的教学观转变；从统招统配的招生就业制度向面向市场的招生就业制度转变；从封闭的本土化教育向开放的国际化教育转变；从大学办社会的后勤管理体制向社会办大学的后勤管理体制转变。

一、从国有化的办学体制向一主多元的办学体制转变

新中国成立之初，我国实行的是公有制经济体制。当时认为社会主义的优越性就是“一大二公”，越大越好，越公越好。20世纪50年代中期就消灭了私有经济和个体经济，农村也全部实行公有制，建立了人民公社。与此同时，在教育领域，把所有学校收归国有，取消了私立学校。国有化的办学体制与公有制的经济体制是相适应的。在高等教育资源不足的情况下，便于国家集中力量培养一批急需人才。但实践证明，单一的公有制经济体制不符合中国国情，不利于生产力的发展，是对社会主义的片面理解，是“左”的思想路线的产物。邓小平提出社会主义本质特征的“生产力标准”（解放生产力和发展生产力）而不是以“所有制”为标准，主张建立以公有制为主体的多种经济体制，包括私营经济、个体经济、混合所有制经济、中外合作经济等，大大解放了生产力、发展了生产力，推动了我国经济社会的前进。

在国有化办学模式下，高等教育全部由国家包办，我国高校成为世界上少有的“包办型”“供给型”高校，致使学校缺乏活力和动力。随着高等教育规模的扩大，国家财政负担越来越重，“穷国办大教育”，严重影响了高等教育的发展。在邓小平改革开放和建立社会主义市场经济理论的指导下，在个体经济、私营经济蓬勃发展的推动下，三十年来，我国高等教育体制发生了很大变化。

1982年，全国第一所民办大学——中华社会大学在北京成立。1982年，全国人大五次会议通过的《中华人民共和国宪法》第一章第十九条提出：“国家鼓励集体经济组织、国家企业事业组织和其他社会力量依照法律规定举办各种教育事业。”1985年《中共中央关于教育体制改革的决定》进一步提出鼓励各种社会团体和个人办学。1992年邓小平南方讲话发表后，加速了中国改革开放的进程。同年召开的党的十四大报告中提出了鼓励多渠道、多形式社会集资办学和民间办学，改变国家包办教育的做法。1993年，中共中央、国务院颁布的《中国教育改革和发展纲要》规定了“改变政府包揽办学的格局，逐步建立以政府办学为主体、社会各

界共同办学的体制”“国家对社会团体和公民个人依法办学，采取积极鼓励、大力支持、正确引导、加强管理的方针”。1992年后，我国民办高等教育进入了新的发展时期。1997年，国务院颁布了《社会力量办学条例》，这是我国关于民办教育的第一个法规，确定了民办教育的法律地位。

至今，我国高等教育已形成“一主多元”的办学体制，改变了单一的国有化办学体制。“一主”，就是国家办学为主，公办学校为主，国家投入为主；“多元”，就是除国家办学外，有多种办学体制。

一是民有民办的高等教育，即由私营企业、公民个人集资办学的学校，也包括社会捐款、银行贷款等经费来源，而不是靠国家投资。学校的运行经费主要靠学费及举办者筹集，减轻了国家负担。2006年，我国有民办高校278所，在校生133.79万人，民办高等教育机构444所，各类注册学生93.9万人。[①] 二是公办学校整体转制，即把原来的公办学校按一定的法律程序，转制为自筹经费，面向社会自主办学、自我管理、有独立的法人地位的高校机制，也称之为“公有民办”学校。学校资产是公有的，按民办学校运行，政府不再拨款，靠学费和其他渠道解决办学经费问题。三是独立二级学院，有不少普通公办高校的教育资源比较丰富，但校舍、设备不足，于是由私人企业或社会企事业单位集资征地建校舍，挂靠在资源丰富的高校母体下作为独立二级学院，即校舍独立、财务独立、学历文凭独立、法人代表独立，也称为“名校办民校”。也有些独立二级学院是直接从母体学校中分割出来的，由下属实业公司举办，校舍是母体的。独立二级学院适应了高校扩招的需要，让一部分考试成绩较好、但离二本录取成绩差几分的考生可以进本科学习，办学经费靠学费和举办者筹集。由于母体要提供一定的教育资源，每年从独立学院收取学费总额的15%～20%。独立二级学院既发挥了母体高校的资源优势，挖掘了潜力，增加了经济收入，又为国家减轻负担，培养了一大批本科人才。2006年全国有318所民办二级学院，在校生146.7万人[②]，吸纳民间资本400多亿元。普通高校独立学院的发展，是我国高等教育办学体制改革创新的重要成果，充分调动了普通高校民营企业和社会力量办学的积极性，在国家不提供资金的情况下，培养了一大批本科学生。四是中外合作办学，即我国高校与外国高校合作举办二级学院或专业，充分利用外国有关高校的优质教育资源，引进先进的管理方法和教育方法，对提高教学质量、管理水平、培养外向型人才有积极意义。截至2006年，中外合作办学机构和项目已有一千多个。

① 数据来自教育部2006年全国教育事业统计公报。

② 数据来自教育部2006年全国教育事业统计公报。

二、从条块分割的领导体制向中央和省两级领导体制转变

由于计划经济是部门经济、行业经济，条块分割严重，导致我国高等教育长期以来实行条块分割的领导体制。中央各部委、各地政府、大型企业、行业部门都需要人才，于是都要各自办高等教育。我国高校有四种领导体制：直属中央教育部领导的高校，中央有关部委领导的高校，省、市政府领导的高校，行业（企业）领导的高校。这种领导体制与条块分割的计划经济是一致并相适应的，以便各部门、各地区及时得到所需要的教育资源和相关人才，但导致各自为政、各行其是，高等学校成了部门所有、行业所有，仅为这一部门培养专门人才，容易造成专业狭窄、专业设置重复，不利于各校办出特色，不利于充分发挥高校的作用以及造成高教资源分布不均，人才难以流动。如铁道部的高校只是为铁道部系统服务，交通部的高校只是为交通部系统服务，其他部门得不到他们的人才，他们也不能从其他部门得到教育资源和人才。高等学校归部门所有，不是社会共有，从而导致部门与部门、学校与学校以及学校与社会之间相互隔离，自我封闭。

改革开放以来，在领导体制上，建立并巩固了中央和省两级管理、以省为主的新体制，并进行了布局结构调整，加强了各种类型学校的共建，整合了高等教育资源，破除了高等学校为全社会培养和输送人才的体制性障碍。为了改变部门办学的体制，国家制定了“共建、调整、合作、合并”的八字方针，即从四个方面来改变条块分割的体制。高校领导体制改革从20世纪90年代初启动。

1992年党的十四大后，我国进入了建立社会主义市场经济体制的新阶段，有力地推动了高等教育体制改革，中央提出以“共建”为主要形式，打破条块分割的管理体制，逐步走向条块有机结合。党的十五大后，高等教育体制改革进一步引向深入，步伐加快、力度加大，特别是利用国家机构改革的契机，国务院作出决定，先后分两批调整了上百所普通高校的管理体制，将一大批院校由国务院所属部委管理变更为由地方政府管理，少数由部委管理的高校一律实行中央与地方共建，日常工作以地方政府管理为主。

我国高等教育领导体制改革到2002年基本完成，先后涉及900所高校，有708所高校合并组建为302所高校。原来国务院有关部门直接管理的367所普通高校，有260所划为省级政府管理，或由地方与中央共建，克服了部门和地方条块分割、重复办学、资源浪费的弊病。合并调整后的优越性是：大学从部门所有成为面向社会、面向市场为主办学的实体，学校规模扩大、实力增强。1998年高校校均学生数为3335人，2004年达到7704人。从专业性、单科性学校成为多科性、综合性大学，高校可以开设大量选修课，实行学分制，拓宽学生知识面，

教育资源得到优化。

高校管理体制的改革，实现了三个转变：从政府直接办学转为政府引导和监督办学；从高等教育由中央政府统筹管理为主转为由省级政府统筹管理为主；从行业部门办学转为教育主管部门办学。

三、从高度集中统一的管理体制向学校依法自主办学转变

新中国成立以来，由于国家实行的是高度集中的计划经济体制，相应地对高等教育实行的是集中统一领导，由中央有关部门和地方政府或行业分别办学，并直接管理高等学校，经费的下达、使用、学校编制、教职工待遇、专业设置、课程结构、教材编写、招生、毕业生分配等全部由政府主管部门决定，大学成为政府的附属单位。总之，上级对下级是“统、包、管”，下级对上级是“等、靠、要”。一切听从上面的，依附于主管部门，没有办学自主权，政府对高校活动管得过多、过死。在计划经济体制下，实行高度集中统一的管理体制，国家与政府等同，政府与社会等同，政府成了“全能”政府，政企不分，政校不分。大学的管理集“举办者、管理者、办学者”于一体，即由政府统管，学校没有办学自主权。这种管理体制导致高校缺乏责任感和动力，缺乏特色和活力，严重影响了学校的办学积极性。由于政府对高校实行“统包制”“供给制”，割断了高校与社会和市场经济的有机联系，严重影响了高校主动面向社会、面向市场的积极性。

由于政府部门对高校管得过多、过死，捆住了学校的手脚，高校无法发掘自身的潜力，为社会培养更多的人才。1979年12月6日，《人民日报》发表了复旦大学校长苏步青等六位著名校长、书记关于给高校一点自主权的呼吁，立即在高教界引起了强烈共鸣和讨论，对我国高校管理体制改革的启动起了推波助澜的作用。1982年，上海交通大学率先实行了以人员流动、岗位责任制和内部工资改革为内容的高校内部管理体制改革。1983年6月9日，国家教育部同意上海交通大学扩大管理权限，增强学校办学活力。接着，浙江、湖北、黑龙江、山东等地相应提出了高教改革措施，为“扩大高校办学自主权”向前推进了一步。

1985年，《中共中央关于教育体制改革的决定》，指出国家及其教育管理部门要加强对高等教育的宏观管理和指导，同时要“改变政府对高等学校统得过多的管理体制。在国家统一的教育方针和计划的指导下，扩大高等学校的办学自主权，加强高等学校同生产、科研和社会其他各方面的联系，使高等学校具有主动适应经济和社会发展需要的积极性和能力”。1993年，中共中央、国务院在《中国教育改革和发展纲要》中进一步指出，与我国经济、科技、

政治体制改革相适应，我国高等教育体制改革的目标和模式将是“逐步建立政府宏观管理、学校面向社会自主办学的体制”，把扩大高等学校的办学自主权和学校面向社会自主办学放到高等教育体制的核心位置，这是管理理念的一大突破。在国家政治体制、经济体制改革的推动下，近些年来，高等教育的管理体制有了重大转变，逐步建立了政府宏观管理、社会各界参与、学校依法自主办学的体制。

1998年8月29日，全国人大九届四次会议通过的《中华人民共和国高等教育法》第四章明确提出了给予高等学校七个方面的办学自主权，包括：制定招生方案，自主调节系科招生比例；依法自主设置和调整学科、专业；自主制定教学计划；自主开展科学研究、技术开发和社会服务；按照国家有关规定，自主开展与境外高等学校之间的科学技术文化交流与合作；自主确定教学、科学研究、行政职能部门等内部组织机构的设置和人员配备；按照国家有关规定，评聘教师和其他专业技术人员的职务，调整津贴及工资分配。近些年来，高校办学自主权逐步扩大，并得到落实，政府从“全能政府”向“有限”政府、向“服务型”政府转变，改变了计划体制下“统、包、管”与“等、靠、要”的模式。

四、从单一的投资制向多渠道集资转变

我国高校长期以来由国家统包，由国家供给，办学经费全部来自政府拨款。当时认为这是“社会主义优越性”的体现，其好处是许多家庭贫困的工人、农民子女有了读大学的机会，也便于国家对教育资源的控制和调配。但是，单一的投资渠道导致国家负担日益加重，也由于经费不足，阻碍了教育事业的发展。我国是个拥有超大规模教育人口的发展中国家，随着社会经济的发展、人们生活水平的日益提高，要求上大学的人越来越多；而国家提供的高等教育资源有限，国家（政府）作为唯一的办学主体承担全国教育机构的办学经费，导致高等教育长期投入不足，高等学校整体办学条件差，教育质量和数量都难以提高。国家财政负担过重，无力扩大办学规模，使人才需求目标和高等教育供应不足的矛盾不断加剧，人才和教育的严重短缺又反过来影响了经济的发展。

改革开放以后，人们的思想观念发生了变化，认识到社会主义优越性不在于“收不收费”，而应体现在生产力的发展、社会经济的发展上，“发展才是硬道理”。随着市场经济的发展，人们对教育的公益性和产业性也有了进一步的认识。从整体而言，教育是公益性事业，而教育产品有公共性、准公共性、非公共性三种。义务教育属于公共产品，应实行国家包下来的政策，但长期以来，我国对义务教育投入严重不足，原因之一是高等教育过多地挤占了

义务教育的经费。高等教育有公益性、公共性的一面，但它是非义务教育，又有私人性（非公共性）的一面，属准公共产品。高等教育的最大受益者是国家和整个社会，其次是受教育者。因此，按照"谁受益、谁投资"的市场规则，不仅国家要投资高等教育，社会也要投资，受教育者个人也要支付一部分教育成本（对贫困生和优秀生，国家相应地提供奖学金和助学金或助学贷款）。

高等教育大发展是社会经济发展的必需，是人民群众的必需，而仅仅靠国家投入是不可能有大发展的，必须改变单一的投资渠道，向多渠道集资转变。我国高校拨款制度的改革，是伴随着我国经济体制改革的深入、伴随着社会对高等教育需求力度的加大而不断向前推进的。1985年《中共中央关于教育体制改革的决定》要求改革高校的助学金制度，扩大高等学校的办学自主权。在执行国家的政策、法令、计划的前提下，高等学校可以招收委培生和自费生，"委托单位要向学校缴纳一定数量的培养费""可以在国家计划外招收少数自费生。学生应缴纳一定数量的培养费"。

1987年，国家开始推行非义务教育的成本分担和补偿制度，把原来的助学金改为奖学金和助学贷款制度，鼓励高校通过与企业进行科研项目合作，开展人员培训、科技咨询等各种社会服务以增加收入，拓宽学校经费来源。1989年，全国大部分高校开始收取学费。1993年中共中央、国务院发布的《中国教育改革和发展纲要》明确提出要改革办学体制和教育投资体制。1995年颁布的教育法第53条规定："国家建立以财政拨款为主、其他多种渠道筹措教育经费为辅的体制，逐步增加对教育的投入，保证国家举办的学校教育经费的稳定来源。"1998年高等教育法第60条规定"高等教育实行以举办者投入为主，受教育者合理分担培养成本、高等学校多种渠道筹措经费的机制。"

20世纪90年代以来，高等教育经费单渠道的困境有所改变，以"教育成本合理分担"为理论依据，建立国家财政拨款为主，其他多种渠道筹措高等教育经费为辅的高等教育投资体制，有财、税、费、产、社、基六条渠道。财：国家财政拨款，公办学校仍以这项经费为主；税：收取专项附加税用以办教育；费：非义务教育阶段向学生收取学费，尤其是民办教育，基本按照教育成本收费；产：发展教育产业，建立教育市场，通过为社会服务收取一定的经费；社：争取社会资助、捐赠，鼓励社会各方面为教育发展筹措资金；基：建立教育基金，用于教育发展。

多渠道集资已显现出效果，我国高等教育财政预算内拨款从1993年的82.4%逐步下降到2002年的47.9%，而学费、杂费及社会捐赠集资、社会服务等经费来源结构则从1993年的6.2%、0.7%、8.1%分别上升到2006年的21.3%、17%、15.2%。预算外收入占高等教育总经费的比例不断上升，多渠道筹措高等教育经费的体制已基本形成，对改善教学条件、提高教职工待遇、推动教育事业发展起了积极作用。

五、从以知识为本、以教为中心的教学观向以人为本、以学为中心的教学观转变

长期以来，我国高等教育在教学观念上普遍以“教师为中心、教材为中心、教室为中心”，而不是以学生为中心、学习为中心，把教师当作传授知识的主体，学生是被动地接受知识的客体，教师以教会学生多少知识为根本任务，而不是立足于教会学生学习，不是立足于全面提高学生的素质。在教学模式上，完全由学校和教师主导，搞统一的、刚性的教学计划；将学生统一编班，同一班级的学生学习同样的课程、同样的教材、同样的教师、同样的进度，而不考虑学生的不同特点、不同的需求和接受程度；学生没有学习的选择权和自主权。在教学内容上，完全由学校甚至由上级主管部门确定，搞统编教材、统一大纲、统一教学内容，没有充分发挥教师的主动性、积极性，导致教学内容陈旧、老化，不能及时把新的知识、新的科技成果反映到教学中去；学生不能根据自己的需要选择学习内容和组建知识结构。在教学方法上，单向的灌输式教学，教师讲、学生听，教师当演员、学生当观众，“灌输式、注入式”充塞课堂，没有充分调动学生学习的积极性，没有立足于培养学生的学习能力和发展学生的个性。

以知识为本、以教为中心的教学观，是计划经济体制下高度集中统一的管理模式在教学管理中的体现，影响了教学质量和学生素质的全面提高。不少高校不同程度地存在四个重视、四个忽视：重视了知识的传授，忽视了学生思想、心理素质的提高；重视了教师的主导作用，忽视了学生的主体作用；重视了学生的知识积累，忽视了学生知识的合理性；重视了显性课程的作用，忽视了对学生全面发展起潜移默化作用的隐性育人环境的建设。

30年来，在邓小平理论指导下，在改革开放、市场经济的推动下，逐步树立了以育人为本、以学为中心的教学观。广大教育工作者认识到大学的本质特征和根本任务是培养人才，即培养符合邓小平提出的“三个面向”要求的“四有”新人，培养有实践能力和创新精神的人才。在教学目的上，以学生全面素质提高为本，德育为先，立德树人，把教书育人融入教学过程中去。在传授知识中，让学生有一定的选择权，立足于学生的需求和个性特点。大多数高校实行了学分制，改变了过去高度集中统一的模式。在师生角色上，把教师和学生都作为作用于知识（客体）的主体。学生是第一主体，教师在双主体中担负指导、引导的作用，

教师从单纯的知识的权威者向知识的组织者转变，从知识的传授者向知识的促进者转变，学生从知识的被动学习者向知识的主动探索者转变。目前许多高校的学生不仅可以自由选择专业和课程，而且可以选择任课教师和学习时间。在教学内容上，大多数高校都加强了基础教育、通识教育，拓宽了专业口径，缩短了课堂教学时间，增加了实践环节；更新了陈旧的教学内容，优化了课程体系和教材；打破了学科课程之间的壁垒；让学生有选择学习内容、自我组建知识结构的机会，让学生有一定的自学时间、发展个人兴趣爱好和创新能力的时间。在教学方法上，改变了教师讲、学生听的满堂灌教学方法，把学导式、研讨式、自学式、报告式等教学方法运用到课堂教学中，教师不仅注重教会学生知识，而且注重教会学生学习。许多高校因材施教、因人而异，尊重学生的差异和个性。在培养目标和培养模式、教学内容等方面实行多样化和多元化，对一些有较大学习潜力、富有创新精神的学生单列教学计划，为他们专门配备导师。

树立以人为本、以学为中心的教学观，即在教师与学生的关系上，把学生放在中心地位，以学生的发展为中心；在教与学的关系上，以学为主，把教作为手段、学作为目的，给学生多一点自主学习的权利，激励学生的学习积极性；在教会知识与教会学习上，以教会学习、发展学生的学习能力为中心。树立以育人为本、以学为中心的教学观，就是尊重人才成长和教育规律，尊重学生的个性和人格，承认学生的差别和不同需求，改变传统的“一统式”“程式化”“工厂化”的培养模式，实施个性化、人性化、多样化的教育，促进学生德智体美全面素质的提高。

六、从统招统配的招生就业制度向面向市场的招生就业制度转变

新中国成立后，我国实行社会主义计划经济体制，与之相适应，在高校招生方面实行有计划的全国集中统一考试。1952年实行“全国普通高校实行统一招生、统一考试制度”，即在统一时间内统一考试科目和内容，对大学毕业生按计划统一分配工作。这一制度一直延续到“文化大革命”。1966年到1977年恢复高考前，高校采取群众推荐、领导批准、学校复审相结合的办法招收工农兵学员。1977年在邓小平同志的倡导和推动下，恢复高考，仍实行全国统一考试制度。这种统考制度比较容易操作，也比较公正，效率较高，可以在较短时间内完成招生任务，而且按统一大纲命题，有助于保证教学质量。但弊端也很明显，全国考生考一张试卷，统一课程、统一教材，不能因地制宜、因人而异，忽视了地区差异、学生的差异，不利于提高学生全面素质，不利于选拔有特长的优秀学生上大学，导致中小学“应试教育”越

来越严重。

党的十一届三中全会开始了改革开放的新里程，我国高等教育改革及招生就业制度也伴随着社会经济体制的改革逐步发生深刻的变化。1984年我国开始实行“计划经济为主、市场经济为辅”的经济体制，反映在高教招生上，出现了以国家任务招生为主，以招收委托培养学生和自费生为辅的招生计划形式和录取办法上的双轨制。后来随着“有计划的商品经济”的提出，调节性招生计划的比例又有所扩大。1992年以后，确立了建立社会主义市场经济，实行两种招生计划形式并轨，学生缴费上学，毕业后不包分配，而是由学校推荐，学生和用人单位双向选择就业。

改革开放和市场经济的发展，推动了我国经济体制的多元化、社会结构的多元化、社会需求的多元化，反映在高校招生方面，改变了单一的国家统一招生制度，产生了多种招生形式，有计划招生、定向招生、自主招生等。总之，计划体制下单一形式的统考统招模式已经改变，多样化的高校招生选拔机制开始形成。

在高考科目和内容上进行了改革。统考以来，高考一直分文史类和理工类两种考试，要考6～7门课。1983年后，实行高中毕业会考，高考科目减为4～5门。有些地区为了深化考试改革，结合高中新课程改革进程，建立和完善普通高中学业水平考试和学生综合素质评价制度，并纳入高校人才选拔评价体系；在高考内容的改革中，进一步贴近时代、贴近社会、贴近考生实际，注重能力考查，减轻学生考试负担。

1977年恢复高考之初，采取“段段清”的录取办法，即将录取分数线以上的考生按10分一段，一段一段录取。后来又实行“根据志愿，按比例投档”的录取办法，即按学校招生计划的120%提供档案，由学校择优录取，扩大了学校的录取权，在120%中有了20%的淘汰权。1987年后，高校招生采取了“学校负责、招办监督”的录取办法，即调档比例由学校提出，录取与否由学校决定，遗留问题由学校负责处理，招生办公室实行必要的监督。为了适应不同类型高校招生的需求，积极探索了符合高水平大学、一般院校和高职院校的教育规律与特点的各类人才选拔的新方式，如上海交通大学、复旦大学的自主招生及上海部分民办高校的自主招生，都取得一定的经验和成果。

我国对高校毕业生一直采取统包统配的做法，这也与高度集中统一的计划体制相适应。改革开放后，我国经济体制的变化对人事制度冲击很大。于是1983年教育部确定清华大学、上海交通大学、西南交通大学和原山东海洋学院等院校作为进行学校与用人单位“供需见面”的试点，“扩大高等学校分配毕业生权限”，即一部分毕业生由国家直接安排，一部分毕业生在国家方针原则的指导下，由学校与用人单位直接联系后提出分配建议，经主管部门审定，纳入国家计划。1989年国务院转批了国家教委关于改革高等学校毕业生分配制度的方案，提出在国家就业方针、政策指导下，逐步实行毕业生自主择业、用人单位择优录用的“双向选择”制度。1993年以后，逐步建立起“学生上学自己缴纳部分培养费用，毕业后多数人自主择业”的机制。1997年全国高校全部实行并轨招生，学生毕业后进入人才市场。从“供需见面”“双向选择”，到一定范围内“自主择业”，最后到进入毕业生人才市场，充分发挥市场机制在配置毕业生资源方面的作用，形成了“政府调控指导、学校推荐、毕业生和用人单位双向选择”的就业模式，是一重大变革，对促进学校提高教育质量、努力办出特色、激励学生奋发向上、全面提高自身的素质有积极作用。

七、从封闭的本土化教育向开放的国际化教育转变

新中国成立以后，西方资本主义国家长期对我国实施封锁政策，我国又实行了高度集权的计划经济体制。在这种环境下，我国高等教育基本上是封闭式教育、本土化教育，很少与国际交往，更谈不上教育的国际化。我国高等教育的运行机制是由国家统包、统管，养成了“等、靠、要”的习惯，只立足为本地区、本部门服务，很少与其他高校交往，也很少与社会交往。这种本土化、闭关自守式办学模式，既不利用外国教育资源，又不向国外开放教育市场，严重阻碍了高等教育的发展。影响高等教育对外开放还有一个主观因素，即长期以来我国奉行“独立自主”“自力更生”的方针，并以此为借口搞闭关自守。改革开放以后，邓小平尖锐地批评道：“独立自主不是闭关自守，自力更生不是盲目排外。科学技术是人类共同创造的财富。任何一个民族、一个国家，都需要学习别的民族、别的国家的长处，学习人家的先进科学技术。”①

由于长期以来闭关自守、故步自封，教育部门有些领导受“左”的思想影响较深，不敢大胆请外国专家来华讲学。邓小平在1997年8月的一次座谈会指出，接受华裔学者回国是我们发展科学技术的一项具体措施，还要请外国著名学者来我国讲学。“请人家来讲学，这是一种很好的办法，为什么不干？”②1983年10月，邓小平提出“教育要面向现代化、面向世界、面向未来”，有力地触动了传统的闭关自守观念和本土教育观念，有力地推动了教育国际化的进程。

2001年中国加入世界贸易组织（WTO），标志着中国经济融入全球化，进一步推动了我国

① 邓小平文选：第二卷［M］. 北京：人民出版社，1994：91.
② 邓小平文选：第二卷［M］. 北京：人民出版社，1994：57.

市场经济的蓬勃发展。从国际视野看，全球化推动了人力、资金、商业服务、知识、技术和信息等实现跨国界的流动，同样也推动了教育尤其是高等教育的国际化。根据世贸组织《服务贸易总协定》，我国承诺了开放教育服务，进一步推动了教育国际化。按世贸组织规定，发展中国家必须遵循经贸自由的原则——“公平性或非歧视贸易原则”，不得限制发达国家的教育扩张，教育国际化不可避免。另外，改革开放以来，随着我国经济实力的增强、国际地位的提高，西方资本主义国家不仅解除了对中国的封锁，而且增强了与我国的交往，为教育国际化创造了条件。

近年来，我国高等教育国际化取得了很大进展和明显成绩。高等教育法第十二条明确提出：“国家鼓励和支持高等教育事业的国际交流与合作。”这里面包含了教育国际化的内容，是为了适应教育国际化而制定的。我国许多高校，尤其是重点大学，制定了实施教育国际化的培养目标，包括：培养学生具有国际观念、国际意识，克服狭隘的民族主义，树立为全球服务、向全球开放的观念；培养学生具有国际交往能力，能与外国人和谐相处，尊重外国的风俗和宗教信仰；维护我国的民族尊严和法律权威；培养学生至少熟练地掌握一门外国语言；培养学生具有一定的国际知识，了解外国的历史、政治、地理、风土人情等，并开设相关的课程。加强教育国际交流是教育国际化的重要内容。近些年来，我国高校在加强国际学术交流、教师之间的国际交流以及学生之间的国际交流方面做了大量工作，有了明显的进展。截至2006年，我国已与184个国家和地区以及联合国教科文组织等国际组织建立了教育合作与交流关系，构建了中外大学校长论坛、中欧高等教育合作协商会议、上海合作组织教育部长峰会、中俄人文合作委员会、亚洲教育北京论坛等。我国坚持“支持出国，鼓励回国，来去自由”的出国留学方针，出国留学生不断增加。2006年国家公派出国留学生有7200多人，自费出国留学生12万人。2007年首批选派3952名博士到世界知名大学或研究机构学习，来华留学生也快速增长。“十五”期间年均增幅高达20%，2006年为16.3万人。此外，与他国互派各领域专家、访问学者，交流考察的项目和往来人数也大量增加。

发展国际合作办学是高等教育国际化的必然趋势。改革开放以来，尤其是我国加入世贸组织以后，中外合作办学机构或项目发展到一千个。通过联合培养、合作科研等方式，为建设创新型国家培养未来领军人才，与有关国家政府部门签署了近190个高层次联合培养协议，与32个国家和地区签订了相互承认学历学位协议。①我国已在65个国家和地区建立孔子学院190所。2007年5月，孔子学院总部在北京成立。

当然，在发展教育国际化的同时，高校还认识到要处理好国际化与本土化的关系，既要

① 曹国兴．坚持改革开放、不断提高教育对外开放水平［N］．中国教育报，2007-11-23.

顺应高等教育国际化趋势，又要把握国际化的程度，坚持弘扬中华民族优秀文化传统，加强人文素养教育，保持本土化的特色。

八、从大学办社会的后勤管理体制向社会办大学的后勤管理体制转变

在计划经济体制下，高等学校的一切资源和经费由政府供给，当时是“一校一户办后勤，校校后勤办社会”。每所大学都是封闭式自办后勤，学生和全校教职工的吃喝拉撒睡、生老病死退全部由学校“统、包、管”。校长犹如这一大家庭的家长，耗费了大量精力。后勤部门占用了学校大量的土地、物资、财力和人力，挤占了教学、科研的资源。每所大学成了一个小社会，一所数千人、上万人的大学，全部由学校来解决吃饭、住房、看病、洗澡等问题，不仅工作量大，而且头绪多、矛盾多，严重影响了学校领导抓教学、科研和思想教育工作。由于各校都搞后勤、校与校之间互争资源、低水平重复，浪费严重。这种统包式、封闭式后勤管理体制潜移默化地形成了一种“大锅饭”文化，因循守旧、不思进取、平均主义，从上到下养成了“等、靠、要”的依赖思想，缺乏竞争，缺少活力，“干与不干一个样”，“干好干坏一个样”，工作效率低、办学效益差。

改革开放以后，随着经济体制的改革，传统的高校后勤管理体制已不适应教育发展的需求。自20世纪80年代开始，高校后勤借鉴农村和商业部门经济改革的经验，首先从膳食供应改革起步，嗣后在车队、修缮部门相继实行了单项定额承包责任制，进而发展到整个学校，由总务部门综合定额承包责任制，初步改变了“大锅饭”、平均主义的状况。进入90年代，我国高校内部管理体制改革开始全面推行，高校后勤管理也由点及面、由浅入深逐渐由综合承包的模式发展到“小机关、大实体”“小机关、多实体”等多种模式，继而又发展到组建后勤服务集团，逐步开始引进企业化管理，将学校后勤部门的行政管理与生产经营服务相对分开。

1999年高校扩招以后，高等教育蓬勃发展，但后勤工作跟不上，成了制约高教发展的“瓶颈”。从1999年至2002年，国务院连续召开了四次全国高校后勤社会化改革工作会议，在全国范围内调动各级政府和社会力量，打响了全面改革高校后勤管理体制的攻坚战。改革方向是后勤社会化，有三种模式：一种是把高校后勤全部交给社会有关部门去办，尤其是兴建院校、新的大学园区，高校不再直接承担后勤服务工作；二是将后勤系统与学校剥离，独立运行、独立核算；三是实行校内社会化，后勤系统相对独立，实行有偿为学校服务，有偿使用学校资源，许多高校成立了后勤服务管理部门（甲方）与后勤服务实体（乙方）。乙方和甲方是服务与被服务的契约关系。

高校后勤社会化后，后勤内部的运作机制也进行了重大改革。重点是借鉴企业化的管理模式，推行“公开招聘、竞争上岗、双向选择、择优录用”的用人制度和“按岗定薪、优劳优酬”，并适当拉开差距的分配制度，有效激发了后勤员工的工作积极性。

不少省市在打破“一校一户”办后勤的模式后，逐步形成了一批专业化、集约化的后勤服务公司，在提高后勤服务的规模效益方面取得积极成效。如北京、上海等地推进高校主副食品、学生公寓家具、床上用品等大宗物品的联合采购。通过集约竞价提高规模效益，降低平均成本，实现采购工作的专业化和规范化，有利于保证物品质量的监控和管理，杜绝假冒伪劣商品，使广大师生受益。

在推进改革的过程中，一批高校后勤服务实体迅速壮大起来，管理水平不断提高，不仅保证了校内后勤服务工作，还走向社会承担了其他学校、机关、医院的服务工作。如华中科技大学后勤集团通过深化改革和管理创新，年产值从1998年的8千万元发展到2004年的5亿元，职工队伍从1500多人发展到4800多人，在校外承包了多家食堂，实现了学校固定资产的保值和增值。浙江大学后勤集团经过几年的发展，到2005年有数十家企业，年产值逾5亿元。

改革开放30年来，中国人民以一往无前的进取精神和波澜壮阔的创新实践，谱写了中国特色社会主义建设的宏伟蓝图，也谱写了中国高等教育发展改革的新篇章。上述八方面变革，仅是其中的一部分，但也雄辩地证明了邓小平理论的伟大，坚持解放思想、改革开放、发展市场经济的必要性和重要性。我们在总结30年来的成绩和经验的同时，更要放眼未来，与时俱进，要以党的十七大精神为指导，继续深化高校改革，在育人为本、提高质量、办出特色上下功夫，为建设中国特色的社会主义、夺取全面建设小康社会新胜利作出更大的贡献。

张思明

1957年生，上海人，博士、北京大学附属中学正高级教师、中学数学特级教师。从1993年起开展以数学建模和数学课题学习为特色的教学实践，2001年成为国家《数学课程标准》研制组的核心成员，参与了两次国家数学课程标准的研制和修订。2010年起被教育部聘为国家基础教育课程教材专家工作委员会委员。曾三次获得北京市基础教育教学成果一等奖。2014年获国家基础教育教学成果一等奖，出版了《中学数学建模教学的实践与探索》《数学课题学习的实践与探索》《张思明与课题学习》《用心做教育》《课题学习的教学设计和实践案例》《高中数学新课程与学生学习》《张思明与数学建模》等多本专著。荣获“柏宁顿孺子牛金球奖”“苏步青数学教育奖”一等奖等学科奖励。被评为全国模范教师，全国中小学十杰教师、北京市有突出贡献人才。享受国务院特殊津贴，获“当代教育名家”称号。

让数学的教与学成为发展学生创造力的舞台①

一、我们的数学教学应该给学生什么

基础教育阶段数学教学的目的是什么？我们要教给学生什么？学生能从我们的数学教学中得到什么？这些看似有明确答案的问题曾是困扰我很久的难题。对这些问题思考首先源于我15年前的一次偶然的调查，调查的内容是希望学生写一写他们心目中的数学和数学问题是什么。学生们用幽默的口吻给了我这样的回答：“数学是一些居心叵测的成年人为青年学生挖的陷阱！”另一个学生写道：“数学问题是一些仅仅出现在课本和试卷上的，让某些老师看着学生崴脚而感到窃喜的东西。”看到学生写出这样的文字，我开始还觉得挺新奇有趣，可是仔

① 本文曾发表于《北京教育》2009年第1期。

细一想，就感到一阵心酸。我们这些用尽心血努力教学的老师在学生心目中无非就是一些挖坑布雷的高手，而数学也成为教师惩治学生的工具，与学生的个人发展并无太大关系。这不能不让我们反思，我们怎样才能把数学的真谛教给学生？怎样才能发挥数学教育应有的功能？

反思、审视我们自己的教学，常常会发现我们不自觉地把知识点的传授当成了教学的唯一中心，把解题训练当成了掌握知识的唯一路径，把考试的分数做成了评价学生能力的唯一尺度，把增加学习强度、延长学习时间当成了提高成绩的唯一手段，把考上高一级学校当成了我们努力的唯一目标。这样做的后果就使得我们的学生离数学越来越远，从数学得到的东西越来越少。

只有唤醒能促进学生自主发展的内动力，学生的学习才有可能成为一种有效的学习。内动力，可能来源于学生对数学问题或数学学科的兴趣，因为有了兴趣就不再觉得学习是一种负担；可能来源于学生对学习成功的体验，因为只有通过自身的情感体验，才有可能树立起学会、学好的信心；也可能来源于学生不服输的个性或对学习本身的认同；还可能来源于对某位教师的喜爱……无论学生的内动力是由哪些部分组成的，内动力对于学生学习的积极意义是不容置疑的。内动力不是与生俱来的，教师的培养、挖掘和保护是其得以养成和增强的关键因素。教师在教学中所展现出的学科内在魅力，为学生减少不良的心理负担，改造不利于学生主动、生动、自然发展的学习“生态环境”，营造能调动主体需求和内心渴望的学习氛围，让更多的学生能得到鼓励、激励和成功的体验，才有可能使学生变厌学为可学、能学、乐学、善学，以达到能终身向学。

我们的数学教学有夯实双基、注重能力、讲究落实的优良传统，这是我们绝对不能丢的东西，没有基础，发展就是空话。但我们对“基础”和“能力”的认识也要发展。现在义务教育阶段数学课程标准的修改稿明确提出要把“双基”变为“四基”，在基本知识和基本技能的基础上加上基本数学思想方法和基本数学活动经验。基本数学活动经验就是学生在学数学、做数学、用数学的实践过程中形成的。广泛的数学能力不仅包括理解运用数学概念和方法，组织正确的逻辑推理，进行准确有效的计算和估算，还应包括：会检索阅读相应的数学书刊文献；会利用表、图、计算机去组织、解释、选择、分析和处理信息；能从模糊的实际课题中形成相应的数学问题；会选择有效的解决问题的方法、工具和策略；会用数学的符号和语言进行正确的表达和交流。同时，尊重事实、实事求是的求实精神，勇于怀疑、自我否定的批判精神，勇于创新、超越现状的创造精神等在内的数学文化素养的培养也应是中学数学教育关注的目标。其中，蕴含在各种具体的数学能力之中的创造力更是中国社会急需培养的重要能力，因为一个民族的创造力关乎整个国家的可持续发展。

培养创新精神的前提是发展问题意识，有问题意识才能有创新。我们的学生在解题方面是有优势的。你只要形成问题，我们的学生就能上手做。但是怎么形成问题？怎么把一些问题数学化？这正是我们学生欠缺的。不少课堂教学常常比较注意知识点，较少注意数学知识的源与流，学生们不知道知识的来源，也不知道用途，只是在记、背、模仿教师归纳好的题型。这样的课堂教学，是不利于培养学生的问题意识的。很多教师习惯于下课的时候问学生："还有问题吗？"如果学生回答没有问题了，教师往往认为这节课很成功。但是我认为一节好的数学课，不能只是开头有问题，最后把问题解决了就达到目的了。应该是从头到尾都是问题，离开课堂的时候要带出更多的问题、更深层次的问题。让学生无论是在家里学习还是在学校学习，能不断地处于一种问题环境中，诱发他自己的问题"场"。教师都希望把问题讲没了，讲得清清楚楚的，这种教学在学生双基形成阶段是必要的，但这是远远不够的。培养理性精神和问题意识，正是我们要让学生形成的数学文化素养。

其实我们讲的"创造"对中学生来说，并不是一定要追求惊人的创新成果，而是帮助学生养成独立思考的习惯和意识，培养一种精神。数学由于自身的特色使其在培养学生创造力方面有着独特的优势。教师首先要善于从生活中挖掘数学问题，进而创造性地设计教学环节，在良好的问题环境中激发学生勇于表达自己的想法和疑问，根据每个学生的具体情况不断地给予反馈和指导，在师生互动中最终实现学生的自我突破和发展。我们的教学还应该特别注重知识与实践的结合，这种结合能使学生更全面地理解知识，更自主地把握知识，发现更多的问题。生活是创造的源泉，教学则是把知识与生活联系在一起的重要纽带，教师则是这纽带的制造者和传送者。

教育就是要促进人的发展，基础教育阶段根本目的是为学生的一生发展和幸福奠定基础。因此，任何学科教育都不能忽视以学生个性为基础的全面发展，数学教育也不例外，应该摒弃学科本位的思维模式，以促进学生个性的全面发展为基本准则，以教育者而不仅仅是学科教师的角色开展数学学科教学，在数学教学中通过基本能力和科学素养的提高来推进学生的终身发展。

二、从数学建模到课题学习——激发学生走向创造的想法和做法

21世纪是信息时代，所需人才应有一定的接收、分析、合成、传递、加工、应用信息的能力。知识的记忆是暂时的，思想与能力的获得却是永远的。通过数学教育所熏陶与培养的人才，在观察问题的全面性与深刻性、计划策略的主导性与严密性、处理方法的条理性与简

洁性、反思总结的批判性与概括性、前景预测的前瞻性与多样性等方面是独具特色的，这一点已被发现与公认，这是数学教育的社会意义所在。怎样把一个生产、生活中的实际问题，经过适当地刻画、加工、抽象，表达成一个数学问题，进而选择合适的正确的数学方法来求解，这是应用数学知识解决实际问题的关键所在，也就是常说的数学建模。数学建模的过程有很强的生成性，在这个过程中，会充分给予学生主动学习、张扬个性、展示创造能力的机会。

现在的数学建模教学，和2000年以前比起来，课堂更加开放，与课堂教学的联系更加紧密。比方说在高一学函数时，可以让学生找生活中的函数关系，并试着应用它解决一个小问题。刚开始学生可能会想，函数在书上，家里面哪儿有函数啊？教师可以举一个简单的例子，坐在汽车里你就能看到5个函数，可以观察仪表，温度计是一个，气压表是一个，油量表是一个，速度表是一个，转速表是一个，每个表就是一个函数，谁的函数？是运行时刻的函数。学生受到启发，很快找到了很多的函数，比方说自己家里用的煤气量和烧水时间、和开关旋转角度的关系，一个具体的手机充电时间与使用时间的关系，一个具体的冰箱设置的内室温度和耗电量之间的关系，一个具体的暖瓶的水温和存水时间的关系……。也有学生找出的不是函数关系，如看电视时间和视力、和学习成绩；身高和体重；收入和花费等。这些问题就成为了课堂内讨论的素材。而找出、证明、应用函数关系就成为学生数学建模活动的出发点。

在学习统计之初，我们设计这样的作业：

排行榜的启示

任务	收集北京2008奥运会的“奖牌榜”及其相关信息，分析整理提炼，形成本组的观点。进一步利用收集到的信息支持本组的结论，形成本组的数据分析报告
我的小组成员	
本小组的观点	
我们的成果（数据）表述搜索、查找、筛选信息工作的过程和数量的描述	我们了解到的有几种“奖牌”排序法，它们排序的主要结果有
我们的主要分析和结论	

（续表）

我们发现和应用的统计知识有	
通过这项工作，我们对怎样挖掘数据中的信息，怎样避免被数据误导的认识	
我们打算用统计建模方法解决的问题是	

在统计概率学习结束后，我们跟进了这样的建模作业：

学统计，用统计专项作业：

第一项，学习至少两篇用统计知识解决问题的文章（资料包在我们班的邮箱中）。

第二项，练习用统计知识解决一个问题，可以自选小课题，也可以做第三项中提供的参考课题。

第三项，供参考的问题：

估计北京市学生戴眼镜的人的比率；

估计北京市某一品牌的机动车的数量；

就自己有的电子词典，分析它内含的词库中真实的词汇量有多少；

做一个实际的实验，来估计自己实际掌握的英文词汇量是多少。

现在我们已经将数学建模推广成包括数学实验、数学探究、数学主题阅读、数学“微科研”等形式的数学课题学习。举一个数学实验和探究结合的例子：让学生利用计算工具，通过算法设计、计算、观察、发现、研究、归纳、小结某些特殊分数的循环节数字的构成规律，如1/7=0.142857142857……、1/17=0.0588235294117647……、1/23、1/29等等。学生发现这些特殊的素数的倒数展成小数以后，每一个循环节都可以等长的两部分，它们相加如142+857=999，05882352＋94117647=99999999，还有1/243=0.004115226337448559670781893……里面像藏着一首诗。再比如计算器还可以“玩”，玩儿也能玩儿出很多花样来。高中学生玩计算器，要思考数学背景。比如说，可以给他一个ε、N的背景：我们随便按入一个数（如“2008”），然后反复按下开方键，8位计算器大概要到26次就“停”在“1”上“不动了”。10位计算器大概到33次就变成1了。我们问学生，真的结果是1吗？12位计算器、100位计算器的同样操作的最终结果是什么？由此引入极限的概念。像这样的背景让学生真实地体会到，实在的ε、N是什么。还有像迭代的不动点问题，如随便输入一个角（如2008弧度）后，

cos按键53次的时候后会固定在一个数上0.739085133，我们的学生自己分析出它是方程cosx的作用下，“压缩”到不动点，学生还写出了小论文“不动的数”。

还有一些数学实验是可以不依赖计算机完成的，比方让学生去测试市场上电子词典的实际词汇量（这是一个简单的统计实验），验证它们产品的广告是否为虚假广告。要求学生设置恰当的实验方案，并能对自己的结论做出合理的解释。

初中学生可以“学几何做跳棋”。画跳棋盘有大量的等分圆周、等分线段和画平行线的操作。可以想象，如果在作业里让学生画18个等分线段、画45条平行线，那是多么枯燥无味的事啊！我们把它变成一个制作挑战——你会画一个跳棋盘吗？你会做六色棋子吗？学生就会不知疲倦地做出一个个有个性的跳棋，所有的作图都不知不觉地完成了。

数学主题阅读，这也是数学课题学习发展的一个新的方向。学生从初中到高中过渡的阶段，碰到的最大的困难是自己不会阅读数学书，缺乏必要的阅读技巧和方法。受英语阅读和语文阅读精读、泛读分类的启发，我们就在高一教学中专门加入了数学课本的阅读指导。让学生先进行“遮盖式的阅读”，碰到不认识的数学名词，停下来先自己试着给一个定义，再接着往下看。比方说看到“等差数列”，先不管它是什么意思，自己给一个定义，比如学生给出的定义为“等差数列就是差相等的数列”，在继续阅读的过程中，发现与课本上的定义不一致，对比分析后逐渐认识到自己的理解与数学概念的偏差。通过思考两者的差别，逐渐掌握数学概念最本质的东西。过去的自由阅读及其教师指导下的数学阅读，就没有这个犯错误的过程，教师总是力求学生少犯错误。但是“错误”，对于学生的学习而言是非常重要的资源，是学生在自然状态下体验知识生成的一个必须要经历的过程。数学阅读最本质的东西是要提出问题来，这也是发展学生问题意识的要求。我们对学生是否读懂了数学材料的评价方式是看学生提出问题的层次：能提出“什么是”这种问题是第一层次的；“为什么是”这种问题是第二层次的；“怎么会提到这个问题”是第三层次的。这种数学阅读可以扩展到课堂教学中对教材的处理方式上。我尝试把数学阅读也作为一种课堂的教学模式，每节课的前15分钟让学生自己看，自己做阅读笔记。刚开始操作的时候，教师可以把新名词写在黑板上：新名词的意思是什么，把新概念全部符号化，让学生养成数学阅读的习惯。然后在阅读的基础上自己提出问题，大家一起分析问题、解决问题，把课堂变成学生探究的过程，最终的目的是要告诉学生如何去自己学习，这是数学教育的价值所在。在这个过程中很多同学提高了他们的自学能力。比如说我们在学习过程中要求学生自己去查文献，自己写总结，自己观察各种杂志上数学论文的标准写法，参考文献的正规标记方法等等，这些都对学生们产生了积极的影响，在高一、高二的每一章学习结束后，我都要求同学们自己归纳学过的东西，自己写小结，使学生们养成了好的学习习惯。

教师应改变一些固有的观念，比方说对于教学效率的理解。我们的课堂，教师“讲”的效率一定是最高的吗？一些教师认为做课题没有效率，比如让学生测一个建筑物的高度，要是讲数学原理，在课上10分钟就讲清楚了，但是要是让学生自己测，那要用多少时间？教学任务能完成吗？其实到了测量现场一看，你就会发现我们的学生理论和实际差距有多大，书本之外要学的东西欠多少，更不用说对测量原理的理解和掌握、工具的制作和选择、测量误差的控制、小组成员如何分工合作等，这些东西是课堂教不出来的，经验是要在过程中形成的。怎样做小结、怎样向别人学习、怎样提出问题、怎样通过合作学习来扬长避短，这些经验对学生今后的发展，或对高考复习都是重要的。希望通过我们的教学探索，引导学生改变读死书、死读书的学习方式，激发学生学习的热情，逐步培养问题意识和创新精神，为国家和民族的创造力奠基。

三、感悟和建议

（一）数学教学的发展要求我们更加关注学生

关注每一个学生的个性、特长、困难、变化和发展，我们要把学法指导渗入教育的各个环节。特别要通过我们的教学把好习惯、兴趣激发、交流合作、主动学习、批判性思考等的养成渗透到我们的教学中去。关注学生将是我们提高教学效率的最有效的途径之一。在过去的教学过程中，总的感觉是老师替代学生做的事情太多了，精心筹划的教学设计，防止错误发生的各种训练，为学生做的精细的知识归纳和方法梳理，无疑是必要的，但我们能不能给学生再多留点机会，多设计问题、任务引领学习的过程，让学生自己能在知识的海洋里多游一会儿、游得远一些，哪怕呛一两口水？因为将来真正需要的知识，基本要靠自己去学。

（二）落实“四基”，提高教学效率

除了关注学生，还要提高我们自身的数学素质和教育素质。我们常常容易把提高专业水平的重点放在钻研教材上，放在把握教材要求的数学内容上。这常常出现误区，特别是过去的教学经验时常会给我们一些负向的干扰。比如我们常常习惯用近年较难的高考题的要求来代替我们的教学要求，容易在解题技巧和“通性通法”的选择时出现偏差，我们的教学惯性和教材的发展、变化方向也不尽一致……。这就需要我们关注数学的发展、注意整体把握教材。如果可能，可以多参加一些大学、进修学校的讨论班、学术交流活动，多和数学家对话，多看几本不同版本的教材，多思考、多提问、多实践、多积累，多了解课程的变化和产

生这些变化的原因，主动将自己所学的数学知识经常“回炉”。

（三）除了关注学生的发展，教师也要关注自己的发展

我问过不少教师，他们认为教师发展的主要途径是提高学历、继续教育、多听课、多上评优课、多做高考题、当解题高手、不断钻研教材……。这些都有道理。但每一个人是不同的，发展的路径也会有差异，好教师应该是有个性的，不是一个模子里刻出来的，扬长可能比改短更重要。

我做数学建模和课题学习已经有十几年的历程了，最初是受到国外的一本中学建模教材的触动。当我把书中的案例讲授完了之后，我的心中隐约有一丝的不安与担忧，对以后的建模教育感到片刻的茫然。我决定自己去寻找，主动去发现。当我带着需求思考的时候，我发觉自己的身边充满了教学案例，从商场物品的包装到广州白云宾馆的电梯；从小小复印店中的复印纸到苏州河上一座座不同的桥梁；从关沟中绿颜色的花到电影院的声场位置；从书店中书本的装订到火车上三角形的钥匙；从植物的全息影响到飞机上的螺旋桨……每一处都留给我们最好的问题。生活中是不缺少问题的，缺少的是发现。发现问题是一个过程，问题的设计是一门科学，在经历了一个个不够严谨的问题之后，我深刻感到这也是一种积累。许多老师对这些问题的获取感到比较奇怪，不知源自何处。事实上，只要走出书本的限制，只要用心就会发现身边有许多活生生的问题。

多年来，我和学生们在问题中学习，在问题中进步，在问题的延伸中去探索，在探索中养成科学的精神与品质。十几年如一日，不仅学生得到了很大的提高，我自己的问题意识和数学素养也得到了提升。认定目标之后，专心坚持去做往往是成功的最后一把钥匙。

教师对教学的态度会映射成学生对学习的态度，教师在教的过程中也在实现你自己的生活，你期待这种生活是有情趣的，你就会不断地更新自己的知识，不断地迎接挑战，不断地去做事情，做新的事情，不断地去影响学生。我希望我们把最平凡的教学，与学生的终身发展、与国家和民族的创造力奠基这样的目标结合起来，用心去探索，用心去实践，就会发现它绝对是不平凡的，每天都能给我和学生们带来收获的欣喜和创造的感动，它值得我们去认真做一辈子。

史宁中

1950年生，祖籍江苏宜兴。现任东北师范大学荣誉教授，博士生导师。中国教育学会学术委员会主任，国家教材委员会委员，教育部基础教育课程教材专家工作委员会副主任，义务教育数学课程标准修订组组长。原东北师范大学校长。第十、十一届全国人大代表，第九、十、十一届吉林省人大代表。曾任国务院学科评议组成员，中国教育学会副会长，第五届国家级教学名师，义务教育数学课程标准修订组组长，普通高中数学课程标准修订组组长。先后主持10余项国家自然科学基金重点项目、面上项目，主持科技部重点示范项目。在《教育研究》《哲学研究》《历史研究》《课程·教材·教法》等杂志发表论文多篇，出版《数学思想概论》《数学基本思想18讲》《基本概念与运算法则》《数形结合与数学模型》等著作。享受国务院特殊津贴，获"当代教育名家"称号。

试论教育的本原[①]

笔者曾经在一篇文章中谈到，教育产生于生存的需要，这个生存包括个体的，也包括种族的，并且在动物那里能够找到教育的原始形态。[②]近代哲学的特征之一是强调人性的自然回归，这是从叔本华开始的，正如罗素在《西方哲学史》中对叔本华的评价：强调意志是19世纪和20世纪许多哲学的特征，这是由他开始的。[③]这种关于意志的学说强调的是人与动物的共性，这个学说多多少少也影响了现代教育理论。但为了勾画出一种科学的教育，就必须从讨论人与动物的区别开始，因为理想的教育必然是能够高度彰显"人之所以成为人"的那些东西。这里所说的动物是指除了人以外的所有动物。

---

① 本文曾发表于《教育研究》2009年第8期（总第355期）。

② 史宁中.关于教育的哲学［J］.教育研究，1998（10）.

③ 罗素.西方哲学史［M］.北京：商务印书馆，1997：303.

一、人与动物的区别

每个人都会赞同这样的命题：人是可以区分于其他所有动物的。但是，如何区分人和动物呢？最基本的标志是什么呢？迄今为止，对这个问题并没有一个统一的说法。

传统的说法认为：人与动物最大的区别是人会劳动。可是，我们很难对“劳动”给出一个明确的定义。人们通常称一类蚂蚁为工蚁，这不就意味着这是一类“工作”的蚂蚁吗？工作不是劳动吗？有一首非常流行的儿歌说得更明确：小蜜蜂爱劳动。如果认为这种劳动没有使用工具，是低级的，[①]那么，猩猩会把细枝条插到蚂蚁洞穴中“钓”蚂蚁，这不是在使用工具吗？去年，笔者到宁夏，游览了银川附近的沙湖，那里有一种被称为“长脖老等”的水鸟[②]，时常站在浅水沙滩上一动不动，当地人告诉我，有许多“长脖老等”的爪下踩着蚯蚓之类的小虫子，它们在等鱼儿来吃虫子的时机捕鱼，这不就是在钓鱼吗？这不就是劳动吗？更让人吃惊的是，在一本书中记载了这样的事情：美洲有数百种以培养真菌为生的蚂蚁，每个蚂蚁部落都有各种精细分工的工蚁来养护真菌。最早的蚂蚁“种植者”出现于大约5000万年前。蚂蚁们在巢穴中种植小蘑菇，为蘑菇清除杂草，甚至喷洒“除草剂”。当“待婚”的女王蚁举行“婚礼”时，就是为未来建立自己的新部落做准备，“出嫁”时，她会携带上一片“娘家”的真菌种，将来播种在自己巢穴的真菌温床。[③]如果这个记载是真实的，那么，远在人类出现以前很长的时间，蚂蚁就已经会“种植”了，种植应当是不折不扣的劳动了，因此，用劳动来区别人和动物是不可以的。

还有一种相当普遍的说法认为：人与动物最大的区别是人会思维。可惜的是，是否会思维这件事也是很难界定的，对于许多行为，我们很难界定是因为思维的结果，还是由于本能、习性或者模仿的结果。达尔文在1871年出版的著作《人类的由来》中记载了这样的事情：猎人射猎两只野鸭，这两只野鸭都被击中了翅膀掉在河的对岸，他的猎狗游过河取回，但它不可能把两只野鸭都活着衔回来，那只狗犹豫了一下，咬死一只放在那里，把另一只活着衔回，然后再回去取那只被咬死的。[④]我们如何判断这只猎狗的行为呢？它所表现的行为是不是思维的结果呢？

行为科学家普遍认为，如果意识到自我的存在，那么，这种意识应当是思维的结果。美

① DNA测试表明，在一个蚁群中工蚁与兵蚁的基因是不同的，因此，很可能是本能和习性左右着他们各自的行为。

② “长脖老等”，学名苍鹭，遍及我国各地，在南方繁殖的种群为留鸟，在北方繁殖的种群为候鸟。

③ 史蒂文·琼斯.达尔文的幽灵［M］.北京：中国社会科学出版社，2004：159.

④ 达尔文.人类的由来［M］.北京：商务印书馆，2008：117.

国心理学家盖洛普一天早晨刮胡子时，突然想到了下面的实验：给动物的额头上涂一个红点，然后让这个动物照镜子，如果动物把镜子中的映像看做另一个个体，那么，这个动物会感到奇怪并且去摸镜子；如果这个动物认识到映像是自己，那么，这个动物就会摸自己额头上的红点。于是盖洛普用一只黑猩猩做实验，黑猩猩的行为表明，它认识到了“自我”的存在。[①]后来，这份只有两页的实验报告成为动物心智能力研究的里程碑。

研究古人类学著名的利基家族中的理查德·利基写了一本很有影响的书《人类的起源》，其中谈道：许多研究灵长类动物的学者在南非考察时发现，狒狒具有欺骗行为。[②]欺骗的行为当然要依赖思维，因此，用思维来区别人和动物也是不可以的。

在《人类的由来》这本著作中，达尔文认为，两足行走、脑容量增大和劳动技能是协调产生和发展的。人之所以能在世界上达成今天的主宰地位，主要是因为他能够运用双手，它们能如此适应于人的意向，敏捷灵巧，动止自如。手提供了一切工具，又因其与理智表里一致，给人带来了统治天下的地位。但是，如果手和手臂只是习惯地用来支撑体重或者特别适合攀树，那么，手和手臂就不能变得足够完善以制造武器或者有目的地投掷石块和矛。[③]不言而喻，在人的形成过程中，强调“两足行走和手的功能”的重要性无疑是正确的，但达尔文在强调手的功能的同时也强调了脑的功能，认为手与脑相互之间是协调发展的，特别是强调了石器的制造是推动两足行走和脑扩充的重要原因，因此，达尔文的这种观点被称为“一揽子”论点。基于这个论点，可以认为，古猿变为人经历了漫长的历史，至少有几千万年的时间，后来人们普遍接受了这个论点。

到了20世纪60年代后期，美国的两位生物化学家威尔逊和萨里奇的研究则完全改变了人们的看法。这两位学者不是通过化石，而是比较现代人和非洲猿的血红蛋白、白蛋白、转铁蛋白的结构，通过结构上的差别程度，计算突变的速率。[④]显然，人与猿分离的时间越久，则突变积累的次数就越多，因此，可以用血液蛋白的资料作为一种分子钟。他们通过实验得到的结论是：可称之为“人类”的物种的最早出现时间，大约距今500万年（后来推前到700万年）。

按照达尔文“一揽子”的论点，如图中的A所示，大约3000万年以前（图中的时间单位是百万年），由古猿物种（ANCESTOR）分化为非洲猿（APE）、人科物种（MAN）和亚洲猿

① GALLUP GG.Chimpanzees: Self-Recognition［J］. Science，1970，167（3914）：86—87.

② 利基.人类的起源［M］. 上海：上海科学技术出版社，2007：137-138.

③ 达尔文.人类的由来［M］. 北京：商务印书馆，2008：68.

④ SARICH V M，WILSON A C. Immunological Time Scale for Hominid Evolution［J］. Science，1967，158（3805）1200—1203.

(MONKEY)。根据威尔逊和萨里奇的“分子钟”分析，如图中的B所示，大约3000万年以前(后来推前到1500万年以前)，人科物种和非洲猿的共同祖先与亚洲猿分化，大约500万年前，人科物种才与非洲猿物种分化。近些年来的考古发现，验证了威尔逊和萨里奇的结论是正确的。因此，用两足行走来区别人和动物也是不可以的。

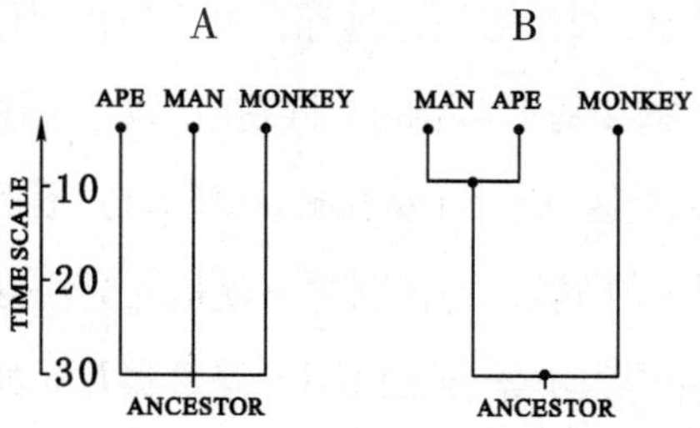

两足直立行走动物分化图

事实上，归纳现代的研究成果，我们可以认为：人之所以能够成为现代人，有两个重要的物质基础，那就是扩充了脑容量的大脑和喉位较低的发音器官，以及在这个基础上的行为变化。

通过对化石的研究表明，直到原始人出现之前，所有的两足行走的古猿的脑都比较小，以吃植物性食物为主。也就是说，大约在500万至700万年前生活在非洲的南方古猿只是行走方式像人，除此之外，则没有一点是像人的。大约在250万年前，在东部非洲出现了脑容量增大了一倍以上的原始人，其成人脑容量已经达到800毫升，接近现代人的成人平均脑容量1350毫升。无独有偶，至今发现的最早的制造石器也是在大约250万年前，因此，可以推测，是这些脑容量增大了的原始人制造了这些石器，由此人类学家断定：最早的人类出现在250万年前，其器官标志是脑容量达到了800毫升，其行为标志是制造石器。[①]顺便说一句，迄今为止，除了非洲之外，在地球的其他地方还没有发现200万年以上的原始人化石和制造石器，因此，人类学家普遍认为，地球其他地方最初的人类都是在距今200万年开始，陆续从非洲走出来的。[②]

制造工具是一件非常了不起的事情，动物会使用工具，但动物不会制造工具。人类学家曾经长时间训练黑猩猩制造工具，但至今它们打造出来的东西也不能与原始人制造的石器媲

① 利基.人类的起源［M］.上海：上海科学技术出版社，2007：35—38.

② 近些年来，通过线粒体DNA分析女性、通过Y染色体分析男性，一部分人类遗传学家认为，现代人大约在10多万年前出现在非洲，大约在五六万年前其中的一部分人群离开非洲走向世界各地，并且逐渐取代了当地的人类。参见Gary Stix，Traces of a distant past，Scientific American，2008年第7期。当下这个说法很流行。但是，笔者认为，这个说法很可能是不对的，因为许多散布在世界各地的500万年前离开非洲的各种猿类没有灭绝，为什么偏偏是智商更高的200万年前离开非洲的原始人类反而全部灭绝了呢？

美。[①]制造石器是需要想象力的，需要挑选形状合适的石头，然后根据石头的形状决定正确的角度进行打击，因此，在石器制作之前，就必须想象出成品的样式。关于这个问题，马克思有精辟的论述：最蹩脚的建筑师从一开始就比最灵巧的蜜蜂高明的地方，是他在用蜂蜡建筑蜂房以前，已经在自己的头脑中把它建成了。劳动过程结束时得到的结果，在这个过程开始时就已经在劳动者的表象中存在着，即已经观念地存在着。[②]由此可以认为，人之所以成为人，第一个要点是有扩充脑容量的大脑和基于大脑的工具制造。如上所述，制造工具是需要想象能力的，因此，“想象”就应当是人类区别于其他动物的最基本的、因而是最普遍的思维形态。

任何人都不会否认，人与动物最大的区别之一就是人会说话。传统的说法认为，是因为日常生活和生产劳动的需要使得人类学会了说话。但事实并非如此，人会说话的一个重要的原因是人类的发音器官与其他动物有本质的区别。利基在《人类的起源》中论述：除了人以外的所有哺乳动物，喉位于喉咙的高处，因此，这些动物可以同时饮水和呼吸，但其喉只具有简单的发音功能；人的喉位于喉咙的低处，使得人类大大地增强了发音功能，但不能同时饮水和呼吸，因为会引发窒息。特别有意义的是，人类婴儿却像哺乳动物一样，喉在喉咙的高处，所以，婴儿能够一边吃奶一边呼吸，但到了18个月以后，喉开始向喉咙的下部移位，大约到了14岁的时候，到达成年人的位置。[③] 正因为人类有了扩充了脑容量的大脑，又有了很好的发音功能的器官，使得人类能够进行复杂的语言交流。显然，大脑的逐渐发达与语言能力的逐渐提高是相互依赖、相辅相成的，正如美国神经学家特伦斯·迪肯认为：语言能力是在大脑和语言相互作用下，经过一个漫长时间（至少200万年）的持续选择过程逐渐进化而来的。[④]

但是，迄今为止的考古发现，还不能确认人类的发音器官是在什么时候形成的，从上面的引文知道，迪肯关于时间的判断略晚于人类的大脑开始扩充的时间。能够进行复杂的语言交流对于人类的成长是极为重要的，其作用怎么估量都不过分。如符号美学的创始人、德国哲学家恩斯特·卡西尔所说：尽管语言无法以其自身的手段产生科学知识，甚至也无法触及科学知识，但是，语言却是通往科学知识之途的必经阶段，语言是对事物知识得以生成和不断增长的唯一中介。命名行为是不可或缺的首要步骤和条件，而科学的独特工作就是建立在这种明确限定行为之上。[⑤]

---

① 利基.人类的起源［M］. 上海：上海科学技术出版社，2007：35.

② 中共中央编译局. 马克思恩格斯全集：第23卷［M］. 北京：人民出版社，1972：202.

③ 利基.人类的起源［M］. 上海：上海科学技术出版社，2007：117.

④ DEACON T W. The Neural Circuitry Underlying Primate Calls and Human Language［J］. Human Evolution, 1989, 4（5）：367-401.

⑤ 卡西尔.人文科学的逻辑［M］. 北京：中国人民大学出版社，2004：53.

因此可以认为：人之所以成为人，第二个要点是有完备的发音器官和基于这些器官的语言交流。语言交流最重要的作用就是使得人类具有了抽象能力。关于“想象”和“抽象”之间的关系可以做这样的推测：人类最初的想象是基于实物的，也就是说，人类最初能够想象出来的东西只是一些具体的东西。后来，人们能够进行语言的交流了，为了进行语言交流就必须把实物抽象为概念，而有了概念，人类的想象就会变得更加丰富，这又促进了语言的交流能力提升，进而促进了人类的抽象能力提升。当然，在这个过程中，也促进了大脑和发音器官的不断完善。

综上所述，人与动物最大的区别在于：人有两个特别的生理器官，即扩充了脑容量的大脑和喉位较低的发音器官；两个特别的行为方式，即工具制造和语言交流；两个特别的思维能力，即想象能力和抽象能力。很显然，生理器官、行为方式和思维能力这三者之间是互相促进、相辅相成的，如果必须要分出层次的话，大概可以说：生理器官是基础，行为方式是表象，思维能力是本质，这三者是一个统一体。精神和身体可以分离是不对的：生理学与心理学是不可分割的。①

二、智力如何形成

自从人类有了扩充了脑容量的大脑之后，其智力就要远远超过其他动物。就大脑的构造而言，智力的功能主要体现在大脑皮层，而大脑的实体大部分是绝缘物质，这些厚厚的绝缘物质把联结大脑各部分的“导线”很好地包裹起来：绝缘越好则信号传递越快。大脑皮层是薄薄的，大约只有2毫米厚，比橘子皮还要薄。大脑皮层像核桃肉那样布满了深浅不一的褶皱，如果把成人的大脑皮层铺开，大约有四张A4纸那么大。与人类渊源最亲的黑猩猩的大脑皮层大约有一张A4纸那么大，猴子的大脑皮层则像明信片那么大，而老鼠的大脑皮层只有邮票那么大。大脑皮层上布满细网格，每个网格中神经元的个数大体相同。②

近代脑科学的研究告诉我们，大脑的不同部位的功能是不同的。法国外科医生、人类学家皮埃尔·保罗·布洛卡发现了这样一个病人：可以理解语言，但不能说话。这个病人可以发出个别的词和哼曲调，但不能说完整的句子。通过尸体解剖发现，病人大脑的左半球额叶后部有一个鸡蛋大小的损伤区，但右半球正常。后来，布洛卡相继研究了8个病人，情况相同。19世纪，布洛卡发表了他的研究成果，并提出了一条著名的脑机能原理：我们用左半球

① 史宁中.数学思想概论——图形与图形关系的抽象［M］.长春：东北师范大学出版社，2009：222—223.

② 威廉·卡尔文.大脑如何思维［M］.上海：上海科学技术出版社，2007：13.

说话。这是世界上第一个具有说服力的研究说明大脑皮层中特定区域具有特定功能，后来人们称这个区域为布洛卡表达性失语区，或者简称布洛卡区。①现在，人们已经在大脑皮层逐渐发现了各种功能区域，比如视觉区、听觉区、体觉区，等等。

现代脑科学的研究就更加仔细了，甚至发现：人在不同的思维模式下会使用大脑皮层的不同部位。法国认知神经学家德阿纳采用磁共振成像技术，对于人在进行精确计算和估计计算时脑激活状况进行研究时发现：精确计算主要激活左额叶下部，这与大脑的语言区有明显重叠；估计计算主要激活双侧顶叶下部，这与躯体、特别是手指运动知觉区联系密切。②甚至，仅就语言而言，激活大脑的区域也可能是不同的。2002年以来，香港大学和北京师范大学等单位利用脑成像等技术进行合作研究发现：以中文为母语的人对于英语的辨别更多地激活大脑的右半球，而以英语为母语的人对于英语的辨别则更多地激活大脑的左半球。因为汉字是象形文字、英语是拼音文字，因此，这个研究成果意味着：前者更多地激活了形象思维能力，后者更多地激活了抽象思维能力。③

上述的研究成果启发我们思考：理想的教育除却要传授知识以外，还必须有意识地、有针对性地激活大脑的各个部位，使得受教育者在知识、能力等诸方面都得到发展。那么，什么时候进行这样的教育最为合适呢?

从前面的讨论中我们知道，人的脑容量要比灵长类动物的脑容量大3倍以上，在这个意义上，人类的每一个婴儿都是“早产儿”，因为比照其他灵长类动物出生的成熟期，平均脑容量在1350毫升的人类的妊娠期应当是21个月，只是由于人类骨盆大小等原因，怀胎10个月生产才是最安全的。④这样，就造成了人类婴儿出生时的脑容量只有385毫升，还不到成人脑容量的1/3，而其他动物出生时的脑容量都要超过成年个体的1/2。因此，人类婴儿发育期比其他动物都长，并且首先发育的是大脑，然后才是骨骼、肌肉等身体的其他部位，到了6岁左右，儿童的脑容量已经达到成人脑容量的90%，到了14岁就基本成型了（人的发音器官的成型是在14岁；事实上，人的性成熟期也在14岁），当然即使是到了成人期以后大脑也都保持着持续的动态变化。⑤上面的研究成果告诉我们：教育应当是有规律的，这个规律要服从人的身心发展规律，特别是服从大脑的发育规律。正像我们曾经讨论过的那样，脑容量的增加是人与其

① 巴尔斯，盖奇．认知、脑与意识［M］．北京：科学出版社，2008：18—19.

② DEHAENT S. The Organization of Brain Activations in number comparison: Event-related Potentials and the Additive Factors Method. [J]. Journal of Cognitive Neuroscience, 1996.

③ 尼斯贝特.思维的版图［M］．北京：中信出版社，2006：2.

④ 利基.人类的起源［M］．上海：上海科学技术出版社，2007：41—42.

⑤ 巴尔斯，盖奇，认知、脑与意识［M］．北京：科学出版社，2008：424—425.

他动物的根本区别，并且，大脑是接受教育的根本载体。为讨论问题的方便，我们称14岁（或者10岁）之前[①]的教育为早期教育。

针对大脑的发育规律，理想的早期教育的基本理念应是：注重智力开发而不是注重知识传授。当然，在智力的开发过程中，必然要涉及知识，但无论如何，知识的传授不是本质的。

在冯·诺依曼参与计算机设计以前，计算机也是具有计算功能的，但每一次计算都是个案的，甚至每一次计算以前都必须输入针对这一次计算的、从头至尾的计算程序，因此，这样的计算机至多起到了计算器的作用。后来，冯·诺依曼构建了现在仍然在使用的计算机的框架，这种新型计算机由五个部分构成：CA（计算器）、CC（逻辑控制装置）、M（储存器）、I（输入）、O（输出），其中关键是加入了逻辑控制装置和储存器，这就使得新型计算机具有了“智能”的功能，也就是说，如果要进行新的运算，只需要启动逻辑控制装置和储存器就可以了。受此启发，笔者认为，早期教育的主要任务应是儿童的智力开发，其主要目的是帮助儿童构建未来学习、思考、判断、行动所需要的各种功能。形象地说，就是帮助儿童激活大脑的各个功能部位，并且打通各个部位之间的联络。如果这个分析是正确的，那么，早期教育对于一个人一生的发展就是非常重要的了。下面通过两个例子来进一步说明这个问题。

第一个例子。既然在精算和估算的过程中激活脑的部位不同，那么，这两种运算都必须教给儿童，并且在教育的过程中必须注意这两种运算的不同和联系。在现在的教学中，有时候会让学生先精算，然后四舍五入得到估算，这完全违背了估算的要义。我们必须清楚估算与精算的不同，估算虽然也是数的运算，但在本质上是一种数量的运算，也就是说，估算要涉及计算的现实背景。对于运算而言，现实背景的差异主要表现在空间范围不同或者时间间隔不同[②]，表现在计数单位的不同，我们称这样的计数单位为量纲。比如，我们要讨论地球与太阳的距离，就要用光年；讨论北京与纽约的距离，就要用万公里；讨论一个县城到省会城市之间的距离，就要用公里；讨论校园里建筑物之间的距离，就要用百米；讨论教室里的物或者人之间的距离，就要用米；而在学生的作业本上讨论几何问题时，就要用厘米。由此可以看到，在进行与距离问题有关的估算时，是与计算者的空间感觉有关联的，这与脑科学研究的成果是一致的，因为估算过程激活的脑部位与控制人行动的脑部位联系密切。显然问题不只涉及距离，对于购买东西、设计活动、时间安排等许多日常生活中的问题，都是类似的。当然，估算与精算之间也有一致性，那就是，在具体计算过程中都是针对抽象了的数进

① 关于这个分期应当有专门的科学研究，笔者认为，这个研究的依据大概就是生理成熟特别是脑的成熟情况。

② 康德认为，空间和时间是纯粹直观，是人们获得知识的基础。参见康德的《纯粹理性批判》，人民出版社2004年版，第25—29页。

行的，也就是说，在具体计算过程中不需要带着量纲。

第二个例子。我们知道，前期教育的第一要务是关于语言的教育，现在的问题是，是不是可以同时教授两种语言？笔者以为，既然脑科学的研究表明，中文学习与英语学习激活脑的部位不同，那么，最好的办法就是把这两种语言同时教给儿童。笔者相信，人的本能能够使学生清楚在什么样的场合、针对什么样的问题，应当用什么样的语言进行表达，并且这种本能的激活必将使得一个人终身受益。在这个意义下，虽然教师在教育的过程中，要注意这两种语言规律的不同，但一定不要强调两种语言之间的相互翻译，因为儿童对于语言的掌握在本质上是模仿和记忆，而不是理解。汉字与英语的书写也是重要的，因为脑科学的研究表明，汉字的本体是象形文字，与形象思维有关，而英语的本体是拼音文字，与抽象思维有关。一个人如果能把形象思维与抽象思维打通，那将是非常有益的。

三、基本思维能力的教育

现代科学研究的趋势是越来越精细。这样的研究带来的好处是对事物的探究越来越深入，带来的坏处是使得整体越来越支离破碎，因为一个事物往往是不可能分割成为不相交的几个部分的。比如，对于人的智力测试，人们想出了各种指标加以度量：记忆能力、空间能力、言辞能力、表达能力、理解能力、数字能力、归纳能力、演绎能力，等等，并且认为这样的测试是多维目标的，因而测试的结果是更加全面的，于是，人们称这样的测试结果为智商，并且普遍认为智商高的人就有智慧。

但是，上面所说的智商似乎与想象能力和抽象能力无关，也就是说，智商的高低与一个人的智慧之间似乎并没有必然联系。因为对于所有的测试，用于评价的都是测试以后的结果，甚至要把这些结果给予量化，但是，一个人是否具有智慧，往往并不表现于行为的结果，而是表现于行为的过程。①比如一个人的智慧，表现在对重大问题的判断与决策之中，表现在应付危难的沉着与机敏之中，表现在安排实验的想象与设计之中，表现在解题的直觉与逻辑之中。正如神经生物学家威廉·卡尔文在他的著作《大脑如何思维》中所谈到的那样：我曾经对一群高智商的人做过一次餐后讲演，虽然每一位听众在智商的测试中都得到高分，但他们中的一位想象力之差实在令我惊诧。那时我突然意识到，以前我一直以为智商与想象力是并行的，但是想象力只是在形成某些高质量的东西时才对智力有所贡献……其实，智商

① 史宁中.关于教育的哲学［J］.教育研究，1998（10）.

只能度量那些被普遍理解为智力行为的某些方面，本质上并不包括对计划能力的测试。[①]所以，在智商的测试中，也出现了“高分低能”的现象，这里所说的“能”主要是指实践的能力，主要包括“动手”的能力和“动脑”的能力。当然，这里的动手能力并不是指技巧类的能力，而是在日常生活和生产实践中发明新产品、设计新工艺的能力，或者为了验证结果而开发新实验、规划新试验的能力，如曾经谈到的，这些作为都需要想象能力；这里的动脑能力除了上面谈到的，还包括发现并提出新问题的能力，或者分析并且创造新方法的能力，也如曾经谈到的，这些作为都需要抽象能力。所以，在理想教育中，把智商的考核指标作为教育的目的是不可以的。

智商考核中所涉及的那些能力过分庞杂，这对于教育是不可行的，因为教育不能、也不应当面面俱到，教育只能顾及最为基本的能力，而其他能力是因人而异的，其他能力的教育应当实施孔子所说的因材施教。所以，为了理想的教育的需要，我们应当去寻找那些支撑智商所涉及的各种能力的更底层的东西，因为智商只是那些底层东西的表象，而所有表象都是具体的而不是一般的。为了讨论问题的方便，暂称那些底层的东西为基本思维能力。笔者认为，上文所说的基本思维能力是存在的，这就是反复谈到的想象能力和抽象能力，因为我们可以做这样的推断：如果想象能力和抽象能力是人与动物的关于思维方面的最根本的区别，那么，人所独有的其他的思维能力就必然是这两个基本能力的派生产物。因此，除却生活习惯和价值判断的教育之外，早期教育在本质上应当是基本思维能力的教育。也就是说，在早期教育中，要特别关注培养学生的想象能力和抽象能力。如果这个说法是成立的，那么，我们就需要在早期教育中构想出各种教育内容和方法，用以培养学生的这两种能力。在这里，笔者只想就本质问题谈一些想法。

关于想象能力。无论是艺术类的教学还是科学类的教学都能够进行想象能力的培养，这里所说的艺术是广义的，是指那些结论可以是因为时间、地点、人物不同而不同的那些东西，比如语言学、社会学、伦理学、政治学、美学，等等。我们知道，大多数哲学家都强调直观对于认识世界的重要性，比如康德认为：人类的一切知识都是从直观开始，从那里进到概念，而以理念结束。[②]因为教育必然要涉及具体的学科，那么，就教育而言，可以把直观理解为关于学科的想象，进而直观能力就是基于学科的想象能力。

想象的基础是观察，是对于事物之间的联想。针对数学，早期教育的想象能力主要表现在空间想象能力，就像人类最初制作石器那样。关于空间的想象能力的早期教育，应当从立

---

① 威廉·卡尔文.大脑如何思维［M］.上海：上海科学技术出版社，2007：21.

② 康德.纯粹理性批判［M］.北京：人民出版社，2004：544.

体开始而不是从平面开始，因为在日常生活中遇到的图形都是立体的而不是平面的，甚至可以认为，过早的关于平面的教育可能会削弱学生的空间想象能力。在这种教育中，要引导学生观察各种立体图形的形状特征，想象出同样物体被不同表面遮掩的部分；想象那些自己能够做出来的东西，并且用实物验证自己的想象；观察物体之间的相互位置，不仅知道从“我”的角度判断“他”的方位，并且知道从“他”的角度判断“我”的方位；知道并且能够预测通过平移、旋转和反射变换，物体可能发生的位置变化规律。与此相关，折纸、橡皮泥、拼图、积木以及对现实生活的观察等都是很好的教学工具和方法。关于数量的想象能力的培养是重要的，也是困难的，因为数量的想象需要借助生活的阅历，但可以通过估算等教育内容进行适当的补偿。需要特别强调的是关于棋类的教育，因为下棋需要想象出一步或者几步以后的情况，另外，下棋对于理清思路也是有好处的。

关于抽象能力，大概可以分为两个层次：第一个层次，搭建感性具体和理性具体之间的思维桥梁；第二个层次，搭建此理性具体与彼理性具体之间的思维桥梁。①早期教育涉及的是第一个层次的抽象，这种抽象紧紧地依赖于具体背景，也就是说，这种抽象的对象是学生看得见、摸得着的具体，是那些可以直接想象的具体。为了实现这种抽象，学生必须学会观察事物的特性，从一类事物的特性中抽象出共性。

针对数学，早期教育的抽象主要涉及两方面的内容：一是抽象出所要思考问题的对象，建立对象概念，比如数、三角形、圆等；二是抽象出对象之间的关系，建立关系术语，比如大小、包含、重合等。事实上，数学的本质就是借助关系术语把逻辑应用于对象概念，这样就产生了数学的结果。那么，这种教育就可能会涉及：学会从立体的图形中抽象出平面的结构，诸如点、线、面，能够清楚地知道平面描绘的图形与实际立体图形之间的对应关系；知道并且能够表达点、线、面之间的关系，知道用两条相交的线段和夹角就可以刻画三角形，用一个点和半径就可以刻画圆等；进一步，知道图形之间的相等关系、相似关系、包含关系；知道通过平移、旋转和对称可以刻画物体形状不变的运动。再比如，学会从数量中抽象出数，感悟两匹马、两粒米都是抽象了的“2”的具体表象，从而体会符号的意义；从数量的本质关系“多少”感悟出数的本质关系“大小”；通过各种计算的练习，体会出计算的四则运算的法则；通过分配、划分等实际问题，体会分数的重要性以及分数的运算方法。与此相关，购物、测量、规划、数据分析，等等，都是很好的教学手段。

在早期教育的过程中，数学教育应当与语文教育有机地结合起来，因为数学抽象出来的对象概念和关系术语，都需要合适的语言表达，在这个阶段，必须让学生清晰地明白别人说

① 史宁中.数学的抽象[J].东北师大学报（哲学社会科学版），2008（5）.

了些什么，并且知道自己说了些什么。在这个意义上，我们应当对早期教育的根本课程目标进行改造：不是以知识传授的体系为核心，而是以思维训练的需要为核心。对于早期教育，知识的体系是需要的但不是第一位的，有时为了思维训练的需要可以打乱传统的知识体系。总之，需要在早期教育中构想出各种教育内容和方法，用以开发学生的大脑，培养学生的思维能力，特别是培养学生的想象能力和抽象能力，这种教育依赖于教师的传授，但更重要的是依赖学生本人参与其中的活动。

再次强调，笔者没有能力构想出许多教育内容和方法，用以培养学生的想象能力和抽象能力，但确信，只要是明确了方向，活跃在中小学教学第一线的广大教师和教学研究人员一定能够很好地实现这样的教育。

裴娣娜

1942年生，北京师大教育学部教授，博士生导师，二级教授，浙江师范大学杰出教授，浙江省基础教育研究中心主任。曾任北京师范大学教育系主任、教科所所长，天津师范大学教育科学学院院长（兼），教育部国家基础教育课程教材专家工作委员会委员，全国教育硕士专业学位教育指导委员会委员兼秘书长，全国教育学会教育学分会副理事长，全国教育学会教育实验研究会副会长，全国教学论专业委员会主任等。以我国教学论学科建设和基础教育改革为中心议题，完成国家级、省部级及国际合作项目22项。先后出版专著、合著16部，发表学术论文160篇。主编的《现代教学论》（三卷）获高校科学研究优秀成果（人文社会科学）一等奖、第一届中国出版政府奖图书奖。获“当代教育名家”称号。

中国教学论学科的当代形态及发展路径①

改革开放的30年，开启了中国教学论学科发展的新阶段，教学论作为教育科学体系中的一门基础学科，在开拓理论视野、转变教育观念、探索新的研究方式和方法等方面取得了许多重大的研究成果，中国教学论学科发展实现了从传统走向现代的历史性超越。回顾和总结30年来教学论学科研究的历史经验，重新思考其中具有研究范式转变意义的重大变革，对于促进教学论学科发展具有重要意义。

① 本文曾发表于《教育研究》2009年第3期。

一、教学论学科发展的历史演进

中国教学论学科的现代发展，经历了以下四个阶段。

（一）反思重建：1978—1984年

党的十一届三中全会重新确立了为社会主义现代化建设服务的目标，实现了战略重点的转移。通过真理标准的大讨论，倡导和确立“解放思想，实事求是”的精神，重新认识教育的本质和功能，引发出一系列深刻的理论问题。这个时期要解决的问题是：教学论学科学术传统的建构及教学制度的完善问题。在这个阶段，不仅恢复了教育学课程，而且教学论从教育学学科中分化出来，成为一门独立的学科，并于1981年开始在全国范围内招收教学论专业方向的硕士学位研究生，培养专业研究人才。

教学论学科以独立形态出现后，首要的工作是清理“地基”。对原有的学科理论体系、思维方式及研究方法进行批判—分析、判断基础上的扬弃，重新认识教育本质，重新认识知识分子，重新认识知识。对新中国成立后教学论学科发展的经验教训进行了初步反思，对学习苏联模式进行了检讨，重新评价历史上中外教育家的教学论思想，并开始恢复在“文化大革命”中一度中断的教育实验。在理论研究领域，开展了关于教育是不是上层建筑，关于传授知识和发展能力的关系，关于人的全面发展和全面发展教育等问题的讨论。这个时期的理论研究和学术讨论还不充分，学理性不强，且主要停留在政治层面。尽管如此，教学论学科开始关注教育的相对独立性和能动性，从而为引进西方现代学术理论、思想资源开辟了广阔的空间。

（二）引进借鉴：1985—1992年

遵循邓小平同志关于“教育要面向现代化、面向世界、面向未来”的重要指示，按照中共中央《关于教育体制改革的决定》的要求，这一时期，教学论学科发展要解决的问题是，教学论学科的现代化如何起步，以及要形成什么样的思路问题。聚焦于这一中心，教学论学科发展进入全面引进、借鉴国外教育理论和经验及国内相关学科研究成果时期。

一是对国外教育思想的引进。在改革开放的时代背景下，学习发达国家教育改革与发展的经验成为人们关注的焦点，从1978年邵瑞珍、杜殿坤在《外国教育资料》杂志上介绍布鲁纳的课程理论和赞科夫的教学论思想开始，很快形成风行全国的引介热潮。这个时期，不仅介绍了美、苏、英、法、德、日等国的教育制度和改革发展经验，而且引入了各种教育思想，除布鲁纳、赞科夫的教学理论外，还有苏霍姆林斯基的教育思想，巴班斯基的教育过程最优化理论，布鲁纳的结构主义教育理论和布卢姆的掌握学习理论。同时，还有皮亚杰的发展心理理论，加涅的学习信息加工理论，罗杰斯的非指导性教学理论，以及暗示教学、纲要信号教学、教学模式、计算机辅助教学等多种教学主张。这种引介，从20世纪80年代后期的全面介绍，经过部分教育观念理论在中国中小学进行验证性实验，进入专题性评价。通过引介，中国的学者了解了国外教育理论研究的最新动态，开阔了学术视野，在较高的起点上开始研究，在一定程度上有了与世界进行对等交流的话语权。

二是对国内相关学科研究成果的移植，特别是对哲学、心理学和文化学领域的研究成果的移植，如哲学界关于实践、主体性、价值等范畴问题的讨论，心理学界关于学习理论的研究，大大扩展了教学论的理论视角和研究的理论内涵。

在引介学习的基础上，中国学者以揭示教学规律为核心进行了专题性探讨。首先是一些学者对系统科学观点及研究方法的介绍，涉及教育信息论、教学系统论、教学控制论、教学结构论等，旨在运用数学、物理学、工程学、信息科学的基本方法来重新认识、研究教学过程。其次是教学认识论的研究。邹有华的《教学认识论》一文提出，“应该研究怎样使一般认识规律透过教学过程的特点去形成它的具体表现形式这个问题”[①]。之后，王策三牵头成立课题组，通过立项对教学认识论问题进行了全面系统深入的研究，并于1989年出版了《教学认识论》一书。

三是第二渠道、第二课堂、非智力因素、教学模式等问题的研究，尝试揭示教学与发展、智力与非智力因素、教师与学生的关系。基于“教学不仅是科学，也是艺术”这一命题，教学艺术的探讨也进入了人们研究的视域。这一研究并没有限于教学技能技巧水平，而是与美学、语言学、心理学相结合，探讨教学艺术的风格、教师的言语艺术、教师的幽默智慧等。

1985年6月正式成立中国教育学会教学论专业委员会，依托这一学术组织，全国高师院校的教学论工作者进行了系统深入的学科建设研究，从而促进了教学论学科地位的确立。

这个时期，学者们着手于中国教学论教材建设，出版的主要有：王策三的《教学论稿》（1985），吴杰的《教学论——教学理论的历史发展》（1986），关甦霞的《教学论教程》（1987），罗明基的《教学论教程》（1987），刘克兰的《教学论》（1988），陈侠的《课程论》（1989），扈中平的《教学论》（1990），徐名滴的《教学概论》（1990），李秉德、李定仁的《教学论》（1991），吴也显的《教学论新编》（1991）等。

① 邹有华.教学认识论［J］.课程·教材·教法，1982（1）.

（三）构建体系：1993—2000年

1993年，《中国教育改革和发展纲要》提出了科教兴国战略以及教育体制转轨的目标，以教育体制改革为主线的教育改革全面启动。这个时期教学论学科发展要解决的问题是，如何进行中国化的理论研究与实验，形成符合本土特色的教学理论，形成有中国特色的教学体制的基本框架和发展模式。

基于对时代发展要求的把握，中国教学论工作者以“教学论的跨世纪思考”为题，于1994年5月在北京召开了专题学术会议。同年6月，中国教育学会教育实验研究会在杭州宣告成立，中国教学论工作者以现代化的反思为核心，研究视野集中到现代教学的功能与价值（元教学论问题）、人的存在方式问题、现代化进程中中国传统文化与现代西方文化的沟通、科学与人文两大思潮及其相互关系、学校教学的发展问题以及学科发展思想史等方面。

20世纪90年代下半叶，随着国家课程改革发展的需要，人们开始关注当代西方哲学的进展，引介了存在主义、现象学、解释学、批判理论、交往实践理论的观点，特别是一些学者撰文集中介绍了后现代主义的课程观与教学观。尽管存在过度批判、怀疑、解构以及对不确定性、偶然性过度推崇等方面的问题，但它“在不同程度上对传统的知识观、学习观、师生关系观和教学观进行了批判和解构”，“是在方法论和元认知的层面上的超越”。[①]

在教育实验研究方面，30年前，《教育研究》编辑部召开的小型座谈会上提出“教育科学的生命在于教育实验”这一重要命题。在20世纪80年代，不仅恢复了60年代着手进行的“中学数学自学辅导实验”（卢仲衡）、集中识字等实验，而且在国外教育思想影响下进行了整体改革实验（华中师大）、小学生最优发展综合实验（杭州师大）、情境教学实验（李吉林），以及继后的以语文、数学为主题的单科单项教学改革实验等，形成了继20世纪二三十年代第一次教育实验高潮后的第二次教育实验研究的热潮。

20世纪90年代，依托一批具有本土特色的典型教育实验，如以主体性教育思想为学校变革基本理念的学校主体教育实验和以个体精神生命发展理论为变革理念的新基础教育改革实验，教育实验研究的主题和研究范型发生了重要转变，这就是以“发展”为核心的研究主题，从对传统教育的改造提升到具有开拓创新型人才的培养；从社会学、文化学、心理学、哲学等多学科视角诠释教育现象及其本质，形成了科学与人文互补的教育实验规范观。

基于理论的探讨以及教育实验研究，教学论学科发展开始实现从“体系意识”到“问题

---

① 叶澜.重建课堂教学过程观［J］.教育研究，2002（10）.

意识”的转换，重在理论范式的重建，从规律的证实，走向意义的解释。教学论学科的发展已从学科体系的构建进入深入研究的成熟阶段。1998年研究生目录调整，学科教学论与教学论合并，改为课程与教学论，正式成为教育学下设的二级学科。

（四）综合创建：2001年至今

进入21世纪，在构建和谐社会的大背景下，《中共中央国务院关于深化教育改革全面推进素质教育的决定》，正式启动了国家基础教育课程改革。这是一次国家规模的课程改革，为教学论学科发展搭建了一个前所未有的实践研究平台。通过深入教学实践，直面教学实践又超越教学实践，教学论学科发展进入综合创建深化阶段。

由于长期积累下的学术传统自身存在的问题，特别是学术研究一定程度上受制于外国的学术话语和逻辑，存在“西方文化倾向”以及“教条主义、形式化倾向”，因此，教学论要实现超越和创新，需要解决的问题是：如何在古—今、东—西文化背景下，融通思想资源，超越体用之争，从知识移植走向学术自主性发展，建构本土化的教学论。这个时期，研究的基本特色是：超越知识，走向文化的学术追求；打破固有的学科壁垒，多学科相互渗透、交流与对话；拓展以现代性为核心的广阔的问题域，并介入国家新课程改革的应用对策研究。

随学科建设的深入，目前中国课程与教学论学科已有14个博士点、81个硕士点。教学论学科开始了从经验科学向理论科学的转化。

二、教学论学科发展的理论视野

教学论理论和方法研究是教学论学科发展的基础，创新是一个概念重建与理论创新的过程。中国本土化的教学论学科理论建设是在以下四个层面展开的。

（一）研究主题

教学论研究的主题是实现学生个性的全面发展和良好人格的养成。这是研究的定位问题。自赫尔巴特以来形成的唯理主义、杜威实用主义教育哲学，其核心是以知识观为特征的教学观，是工具理性论，集中表现在：以科学知识为核心，而忽视了人文精神的陶冶；强调知识的窄化、专精化，着眼于逻辑上的严密，而忽视了掌握科学事实与现象；强调一个个孤立的知识点，强调分析的方法，而忽视了学科体系整体的综合功能。这一切又凝聚成独特的考试文化，并从根本上影响着每一个学生的生存方式和生活方式。

人的个体与群体的发展是现代教育的出发点和归宿，是使学校实现跨越式超常发展的生命力，是激发教育工作者潜在创造力的原动力。因为现代教育的本质在于解决人自身的发展与价值问题，是人的发展的潜在可能的现实实现，而不是把人作为社会的被动客体来塑造。围绕这一主题，置于中国社会的特殊语境，置于中国基础教育现代化发展的历史进程，置于多元文化的多种价值选择并存的环境，突破单纯的学科局限，扩展理论视野，从而形成了目前教学论理论研究的论域（范畴）和主线。这就是在学校教育中，关注学生的文化生存环境和活动方式，关注学生的生存状况和生命价值，尊重学生的主体地位和主体人格，培养学生的自主性、主动性和创造性，使他们在掌握人类优秀文化基础上学会学习、学会创造。这一价值目标定位，从根本上反映了教学论研究主题从工具理性到价值理性的转化。

（二）现代教学核心概念的界定

“教学”这一概念，是教学论学科的逻辑起点，是教学论学科范畴体系的出发点。这里，我们不一般地讨论教学，而是置于现代视野下对这一概念的内涵特性进行考察。

现代教学，以人的发展为旨归，关注人与社会的发展，并以此构建自身的理论体系、逻辑体系和方法体系；现代教学，是一个动态发展的过程，它由一系列重大概念命题组成核心内涵，这些核心概念是：体现发展观的教学目标的多元价值取向，实践、活动与教学认识，合作、交往与教学的社会性，人文、科学统整与教学的文化性，以及教与学方式的变革等，这些核心概念已成为现代教学这个发展系统中的要素；现代教学，倡导生成性思维方式，体现人类教学实践方式的历史性进程，这是一种强烈的反思批判意识，在不断发现、凝练、解决问题中，保持活力，以不断提升学科发展水平；现代教学，内蕴着一种深刻的文化自觉，事实与价值、人文与科学的整合，从而更接近教学的本质；现代教学，以现代教学观为指导，基于对传统教学理论、教学模式的扬弃，表现出在教育改革中强劲的生命力。基于对现代教学概念的界定，重新思考现代教学认识的特质，涉及教学的基础性、教学的实践性、教学的文化性问题，实现对现代教学品格特性、科学实践性和主体能动性统一的把握，为我们重新认识教学论学科基本理论和重要观点提供了重要的参照点。

（三）凝集重点问题，寻找理论研究的突破点

经过几十年的研究积累，围绕教学论学科建设与发展，形成了若干根本性问题，这些问题正是制约和影响教学论学科发展的重要因素。

1. 对教学过程本质的再认识

将教学论研究的有关材料加以归类和梳理，可以看出3种不同研究视角：第一，将教学过程视为人的生命展示与发展过程。基于对当前教学实践中缺乏生命关注的深层反思，提出关注生命、关注教育主体的生存质量，强调教学的发展性、自主性和开放性。第二，将教学视为一种社会实践活动、社会交往活动、积极主动创造的认识活动，强调教学是一个有内在结

构的整体系统，教学是教学认识活动中科学实践观与主体能动性的统一，这是关于教学本质的认识论视角。第三，将教学视为一种建构性与生成性的文化，认为教学活动应承担起培养学生的生成与建构意识、能力及文化主体身份的使命，是通过协商、互动的方式共同实现对文化的理解与建构的。这是把教学认识置于社会文化活动的过程来研究，关注教学的文化性。

正是基于不同的研究视角和研究立场，在教学的价值功能、教学的结构要素、教学的内容及重点、教学的方式方法，以及对结果的解释等方面也就形成了不同的观点和不同的操作规范。

2. 知识观与现代教学认识问题

关于教学过程本质问题的进一步追问，涉及的是现代教学的研究范式问题。有的学者将其概括为从认识论到价值论、生存论的转向。有的学者则认为，认识论、价值论、生存论几者应互为前提，教学问题的探讨不能离开认识论的理解和证明。知识论、认识论问题是教学论学科的基本理论问题，揭示的是教学的本质，解决的是知识与学生的认识发展的关系问题。

20世纪90年代以来，受哲学界研究主题转向的影响，中国教学论研究从关注对马克思主义认识论的重新解读，进而转为关注价值论、生存论问题，并引发了对教学论本体论问题的重新思考。学界争论的主要问题集中在以下几方面。一是关于知识的确证问题。如何看待知识，知识是主观的还是客观的？知识学习是接受的还是建构的？对如何解读知识的内涵，特别是对学习知识的价值功能提出了颠覆性意见。“知识就是力量”，还是知识在去主体化、去生活化中变成了抹杀人性的工具？学校教育的主要目的是让学生学习掌握知识，还是让学生学会选择、构建生活方式？二是教学认识论研究引发的关于教学认识的本源问题[①②]，涉及教学认识的本质、动力、条件、客体、主体、领导、方式、检验标准和方法等问题[③]。三是随着现代西方哲学的引介，马克思主义学说作为教学论学科理论基础的现实价值问题。

不同观点的争论，显示了学术的繁荣，学者们正是在对教学论理论基础从认识论向价值论转向的深度把握中，深化了对现代教学认识范围内三个重要问题的思考，并在诸多问题上取得了共识。

一是认识论内涵的变革。认识论探讨人类认识的本质、结构，认识与客观实在的关系，认识的前提与基础，认识发生、发展的过程及其规律，以及认识的真理标准等问题。在回应语言学转向、生活世界解释学及发生认识论对传统认识论若干问题提出的挑战中，认识论研

① 王策三.认真对待“轻视知识”的教育思潮［J］.北京大学教育评论，2004（3）.

② 钟启泉.“知识教学”辨［J］.上海教育科研，2007（4）.

③ 王策三.教学认识论（修订版）［M］.北京：北京师范大学出版社，2002.

究本身经历了从传统认识到现代认识论的发展过程。马克思主义认识论坚持辩证唯物主义，将实践作为认识的基础，把辩证法运用于认识论，并关注社会维度和个人维度，从而实现了对传统认识论的超越。这是我们在思考教学认识论时所应持的基本立场。

二是实践、活动与教学认识发展。认识是在实践与活动基础上主体对客体的能动反映，活动是人生存和发展的基础，这是马克思主义认识论的基本观点。但是长期以来由于对实践、活动等概念的误读或庸俗化理解，导致了教学实践的偏差。坚持唯物主义实践观，阐明教学实践活动与教学认识的关系，揭示认识主体如何通过教学实践活动实现全面发展，这正是现代教学论研究的一个基本理论问题。对该问题的研究，学者们聚焦的问题如下：第一，教学活动的认识发展功能问题。在学校教育中，教学实践活动是学生一种重要的生存方式和发展方式。“教学活动作为学生认识发展的实现机制，在学生的发展中发挥着三种基本功能，具有三方面的作用，即认识的起源和发生，认识的建构与形成，以及认识的改进与转换。”① 第二，教学实践活动的表现形态问题。教学实践活动具有丰富多样的表现形态，但基本可归为教学实践活动的两个向度：其一是学生对外部客观世界的认识；其二是教师与学生之间、学生与学生之间构成的社会性交往活动。以第一个向度为基础，两个向度相互作用，从而形成了教学实践活动的总体。第三，关于教学面向生活实际、教学回归生活世界问题。这一命题的着眼点在于关注人的生存状况和生命价值，把握受教育者的本真世界，引导学生从生活中体验、理解、接受和积累经验知识。其争论在于，是否只有面向生活实际，才是教学的起点。

三是合作、交往与教学认识。合作与交往，关涉教学活动中个体发展与群体发展关系问题。交往是人与人之间在共同活动中发生相互作用和联系的基本方式，也是社会群体赖以生存和发展的必要条件。交往是人的基本存在方式，人在交往中生存发展，这是马克思主义所揭示的关于认识对社会实践和社会关系的依赖性关系。

现代教学，作为一种个体与群体的双向建构的社会性交往活动，关注的是一种教学活动中体现出来的群体间的人际关系，是一种使教师在“权威、顾问、同伴”三种角色的选择中②，学生在“竞争、合作”两种关系的处理中，师生在主动与受动角色扮演中，形成良性促进的和谐关系。这种相互接纳、相互理解的合作、民主、平等、和谐的人际关系的建立，不仅有利于促进学生社会适应性发展，而且更应该看到，生活在学校群体中的学生更需要交往。其原因在于，主体间的交往活动，能强化学生的社会交往意识和社会角色的规范，形成

① 李松林.论学生认识发展的活动机制［J］.教育学报，2008（5）.

② 吴康宁.课堂教学社会学［M］.南京：南京师范大学出版社，1999：242.

群体的归属感、认同感，有助于培养学生的规则意识、任务意识、合作意识、责任感及团结合作精神，培养合群性、利他性和社交技能，并使他们获得一定的社会生活经验。

现代教学，必须以文化的主体形态进入教学过程，即作为一种建构性与生成性的文化，承担起培养学生的生成与建构意识、能力及文化主体身份的使命。教学所蕴含的价值、精神、意义不是直接灌输给学生的，而是在师生协商与互动的过程中通过达成共识的方式生成的。

20世纪90年代中期，教学认识的社会性问题逐渐成为教学论研究的一个重要问题。[①]针对教学实践中学生普遍缺乏合作意识和交往技能，部分学生的社会性过度或社会性不足，着力解决传统教学活动中主体交往性质的垄断性、交往形式的单一性，以及交往对象的选择性和交往机会的不均衡性等问题。

有学者研究了关于交往实践观问题[②]，提出应从传统的“主体—客体”生产实践观走向“主体—客体—主体”交往实践观。将教育活动看作一个伦理性的“我—你”世界，是一种建立在人类生产实践基础之上的以共同客体（课程与教材）为中介的教育主体之间相互作用、相互交流、相互沟通和相互理解的特殊交往实践活动。现代教学应重视教师“价值引导”与学生“自主建构”之间的辩证统一关系，以及教育主体之间以理解和对话为核心的精神性交往过程，引导学生成为具有主动参与社会历史活动的主体。

基于对现代知识观、认识论的重新理解，才能区分工具论知识观和发展论知识观，进一步理解学习知识，是“掌握”、是“生成”、是“生长”这一实质。

3. 教学事实与教学价值的关系

事实与价值是组成现代教学的两个核心要素，二者关系的研究涉及教学论学科的内涵、学科定位和研究方法论问题。

教学是一个事实存在与价值存在的统一。由于受到近代自然科学一致性、实体永恒性和因果性这三个先验的形而上学预设的影响，受到从德国赫尔巴特到德国实验教育学派，再到苏联教学理论中追求客观性、普适性、精确性和科学性观点的影响，推崇科学理性成为教学论学科建设的主流。这一占主导地位的思想观点渗透在教学论学科研究的方方面面，从学科信念、研究范式、知识构成到话语规则，以及学生学术共同体的学术生存方式。有学者对教育学科的“确定性”问题作了精辟分析，指出教育学的问题既不单纯是逻辑实证的问题，也

① 郭华.教学社会性之研究［M］.北京：教育科学出版社，2002.

② 张天宝.走向交往实践的主体性教育［M］.北京：教育科学出版社，2005.

不单纯是语义分析的问题，而首先是历史观、价值观问题。[①]

梳理近年来学者们关于科学与人文、事实与价值问题不同观点的争论，需要澄清的问题首先是教学中事实存在与价值存在及存在形态问题。教学事实的内涵及合理呈现与唯科学主义区别在哪里？能否将教学价值等同于教学的发展功能？其次是什么是教学中事实与价值的主体和客体？构成教学事实与价值的基本要素及影响因素是什么？最后是在教学实践中如何实现教学事实与教学价值的统一？

对教学事实与教学价值的研究，既不能仅做纯粹的形而上学思考，也不能窄化为教学功能。在学校教学这个复杂系统中，事实与价值是教学的内在一致性的决定要素（外在一致性是制度与管理）。教学的事实与价值，是放在学校文化层面即人的生存与发展层面讨论问题的，核心是意义判断和自觉自为的选择。在学校教学中，如何让学生有合理的学习负荷，学会独立运用自己的理智，如何解决认知失调、人格发展偏离问题，以及对已形成的学校制度体系的遵守和维护问题，均不仅是一个事实问题，更重要的是一个价值问题。事实与价值二者具有内在的逻辑一致性，从现实的教学生活实践出发，以现实的人及其发展为核心，以事实与价值为经纬，基于“实践”与“体验”，从而展现了教学应具有的关注生命、关注生活经验积累的建构性实践活动的本质。

4. 教学主体与教学客体的关系

主客体问题是一个古老而又常新的问题，但它始终是现代教学论中的一个根本问题。探讨主客体关系问题的实质不仅在于揭示人的本质和存在方式，而且在于教学主客体及中介是构成教学活动系统的基本要素。如何立足于教学主体的发展来考察教学中的主客体关系体现认识建构的主动性和个体性问题，仍是未解之题。

谁是教学主体？学界展呈了对单主体、双主体、主导主体等不同的观点。在王策三主编的《教学认识论》（修订版）中全面论述了教学认识的主客体及领导问题，分析了学生作为教学认识主体的结构，区分了教学认识的对象性客体和工具性客体，并将教师视为教学认识的领导。[②]近年来随着基础教育改革的深入，学者们从教师专业化发展角度对教师在教学中的主体能动性问题作了深入的分析，并取得了诸多认识成果。我们要进一步追问的问题是，学生是认识的主体、发展的主体，在教学实践中应体现学生的主体地位，这已是不争的问题，但为什么在实践中却未真正实现？

实际上，实践的偏差仍来自理论的迷茫和肤浅。关于教学主体与教学客体关系的若干问

① 劳凯声.中国教育学研究的问题转向［J].教育研究，2004（4）.

② 王策三.教学认识论（修订版）［M].北京：北京师范大学出版社，2002.

题有待于进一步寻求答案。诸如：教学主体存在的形态问题，个体主体与群体主体间的关系问题，多方教学主体在对象性活动中的权利和责任问题，在对象性活动中教学主体客体化与教学客体主体化过程问题。还有，教学主体形成应具备的条件，影响教学主体形成发展的观念、制度障碍问题，以及对近年来教学实践中积累的发展学生主体能动性丰富经验的理性提升问题，等等。我们期盼，从中国化的教学实践出发，寻求解决教学主体与教学客体关系问题的新思路。

（四）研究方法的反思与推进

教育科学的发展从经验科学向理论科学转化，实质上是方法论上的深刻变革。教学研究涉及若干方法论问题，诸如：一元与多元、必然与偶然、历史与逻辑、抽象与具体、理论与实际、科学与人文、定量与定性、平衡与失调、批判与继承，以及民族性与国际性，等等。进入21世纪，现代教学研究方法论发展面临的主要问题，一是如何把握教学研究主题及界定研究域；二是在多种教育思潮理论并存情况下如何寻求研究的理论基础；三是在回答教学发展的重大问题中如何建构教学研究的基本方法体系。如何形成现代教学论研究的方法论思路，中国的学者们从两个方面做了奠基性工作：一是在对原有的理论体系、思维方式及研究方法进行重新审视的基础上，揭示传统研究范式本身的局限，找准理论分析的着眼点；二是抓住现代教育教学发展的主要矛盾，寻求构建现代教学论研究方法的理论分析框架。

基于对传统的超越，教学研究方法论的现代构建形成了以下特色：第一，在“理论—现实—历史”的三维空间中把握教育教学问题；第二，重视教育实验所具有的变革、创新的本质特点；第三，教学研究的跨文化性质及文化学分析，从重知识的演绎推理到人文与科学相结合的整合分析；第四，正确处理中外古今的关系，坚持本土化与国际化的结合；第五，从“实体思维”到“关系思维”，思维方式变革与教学研究方法的统一性和多元性。

目前，教学论学科建设面临的研究方法论的主要困惑，一是学科缺乏整合，缺乏多学科的参与，形成自我封闭的小环境；二是未形成共同关注的研究主题，不能集中学术共同体的智慧，新理论、新范式的产生缺乏平台；三是理论提升的困难，没有真正“读懂”变革性实践。教学论学科发展中诸多理论问题有待进一步研究，而不同观点的呈现为深化理论研究提供了思考空间。

三、教学论学科发展的实践指向

学校教学改革是在变革与适应、解放与控制互动中生成与发展的。这些直面实践的研究，不仅促进了中国教育改革的深化，而且为教学论学科实现原创性发展提供了丰富的经验、思想、理论和实践的源泉，促进了教学论学科本土化发展。基于变革性实践的教学论学科发展的实践指向集中在以下几方面。

（一）关于基础教育课程改革研究

立足于学校教育创新的课程观及课程体系重建，在中国课程改革本土化问题上要回答的问题是：是以促进社会发展为根本，还是以促进人的发展为根本；是以掌握科学基础知识为主，还是以使学生获得生活直接经验为主；是以群体发展为主，还是以个性发展为主；是强调对中国优秀传统文化的继承，还是强调批判和超越；是强调国际化，还是强调本土化。

一是课程目标价值取向的重新审视。通过实践探索基础上的文化批判，建立以强调人的发展、人的现实生活和实践，以及人的自主能动性和创造性为特征的，以适应现代社会精神要求的新的课程价值取向，体现的是现代课程观。

二是面向现代化的基础教育课程结构与形式问题。适应经济结构体制的转型，突破了原有的大一统课程结构体制，根据中国经济、文化发展极不平衡与区域性发展的特点，基础教育课程结构尽可能体现灵活性、多样性和选择性，且突破时空局限，形成立体的发展性课程结构体系。

三是三级课程制度的实施，推进了中小学课程建设的进程，开发和利用校内外优质教育资源，形成学校优质特色课程体系和实践模式，不仅提升了学校、教师教学内容价值选择及课程创生的基本能力，而且初步形成学校课程改革的多种实践形态和基于中国本土的课程改革理论观点。

四是课程与教学的文化性。这一点集中表现为科学与人文相结合的课程文化观和课程活动观。中国的学者从理念和活动形态两个角度，在教育实验基础上探讨课程文化的内涵，不仅形成了多元价值取向的课程目标文化，以仁爱与情感、和谐、价值与信念为特征的课程内容文化，以参与、合作、理解、体验为标志的课程实施文化这一分析框架，而且在语文、数学等学科课程文化方面进行了实证探讨。如何营造一种合作、对话与探索的课程文化，成为教学研究新的视域。

（二）教与学方式变革与教学策略的构建

中国对教与学方式变革这一问题的探讨，经历了从20世纪50年代初，依据知识学习的几个阶段而设计课堂教学环节，到80年代中期，基于对教学活动基本要素与结构的分析构建教学模式系统，再到90年代中期后进入对教学策略的研究这一演进过程。中国的教育工作者对该问题的研究具有开拓意义。

1. 对教学方式变革问题上的“二律背反”现象的揭示

所谓“二律背反”，意指同样可以达到逻辑说明的两个论断之间的矛盾。诸如关于教学的基础性与发展性关系，恪守文本教材与面向生活实际问题，关于接受性学习与探究性学习，群体发展与个性差异发展，教学中的指导与非指导，班级授课制组织形式的改造以及对中国传统文化的继承、批判和超越等。这些悖论的存在，表面上反映的是社会转型时期多种教育观念的冲突和矛盾、互补和融合的态势，实质上则是中国基础教育变革与发展进程中一系列的内在矛盾的反映，同时表现了中国教育工作者的独立意识和可贵的学术批判精神。而这些问题的澄清，在实践层面则是教学内在关系处理中“度”的把握问题。

2. 教与学方式的多样形态和不同类型的形成

教与学方式的多样形态和不同类型是由教学的丰富多样性所决定的。一种是尊重差异的个性化教学，强调给学生自主学习的权力，强调有序可控；一种是以问题作为教学出发点，指导学生进行尝试、探索学习，强调学生参与活动，强调尝试训练、归纳总结以及迁移运用；一种是以形真、情切、意远、理寓其中为特点的“情境教学”等。无论哪一种形态，均试图将人文与科学，主动与受动，知识、能力、价值观加以整合，从而实现教与学方式的根本变革。

3. 对“现代学习”内涵的重新解释

基于“在活动、实践基础上通过交往促进学生发展”这一基本思路，现代学习应坚持的基本命题是：现代学习的发展观体现为学生学习的自主性、选择性、实践性、社会性和创新性；现代学习是在实践、交往活动基础上的“价值引导” 与“自主建构”；现代学习，是一种建构性与生成性的文化。学校教学设计应体现学生学习的内在机制及特点。

4. 现代发展性教学策略的重建

发展性教学策略，集中了中国教师的教学智慧，体现在关注学生主动参与的有效度，合作学习与探讨的实效性，学生自主选择及差异发展，以及合理使用现代教育技术手段等方面。通过探讨课堂教学的有效性，把握学科教学的内在规律，揭示现代课堂教学的基本特色，从而展示了中国课堂教学实践的丰富生动。

（三）关于有效教学及其评价标准研究

1. 揭示了有效课堂教学的基本特征

课堂教学有效性，表现在课堂教学目标价值取向上，从过去仅强调“双基”到现代课堂教学知识、技能、生活经验、情感陶冶等多种价值取向的并存；在教学内容的设计上，克服了唯理智主义的知识观所带来的影响，在关注学科知识基础性的同时，强调与现实生活、学生经验的联系，强调实际应用，加强了方法、应用、探究等方面的内容，以及学科间的整合和综合；在课堂教学过程设计上，关注学生的主动参与，让学生在观察、操作、讨论、质疑、探究和在情感的体验中学习知识；在教学策略与方法的选择上，以参与、合作、探究、体验为特征，建立和形成了发挥学生主体性的多样化学习方式，促进学生主动地、富有个性地学习。

2. 着眼于学校教育创新能力的提升

在总结概括中国中小学教师长期教学实践经验的基础上，形成了一系列有较好适切度的中小学课堂教学质量评价标准。这一标准为现代课堂的构建提供了一种新的理论分析框架和较强的实践操作模式，是对以往形成的评课标准的实质性超越。对于认定和解释课堂教学事实，发现和反思教学实践中的经验与问题，揭示和总结有效课堂教学的机制与规律，以及规范课堂教学行为，保证课堂教学基本质量等方面发挥了重要作用。

3. 帮助教师确立科学的教学质量观

借助评课标准的导向作用，促使教师参与研究，有助于反思和克服当前教学实践中不合理的教育观念和行为方式，增强实践活动的合规律性与合目的性，增强教育改革的意识，明确教育科学研究的方向和主题，提升教育能力，并形成教学风格与特色。

（四）关于教育技术手段的发展与应用

目前，中国的现代教育技术的开发和运用实现了几个根本转变：在研究方法上，从引进国外信息技术的研究成果到自主独立设计开发；研究视野上，从教学技术扩展到教学资源、教学环境、教学设计、网络文化等领域；依据的理论基础，从教育技术学进而基于现代学习理论；在操作实施层面，从单一的计算机语言应用到“基于媒体的学习”。这里应说明的是，“基于媒体的学习”成为教育技术学理论体系的逻辑起点和理论基石，而形成的基于媒体学习的教学设计、开发、实施、评价、管理几个基本环节组成的系统，则是对教育大系统在现代化进程中发生结构性变化的深刻透视。[①]

借鉴发达国家的经验又从中国国情出发，寻求高科技与教学的结合点，研究取得了显著成效。一是通过教学活动时间和空间的变化，创设教学情境，培养学生发现问题、提出问题的能力；二是数字化学习资源和教学资源的开发，不仅扩展了课程资源的内涵和外延，而且尝试与课程相整合；三是现代教育技术的发展，导致了虚拟学习、弹性学习、远程学习等新的学习方式的出现，促进了学习方式的变革。

---

① 桑新民，李曙华.教育技术学范畴体系建模研究及其方法论（下）[J].中国电化教育，2003（12）.

四、中国教学论学科发展的路径

面对现代化，走改革创新之路，中国教学论学科发展将开始新的里程。

（一）对中国社会转型时期重大理论和实践问题的回答是教学论学科发展的理论前提

由于经济全球化引发的文化冲突和价值冲突，由于中国社会经济转型带来的社会阶层分化和多元价值取向，学校教育面对复杂的文化生态环境。如何培养学生对世界文化的判断和选择，对民族文化的理解、接纳和创新，对丰富文化资源进行选择的能力和跨文化的交流能力，是中国学校教育必须主动应对的问题。教学论学科的发展正是敏锐地抓住了时代的挑战，回应了时代发展的需求，从而形成教学论现代发展的学科视域。

（二）立足于变革性实践，是教学论学科发展的现实基础

实践是教育理论发展的源泉。只有变革性实践，才是保持教学论学科创新发展持久的生命力。变革性实践覆盖了理论、策略、方法论的创新，以非占有知识的姿态思考中国教学理论与实践发展的若干基本问题，重新解读学科，解读教师，解读学生，铸造现代创新精神，导致的是实质性变革。

变革性实践是自主实践，是超前的，不仅从实践角度深化了理论，沟通了理论与实践，而且捕捉了21世纪教学论发展的基本趋势。课程与教学的价值选择，课程结构的优化，教与学的行为分析，发展性教学的实施，以及学生的自主学习与发展，成为21世纪中国教学论研究的重点。基于变革性实践，不仅实现了从教学方法到教学方式，从教学组织形式到教学模式再到教学策略的超越，而且重新审视教学论学科原有的逻辑起点、概念范畴，以新的思路重新构建学科的理论框架。

从事教学论研究的许多学者，与教育实践工作者相结合，以勇于开拓创新的精神，坚持进行教育实验研究。①这些实验研究，集教育理论探索、为基础教育改革与发展服务、培养教育改革实践家三位于一体，不仅取得了好的实践效益，而且使中国教学论具有了用自己的实践检验已有理论，提出新思想、新观点的资格和发言权。

目前的主要问题在于：我们没有真正"读懂"丰富生动的教学改革实践所蕴含的思想和鲜活经验。如何坚持马克思主义实践的观点，满腔热忱地介入变革性实践，实现中国现代意义教学的创造性生成和实践性生成，从理论与实践结合中寻求理论的生长点，并形成多样化

① 裴娣娜.现代教学论：第三卷［M］.北京：人民教育出版社，2005.

的理论形态，以保持教学论学科创新发展持久的生命力，仍是一个艰苦而漫长的过程。

（三）东西方教育思想及多学科理论的解读与对话，是教学论学科现代发展的思想条件

现代教学论的发展，必须广泛汲取一切有价值的思想资源，充分借鉴和利用相关学科的实证性研究资源，同时紧密结合中国社会变迁对教育的根本诉求，这对教学论学科发展将是一条积极有效的研究路径。这不仅使教学论学科发展有一个较高的起点，而且开拓了学科研究域，拓展了学术视野，导致和促进了教学论研究主题及研究范式的转换。

1. 马克思主义哲学作为现代教学论创新发展理论基础的当代价值

教学论研究需要理论思维，需要有哲学的气质，正如有学者指出的："我们面对现代化教学理论和实践发展复杂多变的局面，要想整体地把握、全面地研究它们，驾驭它们，没有这样一个概括程度高、包容性大的理论基础是不行的。"①

首先，以人为本的科学发展观，是马克思主义发展理论在当代的创新形态，其从人的存在方式——实践活动出发，对人的价值、解放和全面发展给予的深刻关注，将为现代教学论学科研究提供坚实的理论基础。其次，马克思主义唯物论和辩证法对教学论学科研究具有方法论指导意义。马克思主义哲学作为科学的世界观和方法论，在教学论研究中是作为最一般的理论工具而发挥着指导作用的。然而，如何真正应用马克思主义方法论指导现代教学研究，这本身同样就有一个方法论问题。②面对教学论现代发展的历史使命，我们应不断提高运用马克思主义方法论指导教学研究的水平。

2. 现代西方哲学为中国教学论学科研究提供的重要思想资源

关于西方哲学在教学论研究中的方法论价值问题，目前人们主要关注的是后现代主义对课程与教学论研究的影响。后现代理论吸纳了分析哲学、当代释义学以及后结构主义的研究方法，实现了研究范式的转换，关注主体间的对话和关系，从更深层次上直接介入语言、权利、知识之间的关系的讨论。③就研究方法而言，后现代主义思潮的渗入意味着向社会科学方法论的普遍性和唯一性提出了挑战，涉及对二元化思想方式、理性至上、科学主义、权威话语等的批判，为我们提供了一种新的思考方向。

3. 中国传统文化中蕴含的丰富思想资源

从中华文明的角度重新了解、解释和弘扬中国优秀的传统文化资源，传承历史上长期积

① 王策三.教学论十年［J］.教育研究，1988（11）.

② 叶澜.教育研究方法论初探［M］.上海：上海教育出版社，1999：138—143.

③ 陈建华.后现代主义教育思想评析［J］.外国教育研究，1998（2）.

累形成的、具有影响的优秀教育思想、制度和方法，从中概括和吸取思想智慧，将教学论学科发展植根于博大精深的中华文化教育的沃土中，同时又使中华文化传统的思想智慧得以丰富和扩展，从而实现在继承中发展，在发展中超越。

以上三个方面的汇合与交流，共同构成了中国教学论学科发展的独特道路，这就是：理解与超越，建构教学论学科发展的当代形态。

结　语

社会转型时期的中国教学论学科发展正处在一个走自主创新道路的关键转折点，必须走出传统范式，真正切入理论的原点和实践的原点，实现学科本身的理论创新和方法创新。

学科发展的目标：在研究中国教学实践重大问题中形成和完善有独特体系的学说，通过多种学说的孕育、建立和支撑，促进中国教学论学科的建设与发展。

学科发展的基本思路：扩展现代课程与教学论研究视野，以研究教学论学科现代化问题为主要内容，将理论研究与实验研究相结合，在现代教育观指导下寻求学科发展的新基点，重新构建学科的理论框架，并为新的观点、思路、理论的产生提供基础和条件，出高水平的研究成果，锻炼培养高水平的学科建设人才，将教学论学科发展推向更高水平。

加强教学论学科发展的基础理论问题研究，形成学术共同体和共同的学术话语，其中的问题是：学科发展的逻辑起点与研究域，学科发展的内在矛盾与危机，现代教学论学科发展的逻辑及理论形态，教学论的科学规范与理论前提。

在研究方法上，应处理好反思与建构的关系，理论的概括提炼与实际问题的阐述解释的关系，继承与超越的关系；界定自己的研究边界，关注理论依据和理论逻辑的充分论证，反省提问方式的合理性、结论的创新性，同时加强学术群体内在的凝聚力；建立良好的协调整合机制，重新审核研究力量，不断提升学术共同体的研究意识和研究能力。

中国具有进行原创性研究的优势，这种优势潜力的挖掘，主要在于充分调动深厚的本土资源、经验和智慧，同时与现代世界新思维进行深刻的、有对等话语权的对话，从而在不断回应时代发展要求中为现代教学论学科建设进行学理性的创造。

于永正

（1941—2017），山东莱阳人，中共党员。1962年从徐州师范学校毕业后，就一直从事小学教育教学工作。以语文教学改革为突破口，为小学素质教育工作带来了一缕清新的风。把如何启迪学生的智慧、挖掘学生潜能、激发学生的创造天赋作为主要研究课题，形成了“以学生为本，以读书为本，以创新为本”，“重感悟、重积累、重迁移、重情趣、重习惯”的教学特色。在小学作文教学上实践了“言语交际表达训练”，在全国有较大的影响。1985年，被评为江苏省特级教师，同年被徐州市人民政府授予“劳动模范”称号。1992年教育部在南京专门召开了“于永正语文教学研讨会”，推广“五重”教学法。享受国务院特殊津贴，被评为“国家有突出贡献的专家”，江苏省教育模范，获“当代教育名家”称号。

教育的两个名字①

江苏省徐州市教育局局长强国先生长期从事政策研究工作，没做过教师，但他任局长以后，思路清晰，成绩显著。“是不是应了‘旁观者清’这句话？”他呵呵一笑，说：“于老师，凡是上过学并做过家长的人，对教育都不陌生。如果回过头来稍加思索——想想你的上学经历，想想你孩子的上学经历；想想你喜欢的老师，你从老师身上得到了什么；再想想你不喜欢的老师，做一名教师最不应该怎么样……那么，你就会成为半个教育家。”

强国先生的话让我回想了从小学到中学再到师范学校，我从老师身上得到了什么。如果说我从课本上得到的是知识和道理，那么我从老师身上得到的则是善良、热情、责任感和学习的兴趣与梦想。

① 本文曾发表于《人民教育》2010年第9期。

按这个思路再往深里想，什么是教育呢？教育虽然很复杂，但我从我的老师那本“书”里读出了四个字：“影响”和“激励”；而我从教的四十多年中也能概括出这四个字：“影响”和“激励”。我就暂且给教育起两个别名吧：“影响”和“激励”。

“影响”——它是教育的第一个名字

汉代的班固说：“教育何谓也。教者，效也，上为之，下效之。”宋代的李邦献说：“教子弟无他术，使耳所闻者善言，目所见者善行。”这些都是在说教育的“影响”作用。

美国有所布朗克斯中学，该校竟有两名学生后来获得诺贝尔奖。原来这所学校的不少教师就是成就卓越的科学家。所以有人据此说：“如果有一位学识渊博、才华超群的语文老师活跃于讲台，那么台下的学生中有望日后有名作家问世；如果没有优秀、聪颖的数学教师作指导，学生即使有数学禀赋，也不能被催化为才能。”这句话在说，同样饱满、健全的种子，落在湿润、温暖、肥沃的土壤里和落在沙漠中的结果是完全不同的。

布朗克斯中学的例子深刻地告诉我们，老师的素质对于学生来说太重要了。

在美国有人做了这样一个有趣的实验：把小学生分成四组，每组配一个实验员，待实验员与学生建立了良好的关系并得到了学生的信任之后，分别要求四组学生为孤儿院的孩子捐款。第一组实验员宣传人要有爱心，要慷慨捐款，同时自己也捐款；第二组实验员宣传不去救济孤儿，把钱留给自己；第三组实验员宣传人应当慷慨助人，自己却不捐款；第四组实验员宣传不必捐款，自己却捐款。实验结果是：第一组学生全部捐了款，第二组无一人捐款，第三组少数人捐了款，第四组大多数学生学着实验员捐了款。实验说明：说教对学生影响是微小的，教育不是“叫育”，而实际的榜样却对少年儿童的行为产生巨大的影响。这个实验还告诉我们：老师（包括家长）的言行一致时，教育效果最大。所以教育家说：“只有人格才能影响人格的发展和形成，只有性格才能铸造性格。”榜样的影响作用确实是巨大的，深远的。

大德无形，大化无痕。“影响”在小学阶段尤为显著。

我的所有爱好，我的性格、品格，都受到了张敬斋老师的影响。这些影响因为我对老师的崇敬而愈加深刻、久远，甚至今天连我写字的字体中还有张老师的影子，幼学如漆！

同样，我也在对我的学生施加着影响。北京大学研究生、现供职于中国民航总局的魏亚军，在给同学丛晓东的一封信中说：“我之所以选择了文科，完全受于老师的影响。”

徐晴在读大学三年级时写的一篇作文里有这样一段话：“我原来是那样胆怯，是于老师使我成了现在的我，一个充满自信的人。一句话，是于老师塑造了我的人格。父母常说，我像于老师。有一次，我与爸爸讨论一个问题，把他说得哑口无言。他半开玩笑半生气地说：‘都是于老师把你宠坏了。’我说：‘小时候你不也很宠我吗？宠得我大气也不敢喘。’是的，如果没有于老师的微笑，没有那小学阶段学习生活的和谐氛围，我不会成为现在的我。”——“微笑”“宠”“和谐”这些词语背后的东西就是“影响”。

学生的话对我既是巨大的鼓舞，又让我感到不安。我进一步认识到了老师这本“书”的分量。当我们在学生面前打开语文及其他课本的同时，也就打开了自己这本书——一本有内容却是无字的书。

于是我更加努力地、不断地把自己塑造成一个好人，把正直、善良、宽容、谦让、诚信、耐心、责任感……不断地充实到自己这本书中。是好人，才能是好老师。

于是我更加努力地把自己塑造成一个有知识的人，一个爱好广泛的人，努力把“琴棋书画”充实到自己这本书里，使自己成为“多才多艺”的人。老师的爱好越多，特长越多，对学生的影响、启迪就越大、越广——谁也说不定哪块云彩会下雨。

我的老师张敬斋就是这样一位多才多艺的大师。20世纪50年代初，在山东半岛的一个偏僻的小山村里，一个刚满18岁的青年，每天要求我们写一张大楷、四行小楷；亲自教我们唱京戏、拉胡琴；亲自为我们挖沙坑，让我们跳高、跳远，很小的我们，便知道了什么叫“剪式”“滚式”“跨越式”……那时他有“素质教育”的理念吗？肯定没有。他是靠他的善良、热情和才华来教书的。正如杜殿坤教授所说，一个文化高、修养高的人，怎么教都能教好。

我从进入师范学校大门起，就努力向张老师看齐。徐晴在读大学三年级写的那篇作文里还有这样一段话：“相处的日子多了，我才发现于老师绘画、写字、弹琴样样都行，而且他的京剧唱得特棒。他总能将他的才能恰如其分地运用到课堂上来，令我们觉得上他的课趣味无穷。”

我不断努力、不断地修改和充实着“我”的这本书的内容，而且“装帧”也很考究。我在学生面前从不邋遢、懈怠，总是精神饱满、笑容可掬、不摆架子。我要让学生一见面就喜欢我，以我的热情唤起学生求知求进的欲望。我要像张老师那样做个“会笑的教师”。

掀开“封面”——“我”的这本书里有爱和尊重。后进生考试不及格而偷偷流泪时，我会悄悄地为他拭去泪水；犯错误的学生来到我的办公室，我总会为他搬把椅子放在我的侧面让其坐下——我从不把椅子放在我的对面，因为对面像是在受审、像是搞对立嘛。留级生来到我班，上课我会鼓励他，下课会和他一起玩，于是他很快有了伙伴，很快地融入了新的集体……

“我”的这本书里有耐心和责任感。对学习有困难的学生，我有的是等待和耐心，必要时，我会到他家里去送书，他不想读也不好意思不读——过几天我会问他书中的故事，还会看他的摘抄本。“从长计议，”我对家长说，“他更要多读书，等他朗读得很流畅，语言比较丰富了，他会追上来的。只要尽力了，即使还不尽如人意，也不要紧，十个指头有长短嘛。”

“我”的这本书里还要有知识，以备学生查阅。学生的兴趣领域会是千奇百怪的，“于老师，您相信UFO吗？”“于教师，我们的苏-27战机能和美国的F-16比吗？”“‘暴虎冯河’中的‘冯’为什么读‘píng’？”……这些我都要及时地给予回答。“于老师，”一个叫冯羽商的学生故意考我似的问：“我的名字有意思吗？”“给你起名字的人应该懂得音乐。”“对！我妈妈是音乐老师，你怎么知道的？”“宫商角徵羽，这是古代的五音……”

“我”的这本书里有古今中外的故事，还要有笑话，用时还要随时能讲出来。“书”中还有我和学生之间的故事，我和学生共同书写，我感动着学生，学生也感动着我。

“我”的这本书里还有顽皮和天真。我和学生一起在游泳池里打水仗，一起卧在群山之巅，仰望蓝天白云，浮想联翩……

“我”的这本书里也难免会有错误和不足。年轻的时候体罚过学生，经常大发雷霆，说过一些不尊重学生的话，但我改了。犯了错误我会当众向学生认错、道歉。于是错误变成了教育资源，学生又从中读懂了什么叫“正确地对待自己”，什么叫坦诚……

老师的确是一本书，一本天天展现在学生面前、学生天天在读的书。这本书的“人文性”对学生的影响，不知要比语文课本中的“人文性”大多少倍！

几十年来我一直不间断地书写、修改“我”这本书，使它的内容不断充实，不断完善，不断更新，让它对学生有更大、更多、更好的影响。

“激励”——它是教育的第二个名字

清代的颜昊说：“数子十过，不如奖子一长。”这就是激励。

上小学的时候，张敬斋老师给我颁发的一张他亲自画的奖状，还有他在我的作业簿上画的一条条波浪线，对幼小的我是多么大的激励呀！读初中一年级时，李晓旭老师在我的作文上写的“此文有老舍风格，可试投中国青年报”竟让我做起了作家梦！从此便如饥似渴地读书，搜肠刮肚地写稿。理想虽未实现，但为理想奋斗的人生是充实的，收获是丰厚的！为此养成的读书、写作、观察、思考的习惯是无价的！

至于别人的例子更是不胜枚举，每个成功者、进步者，每个优秀教师教的每个学生都有这样感人的故事。作家黎汝清说：“我之所以立志当作家，最终成为作家，就是上小学时，有一篇作文上了墙报。”安徽凤阳一中有个叫邵军的学生，表现很差，是个被老师放弃的学生，升入高三，新班主任吴华兵老师找他促膝谈心，说："让我们从心开始。"说完，把"心"字写了出来。邵军十分感动，在吴老师的鼓励、帮助下，他发奋学习，一年以后，成了大学本科生！这不能不说是一个奇迹！这个奇迹产生的动力叫"激励"——由老师的爱心，激活了邵军的潜力。从这个角度上说，教育也可以叫"激活"。

要激励每个学生。虽然学生不可能都像邵军那样变得令人惊诧。我在《教育，有时候很简单》一文中说："同样褒奖的话，对张三可能起大作用，对李四的作用可能微乎其微（一点作用也没有是不可能的）。但是，激励、期待的话只要对一个人能起作用，我们就不放弃所有的人。人人都有长处，对他的长处就要多说夸奖的话、鼓励的话，就要赏识它、放大它。"放大优点"能激活学生的潜能，激发他们的兴趣"。而无数事实都证明，根据兴趣学习的人都有可能成为天才。因此第斯多惠才会说："教学艺术的本质不在于传授的本领，而是在于激励、唤醒、鼓舞。"

激励是有学问的。激励要有针对性。要看准学生的闪光点之所在，即他到底有什么特长，把他的闪光点激活。有个学生叫李明，数学经常考不及格，为此他觉得抬不起头来。但他喜欢画画儿。一次，在他正为数学没考好而沮丧时，我说了一句："李明李明，画画最行！"从此，他乐此不疲。后来通过刻苦自学，他拿到了美术大专文凭，成了一名优秀的画师。祖庆涛是位留级生。在我们所有任课老师的帮助、鼓励下，他变成了开朗、遵纪、有礼、勤奋的学生，但他读到初中二年级就辍学了。我对他母亲说："他人品好，身体好，又有基本的文化知识，这样合格的公民，社会能没有他的安身之地？"后来他成了一名优秀的谁都信得过的保安员，每次同学聚会，他都是发起者。彭晓明记忆力、理解力惊人，一篇《赤壁赋》，读几遍便能背下来。我对他说："我很喜欢你，你有很好的天赋，又好学，将来会成为一个学者。"后来他考取了清华大学，毕业后留校了。

针对学生特长给予的激励，有时真能为学生"定终身"。这种具有远见性的激励，往往能使学生有追求，有志向，并最终取得成果。——像祖庆涛那样，成为一个合格的公民，也是一种成果，为什么非要让小指长得和拇指一样粗？那不仅不可能，而且对"小指"来说，是一种极大的折磨。有人指出，教育的悲剧恰恰就在于我们千方百计地企图把上帝赐予我们的千万个天赋不一、个性迥异的学生造就成一个人，我们要尊重差异。孔子在两千多年前提出"因材施教"的思想是多么伟大！但时至今日，又有多少人去实施了呢？

表扬、激励的语言要有实指性，用词要恰当，实事求是，不能空泛。大而空的表扬，甚至像朦胧诗似的评价没有多大作用。"你真棒"之类的话可以使用，但最好说出"棒"在哪里。"你真棒！你的字有柳体的味道。""你居然能正确地使用分号，思维多清晰啊！""你不但回答正确，而且语言干净，几乎没有一个多余的字，也不需要再添一个字。”这样的语言，学生能听懂，知道好在哪里，而且对其他同学也有启示作用。

激励要着眼于育人。“虽然朱雷的发言是反驳李挺的，但李挺一直在平静地听，有君子之风。”“虽然这次刘卓薇落选了，有人还对她说是老师偏向另外的同学，才使她没评上‘三好学生’，可是她——大家看她的表情——始终是微笑着的。她的名字改为‘刘卓微笑’更合适！”“我真感谢我们的语文课代表，每次收的作业本他都为我翻好——翻到该改的那一页，费了他的时间，却省了我的时间。”“大家看看韩玉慧改的作文，任何一个错字都逃不出她的眼睛，任何一个优点——哪怕一个词用得好——她都圈出来了，而且加了眉批。总批写得也比我好。这叫对别人负责。”我要求我班学生作文写好后，同桌先互改（用铅笔），像老师那样改，然后再交给我改。学生改得真好！每次我总要表扬几个人。而学生们呢，也一次比一次改得认真。学生互改，收获的是能力，体验的是责任。

激励要真诚、动情。轻描淡写，面无表情地鼓励与肯定，会使学生不以为然，甚至不领情。什么是真诚的表扬，什么是随便说说，学生一听就知道，我从来不把小学生当作小小孩看待。

激励要及时。事情过去很久了才去赞扬，就失去了意义。即时赞美是第一阶段。突出的表现，赞美要重复，而且我总是当着全班同学的面表扬——一定要当众说！这样会增加被赞美的学生的荣誉感，而且会产生示范、引导的效果。

我的激励手段有很多。除了语言外，还包括为学生发放奖品（哪怕只是一本书、一支铅笔），发奖状。奖项要多，这样，奖品和奖状就不会为少数学生所包揽。让学生的作文、书法作品“上墙”也有很强的激励作用。还有一种激励叫“掌声”。不要低估了掌声的作用，掌声是世界通用语，它对人的激励作用也大得很，且又方便易行。把掌声送给该赞美的学生才真是“举手之劳”呢。

有时候，要为学生创造被赞美的机会。才艺展示啦，演课本剧啦，自编自演“歇后语故事”啦，写字、默字、朗读、作文比赛啦，各种体育比赛啦（如跳远、爬杆儿、跳绳、掰手腕、爬山等等），读书比赛啦……只要想让学生得到夸赞，总会有办法的。

我是在老师的激励下成长的，我的学生也是在我的不断地激励中成长的。当年老师讲课内容已经印象淡漠了，但对老师所有鼓励、表扬的话却永远记在心中。

我对“激励”的作用深信不疑。“唤醒、激励、鼓舞”是教育的伟大的法宝。但是，它的背后必须站着了解、理解、真诚和热情。一句话，必须有爱来支撑。

教育很艰巨，但只要从“心”开始，伸手就能成功；教育很复杂，但只要“学高”“身正”，谁都会成功。当然，“影响”和“激励”不是教育的全部，教育还有别的名字。

1950年生，河北省交河县人。中国共产党第十三、十四、十五、十六、十七大代表，第十届辽宁省政协常委。退休前曾任盘锦市教育局局长、党委书记，现任中国高等教育学会学习科学分会会长，台州书生中学校长。著作：《班主任工作漫谈》《魏书生文选》（一、二卷）、《好学生 好学法》等19册。全国劳动模范，全国中青年有突出贡献的专家，首届中国十大杰出青年，获"当代教育名家"称号。

魏书生

不动摇　不懈怠　不折腾①

今天是2010年2月18日，距离2009年7月18日《人民教育》出版"魏书生民主科学教育"专辑已经整整7个月的时间了。专辑出版后，到我们盘锦考察的、听课的老师、校长越来越多，关注盘锦教育的同仁越来越多，网上关注"魏书生"的也越来越多，2月18日百度搜索相关信息量大约是107万篇。

再过一个月是3月18日，就到了我的60周岁生日，到了从工作岗位上退下来的日子。

感谢辽宁省委领导一个月以前正式提名我为省政协常委候选人，1月25日在省政协十届三次会议上，我当选为省政协常委。这样，今后3年，我就可以退而不休，在更重要的岗位上发挥余热。

① 本文曾发表于《人民教育》2010年第6期。

处在这样一个将退未退的位置，本地的朋友、同仁，外地的同行、同志便都愿意跟我探讨对今后教育发展的建议。

任小艾老师也让我写一篇文章，大致也是谈对今后教育工作的建议。静下心来，潜心思考，我真的想不出什么新的思路，反复比较，左右权衡，我仍然认为“民主、科学”4个字是第一重要的。民主治教、科学发展的关键在于不动摇，不懈怠，不折腾。

一、不动摇

大多数人民群众认可的常识，大多数师生愿意接受的常识，常常就是符合规律的、科学的人间大道。对这些常识，我们一定要坚守、坚守再坚守，决不动摇，我们的教育事业就一定能科学发展，我觉得要做到三个坚守。

第一，坚守民族的传统常识。先贤先哲说的“明德新民，止于至善”“有教无类”“因材施教”“寓教于乐”“教学相长”……古代如此，现在亦然，再过一万年都用不着改变。

第二，坚守新中国师生们耳熟能详的常识：“热爱祖国、服务人民、以人为本、德育为先、三有一守、注重实践、尊重个性、全面发展。”

第三，也是最重要的，就是要坚守自身的优点长处，坚守自身做得对的事情决不动摇。

回忆12年来局长兼书记的工作经历，我个人真的没提出什么新的理念，我无非就是帮助机关干部、师生、员工们反复温习这些常识。

有人说一个城市建市25年，一直不办重点小学、初中，一直均衡发展，老百姓一直不交择校费，是创造了一个奇迹。其实认真想来，我们就是坚守了服务人民、尊重规律的常识。大部分老百姓希望这样做，我们一届一届教育局领导班子无非就是按老百姓和领导的要求，一点一点地把均衡发展落到实处。少来锦上添花，多去雪中送炭。以校舍为例，100%的农村中学、中心小学都建了楼房，大洼县农村校舍都比县一中强，大洼、盘山两县农村校舍质量整体好于城区，这就出现了新的不平衡。以后盘锦要改善城区的校舍，使其不低于农村，或略高于农村的标准。12年来先后把340所村小撤并掉321所，全市仅剩下19所村小，也不是因为我有多大的本事，只是因为12年前，我提出撤并村小给予奖励时，是根据学龄人口不断减少的实际，依据盘锦有可能在全省率先实现城乡一体化的实际，根据农民收入不断增加、盼望把孩子送到较大学校读书的需求。目标定了，就不动摇，每年减少一些，今后盘锦大、中、小、幼的学校布局调整，还是要守住根据经济发展水平和老百姓需求作决策这一基本常识。

我们连续15年把重点高中公费招生名额100%分配到区域内初中的做法，也不是我们的新发明，而是学习山东招远的经验，学习后，大家感觉符合我们本地规律就采用了。搞教育的人都明白这样的常识：如果政府不极端偏心，故意集中人力财力，办几所显示政绩供人参观的窗口学校，而是大致主持公道；校长、教师、生源大致公平分配，每所初中、小学阶段的学校，谁比谁都强不了多少。其实哪一所学校宣传自己比人家强很多，那一定是掩盖了许多真相的炒作。15年来，我们毫不动摇，把100%重点高中招生指标分配到初中，起到了引导大家静下心来研究教育规律的作用，促进了教育公平。但也存在平均主义的倾向，今后要做的是如何调整分配公式，给有特色的学校增加指标，把指标到校这件事做得更科学。

我1997年10月任教育局局长，就职演说时提出“五个一分钟”，后来又增加了“一分钟读名著”“一分钟演讲”，其实真的没有什么新意，都是人生成长发展的常识。我读了几百位名人、伟人传记，发现他们中的许多人都有终生爱一项劳动、爱一项体育活动、爱一项文艺活动，以及爱写日记、爱读书、爱助人的习惯，都有良好的专注力。既然这是公认的常识，又有利于每一位学生，有利于国家，时间成本不算高，经济成本又很低，教育行政部门就有责任帮助师生坚守“七个一分钟”不动摇。我愿意向全国各地的师生员工建议，坚持“七个一分钟”不动摇，一年两年不动摇，十年八年不动摇。我个人今天还在刷碗筷、唱歌、跑步、读名著、练演讲、写日记、做注意力体操。有时间就多做点，没时间就真的只做一分钟，不动摇，不停止。从中感受到了自信和快乐，我才愿意几百次、几千次地建议坚守这些常识，不动摇。

其实我不厌其烦、反反复复、翻来覆去、逢会必讲的一个不动摇，还是坚守“学习、工作、尽责、助人是享受”的幸福观不动摇。有了这个不动摇就能高楼住得，茅屋居得；高官做得，百姓当得；顺境处得，逆境受得；表扬禁得，批评听得，在人生任何一个位置上都能明确自己的责任，制定学习目标，在为祖国、为人民尽到责任的同时，享受到做人的幸福感、自豪感和尊严感。

二、不懈怠

继承不是目的，继承的目的是创新。

不动摇坚守常识不是目的，往深处扎根，向高处发展才是目的。

要创新，要发展，就不能懈怠，就是把我们做得对的事情做得更多、更快、更好、更省、更精、更细，更适合师生利益，更适合经济社会发展的需要。

校长要为教师、学生服务，要深入课堂，这是谁都知道的简单常识，既然是常识，就要坚守不动摇。但如果产生了倦怠感，坚守就变成了苦役。要不懈怠就要不断往深处、细处去创新。

我在讲台上站立了35年，仍然盼着快些开学，好去给学生上课，我盼着快些看到学生们的新日记、新作业；听到学生们的新见解、新建议；观察学生们的新笑容、新眼神；当然也渴望向学生们展示我的新教法、新导语、新设计、新教案。

盘锦市一中校长范宝丰，当了8年一把手，教了8年物理课，越教越爱教，还当上了班主任，人家说他讲课上了瘾。他把这种上课的幸福感传递给一中的老师，于是爱课堂的老师越来越多，一所后进学校变成了先进学校。

二中校长吴献新，也觉得只教语文课不过瘾，便带头当起了班主任。老师们以他为榜样去发现教课带班的新乐趣，学校充满勃勃生机。

12年前，我提出校长进课堂的说法时，有的校长还不理解，现在盘锦越来越多的校长在课堂上发现了广阔的发展空间，不断产生科学办学的灵感，感到课堂像自己的精神家园。

校长加深对课堂的爱，也激发教师们对学生的爱、对课堂的爱。

盘锦市经济技术学校教师张海英，计算机技能精湛，教育局领导商量调他到局机关工作。经校是一所中专，坐落在大洼县田家镇，一下子从中专老师到局机关当干部，从城郊到市中心上班，从世俗的眼光来看，是一件求之不得的大好事。可张海英却婉言谢绝了局领导的好意。他感觉在课堂上当计算机学科教师比去教育局有更广阔的发展空间，他愿意继续坚守在普通中专的课堂，继续在教学细节上不懈努力、追求探索、改革创新。于是他的学生能够在全省、全国的比赛摘金夺银。2010年元旦，省政府网站发布好消息，张海英老师代表辽宁参加人力资源和社会保障部、团中央举办的全国职业技能大赛，他获得计算机项目第一名。

我们盘锦市就是靠着许许多多像范宝丰、吴献新、池军华、张海英这样爱课堂、爱学生、从细节入手、不断创新的校长、教师，教育工作才脚踏实地、一步一个脚印地朝前发展。

学习实践科学发展观活动，我的联系点是市高中和实验中学，前不久参加学校领导班子的民生生活会，两所学校的领导让我说一说今后开展科学发展观活动的注意事项，我反复强调的就是要千方百计把科学发展观“坚持以人为本，树立全面、协调、可持续的发展观”落到实处、落到课堂、落到师生和员工的举止言谈中，果真如此，则“善莫大焉”。

千万别把科学发展只当成一项活动，当作完成上级指派的一项任务，要把科学发展变成生存的需要，变成生存幸福的源泉。人的深层次幸福感归根结底来自自我内心世界真善美阵地的不断拓展。

不懈怠，要发展的主阵地在课堂上，课堂教学的重点是落实十条要求，十条要求的重点是第二条：每堂课，每位同学都有适合自己的学习目标。师生产生松懈感、倦怠感，常常是因为发展目标出了问题：或是发展目标过高，望而却步，或是目标过低，松弛懈怠；或是只重视教的目标，没重视学的目标；或是大部分学生有目标，小部分学生没目标。

45分钟的课堂像一个宏大的世界，教师要引导学生主动“择业”、主动“创业”、主动“就业”，千万不要“待业”。科学发展就是要树立选择的观念，能飞的飞、能跑的跑、能走的走，能持之以恒朝着自己的目标向前爬，也比没有目标“失业”“待业”强得多。引导先进学生不断超越自我，没有时间骄傲，引导后进学生“大事做不来，小事赶快做”，没有时间自卑。教师板书有新设计，语言有新节奏，写字有新突破，教案有新改进。这样一堂课，师生都会在发展中享受着创新的幸福。

其实盘锦市每一位老师乃至全中国每一位老师都曾经上过成功的课，都享受过在课堂上师生共同发展的幸福。问题的关键在于我们要坚守住成功的阵地，决不懈怠，一点一点、一寸一寸地拓展成功的阵地。

三、不折腾

改革开放，一个中心，两个基本点，决不动摇，决不折腾，GDP总量增长到世界第二。

一个地区，一所学校，一位老师，要科学发展，必须防止折腾。

我们必须学习新理论，但要防止陷入概念的折腾之中，关于什么是“素质教育”，就有很多种复杂的解释，其实不管怎么解释，我们大家都明白，就是说了几十年的“老老实实贯彻党的教育方针”。

我们必须学习外国经验，但不能一阵子凯洛夫，一阵子赞可夫，一阵子布鲁姆，一阵子布鲁纳；刚学了半年芬兰，又忙着模仿丹麦；刚照搬一点德国职业教育的皮毛，没来得及深研，又忙着考察日本的技能培训……似乎在不断创新，实质在来回折腾，浪费时间，消耗成本，不仅难有收获，而且贻误工作。

我们必须虚心学习外地、外校经验。我们多次组织校长、教师到全国各地学习，每年都多次请专家学者到盘锦讲学，仅2009年我们就先后邀请著名学者顾明远、朱永新、郑日昌；著名校长、教师李金初、李希贵、程红兵、秦培元、崔其升、吴国通、刘永胜、窦桂梅、吴正宪到盘锦为我市校长、教师讲学上课。专家、名师的报告使我们净化灵魂、增强信心、开启智慧。感动、激动之后，怎么行动，千万不能离开自己的实际，全盘照搬先进校长、教师的经验。照搬的结果，会成为一轮又一轮的折腾。既伤害了自己，又给先进经验抹了黑。

我们生活的时代特点是发展提速、结构调整、体制转轨、利益重组，工业化、信息化、市场化、城镇化、国际化带来的评价体系多极化和评价标准多元化。面对信息骤增、知识爆炸的现实，我们必须开放胸襟，广泛学习国内外新理论、新经验，学习而又要防止折腾，还是前面说的三个坚守：守住民族传统常识，根植几千年中华文明的土壤；守住新中国师生的经验，根植60年社会主义建设的土壤；守住自己的优点长处，根植于自己心灵真善美的土壤。根茎深了，充满生命活力，再广泛吸收国内外有利于自己抽新枝、长新叶的理论和经验。把人家的理论与经验当成自己的营养和水分去吸收。既守住、发展了自己，又赞扬、肯定了别人。

单讲一个大课间，除了统一的广播体操外，我们要求各校再自编一套学生喜闻乐见的运动。12年来，有的学校编秧歌，有的学校编武术，有的跳竹竿，有的跳皮筋，有的舞彩圈，有的甩红绸，八仙过海，各显神通。如果迷失自我，到处学习人家，来回折腾，一事无成。各校立足自己的项目，学习人家的长处，微调自己的动作，现在是越做越好、越做越精。每所学校师生一起参加的大课间，成为一道亮丽的风景线。

我们坚持培养学生自我教育能力的长处，坚守培养学生自学能力的长处，坚守培育学生八个学习习惯的特色，决不折腾，尽管我们12年未搞一次中小学统考，2009年我们还是取得了平均每百万人口6000人升大学，其中4500人升本科、18人升清华或北大的好成绩。

尽管我们的生均办学经费排在全省第11位，但我们百万人口高中阶段在校生排在全省第一位。《盘锦日报》行风评比结果，教育局满意度排在62个政府部门的第二位。

既然培养学生自我教育能力、自学能力的八个学习习惯做对了，就决不能折腾，还要学习国内外的理论、经验，不断在细节上充实完善自己，从而做得更符合学生的利益，更符合教育规律。

导致折腾的原因，常常是急功近利。急于求成，脱离实际，盲目拔高，自我膨胀，浮夸奇迹。

我认为搞教育要永远守住平常心，局长、校长、教师要守住平常心，学生才容易守住平常心；一辈子为追求公平、正常而做一件又一件的实实在在的事情，不要对别人不公平，也不要对自己不公平；别希望别人不正常，也别让自己不正常。

即使成了最伟大的科学家、艺术家、政治家、企业家；即使当上了地球的球长，太阳系的系主任，也还是要一天一天过日子，一件一件做事情，把自己的管辖范围治理得更公平、更正常。智慧越高的人才越反对折腾，越明白“平常心是世间大道”。

今天晚间看《焦点访谈》播出黄阳光的事迹，5岁失去双臂，用脚写字、画画、编筐、打字，舞出精彩人生的黄阳光，就是科学发展，不动摇、不懈怠、不折腾的典型。

我们国家千千万万优秀的科学家、企业家、艺术家、工人、农民其实走的都是一条不动摇、不懈怠、不折腾，自由发展、科学发展的人生道路。

建议校长、老师们，进入松、静、匀、乐的状态，把注意力集中在建设人力资源强国上，守住民族、国家、自身的长处，不动摇、不懈怠、不折腾，自觉主动，科学发展。我们民族复兴、强国之梦一定会在新中国成立100年内成为现实。我们每一个教育工作者，每个学生，每时每刻都能享受到“学习、工作、尽责、助人的快乐”。

刘彭芝

1945年生，江苏徐州人。中央文史研究馆馆员，国家教育咨询委员会委员，创新人才教育研究会会长，教育部校长“国培计划”卓越校长领航工程中小学名校长领航班人大附中联合总校基地主持人，国家基础教育资源共建共享联盟主席，中国发明协会副理事长，研究员，博士生导师，数学特级教师，中国人民大学附属中学联合学校总校理事长，人大附中名誉校长、人大附中联合总校名誉校长。国务院原参事。出版《人生为一大事来》《刘彭芝教育思想与实践》《托起未来的教育家》（上、下）等专著。先后荣获“当代教育名家”“全国先进工作者”“全国教育系统先进工作者”“全国五一劳动奖章”“全国三八红旗手”“全国先进女职工”“中国教育十大英才”“全国十大教育杰出贡献校长”等荣誉称号；被授予宋庆龄樟树奖，华人榜杰出教育家奖等多个奖项。享受国务院政府特殊津贴。还获得由中华人民共和国国务院颁发的“网络教育关键技术及示范工程”国家科学技术进步二等奖、北京教育终生成就奖。

关于培养拔尖创新人才的几点思考[①]

在科技迅猛发展的今天，在全球化的进程中，人才的数量、质量、结构和作用的发挥，直接关系到国家的兴衰，因此培养拔尖创新人才日益成为各国的战略重点。在我国从人力资源大国向人力资源强国迈进的进程中，培养一大批拔尖创新人才，加快形成我国人才竞争的比较优势，是我国建设创新型国家、增强国际竞争力的客观要求。《国家中长期教育改革和发展规划纲要（2010—2020年）》指出，在人才培养体制改革上要更新人才培养观念、创新人才培养模式、改革教育质量评价和人才评价制度；在创新人才培养模式上，要创新教育教学方法，探索多种培养方式，形成各类人才辈出、拔尖创新人才不断涌现的局面。中学作为人才培养的摇篮，在拔尖创新人才的培养中起着重要的奠基作用，正确认识和把握中学拔尖创

① 本文曾发表于《教育研究》2010年第7期。

新人才的培养，不仅关系到中学生自身的健康成长，而且关系到祖国的未来建设。

一、改革拔尖创新人才培养体制，尽快解决拔尖创新中学生的出路问题

做任何事情，都有个“知”与“行”的问题。知与行，有先后之分。有的事情是知在先，知中已含有行；有的事情是行在先，行中已含有知。知与行，也有难易之别。有的事情是知难行易；有的事情是知易行难。培养拔尖创新人才，是个知易行难的问题，起码在当前是如此。

对于培养拔尖创新人才，中学的教育工作者不是不知也，而是不为也；不是不能为也，而是不敢为也。我国现行的教育体制，从总体思路到具体设置，再到评价机制，都是面向普通学生的，而不是针对拔尖创新人才的，这也正常，因为任何一种体制，首先应该面向大多数人，对少数人，只能设立“特区”。问题是，在培养拔尖创新人才方面，我们现在还没有政策允许的“特区”。这样一来，中学要真枪真刀地培养拔尖创新人才，就得突破，就得冒险，就得不怕惹麻烦，就得有大勇气。在培养人才的链条中，中学只是中间的一个环节，因为中学培养拔尖创新人才，最终还要向大学输送，并能进入理想的大学。把这些问题说清楚，在培养拔尖创新人才上的知易行难现象也许就不难理解了。

由此可见，在中学，改变拔尖创新人才的培养现状，需要做的工作很多，但最重要的有两个方面，一方面是要有明确而刚性的政策支持，要鼓励和支持中学大胆地试、大胆地闯，要为培养拔尖创新人才设立“特区”；另一方面是要尽快解决拔尖创新中学生的出路问题，要有切实的措施保证拔尖创新中学生进入理想的大学。相比之下，后一条更重要，是重中之重；也更紧迫，是当务之急。应该说，在提供拔尖创新中学生的出路问题上，我们也想过办法，比如，高校的自主招生，初衷就是为拔尖创新中学生开辟“绿色通道”。再比如，这次北京大学实行“中学校长实名推荐制”，初衷也是再开一条拔尖创新中学生的“绿色通道”。但实际情况如何呢？这些好办法在执行中都多多少少变味了，最终还是以常规学习成绩论英雄。传统习惯的力量实在是太大了，“应试教育”的痼疾实在是太难治了。人们对自主招生和“中学校长实名推荐制”从高度关注到逐渐失望，原因就在这里。拔尖创新人才一般都不是面面俱到的人才，而是在某一方面有特长的人才，培养这样的人才，与现行的高考制度的确有不相适应的地方。高考制度不改革，拔尖创新人才的出路问题不解决，从普遍意义上讲，中学的校长和老师就会“投鼠忌器”，就难以有大动作。

二、中学培养拔尖创新人才需要具备三种眼光，处理好两个关系

尽管知道难，尽管确实难，但我们还得干。世界上的事情就是这样，许多时候，我们不能只问对错，不论难易。既然培养拔尖创新人才事关增强国家的核心竞争力，事关民族的前途命运，那么，再难我们也应该坚持做下去。具体到中学，笔者认为，培养拔尖创新人才，当前有如下几点特别重要。

第一是眼光问题。在培养拔尖创新人才上，教育工作者应该具备三种眼光。

一是长远的眼光。拔尖创新人才是创新精神、创新能力和创新成果的结合体，拔尖创新人才在中学期间，受到的是创新精神、创新能力的培养，而出创新成果，则是在大学期间或大学毕业以后。因此，中学培养拔尖创新人才，做的是打基础、做铺垫的工作，做的是只求耕耘、不问收获的工作。这就要求中学的教育工作者特别是校长要树立正确的政绩观，具有长远的眼光、崇高的境界和对祖国未来的高度责任感。

二是全面的眼光。许多人认为，创新，就是科技创新，拔尖创新人才，就是杰出的科技人才。这样的认识是不到位的。我们建设创新型国家，要增强综合国力，既需要科技拔尖创新人才，也需要社会科学、人文科学、文学艺术等方方面面的拔尖创新人才，还需要在各种工作岗位上的技术革新能手。因此，培养拔尖创新人才，眼光要全面，视野要开阔。这样，才能面向更多的学生，才能有更多的学生参与进来，才能形成更大的互动，产生更大的效益。

三是发现的眼光。拔尖创新人才最大的幸运是什么？是被发现。拔尖创新人才最大的悲哀是什么？是被埋没。因此，发现拔尖创新人才是培养拔尖创新人才的基础，具备发现的眼光是教育工作者最重要的素质。没有发现，后续的工作都无从谈起。庸才是发现不了俊才的。只有都是英雄，才能“所见略同”，才能“惺惺相惜”。具备发现的眼光，是对教育工作者的高要求；只有具备高素质的人才能具备发现的眼光。从这种意义上讲，培养拔尖创新人才与提高教师队伍素质是相辅相成的两个工程。

第二是办学思想和体制机制问题。这一问题涉及的面太多，结合中国的国情，特别是结合当前的中学教育实际，笔者认为应正确处理好以下两个关系。

一是处理好无为和有为的关系。无为和有为是辩证统一的关系，无所为是为了更好地有所为。在很多时候，无为是有为的前提，这就像画画，留足空白，才能画出一幅灵动有气韵的画来；也像舞蹈，有大的空间，才能腾挪变化，长袖善舞。我们仔细研究古今中外的拔尖创新人才成长史，可以发现这样一个规律：拔尖创新人才几乎都不是刻意培养出来的，而是

在良好的教育和社会环境中自然成长起来的。因此，在培养拔尖创新人才上，无为而治往往更重要。所谓无为而治，不是真的无所作为，而是一种哲学意义上的自觉的无为。培养拔尖创新人才上的无为而治，从政府层面上讲，就是给学校放权，扩大学校的自主权，让校长们解放思想，开动脑筋，大胆地试，大胆地闯；从学校的层面上讲，就是进一步减轻学生的课业负担，进一步创造宽松的教学环境，让学生的天性得到自由发展，让学生的特长得到充分展现。这两个层面的无为而治做到了，拔尖创新人才才可能崭露头角，才可能被发现，教育工作者才能真正有所作为，才能用特殊的载体和特殊的方法，因材施教，从而按教育规律办事，按人才成长规律办事。

二是处理好整体适应和局部突破的关系。对现行的教育体制，我们在思想认识上可以见仁见智，对它作各种各样的评价。但是，在行动上，作为基础的教育工作者只能在整体上适应现行的教育体制，在局部上突破现行的教育体制。如果在整体上不适应现行体制，我们就会左右为难、手足无措；而如果不能在局部上有所突破，我们就不可能有所创造，有所进步，从而推动中国的教育事业与时俱进。处理好整体适应与局部突破的关系，是我们唯一正确的选择，也是我们唯一有前途的出路。近十几年来，人大附中一直坚持“全面发展＋突出特长＋创新精神＋高尚品德”的教学方针，就是正确处理整体适应和局部突破关系的结晶。其中，追求学生的全面发展，就是整体适应现行的教育体制；培养学生的特长，就是在培养拔尖创新人才上实现局部突破，从而使人大附中既高考升学率连续多年保持北京第一，又发现和培养了一批又一批在各方面有特长的拔尖创新人才，实现了整体适应和局部突破的双赢。

说到处理好整体适应和局部突破的关系，还有一个重要的问题值得重视，那就是充分发挥校长的作用。要改变拔尖创新人才的培养现状，要让拔尖创新人才培养工作尽快有起色、有成效，必须让培养拔尖创新人才工作在教育管理部门、特别是在各个学校成为“一把手工程”，充分调动校长的积极性、主动性和创造性，充分发挥校长的作用，亲自抓拔尖创新人才的培养工作。

三、旗帜鲜明、坚定不移地实施素质教育是培养拔尖创新人才的时代选择

推进素质教育，是我国教育事业战略方针的一次重大调整，是我国教育事业进入新的历史阶段的标志。搞“应试教育”，教育的路只能越走越窄；靠“应试教育”，我们永远不可能由教育大国变成教育强国。我国的教育事业能不能进入新境界、实现新跨越，关键就在于素质教育是否得到真正的落实。这些年，社会各界对教育事业有各种各样的指责和不满，不是

因为实施素质教育，恰恰相反，是因为对素质教育认识不到位、推行不得力。

实施素质教育，是新时期我国教育改革和发展的主题。我国的教育工作，不论在何时、不论在何地，都要坚持这个根本方针不动摇。评价一所学校的工作好不好，评价一名校长的工作好不好，评价一名教师的工作好不好，最重要的标准，就是看其推进素质教育得力不得力。

实施素质教育，符合马克思主义关于“人的自由全面发展”的终极理想，符合以人为本的科学发展观，符合“有教无类”“因材施教”的中国优秀传统教育思想。还有很重要的一点，实施素质教育，有利于培养拔尖创新人才；培养拔尖创新人才，是实施素质教育的题中应有之义，因为实施素质教育，重点就是培养学生的创新精神和实践能力。抓住了这个重点，素质教育的魅力才能体现出来；抓住了这个重点，素质教育的威力也才能体现出来。素质教育推行了这么多年，为什么没有取得令人满意的成绩？就是因为在培养学生的创新精神和实践能力上没有大的突破。中国的教育与发达国家教育的距离在哪里？就在培养学生的创新精神和实践能力上。党和国家领导人近些年对教育工作的指示批示中，提得最多的，就是培养学生的创新精神和实践能力；老一辈科学家对教育工作的忧虑中，最大的忧虑，就是我们为什么培养不出杰出的拔尖创新人才。在培养学生的创新精神和实践能力上，我们的许多思想观念还不适应，我们的体制机制还不适应，我们的评价体系还不适应。如果说实施素质教育就像烧一壶开水的话，培养学生的创新精神和实践能力做不好，这壶水就永远是六七十度，永远开不了；如果说实施素质教育就像画一条龙的话，培养学生的创新精神和实践能力就是点睛之笔，没有点睛之笔，这条龙就活不起来，飞不起来。素质教育这篇大文章能不能写好、能不能出彩，关键就在培养学生的创新精神和实践能力上，关键就在培养拔尖创新人才上。

中国的学生基本功扎实，这一点早已得到世界教育同行的广泛称誉。中国的学生，明显缺乏的就是创新精神和实践能力。学生的问题，实质上是教育的问题。在中国打基础，到国外出成果，这种现象太让人痛心了，这种现象再也不能持续下去了。实施素质教育，一定要以培养学生的创新精神和实践能力为突破口。我国的教育，如果在培养学生的创新精神和实践能力上有大突破，那就真是如虎添翼了。我国要由人力资源大国变成人力资源强国，挑战就在培养学生的创新精神和实践能力上，机遇也在培养学生的创新精神和实践能力上。我们就要站在这样的高度，深化对素质教育的认识，进一步增强推进素质教育的紧迫感和使命感，通过培养出大批拔尖创新人才，开创素质教育的新局面，开创我国教育事业的新局面。

杨福家

1936年生，上海人，核物理学家，上海建桥学院名誉院长。1958年从复旦大学物理系毕业后留校任教，1960年担任复旦大学原子能系副主任，1963年至1965年担任丹麦哥本哈根尼尔斯·玻尔研究所博士后研究员，1980年晋升为复旦大学物理学教授，1987年至2001年担任中国科学院上海原子核研究所所长，1991年当选为中国科学院学部委员（院士）、第三世界科学院院士，1993年至1999年担任复旦大学校长，1997年至1999年担任中国大学校长联谊会创会会长，2001年起出任英国诺丁汉大学校长（校监），成为出任英国知名院校校长的第一名在籍中国人，2004年创办并出任宁波诺丁汉大学校长。领导、组织并基本建成了“基于加速器的原子、原子核物理实验室”，在中国国内开创离子束分析研究领域。与汉密尔顿（J.H.Hamilton）合著《现代原子与核物理》。获“当代教育名家”称号。

质疑——培育杰出人才的关键[①]

一流大学是在质疑环境中逐步形成的，杰出人才只能在不断提问、不断思考的氛围中茁壮成长。我们期望参与质疑的人越来越多、质疑的面越来越广。

对学生的质疑理当宽容和赞赏

李政道教授特别欣赏复旦大学校训“博学而笃志，切问而近思”。“学问”就是学习问问题，而不是学习答问题。

钱学森与他的导师冯·卡门曾争论得面红耳赤。但是第二天，他的导师一进钱学森的办

① 本文发表于2010年12月28日《文汇报》；部分内容发表于2010年12月24日《中国教育报》和2011年第一期《国是咨询》。发表后又作了一些修改。

公室就鞠躬，说：“你是对的。”钱学森不管导师多么权威，自信地坚持己见，正体现了亚里士多德的那句名言：“吾爱我师，吾更爱真理。”

在耶鲁大学旁的一所小学，有一位8岁男孩举手对正在讲课的老师说，你在黑板上拼写的字母错了。老师说：“真的吗？让我查一下字典。”学生立刻说：“不必查，我保证你错了！”后来，这位老师在全校家长会上表扬了这名自信的同学。老师对学生质疑的宽容和赞赏，创造了良好的育人环境。创造性人才正是在这样的环境中开始成长的。

习惯质疑能够培养学生的自信

宁波诺丁汉大学成立7年来，贯彻了“宽容和赞赏学生质疑”的精神，使不习惯质疑的中国学生在入校后观念与习惯有了很大的转变。中国人民大学附中校长刘彭芝在参观宁波诺丁汉大学后，认为这所学校学生的与众不同就在于两个字：自信。

最近对于可能要建上海诺丁汉新校区，学生中有些不同意见，甚至出现激烈争论。一位同学给校长写了一封措辞尖锐的信：“我过去崇拜您，现在对您极度失望。”但过了10天，在学校领导连续召开两场面向所有学生的公开解答会后，这位同学又连写两封信，第一封写道：“不得不说，对这件事我表现得很不理性……好消息是，越来越多的人渐渐接受了这件事，大家开始用不同的眼光看事情。当然，激烈反对派也还不少。”第二封的内容是：“听您的讲座，给我最深的感触是您看问题的广度和深度是不同的。我从一个片面的角度去纠结一个细节，没有全面地分析问题，忽视了大环境。”

还有的同学说：“英国校区与马来西亚校区的同学有胸襟，能在7年前支持我们办宁波校区，我觉得我们今天应该更有胸襟。”有位同学问校长：“为何面对粗鲁的提问，您能平淡相对？”这个学生不了解校长深受哥本哈根学派思想的影响：物理大师玻尔可以与两位学生海森伯、泡利整天争论不休，泡利更以粗鲁生硬的态度闻名，但没人计较他的“粗鲁”，而是深入思考他所提问题的本质。这两位学生如他们的老师——1922年诺贝尔奖得主一样，后来都获得了诺贝尔奖（海森伯，1932年；泡利，1945年）。

宁波诺丁汉大学学生的可爱之处在于热爱自己的学校，并且敢于质疑，又善于在求真的过程中趋向一致。就这次“可能的新校区”的争论来看，不足之处在于参与质疑的还只是全校学生中的一部分。我们期望参与质疑的人越来越多、质疑的面越来越广。数月前，耶鲁大学校长在就耶鲁与新加坡国立大学合建人文学院一事做出决定前，与记者对话，并于9月12日发表公开信，引起的争论相当激烈，意见非常广泛。这就是一流大学成熟的标志。“质疑并不针对个人，而是针对科学问题。只有敢于质疑的人，才能使科学不断创新。”①

一流大学是在质疑环境中逐步形成的

一流大学是在质疑环境中逐步形成的，杰出人才只能在不断提问、不断思考的氛围中茁壮成长。在一流大学，这种环境、氛围的重要载体是住宿学院。现在，国内谈论住宿学院的大学越来越多，汕头大学、宁波诺丁汉大学、南方科技大学、香港中文大学等已在为之付诸实施而努力。住宿学院与我国高校中的学生宿舍究竟有什么不同呢？

住宿学院最早出现在英国的牛津大学与剑桥大学，1928年开始引入美国，哈佛大学与耶鲁大学相继各建了12所住宿学院。它与我们的学生宿舍有什么不同？其最大不同在于有一批资深教授被聘为学生的导师，其中一部分导师（包括首席导师）与家人一起住在宿舍里。他们把育人作为第一职责。早期在牛津大学留学，后曾任教于浙江大学的著名学者费巩曾对此有过非常生动的描述：

导师“与二三学子相聚一堂，或坐斗室相对论学，或集诸多学子茶点小饮于导师之家，剖析疑难，并指示学子之修养之法，解答学子个人问题。导师视门人如子弟，门人视导师如良师益友，从学之期虽暂，而缔交辄终身，受其潜移默化，不觉品德与学问俱进也”。②

英国剑桥大学的三一学院是世界上有名的住宿学院之一，由英国国王亨利八世建于1546年。牛顿、培根、达尔文、麦克斯韦、卢瑟福、尼赫鲁（印度首任总理）均出于该校。至今已从此学院走出了32位诺贝尔奖得主、4位菲尔兹奖得主。最近，笔者参加了三一学院首席导师期末宴请全体导师的晚会。现任首席导师是勋爵、宇宙物理学家Martin Rees院士，曾任英国皇家学会会长，其地位绝不亚于剑桥大学校长。三一学院的首席导师的任命必须获大多数导师推荐，并得到英国首相的认可。这样，“育人为本”才能在制度上得到保证，与谁做校长没有关系。住宿学院、个性化教育为质疑创造了良好的环境。

陪同笔者前往的是勋爵、应用数学物理学家亨特（Julian Hunt）院士，他也是三一学院的导师（全英国有爵士2000余位，勋爵只有200位。既是皇家学会院士，又是勋爵的就更凤毛麟角了）。在宴会厅的两旁，挂有历届首席导师的油画像，其中有很多诺贝尔奖得主。三一学院有600多位本科大学生，导师却只有160余位，但是个个都享有盛名。这就是剑桥，这就是

① 美国《科学》主编Bruce Albers，2010年10月11日。

② 参见笔者刊于1993年6月7日《光明日报》头版的《教书育人，传道受业》之引文——由费巩撰稿的刊载于1939年1月《浙江大学师范学院院刊》第一集第一册《施行导师制之商榷》。该文还收录于《费巩文集》，浙江大学出版社2005年版。

温家宝在剑桥大学所说的“剑桥举世闻名，培养出牛顿、达尔文、培根等许多杰出的科学家、思想家，为人类文明进步作出了重要贡献”的大学。世界一流大学一定是把培育人放在第一位的大学。

后记一

2011年3月15日：我国两会才结束，《中国青年报》就有一文这样描述今年的两会：“捶桌子的、吵架的、哽咽的、愤怒的、流汗的，正是这些丰富的表情，让两会充满议政的味道。议政，就应该像这样有点儿冲突和火药味。参政议政，说到底就是不同利益群体的代表们到议政厅博弈来了，各自把利益声音表达出来，争取将本群体的声音融入立法和决策中。既然是不同利益群体的博弈，必然就有不同声音，有反对声，有不满声，有炮轰声。两会制度，创造了一个让大家‘和平吵架’的制度平台，让大家在这个制度渠道中把不同观点表达出来……这些在两会上鲜活生动的冲突场景和论争剪影，见证着中国民主政治的进步。”

后记二

诗人徐志摩于1920年10月至1922年8月曾游学剑桥大学，这一时期是徐志摩一生的转折点。他说过：“我的眼睛是康桥教我睁开的，我的求知欲是康桥给我拨动的，我的自我的意识是康桥给我胚胎的。”（康桥即剑桥大学所在地）

后记三

2009年新加坡国立大学邀请耶鲁大学合办相对独立的、基于住宿学院的人文学院，前两年实行博雅教育。耶鲁大学校长勒威（Levin）随即组织三个委员会研究，2010年9月10日双方签订合作备忘录，校长勒威于2010年9月12日向全体教员公开征求意见。2011年3月31日，签订正式合作协议的条件成熟，勒威校长与常务副校长赛乐威（Salovey）向全体教员发表公开信。信中说明，新建的耶鲁—新加坡国立大学人文学院将于2013年招生，最终规模为1000名学生，分住三个住宿学院，将向全球招聘100名教员，师生比为1：10。住在住宿学院内的导师将超过耶鲁大学，每一学院内设首席导师（院长）与首席副导师（副院长）。所有经费由新加坡政府承担。此举希望在亚洲建立基于住宿学院的人文学院的一种新模式。

姜大源

1946年生，湖北武汉人，研究员。毕业于清华大学自动控制系，德国亚琛工业大学访问学者，曾任中国驻德国大使馆一等秘书、中国留学服务中心柏林分中心主任（参赞）、教育部职业技术教育中心研究所所长助理、中国职业技术教育杂志主编、同济大学职教学院院长。

现任中国职教学会常务理事；中华职教社专家委员会专家；国家教育行政学院、北京大学、天津大学、同济大学、北京师范大学等40多所高校校外博士生或硕士生导师、兼职教授；浙江现代职教研究中心首席专家等。

在《教育研究》《教育发展研究》《中国高教研究》《高等工程教育研究》《中国职业技术教育》等国家核心期刊发表论文300多篇。主要著作有《职业教育要义》《职业教育学研究新论》《当代德国职业教育主流教学思想研究：理论、实践与创新》《当代世界职业教育发展趋势研究》《职业学校专业设置的理论、策略与方法》《工作过程导向的高职课程开发探索与实践》等。获“当代教育名家”称号。

现代职业教育体系构建的理性追问①

现代职业教育体系的构建，必须建立在对职业教育的本质深入研究的基础之上。只有当这一研究具有跨界的视野之时，才可能于追问之中获得创新的突破。笔者以为，基于跨界研究的以下三个方面的追问，可为职业教育体系构建的理论支撑找到答案。

一、技能与技术是伴生的关系——关于技能教育与技术教育内涵的追问

职业教育涵盖的技能教育与技术教育是层次关系吗？破解这一问题的核心，是廓清职业教育内涵定位所涉及的技能与技术的关系。

① 本文曾发表于《教育研究》2011年第11期。

技术从形态上来看，可以划分为实体性技术、规范性技术和过程性技术。[①]实体性技术是一种空间形态的技术，包括物化的设备、工具等。在这里，技术是以技术工具和技术装置等物化实体的形式存在的。规范性技术是一种时间形态的技术，包括文本的工艺、规则等。在这里，技术是以技术文本（信息）和技术程序（工艺）等符号规范的形式存在的。过程性技术则是一种时空形态的技术，是关于人类目的性活动的方式或序列的技术，包括个体的经验、策略等。[②]在这里，技术是以改变或控制周围环境的处置或方法等行动过程的形式存在的。

实体性技术和规范性技术是可以脱离个体而存在的技术，而过程性技术则是不能脱离个体而存在的技术。若将实体性技术与规范性技术归纳为“为某一目的共同协作组成的各种工具和规则体系”[③]，那么可视其为基于“物”载体的技术，常被称为专门技术，更多地以“结果”形态存在；若将过程性技术归纳为“根据自然科学原理和生产实践经验而发展成的各种工艺操作方法”[④]，那么可视其为基于“人”载体的技术，即应用专门技术的技术，更多地以“过程”形态存在。

一般来说，书面语言所说的技术，是指属于工程科学范畴下的工程技术，是技术研发和技术设计的技术，是结果性的技术；口头语言中所说的技术，是指职业科学概念下的职业性技术[⑤]，即所谓人类行动技能的技术，是“在利用自然物质和自然力并考虑自然法则的情况下关于产品、装置和工艺的创造性的工作”[⑥]，如从事某项活动的高超的技艺、技巧，更多地显现为过程性的技术。那么，这种基于“人”的过程形态的技术，即人所掌握的应用专门技术的技术，就是“技能”。正如1992年商务印书馆出版的《现代汉语词典》所解释的那样，技能是应用专门技术的能力。

由此引发的追问之一为技能与技术是什么关系?

技能是“人化”的技术，或称为“身体技术”，是使“物化”的技术[⑦]为社会创造实在价值的基础，例如只有人运用其所具有的经验和策略，才能生产出手机并使其发挥作用，制造出宇宙飞船并使其腾飞上天；才能使财会事务得以处理，使酒店运营得以成功。换句话说，

① 丁云龙. 论技术的三种形态及其演化 [J]. 自然辩证法研究，2006（12）：42—46.
② 丁云龙. 论技术的三种形态及其演化 [J]. 自然辩证法研究，2006（12）：42—46.
③ 佚名. 技术 [EB/OL]. [2011-4-29]. http://baike. baidu. com/view/45517.htm.
④ 孙福万. 技术与技能 [EB/OL]. [2011-4-29]. http://hi. baidu. com/xizhenan/blog/item.
⑤ 赵志群. 职业教育与培训学习新概念 [M]. 北京：科学出版社，2003：26—33.
⑥ BROCKHAUS. Brockhaus Enzyklopaedie：Bd. 18 [M]. Wiesbaden：F. A. Brockhaus， 1973.
⑦ 吴国盛. 技术作为存在论差异 [EB/OL]. [2007-7-11]. http://sina.com.cn/s/blog 4954e414010008xs.html. 2007-7-11.

只有技能才能使形式存在的技术——设备、工具或规则、程序等，转换为真实存在的技术。

这就是说，技能通过应用——操作、制造、维修及管理，开显了技术发明的构想、技术物的运行。技能与技术之间，是随动的、伴生的、互动的。所以，技能与技术不是层次的关系，技能是对技术的开显。这表明，技能作为人所掌握的技术，不是低级的技术，它有一个符合自身规律的层次递进发展的时空。

由此，要最快最好地获取技能——这一“主体在已有的知识经验基础上，经练习形成的执行某种任务的活动方式”[①]，就需要通过教育手段去培养和开发，从而最大限度地挖掘人自身的潜能。经过教育，主体所具备的技能水平越高，就越能使那些“潜伏”于实体性技术和规范性技术之中的“潜在的技术”变为“实在的技术”，从而为人类创造实在的价值。

从横向维度分析，技能作为应用技术的能力，还可以再分为两类：一是动作难度大的技能；二是知识含量高的技能。[②]狭义地讲，可将为掌握由于操作难度增大而呈现出更加复杂的技能的教育，称为技能教育，例如，从技术工人走向技师、高级技师的教育；可将为掌握由于知识思考增加而呈现出更加复杂的技能的教育，称为技术教育，例如，从技术工人走向技术员、技术师的教育。但若将此处所指的技术教育，界定为只是技术应用层次而非技术研发层次的技术教育的话，那么从广义上讲，笔者以为，这里所谓的技术教育依然属于技能教育的范畴。

基于此，通过所谓技能教育培养的以工作过程的“动作难度大”为特征的技能型人才，与通过所谓技术教育——另一种技能教育所培养的以工作过程的“知识含量高”为特征的技能型人才之间，也并非层次关系，只是同层次技能型人才中的不同“类型”，同样呈现随动、伴生和互动的关系。

倘若把技术称为一种外在于人的客观力量，把技能看成一种内在于人的主观能力，那么，对技术物化的人工物系统的掌控与对技术外化的人类行动系统的习得都表明，职业教育涵盖了两种技能型人才的培养。

结论是，技术与技能的伴生与互动，使得因应技术的进步而同步提升的技能及技能教育，就不再是终结性的教育，而是一种有着遵循自身规律的递升发展时空的教育。所以，指向技师培养和指向技术员培养的职业教育——技能教育，都具有不同的教育层次。破解这一“理论禁区”，有利于建立衔接沟通的完整的职业教育体系。

---

① 顾明远. 教育大辞典：第1卷［Z］. 上海：上海教育出版社. 1990：147.

② 张振元. 技能分类若干问题新探［J］. 职业技术教育，2007（28）.

二、中等职业教育与高等职业教育是同类型不同层次的教育——关于中等职业教育与高等职业教育异同的追问

中等职业教育与高等职业教育的异同及其确定的依据是什么？破解这一问题的核心，是厘清职业教育层次定位所涉及的经验技能与策略技能的关系。

技能从层次上看，可以分为经验层面的技能和策略层面的技能。所谓经验层面的技能，是指如何在“感知过的事物、思考过的问题、体验过的情感和操作过的动作”[①]基础上，回答“怎样做”的技能，是个体在经验学习中，通过积极的、主动的和可以观察得到的与环境的“范例性”互动中获得的，是一种建立在经由主体的直接经历所形成的经验的“心灵仓库”[②]基础之上，对其进行信息加工的技能。这一积极的互动体现为个体在工作过程中与实践的“量性”接触。所谓策略层面的技能，是在“目标和条件与行动链接起来的规则”[③]的基础上，解决“怎样做更好”的高级技能，是个体在策略学习中，通过自觉的、反思的和可以观察得到的与情境的“系列性”互动中获得的，是一种建立在经由案例、项目或任务的演示、处理和加工的行动过程所获经验的基础之上，对其进行反思而逐步生成的“操作系统”，并能在新情境中迁移运用的技能。这一自觉的互动显现为个体在工作过程中与经验的“质性”接触。

由此引发的追问为经验与策略是什么关系？

经验与策略的关系体现为：经验是策略的基础，策略是经验的升华。这表明，策略的构建、迁移和内化是建立在经验的获得、保持和使用的基础之上的。但是，经验并不能自动地转化为策略，只有对经验实施系统化、集成化、网络化的处置，亦即只有经由一个对经验多次加工的“创造性和构造性的过程”[④]，才能使经验逐步升华为策略。如果说，“熟能生巧”中的“熟”是经验，那么“巧”就是策略。所以，经验与策略是层次关系，而非类型的区别。可以说，经验技能是初级技能，策略技能是高级技能。

由此，要使学生掌握经验层面的技能，就要开展经验学习，即通过经验的形成与积累来学习。在学习过程中，强调学生通过主动地与自身的感觉、情绪、氛围和身体的“对话”，促使个体对职业世界和生活世界进行整体观察、发现结构关联、获得学习经验、形成经验技

---

① 李小平.新编基础心理学［M］. 南京：南京师范大学出版社，2005：110.

② 李小平.新编基础心理学［M］. 南京：南京师范大学出版社，2005：108.

③ FRANKE G. Facette der Kompetenzentwicklung［M］. W. Bertelsmann Verlag：Bielefeld，2005：112.

④ 李小平.新编基础心理学［M］. 南京：南京师范大学出版社，2005：111.

能。这一学习过程不应是对具体职业实践的单纯复制，而应是实践与理论的组合性集成，使获取认知能力的内容与方式的行动融于经验学习之中。

而要使学生掌握策略层面的技能，就要开展策略学习，即通过策略的生成与积淀来学习。在学习过程中，强调学生通过主动地对自身已有经验、典型情境和学习内容的深刻反思，促使个体对职业世界和生活世界进行时空观察、发现内涵关联、获得学习策略、形成策略技能。这一学习过程不只是对具体职业经验的熟练掌握，而应是经验与策略的整合性集成，将提高认知能力的水平与效率的行动融于策略学习之中。

从纵向维度分析，技能作为职业教育的核心概念，由于经验技能是策略技能的基础，以获取经验技能为目标的经验学习，与以获取策略技能为目标的策略学习的关系就体现在：经验学习是策略学习的平台，策略学习是经验学习的延展。经验学习更多关注“由不会到会以至精湛的会”这一复制、熟练、累积的过程，而策略学习则更多注重“由会到‘巧’会以至创新的会”的系统思维、整体思维及其方法论的训练。

基于此，“经验技能”和“策略技能”指的是技能层次而非技能类型，那么，旨在掌握初级技能的职业教育，属于中等职业教育；旨在掌握高级技能的职业教育，属于高等职业教育。高等职业教育建立在中等职业教育基础之上，是同一类型教育中不同层次的教育。从经验层面的技能向策略层面的技能的提升，正是高等职业教育与中等职业教育的区别所在。层次是职业教育赖以发展的空间，是职业教育对发展权的呼唤。

结论是，将基于“动作难度增大”的技能与基于“知识含量增加”的技能视为技能类型的不同而非技能层次的区别，有利于开拓从中等职业教育到高等职业教育的发展路径，建立涵盖技术员与技师培养的非学术性的职业性或专业性的高等职业教育，实现中等职业教育与高等职业教育的衔接和沟通。这不仅有利于结束中等职业教育与高等职业教育长期以来被视作“断头”教育的尴尬局面，而且有可能为世界职业教育的发展作出创新性的贡献。

三、职业教育与普通教育是同层次不同类型的教育——关于职业教育与普通教育等值的追问

职业教育与普通教育的区别及其等值的判断依据是什么？破解这一问题的核心是分清不同教育类型定位所涉及的教育目标与教育内容的关系。

教育从类型上看，其判定的主要标志为：一是培养目标的区别；二是由此导致的教育内容的差异。正是由于这两点才产生了不同的教育形态。教育类型不同的第一个标志是培养目

标不同。无论是中等职业教育还是高等职业教育，都要为“满足人民群众接受职业教育的需求，满足经济社会对高素质劳动者和技能型人才的需要”[①]，实施就业导向的教育（不等于就业教育）。对职业教育来说，不管是“培养高素质劳动者和技能型人才”[②]的中等职业教育，抑或是培养“高素质技能型专门人才”[③]的高等职业教育，都要以技能型人才培养为目标，因此与“注重培养学生自主学习、自强自立和适应社会的能力”[④]的普通高中教育，以及注重培养“高素质专门人才和拔尖创新人才”[⑤]的普通高等教育，有着明显不同的目标指向。这表明，培养目标指向一致的中等职业教育和高等职业教育，都要遵循基于职业属性的教育规律，也就是要融职业性的社会需求与教育性的个性需求于一体，因而是同一类型的教育。基于这一培养目标的教育规律，既体现在国家“以就业为导向、以服务为宗旨”的职业教育发展大政方针的宏观层面，又体现在“校企合作、工学结合”的办学体制机制建设的中观层面。

教育类型不同的第二个标志是教育内容不同。无论是中等职业教育还是高等职业教育，都强调人才培养必须遵循职业教育的教学规律，这集中体现在致力于实现职业教育培养技能型人才这一目标所制定的工学结合的人才培养方案之中，涉及专业建设的职业分析、课程开发的工作过程导向、教学实施的行动学习，以及实习实训的职业情境创建、学习评价的需求定向和师资培养的“双师”建设等微观层面。而作为人才培养核心的课程，始终是各类教育培养目标的载体。职业教育基于工作过程系统化的动态的课程结构，不同于普通教育基于学科知识系统化的静态的课程结构，它是一种强调适应企业发展变化的生态系统的课程范式，并非是诸多课程模式中的一种，因此它对中等职业教育和高等职业教育的教学，都具有普适性的指导意义。

由此引发的追问在于职业教育与普通教育是什么关系？

联合国教科文组织1997年修订的“国际教育标准分类”（International Standard Classification of Education），对各级（层次）教育都进行了类型的划分。其中，无论是第三级教育，即（高级）中学教育（第二阶段教育），还是第五级教育，即高等教育（第三阶段教育），都有A、B两类。A类：特别是在第五级教育阶段，主要指向“理论型的，为研究做准备的或从事高技术要求的专业”；B类：主要指向“更面向实际，适应具体职业，主要目的是使学生获得从事某职业、行业或某类职业、行业所需的实际技能和知识”。也就是说，从中学教育阶段开

① 中共中央、国务院．国家中长期教育改革和发展规划纲要（2010—2020年）［Z］．www.gov.cn. 2010-7-29.
② 中华人民共和国教育部．中等职业教育改革创新行动计划（2010—2012年）［Z］．2010-11-27.
③ 中华人民共和国教育部．关于全面提高高等职业教育教学质量的若干意见［Z］．（教高〔2006〕16号）2006-11-16.
④ 中共中央、国务院．国家中长期教育改革和发展规划纲要（2010—2020年）［Z］．www.gov.cn. 2010-7-29.
⑤ 中共中央、国务院．国家中长期教育改革和发展规划纲要（2010—2020年）［Z］．www.gov.cn. 2010-7-29.

始，教育就划分为普通教育和职业教育两种类型，这就确定了在各教育层次中，职业教育与普通教育并列、平等的地位。这表明，职业教育与普通教育是同层次不同类型的教育。

由此，职业教育这样一种具有与普通教育平等地位的教育类型，其目标与内容的差异所凸显的与普通教育的本质区别，就在于就业导向的职业教育已经跨越了传统学校的界域。如果说，传统的企业培训是定界于企业的一种思考，传统的学校教育是定界于学校的一种思考，那么职业教育必须从定界的思考升华到跨界的思考。这意味着，职业教育不能只遵从教育规律和认知规律，还要遵循职业发展规律和职业成长规律。跨界的职业教育必须有跨界的思考，职业教育的发展与改革，要“跳出学校看学校，跳出教育看教育，跳出知识看知识”，也要“跳出企业看企业，跳出培训看培训，跳出技能看技能”，以逐步形成“合作办学求发展、合作育人促就业”的良性互动机制。

从跨界维度看，“校企合作、工学结合的职业教育”正是充分体现职业教育跨界本质的表述，因为：第一，校企合作的办学形式，必须关注现代企业与现代学校的融合；第二，工学结合的人才培养模式，必须关注工作规律与学习规律的融合；第三，职业教育的发展与改革，必须关注职业及职业成长规律与教育及教育认知规律的融合。跨界必须架桥，职业教育立交桥的构建就成为一个不可避免的问题。我们不仅要架设不同教育层次，即中等职业教育与高等职业教育在纵向维度的立交桥，而且还要架设横向维度的，也就是在不同教育类型，例如，职业教育与普通教育之间的立交桥。

模糊不同教育类型的培养目标，混淆不同教育类型的教育内涵，将会导致处于发展中的职业教育的停滞不前。如在我国“学而优则仕”的传统文化影响下，在现代化教育资源还不十分丰富的情况下，现阶段停办中等职业学校而只办综合高中是不适合中国国情的，因为重升学、轻职业的倾向，很可能会使其演变为“第二高中”，最终结果可能会“消灭”中等职业教育。同样，如果高等职业教育与普通高等教育在培养目标、教育内涵以至课程体系方面没有区别，那就意味着高等职业教育可以被取而代之，从而失去其存在的理由。特别是，我们必须清醒地认识到，我国还处在工业化的中期，发展装备制造业将是中国发展的一个长期战略，由此急需大量高素质的技能型人才去满足经济发展的需要。而发展肩负技能型人才培养重任的职业教育，就绝不是权宜之计，而是长远之策，具有不可或缺性。所以，职业教育只有清醒地把握自身定位，才能在系统特征上成为无法替代的教育类型，职业教育才能得以生存。类型是职业教育赖以生存的基础，是对职业教育生存权的张扬。

结论是，应该既在纵向建构一个完整的职业教育体系，又在横向架设沟通职业教育与普通教育的桥梁；既发展规范过程又规范结果的基于机构的职业教育，又发展只规范结果而不规范过程的职业培训，而由此所获得的学位在层次和价值上都应该是等值的。在我国，基于机构的普通中等教育与中等职业教育，是高中阶段教育的两种不同的教育类型。同样，高中后的高等教育阶段，有学术性大学、工程性大学，以及应用性大学、职业性大学（职业技术学院）等。从人才培养目标的内涵考虑，如果把应用性大学也纳入高等职业教育范畴的话，那么在高等教育阶段，也存在着基于机构的普通高等教育和高等职业教育这两种类型。所以，同层次不同类型的教育所培养的人才，是不可替代的。高等职业教育培养的技能型或技术应用型人才，与普通高等教育培养的学术型或技术研发型人才，是同层次且等值的。这一等值，绝不能仅仅是价值意义上的形式等值，而必须是社会地位上的实质等值。

综上所述，普通教育往往只是在学校这个“围城”里办教育，而职业教育已经跨出“围城”，走向一个更为广阔的时空。传统的观点往往认为，只有学校和实验室才是知识产生的圣地，知识的转换只能是从学校到企业的单向转换；现代的观点认为，企业及工作过程更是知识产生的摇篮，知识的转换更多的是学校与企业之间的双向迁移。因此，校企合作、工学结合的中等职业教育和高等职业教育，已经不再是传统意义上的学校式的中等教育和高等教育，已经不再是学术领域的中等教育和高等教育，而是有两个甚至多个学习地点的中等教育和高等教育，是一种具有新话语体系的、创新的中等教育和高等教育。现代社会对通过非正规（informal）或非正式（nonformal）的教育所获得的技能、知识和能力，给予与正规教育（formal）同等的地位，[①]这也是世界教育发展的趋势。所以，不能用传统的普通教育的规范、标准来判定和确认职业教育的学历、学位的层次及其价值。教育形式在现代社会呈现出多样性的特点。正因为如此，我们需要一个严谨而科学的社会认证，一个系统且合理的顶层设计，目标是建成一个国家资格框架，它涵盖普通教育、职业教育以及与之等值的学历（学位）资格与职业资格（包括通过非正规或非正式学习，例如培训获得的学历资格或职业资格），进而在这个国家资格框架内，实现同层次各类教育真正意义上的等值。

传统的学科分类按照层次来划分，而现代科技发展表明，“考察学科分类和知识体系，也可以从知识的类型、人们活动领域的类型的角度来进行”[②]，这表明，学科分类还可以依据类型来划分。显然，跨界的职业教育所涉及的范畴远远超出了传统的普通教育学研究的疆域，职业教育学是“对人们就业以及在社会上承担社会与生态责任的生活所需的资格与能力获取过程的前提和条件、目标、可能性与现实性进行研究”[③]的科学，它伴随着经济、社会和科技的发展而发展。所以，从教育类型的角度考虑，应该给予职业教育学以一级学科的定位。

---

① 吴遵民.关于完善现代国民教育体系和构建终身教育体系的研究［J］. 中国教育学刊，2004（4）.

② 曾国屏.弘扬自然辩证法传统，建设科学技术学科群［J］. 北京化工大学学报（社科版），2002（3）.

③ LIPSMEIER A. Genese derberufspaedagogische Forschung［C］//RANUNER F. Hand buch Berufsbildungs forschung. W. Bertelsmann Verlag：Bielefeld，2005：19.

唐盛昌

1942年生，浙江镇海人，上海市数学特级教师，特级校长，正高级教师。上海中学原校长，上海市基础教育国际课程比较研究所所长，上海市基础教育国际课程比较研究与咨询中心理事长兼主任，禾佳教育主席；曾兼任中国教育学会副会长、上海市教育学会副会长、上海市数学学会副理事长、教育部基础教育课程教材专家工作委员会副主任、国家教育考试指导委员会专家工作组成员等职。《聚焦志趣、激发潜能：国际视野下上海中学高中生创新素养培育实践研究》获国家首届基础教育教学成果奖一等奖，获上海、全国教育科研成果奖13项。在《教育研究》等刊物上发表论文150余篇，出版《资优生教育：乐育菁英的追求》《高中国际课程的实践与研究》等著作50余本。享受国务院特殊津贴，获“当代教育名家”“全国教育系统劳动模范”、上海市首届“教育功臣”等称号。

聚焦志趣、激发潜能①

——国际视野下上海中学高中生创新素养培育实践研究

在建设人力资源强国与构建创新型国家的背景下，对高中生创新素养培育提出了新的要求与挑战。一批基础好、有条件的学校理应成为先行者，积极改革与探索，大力推进高中生创新素养培育。上海中学于2008年获准在上海市率先开展高中生创新素养培育实验，该实验力求从一般意义上的“尖子”选拔与再加工的旧模式中解脱出来，突破“应试教育”的藩篱与“学科类竞赛”框架，以“聚焦志趣、激发潜能”（“志”是让学生将发展的志向与对社会的理想、信念、责任及一定领域联系起来，激发创新动力；“趣”是让学生在多样兴趣体验基

①本文曾发表于《教育研究》2012年7期（总第390期），系全国教育科学“十一五”规划教育部重点课题“实验性示范性高中推进优秀创新人才早期培育的实验研究”（课题批准号：DHA090173）的研究成果。

础上逐步聚焦，促进个性化知识构成，形成创新素养培育的重点领域；“能”是让学生在兴趣聚集领域的基础上，形成未来发展的指向性领域，个性化地发展其创新潜能）为导向；以促进学生志、趣、能交融的高选择性课程体系为载体，以发展型课程与课题、项目研究为主要途径，以全方位的数字平台、人力资源优化为支撑系统，注重点面结合（“点”上每届设置一个科技班——关注学生在科技领域的创新素养培育，一个数学班——关注学生在数学学科领域的创新素养培育；“面”上注重以高选择性的课程图谱，即学校创造性地吸收国际课程中“学科群”思想构建出的高选择性的课程体系实施来推进，并设置了汽车、金融、人体医学、法学等若干实验组），大力培育高中生的创新素养。如今，该实验已开展了三年有余，完成了一个实验周期。为了解以“聚焦志趣、激发潜能”为导向的创新素养培育实验在提升学生创新素养方面的成效，我们进行了调查研究。调研的主要方法有问卷调查法与个案访谈法。参与问卷调查的学生总数为334人，是2011届、2012届、2013届的科技班、数学班与平行班学生，收回有效问卷315份，采用SPSS10.0进行数据统计分析。对2011届的110位毕业生进行了个案访谈，访谈对象既有科技班、数学班学生，也有相当多的平行班学生。此次调研主要涉及学生发展内动力激活、志趣聚焦领域、思维培育、人格养成、支撑平台、资源优化六个方面，力求系统、客观地反映该实验的进展与效果，为其他同类学校开展相关实验与教育研究人员开展相关研究提供一些启迪。

一、激活学生发展与创新追求的内动力

高中生创新素养培育中一个十分关键的问题是如何在当前的教育体制下激活学生发展的内动力。我们调查研究所关注的重点问题是该实验在哪几个方面激活了学生的内动力。我们认为，在“聚焦志趣、激发潜能”的导向下，学生内动力能够得到激活；责任感与思想境界、志趣与潜能的匹配是激活学生发展内动力的重要因素；学生在基于志趣聚焦领域的学习中，主动性会更强；学生“聚焦志趣、激发潜能”的过程不是一次完成的，需要多次识别与选择，且存在着“迷茫期”“高原期”与“飞跃期”。调查显示，这些认识得到了学生的普遍认同。

（一）志向、责任感与思想境界直接影响学生发展与创新的高度

通过对问卷相关数据的分析，我们明晰了以下几个观点：第一，培养厚实的人文素养可以提升志趣聚焦的境界，进而拓宽创新追求的视野（学生认同率为92.1%，其中科技班为94.9%、数学班为92.6%、平行班为88.3%，科技班与平行班之间存在显著差异，P=0.024，见图1）。第二，对于高中生的思想道德发展，首先要解决的是深层的思想问题，而不仅仅是行为规范的

问题（92.8%的学生认同，其中科技班为94.9%、数学班为92.7%、平行班为90.3%，科技班与平行班之间存在显著差异，P=0.019）。第三，对于智力水平相仿的学生，志向、责任感与思想境界直接影响学生创新的内动力与发展的高度（学生认同率为91.1%）。第四，培养社会责任感与社会活动能力，可以提升学生志趣聚焦的能力与水平（学生认同率为90.6%）。

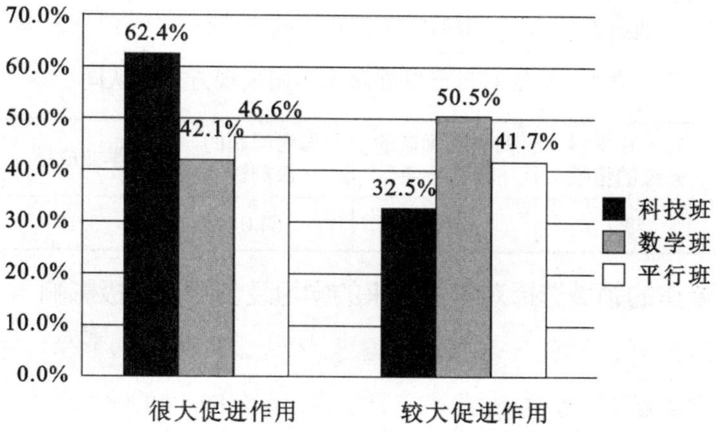

图1　学生对“人文素养提升志趣聚焦境界的作用”的认识

（二）对志趣与潜能匹配的追求使学生自我发展与创新的动力持续增强

对志趣与潜能匹配的追求使学生自我发展与创新的动力持续增强主要表现在以下三个方面：第一，促进志趣与潜能的匹配，才能真正提升自我发展的动力（学生认同率为94.9%）。第二，志趣聚焦程度越高，对志趣与潜能匹配的关注程度就越高（学生认同率为94.9%，其中

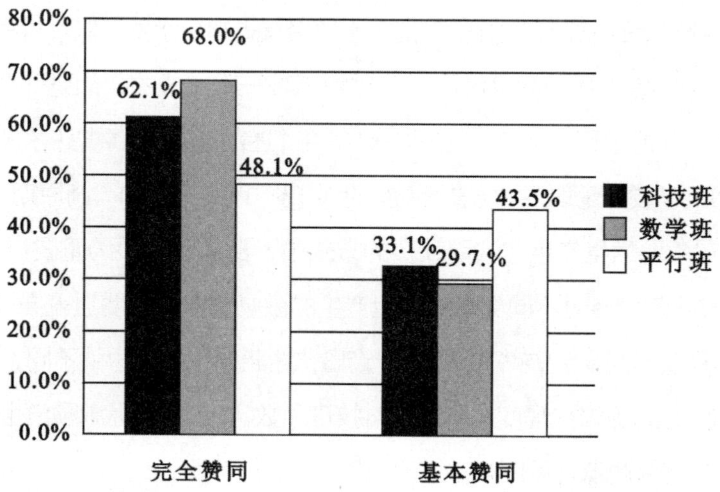

图2　学生对“提升创新素养应关注志趣、潜能匹配”的认识

科技班为95.2%、数学班为97.7%、平行班为91.6%，数学班与平行班之间差异显著，P=0.002，科技班与平行班之间差异显著，P=0.029，见图2）。第三，学生认为自己的发展潜力首先体现在对一定学科领域的悟性，其次是对兴趣领域的专注水平，再次是思考问题的深刻性，而后依次是学业成绩与参加竞赛获奖的层次（见表1）。这说明学生已经逐渐改变了分数与竞赛主导的观念，能够更为科学地认识自己的发展潜能，在学习过程中更好地发展自己的个性与潜能，从而将创新的动力稳固地建立在感兴趣的领域。

表1　学生对自己发展潜力不同表现方式的认同

发展潜力不同表现	对一定学科领域的悟性	对兴趣领域的专注水平	思考问题的深刻性	学业成绩	参加竞赛获奖的层次
百分比	78.7	76.4	64.0	31.1	15.9

（三）志趣聚焦的领域选择对学生未来的学习及创新有积极影响

学校办学思路与学生的需求、发展密切相关。绝大多数（96.7%）学生进入上海中学学习后知道了学校“聚焦志趣、激发潜能”的办学思路，且有89.5%的学生认为自己在学习过程中能够逐步聚焦感兴趣的学习领域，促进了自身的发展追求。在这一办学思路的引领下，学生从认识到动力都有了明显提升：第一，志趣聚焦的人生发展追求，使学生乐于追求更高层次的学习平台（学生认同率为90.3%）。在升学选择时，96.5%的学生认为不仅会考虑自己心仪的大学，而且要符合专业志趣，有74.7%的学生认为当自主招生专业与志趣不符时，自己会放弃预录取，通过更多努力（如参加高考）去实现志趣追求。第二，基于志趣聚焦的专业选择更有利于激活学生的内动力（学生认同率为92.5%）。

（四）学生对“聚焦志趣、激发潜能”过程有了深入体验并主动把握

问卷调查及对学生的个案研究进一步揭示了“聚焦志趣、激发潜能”过程具有以下3个特点：第一，学生“聚焦志趣、激发潜能”的过程不是一次完成的，而是一个需要多次选择、相互激励、不断提升的过程。在这个过程中存在着“迷茫期”“高原期”和“飞跃期”（学生认同率为79.7%）。学校应采取多种方式激励学生走出“迷茫期”和“高原期”，持续产生“飞跃期”。第二，在激发学生产生“飞跃期”的方式中，群体激发最为重要。不同的激发方式（如创新激发、成败激发）对不同类型的学生产生的激励效能具有明显差异（见图3）。第三，学生志趣聚焦的程度不同，突破“高原期”、走出“迷茫期”的动力就不同，对教师点拨的需求程度也不大相同，志趣聚焦程度越高（如科技班和数学班），目标激励学生内动力越足，对教师点拨的要求程度就越低（见图4）。

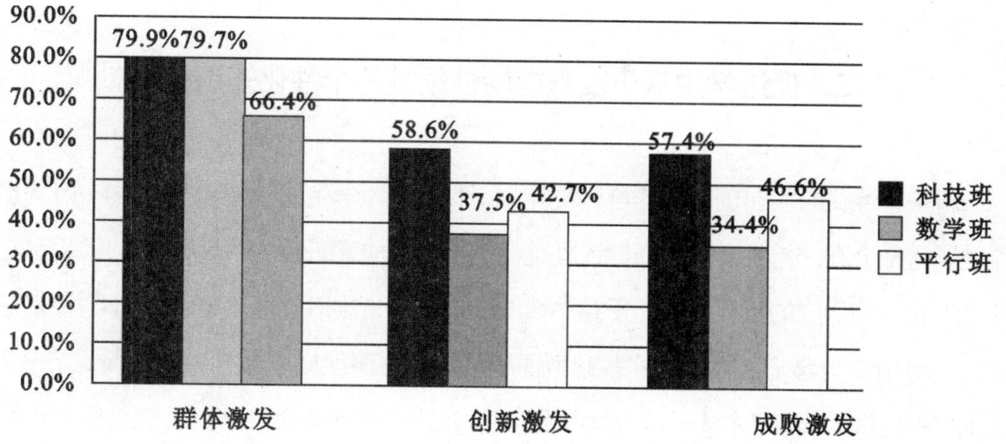

图3　激发不同类型学生产生“飞跃期”的方式

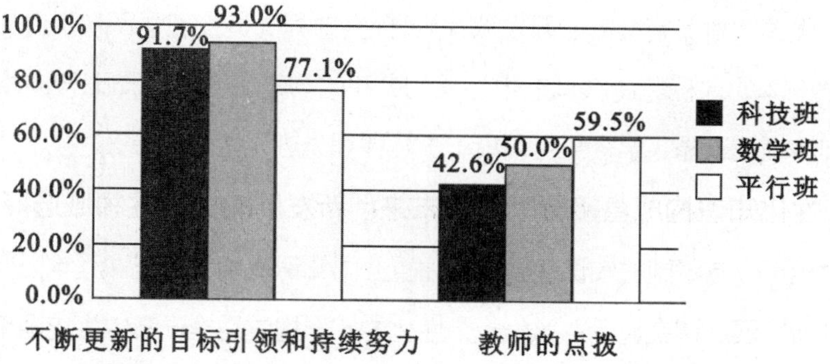

图4　学生突破“高原期”、走出“迷茫期”的动力

激活学生发展与创新追求的内动力，能激励学生主动学习与健康成长。这方面的调研给我们如下启迪。第一，对于有发展潜质的高中生来说，深层思想的问题解决比行为规范教育更为重要。当学生发展到一定程度时，责任感与思想境界是制约其可持续发展的主要因素。这警示我们，应将提升学生的责任感与思想境界、人文素养放在一个十分重要的位置。第二，学生“聚焦志趣、激发潜能”是一个不断认识、深化的过程。学生的潜能不是表现在所有领域的，评价学生的潜能高低不能只看竞赛等第的高低，更重要的是看学生对学科领域的悟性与考虑问题的深刻性。在志趣聚焦的领域，学生潜能才能得到更为充分的激发。促使学生努力寻求志趣和潜能的匹配点，能为学生发展与创新提供强大而持续的动力。第三，学生在“聚焦志趣、激发潜能”的过程中存在着“迷茫期”“高原期”和“飞跃期”。学校采取有针对性的教育，创设多样的平台与空间帮助学生缩短“迷茫期”和“高原期”，才能促进学生在感兴趣的领域持续不断地飞跃。

二、促进学生基于发展指向性领域的个性化知识构成

创新是个性化的。在创新素养培育实验中，我们认为学生的创新素养提升与个性化知识积淀是紧密结合在一起的，高选择性课程是促进学生形成感兴趣的、具有一定发展指向性领域的个性化知识构成的重要载体。千篇一律的知识结构，难以支撑不同学生的可持续发展与创新。上海中学构建了课程图谱：基础型课程采用上海课程标准加上海中学纲要予以实施；发展型课程提供7个学习领域、14个学科范畴、727个科目和模块供学生选学，并十年如一日地推进课题研究性学习；对于科技班和数学班学生专门构建基础课程（一年半学完）、专门课程（科技班分物理、化学、生命科学、信息科技、工程等专门方向，内容相当或略高于大学预科；数学班强调学科竞赛与潜能开发课程）、探究课程（科技班强调基于专门领域学习的课题研究）三位一体的课程。此次调查中，我们关注的与学生个性化知识构成相关的指标有未来发展的指向性领域选择、学校平台创设、国际课程先进元素借鉴等。

（一）个性化知识构成直接影响学生未来创新发展的指向性领域选择

不同的学生可以有不同的知识基础，只注重共同知识基础的传统课程难以支撑不同的学生走向未来的创新发展。调查显示：第一，个性化的知识构成是推进高中生志趣聚焦的重要基础（学生认同率为93.3%）。绝大多数学生认为自己在知识获取上有着强烈的个性化需求（科技班、数学班、平行班学生认同率有差异，且科技班与平行班的差异达到极其显著水平，P=0.005，见图5）。第二，基于高选择性课程的学习，学生的知识结构会呈现出单核（在一个学科领域特别突出）、双核（在两个学科领域特别突出）、多核（在多个学科领域特别突出）等类型（见表2）。第三，学生个性化的知识构成直接影响其未来发展指向性领域的选择与人生发展追求（从

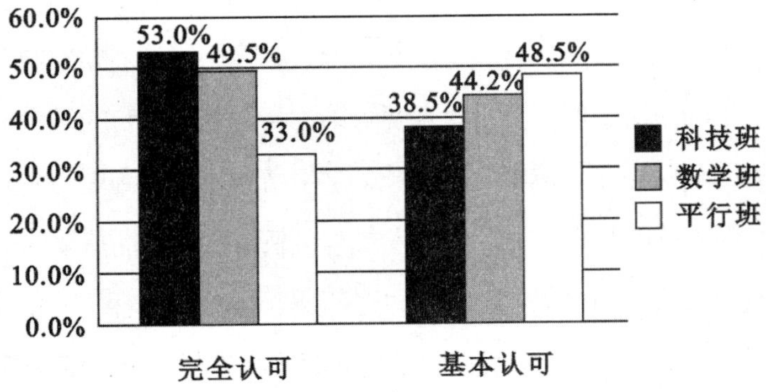

图5 学生对自己在知识获取上的个性化需求的认识

对毕业生跟踪调查情况看，倾向于单核的，往往选择与之紧密相关的领域；双核的更多地倾向于选择与应用相关的那一个核所对应的领域；多核的往往选择管理、证券、经济等领域）。

表2　学生个性化知识结构的类型

个性化知识结构	无核	单核	双核	多核
百分比	7.9	28.0	38.6	25.5

（二）发展型课程与课题研究是促进学生个性化知识构成及提升学生创新精神与创新能力的两大平台。

调查发现：第一，有利于学生志趣聚焦的学校平台集中于三类，即基础课程的加深拓广、发展型课程或专门课程学习、课题研究性学习（82.3%的学生选择了这三类）。第二，发展型课程或专门课程学习、课题研究性学习能极大地促进学生的个性化知识构成（见图6）。由图6可知，科技班学生较认同后两类平台，而数学班学生和平行班学生则较认可前两类平台，这与其不同的学习模式及引导方向有关。科技班专门课程强调学生选学感兴趣领域的课程以及开展基于感兴趣领域的课题研究，强调科技创新素养提升。数学班专门课程关注学生学科竞赛课程与学科知识深化，以数学为主，其他学科为辅，强调学科潜能开发。平行班重视学生学校课程图谱中发展型课程的选择性学习，推进学生兴趣激活与聚焦。第三，高中阶段选学发展型课程与课题研究有利于学生发展指向性领域的形成，并进一步推进他们未来的专业选择。我们对2011届毕业生在校选择学习的发展型课程及课题研究主题与他们进入大学后所选择的专业领域的匹配程度进行了分析，其中科技班的匹配程度最高（95.4%），其次是数学班（88.6%），最后是平行班（62.9%），科技班与平行班之间存在极其显著差异（P=0.000）；数学班与平行班之间存在显著差异（P=0.011，见图7）。我们曾对《孩子怎样读名

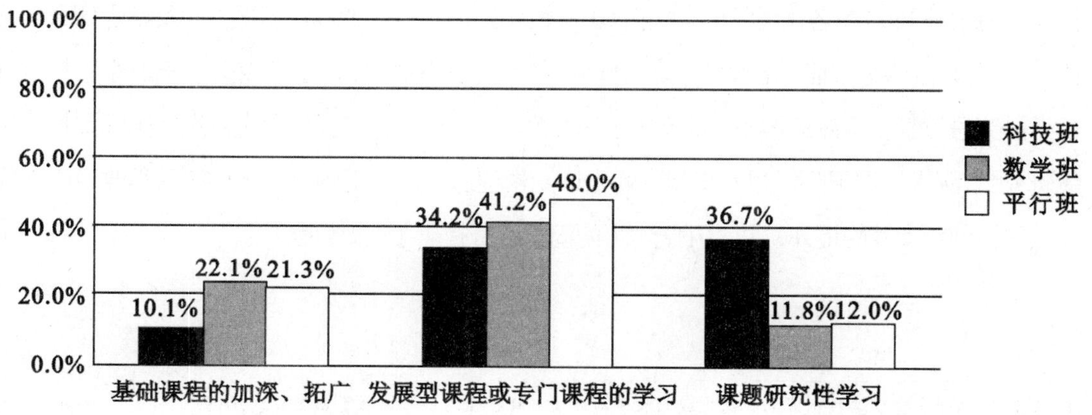

图6　学生对学校的不同平台在自己志趣聚焦方面的重要性的认识

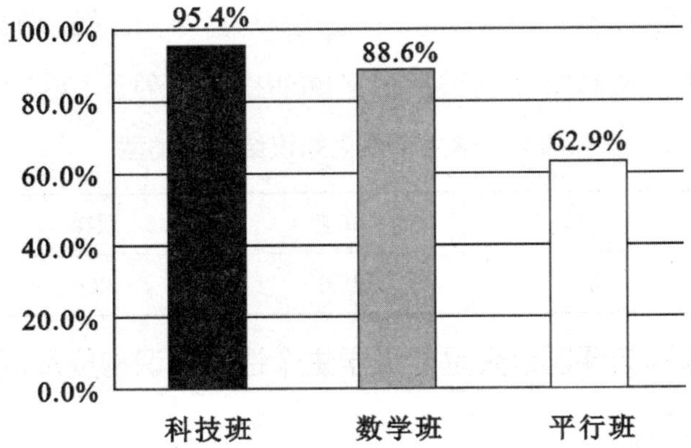

图7　学生在校期间所学课程及所做课题与其升学专业的匹配程度

校》[1]一书的百余名访谈学生采取相同方式进行了分析，也显示出这一趋势，佐证了这一结论。

（三）创造性地借鉴国际课程先进元素是促进学生个性化知识构成的有效途径之一

教育国际化要求我们用国际视野来办教育、办学校，创新人才早期培育的参照系已经不仅仅是国内，而是要把握国际标准。调查显示如下：第一，促进学生个性化的知识构成，需要创造性地借鉴与运用国际课程的先进经验（尤其是课程的高选择性与现代性、探究性），加强国际交流。这一点也是绝大多数学生（95.4%）所认可的，且志趣聚焦程度越高，接触国际课程越广泛和深入，认可程度就越高（科技班与平行班之间呈现显著差异，P=0.044，见图8）。第二，双语教学促进学生学科知识增长与国际视野的开阔，且志趣聚焦程度不同，认识也有差异（科技班与数学班之间存在显著差异，P=0.023，科技班与平行班之间存在极其显著差异，P=0.000，见图9）。这与学校创设的国际化环境（本部与国际部在同一个校园，本部招收上海生源1200多名，国际部有来自60多个国家与地区的2900多名学生）及学生切身学习体会（科技班的数、理、化教材除采用国家规定的上海教材外，还直接引进美国原版教材进行学科英语教学；本部9个学科领域推进双语教学）密切相关。我们通过对高中国际课程的实践研究[2]，深入认识国际课程并将其中的先进元素创造性地运用到学校本部的课程改革中，促进了学生创新素养的提升，并为开阔学生的国际视野提供了良好环境。

① 唐盛昌.孩子怎样读名校：百名资优生成长故事与评述［M］.上海：上海教育出版社，2011.

② 唐盛昌.高中国际课程的实践与研究（总论）［M］.上海：上海教育出版社，2011：342.

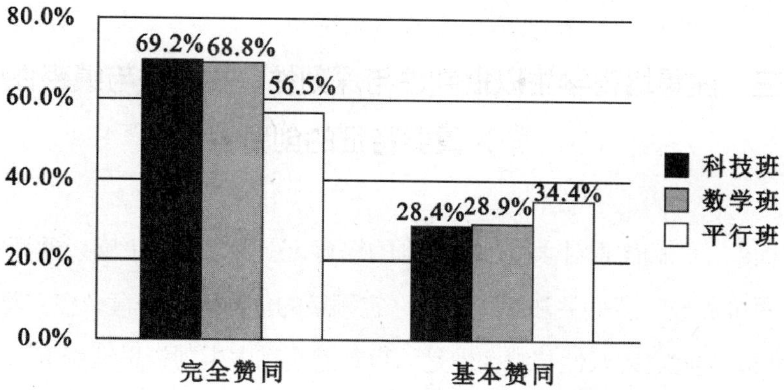

图8　学生对借鉴国际课程与加强国际交流重要性的认识

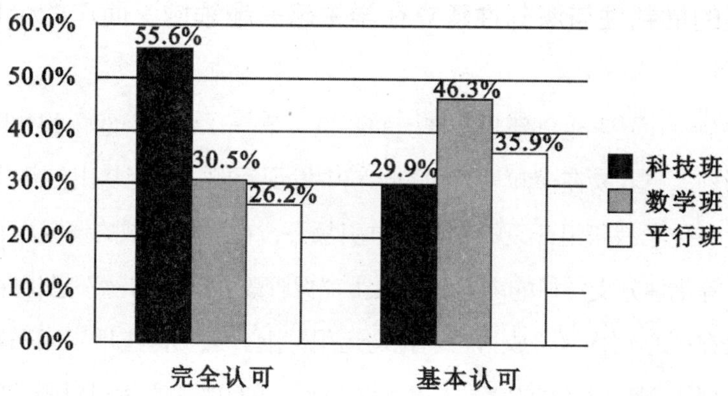

图9　学生对学科双语能力在提升学科视野方面的认识

对“促进学生发展指向性领域的个性化知识构成”方面的调查，显示出如下几个值得关注的问题。第一，不同的学生可以有不同的知识基础，应促进学生的个性化知识构成，使学生形成感兴趣的未来发展指向性领域，大力推进高选择性的课程体系建设。第二，志趣聚焦程度不同的学生对课程的需求是不一样的，应注重创设多样化的课程，促进不同兴趣、潜质的学生都获得合适的发展。例如科技班学生认为，基于专门课程学习的课题研究，对于他们的志趣聚焦和潜能开发帮助最大；平行班学生则认为具有灵活性的、有利于加深自己对感兴趣领域认识的发展型课程对自己更有帮助。第三，高中生在系统、现代的课程体系引领下所选学的课程及所开展的课题研究，与其未来的大学专业选择呈现很高的匹配程度。这说明高中阶段的学生已经开始关注自己感兴趣的指向性领域的知识与能力积淀，其对我国现有的传统教育观念提出了挑战。第四，学生对国际课程中先进元素借鉴必要性的认可，呼唤学校教育要开阔国际视野，关注国际标准与自身特色的彰显，才能确立我国教育的国际影响与话语权。

三、注重培育学生以批判性与深刻性、跳跃性与缜密性为重要特征的创新思维

在实验过程中，我们注重对学生创新思维的培育，引导学生基于感兴趣领域的学习来推进他们的创新思维养成。我们关注学生基于一定领域的创新思维培育，在实验研究中发现，思维的批判性与深刻性、跳跃性与缜密性是培育有潜质高中生创新思维最重要的两组衡量指标，且在科技领域有潜质的学生身上显得尤为突出。这两组指标在学生身上的具体表现如何，它们的发展遵循什么样的规律，是我们在这方面调查的重点。

（一）思维的批判性与深刻性建立在学生感兴趣领域深而广的个性化知识积淀之上

知识基础的个性化是学生创新思维产生的源泉。第一，有了个性化的知识基础，学生思考问题就更为深刻，更容易在横向与纵向的比较中发现问题，更容易出创新成果。如2011届科技班一名学生在化学教研组开设的专业书单引领下，在学科领域的探究中，学习了大学有机、无机、分析等化学分支学科的内容，开展了“橡胶改性沥青的紫外老化探索”，研究形成的学术论文发表在核心刊物《合成材料老化与运用》上。第二，在学生感兴趣的领域里，思维的批判性与深刻性会得到更好的彰显与最大的发展。93.9%的学生对感兴趣领域的问题或疑惑会通过多种途径进行深入探索（其中科技班与平行班之间差异显著，P=0.017，数学班与平行班之间差异显著，P=0.026，见图10），进一步显示出兴趣聚焦程度与思维的深刻性是相辅相成的。

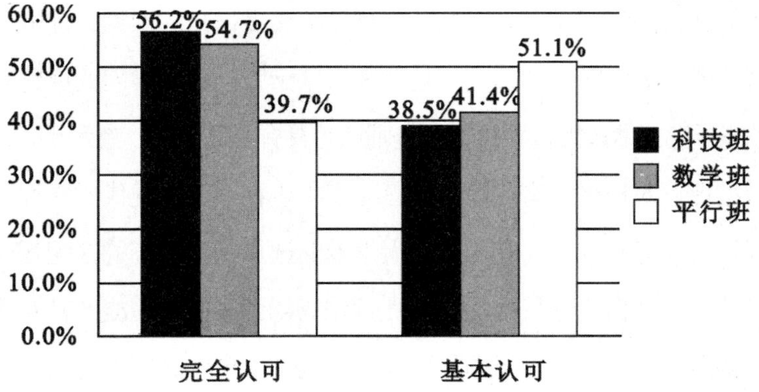

图10　学生对感兴趣领域的问题进行深入探索的表现

（二）思维的跳跃性和缜密性是学生创新实践中最为积极和有价值的组成部分

首先，思维的跳跃性是学生迸发创新火花的重要基础，而思维的跳跃性形成的观点与认识需要通过科学的方式去探究与论证，这就要求学生具备思维的缜密性，去验证自己提出的观点或获得的认识，在这个过程中又不断有新的收获，循环往复，推进学生创新思维的螺旋上升。其次，课题研究是锤炼学生思维跳跃性与缜密性的重要载体。学生对课题研究发展敢于质疑的能力（科技班与平行班之间差异显著，P=0.035）、对问题影响因素的分析（科技班与平行班之间差异极其显著，P=0.000）、提炼新的思路（科技班与平行班之间差异极其显著，P=0.000）、证据的收集与运用（科技班与平行班之间差异显著，P=0.002）、新方式与新手段的运用（科技班与平行班之间差异显著，P=0.016）等思维特征有比较清晰的认识，且科技班与平行班之间存在显著差异（见图11）。这与科技班强调基于专门领域的课题研究与平行班推进自身感兴趣领域的课题研究性学习的不同做法密切相关。

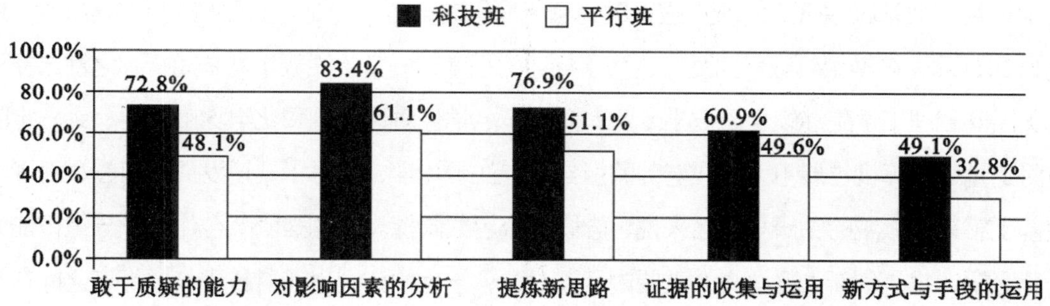

图11　学生对课题研究在促进思维特征发展方面的认识

需要指出的是，我们并不否认还有其他重要的创新思维特征，只是这几个特征在我们推进基于一定领域的高中生创新素养培育中更为明显。从上述的数据分析中我们可以得到以下两个较为重要的结论。第一，学生思维的批判性与深刻性在不同领域的表现不同，如数学更强调思维的深刻性，实验学科更多地关注思维的批判性与探究性。思维的跳跃性与缜密性结合，在科技领域创新人才早期培育上表现得比较突出，对于人文科学领域、社会科学领域而言，或许更多地强调思维的跳跃性，对思维的缜密性要求就不那么明显了。这种与领域高度相关的创新思维特点，应该引起我们的足够重视。第二，课题研究是多种创新思维形成的载体，这也是我们当今中学教育需要注重的一个问题。推进基于学生感兴趣领域的课题研究，学校应为学生创设机会与条件。

四、推进以钻研与痴迷、坚忍性为主要特征的创新人格养成

学生的创新人格显现在许多方面，包括意志品质、抗挫折力、对压力的调适能力等。在高中生创新素养培育实验中我们发现，钻研与痴迷、坚忍性是高中生创新人格的重要特征。在调查中，我们对此有了更深入的理解，例如这种创新人格是否与领域有关、是否存在阶段性等。学校将学生基于志趣聚焦领域的课题研究作为培育其创新人格的重要切入点，调研的数据清晰地反映出这一做法的效果。

（一）学生在感兴趣的领域往往显现出勇于钻研的精神与痴迷的态度

调查数据显示出以下结论：第一，没有兴趣的强制性学习，会扼杀学生探求真理的欲望，学生认同率为93.2%（其中科技班认同率为94.6%、数学班认同率为96.1%、平行班认同率为88.5%，数学班与平行班之间存在极其显著差异，P=0.000）。第二，学生对于感兴趣领域的钻研与痴迷，还具有一定的阶段性，可能是一个阶段关注某一个或几个领域，一段时期后集中于某一个领域钻研或发现更感兴趣的领域而转向，也可能是一直钻研某个选定的领域。例如2011届一名学生对数学的爱好达到了痴迷的程度，一直关注数学从未间断，之后选择进入美国麻省理工学院继续学习数学专业；而另一名学生对计算机和化学均感兴趣，到一定阶段时感觉学计算机进展不大，在老师的引导下专注于化学，获得了飞速发展。第三，对于学生基于感兴趣领域的钻研与痴迷来说，志同道合者共同探讨，加强团队合作与领导组织能力十分必要，也是创新人格培育的重要内涵，对此，学生的认同率在科技班与平行班之间存在显著差异，P=0.025（见图12），这一结果与科技班一直强调的小组探究学习相关。

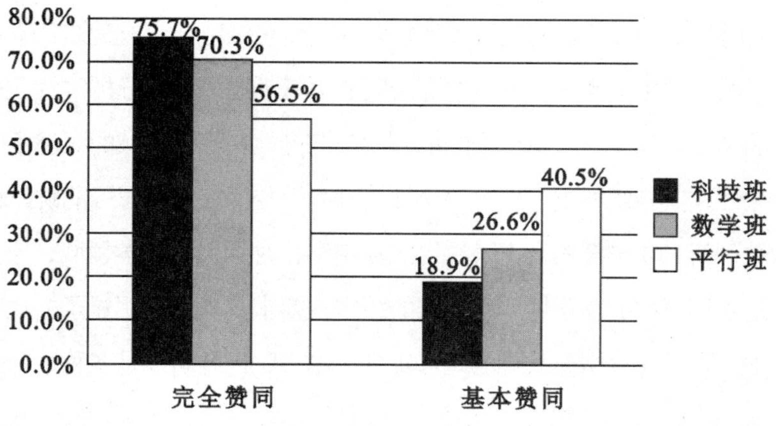

图12　学生对课题研究在团队合作、领导组织能力培养方面作用的认识

（二）学生对志趣聚焦领域之外的其他领域的态度亦影响学生的发展趋向

除了志趣聚焦的领域之外，学生对其他领域的态度表现出三种趋向：重视、正视与漠视，不同的态度亦影响学生今后的发展趋向。结合个案研究，我们发现，对其他领域重视、正视的态度有利于学生形成宽厚的知识与人文基础，加之感兴趣领域的各方面积累专而深，易造就较全面的人才；对其他领域漠视的态度，会使学生某一方面特别突出，其他领域相对薄弱，易形成偏才。随着发展高度的提升，基础的偏颇会影响学生未来的可持续发展。

（三）创新人格的坚忍性在感兴趣领域的学习和探究中得到持续彰显与锻炼

对于优秀学生来说，来自各方的期望、压力大，更需要加强坚忍性与抗挫折力锻炼（学生认同率为90.7%）。调查数据显示出以下结论：第一，兴趣聚焦程度越高，其创新人格中的坚忍性成分越多。这种坚忍性往往表现为释疑的坚持性（对疑惑的问题能进行长时期的思考）、探究的坚忍性（自己提炼主题并持之以恒地探究）、成败的坚持性（无论成功与失败均保持高度热情）、完美的坚持性（尽最大努力追求完美的解答方案）。科技班、数学班、平行班的学生都体验到了较大的学习压力，但科技班的学生比数学班的学生更能进行良好的调适（科技班为67.5%、数学班为45.3%，差异显著，P=0.021）。第二，基于感兴趣领域的课题探究，是提升学生人格坚忍性的重要切入点。其对于学生创新人格的意志力、抗挫折力以及科学精神等具有良好的促进作用（学生认同率科技班与平行班在创新人格的多个方面存在显著差异，其中对于“实事求是的科学精神”，科技班与平行班差异显著，P=0.023；对于勇于“面对挫折与失败”，科技班与平行班差异极其显著，P=0.000；对于“追求目标的意志”，科技班与平行班差异极其显著，P=0.001；对于“团队合作的重要性”的认识，科技班与平行班差异极其显著，P=0.000，见图13）。

对高中生创新人格养成方面的调研数据及个案研究，提醒我们要重视以下两个方面的问

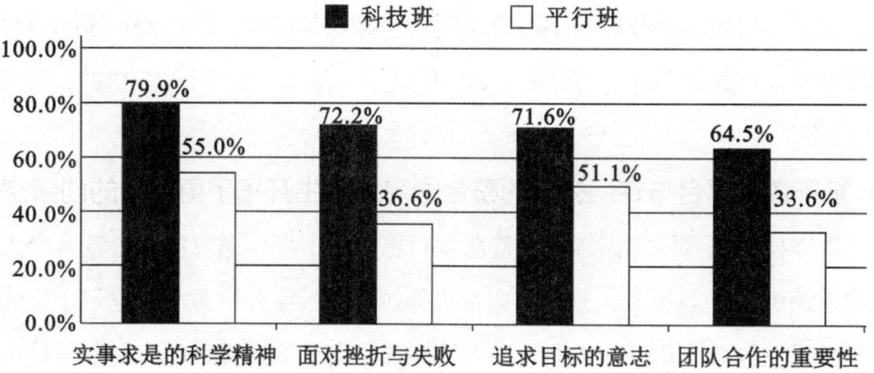

图13　学生对课题研究在提升创新人格方面的认识

题。第一，学生的钻研与痴迷态度在感兴趣领域和其他领域的表现是有区别的，在感兴趣领域的学习与探究上显现得更为突出。当然，对其他领域的态度也将直接影响学生的发展，这也是学校一直强调宁肯不拿金牌也要求学生全面发展的原因。最近三年数学班中获得数学奥林匹克竞赛金牌的学生综合成绩均名列前茅。我们应正确引导学生认真对待感兴趣领域与其他领域的学习。第二，兴趣聚焦的程度与学生创新人格的坚忍性程度成正比。学校应引导学生在“聚焦志趣、激发潜能”的过程中增强抗挫折能力，培养科学精神，提升创新人格。

五、重视学生基于数字平台的学习、探究与创新

适应未来数字化环境的挑战，大力推进当代高中生基于数字平台的学习、探究与创新显得尤为重要。当代高中生在数字技术运用方面具有自身的优势，重视学生基于数字平台的学习、探究与创新，是提升高中生适应未来发展需要的创新素养不可或缺的成分。在这方面的调研中，我们重点关注学生对数字技术运用的认识、对学校创设环境的认可度，以及数字技术与专门领域整合的学习对学生带来的影响。

（一）学生对基于数字平台的学习、探究与创新能力有着强烈的需求

学校非常注重数字化校园建设，包括建构基于统一数字平台的信息化管理系统与整合数字化设备的现代仪器分析实验室等二十多个数字化创新实验室，推进学生发展型课程网上选课，实行走班学习与课题研究性学习的网络平台管理，引进桌面云系统，形成基于物联网的科技展示智能系统。对于科技班学生，尤其注重他们基于数字平台（如创新实验室）的学习、探究。调查显示，79.7%的学生认为数字化校园建设为自己的创新和可持续发展奠定了良好的信息素养基础。从现实的角度来讲，学校的数字化建设处于领先水平，但相对于学生需求而言，越是利用数字平台学习多的学生提出的要求越高。调查发现，科技班对此认同率低于数学班、高于平行班，科技班与平行班之间的差异极其显著，$P=0.009$（见图14）。这主要是由于科技班学生对数字平台运用得多（如科技班学生每人一台笔记本电脑），因而对数字化系统的要求更高。

（二）基于数字平台与专门领域的整合学习为学生开拓了更广阔的创新空间

第一，数字技术与专门知识领域的整合学习更有利于学生迸发创新火花（绝大多数学生认同，认同率为95.8%）。第二，学生在自身优势领域与数字化资源整合学习上更为积极。如学生认为学校建立的数字化创新实验室极大地促进了自己的探究兴趣，对此科技班与平行班之间存在着显著差异，$P=0.044$（见图15），这与学校强调努力推进科技班学生基于现代数字

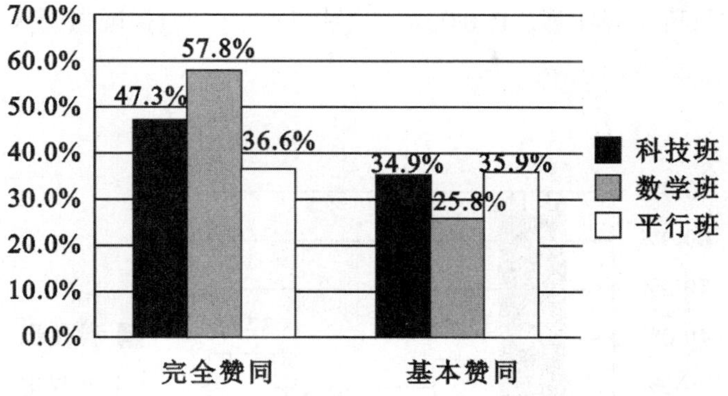

图14　学生对数字化校园系统在促进信息素养提升方面的认识

化创新实验室平台进行探究相关。很多学生充分发挥自身数字技术运用的优势，在数字技术与专门领域整合创新上结出初步果实。一位科技班学生在导师引领下设计软件，推进了“HIV蛋白酶抑制的分子动力学模拟和三维定量构效关系研究”，参与撰写的两篇论文收录在SCI上。

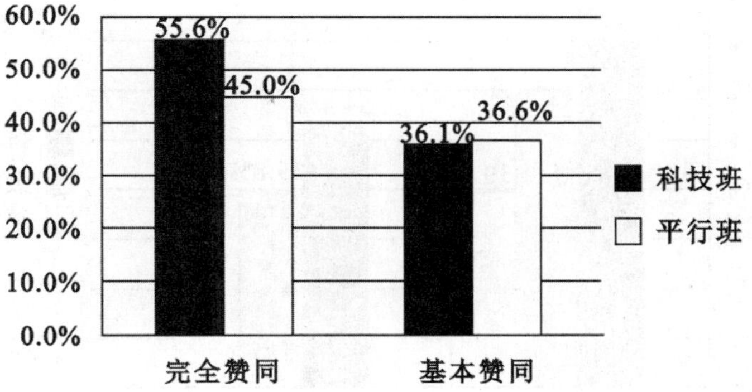

图15　学生对创新实验室在激发探究兴趣方面的认识

（三）基于数字平台的互动、探究与研讨成为学生实现创新的重要途径

数字化时代的创新能力培育应当在高中教育中予以充分重视。第一，学生基于数字平台开展资料检索、交流与数据分析变得越来越普遍。调查显示，学生利用电脑经常做的事情排在前三位的依次是浏览网络信息（66%）、搜索资料与查阅文献数据库（63.8%）、写作业（38.4%），且学生利用电脑进行资料检索与课题研究，科技班与平行班差异极其显著，P=0.001（见图16）。第二，基于数字平台的生生互动与人机互动成为学生创新的重要介质。志趣聚焦程度越高，其作用越大。科技班对这两种方式的认同度远高于数学班及平行班，差异达到显著水平。其中对于“生生互动”方式，平行班与科技班差异极其显著，P=0.000，数学班与平行班差异显著，P=0.044；对于“人机互动”方式，科技班与数学班差异显著，P=

0.043，科技班与平行班差异显著，P=0.027（见图17）。这与科技班强调基于数字技术平台的专门课程学习及课题研究密切相关。

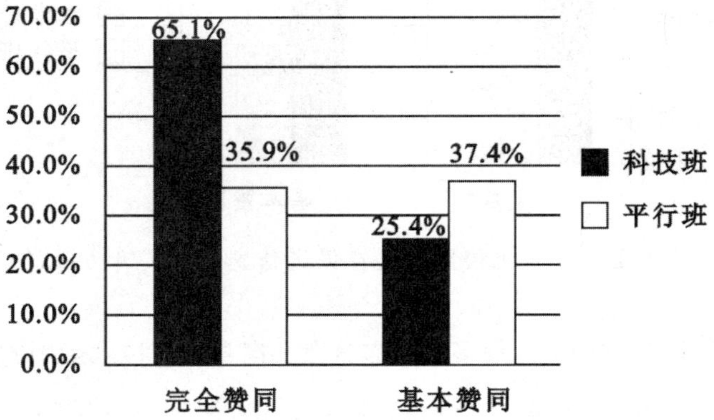

图16　学生对电脑在课题研究资料收集过程中的重要性的认识

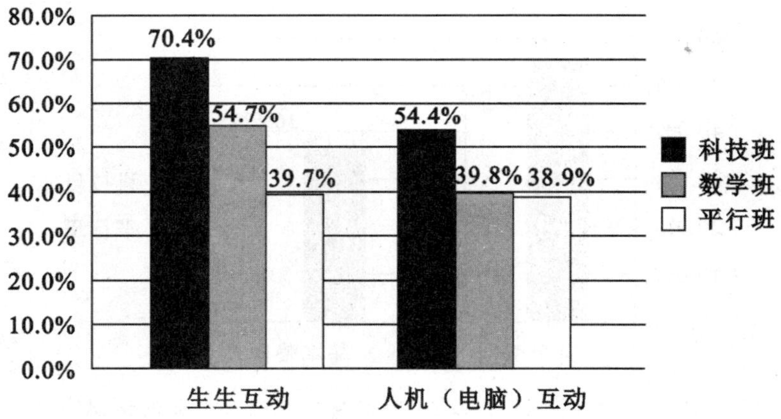

图17　学生对“生生互动”与“人机互动”的认识

根据以上分析，我们大致可以做出如下两个判断。第一，当代高中生在数字技术学习与运用上具有明显优势，促进他们基于数字平台与感兴趣领域的整合学习，能给他们带来更多的创新机遇。第二，作为致力于创新人才早期培育探索的学校，尤其是关注科技领域创新人才早期培育的学校，应大力推进数字化校园建设，促进学生基于数字平台的学习、探究与创新。

六、提升教师的专业素养并加强与高校、科研机构的实质性合作

高中生创新素养培育实验，对教师的专业素养提出了更高的要求，学校不仅应当注重校内教师的专业素养提升，而且要根据不同领域、不同资质学生创新素养培育的需求，加强与高校、科研机构的实质性合作（课程开发、项目研究、课题指导、实验室建设等可作为主要载体）。学校的实验注重校内外资源的优化配置（如校内教师拥有硕士以上学历的超过52%，150名教师胜任双语教学，海外留学人员40名；与上海交通大学、复旦大学、同济大学、中科院上海分院、上海财经大学、华东政法大学等十多所高校、科研机构建立实质性合作关系。科技班与实验组的一些专门课程由大学、科研机构的专家授课并进行课题研究指导）。在调研中我们注重了解学生对教师素养的要求、对校外资源实质性利用的需求与效果分析。

（一）以“聚焦志趣、激发潜能”为导向的高中生创新素养培育对教师水平提出了更高的要求

在推进学生趣能匹配的过程中，学生对教师的专业水平（如学科功底、知识视野、持续的学习能力、校本课程教材开发能力）要求更高。学生最为钦佩的教师素质中学科功底居于首位（认同度科技班为90.5%、数学班为85.2%、平行班为70.2%，科技班与平行班存在极其显著差异，P=0.005，数学班与平行班存在极其显著差异，P=0.000），其次是敬业精神（认同度科技班为86.4%、数学班为86.4%、平行班为68.7%，科技班与平行班存在极其显著差异，P=0.000，数学班与平行班存在极其显著差异，P=0.001）、知识视野（认同度科技班为75.7%、数学班为68.8%、平行班为47.3%，科技班与平行班存在极其显著差异，P=0.000，数学班与平行班存在极其显著差异，P=0.001）、人文底蕴（认同度科技班为60.9%、数学班为50.8%、平行班为47.3%，科技班与平行班存在显著差异，P=0.046）。除此之外，学生对教师还提出了一些新的要求，如对教师的学科英语能力（科技班为56.8%，数学班与平行班分别为29.7%、28.2%，科技班与数学班差异极其显著，P=0.000，科技班与平行班差异极其显著，P=0.000）、数字技术运用能力、校本课程开发能力（认同度科技班为35.5%，数学班与平行班分别为27.3%、22.1%，科技班与平行班之间存在显著差异，P=0.04）的需求等（见表3）。志趣聚焦程度越高的学生对教师的学科英语能力、敬业精神与人文底蕴要求越高。

表3　学生最为钦佩的教师素质

教师素质	学科功底	敬业精神	知识视野	人文底蕴	专业特长	自我学习和提升能力	学科英语能力	数字技术运用能力	校本课程教材开发能力
百分比	82.7	81.1	65.0	53.7	52.8	43.5	40.0	38.8	29.0

（二）不同志趣聚焦领域和不同潜质的学生创新素养培育需实质性利用校外资源

不同志趣聚焦领域、不同潜质的学生创新素养培育需实质性利用校外资源显示在如下三个方面。第一，学生从个性化知识构成到发展性能力提升，除依靠校内资源外，还要更多引入校外资源（学生认同率为96.9%，科技班与平行班存在显著差异，P=0.042，数学班与平行班存在显著差异，P=0.018，见图18）。第二，以课程、课题、项目为抓手，与大学、科研机构的合作对学生成长很有帮助，实验班学生完全赞同的比例为53.2%，与平行班38.9%的认同率存在极其显著差异，P=0.002，这与实验班注重引进高校、科研机构专家进行专门课程指导与授课有关。第三，高校、科研机构的早期介入，能使社会相关人员对高中生的潜能有一个正确的认识，有利于创设对高中生创新更为良好的社会环境（学生认同率为94.7%，科技班与平行班之间存在极其显著差异，P=0.002，数学班与平行班之间存在显著差异，P=0.012，见图19）。

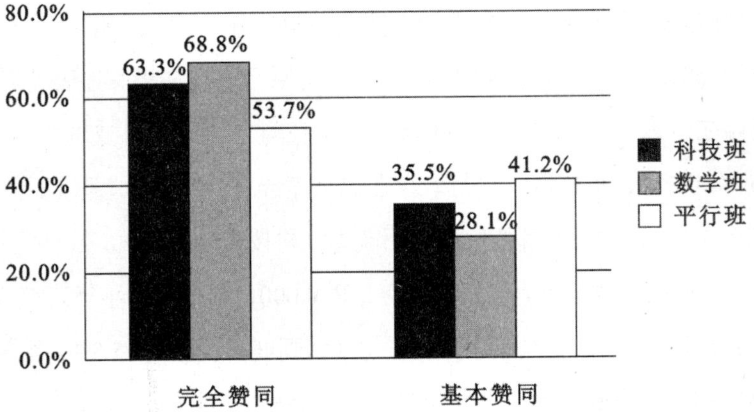

图18　学生对校外资源引入重要性的认识

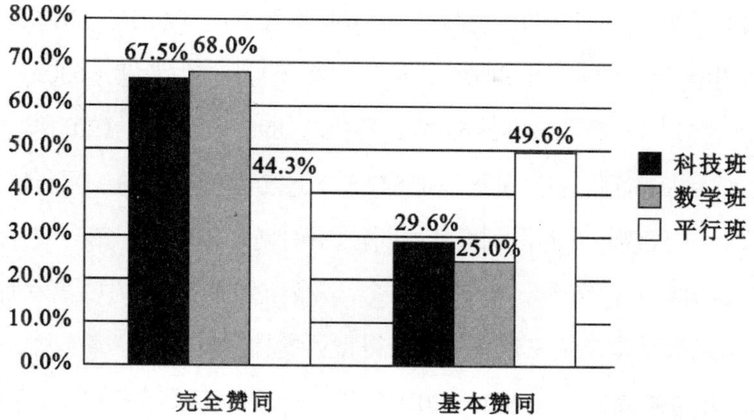

图19　学生对良好社会认可环境的看法

在高中生创新素养培育中注重优化校内外资源，学生与学校的看法具有很强的一致性。从上述调研中，我们认为有以下问题需要关注。第一，创新素养培育对教师的素养提出了更高的要求，要不断提升教师有效开发与教授发展型课程的能力与水平；提升教师激发学生兴趣、指导兴趣聚焦的能力与水平；提升教师把握学生发展的关键期、引导学生持续发展的能力与水平；提升教师指导学生掌握课题研究方法、进行深入探究的能力与水平；提升教师学习国际课程，进行课程比较研究的能力与水平。第二，大力推进与高校、科研机构的实质性合作是学校推进不同领域、不同资质创新人才早期培育的重要举措。在具体操作过程中，学校可以通过课程开发与授课、课题与项目研究指导、现代实验室的构建等方式与高校、科研机构进行多角度、高效的合作，发挥高校、科研机构在创新人才早期培育与识别、指导学生科学探究等方面的助推力。这一举措同样有助于社会对高中生创新潜能有一个正确的认识。

七、以“聚焦志趣、激发潜能”为导向的创新素养培育实验的效果与思考

以“聚焦志趣、激发潜能”为导向的高中生创新素养培育实验，让学生在选择学习中聚焦志趣，促进志、趣、能的匹配而不是简单的应试分数的提高，能激活学生内在学习动力，获得学生升学与创新素养提升的双赢。

在学生升学率方面，整体态势良好，2011届学生中99%进入全国重点大学与国外名校，其中24%进入清华大学、北京大学、香港大学、香港科技大学等国内顶级名校（科技班为51.2%、数学班为40%）；48%进入复旦大学、上海交通大学、浙江大学、中国人民大学等全国排名前10位的大学（科技班为41.1%、数学班为40%），申请出国的学生（约5%）全部进

入美国排名前40位与日本排名前10位的大学（科技班为7%、数学班为20%）。在成绩提升速度上，实验班学生高于平行班学生，学生进校时中考（上海市中考满分630分）平均成绩从高到低依次是平行班599.3分、数学班596.4分、科技班589.2分，高考（2011年上海市高考满分为630分）平均成绩从高到低依次是科技班547.8分、数学班541.4分、平行班533.9分。在学生成长方面，学生不仅创新素养得到提升，而且仍保持较高的竞赛等第：首届科技班三年来共获国际奖5个、国家级奖16个、市级奖120个，发表论文8篇（其中2篇发表在SCI上，2篇发表在CSSCI上），数学班连续三年有学生获得世界奥林匹克数学竞赛金牌，其中2个满分，获全国一等奖以上的90人次；在2008—2010学年，全校共获国际奖17个、国家级奖266个、市级奖792个。

此次调查与上述三年来取得的成绩互为佐证，进一步彰显了学校在学生创新素养培育上取得的成效，也给了我们更多的关于高中生创新素养培育实验的思考。

（一）创新素养培育要以学生的可持续发展为出发点

以“聚焦志趣、激发潜能”为导向的创新素养培育实验，在一系列的配套措施支撑下，能极大地激活学生的内动力。在这一导向引领下，学生发展的方向趋于多样性。我们认为志趣聚焦只有程度的高低，而不存在好坏之分。学生志向的确立是一个不断形成、建构的过程；学生兴趣的培育是一个广泛涉猎、聚焦的过程；学生潜能的开发是一个不断认识、激发的过程。

（二）把握共性与差异性有助于对学生进行有针对性的早期培育

高中生志趣聚焦程度不同，在多个方面存在差异，但其在“聚焦志趣、激发潜能”的发展过程中都存在“迷茫期”“高原期”“飞跃期”，把握这些共性和差异性有助于对学生进行有针对性的早期培育。我们发现，志趣聚焦程度越高的学生（如数学班和科技班），对志趣与潜能匹配的认识越深刻，对个性化知识的需求程度越高，对教师的素质要求越高，对数字化环境的需求越高，这些都应该引起我们的高度关注。在“聚焦志趣、激发潜能”的过程中，“迷茫期”“高原期”与“飞跃期”三种情况往往交替出现，应考虑综合运用目标激发、群体激发、创新激发、成败激发等多种激发方式，让不同的方式实现最优组合，产生最大的激发效能。

（三）在学生兴趣聚焦的领域创新思维和创新人格的培育能取得更大成效

创新思维与创新人格的一般培育是重要的，但只有在其兴趣聚焦的领域，创新思维和创新人格的培育才能取得更大的成效。学生在不同领域的创新潜能不同，关键是要发现哪些学生在哪些领域有更强的创新潜能，并助其激发。基于一定领域的学生创新素养培育，期待学校课程在高选择性、探究性、现代性上获得突破。调查中，94.1%的学生认为学校建立有个性的、整体的、可选择性的课程体系对自己个性化知识构成十分必要。学生充分认可发展型课程与课题研究性学习是推进其志趣聚焦与创新素养提升的两大重要平台。87.9%的学生认为学校的发展型课程能体现现代学科发展的概貌与趋势，对学校的校本教材在促进知识拓展、视野开阔方面也持赞同意见（认同率为79%）。学校课程体系凸显高选择性、探究性与现代性，更有利于不同类型、不同潜质的学生得到更好的发展，促进不同类型、不同领域的创新人才早期培育。

（四）高中生创新素养培育应加强与高校、科研机构的实质性合作

在对校外资源的引入方面，学生的需求较高，这也是高中生创新素养培育的一个趋势。发展型课程与课题、项目研究是学生创新素养培育的重要载体，这些方面校外资源发挥的引领空间很大。从实施的效果来看，86.2%的学生（科技班为93.5%、数学班为82.8%、平行班为80.1%，科技班与平行班之间存在极其显著差异，P=0.002）认为学校以课程、课题、项目为抓手，与大学、科研机构的实质性合作，对自己很有帮助。为推进基于一定领域的学生创新素养提升，需要学校分领域、分类别地加强与高校、科研机构的实质性合作，避免一哄而上，关注办学个性与特色的彰显。

最后需要指出的是，在调查研究中我们还发现以下几个需要进一步思考的问题。第一，绝大多数学生（93%）认为在现有的高考体制下，既要获得高分，又要聚焦志趣和激发潜能，需要花费更多的时间和精力。这是与我国当前教育评价体系密切相关的，如果能够加快推进分领域、分类别的考试评价，就能使学生的创新素养得到更好的发展。第二，在对走出“迷茫期”、突破“高原期”动力的认识上，随着志趣聚焦程度的提升，对教师点拨的需求反而下降，更多的是靠不断更新的目标激励及自身的不断努力。这就需要教师及时调整自己的教育理念，把握住阻碍学生产生飞跃的关键因素，及时给予引导，促进他们的个性化知识构成。第三，当今时代，数字化校园环境的创设对学生适应未来的创新发展带来更大的机遇与挑战。学校应大力推进数字化校园建设，促进学生基于数字平台与专门领域的整合创新。当然，高中生创新素养培育是一个需要根据地区实情、学校特点不断加以探索、深化的重要课题，需要同类学校共同关注并加以推进。

王殿军

1960年生，陕西人。1999年8月至2006年12月为清华大学数学系副教授、教授，先后担任过数学系研究生工作组组长、党委副书记、党委书记。2007年1月起任清华大学附属中学校长。完成国家自然基金等各类科研项目近10项，发表学术论文30余篇，改编和编著出版书籍各两部，指导博士后2名、博士生1名、硕士生5名。曾获清华大学优秀辅导员“林枫奖”、清华大学优秀教学成果奖、清华大学青年教师教学优秀奖、北京市优秀教学成果奖以及“当代教育名家”“北京市教育创新标兵”“北京市优秀教师”等荣誉称号。

基于多维度评价指标的高校招生制度改革①

谢维和教授近年来关于高中新定位的文章引起了关于高中教育问题的热烈讨论。2012年，谢维和教授又发表了关于高考制度改革的文章，触及高中教育改革深层次的问题。每每提到高中在人才培养方面的不足，大家总会不约而同地把矛头指向中国现行的高考制度。谢维和教授在文章中指出，高考必须有，也必须改，这是客观事实，问题是如何改革，他从对两个“兼顾变量”的分析出发，提出高校的三种入学形式，很有启发意义。

① 本文曾发表于《中国教育报（理论周刊·教育科学）》2013年10月11日第006版。

一、"入场须知"

区分"高考"与"高招"

我们要区分两个概念："高考"与"高招"。在本文中，"高考"是指每年举行一次的"普通高等学校招生全国统一考试"；而"高招"是指每年高校组织的招生工作，包括保送生招生、自主招生、特长生招生、国防生招生、完全按照高考成绩进行的招生等。人们很容易把"高考"和"高招"这两个概念混为一谈，这并不奇怪，因为在我国的高校招生中，高考分数几乎成了唯一依据。

作为大学入学选拔性考试的高考本身已经非常成熟，在严谨性、科学性、公平性、公信力等方面得到了广泛认可和接受。而"高招"完全依赖高考成绩才是问题关键之所在。高考成绩依然要作为高校招生最重要的、具有基本底线功能的维度指标。但是，我们不能再让高考成绩作为高校招生唯一的维度指标，长此以往将严重影响中学的人才培养和大学的人才选拔，严重影响国家人才强国战略的推进。高校招生制度的改革要为高考减压，不能让高考成为独木桥、单行道，不能让高考分数作为高校招生唯一的依据。

高校招生制度毫无疑问是基础教育的"指挥棒"。目前高校招生基本完全按照高考成绩这个唯一的指标进行选拔，由此导致高中教育过度追求分数，偏离了素质教育的正确方向，甚至偏离了教育规律和人才培养规律。高校招生制度是公平有余、合理不足。公平的地方就是分数面前人人平等，不合理的地方就是这一制度的执行不利于中学教育的健康发展、不利于高校的人才选拔、不利于国家的人才培养。

二、"特别提醒"

高校招生制度改革的必要性

要想真正实现素质教育，实现学生的全面发展和个性发展，必须改革高校招生制度。本文所说的高校招生制度是指一切与高校选拔和录取学生有关的规章制度，包括"高考"和"高招"。高校招生制度的改革难点在哪里呢？

从高校的角度而言，他们特别希望中学能培养出基础扎实、素质全面、富有创造精神的优秀毕业生，特别希望能选拔出真正优秀而富有培养潜质的拔尖人才苗子。但是，我们现在除了能为大学提供学生的高考分数之外，无法为大学再提供任何其他具有公信力、权威性、科学性的选拔和评价指标，这使高校选拔学生时除高考分数之外再无其他指标可用。

从中学的角度而言，既然高校招生选拔只看高考分数，自然就把主要精力投入到高考的准备上，“考什么就教什么，教什么就学什么”也无可厚非。中学也没有能力或积极性去为高校招生创造更多的维度指标，因为如果缺乏制度设计的前提和大学认可的前提，这样的创造是纯粹的冒险。

我们认为，高校招生制度的改革必须是：制度设计改革率先进行，高校和高中统一认识，高中学校先走一步，高校紧随其后配合行动。

选拔性工作应该坚持目标导向性原则，应该由“选什么人”来决定“如何选人”。不同的高校应对自己有不同的定位，应对生源有不同的要求。高校招生制度改革必须把选拔学生的评价指标由一维变为多维，根据自身对生源的要求确定对不同维度的评价指标的考查权重。每年的高考应由一次变为两次或者多次，把个别科目的考试由选拔性考试变为水平性考试，实现高考的社会化、常态化。此外，高校必须认真研究基于多维度的学生评价选拔方式，在多维评价指标的基础上，努力实现人才选拔的科学、公平、效率和安全的目标，确保高校招生制度的公信力，科学，即选拔目标与选拔方式应该一致；公平，即公众认可度高，具备公信力；效率，即高校和高中的投入与产出要高度匹配；安全，即选拔环节要做到独立、不受干扰。

我国大多数高等学校，多年来仅仅依赖高考成绩选招学生，缺乏多元评价的理论研究和实践经验。为了真正实现高校招生制度的改革，各高校应该尽快投入人力进行研究，建立起各个高校独立而有特色的学生评价机制和选拔机制，最终形成基本固定的模式，必要时可以充分借鉴世界一流大学综合评价选拔学生的经验。

三、高考改革建议

（一）设立资格考试和能力考试

如上所述，高考本身的改革不是高校招生制度改革的难点和重点，但是对于高校招生制度改革的整体而言，高考本身的设计也需要进行一些改革，以配合高校招生制度改革整体目标的实现。

（二）英语考试社会化、多次进行

英语测试在难度控制、实现标准化方面相对比较容易，国内外标准化、有权威的英语考试比较多，有许多成功经验可以借鉴。在基础教育阶段，我国学校存在英语学习花费时间过多、效率偏低的问题，也没有照顾到学生掌握语言能力的差异性和地域的差异性。在高校招生改革方案中，应该把英语从高考科目中独立出来，由选拔性考试变为水平性考试，实行社会化、常态化考试。高考中不再设置英语科目考试。可以由教育部考试中心设立专门的英语测试机构，统一负责组织全国的高中生英语考试，每年可以安排 4 至 6 次考试。英语测试机构要确保多次考试难度基本一致，必要时可以借助数据分析和统计理论进行科学处理。

学生在高中期间可根据自己的实际学习情况，自由报名参加英语考试，参加时间和次数都不受限制，申请大学时选择提交自己最好的一次成绩。每年国家可以为高职、高专和本科院校公布两个不同的英语分数控制线。高水平大学也可以根据学校对学生的不同要求公布自己的英语成绩控制线。

四、高考每年由一次变为两次

高考每年可以安排举行两次，但是两次考试的对象、功能和内容不完全相同，两次高考的时间可以相差 5 至 6 个月。例如，可以每年 1 月 7 日至 8 日举行第一次考试，每年 6 月 17 日至 18 日举行第二次考试。

第一次考试是“普通高等学校招生全国统一资格考试”（以下简称“资格考试”）。其面向对象是全体高三学生和社会考生，目的是系统而全面地检测高三学生学科基础知识的掌握水平，具有一定的区分度和选拔性。这次考试最主要的目的就是对学生进行分流，选拔出具有参加“普通高等学校招生全国统一能力考试”（以下简称“能力考试”）资格的学生，避免部分学生浪费无谓的时间和精力去准备高考。

第一次考试要强调基础性、全面性和综合性，考试科目可设为：语文、数学、理综（理、化、生）、文综（史、地、政）。可以采用全国统一命题，也可以分省自主命题，各省（市）、自治区可按照当年本科招生计划人数的 120%至 150%划定参加第二次考试的“资格线”。

“资格考试”的成绩还有两个很重要的作用：一是作为高职、高专学校提前招生的依据，二是作为大学自主招生的依据。通过“资格考试”的高三学生，可以集中精力去准备“能力考试”；没有通过“资格考试”的学生，可以选择直接申请入读高职、高专学校。高职、高专可以分两次招生录取，但要统一入学。第一次安排在高校招生“资格考试”之后进行招生，主要面向未能通过“资格考试”的高三学生，可根据学生的“资格考试”成绩进行择优录取；第二次是在“能力考试”之后进行招生，主要面向虽然参加了“能力考试”但未能被本科院校录取的学生。

"资格考试"之后，各省根据自己的实际情况，设立高职、高专的录取分数线。达线的所有考生都可以直接向高职、高专递交入学申请资料，高职、高专院校可以对其中未获得本科报考资格的学生进行正式录取，对获得本科报考资格的学生进行"预录取"（待其报考本科院校录取结果明朗之后再进行正式录取）。高职、高专院校要合理分配招生指标，用于下列三类具有高职、高专入学资格的学生的录取：第一类是未获得本科报考资格的学生；第二类是获得本科报考资格但愿意申请入读高职、高专的学生；第三类是获得本科报考资格但最终未被任何本科院校录取的学生。

"资格考试"之后，所有高三学生将被分成三类。第一类是通过了"资格考试"的学生；第二类是未通过"资格考试"但分数达到高职、高专录取线的学生；第三类是"资格考试"分数未达到高职、高专录取线的学生。中学要为以上三类学生安排好最后一学期的学习和培养工作：第一类学生主要进行高考复习和大学预备教育；第二类学生主要进行一些高职、高专的通识预备教育和不少于4周的社会实践活动；第三类学生集中进行职业技能型的教育和培训，为学生毕业后步入社会、就业进行充分准备，必要时可以安排8周左右的职业技能实习。

"资格考试"全面考查学生综合学业水平，强调文理并重、学科均衡发展理念。"资格考试"难度不宜过高，能较好地起到本科与高职、高专的分流作用即可，难度应介于学业水平测试和传统高考之间。这样的安排，也可以有效避免高中过早进行文理分科，把高中文理分科延迟到高三最后一学期进行。

第二次考试为"能力考试"，面向已通过"资格考试"的高三学生和社会考生。

"能力考试"与"资格考试"的目的和定位有所区别。"能力考试"的对象是具有报考本科院校资格的学生和社会考生，试题的难度、考查的侧重点应该有别于传统的高考，以能力考查为主，侧重考查学生综合运用所学知识分析问题和解决问题的能力。可以借鉴美国学术能力测试（SAT）、国际学生评估项目（PISA）的命题思路，新设置一种旨在考查学生学术潜力、创造力、综合运用所学知识分析和解决问题能力的考试，这一考试不针对某一特定学科，文、理科考试内容可以相同，也可以不同。

按照这样的方案，通过了"资格考试"的高三学生需要花一学期的时间来准备"能力考试"。"能力考试"主要考查的是学生的综合素质和能力，无法进行应试训练。这有利于引导学生多读书，多关注社会，多发现问题、思考问题和研究解决问题，有利于学生能力的培养。

五、高校招生改革建议

（一）建立多维度评价选拔体系

目前制约高校招生制度改革最大的难点就是我们只能为高校选拔学生提供一个维度指标——高考成绩。要想促进学生全面发展、健康发展、个性发展，必须建立尽可能全面的、多维度的评价选拔指标体系。该指标体系必须具备以下特征：

第一，重要性。新的维度指标能够体现出高中学生发展的核心素养，有利于引导高中教育健康发展。

第二，科学性。新的维度指标的设立必须经过严密、科学的论证，一定要具有可测量性、可比较性和一定的区分度。

第三，公信力。新的维度指标的评价方式和过程必须具有严谨性、公平性、客观性和权威性，要能得到专家的高度认同和社会的全面认同。

根据这 3 个特征，考虑到目前基础教育的现状、我国的社会现实和多年来在高校招生中积累起来的经验，借鉴许多世界一流大学选招学生的成功经验，高校招生可以增加如下几个新的维度指标："资格考试"成绩、"能力考试"成绩、英语考试成绩、大学先修课程成绩（大学先修课程中心统一组织）、中学选修课程成绩（中学选修课程中心统一组织）和学业水平测试成绩（省级统考）。

当我们能够为大学创造出这么多可采用的评价维度指标之后，如何综合使用这些维度指标是对大学的巨大挑战。我国的大学，仅仅依靠高考成绩选拔学生的时间过长，缺乏对基于多维指标评价选拔学生的理论研究和实践经验，这是我们与世界一流大学存在巨大差异的一个重要原因。一个在评价和选拔学生方面不具备一流水平的学校，很难选招到一流生源，这样就难以培养出一流的人才，也不能引导高中教育的健康发展，从而对国家的整个人才培养体系带来消极负面的影响。

当然，大学缺乏对全面、科学、多维度指标的研究和实践，其重要原因是我国的教育体制并没有赋予大学这样的权力。在高中创造出可用的多维指标体系之后，教育管理部门要放权给高校去综合使用，高校要敢用、会用，建立起自己基于这些多维指标的学生评价和选拔机制，做到科学、合理、公开、公平、公正。高校一定要向社会公布综合评价的选择和方式，接受社会监督。这是对大学选拔评价学生能力的挑战，也是在人才强国战略中大学义不容辞的历史使命和时代责任。

还有一些辅助性的重要指标，高校评价选拔学生时可适当采纳。如果我们的社会发展到一定时期，建立起了良好的诚信体系，这些辅助性指标完全可以直接作为高校招生选拔学生的维度指标：学生平时成绩（总学分和模块考试、期中考试、期末考试成绩等）、学生特长（高中期间获奖成果、研究成果、比赛成绩等）、综合素质发展记录（学校要确认记录的真实性）、学校推荐（校长、班主任或任课教师推荐）、高校综合面试成绩等。

下面分别介绍主要维度指标和辅助维度指标的具体含义、指标获得方式及高校招生时采纳方式的建议。

（二）“资格考试”成绩

“资格考试”是全国或分省统一考试。高职、高专第一次招生时可以主要依据“资格考试”成绩，结合学生学业水平测试成绩、英语成绩、综合素质发展记录等进行录取；本科院校在进行自主招生时，可以充分综合利用“资格考试”成绩、大学先修课程成绩、中学选修课程成绩，不必再组织单独的笔试；高校也可以在能力考试之后进行招生时再次采纳“资格考试”成绩，与其他维度指标一起综合采用。

（三）“能力考试”成绩

“能力考试”也是全国或分省统一考试，只面向通过了“资格考试”的学生，为本科院校选拔学生服务。在参加“能力考试”人数减少、学业水平差距减小之后，考试的难度和区分度更容易控制。为了避免中学教育过度追求分数导致应试教育大行其道，“能力考试”成绩的采纳一定不能“分分比较”，而应针对高校的不同情况，按省确定5个批次的本科学校申请资格线，对于达到申请资格线的学生，不再单纯比较分数，而是要综合考虑其他重要维度指标和辅助维度指标来选拔录取，而“能力考试”成绩在这里仅仅发挥一个确保底线的作用。

5个批次的学校要根据教育行政部门的权威部门来规定。例如大致可以按照“985”学校、除“985”学校之外的其他“211”学校、其他本科一批院校、本科二批院校、本科三批院校来确定5个批次。各省5个批次的分数线可以根据该批次大学招生计划总数按照1∶1.2或1∶1.5来设定。考生通过网上选报大学、填报志愿，一般同批次大学可以申请3至5所。为了最大限度地保护考生利益，应该在同一批次录取中采取平行志愿模式。

（四）英语考试成绩

英语测试实行常态化、社会化、标准化，由一个专门的考试机构负责，为学生出具标准的成绩单。各地可以根据实际情况，公布各批次的英语分数线，各大学可以根据自己的具体情况公布英语分数线，达不到规定分数线的不能申报。

（五）大学先修课程（CAP）成绩

大学先修课程是在中学开设的、具有大学水平的选修课程，面向对象为高中学有余力的拔尖学生。这些课程由全国大学先修课程中心统一制定课程标准、统一编写教材、统一进行考试评价，并对开设大学先修课程的中学进行资质认定，对讲授大学先修课程的教师进行培训、考核和资格认定。学生修习大学先修课程所获得的学分不仅可计入中学选修课程的学分，而且成绩可以作为大学评价和选拔学生的重要依据。此外，如果先修课成绩达到大学的规定标准，学生进入大学之后，大学还可以承认学生在中学期间所获得的学分，并可免修大学开设的同样内容的课程。

（六）中学选修课程成绩

在新课程设计之初，每个学习领域都编制了若干门国家级中学选修课。但是，因为不作为高校招生依据，几乎在高中没有开设。如果能够选定一些这样的选修课程的成绩作为高校招生的维度之一，会调动中学开设此类课程的积极性，从而为学生提供更多具有丰富内涵的课程，有利于满足学生的求知欲和个性化发展需求。这一举措也从国家人才战略高度将教育目标与教育内容、教育方式统一起来。

（七）学业水平测试成绩

一定意义上，“资格考试”和“能力考试”是对学生的终结性评价，而学业水平测试更像对高中学习效果的过程性评价。但是原本可以作为高校录取重要依据的学业水平考试现在在很多地方已经成了一种形式，仅仅能够决定学生能否拿到高中毕业文凭，因为大家都将眼光放在了高考成绩上。而要把学业水平测试纳入学生评价体系，该测试在组织上就应该更加正规、严格，取得公信力、可信度和区分度。学业水平考试应该实现社会化、专门化、标准化，建立专门的机构来负责。学生可以自己报名参加，甚至可以多次报名参加考试。成绩可以设为 A、B、C、D、E、F 这样 6 个大级别，要增加区分度，变成真正的学业水平测试。

（八）其他辅助维度

高中新课改推出了对学生的综合素质评价的考评办法，出发点和立意都非常好。但是，从实践层面而言缺乏可操作性。由于不同学校的综合素质评价标准不具备可比性，所以不具备成为高校招生可采用维度指标的特征。对于学生非学业类型的综合表现应该重记录轻评价，甚至只记录而不评价。可以经过深入研究，把能充分体现学生综合素质发展的活动和行为如实记录下来，并要有可靠的证据支撑和旁证材料。高校根据自己的标准，通过网络审阅来评估学生的综合表现，在招生选拔时予以适当参考。

六、展望

教育改革需要大胆实践

如果按照这个设想进行高校招生制度改革，不仅对中学课程改革指导意义十分巨大，也使得中学教育内容与招考选拔方式保持高度的一致性。

届时，中学课程将分为3个大层次：第一个层次是必修课程；第二个层次是选修课程(国家级选修、校本选修)；第三个层次为大学先修课程。这3个层次的课程为全体学生、部分有拓展能力和需求的学生、少数富有天赋和优秀潜质的拔尖学生提供了适合自身发展需要的内容。

总之，我们一切改革的出发点都是要改善我国现行教育体制中存在的问题，让我国的人才培养和选拔机制得到优化，让高考这个指挥棒真正在人才培养中、在学生的发展中发挥其应有的作用，让更多的学生享受平等的受教育、受考核的机会，进而获得更大的发展和深造空间。我们的最终目标就是要让中国的受教育者享受到更加平等、高效、科学、符合其个人特点和需求的教育。

教育改革，需要研究，需要讨论，需要争论，需要呼唤，更需要大胆的实践。如果我们没有勇气改革高校招生制度，我们就不可能彻底改变应试教育的现状，不可能改变我们人才培养的基本格局，就难以实现人才强国的梦想。

何克抗

1937年生，广东省大埔县人。教授、博士生导师。北京师范大学教育技术学院教授，现代教育技术研究所所长，现为东北师范大学荣誉教授（终身教授）。曾任全国教师教育信息化专家委员会主任，中国教育技术协会副会长兼学术委员会主任，全球华人计算机教育应用学会（GCICE）第一副主席，国际刊物JCAL（Journal of Computer Assisted Learning，计算机辅助学习）编委。著有《儿童思维发展新论》《信息技术与课程整合》《语觉论——儿童语言发展新论》《教育技术学》《中国特色教育技术理论的建构与发展》《信息技术与课程整合》《创造性思维理论——DC模型的建构与论证》等著作，主编有《计算机应用基础》（全国高等师范院校公共计算机课教材）等。获“当代教育名家”称号。

如何实现信息技术与教育的“深度融合”①

一、信息技术与教育“深度融合”观念提出的背景

2012年3月，教育部发布了《关于印发〈教育信息化十年发展规划（2011—2020年）〉的通知》（《教育信息化十年发展规划（2011—2020年）》，以下简称为《规划》），开头直接引用了《国家中长期教育改革和发展规划纲要（2010—2020年）》中首次提出的重大命题：“信息技术对教育发展具有革命性影响，必须予以高度重视”，并以此作为《规划》制定与实施的总纲。

① 本文曾发表于《课程·教材·教法》2014年第2期。

在“总纲”之后，是关于“教育信息化的意义”和“实现教育信息化的途径与方法”的阐述。

教育信息化的意义，是要“以教育信息化带动教育现代化，破解制约我国教育发展的难题，促进教育的变革与创新”（过去的提法是“促进教育的改革与发展”），所以，它是“实现我国教育现代化宏伟目标不可或缺的动力与支撑”。

实现教育信息化的途径与方法，是指要充分利用和发挥现代信息技术优势，实现信息技术与教育、教学的“深度融合”。事实上，这也正是能够让信息技术对教育发展真正产生革命性影响的具体途径与方法。信息技术应与教育“深度融合”，这是《规划》中首次提出的全新观念，先后出现在文中10次以上，可见其具有异乎寻常的重要性。

为实现教育信息化的目标，即通过教育信息化带动教育现代化，以达到促进各级各类教育变革与创新的目标，国际上传统的途径与方法是：实施“信息技术与课程整合”，也称“信息技术与学科教学整合”。现在，《规划》放弃这一传统说法，提出信息技术应与教育“深度融合”的全新观念，并认为这才是实现上述教育信息化目标的有效途径与方法，其根据何在？这只有从“信息技术与教育‘深度融合’”的内涵、实质去探寻，才有可能弄明白。

为此，我们需要先考察信息技术与教育“深度融合”观念提出的背景、它同传统的信息技术与课程“整合”观念有哪些不同。

众所周知，人类社会自20世纪90年代开始进入信息时代，以多媒体计算机与网络通信为标志的信息技术日益广泛地应用于人们的工作、学习与生活的方方面面，并在经济、军事、医疗等领域产生了革命性影响。但令人遗憾的是，信息技术在教育领域的应用却成效不显，大多数只停留在手段、方法的应用上，对于教育生产力的提升（大批创新人才的培养），似乎可有可无，而非必不可少的因素，更谈不上对教育发展产生革命性影响。原因在哪里呢？

著名的“乔布斯之问”提出的也是这样的问题：“为什么计算机改变了几乎所有领域，却唯独对学校教育的影响小得令人吃惊？”①

长期以来，国际上曾有许多专家学者对此进行过研究与探讨，都无功而返。只有2010年11月发布的《美国2010国家教育技术计划》（National Educational Technology Plan 2010，简称为NETP2010。从1996年以来，美国已先后四次发布教育技术计划，其中2010年发布的是最新一轮）②，通过认真回顾和总结近三十年来企业部门应用技术的经验与教训，并与教育领域

① 桑新民，李曙华，谢阳斌．“乔布斯之问”的文化战略解读：在线课程新潮流的深层思考［J］．开发教育研究，2013（3）：30—41．

② http：//www. ed. gov/technology/netp－2010．

应用技术的现状作对比，才发现问题的症结所在，从而引出一个全新命题：“教育部门可以从企业部门学习的经验是，如果想要看到教育生产力的显著提高，就需要进行由技术支持的重大结构性变革（Fundamental Structural Changes），而不是渐进式的修修补补（Evolutionary Tinkering）”（以下把这一命题简称为“教育系统结构性变革”）。

由于这一命题与信息技术能否对教育发展产生革命性影响密切相关，事实上，能否运用信息技术实现教育系统的重大结构性变革，正是信息技术能否对教育发展产生革命性影响的根本原因所在，所以应当引起我们的高度关注。

从历次发布的美国国家教育技术计划的内容看，NETP2010是关于美国教育系统中的各个领域，并涉及教育系统中所有组成要素的最全面、最系统的教育发展计划，其丰富内涵、重大意义与深远影响，在我国只有《国家中长期教育改革和发展规划纲要（2010—2020年）》能与之相比。

迄今为止，从国际范围来看，以美国为代表的西方学者，对于信息技术在教育领域的应用（或“信息技术与学科教学整合”），历来都是只从改变“教与学环境”或改变“教与学方式”的角度（顶多也只是从同时改变“教与学环境”和“教与学方式”的角度）去阐述信息技术在教育领域的意义与作用，去定义“信息技术与课程整合”的内涵、实质，因而都未能抓住问题的本质与关键。

NETP2010通过回顾和总结，最终认识到信息技术在教育领域的应用之所以成效不显，或者说信息技术对教育发展未能真正产生革命性影响，其问题出在：教育系统没有实现用信息技术支持的重大结构性变革，只是将信息技术应用于改进教学手段、方法这类“渐进式的修修补补”上，或者是只关注了如何运用技术去改善“教与学环境”或“教与学方式”。总之，没有触及教育系统的结构性变革。

这就是《规划》放弃传统的“信息技术与课程整合”，而倡导信息技术与教育“深度融合”的全新观念的特定背景——希望找到一种新的、能实现教育信息化目标的有效途径与方法，以解决长期以来信息技术在教育领域的应用成效不显的问题。

了解了这一特定背景以后，我们再来看看“深度融合”的观念和传统的“整合”观念的提法到底有哪些不同。

用“深度融合”取代“整合”，目的是想要真正触及教育系统结构性变革。“深度融合”与传统“整合”的根本区别就在于：“深度融合”要求实现教育系统的结构性变革，而“整合”不要求也不关注这种变革。

二、“教育系统结构性变革”的确切内涵

教育系统结构性变革又是指什么呢？教育系统包含“学校教育”“家庭教育”“社会教育”“终身教育”等多个组成部分，但其最重要、最核心的是“学校教育”——广大青少年的知识技能与思想品德主要靠学校培养。既然学校教育系统是整个教育系统的主体与核心，那么，“教育系统结构性变革”的关键及主要内容显然应当是“学校教育系统的结构性变革”。

为了认识和理解“学校教育系统的结构性变革”的具体内涵，我们先来看看下面的简单逻辑推理：

由于“课堂教学”是“学校教育”的主阵地（也是除远程教育以外，各级各类教育的主阵地），所以“课堂教学”应当是“学校教育”的核心内容；既然“课堂教学”是“学校教育”的最主要内容，那么“课堂教学结构”自然就应当是“学校教育系统的主要结构”；既然“课堂教学结构”是“学校教育系统的主要结构”，那么，实现了“课堂教学结构的变革”自然就等同于实现了“学校教育系统的最主要的结构性变革”。

上述简单逻辑推理表明，“学校教育系统结构性变革”的具体内涵就是要实现课堂教学结构的根本变革。

那么，“课堂教学结构的变革”又是指什么呢？在我国学者提出的“信息技术与课程深层次整合理论”中，为“信息技术与课程整合”给出的定义为：

所谓信息技术与课程整合，就是通过将信息技术有效地融合于各学科的教学过程，来营造一种信息化教学环境，实现一种既能充分发挥教师主导作用又能突出体现学生主体地位的以“自主、探究、合作”为特征的新型教与学方式，从而把学生的主动性、积极性、创造性较充分地发挥出来，使传统的课堂教学结构发生根本性变革——由以“教师为中心”的教学结构转变为“主导—主体相结合”的教学结构。

这一定义包含三个基本属性：营造信息化教学环境；实现新型教与学方式；变革传统的课堂教学结构。只有紧紧抓住这三个基本属性，才有可能正确理解信息技术与课程整合的内涵，才能真正把握信息技术与课程深层次“整合”的实质。

这三个基本属性并不是平行、并列的。

营造信息化教学环境是信息技术与课程整合的基本内容（所谓信息化教学环境是指能够支持真实的情境创设、启发思考、信息获取、资源共享、多重交互、自主探究、协作学习等多方面要求的教与学方式的教学环境）；实现以“自主、探究、合作”为特征的新型教与学方

式则是一节“整合”课的具体目标；有了新型的教与学方式，再加上正确的教育思想观念的指导和相关教学资源的支持，才有可能实现下述最终目标：变革传统的课堂教学结构是“信息技术与课程整合”的最终目标——将教师主宰课堂的“以教师为中心”的传统课堂教学结构，转变为既能充分发挥教师主导作用，又能突出体现学生主体地位的“主导—主体相结合”的课堂教学结构（而课堂教学结构的变革正是“学校教育系统结构性变革”，也就是整个“教育系统结构性变革”的最核心内涵）。

由此可见，“深度融合”的实质与落脚点是要变革传统课堂教学结构——将教师主宰课堂的“以教师为中心”的传统教学结构，改变为既能充分发挥教师主导作用，又能突出体现学生主体地位的“主导—主体相结合”的教学结构。

国内外的经验告诉我们：教育信息化若不紧紧抓住“改变传统课堂教学结构和建构新型课堂教学结构”这个中心，是不会有成效的，是要付出代价的。这是一条铁的定律，也是中国人在教育信息化领域发现的一条重要规律。不管是个人、社会，还是国家，谁要是忽视或违背这一规律，都要付出代价，而且是非常沉重、高昂的代价。

三、实施“教育系统结构性变革”的基本思路

既然“课堂教学结构的变革”就是“学校教育系统结构性变革”的核心内涵，而如上所述“学校教育系统结构性变革”又是“教育系统结构性变革”的最重要内容，那么，实施“教育系统结构性变革”的基本思路，当然就是要根本变革课堂教学结构。

就对中国的国情来说，这种结构性变革的确切内涵，是要将教师主宰课堂的“以教师为中心”的传统教学结构，改变为既充分发挥教师主导作用，又突出体现学生主体地位的“主导—主体相结合”的教学结构。

就对美国的国情来说，这种结构性变革的确切内涵略有不同，是要将片面强调“以学生为中心”而忽视教师主导作用的传统教学结构，改变为既充分发挥教师主导作用，又突出体现学生主体地位的“主导—主体相结合”的教学结构。这才是问题的本质与关键所在，也正是NETP2010最为关注且强烈希望实施“教育系统结构性变革”却又尚未找到如何去实施这种“结构性变革”的答案所在。

四、“教育系统结构性变革”的应对举措

在对“教育系统结构性变革”的确切内涵有了正确的认识与理解，并且理清实施的基本思路以后，就能顺理成章地找到实施“教育系统结构性变革”的应对举措。这个应对举措就是要“根本改变课堂教学结构，并在此基础上实现教育质量的显著提升”。事实上，贯彻实施这个应对举措的过程，正是信息技术与教育实现“深度融合”的过程。这一融合过程包含三个环节。

（一）深刻认识课堂教学结构变革的具体内容

教学结构的变革不是抽象的、空洞的，它具体体现在课堂教学系统四个要素（教师、学生、教学内容和教学媒体①）的地位和作用的改变上，也就是——教师要由课堂教学的主宰者和知识的灌输者，转变为课堂教学的组织者、指导者，知识意义建构的帮助者、促进者，学生良好情操的培育者。

学生要由知识灌输的对象和外部刺激的被动接受者，转变为信息加工的主体、知识意义的主动建构者、情感体验与培育的主体。

教学内容涉及“课程、教材和教学资源”三个方面，前两个方面的变革有赖于有关行政领导部门，第三个方面则要依靠行政领导、学校教师和企业部门的共同努力。总之，课程和教材必须适应社会发展和青少年身心健康成长的需求，为此，必须不断进行改革。教学内容要由只是依赖一本教材，转变为以教材为主，并有丰富的信息化教学资源（例如学科专题网站、资源库、案例、光盘等）相配合。

教学媒体要由只是辅助教师突破重点、难点的形象化教学工具，转变为既是辅助教师“教”的工具，又是促进学生自主“学”的认知工具、协作交流工具与情感体验及内化的工具。

（二）实施能有效变革课堂教学结构的教学模式

要想将上述课堂教学结构的变革，即课堂教学系统四个要素地位、作用的改变，真正落到实处，只有通过任课教师在课堂教学中设计并实施相关的教学模式才有可能。为此，应在不同学科中采用能实现课堂教学结构变革要求的创新教学模式。下面以语、数、英三科为例。

1. 小学语文学科低年段的教学模式

能实现小学语文低年段（1—3年级）课堂教学结构变革要求的较理想教学模式，若是从教学过程的时间安排来看，可称为由两个阶段组成的“2-1-1模式”；若是从所包含的教学环

① 顾明远．教育技术学与二十一世纪的教育［J］．中国电化教育，1995（8）：38—41．

节来划分，则可称为“识字、阅读、写话三位一体”教学模式。其实施要领如下：

（1）前20分钟左右主要通过发挥教师的主导作用，来达到课文教学目标的基本要求。

（2）后20分钟左右主要通过促进学生自主学习、自主探究，来巩固、深化、拓展对课文教学目标的要求。其中，前一半主要是“扩展阅读”，后一半则主要是“写话练习”。对于认知类教学目标，这后20分钟左右可以巩固、深化对当前所学知识技能的理解与掌握；对于情感类教学目标，则可以促进学生完成对情感态度与价值观的感悟、体验与内化，特别有利于良好思想品德及综合素质的培养。

2. 小学与初中阶段英语学科的教学模式

能实现小学与初中阶段英语课堂教学结构变革要求的较理想教学模式，若是从教学过程的时间安排来看，可称为由三个阶段组成的“1－1－1模式”；若是从所包含的教学环节来划分，则可称为“言语交际为中心教学模式”。其实施要领如下：

（1）重视“教师引导的师生对话”。在低年段的英语教学模式下，教师引导的师生对话要同时完成“授新课”（不论教新单词还是新句型，均要运用这种方式）和为学生两两对话“做示范”这两项任务。

（2）重视“邻座两两对话”。“邻座两两对话”有最大的参与度，能最有效地提高学生的听、说能力，从而把提高学生口语交际能力的要求落到实处。但是，对于小学低年段英语水平零起点的学生来说，在课堂上“说什么”以及“怎么说”，是个大难题，这就要靠“教师引导的师生对话”来做示范，并且“邻座两两对话”与“教师引导的师生对话”要密切配合，才有可能解决这个难题。

（3）重视“扩展听读”。应从两个方面落实这一环节：一是要提供生动有趣并与课文内容密切配合的听读材料，而且每篇课文都要配合4～5篇扩展听读材料；二是要通过教学设计保证课上有较充裕的时间（10分钟以上），让学生听完这些材料。

3. 小学高年段及初中数学学科的教学模式

能实现小学高年段及初中数学课堂教学结构变革要求的较理想教学模式，若是从教学过程所包含的教学环节来划分，可称为由五个环节组成的“教师主导下的探究模式”。其实施要领如下：

（1）创设情境。教师创设与当前学习主题密切相关的真实情境，以激发学生的学习兴趣，并把全班学生的注意力吸引到当前的学习主题上来。

（2）启发思考。教师提出与当前学习主题密切相关，并能引起学生深入思考的问题（这些问题可以用于引入新授的知识，也可以用于拓展、迁移当前所学的新知识）。

（3）自主（或小组）探究。由学生运用认知工具对教师提出的问题进行自主（或小组）探究。因不同学科所用的认知工具类型不同，探究内容可以围绕新授知识，也可以用于拓展、迁移原有知识。

（4）协作交流。在小组之间或在全班范围进行协作交流。协作交流内容可以围绕新授知识，也可以用于拓展、迁移原有知识。

（5）总结提高。在个人总结和小组总结的基础上，教师加以补充和升华，使学生的认识由感性上升到理性，由浅层认知达到深层认知。

仔细分析上述各种教学模式，不难看出，尽管实施的具体环节、操作方式有所不同，但都关注并力图实现课堂教学系统四个要素地位与作用的改变，也就是要努力实现课堂教学结构的根本变革。

（三）开发出相关的学习资源

在根本变革课堂教学结构的基础上，实现学科教学质量与学生综合素质的显著提升，要根本改变传统的课堂教学结构，除了要有一整套有效的教学模式与教学方法以外，还要开发出相关的学习资源，以便作为“认知工具、情感体验与内化工具”来支持学生的自主学习与自主探究，并在信息化教学创新理论指导下将这套教学模式、方法与学习资源，通过系统的教师培训，切实运用于课堂教学过程。只有这几个方面都做到了，才有可能真正改变传统的课堂教学结构，从而实现各级各类教育在质量方面的大幅提升。

自进入21世纪以来，我们在全国范围的20多个试验区（其中多半是在中西部偏远、贫困的农村地区）近400所中小学开展了旨在大幅提高各学科教学质量与学生综合素质的“基础教育跨越式发展创新试验研究”。经过整整13年的实践、探索，现已取得显著成效，从而在国内外产生愈来愈大的影响。事实上，这种能达到基础教育质量大幅提升目标（也就是能够让信息技术对教育发展真正产生“革命性影响”）的“跨越式发展”创新试验，就是在信息化教学创新理论的指引下，通过根本变革传统课堂教学结构来实现的。

可见，能否实现信息技术与教育的“深度融合”，也就是能否让信息技术对教育发展真正产生“革命性影响”，唯一的衡量标准就是：传统的课堂教学结构改变了没有？教学系统四个要素的地位、作用改变了没有？如果改变了，改变的程度有多大？

吴正宪

1954年出生，北京人。现任北京教育科学研究院正高级教师，数学特级教师。第十二届全国人大代表、第十一届北京市政协常委。中国教育学会全国小学数学专业委员会理事长，北京师范大学、东北师范大学特聘教授。多年来从事小学数学教育研究，先后出版《吴正宪与小学数学》等多部个人专著。主持的有关“儿童数学教育研究”“教师专业发展研究”连续两届荣获教育部颁发的国家级教学成果一等奖，连续三届荣获北京市政府颁发的基础教育教学成果一等奖等。享受国务院特殊津贴，曾荣获全国“两基”先进个人、“当代教育名家”“全国模范教师”，北京市政府授予的“人民教师奖”“北京优秀教师”、北京市“三八”红旗奖章等荣誉和称号。

PISA夺冠引发的思考

编者按：最近一次由世界经济合作与发展组织统筹的学生能力国际评估（PISA）测试结果中，上海学生的数学平均成绩在65个国家和地区中位居第一。日前，英国教育大臣、南非教育部长“前后脚”来沪“取经”。数学成绩高是否就意味着学生的数学素养高、应用知识和技能的水平高？中国的基础教育在自信与自省中该走向何方？党的十八届三中全会决定提出，要“深化教育领域综合改革”“增强学生社会责任感、创新精神、实践能力”。当下之所需，是一场继续扎根于中国大地、立足于国际视野的主动的教育自我更新。

数学教育的价值是什么？①
——从数学教学走向数学教育（上）

2012年上海学生参加PISA测试并且数学成绩再获世界冠军，引发世界关注。“中国学生数学为什么这样好？”“中国的数学课堂什么样？” “中国学生究竟怎样学数学？”英国教育代表团带着好奇与疑问走进了上海的数学课堂。既走进了体现中国基础教育原貌的原汁原味的“家常课堂”——“教师讲，学生练”交替进行；同时又叩开了体现改革创新的“翻转课堂”——“学生当主角、活跃互动、玩中学数学”。无论“家常课”、创新课，都各具特色，可圈可点，在此我们暂且不讨论。但有一个事实不可回避：此事的确引发了国人对中小学数学教学的再思考、再追问……

——数学教育的价值是什么？

——孩子需要什么样的数学学习？

——我们能为孩子的数学学习做点什么？

前一段时间社会上有些家长、孩子对数学产生焦虑和困惑，教育界也对中小学数学教育产生过多次讨论，我国数学教育的优良传统和优势到底在哪里？需要改进的短板又是什么？我们该如何实现数学教育的创新与发展，为孩子的数学学习注入后劲与活力？

教书育人是数学教育的使命与责任。随着课程改革的不断深入，我们对数学教育的价值有了更深刻的理解和感悟。数学教学不仅仅只是教学生会计算、会解题、会考试，数学思想和方法的掌握、智慧的启迪、潜能的激发、人格的培养同样要重视。要使数学教学由单纯的数学学科走向丰富的数学教育，达到促进学生全面发展的目的。

应关注数学教育的基础价值。数学不仅是“研究数量关系和空间形式的科学”，它还是一种思维方式，一种理性精神，一种科学态度。数学与人类发展和社会进步息息相关，随着现代信息技术的飞速发展，数学更加广泛应用于社会生产和日常生活的各个方面。数学作为对于客观现象抽象概括而逐渐形成的科学语言与工具，不仅是自然科学和技术科学的基础，而且在人文科学与社会科学中发挥着越来越大的作用。特别是数学与计算机技术的结合在许多方面直接为社会创造价值，推动着社会生产力的发展。这既是数学的基础价值，又是引导孩子学好数学的重要原因。

小学生的数学学习是一种通识的学习，数学教育重在培养学生基本的数学素养，为学生

① 本部分文章曾发表于《光明日报》2014年4月1日，第15版。合著者为武维民。

提供基本的数学思维方式，引导学生学会用数学的眼光观察客观世界，以数学的思维方式分析解决问题，为科学态度的形成打下重要基础。

应关注数学教育的思维价值。数学学习不仅仅是知识的获得，更重要的是培养学生的思维能力，掌握学习数学的方法。数学中的比较、分类、归纳、推理、抽象、概括、符号化……培养了人的逻辑思维能力和对事物主要的、基本属性的准确把握能力。由此可以看到，数学为人们提供了特有的、具有典范意义的思维方式，这种思维方式对于从事各种职业的人在自己的岗位上获得成功与发展都是重要的智力保障。人们日常工作的思维方式和处理问题的能力不是与生俱来的，而数学在培养人的思维方面有着特殊的地位和不可替代的作用。

关注数学教育的思维价值，培养学生学习数学的科学方法，我们必须坚守数学教学的规律，坚守儿童数学学习的规律。要善于引导学生在观察、实验、猜测、推理、验证与交流的数学活动中，有机会真正经历“数学化”，获得数学思想和方法。以数学知识为载体，培养学生思维的深刻性、灵活性、批判性、全面性，使学生会思考、长智慧。

那么，如何根据小学生的认知规律和思维特点来培养思维能力和思维方式呢？以“乘法分配律”教学为例：

教师首先引导学生在熟悉的生活情境中通过信息筛选、整理，提出有效的数学问题，进而用数学算式来表达：

$(3+7)\times8=3\times8+7\times8$

$(15+11)\times2=15\times2+11\times2$

$(60+40)\times9=60\times9+40\times9$

$(13+7)\times10=13\times10+7\times10$

……

提出问题和发现问题的能力是创新思维的基础。在提出众多问题的过程中，教师引导学生抓住核心问题组织讨论，留给学生充分的思考空间，让学生积极参与，特别是鼓励算法多样化，思考方法多样化。让学生充分表达，注重学生“讲数学”，把自己的思考说出来。充分让学生“讲”数学是非常重要的，在“讲”的过程中促进理解。在这个过程中，学生体会一些重要的思想方法，包括猜想、验证、推理、抽象、概括、建模等重要的思维方法。学生在众多不同情境的问题中发现了共同拥有的重要数学规律，即两个数的和与一个数相乘，可以先把它们与这个数分别相乘，再相加，结果不变。这叫作乘法分配律。最后在学生不同的表示方法中不断地抽象出下面的模型，感悟数学建模的过程，与此同时对“符号化”也有了初步的体验。

$$(\bigcirc+\square)\times\triangle=\bigcirc\times\triangle+\square\times\triangle$$

$$(a+b)\times c=a\times c+b\times c$$

尝试、猜想、推理、发现、抽象、概括结论的过程就是学生体验数学建模的重要过程。这节课以数学建模作为主线，一步一步地展开学生的思维，通过学生的表达、交流，使学生的思维得到提升，产生了思维活跃的效果。同时教师走进了学生的思维，充分地与学生对话，与学生产生了共鸣，学生的思维异常活跃。这节课的一个基本特点就是，学生在自主建模的过程中发展了数学思维。由此看到学习不是教师灌输的，而是学生自己独立思考、合作交流、主动发现的参与过程，也是培养学生数学思维的过程。这种数学思维的培养可以促进学生举一反三的能力。从这个意义上来讲，学生获得的不仅是知识技能，而且拥有了发现和提出问题的乐趣及分析和解决问题的能力。追求数学教育的思维价值与实际应用价值的辩证统一，应该成为数学课程改革以及数学教育发展的基点。

应关注数学教育对培育人格的价值。数学教学不仅是“1+1=2”的单纯知识传递过程，而且是一种展示人类理性探索求知精神的潜移默化的教育影响过程，是一种数学文化传播的过程，是一种完善人格的教育过程。数学教学不仅关注学科的教学功能，还要注意挖掘学科的教育功能。数学教学不是只对题目的对错负责，更要对学生的全面发展负责，为学生的后续学习发展积蓄力量负责。在这样的理念支撑下，所追求的就不再是“以分数高低论英雄”，而是要在“保护学生成长利益”这样一个大目标下处理数学教学中的问题。

我们不能把学生看作是容纳知识的容器，“我讲，你听，填满为止”。我们要充分认识到学生是有情感、有思想、有个性、有差异、有独立人格的人。我们既要把学生当作大人那样去尊重，又要把学生当作孩子那样去理解，读懂、宽容、善待他们。尤其是让学习暂时有困难的学生能看到前行的亮光和希望，有自省自悟的空间，有重新跃起的机会。我们要根据小学生的认知规律和数学学科的教学规律进行教学，要善于激发学生对数学学习的喜爱和自信。我们要用心灵去感悟心灵，用人格去影响人格，用智慧去启迪智慧，为学生可持续发展注入后劲、增添活力，奠定基础。

数学教学是科学。要让学生拥有科学的头脑和理性的思考，教师要以高尚的人格力量和理性精神去影响感染学生。“诚实守信、遵守规则、坚守责任、拥有毅力、反思自省”是数学教育的重要使命与责任。

数学教学是艺术。要让学生拥有对数学美好的学习体验，感受数学“严谨的科学美、辩证的哲理美、神奇的规律美、绝妙的逻辑美、简洁的形式美、一目了然的直观美……”进而唤起对数学学习的信心与期待。

给学生“好吃又有营养”的数学①
——从数学教学走向数学教育（下）

国家数学课程标准提出“让每一个孩子都能获得良好的数学教育”，这正是我们的追求。教学中教师要重视引导儿童对学习数学的好奇和求知欲望，让他们有机会经历刻骨铭心的数学学习过程，拥有对数学学习的良好感受和丰富难忘的数学活动体验，从中获得数学知识技能、数学思想方法及数学活动经验。所以我们要给孩子们创建“好吃又有营养”的数学教育。“有营养”的数学就是在学生学习数学知识的过程中获得终身可持续发展所需要的基础知识、基本技能、数学思想方法、科学的探究态度及解决实际问题的创新能力。“好吃”的数学就是把有营养的数学烹调成适合孩子口味的数学，孩子们喜欢的数学，爱学的数学，乐学的数学，能学的数学，就是能给孩子们良好感受的数学。因此，我们必须改变自己已经习惯了的教学行为，真正读懂学生、按照规律教学。

（一）唤起兴趣

唤起兴趣是引导学生学习数学的第一要务。小学生的年龄特点和心理特征决定了他们学习行为的前提是“有趣的我才喜欢学”。可是大人们常常以成人的眼光审视严谨系统的数学，并以自己多年习惯了的思维方式将数学“成人化”地呈现在孩子们面前。对孩子的“奇思妙想”“异想天开”并没有太多的在意，忽视了儿童期心理特点和学习规律，失去了儿童的情趣，影响了儿童创造力的发挥。教师要满腔热情地保护好奇心这颗“火种”，小心翼翼地去呵护学生的求知欲。教师要关注学生的情感体验、行为体验，尊重每一个学生的个性品质，鼓励学生用自己的方法诠释数学意义。“好吃的”数学可能不那么“严谨系统”，但是只有属于孩子们自己的数学才是最美的数学。“好玩的”课堂可能不那么“尽善尽美”，但是只有属于孩子们自己的课堂才是最有魅力的课堂。

学生只有获得对学习的积极期待才会产生丰富的想象力和创造力，产生对数学探究的欲望，产生愉悦而富有成效的学习体验，才能形成“想学—爱学—学会—会学”的良性循环。这样的兴趣是学生持久发展的不竭动力。

① 本部分文章曾发表于《光明日报》2014年4月8日，第15版。

（二）贴近生活

与生活实际紧密联系的数学：学习有意义的数学就是引导儿童对于生活中的“数学现象”进行“重新解读”。课程规定的数学知识，对小学生来说并不是“全新的知识”，在一定程度上是一种“旧知识”。其实，儿童的数学体验早就有了。上学之前，他们跟随父母一起乘车、购物，知道几时起床，几时上学；还知道物体的长短、大小、轻重、形状；搭过积木，拼过七巧板……这些活动与经历使他们获得了对数量和几何形体最初步的观念，虽然这些概念或观念可能是非正规的、不系统的、不严格的，甚至还有错误隐藏其中。但恰恰就是这些亲身体验为他们开始正规学习数学奠定了重要的基础，这些学前积累下来的生活经历，会在小学阶段的数学学习中“重新解读”。比如学生在学习“年、月、日”之前已经知道“我今年过生日到明年过生日正好是一年”“爸爸这个月领工资到下个月再领工资正好是一个月”，多好的解读！孩子们把十分抽象的时间观念，通过亲身经验活生生地“物化”出来。

在数学学习中，教师要通过身边熟悉的现实生活，帮助学生逐步学会数学地思考，发现和得出数学的结论，感受数学知识的产生和发展过程，使学生感受到身边处处有数学，激发学生对数学的亲切感，培养学生用数学的眼光观察生活的习惯和意识。同时，我们又要引导学生把学到的数学知识运用到解决实际生活问题中去，引导学生开展数学实践活动，做到学用结合，使学生体验数学在实际生活中的价值，从而更加热爱数学学习。

（三）注重交流

课堂上出现这样的场面：教师喋喋不休地讲解，以为讲的知识越难越深，水平就越高。殊不知课堂里还有一些“听天书”的学生，或许眼睛直直地盯着教师，脑子却是一片空白；或许思想开小差，早已游离课堂。当学生无法承受学习压力时，选择的路只有一条——逃避，即“听不懂—厌倦—放弃”。

我们要充分关注学生的差异，满足个性化的学习需求。鼓励学生敢讲话，敢追问，善于对话交流。鼓励学生用自己原生态的，甚至有些粗糙的语言诠释对数学意义的理解。鼓励学生充分表达，注重学生“讲数学”，把自己的思考说出来。学习中教师要创造民主平等交流的氛围，帮助学生学会分享。让学生的语言、思维、动作在交流分享中得到更丰富的体验。使“板着脸”的严肃数学教学变得有趣而鲜活；使“抽象乏味”的学习变得“好吃又有营养”；使“一言堂”的数学课堂变成师生互动交流的“群言堂”。

（四）动手操作

儿童的思维是在有效的数学活动中发生、发展的。儿童在亲自参与的操作实践活动中不断地积累活动经验，发展思维。

学生喜欢动手做数学，在动手中获得体验与理解，教师应鼓励学生积极动手实践。例如《三角形内角和》的教学中，学生是如何获得三角形内角和是180度的结论呢？课堂上有的学生用量角器分别测量三个角的度数，再累加起来；有的学生把三个角分别撕下来拼在一起，组成一个180度的平角；还有的学生则把三个角分别对折，同样可以形成一个180度的平角……学生们带着好奇和猜想自由地操作着，在动手实践中验证着自己的猜想，最终通过“看得见、摸得着”的事实获得“三角形内角和是180度”的结论。动手操作活动不仅仅满足了学生的好奇心，提高了学习兴趣，而且是学生学习数学需要的一个内化的重要过程，即由感知到表象再到抽象的认知过程。“动手操作”是小学生需要的数学学习能力。它是以数学思维为核心的脑力活动与动手操作的有机结合，可促进学生的思维发展。

从数学教学走向数学教育，这是进步，让数学教育更具有吸引力和感染力，使数学学习更加丰富多彩。

郝克明

中国教育发展战略研究会、中国教育发展战略学会和国家教育发展研究中心的创始人，长期致力于中国教育发展战略和重大政策的研究。主持编写《中国高等教育结构研究》《应用学科高层次专门人才培养途径多样化研究》《走向21世纪的中国教育——中国教育发展战略研究》和《当代中国教育结构体系研究》等著作，于1991年、1999年和2006年分别获四项国家教育科学研究成果一等奖。《走向21世纪的中国教育——中国教育发展战略研究》于1999年获国家哲学社会研究基金项目优秀研究成果一等奖。曾参与研究和起草《中共中央关于教育体制改革的决定》《中国教育改革和发展纲要》《国务院关于〈中国教育改革和发展纲要〉的实施意见》《中国教育发展“九五”计划和2010年远景目标》等重要教育文献。享受国务院特殊津贴，获“当代教育名家”称号。

学习型社会建设的重要支柱[①]

——中国继续教育的发展

加强对广大社会成员特别是从业劳动者的培训和继续教育，是建立我国终身教育体系和学习型社会的重要组成部分，是促进我国经济和社会发展、全面建成小康社会和实现社会主义现代化的关键因素，也是广大社会成员不断提高自身素质的迫切要求。

① 本文曾发表于《中国教育科学》2014年第3辑。

一、继续教育是终身教育发展的一个重要领域

（一）现代终身教育理念提出的时代背景和内涵

随着科学技术的高速发展和社会的进步，人类社会正在发生着两大根本性的转变：一是工业化社会向知识经济社会的转变；二是教育从一次性学历教育向终身教育（学习）的转变。终身教育（学习）已经成为当代世界经济科技和社会高速发展的必然要求。

随着科学技术的快速发展和社会的进步，人类社会拥有的知识总量迅速增长，知识发展和更新的速度也大大加快，学习和教育必须贯穿人的一生。有专家估计，最近20年来人类所创造和积累的知识总量，已经相当甚至超过过去20个世纪知识的总和；还有专家预测，未来30年人类的科技知识总量将在现有基础上再增加100倍。中国科学院院士王大珩说，现在平均每5分钟，科学界就有一项新发现；每3分钟，物理学界就会发现一种新的物质结构；每1分钟，化学界就能找出一个新的反应式。新的科学技术知识大约每两年就会翻一番。人们从学校中获取的知识已经远远不能适应人们对工作和自身发展的要求，只有不断地学习和更新知识，才能跟上时代的步伐。同时，随着社会的发展，科研成果转化为产品、商品的周期日益缩短，从过去的十几年、几十年，到现在的一年、两年，甚至只有几个月。产品更新换代的加快和产业技术结构、生产模式等的变化，大大增加了社会成员职业转换和岗位变动的可能性。例如在过去近20年的时间里，由于自动化技术的发展，发达国家有近1万个原有的技术工种消失，同时，出现了8000多个新的技术工种。以往那种人们梦寐以求的“终身职业”和经过学校的“一次性充电”就可以终身受用的情况已一去不复返。社会的发展迫切要求建立适应人们在其一生中不断学习要求的新的教育体制和机制。

在人类从工业经济向知识经济转变的进程中，由于科学技术、生产方式以及社会各个领域的发展和变革，人们所在的工作场所和社会环境已经和正在发生着深刻的变化，人类的生存环境呈现多元、多变的状态，不确定性和可选择性都在增强。这种发展趋势，不仅要求人们不断地学习和更新、发展自己的知识和能力，而且对人的素质提出许多新的要求。根据国内外有关专家的大量调查和分析，劳动者对学习新知识、新技能、新事物的兴趣和自主学习的能力，对工作岗位转换和流动的适应和应变能力，与他人交流沟通和合作的精神与能力，应对各种问题、挫折和困难的意志和能力，创造和革新的精神与能力等，越来越成为对劳动者素质的基本要求。这种发展趋势对传统的教育体系、模式、内容和方法提出了巨大挑战，也呼唤着新的、持续不断的学习教育体系的建立和教育模式、内容、方法的改革。

劳动者获取、运用和创造知识的能力正在取代土地与资本等传统生产要素，成为经济和社会发展最重要的动力。根据国际银行的有关分析资料，经济发展与合作组织主要国家国内生产总值的一半归因于知识的创造与运用。2008年，我去北欧芬兰、挪威、丹麦等三国考察终身教育。这几个国家的经济非常发达，根据国际货币基金组织的统计数据，2012年芬兰人均国内生产总值（按汇率计算）为4.569万美元，居世界第19位；挪威为9.964万美元，居世界第2位；丹麦为5.636万美元，居世界第9位。这些国家人口稀少，自然资源除挪威拥有石油外，其他国家的资源都相对比较匮乏。在当地教育工作者看来，国家经济的发展，取决于人力资源的开发和高质量的终身教育（学习）系统。从世界范围看，美国是世界经济最发达的国家，经济发达的原因之一在于，美国的教育特别是终身教育发展的水平比较高。美国州教育委员会协会认为，“美国的国家竞争力就在于使其所有的公民都能不断地学习，掌握新的技能与知识，并且善于相应地创造出更高的生产效率”。

对于广大社会成员来说，学习从主要为人生做准备转变成为生命历程中不可或缺的组成部分。大家都十分熟悉的、对世界信息技术作出重大历史性贡献的发明家乔布斯，他在总结其能够取得成就的最重要的体会就是：不断地学习，求知若渴，虚心若愚。[①]社会成员的两极分化也越来越多地体现为知识的差距、信息的“有者”与“无者”之间的数字鸿沟。同时，随着社会的发展，学习不仅是谋生的需要，而且正在成为人的全面发展的要求，成为提高人的思想道德境界、丰富精神生活的需要。

终身学习以及与之相联系的终身教育和学习型社会等概念，正是在人类社会从工业经济向知识经济转变的大背景下，传统学校教育已不能适应人类社会变革的基础上提出并不断发展的。20世纪60至70年代，一些发达国家的教育专家如法国的保罗·朗格朗、美国的罗伯特·哈钦斯等，以及联合国教科文组织先后发表的《终身学习引论》《建设学习型社会》《学会生存——教育的今天和明天》等一系列重要研究报告和文献，推动了世界范围内许多国家终身教育的发展。特别是随着近几十年来科学技术的高速发展，终身教育的思想，不仅成为当代国际社会和教育界普遍认同和接受的理念与教育原则，而且发展成为日渐广泛的教育实践和现实的社会活动，并且在实践中不断丰富其内涵。

终身教育（学习）的内涵，主要包括以下几方面内容：一是终身教育（学习）应包括生命周期中从婴儿到生命终结前各种环境下的教育和学习；二是教育和学习不再是少数人的事情，而应成为全体社会成员的权利；三是学习和教育的内涵应包括知识、情感、意志、技能和能力以及所有的学习活动；四是教育和学习可以通过多种途径和方式，在不同的场合中进

① 2005年6月12日，乔布斯在斯坦福大学毕业典礼上的演讲中说：Stay hungry,stay foolish.

行，包括学历教育、正规教育，也包括非学历教育、非正规教育；五是从强调“终身教育”转向强调“终身学习”，转向强调以学习者为中心，调动学习者的潜能，关注学习者的多样化需求的巨大转变。

终身教育（学习）的内涵除上述内容外，还有终身教育体系和学习型社会的建设。终身教育体系，是指能够满足社会成员对终身学习的需求、有利于学习者学习的系统。在这样的体系中，学习者可以根据自己的需要，在一生中的任何时间、任何阶段、任何地点进行学习。如果说，终身学习是社会成员从个人角度对社会变革作出的应答，终身学习的实现在很大程度上取决于个人学习的兴趣、态度、习惯和能力，那么终身教育就是国家从社会角度对社会变革作出的应答，是为实现社会成员对终身学习的要求和权利，从制度、环境和组织等方面提供保证。

学习型社会是社会形态范畴的概念。它从社会发展角度，突出强调全体社会成员的学习权益，使教育和学习从传统学校扩展到社会各个层面、各个组织和所有人，满足广大社会成员在人生各个阶段的学习需求。正如有学者所指出的，学习型社会是一个以终身教育为基础，以学习者为中心，人人都能终身学习的社会。教育（学习）将处于推动社会发展的中心位置。社会的学习化、学习的社会化，是社会进步的一个重要标志。一些专家在20世纪曾提出，终身教育（学习）的理念可以与哥白尼学说带来的革命相媲美，是教育和社会发展史上最惊人的事件之一。

（二）继续教育是建设终身学习体系与教育发展的重要组成部分

终身教育（学习）理念，对个人和教育事业发展最根本的启示在于，人们在一生中所需要的知识从学校教育中获得的只是一小部分，大部分知识以及各种能力和技能等，都要在社会实践中通过不断的继续学习才能获得。观察社会成员的生命周期，很多国家社会成员平均工作年限为40年，平均寿命也在不断提高。据有关方面统计，2010年，中国人口平均预期寿命已经达到74.83岁，全国15岁以上人口人均受教育年限达到9.50年。从学习状况看，2010年第六次全国人口普查数据显示，6—16岁人口基本都在学校接受教育，其在校率接近100%。但随着年龄的增大，越来越多人逐渐结束学校教育，进入社会就业。从总体上说，学校教育年限大概占人们整个生命时间不足1/3。

在当今科学技术高速发展、知识更新速度进一步加快的新形势下，广大社会成员对不断学习、提高和丰富自己的知识和能力有着越来越强烈的要求。这突出表现在继续学习内容的极大扩展上，不仅包括与自己工作有关的专业知识、技能等方面的学习需求，而且包括提高自身综合素质、扩展自己的兴趣爱好以及丰富精神生活等方面的学习。面对广大学习者对继续学习不断增长的强烈需求，传统的一次性学校或学历教育模式，已经和正在被不断的继续学习和终身学习的模式所取代。

在新的形势下，继续教育不仅对不断满足社会成员对学习的各种需求发挥着不可替代的重要作用，而且也正在成为促进社会经济、政治、文化各领域的发展，提高各个组织、部门、社区和整个国家的竞争力以及促进社会进步的关键性因素。对北欧三国终身教育（学习）相关的人事制度的考察表明，这些国家对学习者学历状况的考察只是选拔人才的一个方面，这些国家更重视学习者对工作的责任心和各种能力，包括通过非正规教育与非学历教育以及工作实践获得的能力。

从教育的功能来说，中国和其他国家的许多杰出人才的成长过程充分表明，他们所取得的成就大都是学校教育与继续教育相互补充、不断学习与工作实践相互交替的结果。高质量的继续教育越来越成为提高劳动者素质和造就各类专门人才，包括一大批能进入世界经济、管理和科学技术前沿的拔尖创新人才的重要途径。

随着科学技术和经济的快速发展以及社会的进步，只有在加强和改革学校教育的同时，大力发展继续教育，才有可能培养和形成能够适应中国和世界迅速发展和变化要求、充满活力的劳动大军和人才队伍，才有可能不断提高全体公民的综合素质，实现适应社会发展和进步的要求。因此，继续教育在我国教育事业的发展中处于极为重要的战略地位。继续教育和学前教育、学校教育，共同构成我国的终身教育体系。

党和国家十分重视新时期我国继续教育的发展。2000年召开的党的十五届五中全会通过的《关于制定国民经济和社会发展第十个五年计划的建议》就明确要求："完善继续教育制度，逐步建立终身教育体系。"2002年11月，党的十六大报告强调，"要加强职业教育和培训，发展继续教育，构建终身教育体系"。2003年12月26日，《中共中央、国务院关于进一步加强人才工作的决定》明确指出："构建中国特色的终身教育体系，加强各类人才的培训和继续教育工作。"2007年10月15日，党的十七大报告又进一步提出："发展远程教育和继续教育，建设全民学习、终身学习的学习型社会。"2010年，中共中央、国务院颁布的《国家中长期教育改革和发展规划纲要（2010—2020年）》，进一步强调了继续教育的重要性，并把继续教育发展列为我国教育事业发展的重要组成部分。这样的认识与定位，对于我国教育事业的发展和实现建立全民学习、终身学习的学习型社会的目标，具有重要意义。

第一，把继续教育提升为一种相对独立的不可替代的教育类型纳入了教育发展战略目标和教育体系，纳入了教育发展重大政策的调控范畴；第二，进一步矫正了过去认为继续教育是正规教育的补充、是大学后再教育的认识误区，把更多的社会成员特别是受教育程度较低的劳动者主体纳入了教育对象的范畴；第三，把努力满足社会成员一生对学习教育的需求纳入了整个教育体系的范畴。

我国是全世界人口最多的发展中国家。仅从业劳动者来说，就有7.69亿从业劳动者，有2亿左右农村富余劳动者需要逐年转移到第二、三产业，每年还有数以千万计新增和需再就业的劳动者，此外还有1.7亿老龄人口。这些人数的总和是现有学校教育人数的3倍，同时其所有的教育活动，不仅在时间跨度上涉及从完成学校教育到生命的终结，而且对学习的类别、内容、方式、时间的要求也十分多样化，这就使我国继续教育的任务尤为复杂和艰巨。我国目前正处于15—64岁劳动年龄人口的高峰阶段（如图1），这也从一个侧面反映出发展继续教育和培训任务的艰巨性。

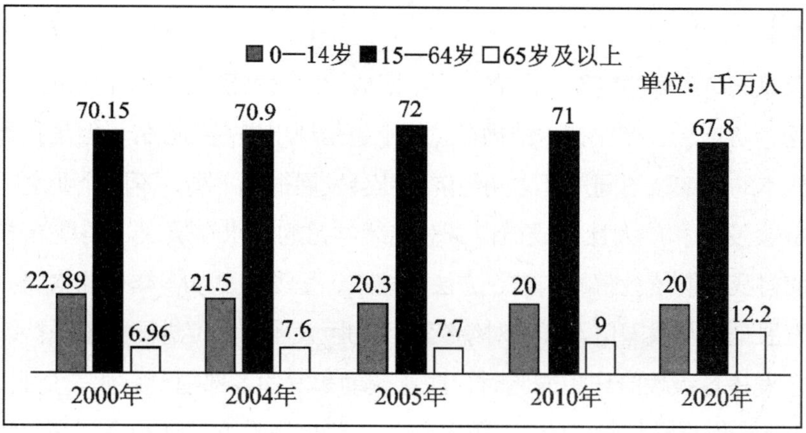

图1　2000—2020年各年龄段人口总量图

（三）继续教育的内涵和特点

各个国家由于教育与社会发展水平以及文化传统等的不同，对继续教育的领域、对象、内容、目的等方面有不同的解释和理解，在表述上也存在一定的差异；而且，随着社会和经济的发展，继续教育的内涵也在不断发生变化。其差异性主要集中在教育对象（包括对教育对象已有知识或学历起点要求的认定）、教育形式和内容的界定等方面。例如发达国家对于继续教育的对象大多定位为高中后教育，也有的国家把继续教育的对象定位为大学后教育。尽管各国对继续教育的对象和范围、内容等有不同的界定，但都强调了这种教育应该在社会成员接受或完成一定阶段的学校教育后，在其一生的进程中不断进行，以适应社会和人自身不断发展和进步的要求。

联合国教科文组织发布的《职业技术教育术语》称："广义的继续教育是指那些已脱离正

规教育、已参加工作和负有成人责任的人所受的各种各样的教育。”从我国国情出发，对广大在职劳动者和社会成员开展的培训和继续教育，在过去相当长时期，是面向已脱离了学校（包括小学、初中、高中、大学）教育、进入社会的成员特别是成人的各种教育活动。在内容上，包括学历教育和非学历教育，正规教育和非正规、非正式教育；包括职业导向的教育即和学习者就业与提高工作水平密切相关的各种培训和教育，也包括非职业导向的教育即以不断提高学习者自身全面素质、丰富精神生活为主要内容的教育。

我国和许多国家继续教育发展的实践表明，继续教育特别是大量的、非学历的教育培训活动，不仅具有周期短、针对性强、传播新知识和新技术较快的特点，而且教育的内容、模式、方法等与传统的学校教育有着很大的不同。特别是在学习主体的广泛性和多样性，学习者学习时间、空间和内容的可选择性，学习内容、学习形式的针对性、丰富性、实用性，学习机会的充分性等方面具有许多不同的特点，从而对人力资源开发具有其他类型教育所不可替代的重要作用。

我国是世界人口最多的发展中国家，新中国成立以来特别是改革开放以来，虽然保持了30多年的高速经济增长，产业技术结构在总体上也呈现出提高的态势，但是我国经济增长方式尚未得到根本的转变，不同地区之间经济和社会发展很不平衡，不同企业之间技术水平跨度也很大，社会发展和广大社会成员自身对继续学习的需求在层次、类型等方面有很大差异。这些都使得我国继续教育的内容、方法和模式，呈现出更加多样化的格局。同时，由于继续教育的发展是涉及我国亿万群众对继续学习的巨大需求和促进国民素质持续提高的伟大事业，必须在发挥各级政府作用的同时，注意调动和发挥各部门、行业、企业、社会团体、各类学校及全社会发展继续教育的作用和积极性。这也是改革开放30多年来，我国继续教育快速发展和取得巨大成绩的一个重要经验。

综上所述，继续教育作为终身教育发展的一个新的领域，呈现出如下特点：

1. 继续教育是面向已接受了不同层次学校教育走上社会的所有成员特别是成人的各种教育活动。从教育的层次看，在当前我国九年义务教育基本普及的地区，对社会成员将更多地进行初中后、高中后、大学后的各种类型的继续教育。

2. 继续教育的内容包括学历教育和非学历教育，正规教育和非正规教育；包括职业导向的教育即和学习者就业与提高工作水平密切相关的各种培训和教育，也包括非职业导向的教育即以不断提高学习者自身全面素质、丰富精神生活为主要内容的教育。从当前我国社会发展水平和学习者的需求出发，各种类型的继续教育特别是以提高职业适应和发展能力与创新能力为主的继续教育，将会有更大的发展。

3. 继续教育的类型、模式、方法等与传统的学校教育有很大的不同。同时，由于我国经济和社会发展存在的不平衡性，不同地区和企业之间的科学技术水平存在很大的差距，广大社会成员学习需求在层次、类型方面也有很大的差异，我国继续教育的类别、形式、内容和培养模式等方面，将会呈现更加多样化的格局。

4. 由于继续教育对象是我国最大的社会群体，以及教育对象自身和所在行业部门岗位的多样性和复杂性，继续教育办学的主体呈现出政府和全社会广泛参与的格局。随着我国社会的发展和广大社会成员对继续教育需求的增长，我国继续教育的提供主体将日趋多元化、多样化。

这是新形势下我国继续教育发展的重要特色，需要我们深入研究、总结、完善和发展。

（四）加强继续教育的研究是教育科学研究的重要任务

继续教育的发展是在终身学习理念的指导下，我国教育发展新的增长点。推动和促进继续教育的发展，构建中国特色的终身学习体系，实际上是搭建一个能够惠及十几亿人口的多种学习需求、世界上最大规模的学习平台。在这一平台上，各类学校和各种教育机构、学习场所的功能将得到进一步拓展，学习资源的建设和潜能将得到充分开发，保障社会成员终身学习的机制和制度将得到完善和发展，社会各个行业、部门、组织和各个社区的学习功能将得到极大增强，从而最大限度地满足我国社会成员特别是受教育程度较低的劳动者、进城务工人员和有学习培训强烈需求的群体对教育和学习的多种需要。

这是21世纪我国教育和社会发展极其伟大的事业，也是一项极为艰巨、复杂的社会系统工程。这需要我们不断提高对终身学习内涵的认识，并和学习我国优秀传统文化中关于教育和学习的丰富与深刻的认识及阐述紧密结合起来，和对我国国情以及广大学习者的学习需求的调查研究紧密结合起来。在政策措施和行动实践中，不仅需要努力突破和超越传统的教育制度、体系，还需要社会制度、经济、机构、组织、技术等多方面的变革与支持，需要进一步调动教育工作者和全社会的积极性和创造性。

继续教育相对于学校教育来说，起步比较晚，这方面积累的经验相对比较少。继续教育涉及的教育对象众多，不仅包括社会各个领域的在职劳动者、专业技术和管理人员，尚未就业的人员和即将转入第二、三产业的农业劳动者，已经进入老年的社会成员，还包括已脱离了一定阶段学校教育的学龄青少年。同时，继续教育的层次、类型、内容、方式、模式以及举办者和传统的学校教育都有很大的不同。因此，探讨和推动继续教育的发展不仅对于我国的教育和社会发展具有重要意义，也是教育科学研究的重要任务。

二、我国继续教育发展的现状

我国继续教育的发展历程，同经济、社会和教育发展有着密切的联系。新中国成立至20

世纪70年代末，我国虽然没有明确的继续教育概念，但体现继续教育内容的各种教育活动，如成人初等教育、成人高等教育、成人职业教育、工人教育、干部教育、农民教育、专业技术人员教育等，已经有了较大发展。20世纪80年代以来，随着我国改革开放的推进和以经济建设为中心的社会主义建设高潮的兴起，包括继续教育在内的我国整个教育事业有了很大发展，继续教育日益受到各级政府和全社会的重视。

1980年8月，中国科协通过了《关于积极开展在职科技人员专业培训工作的意见》。1984年，中国继续工程教育协会成立。1987年12月，国家教委、国家科委、国家经委、劳动人事部、财政部和中国科协等六个部门联合颁发了《关于开展大学后继续教育的暂行规定》，提出："大学后继续教育的对象是已具有大学专科以上学历或中级以上专业职务的在职专业技术人员和管理人员，重点是中青年骨干。"以后，继续教育的内涵逐步扩展到了所有从业人员。在社会的许多领域，建立了岗位培训和继续教育制度。例如我国制定的农业法、企业法、教师法等都对从业人员的继续教育作了规定。1987年，党的十三大报告指出："必须下极大力气，通过各种途径，加强对劳动者的职业教育和在职继续教育。"1996年，国家教委在制定"九五"计划和2010年发展规划时指出，要"进一步发展各类型的职前、职后培训和继续教育，基本形成学历教育和非学历教育并重，不同层次教育相衔接，职业教育和普通教育相沟通的职业教育制度和体现终身教育特点的现代社会教育体系"。

在进入21世纪以后，如前所述，我国进一步从国家战略的高度强调了继续教育的战略地位。党和国家对继续教育作出重要决定的同时，还实施了一系列关于继续教育的具体计划和政策措施。例如，实施专业技术人才知识更新工程、农村实用人才培训工程、农村劳动力转移培训工程、国家技能型人才培养工程等。《国家中长期教育改革和发展规划纲要（2010—2020年）》，将继续教育与学前教育、各类学校教育（包括基础教育、高等教育和职业教育等）进一步列为我国教育发展战略总体规划的重要内容。

（一）我国继续教育发展的成就

新中国成立以来特别是改革开放以来，在各级政府的领导和全社会的积极推动下，我国的继续教育，无论是概念、内涵，还是教育的内容、形式、规模和办学主体等，都有了很大发展。继续教育的发展为提高我国国民素质、提高广大社会成员特别是从业人员的知识技能水平、促进我国经济的持续快速发展和社会的进步作出了巨大贡献。

1. 为广大社会成员的发展提供了适应他们各种需要的学习机会

（1）为因各种原因错过接受基础教育的社会成员提供补偿性教育。改革开放30多年来，成人小学毕业生累计超过1.1亿人，成人中学毕业生累计超过3000万人，提高了他们的综合素质和文化知识水平。

（2）为数千万已经走上工作岗位的从业人员和其他社会成员，提供接受高等教育和中等职业教育的机会。改革开放30多年来，有近4000万人接受本专科学历继续教育，其中，自学考试1000多万人，广播电视大学900多万人，函授教育、夜大和高校网络教育2000多万人。所有这些都在相当程度上缓解了我国社会发展和广大学习者对高中阶段和高等教育需求增长与教育资源相对不足的矛盾。

（3）为广大从业人员提供各种形式的职业培训，提升了从业人员的素质和职业能力。近年来，仅农民中专和农民技校已累计培训超过11亿人次，全国企业职工培训规模每年都达9000万人次左右，全员培训率逐年增长。1996—2011年，累计有1.17亿人次取得不同等级职业资格证书。[①] 政府和社会各个领域的管理干部和专业技术人员的继续教育有了很大发展，成为提高管理干部和专业人员的知识和能力水平，以及培养高层次管理和专业人才的重要途径。从1978年以来，中共中央党校累计培训5万余名中、高级党政领导干部，并通过远程函授教育为国家培养了近200万名党员干部和领导人才；地方各级党校和干部学院每年培训的各级干部达数十万人次。其他各个领域专业技术人员的继续教育也有了很大的发展，截至2012年底，全国累计共有1575万人取得各类专业技术人员资格证书。[②]

表1　2005—2012年全国各类学历教育和非学历教育中成人在校生数　　　　单位：万人

			2005	2006	2007	2008	2009	2010	2011	2012
学历教育	高等教育	成人本专科生	436.1	524.9	524.2	548.3	541.4	536.0	547.5	583.1
		在职人员攻读研究生学位	25.5	29.9	34.6	39.4	39.4	42.0	46.2	49.0
		网络本专科生	265.3	279.3	310.5	355.9	417.3	453.1	492.5	570.4
	中等教育	成人高中	21.8	17.5	18.1	12.7	11.5	11.5	26.5	14.4
		成人中专	112.5	107.6	113.0	120.6	161.0	212.4	238.8	254.3
		成人初中	51.3	50.4	57.9	43.3	48.8	63.0	54.4	63.1
非学历教育	高等教育		239.9	249.6	249.6	252.9	289.5	332.9	405.1	394.8
	中等职业教育		5283.8	5567.3	5567.3	5554.8	5411.2	5291.9	5433.1	4969.8

注：袁贵仁主编：《百年大计　教育为本——党的十六大以来教育事业改革发展回顾（2002—2012）》，人民出版社2012年版。

中华人民共和国统计局：《中国统计年鉴》（2013），中国统计出版社2013年版。

---

① 国家统计局人口和就业统计司、人力资源和社会保障部规划财务司. 中国劳动统计年鉴（2012）[M]. 北京：中国统计出版社，2013：344.

② 人力资源和社会保障部. 2012年度人力资源和社会保障事业发展统计公报［R/OL］www.mohrss.gov.cn/SYrlzyhshbzb/dongtaixinwen/shizhengyaowen/201305/t20130528_103939.htm。

（4）以丰富人们的精神文化生活为主要内容、满足社会成员包括老年人学习需求的各种教育活动，也在全国各地蓬勃展开。目前，我国确定的国家社区教育实验区共61个，省、市级社区教育实验区300多个。仅2010年全国社区教育实验区的社区培训规模就超过4508万人次，居民参与率超过50%。[①]在这些实验区，形成了区、街道、居委会三级社区教育管理体系和多样化的继续教育学习平台，如市民教育学校、社区教育培训中心、社区教育学校或培训学校等，对社区和居民的发展作出了贡献。

2. 为广大社会成员提供了更多和更为便捷的学习方式

对广大社会成员进行的各种各样的继续教育活动，和学校教育的功能、模式及作用有着很大的不同，特别是在学习者的学习内容、学习时间、学习形式等方面，具有更加灵活和多样化的特点。在此要强调的是，近几十年来，广播、电视和网络课程等多种手段在继续教育中的运用，并随着教育技术手段的发展，建立了适合中国国情的互联网、数字卫星网、广播电视网等远程教学和教学管理平台，为广大社会成员的继续教育提供了更多的选择和更为便捷的学习方式，在一定程度上满足了社会成员的学习需求。近几十年来，全国除1所中央广播电视大学外，还成立了44所省级广播电视大学、956所市级广播电视大学分校、1875所县级广播电视大学工作站和51665个教学班。改革开放30多年来，广播电视大学已为国家培养本专科毕业生超过700万人。网络教育也有了很大发展，教育部相继批准的68所试点普通高等学校和中央广播电视大学共开设了396个专业，2292个专业点，覆盖11个学科门类；建设校外学习中心和教学点9000多个，累计注册学生1000多万人（其中普通高校注册学生558万人）；已毕业600万人（其中普通高校毕业283万人）；在校生485万人（其中普通高校在校生205万人）。我国高等教育毛入学率也由1999年的10.5%提高到了2010年的26.5%。网络教育为推进高等教育大众化作出了重要贡献。

2011年，根据教育改革和发展规划纲要的要求，在国家层面，启动建设国家和北京、上海、江苏、云南、广东等6所开放大学的试点，积极推进全国广播电视大学系统的战略转型，取得了重要进展。开放大学的成立，也是中国远程教育的全新探索，将对我国高等教育和继续教育的发展作出新的重大贡献。与此同时，我国进一步加快网络教育数字化学习资源中心的建设，例如，上海市已经建成“上海终身学习网”，为市民提供集学习、管理、统计、查询、互动等多功能于一体的在线学习平台，为市民终身学习服务。

3. 初步形成政府和全社会广泛参与的多元化办学格局，我国继续教育的提供主体日趋多元化

---

① 教育部职业教育和成人教育司．社区教育统计[G]．内部资料．

这些年来，我国继续教育快速发展的一个重要经验是，在发挥各级政府作用的同时，调动和发挥学校、社会各部门、行业、企业（包括国有企业、民营企业、中外合资企业等）的优势和作用以及全社会发展继续教育的积极性，同时注意发挥市场机制即社会和广大学习者巨大的学习需求对继续教育资源配置的积极作用，创造了多种形式发展继续教育的模式和经验。

我国继续教育的提供主体正在日趋多元化，不仅包括提供学历教育和非学历教育、网络教育的普通高等学校独立设置的成人高等学校，电大远程教育系统，也包括行业、企业的教育培训系统，遍及城乡由各种社会力量举办的非学历教育培训机构以及社区教育系统等，形成了多层次、多规格、多类型的继续教育网络。

（二）当前我国继续教育存在的主要问题

当前我国继续教育的发展，从总体上说，还不适应经济和社会发展以及广大社会成员的需求。由于对继续教育的重要意义和作用还认识不足等各种原因，继续教育仍是我国教育体系中最薄弱的环节。当前，我国继续教育存在的主要问题有以下几个方面。

1. 我国继续教育的参与率较低，影响了劳动者的知识更新和技能的提高

我国对社会成员的继续教育，从总体上说还比较薄弱。例如企业员工的在职学习培训，包括进入企业或上岗前的培训率、企业在岗培训的参与率都比较低。根据2004年国家教育发展研究中心对9个省154个企业近万名员工的调查，员工进入企业前接受过培训者仅占39%；两年内参与过在职培训者约占45%，其中，生产、服务第一线和具有小学、初中文化程度的员工在职培训参与率分别只有34%和25%。在所调查的农业劳动者中，约占52%的人不同程度地学习过一些农业科技知识。其中，只有10%左右的劳动者接受过比较系统的农业职业技术教育，还有48%的人从未学习过农业科技知识。根据国家统计局监测，2011年，全国农民工总量占25278万人，初中及以下文化程度的占77%，接受过农业技术培训的占10.5%，接受过非农职业技能培训的占26.2%，既没有参加农业技术培训也没有参加非农职业技能培训的农民工占68.8%。有专家指出，矿山从业人员（多数为农民工）普遍未经培训而缺乏安全知识和生产技能，是我国矿难频发的重要原因之一。[①]我国专业技术人员的继续教育也十分薄弱。农业部的调查显示，2009年，全国县乡100万名农业技术推广专业人员中，有近一半人没有接受过在岗的专业培训。

这些问题的存在，不仅影响我国社会成员特别是广大从业人员素质、知识与能力水平的提高，而且成为影响我国产业和技术结构调整、制约经济和社会进一步发展的重要因素。

① 周济. 以科学发展观为指导，实现中等职业教育快速健康发展［J］. 中国职业技术教育，2005（9）.

2. 继续教育的领导管理体制和保障机制很不适应我国继续教育发展的需求

发展继续教育遇到的体制性障碍包括全国和各地缺乏全局性统筹、协调机制以及有效的推进机制。继续教育管理上存在部门分割、资源分散、重复建设等浪费和低效现象。继续教育的制度和法制建设严重滞后于继续教育发展的要求。继续教育机构的审批、资质认证、经费投入、质量保障、管理和评估等制度，亟待进一步建立和完善。

3. 我国继续教育的发展不仅数量不足，在质量上也很不适应社会和学习者发展的需求

这些年来，我国成人的学历补偿教育虽然有了很大发展，但在学习的内容、方法、时间年限和培养模式等方面，还很不适应从业人员和成人学习者的特点和要求。同时，尚未建立起科学的继续教育质量评价标准，存在着教学过程管理缺失、教学环节弱化、考试要求和文凭发放审核不严格等问题。适应广大社会成员学习需求所进行的非学历、非正规的继续教育，在教育内容、方法和培养模式方面，有照搬学历教育的倾向，培养模式比较单一，针对性和实效性不强，不适应社会发展和学习者对继续教育的需求。

4. 对社会成员继续学习的激励机制和制度还未很好地建立

我国对社会成员特别是就业人员的继续教育，大量通过非学历、非正规、非正式教育的途径进行。而学习者在这方面的学习成果得不到足够的重视，学习成果的认证、转换等方面的制度尚未建立起来，通过各种学习渠道成才的“立交桥”尚未形成，不能有效地调动广大学习者继续学习的积极性。

在社会各个领域已经和正在建立的劳动准入制度、职业资格证书制度还需要进一步发展和完善。特别值得注意的是，在我国的许多专业领域，尚未建立继续教育制度。这些都在相当程度上影响了我国劳动者和专门人才的继续学习和提高。

5. 充分利用现有的各种教育资源特别是发挥各类学校的作用不够

各类学校面向社会成员的开放性不足，在继续教育发展中的重要作用还未充分发挥出来。同时，各类教育机构在继续教育资源配置上存在着自成体系、封闭和重复建设的现象。适应广大学习者对各类学习需求的继续教育公共服务平台亟待建设和发展。此外，还存在着资源配置不合理、资源分散、共享程度低、优质继续教育资源不足、现代信息技术手段应用不充分等问题。

三、大力发展继续教育是新的历史时期我国教育发展的重大战略任务

从现在到2020年是我国全面建成小康社会的关键时期，也是经济转型和社会深刻变革的

重要战略机遇期。中国人民正在新的历史起点上，为实现中华民族伟大复兴的中国梦而努力奋斗。在加强学校教育的同时，大力发展继续教育，加快广大社会成员知识更新、理念创新和技能提升，为我国社会主义建设更高水平、更有质量的发展提供智力支持，充分发挥每个社会成员的聪明才智和潜能，是新的历史时期我国教育发展的重大战略任务。这既是中国梦的重要内容，也是实现中国梦的强大支撑和基础。

（一）提高对发展继续教育的重要性、紧迫性的认识

思想认识是行动的先导。要改变在一些社会成员特别是部分管理干部中存在的教育就只是学校教育的传统观念，大力提高对在我国发展继续教育的重要性、紧迫性的认识。

1. 加强继续教育是建设高素质劳动者和专门人才队伍的迫切要求

我国劳动者队伍的文化素质、技能水平，从总体上说还比较低。据2011年的统计数据，我国25岁以上人口中，接受过高中及以上教育者比例为22.3%，远低于发达国家的水平（见表2）。

表2　中国和一些发达国家25岁以上人口受教育状况的比较（2011）　　单位：%

	初中及以下	高中	高等教育
澳大利亚	25.9	35.6	38.4
加拿大	20.6	33.9	43.9
丹麦	24.2	45.2	30.7
芬兰	30.4	40.9	31.6
法国	38.1	41.4	24.4
德国	18.9	58.2	24.2
日本	16.7	39.9	29.9
韩国	27.3	37.4	35.3
荷兰	33.0	37.6	28.6
英国	13.6	52.7	33.7
美国	12.8	48.0	39.1
中国	77.7	18.7	3.6

注：UNESCO：Global Education Digest 2012，各国数据为2010年或2011年数据；高中后教育归入高中阶段教育中。

从我国企业在岗工人的技能水平看，全国9800万技术工人中，初级技工占比接近40%，中级技工占37.9%，高级技工仅占18.3%。

国内外提高劳动者素质的实践经验表明，在全面普及九年义务教育的同时，对广大劳动

者群体进行持续的培训和继续教育，使之真正适应科学技术和经济高速发展与社会进步的要求，是培养高素质劳动者和提高劳动生产率的重要途径。

我国现有专门人才队伍无论在数量和质量上都很不适应经济和社会发展的要求。在世界科学技术高速发展，我国经济和产业结构处于转型和升级的新形势下，我国专业技术人才的知识结构、创新能力和应对经济全球化等能力亟待优化和提高。根据有关部门对部分行业专业人员的抽样调查显示，认为自己的知识比较陈旧，亟待更新和提高的科技工作者约占一半以上。广大专业人员都有进行继续学习和参加专业培训的强烈愿望和要求。据有关部门统计，事业单位科技工作者愿意和期望参加专业知识培训者高达91%，党政机关和国有企业的科技工作者期望参加继续教育者也达到80%以上。

2. 加强继续教育是促进经济增长方式转变和产业结构调整、提高企业核心竞争力的关键因素

发展继续教育是促进我国经济发展方式转变和产业结构调整的重大战略举措。改革开放以来，我国经济虽然实现了高速增长，已成为世界第二大经济体，但长期形成的经济结构性矛盾和粗放型增长方式尚未得到根本改变，经济发展还未真正转到依靠科技进步和提高劳动者素质的轨道上来。我国每个就业者创造的国内生产总值仅为美国的21%、日本的32%。由于多数企业处于国际相关产业链的低端，产品附加值整体偏低。多年来我国工业增加值率基本在26%~30%，而发达国家一般为35%左右，美国、德国等超过40%。我国投资效率低下，据测算，我国国内生产总值每增长1美元，大约需要5美元的投资，资金投入成本比日本和韩国经济起飞时期要高40%之多。我国的投资率已接近50%，有的省份甚至达到80%。①

改革开放以来，虽然我国已成为经济大国，劳动生产率水平也不断提升，但与美、日等发达国家相比，仍存在较大的差距。据有关部门统计，平均1个美国劳动力的生产效率相当于我国1个劳动力生产效率的17倍。以农业生产发展为例，人口密度和人均耕地同我国相仿的荷兰，在实现农业的高产、优质和高效益方面走在世界前列。地处沙漠地带、属于严重缺水国家的以色列，能够创造“农业奇迹”，被誉为“欧洲的厨房”。他们提高劳动生产率的基本经验是，在对农民进行文化素质教育的基础上，大力加强对农民的继续教育和培训，不断提升劳动者掌握新知识新技术的能力。

随着我国产业、经济结构调整和优化升级，劳动力在产业、行业、职业、企业及岗位间的流动和转换的机会将持续增大。据有关专家预测，2020年，我国第一产业劳动力比重将从2002年的50%下降到25%，第三产业劳动力比重将从27%提高到45%。未来十几年，我国

① 王保安. 中国经济升级版应如何打造［J］. 求是，2014（1）.

15—64岁劳动力人口占总人口比例将一直处在70%左右的高位，这既是参与经济全球化竞争的优势，又将带来全球最大的就业压力。所有这些都对劳动者和专门人才素质的提高和继续教育提出了迫切的要求。

国家教育发展研究中心课题组对22个经济合作与发展组织国家继续教育参与率与人均国内生产总值关系的分析表明，人均国内生产总值与成人继续教育参与率呈正相关关系。还有研究表明，“物力资本投资增加4.5倍，利润将增长3.5倍，而人力资本增加3.5倍，利润增长却高达17.5倍”①。这个数字虽然来自美国一些专家的经济数据研究，但大多数国家的研究都表明，劳动者的科学文化素质、劳动技能的熟练程度、接受新的生产技术和新的工艺流程并能不断进行创新的能力等，是影响劳动生产率的关键因素。现在人类正面临第三次工业革命，科学技术发展日新月异，世界范围内综合国力的竞争实际上是劳动者和专门人才素质和学习力、创新力的竞争，拥有大批高素质和不断学习新知识新技术、能够适应现代科技迅速发展和社会进步要求的新型劳动者和专门技术人才，已经成为促进经济增长方式转变、实现社会主义现代化的迫切要求和根本保证。

3. 加强继续教育是满足全民终身学习需求、实现全民学有所教、构建和谐社会的重要途径

现代化的目标不仅包括经济的现代化，还包括在精神文明等各个领域的推进和发展。党的十七届六中全会和党的十八大提出了推进社会主义文化大发展大繁荣的战略目标，要求国民具有较高的文化素养和崇高的精神品格，在整个社会形成尊重知识、崇尚学习、文明生活的浓厚氛围。加强社会成员的继续教育，是实现这一战略目标的重要保证。

大力发展继续教育和培训，让更多的民众特别是弱势群体享受多元、便捷、公平的教育机会和服务，也是缩小贫富差距、城乡和地区之间的差距、建立和谐社会的重要途径。随着我国社会发展、人民生活水平的提高，各类人群的学习需求正在持续增大。2010年，上海市推进学习型社会建设指导委员会对全市5万多名社区居民的调查表明，人们的学习需求不仅在不断增长，还呈现多元化特征，不同年龄、不同职业的人对学习内容、学习组织形式均有不同的要求。39.2%的人对各级各类职业培训有需求，30%的人对提高学历教育水平有需求，39.8%的人对保健养生教育有需求，35.3%的人对家政、理财等生活教育有需求，27.6%的人对休闲教育有需求。值得注意的是，我国老龄人口已达1.7亿人，64岁及以上人口比例将由2010年的9%，增加到2020年的13%。满足包括老年人在内的广大社会成员的多样化学习需求，是促进社会和谐和进步的迫切要求。

① ［美］西奥多·威廉·舒尔茨. 人力资本投资：教育和研究的作用［M］. 蒋斌、张蘅，译. 北京：商务印书馆，1990.

4. 大力发展继续教育成为当代世界许多国家和地区教育和社会发展新的趋势

随着科学技术的高速发展，许多发达国家和地区从20世纪70年代开始，在继续教育发展的顶层设计、政策措施、经费投入和制度建设等方面加大了支持力度，特别是近年来不少国家把继续教育提升为国家的重要战略。

（1）将继续教育作为促进经济发展的重要支柱。德国、英国、丹麦等国家把继续教育作为教育体系的重要组成部分，并作出发展规划。美国在应对金融危机、财政收入困难的情况下，投入了1200亿美元，支持继续教育和占全国高校60%的社区学院的发展，力图通过加强人力资源开发重返制造业的巅峰，提高就业率。美国前总统奥巴马还强调说，“这是美国重新站起来的关键”。

（2）加强高等学校对社会成员继续学习的需求服务。澳大利亚、美国、日本和欧洲的大部分大学都办有继续教育学院，为广大社会成员对继续学习的多种需求服务，并为企业和社会提供短期的培训项目。我国台湾地区在海内外享有盛誉的文化大学推广（继续）教育部，在2010年为社会成员开设的各类继续教育课程就多达7300门，培训人次达10万以上。学习者不仅可以按自己的需要选择课程，而且可以选择适合自己的时间，如晚上或节假日。特别值得注意的是，2012年由美国的斯坦福大学、哈佛大学和麻省理工学院等世界著名高等学校主动发起和引领的“大规模开放式网络课程”（中译名简称“慕课”），即这些学校的课程全部免费上网，并正在通过各种途径为学习者提供服务。这些顶尖高等学校，努力让更多的学习者通过网络学习大学最优质的课程。这些动向值得我们重视和研究。

（3）为了调动广大学习者继续学习的积极性，一些发达国家对社会成员通过各种学习途径取得学习成果的积极性给予保护和鼓励，并积极探索和建立对通过各种不同途径学习的成果进行认证、评估、积累和相互转换的管理制度。韩国在20世纪90年代后期，从高等教育领域入手，通过建立“学分银行”，对学习者通过各种学习途径取得的学习成果进行认证、积累和转换，并授予相应的学习资格。截至2013年8月底，韩国学分银行制系统包括218个专业、6112个教学科目、567个评价认证机构的27019门课程，登录注册人员高达130206人，毕业生人数为69773人。1999—2011年，共有25万名学习者通过学分银行获得了学位，其中15.9万人获得学士学位。①

（4）强化继续教育的制度保障和法规保障。世界许多国家都建立了继续教育的法规制度。在美国，为保证医师素质的不断提高，美国各州均实行医师继续教育制度。如密歇根州规定医师开业执照的有效期为3年，3年内必须接受150学时的与本职有关的继续教育，才能

① 朴仁钟. 终身学习型社会与韩国的学分银行制[J]. 开放教育研究，2012（1）.

申请继续开业的执照。日本2007年对《教育职员资格证法》进行了修改，规定从2009年4月开始，教师每年必须接受30学时以上的教师进修课学习。欧盟不少国家规定，农业劳动者必须在接受义务教育的基础上，完成一定的农业职业培训，才能取得经营农业的资格等。

大力发展继续教育已成为世界新的潮流，成为许多国家政府、企事业单位和社会公民的普遍共识。我国作为人力资源大国，要进一步增强紧迫感，超前谋划布局，加快继续教育的发展步伐，这是我们赶超世界先进水平、建设人力资源强国的重要保证。

（二）继续教育的发展趋势和新特点

在我国经济和社会迅速发展、终身学习需求日益高涨的背景下，当前我国继续教育呈现出一些新的特点和发展趋势。

1. 随着经济和教育事业的快速发展，人们对继续教育的形式、内容和方法的需求也日益多样化和个性化。继续教育类型正从学历补偿教育为主向终身化的继续教育目标发展。适应社会发展和学习者多样化需求的各种非全日制、非学历教育，正逐步摆在继续教育发展的突出位置。

2. 社会和学习者对继续教育的质量需求越来越高，要求和职业发展密切结合的继续教育将从偏重于知识传授，转向注重提高从业人员的综合素质，注重其职业能力、特别是岗位适应能力、岗位转移能力的开发和创新能力的培养。

3. 继续教育提供者趋向多元化，从较单一的学校教育机构向学校、企业、行业等共同参与转变，从公办教育培训机构提供为主向公办、民办机构共同提供的格局转变。

4. 信息技术的高速发展对我国利用后发优势，推动继续教育的发展，带来了前所未有的机遇，也是我国在教育资源相对短缺的条件下能够促进继续教育又好又快发展和构建终身教育体系与学习型社会的重要保证。

（三）大力推动我国继续教育的发展

为了充分发挥继续教育在全面建成小康社会和实现社会主义现代化伟大事业中的重要作用，应把继续教育放在教育和社会发展的重要战略位置，统筹规划，大力推进，使继续教育成为我国教育发展新的增长点。

各级政府和社会各部门应制定和不断完善我国继续教育的发展规划和监测的指标体系。要从我国社会发展和学习者的需求出发，大力发展初中后、高中后、大学后等各种层次和各种类型的继续教育，特别是重点推进以提高职业适应能力和创新能力为主的继续教育，大幅度提高社会成员特别是从业人员继续教育的参与率，全面促进他们对新知识、新技术、新工艺的学习和创新能力的提高。要重视继续教育的机会公平，特别是公共教育资源应注意向社会弱势群体倾斜，使继续教育成为缩小地区之间、城乡之间教育差距的重要途径。要充分调动各级政府、学校、企事业单位、科研机构和全社会发展继续教育的积极性，并通过多种渠道以及广泛运用现代信息技术手段和建立继续教育质量保障制度等政策措施，构建社会化、信息化、覆盖全国城乡的继续教育网络，为广大社会成员提供更加优质、广泛、多样、灵活的学习机会，促进继续教育更好地为我国社会主义建设和广大学习者自身发展的要求服务。

四、关于加强继续教育制度建设和体制创新的思考和建议

继续教育涉及社会各个领域具有不同学习要求的广大社会成员，推动继续教育持续、健康地发展，是一项十分艰巨复杂的社会系统工程。在促进教育思想和理念创新的同时，加强继续教育的制度建设，深化领导管理体制与机制的改革和创新具有极为重要的意义。建议从以下几个方面推进继续教育的制度建设和体制创新。

（一）推进领导管理体制的改革

由于培训和继续教育涉及社会各个领域和所有社会成员，迫切需要从领导管理体制上加强统筹、协调和指导，并建立跨部门协调机制，统筹和整合各方面的教育资源，改变和克服当前我国继续教育存在的条块分割、资源分散、重复建设等浪费和低效现象。

（二）建立健全继续教育制度和激励机制

加强继续教育法制建设。从法律上确立继续教育在我国教育事业发展和建立终身教育体系中的地位，明确继续教育各利益相关者的责任和义务。建立和完善继续教育的激励机制。在各个行业和部门特别是关系经济社会发展和人民生活及生命安全的重要领域，建立劳动者和各类专门人才继续教育制度。把从业人员接受继续教育的状况和成果，作为工作考核、职务职称评聘、岗位聘任、执业注册的重要依据。建立继续教育质量保障和认证制度及继续教育提供机构的资质认证标准，完善各行业和专业领域继续教育质量评估制度。

（三）充分发挥社会各部门、各行业、各组织在继续教育中的作用

充分发挥社会各界参与举办继续教育的积极性。加强学习型组织和学习型社区建设是促进我国继续教育发展的重要保障，也是建设学习型社会的基石。在社会各部门、行业、社会团体、企事业等各类组织，加强对组织成员的继续教育不仅是促进他们自身发展提高的重要途径，也是广大社会组织调动组织成员的主动性、创造性，提高工作效率、提升组织文化品质和增强组织竞争力的根本保证。要倡导和鼓励各个社会团体、组织、企事业单位加强继续学习，逐步建设为学习型组织。这是社会进步的重要标志，也是体制改革创新的重要内容。

学习型社区是社区居民继续学习的重要基地。社区的学习教育活动要面向社区全体居民，学习的内容和方式贴近社区居民的生活和工作实际，为社区居民包括老年人提高生活质量、丰富精神生活学习的需求提供多样化的教育服务。社区的学习化、学习的社会化，将是未来我国学习型社区发展的方向。

我国各级各类学校是大力发展继续教育的重要资源。要充分发挥各级各类学校在继续教育中的功能和作用。要鼓励各类职业学校实行“一校多制”，实行职前和职后教育并举，学历教育和非学历教育并举，全日制与部分时间制并举，面向全体社会成员特别是进城务工人员、城乡待就业人员、企业职工以及农村实用技术人才提供多样化的继续教育机会。要充分发挥中小学特别是农村中小学在推进继续教育中的作用。要以农村职业学校、农村成人文化技术学校、农业广播电视学校、农村中小学校为依托，构建社会主义新农村农民继续教育服务网络。高等学校要进一步提高学校的开放性，拓展教育功能和服务面向，逐步实行弹性学习制度，既允许集中时间学习（如按学制规定修完学业），也应允许分阶段完成学业。要放宽招生和入学的年龄限制，为社会成员特别是从业人员接受继续学历教育提供比较灵活和方便的机会。要大力增强高等学校为社会成员提供多种多样非学历培训和继续教育服务的功能，把高校实施继续教育的情况作为衡量其社会服务水平的重要指标之一。

为了使更多的社会成员有继续学习的机会，要积极鼓励和大力发展各种形式的民办教育培训与继续教育，还要从我国的实际需求出发，以专业技术人员和管理人员为重点，加强与国外教育机构的继续教育与培训合作，利用国外的优质教育资源，加快我国培训和继续教育的发展。

（四）改革继续教育的培养模式

要面向广大社会成员特别是在职人员和转岗再就业人员的需求，开发贴近社会发展和社会成员实际需要的专业和课程，加强教育内容、方法和培养模式的针对性、多样性和灵活性，为社会成员提供多样化选择和高质量的服务。要积极探索研究性学习、讨论式学习和案例式教学等新的教学方法。建立学习效果的评估、反馈机制，提高继续教育的质量。加强各级各类学校、教育机构和行业企业在继续教育领域的合作。

（五）大力加强继续教育公共服务与资源平台建设

在世界新科技革命推动下，积极发展以现代信息技术为支撑的网络学习、新媒体移动装置学习及其所共同形成的泛在学习，并通过开放大学和遍布我国城乡的网络教育等多种途径，为广大社会成员的继续教育提供更加灵活便捷的学习途径和优质学习资源。

近几年，我国开放大学的成立和发展，是国家适应构建终身教育体系、建设人力资源强国需要所进行的重大战略部署，也是以信息技术带动教育信息化发展的引领性探索。开放大学要运用信息技术的优势，进一步整合全国乃至世界优质的高等教育和继续教育资源，采用更为生动、灵活和便于学习者学习的教育方式和教学制度，努力满足广大社会成员对终身学习的需求；逐步成为新型的、高质量的乃至国内一流水平的大学，并成为广大社会成员进行继续学习的重要阵地和我国建设终身教育体系、学习型社会的积极推动者。

（六）建立继续学习成果的认证和转换制度，构建通过各种学习渠道成才的“立交桥”

逐步推行继续教育学分制度。建立学习者继续教育积分卡，记录社会成员继续教育的学分或学时，加强学习者实际能力和专业技能以及对非正规、非正式学习成果的测评和认证制度。促进不同类型教育间的学分互认，探索将非学历继续教育学习成果、相关职业资格和技能资格转换为普通学校相关专业或课程学分的制度。探索建立知识、能力与技能并重，学历资格与职业技能资格相互沟通的国家资格体系。选择具备相应条件的地区和教育机构，就构建通过各种渠道学习成才的“立交桥”进行试点，国家对试点地区和机构给予必要的政策扶持。

（七）建立多渠道筹措继续教育经费的体制

要区别不同类型的继续教育，建立政府、企业和个人合理分担成本的经费保障制度。政府的投入和公共职业培训、继续教育资源，应优先向弱势群体特别是待就业者、低收入者、进城务工人员和贫困地区劳动者倾斜，加大经费支持力度。通过税收等优惠政策，鼓励和支持企事业单位对从业人员提供继续教育。要充分发挥市场机制的作用，鼓励和调动各个行业、企业、部门、社区和广大社会成员支持、扶植和发展继续教育的积极性。

劳凯声

1948年生，广西北海人，首都师范大学资深教授、教育学科首席专家、博士生导师，首都教育政策与法律研究院院长，首都师范大学学术委员会主任，兼任中国教育学会教育政策与法律研究会理事长、北京市法学会教育法学研究会理事长、教育部法律顾问、全国教育科学规划专家组成员兼副组长、中国教育学会学术委员会委员等职。主要学术专长为教育基本理论、教育政策学与教育法学等。发表论文百余篇，著有《教育法论》《变革社会中的教育权与受教育权：教育法学基本问题研究》《规矩方圆——教育管理与法律》《教育与生产劳动相结合的理论与实践》等多部专著，主编有《教育学》《教育法学》《中国教育法制评论》《改革开放三十年：教育政策与法律卷》《新焦点：当代中国少年儿童人身伤害研究报告》《高等教育法规概论》《教育政策与法律概论》等。研究成果曾获第四、第六届中国高校人文社会科学优秀成果一、三等奖，第五届吴玉章人文社会科学一等奖等奖项。获“当代教育名家”称号。

教育研究的问题意识①

作为人文、社会问题的研究者，我们每天都要面对各种各样的现实问题。但是长期形成的学术思维定式却使我们经常忽视眼前的问题，以至于丧失了对于这些问题应有的意识。本文试图通过讨论引起学术界对现实问题的重视，以期有助于建立有关学术研究的问题意识。

一、问题介乎认识的此岸与彼岸之间

为了讨论方便，本文把所讨论的“问题”定义为学术研究中需要解决而尚未解决的矛盾或疑难，从而产生的对学术认知对象的一种不解或矛盾的认知状态，包括摆在我们面前需要

① 本文曾发表于《教育研究》2014年第8期。

建立理论进行论证和解答的论题，或者是需要提出行动方案寻求化解或消除的矛盾。因此，这里所讨论的“问题”概念应该是一个认识论的范畴，是我们认知的对象。由于问题是对现有事物的一种未能给予理性解释或未能采取相应行动的认知状态，因此问题应属于未知领域。未知领域还可以进一步区分出未曾意识的未知领域和已经意识的未知领域，根据这一区分，问题应是我们已经接触到、意识到并尝试回答、解释或者采取行动解决的一个未知领域。就此而言，问题是介乎认识的此岸和彼岸之间的认知对象，如果它完全处于此岸，已被我们解决了，就不成其为问题了；如果它完全处于彼岸，我们完全没有接触到、意识到，也就不成其为问题了。因此，问题应该是介乎认识的此岸和彼岸之间，被我们接触到、意识到并试图回答、解释，或者采取相应行动的这样一类认知对象。

问题讨论到这里并未完结，因为在认识的此岸和彼岸之间，仍然是一个范围极广泛、情况极复杂的领域，因此如不做进一步的分析，我们还是无法把握问题的要害。苏联心理学家维果茨基曾提出过“最近发展区”的概念，他解释为个人心理发展的实际发展水平与潜在发展水平之间的差距，简单地说，这个概念要表达的内涵就是人由于认识能力所限，因此解决问题的能力是不同的。[①]维果茨基是在对儿童认知发展的研究中使用这一概念的，本文借用这一概念则是为了说明人的一般认识能力的发展。“最近发展区”概念犹如一棵长满了果实的苹果树，其中有些苹果是力所能及，信手就可以采摘下来的；有些苹果是力所不及，凭现有条件无法采摘下来的；还有些苹果则介于这二者之间，需要经过某种努力或借助某种手段，比如通过助跑起跳或者借助于专门的采摘工具才有可能将其摘下来。伸手可及的苹果可以看成是已经被我们解决了的问题；条件不及，无法摘下来的苹果是我们现有认识能力还不能解决的问题。排除了这两类问题，则“最近发展区”就是处于我们能力范围之内，经过某种努力或借助某种手段有可能采摘下来的苹果。人类始终只提出自己能够解决的问题，“最近发展区”就是这样一些问题，即不仅已为我们所接触和意识，而且解决该问题的技术的或理论的条件已经具备或者至少是在生成过程中。现实社会中林林总总的问题必须经过这样一种筛选、甄别和提升，只有符合上述学术标准的问题才应当进入学术研究领域，也才有可能予以理性化、系统化的解答。

就学术研究而言，问题意识有其独特的学理逻辑，这种学理逻辑大致包括以下几个环节，即发现问题、界定问题、综合问题、解决问题、验证问题，这些环节构成了学术研究中的问题意识。限于篇幅，本文只着重讨论应如何发现问题。

一切问题的产生都源于问题的发现。很多人，特别是一些初涉学术领域的研究生往往不

---

① 维果茨基教育论著选［M］. 北京：人民教育出版社，1994：400—406.

知如何去发现问题，甚至以为问题已被前人穷尽了。其实问题就在我们身边，有许多途径有助于发现问题，如通过更新方法去发现问题；在学科的交叉边缘处发现问题；通过转换视角去发现问题等，这些都需要经过长期的、专门的学术训练才能真正掌握。在发现问题方面，非常重要的一点是必须时时鉴别我们所发现的问题是真问题还是假问题。没被证明的不代表它一定不存在，一定是假问题；同样的，已被证明的也不表明它一定存在，一定是真问题，这就是问题的吊诡之处。坦率地说，当前学术界一些学者囿于自身学术背景和学科框架的限制，只在自己设定的领地里自说自话，而回避现实中的问题，这种做法不仅导致学术研究脱离客观实际，趋于僵化和窒息，甚至有可能使所讨论的问题变成假问题。假问题带来的危害是巨大的，无论中外，都可以举出这样的例子。教育史上一个典型的假问题，就是“综合技术教育”（polytechnic education）。这个概念大概出现于19世纪中叶，我们可以从当时的许多著作中找到这一概念。综合技术教育之所以流行于那个时代，可能与当时人们热衷于讨论人的全面发展问题有关。那是一个工业革命的时代，由于机器大工业的冲击，很多人以为旧的社会分工已经过时，人在生产过程中的片面发展问题有望在新的生产力和生产关系中得到解决，这种观点经过空想主义者如圣西门、傅立叶、欧文等人的大力宣传而成为一种流行的社会思潮。于是人们就设想有这样一门可以涵盖不同工种的综合技术，任何人只要掌握了这门综合技术，就可以轻易地从一个工种向另一个工种、从一个产业部门向另一个产业部门自由地流动，而不会像以前那样终身被束缚在一个部门或岗位，成为机器的一部分，人由此就可以实现全面发展。今天看来，这一观点显然带有空想主义的鲜明印记，但在当时的苏联，经过一些人的吹捧却被奉为真问题，从20世纪20年代开始，综合技术教育在苏联理论界谈论了70余年，不仅成为教育学基本理论的一个重要概念，而且一直试图付诸教育实践。20世纪50年代，我国在引进凯洛夫《教育学》时，也引进了这个概念，并曾流行了一段时间。今天无论是在国内还是在国外，都不再有人讨论所谓的综合技术教育问题了，可见这是一个典型的假问题，是学术史上耗费了无数人心血和社会巨大财力的假问题，我们应该牢记这个教训。

既然我们所面对的问题有真问题和假问题之分，那么在实践中应当如何去鉴别真伪呢？有两个足以鉴别真伪的标准：第一，逻辑上能自洽，这是一个理论标准；第二，实践中能举证，这是一个实践标准。凡是满足这两个条件的就是真问题，缺少任何一个条件的则是假问题。所谓逻辑上能自洽，就是指逻辑严谨，成一家之言，即通常所说的言之成理、持之有据，这是对学术研究最基本的要求。那么如何才能成一家之言呢？它要求立论要公允，材料要翔实，理论不能有错误，逻辑不能有破绽，否则就不成一家之言。而所谓的实践中能举证，是指在现实生活中可以找到例证，能够列举实例来证明它是一个有意义的问题，而不是天方夜谭，不是谎言。两个条件缺一不可，否则就难以成为真问题。“综合技术教育”就是两个条件都不能满足，逻辑上它不能自洽，实践中也不能举证，所以最终被证明是一个假问题。如果我们面对的是一个真问题，那么接下来的问题就是如何理解和描述问题，使之变得清晰、确定、不存疑惑、不留死角。这取决于如下三个必不可少的环节：第一，问题的追问；第二，问题的拓展；第三，问题的界定。只有经这三个环节，才算是把一个真问题提出来了，然后才有可能转入对问题的下一步研究。在问题的追问方面，又可包括如下四个方面，即质疑、批判、辨析、澄清，这四个方面构成了问题追问的内容。问题的拓展，是指对于这个问题我们是否还有尚未考虑到、需要进一步了解的方面，或者加深对这一问题的理解还需增加哪些知识，因此问题的拓展可以包括延伸、充实、联想、推演这样一些内容。在对问题进行上述的追问和拓展之后，才有可能对问题做出界定，可包括梳理、鉴别、界分、定义等内容。只有经过了上述几个环节，一个真问题才算最终确定下来。

二、知识的进化与学科的产生

在人类所走过的漫长历程中，知识的进化和人类所面对的问题构成了一种密切的关系，甚至可以说，问题与知识是一个事物的两个方面：我们接触到的世界就是我们所面对的问题的总和，而知识则是已经解决了的、以理论或经验形态表现出来的问题。人类的认识史就是一个不断面对和解决问题的历史，在这一过程中，人类不仅生产知识，同时还要把所生产的知识传承下去，因为知识决定着我们认识和解决问题的能力。知识就是力量，人类就是通过知识的生产、积累和传承，才得以解决自己所面对的各种问题、创造出灿烂的人类文明的。数学史告诉我们，人类掌握十进制计数方法大约经历了70万年，而今天一个人学会使用这一计数方法只需7天。由此可见，知识的保存和传承对于人类的文明进步是多么重要。

当知识积累到一定程度时，如何保存和传承这些知识就成为一个极为重要的问题。可以说，人类知识的保存和传承过程是人类对知识所进行的一种组织和管理过程，是人类智慧的体现。在人类发展的早期，知识最初处于一种庞杂、零散、混沌不分的状态，相互之间缺乏一种内在的联系。这种状况在知识积累到一定程度时必然会对知识的进化产生极为不利的影响。因此，人们根据知识所具有的内在逻辑特征，创造出了知识分类的雏形。我国先秦时期儒家为保存和传递知识，把知识分为礼、乐、射、御、书、数六类，即“六艺”。除此之外，中国古人还曾对历代典籍进行分类，这种分类始于汉代，形成于唐代。这一时期，各种官修、私撰的古籍分类目录不断涌现，知识分类的方法也不断改进，逐步形成了“经史子集”

四大部类，并进一步细分为40个类目。从此，四部分类法为大多数史志、书目所沿用，并成为官学和私学共同设置的学习科目。除了上述四分法外，历代还有将古籍六分、七分、九分乃至十二分的，这些文化典籍分类的做法大大促进了知识的保存和学习，使传统文化的文脉能够一以贯之地流传至今。西方国家也曾经历过大致相似的过程。古希腊哲学家柏拉图把学习的科目分为初级和高级两类，初级科目的体育包括游戏和若干项运动；初级科目的音乐除狭义的音乐和舞蹈外，还包括读、写、算等文化学科。高级科目主要有算术、几何学、音乐理论和天文学。古希腊创立的知识分类后来传入了罗马并得到发展。到公元4世纪，欧洲中世纪大学文科的逻辑、语法、修辞、数学、几何、天文、音乐的科目分类，即“古典七艺”已被公认为学校传授知识的分科课程。

不过在知识积累的早期，由于知识数量有限，要对知识进行严格分类是不可能的。学科是知识分类成熟的标志，是在知识积累到比较丰富并形成一定规模时才出现的。学科产生的必要条件是在近代以来才出现的。从18世纪末开始，由于人类的认识能力和知识创新能力的提高，人们开始对客观世界进行分门别类的实验和分析研究。在积累了大量实证知识的基础上，一些最基本的自然科学分类基本上完成。与此同时，社会科学也从哲学中分化出来，呈兴起之势。生活于这一时期的法国实证主义哲学家孔德对学科所做的划分，使知识的分类开始具有了现代意味。孔德认为，科学知识不是各门学科的杂乱堆积，而是一个纵横贯通、相互联系的、统一的有机整体，各门具体科学则是这个有机体进化过程中分化出来的分支部门。孔德分别列出了六种基础科学，即数学、天文学、物理学、化学、生物学、社会学，在第七种或最后的道德科学中达到顶点。在这个学科的“等级制度”或阶梯中，自然科学与社会科学已经有了明确的分野。[①]孔德之后的二百年间，自然科学和社会科学不断发展和成熟，人类的知识之树以自然科学和社会科学的分立为前提形成了群科分立的态势。以学科为组织形式的不同知识部门分类使人类知识的保存、传承和创新出现了突飞猛进的发展态势，特别是近几十年，全球化、网络化所带来的知识创新发展，正在促成知识时代的到来。知识的生产、保存和传承更是越来越依赖于学科的组织形式，从而催生了一大批新的学科，学科通过分化和交叉而增生的趋势已成为知识时代的一种新景观。

由此可见，有了学科这种知识的组织形式，人类世代创造的知识就得以有效地保存并在学科框架下进行持续的创新。尤其对于大学而言，分门别类的学科更具有非同一般的意义，因为在大学里，所有的学者只有在一个个独立的学科中才能从事教学和研究，所有的学生也只有在一个个独立的学科中才能学习和掌握知识。分门别类的学科作为一种专门化的知识组

① 奥古斯特·孔德.论实证主义精神［M］.北京：商务印书馆，1996：6.

织形式一旦形成，则不仅可以保存和传承知识，而且能逻辑地解决各自面对的许多问题，并促进知识的创新。因此，学科对于大学而言更有一层特殊的意义，即它并非一种行政组织形式，而是一种知识的功能组织形式，是大学传承、创新知识，培养各类专门人才的基本依据。清华大学校长梅贻琦曾经讲过一句话：“所谓大学者，非谓有大楼之谓也，有大师之谓也。”[①]这句话在他那个时代也许是对的，也许切中了那个时代大学的要害，因此为那个时代的人们所认同。在梅先生所处的时代，知识生产主要还是以个体的形式进行的，个体所创造的知识经过累积产生创新效应，最终影响知识的发展。因此在那个时代，大师的作用要远大于学科的作用。但近几十年来的知识扩展彻底终结了百科全书式的大师，尤其在知识时代的今天，一个人想要驾驭比自己的专攻领域再多一点的知识都几乎不再可能，更遑论博古通今、横跨数个学科领域了。与此同时，近十几年来兴起的互联网为人类进行知识生产提供了一个前所未有的场所，个体式的知识生产向多人在同一软件平台上进行团队式的协同创新转化，这就为知识的生产、积累和传承提供了一种崭新的、以学科为基础的组织形式，有目的、有组织和大规模地对知识进行开发、应用和管理已成为知识时代的显著特征。以这样一种历史与社会视野来看今日之大学，则传统的大师及其书斋式、案头式的工作方式尽管在某些学科、某些专题的研究中可能还在起作用，但从总体上看这种个体式的知识生产和传承方式显然已难适应现代知识创新之要求。对于大师的这样一种观点并不是否定个人的作用，毕竟学科也是由个人组成的。没有个人的作用，则学科的作用无以发挥。为了更好地体现学科的功能，现代学术研究也需要学术骨干，但他们区别于以往大师之处在于，他们不是知识生产的个体劳动者，不是以个人的知识资源为基础做知识创新的工作，而是以学科团队的形式进行大规模的知识组织、管理和创新；他们是把握人类知识发展状况与趋势，洞察具体学科分支与整个人类知识关系的战略性科学家，因而是学科团队的灵魂。如果把这些人也称为大师，则可以说大师还会存在，还会有他的作用，但大师不可能替代学科，因此大师让位于学科是必然的。以这样的观点看，梅贻琦说的话应当做如是修正：“所谓大学者，非谓有大师之谓也，有学科之谓也。”从无大师即无以为大学，到无学科即无以为大学，这是我对现代大学的理解。

三、学科的发展与问题的隐匿

学科并不是对知识的简单划分，而是以结构的形式存在的对已获知识的一种分类和组织

① 梅贻琦教育论著选［M］.北京：人民教育出版社，1993：105.

形式，是由一套被学术共同体所认同的要素，如语汇、语境、逻辑、公式、原理、方法等构成的稳定的知识结构。有了这样一个知识结构，相关的知识就有可能逻辑地集合在一起，构成一个具有内在联系的知识体系。知识的体系化不仅可以有效地保存和传递知识，而且知识本身也可以在这一体系中得到一种逻辑的延伸，通过推演、拓展、联想等形式获得新知，因此成为知识创新的一种形式，这是学科的正面作用。但是，学科一旦定型，为了保持学科本身的稳定性，其结构就具有了给定的、封闭的性质，要打破这个学科结构就是一件非常困难的事。由于这一特点，因此学科往往会有一种固守传统、与实践相脱节的特点，而且与当下社会的变迁保持着某种距离。大学是学科聚集的场所，大学文化因而或多或少地具有某种出世的、保守的性格，人们把大学的这种文化立场叫作学院派，大概就是这个意思。当然学科也不是一成不变的，任何一门学科都会随着本学科知识的不断积累而变化，这种变化达到一定程度后就会触动学科的结构，促使其产生质变，这时旧的学科结构被打破，新的学科结构被创立，这是一种有关学科的革命。因为学科有上述特点，所以学科带给我们的影响实际上是双重的：作为人类理性对知识的一种划分，学科对知识的保存、传承和创新有着重要的意义，这一点不言而喻，但是学科在某些情况下也会限制我们的思维和行动。在学术界，经常有人给现实生活中的种种问题贴上学科的标签，把复杂具体的实际问题简单化为某某学科的问题。然而现实中的问题本身并没有自然科学或者社会科学、这一学科或者那一学科的界限，问题就是问题，它是活生生的、有血有肉的，而不是静止的、被学科框死的。对问题所做的学科划分完全是人为的，是学科产生以来才有的事情。学科所具有的给定的、封闭的性质往往使人习惯于固守而排斥创新，从而限制了人们的眼界，进而限制了对问题的解决，成为学科发展的惰力，这就是学科带给我们的问题。

从对学科与问题关系的不同理解出发，当前学术界存在着两类性质完全不同的研究范式，一些人强调从生活中寻找问题，从社会实践的逻辑出发去分析与解决问题；另一些人则习惯于从学科中寻找问题，从学科体系所提供的一套概念范畴、公式原理、理论观点出发去逻辑地推演问题。前者可称为问题取向的研究范式，后者则可称为学科取向的研究范式。一般而言，两种研究范式各有其独特的学术意义，并在一定条件下构成互相依赖和制约的关系。现实中的问题对于学术研究而言固然重要，但现实问题必须经过学科的筛选、甄别，才能提升到一个相对确定的语汇、语境中，进行相应的理论清理、探讨、分析与解答。这是学科对现实问题的一种学术转换与提升，即现实生活中的问题以一种学科给定的形式表现出来。然而两种研究范式的性质和样态都存在着明显的区别：前者趋于具体，后者趋于抽象；前者侧重归纳，后者侧重演绎；前者强调经验总结，后者强调理论建构，如此等等。二者除了构成相互依赖和制约的关系外，在某些条件下会在研究的立场、目的、路径、方法甚至研究结果的倾向性方面形成一种相互排斥和对立的关系。这种排斥与对立发展到极端就会使现实中的问题发生蜕变，成为研究者头脑中主观自生的思辨之物，从而隐匿了现实问题。学科的发展和问题的隐匿，这是存在于学术研究中的一个影响研究价值却未引起足够重视的问题。有学者对于这一学术弊端作了尖锐的批判，认为当前社会科学研究领域存在的问题具体表现为：一些学者过于注重学术包装，似乎只有“创造”一些新词汇、新概念，才能体现学术的深度和思想的深邃；一些学者热衷于抽象和思辨，习惯于用一些大家都看不懂的话语来表达大家都明白的道理。其结果是问题越来越高雅，视域越来越狭窄，字眼越来越生僻，概念越来越抽象，语言越来越晦涩，文章越来越难懂。正是由于这样一种学术失常，导致一些理论成果缺乏对当代问题准确而又深刻的理论阐明，失去了观照现实的力量。[①]

四、教育学的赫尔巴特问题

德国哲学家、教育学家赫尔巴特是继康德之后担任哥尼斯堡大学哲学教席的教授，是史家公认的教育学学科创始人，他提出并致力于解决的一个问题就是教育学何以能成为一门科学，这一问题一直伴随着教育学的发展历程，至今仍困扰着教育学的学者。赫尔巴特问题其实具有一定的代表性，因为它反映了社会科学发展中的一种普遍的学科焦虑，是社会科学对来自自然科学的理性扩张的一种反应。赫尔巴特是在当时风靡西方学术界的来自自然科学的思潮影响下来讨论教育学的学科建构问题的，表明他受到了自然科学发展的非常强烈的影响。赫尔巴特认为，零散的知识只有通过某种逻辑集合在一起，才能变成一门规范的科学。赫尔巴特的答案是教育学必须建立在一个规范的学科基础上，而教育学的学科基础则是心理学，即只有建立在心理学基础上的教育学才有可能成为一门科学。为此他首先花费了巨大的精力和时间研究心理学，潜心撰写了一本《统觉心理学》，然后才写出了他的《普通教育学》。[②]赫尔巴特的思路应该说是典型的欧陆学术传统的产物，他的教育学学科体系是以思辨为基本特征，以明了、联想、系统、方法为基本范畴演绎出来的一个逻辑严密的学科体系。从德国的赫尔巴特教育学到苏联的凯洛夫教育学的学科结构，都具有这样一个特点。凯洛夫教育学以“教育”“教学”“教养”为学科建构的起始性概念，其学科建构的进路与赫尔巴特是一脉相承的。我国在20世纪50年代初期引进了凯洛夫教育学体系，在新中国成立之初的一

① 陈曙光.谈谈“问题”与“理论”[J].湖湘论坛，2008（4）.

② 王天一，夏之莲.外国教育史：上册[M].北京：北京师范大学出版社，1993：312—329.

段时间里，教育学也是从“教育”“教学”“教养”这三个概念出发演绎出来的学科体系，因而具有欧陆教育学的典型特征。[①]但其中的“教养”概念由于内涵过于晦涩难懂，始终未能植入中国的学术文化土壤之中，1958年以后批判凯洛夫教育学，就不再使用了。至今，我国的教育学虽已逐渐形成自己的特色，但欧陆学风之影响仍然存在，并延续在一代代的学人之中，这乃是不争的事实。

20世纪80年代，当国人把眼光重新投向西方时，美国成了关注的重点，大家言必称美国，以为西方就是美国。但从学术传统来看，美国与欧陆国家分属不同的类型，具有不同的特点。美国的社会科学受实用主义思潮影响，因此问题具有重要的学科方法论意义。实用主义教育学是在批判以赫尔巴特为代表的传统教育学的基础上提出和发展起来的，因此重归纳而轻演绎，基本上是从学校、教师和学生的需要出发，建构以问题为中心的学科体系。实用主义教育学的代表人物杜威将教育定义为“教育即生长”，“教育即生活”，“教育即经验的持续不断的改造”，认为教育目的只存在于“教育过程以内”，舍此之外无其他目的。杜威主张教育应以儿童为中心，为此提出“从做中学”，倡导活动课程，强调教法与教材的统一、目的与活动的统一、智慧与探究的统一，形成了以儿童中心、活动课程、做中学为特色的教学思想。[②]由此可见，实用主义教育学的方法论是依据问题提出理论和假设，通过批判、检验，最终达到改造社会的目的。此一方法论反映了美国学术传统中问题对于学科的重要性，这就和我们原先的以欧陆学术传统为借鉴的教育学学科体系大相径庭了。中国的教育学从20世纪80年代以来一直在两种不同的西方学术传统的碰撞中逐渐分化，以至于必须在演绎与归纳、理论建构与问题发现的二元对立中进行艰难的选择，至今未能找到学科构建的确定形式。

上述两种不同的学科逻辑即演绎逻辑和归纳逻辑，从学科史的角度可以看成是社会科学发展的两种基本的逻辑进路。其中演绎逻辑强调从知识的系统性和结构性出发，以概念、逻辑、原理、命题、方法等为学科的构建元素所构成的一个知识部门。这是一种以理论本身的演进为前提的、由内而外建构起来的学科体系。与此相对的另一种学科逻辑就是归纳逻辑，与演绎逻辑不同，归纳逻辑强调从收集和归纳社会实践中发生的问题出发，清理其中应该给予关注和解决的方面，以现实生活中的问题为中心建构起来的知识部门。这是一种以实际需要为导向的、由外而内建构起来的学科体系。社会科学的各门学科基本上就是循着这样两种不同的逻辑进路建构起来的，就其特点而言，演绎逻辑强调以学科为本位，侧重学科的规范性，注重理论的内在逻辑体系的建构；而归纳逻辑强调以问题为本位，侧重对生活实践的关

① 王焕勋教育文集［M］.南京：江苏教育出版社，2011：7—18.

② 王天一，夏之莲．外国教育史：下册［M］.北京：北京师范大学出版社，1993：204—210.

注、选择和行动。两种不同的学科逻辑大致可以代表西方学术文化中的欧陆学术传统和英美学术传统，两种学术传统几乎贯穿于哲学及社会科学的所有领域，比如哲学中的经验论与唯理论、法学中的大陆法系与英美法系等。两种学术传统表现在教育学的学科特征方面也很明显，甚至连学科名称的表达都不相同。欧陆国家的教育学一般称作“pedagogy”，而英美等国家则称作“education”。表达上的不同只是形式上的不同，从学科建构逻辑看，两种不同类型的教育学学科体系有着明显的思路和取向上的分殊。

中国的人文社会科学界在20世纪90年代曾出现过一股小小的学术研究思潮，即元理论研究。因其太专门化，所以这一讨论只在一个很小的范围里进行，但它的意义却很重要。以华东师范大学为首的一批学者发起的有关教育学的元理论研究，就是这一研究思潮在教育学领域的表现。[①]这一研究讨论教育学的学科性质、作为一门学科的基本范畴和概念、教育学的学科逻辑、教育学的研究方法等问题。可以说，这一讨论的独特性在于，讨论的目的并不在于解决教育实践中的问题，而是为教育学这门学科进行自我确证；讨论的内容主要还是学科建设的问题，而不是来自现实生活中的问题；从学术价值来看，所讨论的是有关知识的知识，而不是有关问题的知识；从讨论的方式来看，是一种典型的以演绎论证为特征的逻辑思路，而不是以归纳论证为特征的逻辑思路。与此同时，以北京师范大学为首的一批学者正从另一角度对教育学的学科发展进行探索。他们不再拘泥于教育学的学科逻辑，而是从教育实践中的问题出发，用不同的学科视角、不同的话语来分析教育现象背后的问题，阐述对教育问题的不同理解。教育学的发展由此呈现出某种多元化的特点，在教育学与其他一些学科的边缘交接之处，这些学者发展出了一系列新的交叉领域和学科，如教育经济学、教育社会学、教育政治学、教育法学、教育人类学、教育文化学、教育生态学等。

有关教育学学科问题的讨论还远远未终结，本文无意对这两种学科建构的逻辑进行价值判断，两种学科逻辑也许都有其存在的理由，都有助于知识的保存、传递和创新。教育学的学科发展史表明，作为一门学科的教育学不应是一些相关知识的简单堆砌，而必须要有一个系统的逻辑架构，必须形成以概念、逻辑、原理、命题、方法等学科要素所构成的一个相关知识的结构。因此，学科要素以及由此所形成的学科结构可以说是学科存在的外在表现形式。但学科的发展应该源自对问题、对生活的关注，围绕着问题而发展才是学科发展的内在逻辑。当前的问题乃在于，对学科结构的过度追求使学科与问题之间产生了极为严重的隔阂甚至对立，问题被隐匿在了学科的背后，这是学术研究的一个大问题。

---

① 瞿葆奎.元教育学研究［M］.杭州：浙江教育出版社，1999；唐莹.元教育学［M］.北京：人民教育出版社，2002.

从根本上说，学科史就是问题史，人类就是在不断地提出和解决问题的过程中，才不断地启迪思维、积累知识并推进学科的产生和发展的，因此是问题而不是学科才是学术研究的原初起点。然而这并非问题的要害，因为学科与问题的关系并不是一个简单的主从制约关系，学科的重要性在于使现实中的问题从日常生活话语陈述上升为一种以抽象概念、范畴、原理为表达形式的规范性陈述，从而产生理论的深刻性和指导现实的力量。因此问题与学科关系之要害并不在于先后主从的次序，而在于学术研究如何求真、务实。从根本上说，任何学科都不应是由一些游离于现实生活之外的抽象的学科要素构成，而应是在思想中把握到的外部世界。就此而言，学科真正要面对的不是概念、范畴、原理、定律，不是思辨中的世界，而是问题，是由问题所构成的流动的、真实的世界。学科发展的真正动力不是来自思辨，而是来自问题。学术研究脱离现实问题，沉溺于抽象理念王国自说自话，这其实是一种相对于社会生活实践的自我放逐，这种不良学风不仅正在消解问题，同时也在消解学科。站在这一立场来看当前的学术研究现状，则回归问题，强调问题意识，重建以问题为中心的学术生态，纠正学术研究中的不良学风就是当前学科建设与发展的一个重要方面。

五、构建沟通问题与学科的桥梁

学科发展过程中的问题隐匿在当前社会科学一些学科的发展中已经成为一个老大难问题，在教育学的学科发展中这一问题尤其严重，因为中国的教师有一千多万，教育学是他们从事教师工作的专业基础，他们关注这门学科，不断地从自己的教学生涯出发对教育学的学科理论提出疑问，因此教育学学科和问题之间的脱节就成了一个尤其突出的问题。多年来，人们一直在试图从两条不同的路径来解决这一问题：一条路径是要求研究者关注和研究现实问题；另一条路径是要求行动者学习和掌握学科理论，以此来解决学科与问题脱节的问题。但是这两种解决路径所取得的实际效果甚微，问题的症结乃在于，在学科与问题之间缺少一座可以沟通二者的桥梁，使学科与问题、理论与实践、研究者与行动者之间能够真正地连接起来。

一般来说，社会科学各学科的知识都是由两个性质不同的部分组成的。以教育学为例，理论知识是由研究者在严格的研究范式基础上创造出来的具有抽象化、学理化的知识；实践知识则是由教师在自己的职业生涯中总结出来的具有经验性、具象性的知识。同理，学科共同体的成员也是由两部分人组成的，即研究者和行动者。两类不同的教育知识和两类不同的共同体成员构成了问题的两极：一极是理论知识、研究者，另一极是实践知识、行动者。现在的问题是在这两极之间缺少一个桥梁，因此研究者的理论知识和行动者的实践知识之间就很难顺畅地连接起来，这就导致学科和问题、理论和实践的脱节一直成为教育学学科发展中的一个问题。

本文尝试提出构建一座桥梁，把学科与问题、研究者与行动者连接起来的设想。这个连接二者的桥梁可以叫作中观性理论，该理论有可能使社会科学一百多年未能解决的学科与问题脱节的问题得到解决。以教育学为例，这个中观性理论大致可包括三个不同的方面，即课程教学研究、课堂生活研究和学生发展研究。上述三方面的理论不仅为宏观的国家教育决策层所关注，也会被广大的教师关注；不仅涉及社会的政治、经济、文化、历史，同时也涉及教师的教育教学工作和学生的身心发展，所以符合连接宏观和微观的要求，有可能真正解决学科与问题的脱节，成为沟通学科与问题的一座桥梁。（见图1）

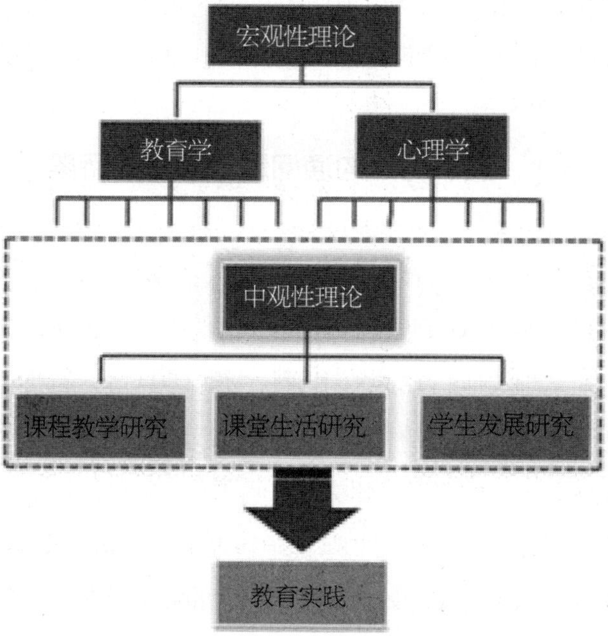

图1　中观性理论：连接学科与问题、研究者与行动者

我们以课堂生活为例具体分析这种中观性理论的桥梁作用。课堂生活是一个较为典型的中观领域，是由教师作为主导者来运行的领域。但课堂生活又不是一个孤立的范畴。课堂即社会，课堂生活即社会生活，课堂和课堂生活是与宏观的社会和社会变迁联系在一起的，因此课堂生活不是一个封闭的孤立的小空间，而是一个和社会大生活联系在一起的社会空间。

这样理解的课堂生活与传统课堂研究的不同之处在于，传统的课堂研究是放在一个封闭的孤立的领域中，以心理学为基础，以孤立的个体为研究对象展开的，因此这种知识不能沟通理论与实践、研究者与行动者。课堂生活是社会的缩影，微观的课堂权力、课堂话语、课堂关系、课堂规范、课堂结构等其实都是宏观社会生活及其变迁的反映，因此不能局限于以心理学作为基础，而应以政治学和社会学的理论和方法作为基础来开展对课堂生活的研究。这样理解的课堂生活就成为一个把宏观性理论和微观教育实践联系起来的桥梁，把教育学的理论知识和教师的教育实践很好地连接起来。（见图2）

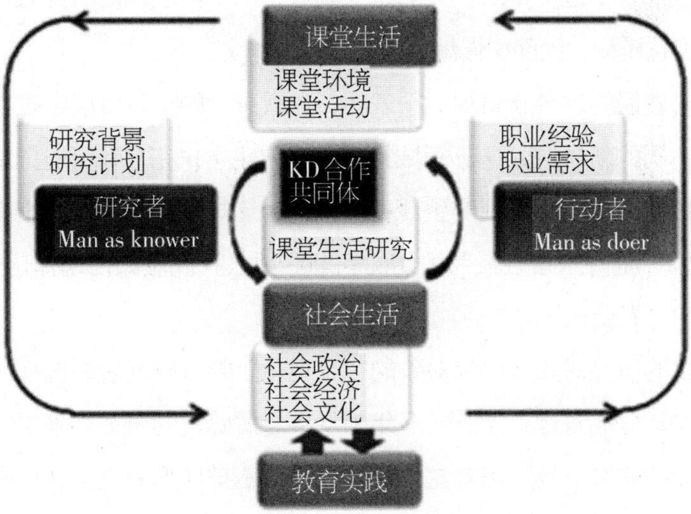

图2　中观性理论的桥梁作用

然而，这里所说的中观性理论并不是通常意义上的理论，不是由研究者通过演绎或者归纳创造出来的理论，而是研究者和行动者共同建构生成的。这样理解的中观性理论应该是由研究者和行动者通过一种合作共同体的形式共同创造出来，在教育学中可以表现为课程教学研究、课堂生活研究和学生发展研究，在其他学科中可以是别的理论，但是作为一种中观性理论，它是连接宏观理论和微观教育实践的桥梁，这座桥梁必须通过研究者和行动者的合作共同搭建起来，非此不可能彻底解决理论和实践的脱节问题。这就是我对于理论和实践关系问题的一个总体设想，这种理解尽管非常个性化，但从这一设想中所得出的有关如何去解决理论和实践脱节的问题却具有启发的意义。

建立一个由研究者和行动者共同组成的合作共同体何以可能？在二百余年的学科发展

中，教育学一直在为自己的学科内涵，为本学科的科学化和规范化而求索。其实教育学（其他社会科学也大致如此）并不是一门建立在确定性意义上的科学，教育学的意义不仅仅是一种关于职业的知识或技艺，不仅仅是一堆结论或者一组定量的数据，甚至不仅仅是一种逻辑或分析方法。为此，教育已经成为多学科共同关注和研究的对象。在这种情况下，教育学的学科边界越来越模糊、越来越不确定。教育学在自身发展的过程中不再追求确定的学科范式，不再主张把学科的方法、知识绝对化，不再把理论看成是人类一切价值生活的决定者，以一种先在的、不变的客观规律假说来解释教育的问题。尽管教育学在其发展过程中还会有共同使用的语汇、语境、逻辑和方法，还会有共同认可的原理、原则、理论和学说，但是教育研究正逐步成为一个边界不断扩大的研究领域，一个中观性的研究领域正在出现，教育学的研究范式越来越模糊，因而缓慢地趋向于多元化。

教育学学科发展的这种新景观似乎表明，在教育学的学科发展中正在出现一个与之前的学科理论迥然不同的新领域，这一领域具有中观的性质，完全有可能把学科与问题二者联系起来。中观领域中的问题都是现实生活中的问题，这些问题应是在日常生活中提出的、普遍的和常见的问题，是寻常百姓最为关切的问题。那么我们应如何选择这一领域中的问题呢？本文提出如下四个观点：

一是微观化的研究对象。研究对象的“微观化”要求研究者在选择所研究的问题时，眼界不应虚无缥缈，好高骛远，尤其对多年来从事思辨研究的研究者来说，教育对象的微观化是一个非常重要的研究立场。当然这一研究立场并不排斥形而上学，但是形而上的研究最终应当落实在日常生活中，生动具体地再现千姿百态的日常生活，并探究其发生和变化机制。因此与日常教育生活相关的人物、事件、场景乃至个人经验和个人生活史都应是教育研究最适切的对象。

二是目光向下的研究视角。对研究者来说，目光向下的研究视角就是“行动者认为”“历史的创造者认为”，让学术研究向他们敞开大门，让他们进来。目光向下而不是向上，实际上就是倡导把学术研究朝向我们历来所忽视的人群，要从小人物群体中去寻找社会变迁的原因。过去史学界曾讨论过一个问题，即历史是英雄创造的还是人民群众创造的，如果是人民群众创造的，则所谓创造历史的人民群众，其实就是社会的底层，就是所谓的小人物，就是日常生活中的你我他。没有这样一些人，历史就不可能被创造出来。有了这样一种观念，我们的眼光才能真正地向下看，才能看到我们过去看不到的东西。

三是不确定的问题边界。教育学的学科知识实际上就是要回答两个基本问题，一个是教育与个人发展的关系问题，一个是教育与社会发展的关系问题。前者又可以逻辑地延伸出教育与心理、教育与人的行为、教育与脑的发展、教育与人性等一系列问题，而后者也会往下逻辑地延伸出教育与政治、教育与经济、教育与文化、教育与社会、教育与法律等一系列问题。受制于如此多因素的教育问题，其边界不可能是确定的，因此对教育问题研究的边界只能作“软界定”，如果非要把它确定化，就会禁锢自己的视野，就会产生问题。就此而言，“日常教育生活”这一概念特别能表达一种学术研究的心境，该概念表明教育研究所面对的对象是不确定的，因此选择性而不是确定性才是问题研究的要害。在选择日常教育生活的问题时，必须要根据问题的变化不断去实时更新我们的问题领域。

四是“他者”的研究立场。教育问题的研究要求让日常的教育生活本身说话，但日常生活材料本身是凌乱细碎的，并且往往以事实的形式呈现出来，因此在这类研究中，解释是必不可少的。但是，只要是解释，就有一个立场问题，一个价值定位的问题。为此研究者应当学会换位思考，设身处地地去倾听、感受和体会。如此考虑问题，做出判断，学术研究才有可能揭示事物的真相，才会具有解释力。作为一个研究者，没有对他者的理解，只是从自我中心出发，就不可能真正理解和把握问题，也就是说，只有理解了他者才能真正理解日常生活中的问题。这是一个立场的转换，一个决定研究取向的重要问题。

康岫岩

曾任天津市南开中学校长，现任天津市南开翔宇学校理事长，天津市政协常委兼市政协科教委员会常务副主任。特级教师，天津师范大学兼职教授。参与写作和主编数学及其他丛书60余册，出版《优质中学的教与学》等教育专著。曾主持或参与9项国家级、市级研究课题，被国务院学位办聘为全国教育硕士专业学位指导委员会委员。获天津市优秀教师、天津市“播种太阳奖”、天津市“最具创新精神校长”、天津市“九五”立功先进个人、天津市劳动模范、全国优秀教育工作者、“全国五一劳动奖章”获得者、“当代教育名家”等荣誉称号。

论生命高素养教育的五个基本特征①

生命高素养教育，不是专门以“生命”为内容的教育，也不是某一种具体的课堂教育模式，而是一种新的教育理念，是对生命教育的发扬与超越。生命高素养教育基于学生的生命，通过显性或隐性的教育途径，尤其是教师的素养，来点化和引领学生的生命发展，培育学生的生命潜能，不断提升学生的生命价值。生命高素养教育的理念可以分为四个方面：珍惜生命、尊重生命发展规律、培育生命发展潜能、提高生命发展价值，其中，珍惜生命是教育的出发点，尊重生命发展规律是教育的基本原则，培育生命发展潜能、提高生命发展价值是从教育目的来说的，分别从个体和社会两个不同角度说明。社会的发展归根结底是人的发

① 本文曾发表于《天津教育》2014年第13期，合著者为吴立宝。

展，而人的发展归根结底是个体的发展。教育能否对社会的发展起到促进作用，关键在于教育能否促进个体的身心发展。为此，从教育学出发，出于对人的理解，解读生命高素养教育的理念成为必需，以此探寻生命高素养教育所遵循的规律。我们认为，生命高素养教育具有以下五个基本特征。

一、强调教育的整体性，尊重教育的整体性规律

“高素养教育”的前置修饰定语“生命”强调生命的整体性，认为人的生命是一个整体，学生是完整的人。教师要爱护和尊重学生，把其看作完整的人，强调从人的整体性出发来施教、育人，尊重教育的整体性规律，坚决反对割裂人的完整性的做法。在教育过程中，强调教师预设的教育目标与实施过程、实施结果的统一，兼顾学生身体、心理、社会文化各个层面，兼顾德、智、体、美各个方面，不可偏废或忽视任何一方。对于未成年人而言，其发展既包括生理的成长、心理的成长，又包括社会文化理解与运用能力的成长（共三个层面），这三个层面是相互依存、相互促进的，你中有我，我中有你，形成学生发展的整体性。生命高素养教育就是协调三者整体发展，最终目的是将学生培育成“身心健全、志存高远与自强不息并进、人文素养与科学素养兼备、创新思维与实践能力均强”的人，这是一个整体性目标，各个方面协同提升学生的生命价值，促进学生全面发展。在各学科教学之中落实生命高素养教育，进行整体育人，就需要教师整体把握学科教材、学科思想方法等，切实落实基础教育课程改革倡导的三维目标“知识与技能、过程与方法、情感态度与价值观”。切忌过度重视“知识与技能”目标，而忽视或者泛化“过程与方法、情感态度与价值观”目标的做法，应该切实促进三维目标之间的融合。生命高素养教育要使学生学到知识、练就技能，同时学会学习，养成良好品德，进一步促进学生社会化发展。

二、强调教育的差异性，尊重教育的差异性规律

由于每个学生拥有不同的先天遗传基因，受到不同的家庭教育环境影响，使得他们在兴趣、爱好、需要、气质、性格、智能和特长等方面也是各不相同和有侧重的，这就形成了学生个人独特的“心理世界”。从学习心理学角度来看，即使处于同一年龄段，不同的学生在认知水平、认知风格和发展趋势上也存在差异。实际上，正因为学生与学生之间有差异，才使得每个学生成为独特的个体；正因为学生与学生之间有差异，才使得每个学生具有不同的优

势与潜能。生命个体的差异，使我们所面对的教育个体存在差异。教育就是要尊重学生间的差异，充分发挥每个学生各自的优势与潜能，让每个学生都能以自己的特长服务社会，成就人生，这是我们教育工作者的责任，也是生命高素养教育所倡导、所尊重的教育差异性规律。一定要让教师们相信，差异不仅是教育的基础，也是学生发展的前提，应视为一种财富而珍惜并开发。

尊重教育的差异性规律，就必须强调和正视学生间的差异，让每个学生在原有的基础上都得到发展，实现个性化发展。作为教师，必须直面学生之间的差距，尊重学生之间的差异，开拓空间，让不同的学生分别具有与众不同的能力。如在数学学习中，有的学生习惯于形象思维，有的学生习惯于抽象思维，有的学生擅长计算，有的学生擅长证明，这使得不同的学生在数学学习中有着自己独特的思维方式和解决问题的策略。为此，教师要采取不同的策略发展学生的优势，提高其核心素养。在施教过程中，需要处理好因材施教与面向全体之间的关系。“三百六十行，行行出状元”，“处处都想拔尖的人成不了才”，毕竟每个人都是依靠一种特长服务社会的，因此，一定要做好“扬长”教育。

三、强调教育的养成性，尊重教育的养成性规律

“素养”，指素质的养成过程，“养”字在这里带有“动词”的作用，不能仅仅当成一个名词使用。“养”，从生命刚孕育时开始，贯穿个体成长的始终，渗透着终身教育的思想。从这一角度来说，“养”就是一个不断给予、不断内化、不断凝聚、不断外显并践行的过程。“养”的过程性正好和生命的持续发展相对应，和生命整体进程共呼吸。生命高素养教育倡导中小学教育必须从大处着眼、小处着手、细微处着力，利用一切时机教育学生。学校环境的熏陶，学生行为的训练、雕琢，来不得急躁与粗放。良好的科学素养与人文素养的形成不是一日之功，而是需要等待、磨砺与锤炼。教育是“慢”艺术，不是吃快餐，教师要有耐心，培育人文素养与科学素养兼备的学生。生命高素养教育重视学生生命成长的阶段性、持续性、渐变性等特征，注重“素养”的养成性，倡导注重过程的教育，摒弃功利教育思想下的急功近利、揠苗助长。

《荀子·劝学》中说：“不积小流，无以成江海。”教育也是如此。譬如数学思想的感悟和经验的积累仅仅依赖教师的讲授是不行的，更重要的是依靠学生亲自参与其中的数学活动，依靠学生的独立思考，这是注重过程的教育，不是只看结果的教育。再譬如数学中“问题解决”目标的实现，需要学生具备发现问题、提出问题、分析问题和解决问题的能力，这同样

需要教师设计合理的问题串来实现以上“四能”的提升。

四、强调教育的主体性，尊重教育的主体性规律

每个学生都有专属于自己的躯体、感官、大脑、思想、行为方式等，正如每个人都只能用自己的器官吸收物质营养一样，每个学生也只能用自己的器官吸收精神营养，这是别人不能代替的。在教育过程中，教师不能代替学生读书、思考、学习，而只能让学生自己去读书，自己去学习，自己去观察、实验、分析、归纳、总结。学生既不是教师的“四肢”，可以任由教师随意支配；也不是“泥土”或“石膏”，可以任由教师捏塑。生命高素养教育强调教育的主体性，唤醒学生的主体意识，真正实现学生主体地位的回归。在弗莱雷看来，人的主体意识有三个层次：神秘意识、幼稚意识、批判意识，批判意识是人最高层次的主体意识，因为具有批判意识的人对问题理解更深刻，更有自信心、责任感，接受能力更强。生命高素养教育回归生命本体，就是强调学生的主体性，实现主体性的回归，培养学生的批判意识，强调学生的主体性，离不开实践活动，使主体发展与实践活动两者结合起来。毕竟实践是我们人类社会发展的动力，批判性实践则是最根本的动力，在教学中也应该如此。

生命高素养教育让教师充分尊重学生的自觉性、自主性和创造性，真正把学习的主动权交给学生，善于激发学生的未知欲，让学生有自主学习的时间和空间，引导学生进行批判性思考。生命高素养教育不仅教给学生自我学习和自我教育的知识，更要培养学生自我学习和自我教育的能力。强调学生的主体作用，不是主张学生中心论，也并不意味着低估教师的主导作用。实际上，学生主体作用的发挥，更依赖于教师主导作用的加强。离开了教师的正确引导，学生的学习和发展不可能自发形成，甚至可能迷失方向，尤其是当成功与失败、机遇与陷阱同时存在时。

五、强调教育的开放性，尊重教育的开放性规律

随着信息化社会的到来，互联网使得信息资源更加充足，人们的社交关系更加开放，甚至学生的书本知识也可以通过网络教学来获得，强调时时学习、处处学习。在这样一个资源开放、学习过程开放、学习评价开放的数字化时代，不能关起门来办教育，而是要利用一切教育资源培养学生。生命高素养教育强调教育的开放性，尊重教育的开放性规律，倡导教育不再仅仅局限于课本内、课堂内和学校内，而是引领学生走出课本、走出课堂、走出学校，

密切学校、家庭、社会之间的联系，三者形成合力，促进学生个性化发展。此外，生命高素养教育倡导借助一切多媒体技术、互联网技术等现代信息技术手段，有效整合学校教育、家庭教育、社会教育，形成三者相结合的教育网络，以及学校课程、活动课程、隐性课程相结合的课程体系，给学生提供一个更为广阔的舞台。让学生在一个开放的系统中，接受开放的信息，形成开放的视野，培育开放的心态，学会鉴别，学会欣赏，尽早认识社会、融入社会、服务社会。

生命高素养教育倡导“活到老，学到老”的终身学习理念。在空间上，譬如在公共汽车上、地铁里、影院中、校园里、商场中等，都可借助现代通信手段，实现处处学习。在课堂上，出现了新的教学形式，如翻转课堂等，给传统的教育、采取传统教学手段的教师带来很大的冲击，正如英特尔全球教育总监布莱恩·康兹（Brian Gonzalez）所说：“颠倒的课堂，是指教育者赋予学生更多的自由，把知识传授的过程放在教室外，让大家选择最适合自己的方式接受新知识；而把知识内化的过程放在教室内，以便同学之间、同学和老师之间有更多的沟通和交流。”

生命高素养教育强调教育的整体性、差异性、养成性、主体性与开放性。在教育过程中，切实做到目标的整体性，关注学生的差异性、素质的养成性、环境的开放性，强调学生的主体性。当然，这个过程离不开教师的引导，通过教师恰当的引导实现学生富有个性的发展。在这个过程中，也需要有效实现学生学习方式的转变。期待通过实施“生命高素养教育”，使学生达到“身心健全、志存高远与自强不息并进、人文素养与科学素养兼备、创新思维与实践能力均强”的成长目标，使我们的教育更好地贯彻《国家中长期教育改革和发展规划纲要（2010—2020年）》和党的十八大提出的“立德树人”的工作方针。

窦桂梅

1967年生，中共党员。全国著名特级教师，正高教师，教育学博士。清华附小党总支书记、校长，清华大学教育研究院基础教育研究所所长，国家统编语文教材审定委员会委员。个人践行的《小学语文主题教学实践研究》获得国家首届基础教育成果一等奖；带领学校践行的《成志教育：小学立德树人的校本实践》获得国家第二届教育教学成果一等奖。出版《小学语文主题教学研究》《听窦桂梅老师讲新课》等多部个人专著。先后获得“全国模范教师”“全国第四届杰出校长奖”“当代教育名家”等荣誉称号。

小学语文主题教学实践研究①

一、研究的缘起

从教近30年，从普通教师到特级教师，再到校长，我始终没有离开课堂，紧跟时代脚步，开展研究与实践，发现了小学语文教学的问题，主要集中在以下三方面。

（一）工具性与人文性割裂，难以形成核心价值观

新课改前，部分教师注重知识传授，忽视人文精神培养；新课改后，部分教师以尊重学生的名义放弃对核心价值观的引导，很难让学生拥有真切的情感体验。要么把语文课上成思品课，要么上成训练课，人文性与工具性的矛盾始终没有解决。

① 本文曾发表于《学科教学与教研》2014年8月第34卷第8期。

（二）教学内容支离破碎，难以整体提升语文素养

单篇课文篇幅短小，不能给学生足够的语言材料和思维空间；篇与篇之间缺乏联系，学生不能从比较中发现语言规律，学习的内容、获得的体验呈碎片化；教师一课一课地教，甚至把语文学习的外延窄化为学习教材本身，无法实现课程标准提出的语文素养的整体提高。

（三）教学目标不清、教学方式僵化，导致儿童学习负担过重

面对语文教学丰富的内容，教师很难确定清晰的教学目标。语文教学从满堂讲到满堂问，再到满堂论，始终不能跳出内容分析的套路，教学方式单调。为了应对考试，学生要进行大量重复、机械的训练，学习负担过重。

从宏观上说，这些问题事关学科的定位和发展方向，代表了语文教学某些积重难返的问题，是课改的“硬骨头”；从微观上说，这些问题又是教师必须面对的现实问题，事关“语文立人”理念的实现。笔者专注小学语文实践研究近30年，在小学语文教学目标、内容、实施策略、课程资源、评价等方面针对小学语文教学中的主要问题进行了改革尝试，后逐步发展完善为小学语文主题教学思想和实践体系。小学语文主题教学实践研究旨在以语文立人为导向，探索怎样更好地面向全体学生，提高语文素养，培养完整人格。

二、小学语文主题教学理论构想

小学语文主题教学，是针对小学语文教学中单篇教学支离破碎、目标不清及教学方式僵化、工具性与人文性割裂等问题，根据教学内容和儿童身心发展特点，在综合思维指引下，以主题的方式，整合课内外资源，以语文立人为核心，在核心价值观的引领下，挖掘教学内容的原生价值以及教学价值，在语言文字的理解与运用中，引导儿童生成主题，促进儿童语言发展、思维提升、精神丰富，整体提升语文素养的一种小学语文教学模式。

（一）核心概念

主题教学中的主题，是围绕小学阶段儿童发展特点以及生活经验、语言学习规律、优秀文化传统等确定的核心语词；是与儿童的生命成长编织起来，生发语文教育意义的立体的、动态的“意义”群；是语文教学所传承、创生、发展、传递的核心价值观。主题的表现形式通常是语词。

有些主题侧重指向语言学习规律：包括如何进行语言的积累、理解、运用等方法。例如，执教图画书《我的爸爸叫焦尼》中突出的“简单的表达，丰富的感动”。有些侧重指向思维品质：包括分析概括、对比思辨、想象创造等。例如，执教《皇帝的新装》创生的“回到

事情本身”主题，引导学生借助语言生成意义，提高思辨能力。还有些侧重指向学生精神品质：自由、平等、公正、法治、爱国、敬业、诚信、友善等社会主义核心价值观，勇敢、自强、谦卑、博爱、尊重、感恩、互助、责任等个体成长价值观。例如，执教《珍珠鸟》中烘托的“信赖”，《三打白骨精》中体现的“向善”。

主题选择的根本原则是突出体现学生的主体性。在主题教学的实践探索中，最初主题选择是静态的，即提取文本蕴含的关键词句作为主题。随着执教经验日渐纯熟，主题的选择发展为课堂的动态生成。学生在与文本、同伴、教师以及自我的对话中，自主选择、建构主题，充分激发了学生思维的创造力，尊重了他们的选择权。主题选择还要遵循阶段性、开放性的原则。不同维度的主题，伴随学生的语文学习，不断内化、深化、发展变化，搭建了儿童世界与成人世界沟通的桥梁，潜移默化地配合、呼应学生思维发展与生命成长的重要节点和节奏，烙印成他们独特的文化“胎记”。

（二）理念与实施原则

语文教育在继承和弘扬民族优秀文化传统、增强民族认同感和创造力方面，具有不可替代的学科优势。小学语文主题教学主要基于以下理念。

语文立人。聚焦于学生语文素养和核心价值观的培养，挖掘有利于学生的生命成长的语文内容，在与主题的交融中形成学生成长的内核，为聪慧与高尚的人生奠基。

整合思维。整合阅读资源、生活资源和文化资源，密切联系学生的社会生活和情感体验，实现课堂的整体构建。

儿童立场。儿童站在课堂正中央。主题由儿童生成，儿童质疑贯穿课堂，儿童反馈作为实践检验标准。尊重儿童的独特感受，张扬个性，激发创造力，提高参与意识，真正成为课堂的主人。

主题教学指向儿童语文素养与价值观的综合提升，实施主题教学要从素质教育的高度去实现“双基”，但又不拘泥于语文知识和语文技能的传授。课堂教学既包括听、说、读、写等基本训练，还要注重优秀文化对学生的熏陶感染，使学生情感、态度、价值观以及道德修养、审美情趣得到提升，良好个性与健全人格得到培养。

主题教学内涵，契合核心价值观，既是一种思想，也是一种方法；既在理念上引领，又提供可操作的实践体系。

三、小学语文主题教学实践的过程与方法

（一）探索阶段（1994—2000年）

语文学科与数学学科不同。数学有严密的学科和教学逻辑体系，语文教学内容多，内涵深厚，但缺乏系统性，碎片化现象严重。尤其对于新手教师更是摸不到门路，经常眉毛胡子一把抓。我通过从一年级到六年级的“语文教学的民族化与现代化研究”课堂实践，与学生一起创生了新的课堂教学方式，冲破教科书内容的束缚，率先提出为学生生命奠基的“三个超越”。

“基于教材，超越教材”——用教材教，而不是教教材。教材是教学的核心资源，但不是唯一的资源。教材只是教学的一个抓手，一个样本。我们要在充分尊重教材的基础上，把教材看作一种可以改造的教学内容。没有一本教材具有普遍适用性，教师要根据学情审视和批判教材，科学加工处理教材。对于语文学科，有意识地扩展阅读内容、自选课程资源尤为重要。

“立足课堂，超越课堂”——课堂小天地，天地大课堂。教育社会学者认为，课堂是浓缩的社会，是展望社会的一扇窗。语文教学不能拘泥于课堂的空间，教师要勇于带领学生“走出去”，用丰富的课程资源将学生引向自然，引向社会，引向生活。从生活中来，向生命里去，增进学生的实践和创新能力，培养他们的社会责任感。

“尊重教师，超越教师”——和学生一起幸福成长。教师是学生学习的引领者。教师不仅要教给学生知识，更要教会他们学习。但是教学相长，学生与教师是教学中一对不可分离的矛盾体。如果不了解学生，教学无从下手。教师要蹲下身子，把儿童当作学习成长中的伙伴，与儿童一起去探求语文学习的奥秘。

以“三个超越”使“语文教学着眼于人的发展”，这样的实践理念在当时是超前的。“三个超越”也为世纪末语文新课标的修订提供了借鉴。然而“超越”不能没有边界，“超越”需要整体布局，整合教学内容，实现教学结构化、序列化。由此，主题教学的雏形呼之欲出。

（二）形成阶段（2000—2007年）

2000年，我又新带一年级，跟随课改脚步，结合课标，借鉴西方课程统整理论，尝试将教材中单篇课文碎片化的教学内容，以主题加以统整，通过一系列课例研究，形成相应的教学模式。

2001—2003年，执教《朋友》《再见了，亲人》，分别以“友情”“伟大的友谊”为主题，

一篇带多篇，牵主题一发，带动听、说、读、写全部。在“窦桂梅专业成长思想”研讨会上，正式提出“主题教学”，《人民教育》专题报道。著名语文教育家霍懋征现场听课并高度评价：主题教学是一种创新模式，让教学内容集约化，充分体现了新课标精神，实现人文性与工具性统一。

2004—2005年，继续以课例推动。从文本中提取主题，以主题优化整合多种课程资源。例如，教学《秋天的怀念》，从中提取“好好儿活”，群文共读《我与地坛》《合欢树》等，引发学生对“珍惜生命”的深思，促进精神发展。而后加强提升学生思维品质的研究。例如，《游园不值》由“不值”，对比《雪夜访戴不遇》的“不遇”，体味“不遇中有遇”的主题。

2006—2007年开始实践不同文体的课例。经典诵读，如《村居》在古典诗词的吟诵涵咏中体味“居安思危”的主题，带动相同主题诗词诵读；整本书阅读，如由《三打白骨精》导读《西游记》，由《丑小鸭》导读《安徒生童话》等。把阅读课纳入课程体系，实现了“课外阅读课内化，课内阅读教学化”。

六年多的实践研究，主题内涵逐渐丰富，形成了“情感·思辨”为主线、“体验·生成”为特征的小学语文主题教学实践模型。主题教学因其独特的主题内涵，已经从一种创新的教学模式，发展为一种教学思想。

（三）深化阶段（2007年至今）

如何让思想烛照现实，更好提升儿童语文综合素养和核心价值观，我运用“主题·整合”思想，借鉴多种理论系统，构建完善教学体系。

依据课标，主题统领，将主题教学思想融入教学质量评价体系，以质量要求把控课堂教学。2003年，曾提炼出“三个一”的校本语文教学目标，即“一手好汉字、一副好口才、一篇好文章”。经过前后十余年的努力，进一步细化完善“三个一”，出版了12册《小学语文质量目标手册》（以下简称《目标手册》）。《目标手册》是给教师的教学参考，但是课堂教学更要基于学生的立场去构建，努力尝试将《目标手册》转化为儿童的学习过程。仍然是延续用主题单元整合学习内容，学校用三年多时间出版《小学语文乐学手册》（以下简称《乐学手册》），并将该手册作为载体改革课堂教学方式。运用《魅力》《牛郎织女》等课例探索以儿童乐学、善学为导向的动态课堂，并完善多维度的评价体系。

随着主题教学思想的日益成熟，利用主题教学中的整合思维，打破学科分立，实现学科有机融合。又一个六年多的实践研究，重建了课堂形态，形成目标、内容、实施、评价四位一体的主题教学系统，很好地解决了“教什么、怎么教、怎么评”的问题。以主题整合，优化各学科学习内容、方法及路径，儿童在学科内、跨学科整合中，学有兴趣，学有方法，学有创新。2013年执教多学科整合课《皇帝的新装》获得众多专家的肯定。由此，主题教学思想进一步辐射到学校课程的整体实施，推动学校课程整合，构建“1+X课程”育人模式。

主题教学的研究过程，以对儿童的研究贯穿始终，是我与学生、教师一道共同成长的过程。近30年的研究课，我亲自执教，示范引领，始终站在课堂上，用鲜活的课例表达我对于教育的思考，自己既是研究者，也成为被研究者。

四、小学语文主题教学实践的阶段成果

（一）建构了“四位一体”的主题教学体系

1. 明确指向语文素养与核心价值观的教学目标

主题教学的目标，指向语文素养与核心价值观。在具体教学中，依据“三个一”质量目标，凭借12册《目标手册》细化到每个年级。一手好汉字：正确、规范、美观；一副好口才：倾听、表达、应对；一篇好文章：这里包括两个层面，读懂一篇好文章（理解、统整、评鉴）；能写一篇好文章（积累、观察、应用）。“三个一”努力实现低年级段，基础牢；中年段，腰杆硬；高年级段，起点高。

“三个一”中的“好”是指形成基本的、稳定的、适应时代发展要求的，在听、说、读、写能力以及语文方面表现出的文学、文章、学识修养，文风、情趣等人格修养。儿童在达成“三个一”质量目标的过程中，思维的、精神的元素也表现出来，即获得“一流好人格、一种好思维”。

2. 重构语文课程内容

（1）以主题整合教材，确定精、略读篇目。根据主题内涵的深刻与丰富程度、语言文字的典范性程度、历经时间淘洗而得到的认可性程度，将教材中的课文分为精读文和略读文。精读文教学，要重点落实课文的文章、文学、文化内涵，以主题贯穿课堂上学生与文本文字对话、与文字背后的思想交锋，在不断的破和立中，实现主题的意义创生。略读文，能粗知大意、了解主题、学会生字新词、突破重点难点即可，重点在于运用精读文获得的阅读方法，广泛积累，表达运用，丰富对于主题内涵的理解。精读是主体，举一反三，侧重习得方法。略读是补充，举三反一，侧重运用实践、速读与浏览方法等。

（2）主题统领，补充经典诵读内容及整本书阅读。回归基于经典阅读的人文教育，能够适应广义上从现代到后现代的时代需要、竞争需要、训练需要，是能够促进受教育者重新发现和思考“人”的内在含义的教育。主题教学倡导大量积累，选择古今经典诗词文赋，推荐

必读选读书目，设置专门课时加以落实，并将其学习成效纳入分项测评。

内容选择一方面采用“主题·整合”的思维方式，配合所使用的教材的主题单元，选择与单元主题相关联的诵读与阅读内容。另一方面，考虑儿童兴趣、需要，从丰富学生视野的角度，选择不同种类的经典内容。如推荐必读选读书目中，有民族文化及世界经典，涵盖人文社科、科普、儿童文学等方面。学生六年积累诗词文赋500篇，阅读整本书超过250本。这些推荐的经典诵读与阅读内容，根据学生年龄特点分级推进，并配套研究了分级的评价方案。“窦桂梅推荐书目”在全国广为流传，成为广大学生、教师、家长借鉴的范例。

3. 实施“长、短、微”课时设置

为推进精读、略读教学，将原来40分钟一节课，调整为60、35、10分钟不等的长、短、微课时。使学生利用在校时间完成整本书阅读和经典诵读及语文创新与实践活动，增质不增负。

清晨入校后，学生可自主选择在图书馆参与阅读微课堂。早上晨诵10分钟，诵读经典的诗词文赋。

语文课分长短课时，60分钟大课时用来侧重落实精读文教学，或进行需要较长时间探究的语文实践活动，35分钟的小课时用来侧重落实略读文教学。每周五第一节“主题阅读课”，采用导读、细读、分享等不同课型开展整本书阅读，每周五下午设“创新与实践”课，开展跨学科主题实践，如戏剧表演等。每天中午设10分钟的吟诵习字时间，伴随“平长仄短、依字行腔”的经典吟诵广播，学生提笔练字，传承中华文化。

以一年级某班为例：

时间	星期一	星期二	星期三	星期四	星期五
入校—7:50	晨练微课堂 / 阅读微课堂				
7:50—8:00	晨读				
8:00—9:00	语言与人文（语文）	语言与人文（语文）	语言与人文（语文）	语言与人文（语文）	主题阅读
9:10—9:45	数学与科技（数学）	艺术与审美（美术）	体育与健康（体育）	数学与科技（数学）	艺术与审美（书法）
9:50—10:35	升旗仪式	眼操 加餐 健身 大课间			
10:40—11:15	数学与科技（科学）	语言与人文（英语赏析）	数学与科技（数学）	艺术与审美（美术）	数学与科技（数学）
11:25—12:00	体育与健康（运动项目自选）	艺术与审美（音乐）	语言与人文（语文）	语言与人文（语文）	体育与健康（足球）

（续表）

12:00—13:35	营养午餐 午休 吟诵习字 （周三：水木秀场；周五：水木TV）				
13:40—14:40	语言与人文 （语文）	数学与科技 （清华少儿数学）	数学与科技 （数学）	语言与人文 （英语）	创新与实践
14:50—15:25	语言与人文 （英语）	体育与健康 （体育）	艺术与审美 （音乐）	体育与健康 （体育）	

4. 建立多元的评价体系

主题教学课堂评价主要通过四个维度进行，即：兴趣值（主题是否促进学习愿望）、方法值（是否从主题学习中得到启示并迁移）、容量值（是否由主题带动更丰富的学习）、意义值（主题是否促进语言、思维及精神发展）。

儿童语文素养和核心价值观，主要使用形成性（主题护照+分项测评）和总结性（综合测评）评价。“主题护照”以“言行得体、协商互让、自律自强、诚实守信、勇于担当、尊重感恩”为系列主题，在护照中记录语文学习与实践过程。分项测评融入日常教学中，依据年级不同选择考查“演讲、朗读、背诵、写字、习作、课外阅读”等专项技能，从不同侧面全面落实学生语文能力的达成，积累“一生有用的语文”。综合测评，主要考查学生综合运用语文的能力，即“运用知识的知识”。

（二）创新教学模式

“四位一体”的体系是主题教学的整体框架，具体到每个“主题”的单元学习，以及每一节语文课怎样实施，建构了动态流程。

1. 单元教学——“主题·整合”

以“主题·整合”的思维方式，改变传统教学一篇一篇教的僵化教学方式，以主题整合单元教学。

单元的教学中，学生首先概览整组文章，整体感悟主题；以精读一篇带动多篇略读，在比较阅读中体验主题；补充同主题的相关读物，丰富对主题的理解；围绕主题进行诗词歌赋积累、跨学科学习和综合实践活动，在实践中深悟、践行主题。单元主题整合使学生将各个领域的学习统整到主题之下，使原本的单篇学习得到整合、篇与篇之间建立联系，避免了知识的碎片化，同时对主题有了多元建构。

2. 课堂操作——“预学—共学—延学”

具体到单元中每节课的教学，将教学过程分为“预学—共学—延学”三个基本环节。

预学：学生初步自学、整理收获、发现不懂的问题，带着准备以及对主题的预期，走进课堂。

共学：层层落实主题。注重“合作探究”，师生共同将质疑整理成“主问题串”，学生小组合作研究。在解决质疑中逐步形成对文本的独立见解，初步“生成主题”。结合预期主题，以文本内容为支撑“体验与表达主题”。注重思辨，基于学生自主质疑、教师追问，通过分析、推理、判断等思维活动，多侧面、多角度形成自己对于主题的独特见解，提升思维品质。最后“有效回应”，即对已有的体验与表达进行纠偏、引领、提升与延伸，促使其对主题深入理解，并产生学习的新期待。

延学：学生带着对主题更深层次的问题和渴望继续探究，为学生提供丰富的学习素材、多条思考与提升的途径。

以上三个环节，主题由学生生成，学生质疑贯穿课堂，将学生反馈作为实践检验标准。学生理解主题的过程，也是学习语文、发展思维的过程。学生为了理解与表达主题，必须深入文本、反复研读，进行丰富、深刻的思维活动，进而组织语言、梳理思路、合作交流、恰当展现，在这个过程中学生的听、说、读、写能力自然而然获得提高。三个环节看似简单，其中体现了学生主体地位，学生自主、合作、探究，在语言的学习中发展思维、涵养精神，实现创生意义的语文学习。

（三）建立课程资源库

为了整体提升学生语文素养，物化各项课程资源，我建立了课程资源库。

1.《目标手册》

《目标手册》按照“质量依据、质量目标、实施策略、质量评价、相关附件”五个方面，逐一回答“一手好汉字、一副好口才、一篇好文章”每一个板块“教什么、怎么教、怎么评、以什么为媒介教”的问题。使用者拿到《目标手册》可以按图索骥。凭借《目标手册》，语文学科的教学，构成了贯穿六个年级、三大板块的经纬交错的质量目标体系。

其中“实施策略”具体介绍了教师在课堂上指导学生获取知识、提高能力的方法，阐明了如何落实“知识点”、如何教给方法、如何培养能力、如何养成习惯，凸显了语文教学中的策略指导，体现了《目标手册》的核心价值——解决到达教学目标彼岸的“桥”和“船”的问题。凭借“实施策略”，即使是新任教师，也能够据此轻松找到达成“一手好汉字、一副好口才、一篇好文章”的实施途径。特别是如果能够联系起来，认真学习全套《目标手册》，教师更是能够在头脑中清晰地建立起小学语文教学的能力培养路线图，据此真正落实减负增效。

“相关附件”部分提供了大量可供教师、家长、学生使用的课程资源。“一手好汉字”板块中提供了基础字词表、拓展字词表、课外词语表、识字小窍门、常用字字理、写字小故事、书法小讲堂。“一副好口才”板块提供了倾听素材、朗读素材、表述素材、应对素材。“一篇好文章”板块提供了名家名篇推荐、必读选读书目推荐、影视作品推荐、必背古诗词、必背儿童诗及现代诗、必背古文经典、文学小常识、趣味语文、读写结合练习、写作指导范本、学生作文范文。

教师通过对质量目标的清晰定位，对教材的把握更准确、透彻，通过对实施策略的有效借鉴，教学设计能够做到游刃有余，于是就可以努力呈现容量大、密度高、效果好的课堂。特别是对于那些刚刚参加工作的教师，《目标手册》是快速进入教师角色，保证教学质量的一条高速路。

学生有了《目标手册》，对每一个学期应该掌握多少字词，应该学会哪些阅读方法，应该掌握哪种写作技巧等，能做到心中有数，学习的过程变得主动、自如。《目标手册》中详细、清楚的拓展内容，为学生随时积累提供了可能。

《目标手册》就像一幅语文教与学的地图，为主题教学的实践者提供教学实施的方向、策略。

2.《乐学手册》及其他

《目标手册》将课程标准清晰化后，如何操作这些目标呢？这些目标必须在课堂上落地开花。课堂必须由“教师主体”向“学生主体”转变，于是我们研制了《乐学手册》。

《乐学手册》由“乐学目标”“乐学单”“乐读单”“专题训练”和“乐学评价”五大部分构成。通过“乐学目标”，学生能够从一开始就清楚学习的目标和重点，并通过由每一课的“乐学单”和整本书推荐的“乐读单”进行有效学习，再通过“专题训练”和“乐学评价”，巩固和检验自己的学习情况。

“乐读单”整合了多个主要版本的教材，形成了乐学篇目（包括单篇经典文章和整本书）。学生学语文不再是学一册课本，而是多种版本教材的整合体。配合每学期的必读和选读书目，编制读书报告单。在读书报告单的指引下，清华附小学生的六年里基本能读160多本书。

“乐学单”把课文分为“精读”和“略读”两类。“精读”课文通过“预学单”“共学单”和“延学单”三个学习单达到精讲精学；“略读”课文则通过自主预学、乐学分享和拓展学习等几项重点活动，整体学习，突出重点。

《乐学手册》打通课前、课中、课后的通道，为学生提供课堂学习方案，精讲精学，增效提质。同时，还研制出版“写字手册、作文教材（获市政府二等奖）”等，将《目标手册》

落到实处。

小学语文主题教学研究在全国小语界产生持续的影响，被专家学者和同行誉为我国小学语文教学重要的流派之一。然而，主题教学源于实践、扎根一线，有许多亟待完善之处，需要日后深入探索。比如，怎样更好地运用主题教学，系统化、科学化、分阶段地建构和实现学生成长的核心价值观？怎样指导教师在实际运用主题教学思想和策略时，能更有创造性地开展工作，甚至实现进一步的超越？

从“三个超越”（为生命奠基），到“主题教学”（为聪慧与高尚的人生奠基），再到“课程整合”（立德树人）的发展历程，是我——一个语文教师从教近30年来探索的历程，也是我今后提升的新起点。如果有人问，这些年你究竟要通过主题教学做什么？我想说：我是教语文的，我是教人学语文的，我是用语文教人的……

李 烈

1954年生，辽宁黑山人，现任北京第二实验小学书记兼校长，全国著名数学特级教师，北京市人大代表，中国教育学会副会长，教育部全国教师教育专家委员会委员。2011年2月被聘任为国务院参事。享受国务院政府特殊津贴，荣获“全国劳动模范”“当代教育名家”、北京市劳动模范、首届“首都楷模”、北京“十大杰出青年”“人民教师”奖章、教育部“巾帼建功”标兵、“全心全意依靠教职工办好学校的好书记好校长”“香港柏宁顿孺子牛金球奖”等荣誉称号。

创造卓而不同的教育①

——破解一些教育热点问题的认识与实践

一、学校德育重在如何做

针对德育的重要性问题，我国在教育方针政策中先后有过很多表述，其核心精神是一以贯之并与时俱进的。2012年，党的十八大明确提出“把立德树人作为教育的根本任务”。2013年，党的十八届三中全会通过的《中共中央关于全面深化改革若干重大问题的决定》提出“坚持立德树人”。这些论述都是当前指导我们教育教学改革的根本方针政策。

作为教育一线的校长，我没有在文字上认真研究过“德育为本”“德育为魂”以及“德育

① 本文曾发表于《教育科学研究》2014年第10期。

为首”之间究竟有什么样的区别。从事小学教育40年，我更重视德育在学校教育中如何做。

小学教育的根本任务是为未来培养高素质的人才奠基，是基础的基础。如果把“人”字作为一个符号来表述，其中左撇是认知系统，从知识学习到方法掌握，到能力提升，再到一种思维方式的形成。帮助孩子形成优秀的思维品质是最重要的，也是最有价值的。“人”字的右捺是动力支撑系统，是做人的德行品质，包括诚信、文明、正直、敬业、合作等优秀品质。所以，无论是“德育为首”“德育为魂”，还是“德育为本”，都因为有这一捺对“人”字一撇起着支撑作用。如果这一捺都没有了，人还怎么立得起来？还怎么成为一个高素质的人、一个顶天立地的人？一个没有良好德行的人，掌握的知识越多、能力越强，对社会的危害也就越大。

但是，德育不是孤立进行的，课堂是学校德育的主阵地。随着实践经验的积累以及教育方式方法的改变，“在课堂教学中渗透德育”的认识已成为过去。其实，课堂里的每一分钟、每一点滴都在育人，学科教师要通过学科载体完成育人的目标。如果把德育和教学截然分开，德育必然会在时间和空间上失去机会。小学生每天在校学习六节课，他们的成长、进步几乎离不开课堂。因此，德育不仅仅是德育干部和班主任的工作，它应该和学科教学紧紧连在一起，并贯穿于每一位教师的每一堂课。如果学科教师只管一撇，那就是“目中无人”了。所以说，课堂既是教学的主阵地，也是德育的主阵地。

比如培养学生遵守课堂纪律的习惯，是教他们在群体中怎么做，如何与群体相处，是为学生完成社会化过程奠基。学校教育与家庭教育不同，家庭教育是多对一，对孩子公平不公平不会对外人产生伤害；而学校教育是一对多，教师面对大量学生，一定要公平。若不公平，就会伤害很多学生。从学生角度来讲，他们感受到公平，也能学会在群体中公平处事，这就是德育。因为是一对多，所以群体中就必须得有规则。一个人德行最基本的一点，就是应该做到遵守规则，不要影响他人，不要剥夺他人的权利。你在课堂上剥夺了学生的学习权利，这是绝对不可以的。所以，教师以身作则，亲身示范，引导学生遵守必要的规则和纪律，就是活生生的德育。

再如课堂上对学生回答问题的表达方式进行引导，同属于德育。学生的天性是希望表现，并得到他人的认可，学生在课堂上的发言即是如此。基于此，我们改变了课堂教学方式，鼓励师生之间、生生之间的对话、讨论，鼓励学生在课堂上积极发言。但随之也出现了另外一个问题，当学生急于表达自己的不同意见时，往往会在课堂上大声喊“我反对”。对这种质疑的表达方式，教师如果不加以引导，很容易让学生形成一种自负心理，养成一种抨击别人的不良习惯。对此，我们引领教师一方面要注意保护学生求异思维的积极性，另一方面也要引导学生学会求同，学会接纳和欣赏，把握好求异思维的“度”。从一年级开始，我们就鼓励学生先睁大眼睛寻找对方的优点，再表达自己不一样的观点。慢慢地，学生也就学会了如何与人交流。

目前，作为独生子女的教师与作为独生子女的父母，共同教育着下一代的独生子女，这种“三独”问题在过去是没有的。而且随着独生子女比例的增加，独生子女问题已越来越凸显。从教育角度出发，我曾倡议只要符合政策，中国的父母最好要两个孩子，以弥补独生子女身上的某些性格缺陷。

对于现在的独生子女，北京第二实验小学非常注重通过活动培养学生良好的个性品质和社会行为。但面对独生子女这一社会问题，学校教育有时候显得苍白无力。有不少独生子女的家长在孩子教育方面存在错误认识，他们怕自己的独生子女将来吃亏，所以希望他们事事不能吃亏。如果谁都不吃亏，那么孩子们还怎么和平相处？可见，学校德育工作无时无刻不体现在具体、烦琐而细微的工作中，并且深受社会、家庭的影响。

二、教育改革需聚焦人才培养

目前，教育改革正在积极稳妥地破解考试招生制度难题，这已成为加快推进教育治理体系和治理能力现代化的重点任务之一。要做到这一点，必须形成社会共识。

真正的考试招生制度改革，我认为需聚焦人才培养，让教育适合每个学生的发展。正确的人才观，一定不是让所有学生的语文、数学、英语等各科都达到多好的水平。全才是才，偏才也是才。与其补短，不如把学生补短的时间用来扬长，可能那个长会更长，将来学生可能会成为那一领域的专业人才。

一个大的社会系统，必须要系统思考，而非点状思维。教育也要主动变革，不能等到社会大系统改完了，教育再动。目前，我国的人才培养方式与社会有脱节现象，不合理的考试制度和用人制度，限制了人才的多样性发展，考试制度和用人制度都还有很大的改革空间。国外的做法有两点值得借鉴：上大学并不是学生成才的唯一出路，一些国家职业教育办得特别好，某一个专业的技工待遇不亚于大学毕业的人才，社会分配制度在一定程度上推动了教育制度的变革；学生在义务教育阶段的学习压力小，到了大学压力加大，开始真正做研究了。而我们正好相反，学生小时候学得很辛苦，到大学后却解放了。我国著名科学家钱学森生前提出了一个世纪之问：为什么我们的学校培养不出真正的大师？要培养未来的大师，中国的教育体制必须进行完善和改革。

教育是一个大系统。在小学阶段，我们要鼓励学生勤于提问、敢于质疑、善于发现和勇于探索。对学生敢想敢说、敢问敢疑、敢别出心裁、敢与众不同的积极性，我们不仅要保护，而且要大力培养。在北京第二实验小学，我们设立了“小钱学森杯奖”，主要用于鼓励学生在科技、文体等诸方面有创新精神，为将来的创新人才奠基。在课堂上，一方面我们引导教师勇敢地“退”，适时地“进”，留给学生自主空间；另一方面，我们从一年级就开始培养学生的互动意识，鼓励学生在课堂上敢于质疑，敢于说出自己的观点，让学生真正成为课堂主体。比如“生生对话”，从形式上讲，不再是师生之间的单向交流，它更多地体现为学生之间的互动、交流。一个学生发言，其他学生会有不同的呼应，或赞同，或补充，或提问，或质疑。从实质上讲，生生之间的直接对话不仅有利于提高学生主动学习、积极思考的学习能力，而且有利于激发他们的思想火花，催生出各种各样的想法，培养创新意识。北京市“中小学生优秀科学建议奖”就是源于我们学校学生的一份环保建议。

但是，义务教育阶段仅是基础阶段。学生成才应始于小学，成于高阶段教育和社会实践。但现在却倒置了，到了大学这一应该努力的阶段，学生却解放了。所以，要立足人才培养，应系统地推进教育改革。

三、牵住课程建设的“牛鼻子”

课程建设始终是人才培养的基础。我国的小学教材学科分得很细，内容很系统。但问题在于，现实当中任何一个问题的解决都不是靠一门学科能解决的。“人”字一撇最终要形成的思维方式，应是多维、综合的，而这恰恰与我国目前的课程设置是矛盾的。新时期，北京第二实验小学将教学改革的重点放在了课程建设上，启动了新一轮的课程文化建设。

比如主题研究课的实践。简单地说，主题研究课就是确定一个研究主题，学生在教师指导下，进行多学科的研究。它突破了学科壁垒，突出了学科知识的整合、拓展及应用，突出了问题的发现、分析与解决。每学期，各年级自定一个研究主题，研究主题下面有若干份具体的任务单。以某年级开展“桥”这一研究主题为例，它分为以下几份任务单：第一，从各学科角度收集、分析有关“桥”的资料，包括文章、诗歌、音乐等；第二，从各学科角度思考相关知识及方法的应用，如从数学角度思考“桥”的长度、角度的运用，从科学角度思考“桥”的载重问题的解决，从语文角度思考关于“桥”的各种体裁文章的描写，从心理角度思考“心灵之桥”的引申……由此形成对“桥”这一问题的十几个思考角度；第三，通过对“桥”进行不同角度的联系和思考后，确定自己感兴趣的研究问题，并自由组合研究小组，形成一个思维导图；第四，各组按思维导图研究已设问题，最后归纳整理，互动交流。在主题研究过程中，各组还会产生第五份、第六份甚至更多的任务单。在“桥”这一主题研究的成果展示中，不仅有学生们的手工作品：大小不一、形状各异的“桥”，也有学生们的精神创作作品：论文、诗歌、散文、音乐、三句半、小短剧……无疑，主题研究课的实践对培养学生综合、多维、立体的思维方式是非常有价值的。

另外，北京第二实验小学每周二的体育、艺术、科学、国学选修课，学科平行选修课“1+X”，单科免修及跳级制……都是对新课程建设的尝试。目前，北京第二实验小学的选修课比例已经达到20%，个性化学习渐成一种趋势。显然，课程开放度越大，需要研究的东西就越多，这对教师们来说是一种挑战。然而，压力即动力，挑战即成长。

四、创办教育集团要注重实效

近些年，政府为解决优质教育资源不足问题，鼓励名校办分校，进行集团式办学，加快推进义务教育阶段的均衡发展。但创办教育集团要量力而行，注重实效，不能徒有虚名。

十几年来，北京第二实验小学不断发展，陆续合并了3所学校，是一所拥有5000余名师生的大校，也是一个拥有28所学校的教育集团。自教育集团成立以来，我们抓内涵，促发展，使加入集团的分校和成员校有了质的飞跃。具体做法有以下四点：

第一，办学理念一致。“双主体育人”的教育思路和“以爱育爱”“以学论教”的核心理念是北京第二实验小学的品牌理念。教育集团里的分校和成员校要保持一致的核心理念，这是共同打造优质教育资源的基础。在一致的核心理念下，各分校和成员校可以发展自己的特色和文化，而本校的优质资源也通过集团校得到进一步扩大。

第二，加强课堂文化建设。按本校的课堂文化实践，按统一的学校标准评价，这带来了集团校教师教学行为和学生学习方式的根本变化。接着，北京第二实验小学将课堂文化拓展到课程文化上，以课题为抓手，进行主题研究，集团校共同参与，这一新的教育实践极大改变了各分校和成员校的教育观念。

第三，为集团校代培干部和教师。除各种短期培训外，北京第二实验小学教育集团还根据情况，选派集团校的领导和教师到本校进行代培。到本校后，他们与本校教师一样，切实参与学校各方面的工作，进行为期一年的体验。

第四，资源共享。北京第二实验小学教育集团内部建立了一个云平台，学校所有的会议、研究课、公开课、研讨会等都是开放的，通过云平台进行资源共享。在此方面，我们切实做到了全面开放、无私输出，这是对国家培养的回报，更是办好教育集团必不可少的现代化手段。

五、创造卓而不同的中国教育

党的十八大以来，习近平总书记提出的实现中华民族伟大复兴的中国梦，正成为凝聚全国各族人民的精神力量和理想旗帜。我的教育梦想是，希望中国将来的教育既不同于国外的，又不同于中国现在的，真正卓而不同。我认为，可以从以下两点入手：

第一，从国情上理性解读“办人民满意的教育”。目前，我国教育不断发展，人民群众对教育的需求不断增加，但现实中，对教育不满意的人似乎越来越多，习惯于指责学校、教师的现象司空见惯。学校和教师确实担负着办人民满意教育的重托，但该如何理性解读呢？我认为，人民满意的教育应该是不仅人人有学上，而且人人都能就近入学，未来人人都能享受到优质的教育资源。享受优质的教育资源，是一个逐渐提升的目标。这几年，政府加大扶持力度，重点扶持农村学校和薄弱学校，很多省、市、地区也在采用各种方式在不同层面上推进教育的均衡发展，人们的满意程度也在随之提升。

对于目前很流行的“优质教育”一词，我认为值得分析。“办人民满意的教育”并不等同于“优质教育”，与优质相反的词是劣质。劣质教育怎么理解？哪些教育属于优质教育？哪些教育属于劣质教育？我们充其量可以说，受当地条件、环境等各方面的制约，彼此间的教育水平差异很大，但不能简单地说这属于优质教育还是劣质教育。

第二，重视教师的职业幸福感。目前，我国中小学教师面临着日益沉重的压力，他们的时间、精力、健康、幸福被剥夺，教师的心理焦虑和职业枯竭问题日渐严重。那么，教师的压力来自哪儿呢？一方面来自家长各种各样的要求，另一方面来自教师自身的心理压力。其实，学校未必给教师多大的压力，但很多教师不甘心落后，互相比着发展，给自己加压。所以，从学校方面来讲，要引导教师有“归零”心态，让他们在发展中寻求快乐。同时，鼓励教师走出去，开阔眼界。另外，学校中存在的“大锅饭”问题也在一定程度上制约着教师们的积极性和职业幸福感。所以，从政府方面来讲，要通过出台相关政策，提高教师的物质待遇，为教师的专业发展提供良好的政策环境。

我希望未来的中国教育，既不是国际版的，也不是中国现在版的，而是卓而不同的时代版的。我最大的梦想是，我国的大、中、小学教育环境越来越和谐、宽松、健康，师生能从中感受到快乐和幸福，合格公民和创新人才不断涌现，中华民族伟大复兴的中国梦早日实现。

1931年出生，上海市人，特级教师，曾任教育部中小学教材审定委员会委员，全国语文报刊协会课堂教学分会会长。长期从事中学语文教学的实践与研究，20世纪80年代初在总结自身语文教学实践基础上提出的“三主三式语文导读法”在全国有一定的影响。著有《语文导读法探索》《与青年教师谈语文教学》《导读的艺术》《我和语文教学》《教师的价值》《钱梦龙经典课例品读》等。获“当代教育名家”称号。

钱梦龙

语文导读法的昨天和今天①

“语文导读法”是我在20世纪80年代初提出的，并为它下过一个“幽默式”的定义：“语文导读法是一种有预谋地摆脱学生的策略。”所谓“有预谋地摆脱”，不是消极地撒手不管，而是经过积极、有序的引导，培养学生自主阅读的意识、能力和习惯。这一过程，对学生而言，是一个从依赖教师而逐步走向少依赖最终完全不依赖教师的“自主”的过程；对教师而言，就是一个有计划、有步骤地由扶到放，直至完全“摆脱”学生的过程。

“教，是为了达到不需要教”是叶圣陶教育思想的精髓，素为语文教师所津津乐道，但究竟怎样的“教”才能达到“不需要教”，很多语文教师在引用叶老这句名言的时候，未必真正

① 本文曾发表于《课程·教材·教法》2014年第8期。

想过，当然也就很难找到通向“不需要教”的具体路径。语文导读法“有预谋地摆脱学生”，其最终指向的目标正是“不需要教”。可以这样说：语文导读法是从“教”通向“不需要教”的桥梁。

一、“语文导读法”的滥觞期

“语文导读法”的酝酿与成型，与我个人的自学经历有密切关系。

我在初中读书时期，国文[①]成绩一直是班里的佼佼者，我能读会写，而且每次国文考试即使考前不复习，我也稳拿全班第一。1952年，我这个仅有初中毕业学历的小青年，由于一个偶然的机会竟当了一名中学语文教师，任教4年以后即被评为嘉定县优秀教师，并获得了晋升两级工资的殊荣。一个学历严重不合格、从未接触过师范教育、仅有4年教龄的新手教师，竟取得了跟我的“资历”完全不相称的成绩，靠的是什么？

我从小学五六年级起就爱读课外书，最初是爱看小说，中国的“四大名著”和《聊斋志异》《儒林外史》等，我都读得爱不释手，尤其是《红楼梦》，在初一、初二两年间至少看了三遍。大观园里那些才女们吟诗作赋的才华，更让我心驰神往不已，很希望自己有一天也能像她们一样锦心绣口，吟风咏月。于是就开始读诗，到初二时我已把《唐诗三百首》差不多全背了出来，连《长恨歌》《琵琶行》这样的长诗，我都能一背到底，不打一个“格楞”。诗读得多了，居然无师自通地弄懂了平仄和诗韵，并学会了“吟”，即按照平仄规律拉长了声调唱读，这更增添了我读诗的兴趣。后来我又由读唐诗扩展到读《古文观止》，再由读古代诗文扩展到读当代作品，比如，鲁迅的杂文、小说、散文，我都爱读，几乎买齐了鲁迅所有的杂文集、小说集的单行本。在我当时就读的学校里，我是初中生中唯一有较多个人藏书的人。后来由“读”迷上了“写”，看到当时高中部的学生都办有壁报，于是自作主张也办了一份壁报，取名《爝火》，自己掏钱买稿笺，自己编辑、自己美化、自己“出版”，以“盲聋诗人”的笔名发表“作品”；每一期都有诗有文，还配上插图，居然编得像模像样。由于爱写，又养成了揣摩文章的习惯，只要读到好文章，总要反复揣摩文章在选材、立意、运思、语言表达等方面的特点，作为自己写作的参考。我后来又把这个揣摩文章的习惯从课外阅读迁移到了课内的国文学习上：每当老师开讲新课（以前国文老师都以“讲功”见长）之前，总要自己先把课文认真揣摩一番，到听课时就把自己的理解和老师的讲解互相比较、参照、印证，重在领悟老师解读文章的思路和方法。一般同学听课，专注于聆听和记录，我则把“听”和

① 1949年以前，汉语学习，小学叫国语，中学叫国文；1949年以后，统一叫语文。

“记”的过程变成了一个“思”的过程，这样边听边思，不但知识学得活、印得深、记得牢，而且锻炼了思考力。因此，每次国文考试，成绩一直名列前茅。至于我的知识广度、阅读和表达能力，更是高出我的同窗不少，当时我发表在《爝火》上的诗文甚至吸引了不少高中部的学生来看，我写的格律诗还得到了国文老师的赞扬。这大概就是我仅凭初中毕业的“资历”居然敢于走上中学讲台的一点“底气”吧。

学历不合格的我，当了教师以后首先要面对的一个严峻的问题是：怎样教语文才不误人子弟？我从未接受过师范教育，完全不知教学法为何物，在我的知识储备中根本找不到这个问题的答案。但我终于从自己学习国文的切身经历中得到了启迪：我在学生时代不是国文学得很好吗？我靠的是什么？自学。因此我想：如果我能够鼓励学生像我当年自学国文一样自学语文，学生不也就能学好语文了吗？《诗经》云：“伐柯伐柯，其则不远。”我从自己学好国文的历程中依稀看到了教好语文的可行路径。

为此，我备课首先考虑的不是怎样“讲”文章，而是自己怎样“读”文章。每教一篇课文之前，我总要反反复复地读，或朗读，或默诵，或圈点，或批注，直到真正“品”出了味儿，才决定教什么和怎样教。所谓“教”，也不是把自己已经认识了的东西全盘端给学生，而是着重介绍自己读文章的思路和方法，然后鼓励学生自己到课文中去摸爬滚打，尽可能自求理解，进而领悟读书之法。我发现，任何一篇文章，只要自己读出了味道，就能把学生读文章的热情也“鼓”起来。有时候自己在阅读中遇到了难点，估计学生也会在这些地方发生困难，就设计几个问题，启发学生思考、讨论；有时候讲一点自己读文章的“诀窍”，比如，怎样把握一篇文章的关键段、一段文字的关键句、一句话中的关键词等；自己爱朗读，有些文章读起来声情并茂，就指导学生在朗读中体会声情之美；自己读文章习惯于圈圈点点，在书页的空白处写些心得体会，就要求学生凡读过的文章也必须留下阅读的痕迹；自己课外好“舞文弄墨”，还杂七杂八地看些书，学生在我的“言传身教”下，也喜欢写写东西，翻翻课外读物。总之，用传统的教学观念看，我的课与当时语文课普遍采用的“串讲法”很不一样，但学生学得兴趣浓厚，教学效果出乎意料得好。记得1956年我评上优秀教师后被指定在全县教师大会上发言，发言的题目就是：《语文教学必须打破常规》。

现在回顾，我的“打破常规”的教学，已经包含了“语文导读法”的基本要素——着眼于鼓励、教会学生自己读书。因此，我把这一时期称作“语文导读法”的“滥觞期”。

二、“语文导读法”的基本理念

“语文导读法”的基础理念可以概括为三句前后相承（不是三者并列）的话：“学生为主体，教师为主导，训练为主线”，简称“三主”。

“学生为主体”就是在教学过程中确认学生是学习的主体、认知的主体、发展的主体；我把“学生为主体”列为“三主”之首，因为它是教师进行教学的根本出发点和立足点，就是说，教师在进入教学过程之前，首先要确认学生的主体地位，确认学生是具有独立人格、主观能动性和自我发展潜能的活生生的人。只有首先确认了这个前提，教师才能在教学中定位自己的角色。

“教师为主导”则是对教师在教学过程中的地位、作用的描述和限制：“主导”的着重点在于“导”，“导”者，因势利导也，就是要求教师必须顺着学生个性发展、思维流动之“势”，指导之、引导之、辅助之、启发之，而不是越俎代庖、填鸭牵牛；教师“导”之有方，学生才能学得有章有法，真正成为学习的主人、名副其实的主体。古人说：“导而弗牵。”“导”是引导，“牵”是牵就，就是要引导，而不是把学生硬“牵”到教师预定的结论上来，剥夺学生认知的自主权。

教师的主导作用主要表现在四个方面：

第一，组织——组织教学过程，使学生的认知活动始终围绕主要目标进行并收到最理想的效果；

第二，引导——启发、引导、帮助学生不断向知识的广度和深度进行探索；

第三，激励——随时给学生以鼓励、督促，为学生构筑步步上升的台阶，激发学生的求知欲和自主学习的兴趣；

第四，授业——根据学生认知的需要讲授必需的知识。

是组织者，就不能“放羊”；是引导者，就不能“填鸭”；是激励者，就不能“牵牛”；是授业者，就不能当讲不讲。

“训练为主线”则是教学过程中师生互动的基本形态。有人认为“训练”就是习题演练或过去语文教学中常见的那种刻板、烦琐的技术操练，这是对“训练”的极大误解！“训练”，是由“训”和“练”两个语素构成的复合词，“训”是指教师的指导、辅导，“练”是指学生的实践、操作。比如，学生要学会读书，首先要靠学生自己“读”的实践和操作，但同时也离不开老师必要的指导，师生在阅读教学过程中形成的教师“导”、学生“读”这一互动过程，就是“阅读训练”。叶圣陶先生生前与语文教师谈语文教学，始终强调训练的重要，例如他在1961年给语文老师的一封信中说：“学生须能读书，须能作文，故特设语文课以训练之。其最终目的为：自能读书，不待老师讲；自能作文，不待老师改。训练必做到此两点，乃为教育之成功。”①根据叶老的教导，学校之所以设置语文课程，就是为了训练学生使之达到“自能读书”“自能作文”的最终目的。也就是说，学生要学会阅读，学会写作，就要靠实实在在的阅读训练、实实在在的作文训练，舍此而外，别无他途。训练，是教学过程中师生互动的必然形态。

“学生为主体，教师为主导，训练为主线”，是对教学过程中师生地位、作用和行为的一种概括的描述，是一个动态的“过程”，而不是三个并列概念（或命题）的静态排列。“学生为主体”是教学的根本出发点，着眼于学生的“会学”；“教师为主导”是保证学生真正实现其主体地位的必要条件，着眼于教师的“善导”；而学生的“会学”和教师的“善导”又必然归宿于一个综合的、立体的、生动活泼的训练过程。指出这一点很有必要，因为不少论者对“三主”的批评，其主要论点是：“主体”“主导”“主线”不是同一范畴的概念，因此三者不能构成并列关系；不少教师在谈论“三主”，尤其是“学生为主体，教师为主导”时，也往往认为这是三个并列的命题而任意颠倒其次序（如把“教师为主导”放在第一位），而不知道三个命题必须按“主体—主导—主线”顺序表述的理由，以此误解来批评“三主”，势必与我所倡导的“三主”南辕北辙。

三、“三主”理念在操作层面的体现

“三主”作为导读法的基本理念，其价值的体现，需要在操作层面得到落实和保证。自读式、教读式、复读式（简称“三式”）就是从操作层面进行的一串基本动作，与“三主”共同构成语文导读法的整体框架。

(一)自读式

立足于学生自主阅读的训练模式，就是在语文课上让学生坐下来静心地读文章。自读不是学生随心所欲、信马由缰地“自由阅读”，而是一个在教师指导下以“学会阅读”为目标的阅读训练过程。

学生要“学会阅读”，离不开“严而有格”的训练。一个高效的阅读流程，往往由若干符合认知规律的步骤构成，每一个步骤都有一定的操作要求和规格，于是就有了阅读的“格”；

① 叶圣陶．语文教育书简［M］．叶圣陶语文教育论集．北京：教育科学出版社，1980.

“严而有格”的阅读训练，就是使学生一打开文本，就知道应该按照怎样的“规格”去读。比如，阅读从何入手、如何深入文本、如何把握要点、如何质疑问难、如何读出自己的独特体会，等等。总之，做到“思有其序，读有其格”。但“格”又不应成为束缚学生阅读个性的缰绳，它只是在阅读训练起步阶段的一个“抓手”；一旦学生“领悟之源广开，纯熟之功弥深”(叶圣陶先生语)，就必须由“入格”而“破格”，即摆脱“格”的束缚而进入阅读的“自由王国”。这有些像教孩子习字时的临帖，先要求“入帖”，一点一画，都要严格按照“法书”的规范，不能马虎；一旦纯熟，又须“出帖”，即摆脱“帖”的束缚，要“胸中有帖而笔下无帖”，这时书法就进入了“化境”。

现在不少教师强调阅读中的“感悟”，强调“个性化阅读”，这是十分必要的；但如果学生读了一篇文章，连作者思路都没有理清，文章主旨都说不明白，或随心所欲曲解文意，“感悟”“个性化”云云又何从谈起？自读训练从“入格”到“出格”，正是一条从“正确解读”逐步走向“感悟”和“个性化阅读”的必由之路。没有“入格”之“死”，焉有“出格”之“活”？这叫作“置之死地而后生”。

怎样为学生的自读定“格”？我们不妨先反思一下自己读一篇文章的思维流程。通常，一个相对完整的阅读过程（尤其在读一些比较重要的文章时）总要经历一个由表及里，又由里反表，表里多次反复、理解逐渐深化的过程。所谓表里反复，即阅读者先通过对读物的词语、句子、篇章的感知，进而理解读物的内容、主旨；然后，还要在正确理解读物内容、主旨的基础上，回过头来对读物的词语、句子、篇章再下一番回味咀嚼、细心揣摩的功夫，体会作者为什么要这样运思和表达，并作出自己的评价。这也就是人们常说的“在文章里走几个来回”。所谓定“格”，就是把阅读时这一“内隐”的思维流程“外化”为一定的操作规范。在美英等国曾颇为流行的SQ3R阅读法［SQ3R指阅读过程中的综述（Survey）、设问（Question）、精读（Read）、复述（Recite）、复习（Review）五个步骤］，就是把阅读过程规格化的一种成功的尝试。以下是我根据中学阅读教学的特点，设计的“自读五格”：

1. 认读感知。这是阅读的起点。学生通过认读（朗读或默读），对课文获得一种初步的印象，同时积累生字、新词，并借助词典理解它们在课文语境中的含义。“感知”是阅读者对读物的一种近乎直觉的认知体验，往往经由某种捷径而不是按照惯常的逻辑法则快速地进行。认读感知的能力是在反复的阅读实践中逐步形成的，阅读训练有素的人这种能力就比较强，对语言文字的直觉（语感）也会随着阅读经验的积累而渐趋敏锐。从教学的角度说，期望学生获得对语言文字的这种敏锐感觉，只能依靠学生自己的阅读实践而无法由教师代劳，因此阅读教学从起步开始就必须立足于“学生为主体”。

2. 辨体解题。辨体，就是对文章从内容到形式特点的正确辨别。不同体裁的文章，必有不同的表达方式和语言风格。例如，同为叙事，记叙文中的叙事和议论文中的叙事其叙事方式和语言风格有明显的区别。解题，就是解析文章的标题。标题是文章的重要组成部分，有时候是文章内容主旨高度凝练的概括。解题的过程，实质上就是在认读感知的基础上进一步审视文章内容主旨的过程。例如“变色龙”这个标题，学生解题时若能把爬行动物的变色龙和小说中的警官奥楚蔑洛夫的形象联系起来，找到两者都善于随着周围环境的变化而变化的相似点，那就基本理解了小说的主旨；如能进一步抓住题眼“变”字，既看到奥楚蔑洛夫的善“变”，又能透过“变”的表象进而剖视他始终“不变”的奴才本相，那就对小说有了更深层次的理解。

3. 定向问答。这是一种思维活动有明确指向的自问自答，要求学生就课文从三个方面依次发问并自答：文章写了什么？怎样写的？为什么这样写？（即什么、怎样、为什么）“什么”是对文章内容的审视；“怎样”是对文章表达方式、结构、语言的探究；“为什么”是对作者构思意图和思路的揣摩。三个依次排列的问题，是三级步步上升的台阶，学生“拾阶而上”，对三个问题依次作出圆满的回答，对文章从内容到形式大体上已获得了比较全面的认识。

4. 深思质疑。学生经过以上几步问答，虽然对文章已经有比较全面的认识，但仍然只是一般水平上的解读，还不一定能读出自己独特的感受和体会。深思质疑就是把认识引向深层的必要步骤，同时也可以提出与作者不同的意见。

“深思”和“质疑”互为因果关系：唯“深思”才能提出疑问；唯善于“质疑”才能把思维引向深层。朱熹认为“读书无疑者，须教有疑，有疑者，却要无疑，到这里方是长进”。深思质疑就是让学生经历这样一个“无疑—有疑—无疑”的读书“长进”的过程。

5. 复述整理。复述，就是回忆、概述文章的内容、主旨、形式等，从已知中筛取最主要的信息。整理，就是把阅读过程中零星的体会再从头梳理一遍，或分类归纳，使之条理化、清晰化。复述整理标志着一个相对完整的阅读过程的结束。

以上五格，构成了阅读“由表及里、由里反表、表里反复”的一串基本动作，每个动作都有明确的操作要求，这就保证了阅读教学起步阶段训练的有效性，并为阅读训练后期的“破格”打下坚实的基础。

（二）教读式

“教读”，顾名思义，就是“教学生读”。“教读”常与“自读”结合进行。既然学生的自读要经历一个从“入格”到“破格”的过程，那么，与之相应的教师的教读，必然有一个从

“扶”到“放”的过程。

1. 教读的原则：能级相应与适度超前

为了准确把握“扶”和“放”的度，我把学生的自主意识和自读能力划分为四个阶段，即四个“能级”：

第1能级（依赖阶段）：学生不具备独立阅读的能力和心理准备。

第2能级（半依赖阶段）：学生开始有摆脱依赖的倾向，并能独立完成一部分比较容易入手的自学课题。

第3能级（准自主阶段）：学生已具有较强的自主意识，基本上能独立阅读，但在遇到阅读难度较大的文本时还离不开教师的帮助。

第4能级（自主阶段）：学生完全摆脱对教师的依赖，进入了“自能读书，不待老师讲”的境界，也就是达到了导读的终极目标：不需要教。

所谓“能级相应”，就是教师的“教”必须与学生“读”的能级相适应，不宜错位。例如，对尚处于依赖阶段的学生，指导要具体，要多示范、多扶掖、多鼓励、多提启发性的问题，帮助他们尽快入门。当学生的发展水平有了提高，教师也要调整教学策略，如增加自读的难度和“放手”的程度。余可类推。能级相应，才能获得预期的效果。

所谓“适度超前”，就是在“能级相应”的前提下，教读的要求可以略高于学生实际所处的能级，即适度超前于学生当前的发展水平。用维果茨基的理论来说，就是既要关注学生独立解决问题时的“实际发展水平”，又要看到学生在教师帮助下解决问题的“潜在发展水平”（邻近发展区）。也就是我们常说的鼓励学生“跳一跳，摘果子”。我的经验证明，有适当难度的学习任务更容易激发学生学习的热情和克服困难的意志力，因而更有利于学生的发展。

2. 教读的基本方法：随机指点

先看叶圣陶先生的一段话：“语文老师不是只给学生讲书的。语文老师是引导学生看书读书的。一篇文章，学生也能粗略地看懂，可是深奥些的地方，隐藏在字面背后的意义，他们就未必能够领会。老师必须在这些场合给学生指点一下，只要三言两语，不要噜里噜嗦，能使他们开窍就行。老师经常这样做，学生看书读书的能力自然会提高。”[①]（引文中的着重号，为叶老自己所加）

这段朴实无华的话，可以作为叶老的名言“教是为了达到不需要教”的注脚。在这段话中，既有对学生主体地位的尊重，又具体指出了教师应该如何发挥主导作用——在“学生自己读懂”的基础上，就文章“深奥些的地方”“隐藏在文字背后的意义”给学生“指点一

① 江亦多.谈教学的着眼点——从叶圣陶同志的一封信谈起［J］.人民教育，1981（1）.

下”；这种“指点”，必须要言不烦、富于启发性，目的在于使学生“开窍”——开窍者，学生自悟自得也。可见即使在教师“指点”之时，仍要把“学生为主体”放在心里，而不是以自己的认知代替学生思考。叶老的这段话，道出了教读方法的要领：在学生自读的基础上随机指点。

3. 教读的策略：为学生铺设上升的台阶

失败引发的焦虑和成功引发的成就感，都有驱动学生学习的作用，不少老师喜欢利用学生的焦虑（如分数排队、打不及格分数、严厉批评、惩罚等）来迫使学生努力学习，的确也能收一时之效。但这种驱动带有明显的强迫倾向，用得多了，必然会导致学生学习热情的衰退。成就感则不同，它给予学生的学习动力是一种具有自觉倾向的认知内驱力，而且始终伴随着高涨的学习热情。焦虑和成就感的区别显而易见，但不少教师宁可利用焦虑，因为造成学生的焦虑心理比较容易，而要使学生获得成就感，则要靠教师高度的责任感和细致的引导。

既然教读是为了帮助学生学会阅读，那么，根据学生不同阶段的能级水平，为学生设置具体而又容易检测的阶段目标，对引发学生的成就感，其作用是不言而喻的。比如，对朗读能力较差的学生，在一个阶段内可以把“学会朗读”作为他的重点目标，同时适当降低其他方面的阅读要求，当这位学生被教师确认已经学会了朗读，并受到了奖励，其成就感必定油然而生，从而为达成下一个目标充满信心。当前后连续的阶段目标成为逐步上升的一级级台阶的时候，自然会形成“设标—达成—引发成就感—再设标—再达成—再引发成就感……”这样一条螺旋上升的“进步链”，学生就会有永不衰竭的学习动力了。

（三）复读式

把若干篇已经读过的文章，按某种联系组成一个“复读单元”，指导学生通过复习、比较、思考，既“温故”（温习旧课）又“知新”（获得单篇阅读时不可能获得的新认识）。“复读单元”通常与“教学单元”重合，也可以根据训练的需要另组单元。简言之，复读就是单元的复习性阅读。复读的要求，大体可以归结为三个方面：第一，知识归类。这类复读在于帮助学生形成一定的知识结构，重点在“温故”。方法是把各篇课文中的主要知识点按若干类别加以归纳、整理、系统化；归类的结果，通常以纲要、图表的形式来概括，提纲挈领，便于记忆。第二，比较异同。比较，是认识事物特点的重要思维方法，一个复读单元，有数篇课文组成，可以进行比较的训练；也可以从课外读物中寻找可与课文进行比较阅读的文章。学生在比较中不仅“温故”，而且“知新”，往往能发现单篇阅读时不能发现的东西。第三，发现规律。学生以一组文章所提供的事实或材料，经过推演、思考，进而寻求支配这些事实的规律，这是在归纳、比较的基础上又进了一步的抽象思维训练。例如，给学生一组文体相同的文章，要求学生从中提炼出有关这一文体的某些规律性知识；有时就一组课文所提供的事实，从中提炼出统率这些事实的观点。

四、摆脱学生：一个并不遥远的目标

事实证明，我的学生从初中一年级开始接受“严而有格”的阅读训练（我教高中时就从高中一年级开始），经过从“入格”到“破格”的三年训练历程，到他们初中毕业时，基本上已具备了“不待老师讲”而“自能读书”的能力，这时让他们打开任何一篇适合他们认知水平的陌生文章，无论是课文还是课外读物，他们都能按照必要的顺序，在文章里“走几个来回”，读出个人的独特体会。

下面是我在20世纪80年代前期执教的班级中一位学生写的关于《一件小事》的“自读笔记”，从中可以看出学生的阅读从“入格”到“破格”的大致过程。

《一件小事》自读笔记的作者是初二年级的学生，她经过了一年多的自读训练，已进入从“入格”到“破格”的过渡阶段（可归于“准自主能级”），因此笔记中虽然仍保留着明显的“自读规格”的痕迹，但“定向问答”“深思质疑”已变成了“自问自答”——完全由她自己设计问题，自求解答，这就有了较大的思维空间和阅读自由度。从她设计的四个问题看，很能抓住文本的关键，解答也能紧扣文本词句作出合理的推断。由于每个学生设计的问题各不相同，“认读”部分的字、词也是学生自己从课文中找的，所以全班学生的自读笔记虽然形式差不多，却都有着不同的内容。

《一件小事》自读笔记

一、认读：

1．注音、辨形：

睹（dǔ）	伊（yī）	踌躇（chóu chú）
诧（chà）	刹（chà）	兜（dōu）
雇（gù）	凝滞（níng zhì）	憎恶（zēng wù）

2．词语：

[耳闻目睹]亲耳听到，亲眼看到。

[生计]生活；这里是谋生的意思。

[凝滞]原指液体凝结不流，这里是停滞、不动的意思。

[自新]自求上进的意思。

[装腔作势]故意做作。

[姑且]暂时，不妨。

二、辨体：小说。

三、解题：

“一件小事”，这是一个偏正词组，“小”是题眼，与文章中“国家大事”的“大”形成鲜明对比，更突出这件“小”事意义之“大”，使“我”至今难忘，它是“我”对人生、对世界看法的一个转折点。以“一件小事”为题，发人深思。

四、自问自答：

1．本文的社会背景如何？它对我们理解文章的中心有什么作用？

答：辛亥革命以后，社会上出现了一些“所谓”国家大事，如袁世凯称帝、张勋复辟等政治事件。1916年、1917年发生的这两件大事，对于“我”，一个“六年前从乡下跑到京城”里的人，便只是“增长了我的坏脾气”，教我“一天比一天看不起人”。这里强调了这些“国家大事”在“我”心里“都不留什么痕迹”；而这件小事却“把我从坏脾气里拖开”，“增长了我的勇气和希望”。这样，用大事与小事对比，充分说明了这件“小”事，深深触动了“我”，对“我”教育之深。

2．本文的开头和结尾是如何照应的？首尾和中间部分有什么紧密联系？

答：本文首尾呼应，结构严谨。本文的首尾两部分是议论，中间部分是叙述。通过首尾的议论，把这件小事的意义提高了：赞扬了车夫的高尚品质；同时，也表现了“我”这个有着小资产阶级思想的知识分子，对黑暗社会不满，积极追求上进的思想感情，从而使中间叙述的这件小事的主题更加鲜明地突现出来。见下表：

开　头	结　尾
所谓国家大事，在我心里不留什么痕迹。只是增长我的坏脾气，教我一天比一天看不起人。但有一件小事，却于我有意义，将我从坏脾气里拖开，使我至今忘记不得。	几年来的文治武力，在我早如幼小时候所读过的“子曰诗云”一般，背不上半句，独有这一件小事，却总是浮在我眼前，叫我惭愧，催我自新，并且增长我的勇气和希望。

3．作者怎样刻画车夫的高尚品质？

答：作者先向我们叙述了老女人倒地的情况，以这个作为引线，引出下文：在北风飕飕的冬天，车夫拉着车，突然“伊”（她）“从马路上向车前横截过来”，老女人的“破棉背心”“兜”着车把，幸而“车夫早有点停步”，“已经让开道”，“伊”才没栽个“大筋斗”，只是“慢慢地倒地了”——说明老女人倒地责任不在于车夫。

老女人倒地后，车夫却毫不考虑谁的责任，而是“立住脚”，不顾“我”的催促，“放下车子，扶那老人慢慢起来”，“搀着臂膊立定”，还问伊说：“你怎么啦？”——充分表现了他对衣服破烂的老女人的无限关切。

不仅如此，当老女人说“我摔坏了”时，车夫“毫不踌躇”，“搀着伊的臂膊”，“便一步一步向巡警分驻所走去”——表现了车夫敢于承担责任的品质。

另外，作者还以“我”对老女人的不同态度，用“我”的“小”和车夫对比，“觉得他满身灰尘的后影，霎时高大了，而且愈走愈大，须仰视才见”，从而塑造了旧社会一个劳动者的高大形象。

4．“我”的思想是怎样变化的？并以此为例，谈谈这篇文章的写作特点。

答：首先，“我”看见老女人“伏”在地上，料定她没有伤，“又没有别人看见”，怕“误了我的路”，就催促车夫：“走你的罢！”还“怪他多事”，“自讨苦吃”，从冷漠埋怨的态度之中，暴露了“我”自私自利、不理解劳动人民的思想感情。

然而，当车夫“毫不踌躇”地扶着老女人向巡警分驻所走去时，“我”却“诧异”了，这正是“我”思想认识改变的转折，是车夫关心他人、勇于承担责任的行为震动了“我”，教育了“我”。“突然感到有一种异样的感觉”，车夫的“满身灰尘”的后影，霎时“高大”了。“愈来愈大”，对“我”成了“威压”，甚至要“榨出皮袍下面藏着的‘小’来”。车夫的品质，使“我”从车夫身上发现自己的渺小，能够无情解剖自己，深刻批判自己的自私自利。“我”的思想在逐步变化。

“我”的活力这时大约有些“凝滞”，反映了“我”思想斗争的激烈。“我”在羞愧之下“坐着没有动，也没有想”。“我”下意识地抓出一大把铜圆，让巡警转交给车夫。但“我”立刻自责：这显然是对车夫的奖励，流露出“我”高车夫一等的思想。“这一大把铜圆又是什么意思？奖他么？我还能裁判车夫么？”“我”不能裁判车夫，反映了“我”不断鞭挞自己、追求进步的思想。就这样，完全把“我”从“坏脾气里拖开”。

通过“我”对车夫的行为，由不理解而埋怨到由敬佩而自责，采用了对比手法。这篇文章有三个方面采用了对比，这是文章写作上的一大特点，这种手法，相互衬托，更能表现主题。

上海市嘉定二中初二　金小铭

这位初二的学生经过一年多的自读训练就能在老师教读之前写出这样的自读笔记（当时班级里多数学生都能达到这样的水平），再经过一年多的训练，达到“不需要教”是完全可能的。

五、坚守的定力源于“使学生终身受益”的信念

“语文导读法”自1982年问世以后，虽然得到了不少同行的首肯，但30多年来对它的批评之声也一直不绝于耳。我一向把批评者视为益友，因为他们不仅使我感受到了被重视的快乐，而且确实促使我反复验证过语文导读法的合理性、可行性；如果说我现在对“三主”的表述已不像刚提出时那样粗疏，确实完全得益于这些批评意见的促成。但“三主”的观点我却始终坚持，至今不悔，这不是由于我的顽固守旧，而是某种信念的支持使我确信以“三主”为基本理念的语文导读法即使在“新课程”语境下仍有其存在的理由。这个支持我的信念就是：语文导读法是一种可以使学生终身受益的教学法体系，正如我早年的自学使我自己终身受益一样。

联合国教科文组织在20世纪70年代发表的著名教育文献《学会生存——教育世界的今天和明天》中指出：

> “未来的学校必须把教育的对象变成自我教育的主体”；
>
> “受教育者将依靠自己征服知识而获得教育”；
>
> “自学，尤其是在帮助下的自学，在任何教育体系中，都具有无可替代的价值”。①

这些论述，增添了我坚守信念的勇气。因为语文导读法无论理论层面的“三主”，还是操作层面的“三式”，都指向一个明确的目标：培养学生的自学能力，使学生最终摆脱对教师的依赖，从而成为不但在学习上能够自主，而且在人格上、意志上能够真正“自立”的人！

有人说：“‘三主’早已是明日黄花。”

想想也是，“三主”自1982年提出至今已有30多年，这三朵“黄花”是该到凋谢的时候了；但《国家中长期教育改革和发展规划纲要（2010—2020）》中却采用了这样的表述：“要以学生为主体，以教师为主导，充分发挥学生的主动性，把促进学生健康成长作为学校一切工作的出发点和落脚点。”可见，“三主”中的“二主”这两朵“黄花”今天还开着；至于“训练”是不是会“过时”，会不会从语文教学中“淡出”，谁说了都不算，要等待时间——这

① 联合国教科文组织国际教育发展委员会.学会生存——教育世界的今天和明天［Z］.北京：教育科学出版社，1997：200.

位最权威、最公正的“法官”作出最后的“判决”。

著名心理学家朱智贤先生主编的《心理学大词典》，把“语文导读法”作为条目收入，这对我来说确实是一种少有的学术待遇，至少说明了学术界对语文导读法的认可。词典释文如下：

> 语文导读法　中国中学语文特级教师钱梦龙探索、总结的一种颇有成效的语文教学法，一种引导学生真正学得主动、在学习过程中积极思考、从而锻炼自读能力的新型教学法。它既不同于以注入知识为主的教学法，又与以谈话提问为主的教学法异其旨趣。……（下略）[①]

有意思的是，收录“语文导读法”的页码，正好是该词典的888页，“8、8、8”这个在国人心目中“大吉大利”的数字，不知是不是暗寓着对我的提醒和鞭策：不要停下探索的脚步，语文导读法应该发展、发展、再发展……

① 朱智贤．心理学大词典［M］．北京：北京师范大学出版社，1989：888.

李希贵

1959年生，山东高密人，北京十一学校联盟总校校长、海淀教育战略性人才培养基地主持人。历任山东省高密四中校长，高密一中校长，高密市教委主任，山东省潍坊市教育局局长，教育部基础教育质量监测中心负责人，北京十一学校校长、党委书记；兼任国家督学、中国教育学会副会长、教育部基础教育课程教材专家工作委员会副主任委员等。从事教育三十多年来，先后主持语文主题学习、新学校行动研究、中小学育人模式创新等多项课题。先后参与教育部《素质教育观念学习提要》编写组、教育部更新教育观念报告团、《国家中长期教育改革和发展规划纲要（2010—2020年）》起草调研组等工作。出版教育著作有《为了自由呼吸的教育》《面向个体的教育》《学校转型》《新学校十讲》等。获“当代教育名家”称号。

那个仍被称作学校的地方①

1984年《美国处于危机之中》一书轰动了美国朝野，影响了全世界。其实那一年，还有一本书在美国本土也引发了同样的震撼力，只是它没有影响世界，这本书叫《一个称作学校的地方》。

在这本书里，作者提出了一系列教育改革的目标：澄清学校教育的目标和功能；发展课程以响应广泛的教育承诺；设计教学使学生更有意义并积极参与学习；增加机会使所有的学生获取知识。

这跟我们2000年的课程改革的目标多么相似，这个任务又是多么艰巨，它是一个永不竣工的工程。20年之后当这本书再版的时候，作者在前言里写了这么一句话：“当目前风行一时

① 本文曾发表于《当代教育家》2015年第5期。

的学校改革走到尽头的时候，人们又会开始‘沉痛的重新评估’。一时的挫折感可能会导致人们重新分析现在的青少年在学什么知识以及怎么样学习。”

我对这件事特别感兴趣。回到今天我们的校园里，我们真的知道学生在学什么吗？他们应该学什么呢？而特别重要的是，我们知道他们在怎样学习吗？

我和我的十一学校的同事们正在写一本书，书名叫《那个仍被称作学校的地方》。这个名字没变的地方一切都在发生着改变。它迫使我追问：在学校这样一个空间里，学生去哪儿？老师在哪里？我们的管理在哪里？

学生去哪儿
——看现在的学生如何学习

我们来看几位同学。

八年级的李同学。班里同学又叫他“李磨叽”，因为他做事很拖拉。他七年级的时候数学很弱，但是不到一年的时间，他的成绩突飞猛进，特别是数学。老师很奇怪，也没有特别给他施加什么样的影响和关照啊，他为什么变了？带着好奇，我们访问了李同学，发现他有一个好朋友，叫“徐嘚瑟”。徐同学的数学和物理特别棒，特别喜欢用数学和物理显摆自己，顺便帮助同伴，班里同学都叫他“徐嘚瑟”。这位徐同学每天都给李同学布置数学作业，还给他批改。李同学过生日的时候，别的同学都送好吃的、好玩的，徐同学送了一本书，是他亲手搜集的适合李同学做的数学题目，而且专门设计了一个封面，封面照片也是他偷拍的。李同学特别感动，学不好数学对不起好朋友啊。最后他通过一年的努力，数学达到了优秀层级。

高二的谢同学。她是一位与众不同的学生，读的书已经远远超过我们的老师。她的语文，老师已经没有办法教她了。如果她在课堂上，老师提出一个问题后就不敢看她。为什么？一看她，她就要回答。接下来，不管课堂还剩多长时间，就都属于她了。老师在教室走廊为她专门开了一个评论展区，她有什么想法、评论就贴在这个地方，有些非常有深度。有一次，一位中央媒体的老总来考察学校的时候走到这个地方，看了谢同学的评论，他问我：“我们能不能现在就录用这个员工？”我说：“对不起，你得和她本人商量。”她已经达到了一个很高的高度。她的语文学习是老师教的吗？她的学习路径到底如何？

我们再来看另一个学生，这是让老师头疼的石同学，在读高二。她有时候会拿出两个月的时间学化学，这两个月的时间除了化学之外，其他学科的作业一概不做，考试一概不考。学了两个月，把化学学好了。其实她学化学也不是上化学课，化学课她也不上，她就按照自己的办法去学习。开始老师很担心，怕这个学生搞砸了。但是，后来的事实证明她成功了。她在自学生物的时候，课桌上、家里床上摆的都是远远超出高中课程的书、大学选修的书。到底是一种什么样的大脑结构，使她喜欢用这样的一种学习方式？

老师在哪里？
——全面了解学生的学习路径

我们如果不知道一个学生是如何学习的，那他对我们而言就永远是一个抽象的学生。这句名言是我们十一学校一个语文老师说的。或许我们会认为自己很了解学生，但事实上我们有可能连一半都了解不了，因为学生并不愿意把他的全部自然地展现给老师。也许我们会觉得这都是奇葩，可是为什么我们总是会遇到如此的学生呢？

我们来看八年级王同学的故事。他最不擅长的学科是数学。当他画出自己的数学学习路径，也就是数学学习链的时候，我们发现这是一个严格按照规范的学习流程进行学习的好学生，但他的成绩一直不好。为什么呢？终于经过深入访谈，我们发现，在他的学习链上，改错和积累错题这两个环节出了问题。错题积累需要每天进行，周末进行总结，但这不是老师要求上交的任务，所以，他的完成情况不理想。还有遇到不会的问题时，需要跟同学们讨论或者问老师，而这个时候恰恰又有其他学科硬性的学习任务，这时候如何取舍他有时候把握不好。

对待这样的学生，老师在哪里？老师应该帮助这些学生发现自己局部的问题，帮助学生把学习链上的某一个环节加以改善，这样也许就改善了他的全部。现在，王同学的数学学习已经有了很大的改观。

我们再来看丁同学的故事。老师要他描述每天做作业的时间、顺序和方法，他说："刚回家还很精神，先去完成背诵任务，英语、语文的古文，然后读英语培养语感，最后夜晚糊涂的时候做数学题目。"这个问卷被数学老师看到了，他们不高兴了。有个数学老师说，这个学习方式反映出这个孩子不喜欢数学。

真的是这样吗？咱们看丁同学的学习链调查问卷，他非常擅长的学科是数学，他画出的数学学习路径非常规范，而且与众不同。那他为什么要在"糊涂的时候"做数学题呢？他说："数学、物理一直是我的强项，英语是我的弱项。语文我虽然不突出，但还有上升空间。于是在时间分配上，我将英语放在首位。在学习时序上，我发现晚上七八点钟是精力最充沛、大脑运转最灵活的时间，于是我将背诵的内容前置。英语的单词和课文、语文的古文在大脑最清醒的时间优先记住，等背诵的内容完成了，我再去做数学和物理的题目，一是换脑子，二是即使大脑运转不快了还是很容易完成的。”这就像吃东西，有的人先吃好吃的，再吃难吃的。他是先吃难吃的，再吃好吃的。

原来我们都错了，丁同学不是不喜欢数学。有一篇文章里有这样一句话，“时间长了，我们就特别容易好为人师甚至自以为是。我们铁定地以为，我们最了解学生，甚至我们身边的亲朋好友对此也深信不疑。其实许多时候我们错了，我们根本不了解孩子们。”后来我查了一下，这篇文章是我写的。

我们真的不了解孩子。现在，在我们的学校里，我们不仅要研究不同年龄段的孩子怎么思考，我们更要进一步研究每一位学生的学习特点和路径。我特别欣赏一个说法：我们要知道每一位学生真正的情况，最好的策略是暴露，最核心的发现是差异。在我们和学生沟通的过程之中最大的难点是什么？就是我们要顺应什么，改变什么和优化什么。我在好多场合说过我不同意夸大教育作用的那些提法，比如说没有教不好的学生。好多时候教育没有那么大的力量，我们特别需要做到顺应，顺应是最有策略、最容易见效的事。这里说的顺应，是指顺应每个孩子的天性。只有在经过慎重研究，确实发现了学生存在的问题时，我们才去改变他、优化他。

在美国最近出版的一本关于高效能教师的书里，作者有一个重要的观点，他说人的学习风格基于人的性格差异，既然我们不能够改变人的性格，那么你就不要试图改变人的学习风格。这时候老师在哪里？老师去顺应学生的风格。

我们再来说说前面两个主人公“李磨叽”和“徐嘚瑟”的故事。“徐嘚瑟”最强的是数学和物理，最弱的是语文。分析他的语文学习链的时候，我们发现，他的每一个环节基本上都不够缜密，没有逻辑。比如说看书，看什么书？什么时间看书？看书有什么效果？目的是什么？他都不清楚。他希望通过做大量的题目来学语文，他把学数学和物理的方法，迁移到语文的学习中，违背了语文学习的规律。

我们再来看李同学。他的数学上去了，但英语还在后边徘徊。去年12月份，他找我共进午餐。他说，自己用了不到一年的时间就把数学学得很棒，但现在用了同样的方法希望提升英语的时候，却没有效果。我对他说，以我的经验，男生到了八年级，学英语最大的瓶颈是词汇量。因为他们不像女生特别愿意背诵，男生特别希望用聪明的方式学习英语。但是八年级这个时候，如果不能够突破词汇量的瓶颈，英语的阅读能力、理解能力是不可能提升的。

我和他分享了我的经验后，他有些认可。我说，最终你得听你英语老师的指导，不管怎样，你必须在寒假以后，开学一个月之内再来找我谈一次。很遗憾，已经过了一个多月了，他还没来找我。上个星期我找人捎信叫他找我。他仍然没找我。我知道他遇到困难了，他没有达到预期的效果。用学好数学的方法，迁移到学英语上，这违背了英语的学习规律。

每一学科的学习规律是不同的。那么，遇到这样的学生，老师应该做什么？老师就是要帮助学生认识并掌握他最弱那门学科的学习规律，改变学生，自发地用方法迁移的习惯来提升弱科的做法，学会规律迁移。

好了，我们大家看刘同学的故事。这个孩子物理非常弱。通过他自己画的学习流程，我们发现这个学生在课后基本不沾物理的边，他的学习链是断裂的。他的老师朱老师就帮助他分析他的学习流程中存在的问题，指导他如何加强课前和课后的环节，并且要求刘同学每两个星期要和他见一次面，讨论物理的学习情况。不久，刘同学的物理成绩就得到了很好的提高。

韩同学是怎么学习的呢？就两个字：实验。从八年级开始，他发现了实验与学习的关联性。对他来说，不动手就感觉没有办法学习。他才上高一，就已经从多个纬度、多个领域，运用多种方法，通过做大量的实验去研究电磁场。学校为他增加了很多实验设备，家里也特别支持他。

韩同学从来不找老师，他走到物理、化学、生物教室里去，首先就是关注有什么新的药品和仪器可以玩。他的自学能力特别强，老师就放开手，让他自学就行了。现在，他已经自学了大学的力学、电磁学、高等数学等知识。

这个时候老师在哪里？老师怎么帮助这个学生？老师要能够发现学生整个学习链条上哪一个环节特别突出，并帮助学生以这个特别突出的环节来带动整个学习链。

下面这两个学生有一个共同点，就是当他们遇到问题的时候，都会通过微信去寻找答案。吕同学说，周末在家写数学作业时，遇到不会的题目，百思不得其解，灵机一动，拿出手机拍了下来，发到微信群中，不一会儿就得到了解答。王同学说，遇到不会的题目我就拍下来，发到班级微信群、作业帮APP里搜寻解答。

同样在线上寻求答案的两位学生，他们的做法一样吗？不一样！不一样的地方在于学习链的不同。吕同学寻求答案，是在“百思不得其解”的基础上。而王同学在线上寻找答案，是即时的。“遇到不会的题目我就拍下来”，一发现不会就寻找答案。

对这样两个学生，老师在哪里？老师应该从这两个同学遇到的问题切入，来分析他们学习链的优劣。

在今天这样一个互联网无所不在的时代，当学生学习的通道不再仅仅依靠老师的时候，当每一个学生都变得不一样的时候，我们老师要能够发现学生不一样的学习路径，能够发现学生的学习链有没有问题，哪个环节需要我们特别关注，帮助优化。

管理当何为
——改变自己，应对变化

说完了学生去哪儿，老师应该在哪里等着学生，现在，我们要重新审视一下，在这样一间学校里，在这个仍被称为学校的地方，我们的管理当何为？

（一）改变结构

结构决定性质，现在，已经到了我们必须高度重视各个领域结构的时候了。为什么全世界的教育都遇到同样的问题，背后的原因一定有很多。但是解决这个问题的一个迫在眉睫的、也是牵一发而动全身的关键，就是总结构的调整。沈祖芸老师昨天提到，学校组织结构的改变一定会惊动课堂改革。同样，学校课堂改革、课程改革到了一定程度，也一定会撼动学校的组织结构。

我们都说课堂教学要变，但一到教室里，又变不了了，显得特别困难。为什么？就是教室的结构存在很大问题。前两天，我在北京一所小学看到，他们的教学空间设计已经发生了结构性的转变。他们叫“三室一厅”的教学空间：“三室”，即安排一、二、三年级各一个班；“一厅”，即综合教室，这三个班共用。这样构成一个群组。他们学校的好多活动、综合课程就在综合教室里，三个不同年级的班级共同参与。所以，即使是空间结构一点点的变化，也会引发课程的变化和教学方式、评价方式的变化。结构一变，就使你不得不变，就使你有条件可以改变。

（二）管理单位的改变

过去我们都是以“班级”为学校最基本的管理单位，学校管理的重点就是班级管理。十一学校实行了“走班制”，传统意义上的“班级”没有了。当“课程”取代“班级”成为学校最基本的管理单位时，我们怎么样去组织学校的管理流程、管理机构、评价方式？

今天，我发现那个仍被称作学校的地方又变了。当每一个学生的学习起点和终点各不相同的时候，当我们的学生在教室里再也听不到老师说“现在我们开始学第二章”这样的话的时候，我们再以“课程”为基本管理单位，还行吗？

现在，我们就必须以“学程”作为新的管理单位。这个“学程”可不是统一的学程了，它已经是每一位学生的学程。像前面我列举了这么多学生，他们不是个案，不是奇葩，也并不离谱，尽管在一些传统老师的思想里，可能会认为离谱。这些学生是客观存在的，当我们把每一位学生的“学程”作为基本的管理单位的时候，我们该怎么样？

这是我们学校高二年级一个叫“语文自主学习社”的同学。这些学生不上语文课了，也不参加平常的考试，在语文学习的时间他们就自己阅读、自己讨论。当然学校和他们有协议，而且这个协议必须要有家长签字。开始的时候老师比较担心，后来发现在一次又一次的考试中，尽管这些学生没有上语文课，没有学基础知识，可是成绩也不差。他们进行了大量的扩展阅读，储备下来的那些基本的语文素养有一天就会爆发。

（三）让组织适度失控

我们现在一提管理就是控制，但是在未来世界里，我们恐怕已经无法实行全面控制了，只能用某种方式适度调控。这样，构建一个和谐的生态可能就变得更加重要。在十一学校，我们教育教学的分权就表现在校长只管课程规划和评价，而每一个学科、每一个年级、每一位老师在课堂上有什么样的教学方式，都是老师的事，是学科的事，校长无权过问。听起来有点小失控，但恰恰是这种小失控大大激发了老师的创造性。

十一学校有一批不上课的学生，因为平时的课堂教学已经满足不了他们的学习需求了。于是，他们就到学校的枣林书院去学习，这个书院的课程，就是一个学生一个学习规划。有些时候，规划不如变化快，老师一旦发现学生没有按照规划来，就想把这个学生给拉回来。我说，你不要去拉他。自主学习本身就不可能完全按照规划进行，有好多事是没法规划的，对他们也要保持一点失控的状态。

再比如我们的社团管理。好多校长、朋友、老师都会问我，你们两百多个学生社团，都有编制吗？一个老师带一个社团的话，得两百多个老师。我说我们不允许老师带社团，只允许学生去咨询老师，为什么？因为一旦一位老师负责一个社团的话，这个社团的大政方针、发展趋势、指导思想就成老师的了，学生就会成为傀儡，所以我们不允许老师带社团，以免使社团管理出现一种失控的状态。有些人说，那样社团不就死了吗？对啊，如果有一位学生在学校里组织了一个社团，即使6个月就死了，这也是他人生宝贵的财富，他从中会收获很多经验和教训。

在十一学校我们有大量的除了社团之外的自组织，这是我们下一步专门研究的重中之重。自组织不是社团，它们没有写在书面上的规则，也没有非常明确的愿景和目标。这样的自组织，一般由3到7人组成，有一两个领袖，他们没有成文的内部约束机制，但自我约束力非常强。另外，他们非常私密，老师试图去影响它很困难。我们正在探讨的是老师怎么去“掺沙子”，怎么悄悄地去影响它。这是我们下一步研究的一个重点。

（四）建一所有门诊的学校

过去我们的学校似乎只有手术室，没有B超、核磁共振。我们转过来一个学生就动手术，却不知他这个病可能不是在这个位置。我们来看一下史建筑老师的门诊，学生叫她“包工头门诊”，因为她的名字叫建筑。她接诊有一个条件，学生必须用她开发的诊断工具先进行自我诊断，拿着自我诊断再去找老师。许多同学说，不诊断不知道，一诊断吓一跳。

她接诊后，给每个学生提供不同的处方。每一个学生的处方都不一样，大家想象一下，这是多大的工作量。好多学生的问题属于疑难杂症，她一个人诊断不了，就聘请本年级的语文老师和她一块会诊。这个会诊的过程其实也就是语文学科的一次教研活动。每一个学生的诊断报告，她都放到学生的档案里。

这样一个一个学生的经验，进行提取分析之后，我们能不能建模呢？我们能不能把一个一个的学生看成一类一类的学生呢？我们一位叫滕名俊的青年老师，在教育活动当中就实施了由个到类的办法，对一个一个学生的特征进行归纳，形成一类一类的学生，在课堂上进行施教。课后，再根据一个一个学生的特征进行具体的分析落实。这样从个到类，从类到个，巡回往返，就是归纳、分析、提取，最后建模的过程。我们希望这样一个类的总结实现的是个性化教育的目标。

因为工作量极大，所以“包工头门诊”的史老师就开始采取限号措施。第一，限量放号，每天4个。因为要给一个学生全面诊断、开出药方，没有40分钟做不了，但是做这一次就有可能管用一个学期。第二，至少提前三天预约。因为老师也要查资料，学生把自我诊断交给老师，四天之后老师才能和你谈话，老师要备课。第三，恭候未到，过号重排。第四，需由本人预约就诊，杜绝黄牛。

这样的门诊效果非常好，但是目前的学校结构和编制，支持这样的医疗方式吗？

（五）模糊师生边界

上个月，一次教学沙龙上，有一位资深语文老师在发言的时候非常得意地介绍说：“我们班一个学生可会填词了，我给他一个题目，他一个晚上就给我填了3首，水平很高。我现在正在全班推广。”其实，网上有一个软件，你输进去一个题目，30首词马上就出来了。你看，老师要在全班推广，学生都不告诉他。谁是老师，谁是学生，这个边界已经慢慢开始模糊了。

我们不要小看学生，不要小看小孩子。研究发现，1岁多的孩子就懂得互助。在幼儿园里，小孩子可以相互帮助系鞋带、解裤子，同伴的力量很大。在十一学校对高一学生所做的关于学习方式的调查中，我们发现排在第一位的是“和同学学习”，占43.2%。“听老师讲课”作为主要学习方式已经排到了第三位。

今天，老师和学生的边界已经越来越不清晰，这个不清晰也包括课堂的边界。如果我们只是紧紧盯着课堂45分钟，你就没有办法去掌握、了解学生全部的学习。像这位辛同学，他不需要在课堂上学英语。他家离学校有一段距离，他爸爸每天早上送他到学校，在车上有40分钟的时间，他用“英语流利说”这个APP学40分钟的英语。

（六）给游戏化正名

有一次，有位老领导告诉我，他的孙子很顽皮。当所有的玩具都搞不定他的时候，唯一的撒手锏就是手机。他问我为什么，我想来想去，有可能因为手机是游戏化的一个象征。“游戏化”这个词到今天似乎还是一个贬义词，还没有被我们的家长、社会、学校和老师认可。

2000年的时候，我们讨论学生可不可以带手机。一直讨论了15年时间，到今天还没有结果。但是，今天我们都知道了，手机已经是个学习终端，在移动互联的世界里没有它，不仅仅没法学习，甚至你都没法生活。

我们必须要给游戏化正名。

《游戏化思维》一书中说，游戏化思维是以一种有计划、有方向的方式获取乐趣的思维，是一种解决现有管理挑战的必要尝试。它与全面质量管理、流程再造、设计思维或任何其他商业管理技术，有着同样的传统。这里面提到那些重要概念，都是我们这个世界上推动了整个人类进步的重要创造，我们的游戏化思维竟然和它们并列，那么你就不得不去接触它，认识它。

游戏化的元素到底是什么呢？点数、徽章和排行榜。有了这些东西，游戏和生活就会模糊，生活就会变得特别有意义。在我们的学习生活里，我们有没有有意识地引入游戏化思维？而不仅仅是游戏。有一次，我让初中部的老师找几个平时开展管理活动、教育活动和教学活动时引入游戏化思维的案例。初中部主任分析之后给我发短信说，结合《游戏化思维》一书的观点，我们发现，做得好的活动都暗合书中的理论，半途而废的活动都是在游戏化思维方面有所缺失的。

只要对游戏化思维有一些深入的了解，我们就会发现，它可能会比全面质量管理更好地提升我们的阅读，因为它比全面质量管理更关注人性。只有更加顺应人性化的改革才有生命力，才能走得更远。

我们面临的是一个什么样的时代？可能大家的看法会有分歧，但有一点或许我们可以达成共识，这是一个变化的时代。

有一次，我们在讨论线上学习这个问题时，有位德高望重的老教师说，我相信会有喜欢游戏化思维的线上学习的老师和学生，但未来不管到什么时候，也会有陶渊明式“悠然见南山”的状态。

会后，我和他交流看法。我说，作为个体，我们自己可以“悠然见南山”。作为教师，如果我们想带着现在的学生“悠然见南山”，他们就不去了。这时候我们怎么办？这是一个变化的时代，我们必须要能够适应变化，应对变化。

王善迈

1937年生，教授，公共管理学科中教育经济与管理专业博士生导师。北京师范大学首都教育经济研究院院长。曾任国家爱教育发展研究中心兼职研究员、北京市政府专家顾问，北京大学、日本东京大学兼职教授，现任全国教育经济学研究会荣誉理事长、国家教育咨询委员会组长、《教育与经济》杂志主编。长期从事经济学与教育经济学、财政学教学研究工作，为中央和地方政府相关机构提供决策、管理咨询服务。获“当代教育名家”称号。

教育经济实证研究与规范研究的案例①

教育经济学作为教育与经济的交叉学科，主要运用经济学的理论与方法研究教育中的经济问题。学术研究的使命在于发现、认识、解决问题，决策咨询的价值在于有助于决策的科学与民主。经济学研究方法包括规范与实证分析、定性与定量分析、宏观与微观分析、静态与动态分析、国内与国际比较等。实证分析研究回答“是什么”，即经济怎样运行；它对经济行为做出假定，对行为及后果做出分析，以各种方式对结果进行检验。规范分析研究回答“应该是什么”，即经济应该怎样运行；它以一定的价值判断为出发点，并提出行为准则，研究经济行为如何符合准则。

① 本文系作者在2015年11月17日由华东师范大学教育学部、北京师范大学教育学部、《光明日报》、全国教育科规划办联合主办的“教育实证研究论坛”发言整理加工而成，曾发表于《清华大学教育研究》2016年第1期。

规范与实证分析研究的区别在于是否进行价值判断。规范分析研究中价值判断贯彻始终，而实证分析研究主张价值中立，摆脱价值判断。二者关系是，规范分析以实证分析研究为基础，规范分析研究的演绎前提和结论通过实证分析研究检验。实证分析研究以规范分析研究为前提，实证分析中的“逻辑取向”由规范分析规定，实证分析为规范分析目标服务，研究中二者相结合。以下以我从事过的两项研究作为案例，探讨实证分析与规范分析研究及二者的结合是如何开展的。

一、财政性教育经费占GDP 4%的前期实证研究

1993年《中国教育改革和发展纲要》规定财政性教育经费占GDP的比例要在2000年达到4%[①]。此项决策的重要参考依据源于一项学术研究。改革开放初期，教育在国民经济和社会发展中的重要战略地位已成共识，教育经费的严重短缺制约着教育发展。党和政府的决策者提出要研究在一定时期内政府为教育支出多少才算合理？政府教育支出（公共教育支出）占GDP的比例达到多少才算合适？此问题成为1983年国家社科基金重点项目。

此项目研究属于实证研究中的预测研究，方法有两种[②]。第一种方法是直接法或称供求均衡法。预测需求可简化为教育发展目标中各级各类教育的入学率和学生人数×生均教育经费(或生均财政拨款)。预测供给包括经济与财政收入增长目标和财政支出结构。在此基础上确定供求均衡区间并进行选择。这种方法相对准确，但需相应条件，其中主要条件是掌握供求相关的充分信息，由于我国当时这些信息的缺失，研究中放弃了此种方法。

第二种方法是间接法，即国际比较法。运用此方法有个前提或假设，即规律存在于大量现象中，经济决定教育。有两种比较方法，一是算术平均法，包括总体平均和分组平均。总体平均即将全世界所有国家政府教育支出和GDP加总和相除，求出政府教育支出占GDP百分比的平均数。分组平均即按地区或人均收入水平分组，求出不同组别国家政府教育支出占GDP的平均数值。后一种方法常被某些国际组织采用并定期公布数值结果。国内外一些学者也采用此种方法测量和评价一国政府教育投入水平。此种方法的最大优势在于操作成本低，简便易行，其最大缺点在于未考虑同期不同国家的经济发展水平，政府教育支出相对量最终是由一国一时期的经济与财政发展水平所决定的。二是经济计量法，利用回归模型寻求同等经济发展水平（人均GDP）条件下，公共教育支出占GDP的合理比例。课题组采用的是第二

① 中国教育改革和发展纲要［Z］. 1993.

② 王善迈. 教育投入与产出研究［M］. 石家庄：河北教育出版社，1993.

种国际比较方法[①]。由于国民经济核算体系不同，故将世界不同国家分为三组进行研究。第一组选择人口在千万以上的38个市场经济国家。当时属于同类经济核算体系的国家有44个，课题组选择了38个国家，时间跨度为1961年至1979年，共19年。选择的变量或指标主要是一国的GDP和公共教育支出及其增长率。为剔除价格变动的影响，将样本国家的GDP和公共教育支出按1980年的价格计算。为进行国际比较，再将各国本币按各年份对美元汇率换算成1980年的美元，然后进行计量。计量模型曾按年份设计了线性函数模型、单对数函数模型、双对数函数模型三种，最后选择了单对数模型，计量结果见表1。邓小平同志曾提出2000年达到小康水平，即人均GDP 800—1000美元。按上述计量结果，人均GDP达1000美元时，公共教育支出占比应为4.24%。第二组是苏联东欧社会主义国家，计量模型和前一组相同，跨越时间21年，即1960年至1980年。计量结果是人均GDP达1000美元时，该比例为3.79%。第三组计划做我国1953年至1983年数据的比较，因没有相关数据，未能进行。

表1　公共教育支出占GNP比例及增长系数

人均GDP（1980年美元）	300	400	500	600	700	800	900	1000
公共教育支出占GDP比例（%）	3.29	3.52	3.69	3.84	3.96	4.06	4.16	4.24
教育支出对GDP增长系数	1.210	1.196	1.187	1.180	1.174	1.170	1.165	1.163

这项研究属于预测研究，采用的方法是实证分析研究中的计量分析方法，给出的结果是同等经济发展水平条件下公共教育支出占GDP的平均数。这项研究虽然为政府决策提供了重要参考依据，但也有局限，此种计算方式给出的是同等经济发展水平下公共教育投入的增量，而未考虑不同国家的教育投入存量。

二、“后4%”时代财政投入的长效机制研究

4%的目标经过19年的努力，在2012年终于实现，为中国教育改革与发展提供了财政保障。4%目标实现后面临的问题是如何巩固已有成果，建立政府教育投入持续稳定增长的长效机制。这是一种规范分析研究中的决策咨询研究。规范分析研究回答“应该是什么”时必须以相应的理论和法规为依据进行论证；作为制度改革的先行研究，它还必须对现行制度做出评价，找出问题和对策，论证其可行性。对此，有两种模式可供选择，其一是继续以未来目标年财政性教育经费或公共教育支出（即政府教育支出）占GDP的百分比来保障，其二是改

①厉以宁．教育经济学研究［M］．上海：上海人民出版社，1988．

革教育财政制度即通过建立政府教育投入的长效机制予以保障。

第一种模式不可取。

第一，因为它不可操作。GDP是一国一定时期总产出的增加值，它不能直接用于分配，可分配的是国民收入经过初次分配和再分配最终形成的财政收入、企业和居民收入，政府可直接分配给教育的支出是财政收入。无论是财政性教育经费或政府教育支出占GDP的比例都是事后统计结果，不具操作性。可操作的是政府财政支出中用于教育支出的绝对量和相对量。由于各级政府财政用于教育的支出即公共教育支出是财政性教育经费的主要部分，且相对稳定，4%目标实现的主要途径是每年财政部门将4%分解为中央和地方财政支出中用于教育支出的比例，并分两年实现。

第二，它将导致财政支出挂钩固化。此种方式是一种将公共教育支出同生产总值有时限和数量要求的固定挂钩模式。其实现的主要途径是将公共教育支出占财政支出的结构固化，可以理解为这是将公共教育支出同生产总值和财政支出双挂钩的模式。这种模式必将导致财政支出结构固化。一国一地区一定时期的财政支出结构主要取决于四个因素：一是政府的职能，包括中央和地方政府的职能，财政是为实现政府职能服务的，政府职能不同，财政支出范围、数量、结构不同；二是一国一地区一定时期经济社会所处的发展阶段，所处发展阶段不同造成面临的问题不同，从而影响支出结构；三是财政各项支出的成本或定额标准，它影响各项支出数量，从而影响支出结构；四是决策者的偏好或选择。因此，财政支出结构应是动态的、不断优化的，一旦固化将不利于财政支出结构的优化。

第三，将加剧政府不同部门间争夺财政资源的攀比效应。财政是实现政府职能的基础，政府职能是通过不同部门间的协作实现的。但政府财力是有限和稀缺的，政府不同部门为实现其职能都存在着财政资源最大化的倾向。一旦一个部门的支出同生产总值和财政固定挂钩，将会加剧已经存在的部门间争夺财政资源的攀比效应。这将不利于财政资源的合理有效配置，不利于政府职能的有效实现。

第四，未来具有不确定性。此种模式的运用需要以一定的预测为基础，我们可不断完善预测方法，使预测更加接近未来的实际。但预期毕竟只是一种期望，而人类社会行为具有不确定性，由于国内外客观因素和决策主观因素是复杂多变的，致使预测难以符合未来实际。正如谁也未预测到2009年会发生波及全球的经济危机，也没有预测到我国经济增长进入“新常态”。

第五，从财政预算编制程序来说，应先确定各项支出的定额标准或成本，再确定支出数量和比重。2014年全国人民代表大会通过的预算法和《国务院关于深化预算管理制度改革的决定》对此已有明确规定①。

可采取的是第二种模式。改革是发展的动力，以改革促发展。我们应该通过改革教育财政制度，建立或完善财政教育投入持续稳定增长的长效机制，保障教育优先发展战略的实施，概括来说即是定标准、定责任、入预算②。

第一，“定标准”指建立和完善各级各类教育办学标准，在此基础上确定各级各类教育生均经费标准、生均公用经费标准和生均财政拨款标准。标准包括国家标准和分省标准，目标年标准和分年标准。标准既要考虑教育发展的需求也要考虑财政供给的可能。教育作为成本递增行业，标准应是动态的和逐步提高的。定标准对于教育来说是一项基础性工作，是测算和确定公共教育投入需求量的基础，也是编制教育预算的基础。2014年《国务院关于深化预算管理制度改革的决定》要求进一步完善基本支出定额标准体系，加快推进项目支出定额标准体系建设，充分发挥支出标准在预算编制和管理中的基础支撑作用。这意味着预算编制中应先定支出标准再定预算数量。

第二，“定责任”回答财政教育支出应由哪一级财政负担，是界定教育财政支出责任负担主体的问题，这不单是教育和财政问题，而且是国家治理结构问题。在界定市场与政府作用边界的基础上，中央提出要建立中央和地方事权与支出责任相适应的制度，明确提出适度加强中央事权与支出责任。③这涉及层级政府间事权、财权、财力、支出责任和支出结构，较为复杂，短期内难以界定。事权与支出责任相适应是理想目标，但现实中由于财政纵向、横向不均衡，政府事权与支出责任划分根据不同，难以对等。解决途径为中央和各级地方政府间财政转移支付，包括一般和专项转移支付。

现行的教育事权与支出责任待明确、界定和调整。我国现行的教育事权与支出责任的划分标准中，高等教育基本上由中央和省两级管理、两级财政负担，基础教育则“以县为主”“省级统筹”，但何为“为主”和“统筹”，界定不明确、不合理。由于我国经济和财政发展在区域间严重不均衡，大多数县级政府财力难以承担基础教育的支出责任，财政缺口大多由中央和省专项财政转移支付弥补。中央提出转移支付要加大一般性财政转移支付比重，清理、整合、规范专项转移支付。现行的基础教育专项转移支付名目繁多，或有交叉重叠。一般性转移支付的目标是均衡地方财力，推进公共服务均等化，不宜规定其中教育支出所占比例。对于指定特定用途的专项转移支付可通过加大中央和省对基础教育支出责任加以解决。对基

① 中华人民共和国预算法［Z］. 2014；国务院关于深化预算管理制度改革的决定［Z］. 2014.

② 王善迈.“新常态”下教育经费增长的长效机制［J］. 中国教育报，2015（6）；王善迈. 以制度规范保障教育财政投入［J］. 教育与经济，2012（1）：1—3.

③ 中共中央关于全面深化改革若干重大问题的决定［Z］. 2014.

础教育尤其义务教育的支出责任，可采取“按项目分比例”的办法，分省确定中央和省的支出责任，避免“一刀切”，项目指教育预算中维持教育运转和发展的基本支出，包括人员经费、公用经费和基建经费。不同省按其经济和财政发展水平及支付能力，确定中央和省的分担比例，省以下市、县的支出项目和分担比例由各省因地制宜自定。在支出中应加大基本支出比重，降低项目支出比重。

第三，“入预算”是公共教育投入的制度保障问题。按照《中华人民共和国宪法》和《中华人民共和国预算法》规定，各级政府及其财政部门负责预决算的编制和执行。全国人民代表大会作为最高权力机关负责审查、批准、监督财政预决算。标准和支出责任确定后，按中央和地方政府的支出责任分别纳入各级财政预算，经同级人民代表大会审核批准后执行，这就有了教育经费持续稳定增长的法制保障。为了保障教育投入持续稳定增长，1995年颁布的《中华人民共和国教育法》第五十五条规定了教育经费“三个增长”，即“各级人民政府的教育经费支出，按照事权和财权相统一的原则，在财政预算中单独列项。各级人民政府教育财政拨款的增长应当高于财政经常性收入的增长，并使按在校学生人数平均的教育费用逐步增长，保证教师工资和学生人均公用经费逐步增长”。[①]这项规定应依法执行，因为“三个增长”体现了教育优先发展的国家发展战略的需要，同时也是可行的，是逐步推进的，属于无数量和时限要求的与财政收支的弹性挂钩。

三、几点体会

问题决定方法。学术研究的使命在于发现问题、认识问题、解决问题。在研究中，问题决定方法，方法影响结论。研究方法为研究问题服务，不同的研究问题应使用不同的研究方法，同一问题也可以采用不同的方法。研究问题确定之后，方法的选择成为首要问题。它关系着研究的成败和研究结论的价值。在研究中不应本末倒置，以方法决定研究问题。

经济学、教育学及其分支的教育经济学都属于社会科学，社会科学不同于自然科学之处在于社会科学存在意识形态和价值判断。社会科学研究应以马克思主义辩证唯物论和历史唯物论作为根本的方法论。社会科学中的不同学科有不同的研究方法，经济学中的规范分析与实证分析研究也各有不同的具体方法，如实证分析研究可采用统计学中的统计分析、计量经济学中的计量经济分析、实验经济学中的实验经济方法等。

计量分析要素包括假设、构建数学模型、选择样本和变量、数据采集、统计分析、计量

① 中华人民共和国教育法［Z］. 1995.

和结果。数学的计量方法逻辑严谨，可以数量化。但计量分析中的前提假设，理论模型的构建，结论的分析，都离不开相关理论及价值判断。计量分析一般是探讨事物之间的关系包括因果关系、相关关系，而事物之间关系复杂且多变，同一事物受多种因素影响，影响大小、强弱各不相同。因此，模型的设定十分重要。经验告诉我们，模型越复杂可能越脱离实际。样本选择及其数量乃至问卷设计都会影响结论的价值。数据大致可分为官方统计的和研究者独立采集的数据。在遵守知识产权、学术规范和保密规定条件下，采用何种数据取决于研究问题和内容，简单移植会影响研究结论。

关于研究中的继承、借鉴和创新。继承与借鉴是重要基础，创新是目的，创新必须独立思考。对“舶来品”一概否定或一概肯定、简单移植照搬都不可取，而应独立思考、判断其正确与否和是否适用于中国国情。研究应从中国实际出发，选择有理论与应用价值的问题进行研究，研究者应积极参与社会调查和实践，避免“空对空”。

张楚廷

1937年生，数学教授，教育学教授，高等教育学博士生导师，课程与教学论博士生导师。湖南师范大学原校长，湖南涉外经济学院前校长。出版学术著作90余部，独著40余部，涉及哲学、教育学、心理学、数学、管理学等多个领域。先后承担国家、教育部“21世纪的中国高等教育：教学改革与素质教育”“教学论综合研究”“大学人文精神构架”“素质教育理论研究”等课题研究；承担湖南省湖南高校“素质教育研究”“微格教学研究”等课题研究。获“当代教育名家”称号。

论高校管理中的行政管理与人事制度改革①

一个社会有两根“柱子”，道德和法律，一根也不可少。一个学校也有这两根“柱子”，一根也不可少，需要遵守法律和规章制度，但更需要的是讲道德，但是，只有道德又管不住某些人的行为，所以就必须建立和完善各种法律法规，在高校内部则需要制定章程，健全各部门的规章制度，来约束一些人，规范他们的行为。进一步地，这就提出了高校制度改革的要求，因为并不是所有的规章制度都是合理的。这就是为什么要进行高校管理的改革。高校管理改革包含多方面内容，本文主要探讨的是高校行政管理改革和人事制度改革。

---

① 本文系作者2015年5月27日在南昌航天大学举办的高校创新发展转型发展报告会上的演讲。

一、行政管理改革

（一）去行政化

所谓行政化，它的要害在一个“化”字。行政肯定是需要的，这么大一个学校没有行政是不行的，但不能“行政化”，“化”字是这个问题的实质。行政化的另外一种说法就是“官本位化”。[①]那么，这个“官”是哪里来的？“官”是我们国家的政府加给大学的，大学本来是没有官的。

我专门写过一篇文章《校长不是官》。[②]大百科全书说，官只存在于两个机构：政府和军队。政府的官，就是部长、省长、市长，这叫政府官员。军队的官，就是军长、师长，这叫作军官。这个是全世界公认的。因此，学校是不应该有官的。唯有我们国家、苏联和朝鲜等少数国家，在学校里设官。这是中国大学一个致命的弱点，学校里面校长是什么行政级别，院长是什么行政级别，这个一定要去掉。

1．大学如同“官场”

首先从校长说起。我和另外两个副校长拿着申请报告跑省委组织部，请求取消我们的厅级待遇。那个接待我们的副部长看完申请报告以后哈哈大笑，只差一句话没有讲出来了：“你们发神经呢。”但我们不笑，因为对待这件事情我们是认真的、真诚的。有些人讲，当校长待遇好啊，将来生了病以后住医院都住得好一些，护理得好一些。像癌症患者，护理得再好也不能留住他的生命，医疗干预过多反而可能加速他的死亡。所以我们不稀罕那个厅级待遇，我们纯粹是靠觉悟。美国的校长是涨工资的，当系主任都要给你调上去的。美国一般的教授们都不愿当系主任，那是个费力不讨好的事情，他们对行政不感兴趣。但对当校长还是有兴趣的，因为大学校长的社会地位都很高。但在英国，很少有著名的大学校长，有名的校长大多在美国，还有中国，中国的蔡元培就是一个著名的校长。这是因为体制不同，欧洲的体制是校长一两年一换，根本不起多大作用，是教授直接去跟外界打交道。美国不同，校长可以代表教授对外打交道。我们要从思想深处去掉这个官本位，把校长当成官，是不符合大学要求的。我做过很多报告，既有工作报告，也有学术报告。主持人常常讲，今天我们把张校长请来了，他百忙之中到我们这里来做报告，请大家鼓掌欢迎。这个是官方的说法，让你感觉那个官位有多么美妙，这样你慢慢地就有官瘾了。我从来没有官瘾，也从来没有“官腔官

① 张楚廷．从反对“产业化”到反对“去行政化”说明什么［J］．大学教育科学，2010（3）：109—111．

② 张楚廷．校长不是什么［J］．当代教育论坛：管理研究，2011（4）：1．

调”过。我专门写了篇论文《论“平易近人”》。[①]在文中，我是持一种批判态度的。有人说我是批判家，我80%以上的文章都是反思性、批判性的，因为需要我们反思和批判的东西太多了。上面所述及的高校官场化，也就是行政化，必须进行批判，并采取有力的改革措施。

2. 如何“去行政化”

在“去行政化”方面，一个很重要的工作就是校长、副校长、处长等行政负责人概不参加学校任何学术机构，即使参加了，也只能做秘书。学术委员会是高校最重要的学术管理机构，校长、副校长一律不得任职于该委员会。学位委员会同样如此，所有的校长、书记都不得参加学位委员会。因为授学位的标准是学术，不是行政。所以，这两个机构都没有校长、副校长参加，党委书记也不参加。职称评审委员会我们也没参加，职称评审也是靠学术标准的。为避免行政介入的可能，我们提出纪律：一律不得为本单位人说话，为本单位说话的一律扣分，不管你说的对不对，只能说事实或对别人说错的事实作矫正，评价的语言一句都不能有，评定投票完毕以后立即向全校公布。这样，就留不下任何暗箱操作的时间，不经过校长，避免了行政权力的干预。这都是我们很自觉地去做的，在我们看来，这是三个最重要的学术机构：学术委员会、学位委员会、职称评审委员会。幸好那个时候我们学校有两个院士，一个院士是学术委员会主席，一个院士是学位委员会主席，他们都没有行政职务。当然还有职称评审委员会，既然是学术机构，就要学术水平高的人来担任主席。没有院士，就让教授去担任。

“去行政化”就是要让广大教师有机会发表意见和建议，让他们参与学校的管理和决策。教代会是广大教师表达民意、参与学校监督和管理的重要机构。我做校长期间，教代会坚持一年召开一次，那时候，在湖南就我们这一家。我每年向教代会做报告，时间不长，一律不讲我们的成绩，专门讲自己的不足，我们做错了什么。讲完了就请大家批评、提建议。这实际上是大学书记、校长的述职，接受学术力量的监督，有助于协调行政与学术之间的矛盾。

（二）精简机构

高校行政化的一个重要表现就是行政机构和行政人员数量膨胀，工作效率低，且缺乏服务意识和服务精神。所以，学校管理改革和“去行政化”改革的一个重要内容就是行政机构的大力精简。

1．“三部”的精简

我们学校的机构精简究竟精简到什么地步呢？行政就是“三处一办”，“三处”就是教务处、人事处、后勤处，另一个是校办。党委就一个机构，就是党办。我当时对组织部、宣传

---

① 张楚廷．论“平易近人”［J］．当代教育论坛：综合研究，2011（10）：1．

部、统战部全部进行了改革。后来，他们讲我削弱党的领导，也就是“党委书记领导”削弱“党的领导”。当时省里有一个主管大学的省委副书记，说把组织部、宣传部、统战部都取消的方案是他批准的。我也敢担当，这个方案是我提出来的。有的人说我是一个独裁者，其实我不独裁，我是尊重民主的，改革组织部、宣传部和统战部的方案是提交党委会的，并经过党委会反复讨论。而且，一般发言我都是靠后的，由省委做最终决定。所以，这个改革方案从程序上是符合要求的、是合法的。后来，这三个部门还是恢复了，但我们在改革理念上仍然认为，高校组织部的工作可以跟人事处合并；宣传部的工作应该更加明确，就是采访一些优秀教师、优秀学生、优秀干部，宣传先进人物和先进事迹，营造一种积极、健康的大学文化氛围，适合于教授治学和学生学习的环境。

2. 教务处改为课程处

教务处也是我们机构改革的重点对象。教务处是一个行政机构，校长一般都很看重，看作是行政机构的第一处。我曾经把教务处改了一个名称，叫课程处。为什么要这样改？因为学校里面所有的工作都是以课程为中心的，教务处就是要围绕课程展开各项工作，协助校长来管课程，告诉别人怎么教书不是教务处的工作，因为最会教书的人不在教务处，而是在二级院系。这样去给他们讲这个道理，于是做通了教务处的思想工作。那么，课程工作如何去做？高校课程工作，一个是数量掌握，一个是质量掌握。校长要鼓励大力地发展课程，从数量上开发课程总量。然后就是质量，一门课程取决于三个要素：第一个要素就是教科书，是世界水平的教科书或尽量地靠近世界水平；第二个要素是一个领头的教授；第三个要素是要有一个相应配套的实验条件或图书资料条件。

曾经有一个很大规模的教务处长会议在湘潭召开。当时我就问湘潭大学的教务处长，湘大的课程有多少门？他说有600门。当时的复旦大学有将近3000门课程。中国大学开设课程最多的是北京大学，有6000门。而加州大学的伯克利分校有10000门课程。关于高校课程建设，我有一个“课程超市”的思想理念。就是说，学生到这个学校以后，想修什么课程都有，即使没有，学校也可以立即开设，因为高校必须具备依据学生需求来整合资源、开发新课程的能力。这样，就成了一个“课程超市”了，这个课程就等于一个基本的商品。什么叫作专业？专业就是一个课程群，也就是一个课程集合。一组课程有机组合起来，就形成了一个专业。所以说，课程是最基础的东西，也是最重要的东西，因为没有课程就没有专业，没有教学。

课程还有一个结构的问题，即一所高校的课程群具有宏观与微观两个层面的结构。高校课程的宏观结构是说不同性质课程的组合及其组合方式，主要涉及三大类课程：人文课程、自然科学课程和社会课程。这三大类课程如何组合得好，是大学课程建设的一个核心问题。大学是为了人的发展，大学必须重视人文，所以要加强人文课程建设，防止人的异化，使人更像人，让人更高大。而自然科学课程与社会课程则是需要以人文主义加以改造的，目前我们太过注重科学主义、实证主义，亟须人文主义的价值指导。①

二、人事制度改革

从历史上看，最早的大学叫博洛尼亚大学，它当时有十来个学生，那个时候的大学叫作学生的大学，老师由学生聘请，老师的工资也由学生发，校长没有存在的必要。哈佛大学最初也只有十个学生、一个教师，要校长干什么？历史证明，行政是后来才产生的，教学是第一。从重要性来看，行政也是次要的。因为，学校里面的教学做得好不好，行政不起主要作用。如果说行政起到了作用，就是真正为教学和科研服务好。

（一）实施“来去自由”政策

有一项很重要的改革，就是教授们、博士们来去自由的政策。这个来去自由政策是我们党委讨论的一致结论。外面就有评价，北京大学可以搞来去自由政策，你怎么能够搞，你好一点的跑出去了，你管得住吗？我们就跟那些人解释，你不搞来去自由，更糟糕。因为你允许来去自由，他来了，觉得不适合了，他就走了。来了就不能走了，他就很小心，干脆不来了。你搞来去自由的话，他还可能来试一试，所以，最终他还有可能来。另外一方面，实行来去自由政策还有其他的作用，比如推动“去行政化”。在学校里面，人事处曾经是个衙门，什么工资、房屋的安排、子女的安排、劳保、奖励，都是人事处管，人事处就容易滋生官本位的思想和作风。实行了人才来去自由政策以后，就完全变样了。原来的人事处是别人求它，现在它就生怕别人跑了，求别人了。以前，一般的新教授、新博士到来以后，报到要跑好些个部门，很烦琐、很复杂，现在一起给他们办了。所以，这个来去自由政策使得人事工作的整个作风都发生了很大改观。

所以，人的觉悟固然重要，制度设计更重要。来去自由这个政策非常有效，做得好了，反而变成一个吸引人才的政策了。好多人都愿意来试，因为这个缘故，我们学校的工作作风得到了极大改善。

（二）秉持“财”从“才”来理念

钱财和人才的关系是学校管理中必须思考的问题。要树立“钱财是从人才那里来的”观

① 张楚廷．人的教育需要人的课程来支撑［J］．课程·教材·教法，2009（3）：3—6．

念，这个观念确立以后，非常有好处，就是没有钱的时候，也要进人。因为进了人以后，钱就来了。财从才来，钱财从人才那里来！[①]我举一个很简单的例子。当时，有一个在北京大学学生物化学的，是北大张龙翔校长的开门弟子，这个人叫梁宋平。当时他获得博士学位后就留在了北京大学。我们做了很多的努力，千辛万苦把他引进来。生物学的发展有三个阶段，首先是个体形态水平，然后进入细胞水平，最后是分子水平。从20个世纪70年代以后进入分子学领域。而那时湖南师大的生物学研究多数处于个体形态水平，最好的是处于细胞水平。相较而言，是非常落后的。我想改变学校的落后面貌，所以，就想引进搞分子生物学的。分子生物学的研究有两个方向，一个是蛋白质方向，一个是核酸方向。当时我就把搞蛋白质化学的梁宋平引进来了。

当时的政策是，所有到美国留学的博士、副教授都得交培养费，就等于说你要走，就得赔偿。我当时采取一个政策，一律不要，回来就回来，不回来就不回来。这个政策非常有效，你要别人赔偿等于把感情都割断了。当时我就取消了这个政策，梁宋平在美国做了三年的博士后，准时回来了。当时《湖南日报》要做新闻报道，他立即跑到《湖南日报》，请他们千万不要报道。搞学问的人不喜欢通过新闻来赞扬，不喜欢新闻炒作，我们看到这个学者就是个学者。

梁宋平回来以后，我们给他建立了一个蛋白质化学实验室。当时，有一台仪器只能从美国进口，需要三万美元，还有陆续的配套得要一千万元，钱从哪来？当时的湖南师大真的是很穷。我就要他演示那个蛋白质技术里面的一些生物技术，并请省委书记和管教育的潘贵玉副省长来看，他们看得津津有味。我就找那个省委书记，说这个不太容易，这套东西要变成实用的话，投资巨大，总计需要将近一千万元。省委书记立即答应了。该事例充分说明钱财从人才来！

（三）建构“小行政大学堂”格局

大学的官僚化，一个重要的表现就是“大行政小学堂”，大行政，不仅行政的权力大，阵势也大。所以，这也需要改。我任湖南师大的党委书记、校长，前后18年，我所在的办公楼不变，一千平方米，两层楼。这样一个小小的办公楼，特别有好处：机构膨胀不了，人员也膨胀不了。我把机关待遇都压得特别低，让那些能够教书的人不愿意在这里待下去，有本领就都去教书。有一些人是没办法由行政转到教学的，一直搞政工出身，这种人不可能去掉行政，他靠这个拿工资。我的“去行政化”是足够彻底的，所有人的行政级别都去掉。这样，形成了一个“小行政大学堂”，非常小的行政，一个小小的办公楼，而且是机关干部精简的不

---

① 张楚廷. 才从财来，还是财从才来［J］. 当代教育论坛：宏观教育研究，2004（5）：17—19.

得了。机关人数很少，机关的出车很少，后来是党委部门1个，行政部门也就4个。学院设置的也不多，最高的学院数就是定的12，无论如何都不能超过12。我统计过世界上有10所大学，学院平均数9.6个，最少的5个学院，最多的12个学院。我取了个最高值。大学下面设学院，最早起源于英国，出于两个原因：一个是学生到了大学以后，不知道大学在哪里，于是搞一个小院落，这就是大学，你通过这个院落去了解大学。然后，把一些相近的学科放到一块，让它们更好地繁荣发展。尽管学院数量有所减少，但这是有利于学院实施教学的，这也意味着学校管理改革中必须将教学置于最重要的地位，改革的最终目标应该是有利于教学、有利于教师和学生发展的。这就是高校管理改革所要追求的“小行政大学堂”的格局。既要使得行政管理者强化服务意识和提高服务效率，同时强化学术和教学的核心地位，让学生和教师得以共同发展。

（四）确立学术本位的大学评价标准

衡量大学办学水平的标准有两个：一个标准是看这个学校的标语口号横幅是不是挂得很多。倘若一个学校挂了很多标语口号的横幅，很可能说明这个学校是肤浅的，或者说是个低水平大学。一所大学的卓越不是空喊出来的，而是实干出来的。不能沉下心来做实事、抓发展，学校办学水平当然无从提高。衡量一所大学办学水平的另一个标准是要看这所学校里哪些人最神奇。如果最神奇的是书记、校长，是行政干部，这个学校肯定糟糕；如果在这所大学里最神奇的是教授，教授们在各自的领域不断实现突破，这所大学就有希望成为最好的、最神奇的大学。因为大学是学术本位的，大学的学术繁荣靠的是教授，教学改革靠的是教授，干部是重要的，但一定不是最重要的，他们需要的是做好服务工作。在强调内涵发展、建设一流大学的当下，一所大学的教授能够不断地创造学术神话，那么这所大学就一定能够实现一流大学的目标。这要求大学做好制度建设和改革，包括行政管理改革及人事制度改革等。而这又进一步要求确立正确的改革指导思想或评价标准，这个思想或标准从根本上说就是“学术本位”，这是大学找回丢失的学术自由的“指示灯”。①

① 张楚廷．学术自由的自我丢失［J］．高等教育研究，2005（1）：1—5．

周稽裘

1946年3月生，江苏无锡人。1968年毕业于中国科技大学。江苏省教育厅原副厅长，江苏省教科院原院长，现任国家教育咨询委员会委员，职业教育办学模式改革工作组副组长，资深教育专家。著作有《教育现代化：一个特定历史时期的描述》等。获“当代教育名家”称号。

面向第一个百年：职业教育的攻坚与现代转型发展[①]

一、五年来职教改革发展厚植了我国全面小康社会的国计民生的基础

人力资本积累是一个国家发展的本钱，而它的基础是国民文化教育的普及。改革开放的前30年，到2011年，我国实现了民族历史上第一次全面普及九年义务教育。而最近这五年，职业教育与普通教育协同发展，使高中阶段教育普及率成功跨越了85%这一升级版门槛，也使高等教育毛升学率直追40%目标，逼近深度大众化水平，从而为2020年全面建设小康社会奠定了人力资本积累的基础。

从人力资本积累到人力资本再开发是要经历结构性调整的。由于这五年来高中阶段和高

① 本文曾发表于《西北职教》2016年第1期。

职教育的实际招生比（普：职）持续保持在大体相当的水平，从而使我国新增劳动力走上职业岗位时大部分已拥有专业训练后的一技之长，（每年1000万人）获得了正如联合国教科文组织所指出的人的社会化的第二本护照，大大加快了我国人力资本开发速度。（属第三本护照的创新创业教育我国正处于加速发力阶段。）

教育公平是社会公平的基础。这五年来职业教育坚持了“促进公平”的价值导向，主要采取了两大有效举措：一是职业学校布局坚持引导向中西部区域协调发展、城乡协调发展。二是探索和完善职业学生经费资助体系，建立了国家财政免学费和助学金为主，校企合作社会支持为辅的政策体系，使92%以上中职学生享受免学费待遇。中职教育实际上已成为普惠性教育，高职教育也成为改善民生的重要引擎。2010—2013年，850万个家庭有了第一代高职大学生。

就业是民生之本。职业教育以服务为宗旨，就业是它又一个重要的价值导向，能否通过专业教育让人民群众获得实实在在的利益，已成为检验教育的重要标准。五年来，中高职毕业生一直保持在高位的就业率，这就是向人民交出的一份答卷。

二、五年来职业教育走向现代化的主攻方向——构建现代职教体系已取得可喜的成效

国民教育体系已打破天花板障碍。大专层次的3+3、3+2、五年一贯制和本科层次的3+4、5+2等中高职衔接的多样化新学制不断出现，使“体现终身教育理念”的改革目标率先在国民教育体系内部实现。

通过主动服务经济社会发展中的重大问题，带动体系改革建设，形成了学校教育与短期培训并举、全日制与非全日制并重的新格局。构建人才立交桥初现框架。

根据《规划纲要》的建议，我国逐步建立中高职学生技能大赛制度，对我国技术技能型精英人才的早期发现、选拔和培养具有重要意义，是劳动预备制度与职业学校教育制度结合的产物（2014年1万人决赛，基层500万人参与比赛），是构建现代职教体系的一种创新发展。

现代职教体系的体制机制在改革开放中同步探索，使体系建设呈现较高的综合性和整体性。一是办学体制呈现更大的开放性，呈现校企合作办学、集团化办学、城乡和区域间合作办学、国际化办学、公办民办共同办学等多种办学形式。二是人才培养体制更加开放，形成五对接的培养体制，《国务院关于加快发展现代职业教育的决定》对此做了新的总结肯定。三是管理体制愈加开放，宏观上政府主导、行业指导、企业参与；微观上向现代学校制度推

进、校内治理结构中探索董事会、理事会制度。

三、目前存在的主要问题

职业教育社会吸引力不足的问题虽然有所缓解，但在各地仍然不同程度地存在，且会较长时间对职教发展产生影响。

职业教育办学方式还不同程度地存在着脱离实际的问题，削弱了职教的影响力和战略地位，例如在以下两个方面反映出来：一是需要多部门合作，但目前机制体制不顺畅的领域，如新生代农民工融入现代职业社会的职业能力提升问题，往往因体制困难而退缩了。二是需要学校对传统教学和管理付出较大成本的改革领域，如非全日制学历教育成为新常态问题。

四、关于后五年决胜期攻坚建议

根据十八届五中全会精神“关于全面建设小康社会”新的目标要求中涉及教育的重要阐述：

为了确保2020年基本实现包括职业教育在内的教育现代化，要尽快出台引领全国实施的可操作的现代化路线图、时间表。具体地讲：一是要有标准；二是要有分阶段推动计划；三是要有支撑全面发展的项目、工程平台和政策措施；四是要有动态监测和动态调整方法；五是要有评估验收和公告制度。

十三五规划中关于“劳动年龄人口受教育年限明显增加”这一要求是对教育规划纲要总目标中另一个目标即“基本建成学习型社会”的具体化和可操作化，它需要在跨部门（如教育部与人社部、工信部及其他产业部门）、跨类别教育（如职教与基教、高教）间建立共同而又有区别的责任分担制度，希望职业教育界主动参与、合作建立行动计划，在有所作为中进一步确立战略地位。

数学特级教师，北京师范大学教育管理学院兼职教授，国家义务教育数学课程标准研制组核心成员，新世纪（版）小学数学教材编写组核心成员，中国教育学会小学教育专业委员会秘书长。著有《刘可钦与主体教育》《教育其实很美》等。享受国务院特殊津贴，荣获“全国教育系统劳动模范”“全国模范教师”“全国十杰中小学中青年教师”“当代教育名家”等荣誉和称号。

刘可钦

当建筑与课程融合：一所“3.0学校”的探路性设计①

“未来不是我们要去的地方，而是我们要创造的地方。”

——题记

“我不只是‘必须’待在这里，我更‘想要’待在这里。”北京市海淀区中关村第三小学（以下简称“中关村三小”）的学生经常这样表达他们对于新校区的由衷喜爱。是什么样的体验让孩子们深深迷恋上了学校生活？被网络赞誉为“北京魔法学院”的“3.0版本学校”又是如何建设的？在全球化、信息化变革越来越强劲的今天，构成学校空间的基本要素，以及它

①本文曾发表于《中小学管理》2016年第9期，为全国教育科学“十一五”规划2010年度单位资助教育部规划课题“构建学习型学校的实践研究”（课题批准号：FFB100111）的阶段性研究成果。

们之间的关系都将发生巨大的变化。本文仅以中关村三小新校区的建设为例，探讨基于“学校3.0”理念的学校建筑空间设计与规划，以及由此引发的学校管理、课程内容和教与学方式的变革。

一、现实追问：学校建筑空间需要怎样的功能？

随着课程改革的日渐深入，传统学校教育空间已无法满足学生的自主学习需求，空间使用遭遇尴尬。下面是传统的学校空间中常见的几个镜头——

镜头一：学校的“阳光大厅”里经常会摆放各种各样的展品和展板，但却很少看见孩子们在其间逗留，因为这里离他们的教室很远。放学时，多数孩子排着队匆匆从这里走过，只偶尔有个别学生冒着“被批”的风险，大着胆子跑过去观看一下。

镜头二：师生只有在教室、办公室、会议室等正式场合相遇，想在校园里寻找一处可以自由交流的空间几乎是奢望。因为教学楼里只有狭长的过道加上一排排教室。学生们一般上午前两节课会集中在教学楼里上课，两节课后要到各个专业教室去，于是就有了课间大规模的“移动”。狭窄的通道，在人流单向的钟摆式移动中显得更加拥挤，而卫生间等公用设施也会形成峰谷般的紧张和闲置状态。

镜头三：当自主学习越来越多地呈现在公开课上时，却鲜见于日常的教学中。究其原因，一方面是由于班额大、教学内容多、课时少；另一方面，教室空间狭小也是一个不能忽略的重要因素。在座椅只能以“排排坐”的形式摆放的情境下，合作探究、动手操作的学习往往很难真正实现。

应该说，实施课程改革十多年来，我们的班级规模、教学方式、学校生活等只能在原有的学校空间状况下进行改良性的调整。近百年来，学校空间整体格局和基本结构的变化依然不大，以教师为主体的、单向的知识传输，以及反复的技能训练的空间需要，是建筑设计的基本依据，固定狭小的教室 + 不宽敞的走廊 + 单调的操场成为学校设计的普遍样态。

面对全球化进程以及信息时代引发的变革，我们需要通过学校建筑和空间的改变，促进学校教育的创新。因而，当我们有机会可以重建一所新学校时，我们并没有把精力放在追求新、奇、特的建筑形式上，没有仅仅停留在“盖房子”这样的物理需求上，而是通过对学校建筑的探讨，重新认识学校、认识学生、认识师生的教与学，通过各种空间资源的重组建立新型的互动的教育关系，同时将空间资源作为课程进行开发，以引导师生教与学方式的变革。

二、让空间设计契合教学改革，与学生学习深度对接

（一）基于“学校3.0”理念的思考：打通学习与生活的界限

我们首先需要思考的是，学生是如何学习的？学生应该怎样学习？我们要在学校创设一种开放的学习环境，让教师爱学生、会教学；让学生爱学习、会学习；让学习成为一件有趣和有意义的事。在这样的环境中，学生既能从书本中获取信息，更能从同伴和真实的学习中获得学习经验；既可以进行个体的独立学习，也可以使学习发生在小组或团队合作中。从而打通学习与生活的界限，让师生的学习、闲暇、交往和游戏有机相融在一起。

基于这样的考量，我们希望让学校建筑超越一个个单一的空间，成为多样空间的组合；超越教室仅满足于听讲、读书、写字的功能，为学生的小组内和组间的学习互动提供保障；超越教室＋走廊的局限，设计一些宽敞、连续、开放、通透的一体化空间。也就是说，学校空间设计要超越农业和工业社会的整齐划一的格局，形成生态社会多样多重的、积极的教育关系。这是我们形成“学校3.0”理念的重要基础，也是我们与建筑设计师对话的现实支撑。

在一块30亩的土地上，想“装进”这么多的想法，“填充”这么多的功能，并不是一件容易的事。因此，我们与设计师的对话从古代到现代，从国外到国内，从企业到学校，从教师到学生，从学校到社会，试图在多个坐标系中探寻一些共同的元素，建构我们的表达方式。于是，一所凝结建筑和教育双重话语体系和双重创新的“新三小”诞生了。

（二）学校与建筑设计的对话：构筑合作、共享的教育生态

1. 办学理念的建筑表达：在开放性建筑中进行多元对话

教师们都习惯称学校为“大家三小”，这不仅是我们的办学理念，更是我们的发展愿景。我们认为，学校是一个大家庭，要让每个人都能够体会到家庭般的温暖和力量；在大家庭里，要尊重每个人，需要每个人，成就每个人；学校的发展需要团队的进取心，每个人都需要有大家气度和追求。

因此，我们吸收了中国传统民居的瑰宝——福建土楼的模型，结合新校址的地理条件，形成一个“C”型的开放性建筑物。身处这样的建筑中，每个人都会感觉被建筑“环抱”着，产生一种整体感和庇护感。面向东南方向的开放性设计，使得整体建筑仿佛在热情拥抱每一个走进来的人，同时又将你引入更广阔的社区，与整个城市相连，由此体现“大家三小”的大家庭和谐共处的理念。

新校区的主门广场呈现“凹”字形，主动从建筑红线向内退了10米，为家长接送孩子让出一个缓冲地带；校门两侧设计了座椅，是供社区往来人员休闲之用。这是学校与社区对话

的开始，也是将社区融入教育共同体的开始。

2. 学校基本空间单位的改变：形成“班组群”和“校中校”

我们将教室空间转变成家庭式的“三室一厅”的生活学习基地，三个房间中分别住着来自不同年级的三个班的同学，他们组成一个“班组群”。三间教室的墙壁都是可移动的隔断板，平时三个班级的学生在各自的教室里学习，根据课程内容的需要，随时可以打开不同的隔断板，两个或三个班级自由组合在一起，开展多样的真实的学习。四个这样的“班组群”组成一个“校中校”，形成一个包括数百人的小型学校的架构，这是一个相对独立但内部开放融通的教育共同体，学校安排一位主任专门负责其日常工作。“校中校”为师生提供了便于认知自己以及不同年龄段的同伴和团队，便于获得归属感的有意义的社会人文环境和合作学习的教育生态环境。学校的基本空间单位，由单个班级过渡到以“班组群”为基本单位，管理效能得到提升，各种教育关系也随之发生积极的变化。

3. 设计多层次感的空间：注重公私兼顾的场所功能

依据社会学、儿童发展心理学等相关理论，我们将一个“班组群”的整体空间，科学设计出个人空间、固定组群空间、分享空间和公共空间四个递进层级的空间。

个人空间中，有类似“小屋”“树洞”等可藏身其中的家具，方便学生独处或三两聚集，是学生自由活动和静心思考的私人领地。固定组群空间，即传统意义上的教室，我们称其为“三室”。分享空间，即“一厅”，是大孩子与小孩子一起放松和玩耍的场地，也是组群共同进行研究学习的空间。公共空间，即宽敞的环廊以及室外操场、庭院等。整个建筑在地面上的四层，采用了层层错落的设计，形成室外宽敞的环廊，每层每个空间里的学生都可以便捷抵达户外。层层错落的设计，还可以让每一楼层的师生都能最大限度地享受自然光。每个组群还有自己的种植箱，自种自食。

4. 设计可组合的空间：为多样学习方式转换提供空间保障

设计新校区时，我们首先考虑要为学生独立学习、合作探索、查询资料、分享成果提供空间保障。因此，新校区的教室相对传统的教室空间更大一些，并且从传统的以黑板和讲台为中心转向注重多维中心的空间感，由过去的仅仅关注个体学习的需要拓展为关注集体、个体和小组学习的多重需要。课桌椅可以采取不同的组合方案，学生不再被限制在固定的座位上，而是可以走动、讨论、动手、表达、展示，独立思考、小组讨论、班级分享等多种学习方式的转换变得更加自如。

（三）空间设计的创新带来教育创新

建筑与空间设计的创新，又引发了学校教育的变革。我们将“真实的学习”作为课程改革的价值目标。学习不只是发生在教室里和课堂上，而是发生在学生的足迹所至之处；教师不仅仅是在办公室里备课、批改作业等，而是有更多样的空间适宜其学习、交流；学生也不再只是过一种上课下课的单调生活，因为对儿童而言，“生活即学习”。

1. 混龄的学习同伴

“班组群”注重同伴影响，不仅是同龄的，还有不同年龄段学生的相互影响。学生在“班组群”中的学习方式既有班级内部的学习，更有班级之间的交流；他们不仅可以与同龄同学共同学习，也可以根据自己的整体发展需要，与其他年龄段的学生组成项目研究团队。

2. 跨学科的教师团队

来自多个学科的教师组成一个工作团队，承担一个“班组群”所有学生各学科的学习指导任务；同时，我们在班主任管理的基础上融入跨年级导师制，形成一个教育共同体，共同负责一个“班组群”所有学生在校期间的日常教育和管理工作。

3. 板块式的学习时段

我们以90分钟为一个学习板块，提供多种学时组合的可能，由两个或多个学科的教师自主协商，灵活安排学时。这种板块式的课程设置，满足了学习的多样需要，如两个学科的教师可根据每天学习内容和进程的需要，协商若干不同时间段的组合。这也为跨学科学习提供了实践创新的土壤。此外，再加上每个班组群内独立的卫生间和直饮水设备，学生还可以便捷抵达户外，这就为课堂转换提供了便利的物质保障。

4. 共享式的“教师中心”

我们最大限度地拓展公用空间，用“教师研修中心”取代了传统意义上的分学科教师办公室。这里不再是小格子似的办公空间，而是宽敞的公用办公或休闲座椅，同时又划分出隐蔽空间，为教师的私人储物或更换衣服提供便利。教师们在这里学习、交流，就像置身于一个小型社区，更容易建立信任关系，共享彼此的资源。

三、以建筑形式表达办学理念，让学校成为充满成长机会的“博物馆”

我们希望一所新学校的建设，能够尽可能地表达出我们的教育追求和鲜明特色。一方面，学校建筑空间的设计与我们对教学改革的追求相契合；另一方面，我们还希望借助建筑形式更直观地表达学校的办学理念。一所好学校就是一个充满成长机会的博物馆。当我们将办学理念融入建筑设计，我们的学校建筑就有了生命意义上的存在。在这里——

处处是教室。过去的学习只发生在教室，现在则随处皆可发生。可移动的墙壁让过去的资源分割变成如今的共同利用，从资源的静等走向资源的推送，为师生的学习提供了最大便捷条件。宽敞的走廊既是通道也是学习空间，孩子们可以很方便地由室内移到室外学习。

处处是图书馆。从居于学校建筑正中央的“中央图书馆”，到各个“班组群”的图书分馆，学校注重处处营造读书学习的氛围，便于学生阅读、分享及查阅资料等。

处处是博物馆。当学校的设施作为一种课程存在时，各种建筑材料、室内家具、时钟、灯具、文化标识，包括色彩使用等，都可成为学生探究学习的“活”的教科书和学习资源。这就使学生的学习与当下的生活紧密相连，使学校成为一个可以探究的真实的学习基地。

处处是舞台。宽敞多样的空间成为学生展示才华和探究的舞台。画展、书展、演出与比赛等，为学生创造并提供了尽可能多的机会。我们还将学生天然的“胡写乱画”行为引导至在学校门窗玻璃上的写写画画，鼓励孩子们用自己的画笔和色彩表达心声、装扮校园，孩子们因此有了一个自由而有序的表达天地。

处处是艺术馆。学校的文化设计、易辨的标识等都使用素朴的色彩和自然的材质，为的是衬托孩子的多样和鲜活，同时也渗透给学生简单大气的格调。从50幅中外名画中选取的色彩搭配，构成了各楼层的主色调，线条流畅的地面温馨、简洁、明快，这些都可以给学生提供色彩和造型的熏陶。

处处是学习的地方。学校应成为学生进行科学探秘的乐园。如室外庭院各“班组群”的“自留地”种植，注重植物自然生长与景观之间的协调一致；裸露的建筑管线，可以让学生直观地了解建筑物的“神经系统”。进入新校区后，孩子们开展的“我们的学校”项目学习，从校园垃圾桶摆放到人类生活垃圾处理；从窗帘遮光功能到不同空间窗帘的自动化；从不同场合座椅的摆放方案到对家具风格、种类的学习，都扩展了学生的学习领域，实现了真实的学习。

温儒敏

1946年生，广东紫金人。现任山东大学人文社科一级教授，北京大学语文教育研究所荣誉所长、教育部聘中小学语文教科书总主编。曾任北京大学中文系主任、北京大学出版社总编辑、中国现代文学研究会会长、《中国现代文学研究丛刊》主编、国务院学位委员会学科评议组成员、教育部义务教育语文课程标准修订专家组召集人、人教版高中语文教科书主编、国家级高校教学名师。主要从事现当代文学、文学理论和语文教育等领域研究。著作包括《新文学现实主义的流变》《中国现代文学三十年》（合著）、《中国现代文学批评史》《中国现当代文学专题研究》《温儒敏论语文教育》（一至三集）、《温儒敏谈读书》《温儒敏语文讲习录》等。获“当代教育名家”称号。

培养读书兴趣是语文教学的“牛鼻子”①

——从“吕叔湘之问”说起

1978年，著名语言学家吕叔湘在一次会议上曾批评语文教学的“少慢差费”，效果不佳。他说：“十年时间，2700多课时，用来学本国语文，却是大多数不过关，岂非咄咄怪事？中小学语文教学‘少慢差费’的严重程度，我们恐怕还认识不足。”②从“吕叔湘之问”提出至今已经30多年，尽管有过一轮又一轮的改革，也提出很多新的教学理念，推广过这样那样的教学法，活动多了，课堂热闹了，多媒体也普及了，可是整体上看，学生的阅读、写作能力未

① 本文曾发表于《课程·教材·教法》2016年6月第36卷第6期。

② 吕叔湘.当前语文教学中两个迫切问题［N］.人民日报，1978-03-16.

见得就有多大的提高。在许多地方和学校，“吕叔湘之问”仍然悬挂在头上，并没有答案。[①]

在小学低、中学段，大多数孩子还是喜欢读书的，到了小学高年级和初中，他们也还会接触较多的图书。可是从九年级开始，学生读书的兴致和数量就一路下滑。到高中，读书变得尤其功利，一些家长和教师甚至不让学生读那些和考试无关的书。整体而言，中小学生的读书状况是不好的，年级越高，情况越糟。很多学生除了教科书和教辅书，几乎不怎么读书，不喜欢也不会读书，更不会读完整的书。就如同“吕叔湘之问”所说，我们教了多年的语文，学生也花费大量心血在这门课上，可是到头来只会做题考试，对读书不感兴趣，也不会读书；即使考上了大学，许多学生还是不会读书，也不喜欢读书。这就是事实。

不读书或者读书少，怎么可能学好语文？正如想要马儿跑，又不让马儿吃草，这怎么可能呢？但事情往往就是如此悖谬。

“吕叔湘之问”其实并不难回答。少读书、不读书就是当下“语文病”的主要症状，同时又是语文教学效果始终低下的病根。

教师们对少读书、不读书的“语文病”是不满的，他们往往抱怨应该进行教育改革，认为这一切都是现在教育体制的不完善，以及功利化的社会大环境所造成的，因此很无奈。这当然是重要的原因。在高考和中考这个巨大的现实面前，无论学生、家长还是教师，都会有非常实际的想法，就是如何更有效地应对考试、在激烈的竞争中取得尽可能好的成绩。这就难免有应试教育，有急功近利的题海战术。这种背景与氛围，显然是不利于读书、不利于提升语文教学效果的。

我们必须承认考试和竞争这种巨大的现实。高考和中考无论怎么改，也是考试。既然是考试，就必然有竞争，也就难免会有应试教育。因为国情所决定，在相当长时间内，我们必须与应试教育的大环境“共存”，不可能独善其身。但“共存”不等于完全被裹挟，不等于随波逐流，关键要有清醒的平衡意识。既要让学生考得好，又尽可能不要伤害他们的学习兴趣，不把他们的脑子弄得死板，这就需要在应试和素质教育之间取得一些平衡，而不是非此即彼。有水平的教师就懂得适当的平衡，和应试教育严峻的大环境共存，又始终在谋求自己的空间，尽可能改进语文教学，能改一点，就是一点。

提高语文教学效果有各种各样的办法，但最管用最有效的是读书，培养读书兴趣是关键，是“牛鼻子”。抓住了这个“牛鼻子”，就可能一举两得，既能让学生考得好，又能真正提高学生的语文素养。

这种平衡的前提是不把考试和读书对立起来。即使为了考试，也要注重培养学生的读书

① 温儒敏．温儒敏论语文教育［M］.北京：北京大学出版社，2010：107.

兴趣，少做题，多读书。事实上，对读书有兴趣，喜欢读书，有较宽阅读面的学生，他们的思维比较活跃，语文素养比较高，考试的成绩也不会差。再说，读书不仅是一种能力，也是一种良性的生活方式。在中小学阶段培养读书的兴趣与习惯，是为学生的一生打底子。讲平衡，既要照顾考试升学等现实的利益，更要从长计议，着眼于给学生的终身学习做准备，为他们走向社会之后的发展以及生活质量的提升打底子。今天重新提出“培养读书兴趣”，是把近期目标（考试）和长远目标（学生的发展）结合起来，兼顾目前和长远的需要。

语文课最基本的内容目标，是培养读书的兴趣和习惯。有了读书的兴趣和习惯，才能把语言文字运用的学习带动起来，把素质教育、人文教育带动起来。现在重新提出要抓住培养读书兴趣这个“牛鼻子”去改进语文教学已经不是什么新观点，但在语文的概念被弄得很混乱的当今，重新回到朴素的立场来考虑问题，从“多读书”的角度去理解语文的本质，是有现实意义的。

一、反思语文教学的普遍模式，树立“读书为要”的自觉

课标有段话很精辟，应当记取：“要重视培养学生广泛的阅读兴趣，扩大阅读面，增加阅读量，提高阅读品位。提倡少做题，多读书，好读书，读好书，读整本的书。”①

很多语文教师不否认读书的重要性，但一到教学的层面，就有意无意把促进读书兴趣这一点忘记或者放弃了。备课的时候，写下多条教学目标，唯独不考虑如何去引发学生的读书兴趣。可能因为急功近利，总是考虑如何应对考试，提高成绩，结果舍本逐末，未能把“读书”摆到语文学习的高位。

为何要高度重视语文课中的“读书”问题？怎么防制语文教学中的急功近利？首先要加强对语文学科特点的认识。现在语文教学普遍都是课堂教学和课文讲解带动整个教学，依赖教材，依赖课文精讲，依赖课后作业操练。这种普遍的做法，大家已经习惯了，所谓改革，也就增加一点学生的活动。有时我们对此也不满意，但已经轻车熟路、习以为常。

看来得跳出这个思维模式想一想：现有的语文教学模式是怎么形成的？是天然合理的吗？为何如“吕叔湘之问”所说会“少慢差费”？是否应当有所调整改进？

其实，传统的语文教育不是像现在这样的。古人学语文从蒙学开始，就是以读书为主，先生是很少讲的。从《千字文》《增广贤文》《大学》《中庸》《左传》等等，似懂非懂地一路读下来，慢慢就读得熟了，由不懂到懂，文字过关了，写作也过关了。这是浸润式的学习，

① 中华人民共和国教育部.义务教育语文课程标准（2011年）[M].北京：北京师范大学出版社，2012：23.

整个身心沉浸在阅读之中，文化的感觉有了，语言的感觉也有了。传统语文教学和现代语文教学最主要的区别就在读书。传统的语文教育并没有明确的教学体系，也没有教材、课堂精讲和作业操练，但要大量反复地读书，整本整本地读书；而现在的语文教学主要是一篇一篇地讲，一次一次地组织活动，唯独很少读书，特别是读整本的书。

以现代人的眼光看来，传统的以读书为主的方法太过奢侈。现代人要学的东西比古代多，除了语文，还有英语、数理化等，靠古代那种大量读书的浸润式的方法显然不适应了。所以从新式学堂开始就改为“概论式”的学习，即以课堂的讲习为主，课文的分析作为重点，把各方面的知识加以体系化，以概论的方式传输给学习。在20世纪二三十年代的中学国文课中，古典诗文还是占很大比重，不过不同于传统语文的学习，不再是一本一本地读，而是一篇一篇地读。这时期的国文学习虽然和传统不一样，但还是注重读的。五六十年代以后，学习苏联的教学模式，中小学语文也开始突出知识性传授，学习语法修辞和文学常识，加上文选的精读精讲，就成为现在普遍流行的语文教学基本模式。

当初设计这种语文教学模式，是为了适应时代变化，力求在有限时间内达到一定的教学效果，让学生具备读写能力。可是采取这种方式，读书就少了。记得我上小学时，语文教师还经常给我们读小说读诗歌，激发读书的兴趣。大概当时教师也是意识到光是讲课加练习，难于提升语文水平，所以还补充一点读书。可是现在呢，本来比较怠慢读书的教学，又加上应试教育，就越加紧缩，学生越来越不习惯也不喜欢读书。语文课就在应试教育的约束之下，像吕叔湘说的，愈加“少慢差费”了。

回顾语文教学的历史变化，是为了说明现有的普遍的语文教学模式，也并非只是这些年应试教育的产物，它是有历史来路的，它存在不合理的方面，需要反思，做一些调整。怎么调整？适当吸收传统语文教学中好的经验，增加读书量，扭转近百年来语文教学存在的偏执，让语文教学更加符合规律。

现在完全回到传统的语文教学，是不现实的，但我们应当了解这一百多年来语文教育的得失利弊，在基本实施现代语文教育方式的同时，适当补充传统的经验，多少加点慢功夫，培养读书的兴趣与习惯。

语文课改有太多的经验，太多的流派，太多的措施，但最重要的要先想办法改变不读书、少读书的病况。“读书为要”，千方百计把读书兴趣的培养放到头等位置，有这方面的自觉，语文教学才能祛病健体，提高效能，进而回答“吕叔湘之问”，也会自然而释然的。

二、区分不同的课型，采用“1+X”方法

阅读教学效果不佳和学生不喜欢语文课有多方面原因，课型混淆，模式僵化，扼杀读书的兴趣是问题之一。

现在语文教材分为精读和略读两类课型。教材分精读和略读，是有讲究的。精读课主要靠教师教，一般要求讲得比较细、比较精，教师给例子、给方法，举一反三，激发学生读书的兴味；而略读课是让学生自己读，把精读课学到的方法运用到阅读实践中，主要通过泛读、自主性阅读来学习。两种课型不同，功能也就不同，配合进行，才能更好地完成阅读教学。

但是如今的阅读课往往混淆了精读和略读，几乎全都设计成精读精讲，而且程式相对固定。不管什么课，都要讲写作背景、段落大意、主题思想、艺术手法等，抠得很细，几乎全都是以分析性的精讲记忆为主的教学方式。这种精读课独揽全盘的做法有很大的弊病，的确太死板，压抑了学生的自主性学习兴趣和读书的兴趣，应当改一改。

要分清精读和略读两种课型，精读课以教师讲为主，略读课就让学生自主阅读。讲课也不要老是那一套模式，应该根据课文内容、文体以及单元要求的教学目标等，来设计不同的教案，突出每一课的特点和重点。除了区分精读与略读，还要更加细致地区分与不同文体、内容相适应的课型。比如，散文、小说、诗歌与童话的课型也应当各自有所不同，古代诗歌和现代诗歌的课型也有差别。有的教师讲童话《皇帝的新衣》时，和分析小说一样，还是对人物形象、叙事结构、主题思想进行分析等，唯独没有激发学生去想象，把童话教成小说，这也是课型混淆。

略读课的教学目标就是要鼓励学生自主阅读，实践和体验读书的方法，激发读书的兴趣。如果处理成像精读课那样，就等于消弭了略读课的功能，阅读教学就不完整了。为什么教师会普遍地不分课型，几乎全都讲成精读课呢？是因为担心考试，生怕有遗漏，就把所有课全都精读精讲，细嚼慢咽，导致学生自己阅读延伸的空间就被挤压，读书的兴趣也被扼杀了。这叫适得其反。

现在各种版本的语文教材，安排学生的自主阅读、自由阅读还是太少，只靠教材是远远不能满足阅读教学需要的。为了弥补这一缺陷，除了区分课型，把略读课归还给学生，还有一个建议，就是实施“1+X”的办法。即每讲一课（主要是精读课），就附加若干篇同类或者相关的作品，让学生自己去读。可以在课内安排读那些附加的作品，也可以安排在课后。不

只是读散篇的作品，也要有整本的书。教师可以稍加点拨，但千万不要用精读课那一套要求去限制学生，只要求学生能读就好。

区分课型，或者实施“1+X”方案，不是反对讲课的精细。课文的分析有时必须要细、要精、要透。但这种“细”要有意义，意义就是指向学生读书的兴趣，并要学生学会读书的方法，而不能只是为了考试，其他不管。起码这两方面都要兼顾，不走极端。课上得死板，千篇一律，又几乎全都指向考试，这就是语文课的一大弊端，是会扼杀读书兴趣的。

目前教育部组织编写的新的小学、初中语文教材，就加大了精读和略读两种课型的区分度，干脆改“精读”为“教读”，“略读”为“自读”。新教材格外注重课外阅读延伸，这就建构了由“教读—自读—课外阅读”组成的“三位一体”的教学结构。在新教材尚未全面铺开之时，教师们不必等待，可以自己朝课型区分这个方向做一些改进。

三、授之以渔，要教读书方法

“吕叔湘之问”所指出的语文教学的费时而低效，牵涉到教什么的问题。现在的语文课不是完全不教读书方法，只是单打一，光教精读，轻慢其他。比如默读、浏览、快读、跳读、猜读、互文阅读，以及如何读一本书，如何进行检索阅读等，各有各的技巧方法，可是教师并没有教给学生，甚至没有这方面的教学意识。结果学生就只会精读，无论碰到什么文章，全都用主题思想、段落大意加艺术手法等一套分析办法去套。一些学生上了大学还不会默读和浏览，碰到文章就只会用精读法，读得很慢，还不得要领。其实生活中用得最多的是默读和浏览，是检索式阅读、互文阅读，包括非连续文本阅读，可是我们的语文课偏偏就很少教这些。这是语文课致命的缺失。

课标对于阅读教学是有方法上的要求的。课标提到从小学高年段开始，要让学生养成默读习惯，有一定的速度，阅读一般的现代文每分钟不少于500字。能较熟练地运用略读和浏览的方法，扩大阅读范围。默读与浏览都是常见而又实用的读书方法，是基本的阅读能力，只有具备这些能力，才能提高阅读速度，扩大阅读面，增加阅读量，也才谈得上读书的习惯与兴趣。

比如跳读，它是浏览、快读时必须要有的方法之一，可以跳过与阅读目的无关或者自己不感兴趣的内容，也可以跳过某些不那么精彩的章节，这样，读起来就会很快，也会有兴趣。又比如猜读，这也是很常用的方法。小学生认字还不多时，要读一篇文章或者一本书，不能碰到生字词就查字典，可以根据前后文意思猜着读下去，只要大致能读通，就不要中断，最好一鼓作气读下去。这样才有读书的兴趣，也才读得快、读得多。想想，我们小时候读《西游记》等小说，不就是这样跳读、猜读的？本来这是无师自通的方法，如果语文课也能教一教，从方法上指导一下，那效果就不一样了。

教师教默读、跳读、浏览等方法，要有窍门，要有可操作性。光要求“抓住关键词”，要求“读得快”，学生还是不会，等于没有讲，这就需要有具体的可以模仿学习的技巧。拿浏览来说吧，就要把默读、快读、跳读等多种阅读方式结合起来，尽量在“一瞥”之间掌握一个句子甚至一个段落，眼睛最好看文章的中轴线，不要逗留。但是有些学生阅读时还是要不断逗留，读不快。怎么办？可以让学生这样训练：五个手指并拢，一行一行往下移动，阅读的速度要比眼睛的移动稍快。按照这样的方法训练，速度越来越快。总之，要教给学生具体的读书方法。

拿起一本书，要教给学生先看书名扉页、提要简介、前言等，再翻一翻目录，或者挑选一两个与主旨联系密切的章节重点看看，跳着读，读几段或者几页，最后要比较认真地看看书的结尾部分，这里往往是对全书提要性的总结，或者还可以看看后记，很快就可以了解一本书的大致内容，甚至能判断写得怎么样，决定是否值得再细读精读。这叫“检视阅读”，或者叫“检索阅读”，是迅速读一本书的办法。①

教师还可以教给学生如何将精读与略读结合起来阅读。比如，一本书可以读三遍，第一遍粗读，大致了解其轮廓主旨，有个基本印象；第二遍细读，对各章节内容有更加深入的理解；第三遍，就是带着问题包括疑问去读，选择重点章节读。当然，不是所有书都需要读三遍。这里指的是比较重要的基本的书。

现在的语文课对于阅读方法的传授太过单一，几乎都是分析性阅读，非常注重作者意图、背景、主题、段落大意，以及思想意义、教育价值等，最多加上修辞和艺术手法。这就有点文体混淆、一锅熟了。其实不同的文体、不同的课文，阅读方法应当有所区别。教师要教给学生面对不同的书采用不同的阅读方法，而不是全都分析性地提炼主题思想之类。比如，小说、诗歌、散文，就不宜采用议论文的读法，不能以分析性理解为主，而应当着重鼓励想象与体验，要设身处地，要非常重视第一印象。有些方法是很具体的，比如读一首诗，第一遍很重要，要重视直观感受，最好快读、朗读，一口气读完，获取带有鲜活的个人感觉的第一印象。②但现在有许多教师教诗歌时，一上来就要求学生理解、分析，在主题、作者感情、意象和语言等方面做详细的解读，偏偏放弃了对学生的经验与感受的引导，那是违背诗

① 莫提默·J. 艾德勒，查尔斯·范多伦. 如何阅读一本书［M］. 北京：商务印书馆，2013：30.

② 温儒敏. 中国现当代文学专题研究：第二版［M］. 北京：北京大学出版社，2013：22.

歌阅读要义的。

还有各种文体的阅读，方法也是有区别的。读小说和读诗歌不一样，读文学性的散文和读论述性与说明性的文章有区别，读历史、哲学和科学的文章又各有门径，都要教给学生方法。我发现有的教师设计童话的教案，就还是用解读小说的办法，讨论主题思维和艺术手法，偏偏未能讲一讲童话的特点，未能把教学重点放到激发阅读的想象力这一点上。学生学完这一篇，还是不会读童话，或者本来是天然的会读童话的，上了语文课反而不会读了。

要强调读书方法的传授。一堂课下来，有把握得住的“干货”。读书方法就是“干货”。当然，教无定法，根据不同的学情，可以有多种多样的教法，但无论哪种教法，都要让学生有兴趣学，又能把握方法，学会学习，学会读书。

就小学语文特别是低年级的教学而言，虽然以识字认字为主，还谈不上读书方法，但也要开始重视阅读习惯和兴趣的培养。一切教学行为，都要以激发孩子学习兴趣包括阅读的兴趣为核心。新编的一年级语文教材，就设有专栏“快乐读书吧”“和大人一起读”，都是旨在引导和培养学生读书兴趣的。从中年级到高年级，每一学期都有名著选读和课外阅读指导。在新教材使用之前，教师们可以根据教学需要，适当加强关于培养读书兴趣方面的内容。

四、提倡“海量阅读”，鼓励“连滚带爬”地读

为何我们的阅读教学效果不理想？还得检讨一下某些关于读书的观念。有些观念长期笼罩着我们的头脑，好像是天经地义的，从来不会去怀疑，一代一代教师就那样去认同和要求学生。

最常见的一个观念，就是“不动笔墨不看书”。在一定情况下，是可以也应当这样去要求的，比如精读某一篇课文或者为了积累去读书。但很多情况下，又不能这样要求，事实上也很难做到。如果规定学生凡是读书都必须做笔记，凡是阅读都得考虑如何提高写作能力，这就会变成束缚，扼杀兴趣。我们作为老师、家长要设身处地地为学生着想，如果总是带着任务去读书，负担就很重，甚至会大煞风景，趣味索然。因此，不能凡是读书就要求学生做到“不动笔墨不看书”。在一定的条件下，可以这样去要求，读写结合自然会有好处，但不能时时处处都要求学生这样做。特别是当学生自主选择阅读或者自由阅读时，并不一定要做到“不动笔墨不看书”。

还有就是批评“好读书不求甚解”。其本义是要求学习要认真、精细、踏实，不要似懂非懂，马马虎虎。如果我们是在认真阅读分析一篇精读课文或者做研究性阅读，这样要求是完

全应当的。但对于一般的读书，特别是课外阅读，就不宜强求了。在很多时候，读书了解一个大概即可，不一定本本书都要精读，都要像精读课那样“求甚解”。有的时候，“不求甚解”恰好是可以拓展阅读面、培养读书兴味的。我们当老师或家长的是否全都做到读书“求甚解”呢？这是难事，也没有必要，因此也不能要求孩子做到。总之，有些传统的读书观念，要适时而用，不宜一概要求，更要防止成为桎梏。我们的目的还是要激发学生的读书兴趣。

我现在特别赞成让中小学生“海量阅读”。这是山东潍坊小学韩兴娥老师的办法。韩老师认为语文教学最大的弊端是一本教材一统课堂，教师讲得可能很有激情，学生当堂互动也表现很好，但并没有真正提升语文素养。这是为什么呢？归根结底就是没有落实到读书上面。韩老师认为语言学习应以积累为本，读书为本，数量为先。对低年级学生而言，课本就是识字教材，文章的“深度理解”要等学生在大量阅读中慢慢反刍，不必一步到位。低年级大量朗读儿歌、小故事，中年级海量诵读美文和诗词，高年级大量诵读经典和白话文。在大量阅读的过程中，学生的阅读、写作、口语表达能力也会明显提升。[①]大道至简，韩老师的办法就是让学生在课内课外都要多读书，真正做到了“读书为要”，“读”占“鳌头”。我看这是培养读书兴趣的好办法，也是提升语文能力的好办法。当然，语文课是否采用和如何采取这些好的经验，还要结合各自的学情。

我还在不同场合提出过要鼓励“连滚带爬”地读。不要每一本书都那么抠字眼，不一定全都要精读，要容许有相当部分的书是“连滚带爬”地读的，否则就很难有阅读面，也很难培养起阅读兴趣来。我说的“连滚带爬”地读，包括浏览、快读、猜读、跳读，学生可以无师自通。这也是激发阅读兴趣的好办法。其实，我们小时候读书，很多情况下都是“连滚带爬”地读的，老师不怎么管，我们自己也读得很好。

五、把课外阅读纳入教学计划

通常来讲，阅读教学往往就只是课堂上围绕课文的教学，对课外阅读并不重视，甚至放弃了。这种状况，可称之为“半截子”的阅读教学。

语文课程是一门语言文字运用的综合性、实践性课程。它应着重培养学生的语文实践能力，而培养这种能力的主要途径也应是语文实践。这里所说的综合性、实践性和语文实践，并不限于课内教学，也包括课外阅读。

---

① 韩兴娥.以海量阅读超越一本教科书［N］. 中国教育报，2013-05-08.

以课标精神理解阅读教学，应当有新的思路，那就是：让语文教学贴近学生的生活实际，让课堂阅读教学往课外阅读伸展，让课堂内外的阅读教学相互交叉、渗透和整合，连成一体。课标在“课程设计思路”一节专门说到语文学习的“资源和实践机会无处不在，无时不有。因而，应该让学生多读多写，日积月累，在大量的语文实践中体会、把握运用语文的规律”。这里所说的“大量”，主要就是课外阅读，而不是现在常见的反复做题，也不限于课堂教学。

要唤起学生学习语文的兴趣，在阅读上就要给他们一些自由选择的空间，好的办法是把课内的阅读教学与课外阅读结合起来，让学生自己找书来读，这就能培养起阅读的爱好。现在是网络时代，学生大量接触网络，当然也是一种阅读，但容易浮光掠影，思维碎片化，所以提倡多读书，甚至“读整本的书”，这样可以磨性子，养成好的习惯与学风。

为了落实课外阅读的要求，课标对小学和初中阶段的课外阅读量专门做了规定：背诵优秀诗文240篇（段），课外阅读总量应在400万字以上。背诵的优秀诗文以古代的为主。240篇（段）不算多，九年下来平均每学期也就十多篇（段）。400万字阅读量也不算多，一本《安徒生童话》就10多万字，一本《红岩》就40多万字。课标是在充分调查研究的基础上提出这样一个阅读量的，这是一个基本的阅读量，只能在这个基础上增加，不应当减少。像韩兴娥老师实施的“海量阅读”，每个学段的阅读量就大大超出课标的建议量，因为学生有兴趣，未见得就增加了负担。

教师要让学生自主选择课外阅读，但不是放任自流，必须有所指导。这就需要有相应的教学计划，根据各个学段的教学目标，安排适当的课外阅读，注意循序渐进，逐级增加阅读量与阅读难度，体现教学的梯度。

当然，课外阅读很难像课堂教学那样有非常明确的要求，但又必须有一个大致的要求，总之，要不断激发学生阅读的积极性，把读书习惯作为基本的素养来培育。课标对不同学段的课外阅读是有具体指导意见的，这里择其要点，分开来学习领会一下。

第一学段（小学一二年级，课标要求“阅读浅近的童话、寓言、故事”，“诵读儿歌、儿童诗和浅近的古诗”。这不只是课堂教学的要求，也是课外阅读的指导性建议。教师可以结合课内的学习，并参照教材的内容，安排学生在课外多读一些童话、寓言、故事等。不要把课外阅读当作家庭作业来布置，那样负担就重了，但可以给家长一些建议，提供大致适合低年段学生心理特点及认知水平的书目范围，提倡亲子阅读。

现在有些学校和家长一味搞“提前量”，在小学低年级甚至学前班就要孩子们“读经”是不合适的。在需要童话、寓言的阶段，还是要多读童话、寓言、故事，不能揠苗助长。低年级的学生多读童话、寓言、故事等想象性的作品，有助于形象思维的发展。在学生喜欢“做梦”的时候，就应该为他们提供这样的机会和条件，允许学生“做梦”。如果在适合“做梦”的年龄没有去做，甚至被剥夺了“做梦”的权利，这就违背了孩子的天性。

第二学段（小学三四年级），课标开始重视叙事性作品的阅读。根据这个学段学生的阅读心理特点，学生喜欢具有生动形象、故事性较强的作品。因此，叙事性的作品应该成为这个学段课外阅读的主要部分。还要看到，课标对这一学段开始要求“初步学会默读，做到不出声，不指读。学习略读，粗知文章大意”。这个要求对课外阅读也是适用的。此外，课标要求在阅读中积累优美词语、精彩句段，以及在课外阅读和生活中获得的语言材料。课标还提出“养成读书看报的习惯，收藏图书资料，乐于与同学交流”。这就把阅读习惯的养成当作一个目标了。当前不少孩子玩网络游戏成瘾，并不利于身心健康的发展，应当把他们往读书方面引导。这一学段课外阅读总量不少于40万字。

第三学段（小学五六年级），要求更高了，提到“扩展阅读面”，课外阅读总量不少于100万字。对阅读的水平提升也提出具体的要求：阅读叙事性作品，了解事件梗概，能简单地描述自己印象最深的场景、人物、细节；阅读诗歌，大体把握诗意，想象诗歌描述的情境，体会作品的情感；阅读说明性文章，能抓住要点；诵读优秀诗文，注意通过诗文的语调、韵律、节奏等体会作品的内容和情感。这些既是课堂阅读教学的要求，又是课外阅读的引导性意见。

六、容许学生读“闲书”，尊重他们的“语文生活”

所谓“闲书”，是和考试好像关系不大的书，也是学生按照自己兴趣选择的课外书。有些教师和家长总是担心会妨碍考试，所以他们可能会限制读“闲书”。其实，我们每个人都有过读“闲书”的经历，那是自由阅读的享受，也是最有阅读兴趣的时候。为了应对中考和高考，有些制约也难免。但限制过甚，不让读“闲书”，也就等于取消了学生阅读的个人空间，扼杀了读书的兴致。读“闲书”也是一种阅读，可以引发阅读兴趣，扩大阅读面，提高阅读能力，更重要的是这是学生“语文生活”的重要部分。如果教师对学生的“语文生活”有所了解，能与学生对话，语文阅读教学就可能别开生面，并可以事半功倍，大大延伸出去。

事实上，凡是课外阅读量大、知识面广，读过很多“闲书”的学生，思想一般比较活跃，整体素质也高，他们往往也能在考试中名列前茅；而那些只熟悉教材和教辅知识，课外阅读的“闲书”少，没有阅读习惯，即使考试成绩不错，视野也比较窄，思路也不太开阔，往往是高分低能。[1]所以，在应试教育还不可能完全取消的情况下，最好还是要兼顾一些，让学生适当保留一点自由阅读的空间，使他们的爱好与潜力能在相对宽松的个性化阅读中发展。阅读面宽了，思维开阔了，素养高了，反过来也是有利于考试取得好成绩的。

有一种普遍的现象，就是教师和家长推荐给学生的书，学生往往不喜欢读。而学生圈子里互相推荐介绍的书，他们读起来津津有味。对此也不必大惊小怪。我们当老师的也可以读一读学生中流行的读物，多少知道孩子们喜欢哪些书，他们为什么不喜欢读推荐的经典，而偏偏喜欢这样一些“闲书”。

读书其实是个人化的事情，不同的年龄段、不同的性情，甚至男生和女生，各自的读书兴趣可能都会有所不同。比如男孩的空间感一般比女孩强，可能更喜欢探险、破案、推理的书。女孩一般比较喜欢故事性强、情感细腻的读物。教师和家长应当了解不同年龄段的孩子喜欢读些什么、他们彼此交换阅读些什么。教师不应该简单地推荐和布置学生去读经典作品，更不能简单地制止学生读那些他们喜欢的“闲书”。当然，教师应当主动提倡并引导学生去读经典作品。教师要明白“闲书”读得多了，对阅读能力的提高肯定会有很大帮助。只要学生养成读书的习惯，阅读和欣赏水平自然就会提高。

也有些教师会问，学生不喜欢读经典作品，怎么办？学生对经典作品实在隔膜，甚至不喜欢，是自然的。教师只能慢慢引导，不能强制。要用孩子们能够接受的方式让他们去接近经典作品。其实在成长过程中，不同年龄段的孩子会有不同的兴趣，他们会自我调整、自我塑造。老师的责任就是引导，而不是强制。

要尊重学生的语文生活。我这里特别提出“语文生活”这个概念，希望能拓展眼界。现在小学生从中高年级开始，就逐渐形成了他们的语文“圈子”与表达方式，包括他们阅读的课外“闲书”、交流的工具等，其实这些都是他们语文能力成长的重要方面，又关系到语文兴趣的培养和阅读习惯的养成。我们也许不能完全进入学生的语文生活，但应当给予尊重和必要的关照，尽可能在语文课和学生的语文生活之间开辟一条通道，那肯定会加倍引发学生学习语文的兴趣，培养起读书的习惯。我们应当看到现在的应试教育是扼杀学生兴趣的，除了课本和教辅书，学生再也没有兴趣读其他书。这是可悲的。那么，如何培养读书兴趣？办法之一就是多进入学生的语文生活。阅读教学，甚至整个语文教学，都要高度重视培养学生广泛的阅读兴趣，扩大阅读面，增加阅读量，提高阅读品位。

为什么教师进入不了孩子们的语文生活，不知道学生的阅读兴趣呢？这跟教师不读或者很少读儿童作品有关。教师要读书，包括读儿童的书，才能和学生一起讨论，有共同的话

① 温儒敏.温儒敏论语文教育二集［M］.北京：北京大学出版社，2012：29.

题，也才有可能更好地引导学生读书。

七、读书状况要纳入评价

“读书为要”。提倡多读书，不能停留于一般提倡，光有阅读量的要求也不行，还要有相应的评价。课标中提出的有关阅读教学评价的建议，不只是针对课堂教学的，也适用课外阅读。如“应加强形成性评价，注意收集、积累能够反映学生语文学习发展的资料，可采用成长记录袋等各种方式，记录学生的成长过程。对学生语文学习的日常表现，应以表扬、鼓励等积极的评价为主，采用激励性的评语，从正面加以引导”。这里所说“学生语文学习的日常表现”，就包括课外阅读。课标还特别提到“要关注其阅读兴趣与价值取向、阅读方法与习惯，也要关注其阅读面和阅读量，以及选择阅读材料的能力”。这几点涉及课外阅读的几个基本方面，是教学中应当关注同时也可以再细化为阅读评价的几个维度。那么，到底应当如何来落实这些评价？课标建议“应根据课程标准对各学段的要求，通过小组和班级交流、学习成果展示等活动，考查其阅读量、阅读面以及阅读的兴趣和习惯”①。这只是一般的建议，具体到教学中，还需根据各自情况，拟定更具体可行的办法。

课标在教学评价上提出这样一种思路：语文教学的效果好不好，不只是看课内情况或考试成绩，很大程度上要看课外情况，看是否培养了阅读的兴趣与习惯。如果认可这一思路，各个学校就可以根据各自情况，在教学评价上设计一些具体的可操作的细则。值得注意的是，现今有些地区的中考或者高考越来越重视考查学生的阅读面与知识面，有些题目出得较灵活，光是靠教材教辅知识，是难以应付的。这就对课外阅读教学的推动起到积极的作用。

高考命题这几年有很大变化，这一定会波及中考命题，最后必然也会影响到一线的语文教学。其中有几个变化是鼓励学生多读书，特别是读课外书。比如高考命题所引用的材料范围已经大大拓展。除了文学，还有哲学、历史、科技、社会、经济、时政等。如果考生平时读书少，知识面窄，是很难考到好的成绩的。另外，是更加注重逻辑思辨能力的考查。比如2018年全国卷的阅读题，就采用了“非连续文本”的样式、一组材料的观点并不连贯，甚至彼此相左，让考生去辨识、归纳和发挥。这有点类似于公务员考试中的“申论”，看重的是学生的思辨能力。如果读书少，缺乏逻辑思维训练，缺少理性分析能力，也就很难应对这种命题的变化。除此之外，是有意识地考查读书的情况，包括阅读面与阅读品位。高考命题的改革将辐射到教学中，语文教学如果原地踏步，不重视读书，显然就赶不上趟了。

---

① 中华人民共和国教育部.义务教育语文课程标准（2011年）[M]. 北京：北京师范大学出版社，2012：26—29.

因此，语文教学要抓住培养读书兴趣这个“牛鼻子”。如果想真正实现“读书为要”，还得有条件，那就是——语文教师要以身作则。

很多教师也读书，但读的主要是与职业需要相关的实用的书，可称之为“职业性阅读”。明后天要上课了，今天赶紧找有关材料来读。或者要评职称了，匆忙读一些“救急”的书。此外，就很少自由地读书、个性化地读书了。很多教师一年到头除了读几本备课用的书，其他书很少读，最多读一些畅销杂志，大部分时间都是网上的“碎片化阅读”。这怎么能提高教学水平？又如何能面对“吕叔湘之问”？语文教师自己先要养成读书的良好生活方式，成为“读书种子”。这样，你的学生自然也会喜欢读书。

庞丽娟

1962年生，浙江宁海人，教授、博导。现任全国人大常委会委员，北京市人大常委会副主任，中国宋庆龄基金会副主席，民进中央副主席，北京市社科联副主席，北京师范大学校务委员会副主任。主要从事教育政策与法律、基础教育政策、教师政策等研究。出版著作21部，发表论文200余篇。近20余年，向中共中央、国务院、全国人大、教育部、财政部等报送120余份政策建议和咨询报告。获教育部第一批“跨世纪优秀人才”，人事部、科技部等“首批新世纪百千万人才工程”国家级人选，中宣部、中组部“2014年文化名家暨‘四个一批’人才”“‘万人计划’哲学社会科学领军人才”等荣誉和称号。

对“全面二孩”政策下我国学前教育发展战略的建议①

自2010年《国家中长期教育改革和发展规划纲要（2010—2020年）》（以下简称《教育规划纲要》）实施六年来，我国学前教育事业取得了显著的发展与成就，学前教育资源迅速扩大，“入园难”“入园贵”得到了初步缓解。然而，由于底子薄、欠账多、长期滞后等原因，学前教育仍然是我国教育体系中的最薄弱环节和整个教育系统中的短板。近年来，随着“单独二孩”政策的实施，特别是随着2015年我国人口发展战略的重大调整——放开实施“全面二孩”政策，学前教育事业面临满足已有人口教育需求和“全面二孩”政策实施后新增人口教育需求的双重巨大挑战和叠加压力。为积极适应新形势，有力支持实施国家人口战略新决策，主动谋划、深入思考我国学前教育事业发展目标与规划，加快破除制约我国学前教育

① 本文曾发表于《北京师范大学学报》(社会科学版) 2016年第6期，合著者为王红蕾、吕武。

事业发展的体制机制障碍，建立并完善适应新形势需要的体制机制与政策制度，以积极应对新压力，有效满足已有人口和新增人口的教育新需求，是一个亟待研究和破解的时代性课题。

一、发展现况：显著发展与依然短板并存

（一）近年我国学前教育事业发展的成就

近年来，随着国家经济社会发展对教育、人力资源和国民素质需求的日趋突出，百姓对子女接受学前教育需求的日益迫切，党中央、国务院高度重视学前教育事业的发展。2010年，从国家层面全面部署、推动学前教育改革发展，出台了《教育规划纲要》《国务院关于当前发展学前教育的若干意见》（以下简称“国十条”），并连续实施学前教育三年行动计划，以中央财政积极推进八大学前教育重大项目。各地方政府也积极响应，做规划、加大投入，纷纷出台当地加快学前教育事业发展的各项政策举措，积极制订并实施第一期、第二期学前三年行动计划。在《教育规划纲要》和“国十条”的引领与推动下，各地破除观念桎梏，进一步明确学前教育的性质、定位和发展方向；多渠道加大学前教育投入，重点支持中西部农村地区和城市学前教育薄弱环节；多形式扩大学前教育资源，大力发展公办园，为积极扶持民办园提供普惠性服务，努力构建覆盖城乡、布局合理的学前教育公共服务体系；多途径大力加强幼儿教师队伍建设，努力提高幼儿园教师特别是农村、贫困地区教师的待遇。在此形势下，近六年来，我国学前教育事业取得了较大的发展与成就：学前教育资源快速扩大，特别是普惠性学前教育资源持续增加，据教育部最新统计，2015年学前三年毛入园率达到75%[①]，比2009年提高了24个百分点，提前实现了《教育规划纲要》2020年的发展目标，“入园难”“入园贵”的问题总体上得到了初步缓解；学前教育经费大幅增加，在各级政府财政投入中均提高了学前教育的财政投入占比，全国财政性学前教育经费占财政性教育经费的比例从2010年的1.7%提高到2013年的3.5%[②]；教师队伍不断扩大，不少地方尝试探索通过生均财政拨款、专项补助等方式，解决公办园非在编教师、农村集体办园教师的工资与待遇问题，幼儿园教师和园长培养培训体系不断完善，教师队伍整体素质逐步提高，小学化倾向日益改善。

① 教育部. 2015年全国教育事业发展统计公报［R/J］. 中国教育报，2016-7-07.

② 教育部.《国家中长期教育改革和发展规划纲要》中期评估学前教育专题评估报告［R/OL］. http://www.moe.edu.cn/jyb_xwfb/xw_fbh/moe_2069/xwfbh_2015n/xwfb_151124/151124_sfcl/201511/t20151124_220650.html.

（二）当前我国学前教育发展的需求状况

虽然近年来我国学前教育事业发展成效显著，然而由于起点低、底子薄，学前教育仍然是我国教育体系中最薄弱的环节。2015年年底，我国学前三年毛入园率为75%，尽管比2009年的50.9%提高了不少，仍然意味着我国还有1/4的儿童无法接受学前教育，即按照2015年我国学前适龄儿童数计算，有近1500万适龄儿童无法入园。

从我们的调研分析发现，在全国各省份中，有近2/3的省份学前三年毛入园率不足85%；不仅中西部地区，即使在东部地区，也有部分省份的学前教育发展仍然明显不足。东中西部学前三年毛入园率低于85%的省份的具体入园率状况见下表：

表1　我国部分东中西部省份学前三年毛入园率状况[①]

东部地区		中部地区		西部地区	
省份	入园率	省份	入园率	省份	入园率
山东	81.97%	河南 湖北	83.13% 81.5%（2014）	青海	80.74%
海南 河北	76.5% 76.11%（2014）	安徽 黑龙江	80.1% 75.61%	重庆	77%
		湖南 吉林	73.2% 72.5%	四川 贵州	74.7%（2014） 74%（2014）
				宁夏 新疆 广西 甘肃	73% 72.42%（2014） 72% 70.5%（2014）
		江西	68%	云南 西藏	63.82% 61.49%

表注：1．表中入园率均为当地户籍儿童的入园率状况；

2．注明（2014）省份的入园率为2014年年底数据，其他未注明的均为2015年年底数据；

3．重庆市数据为2013年年底数据。

表1显示，学前三年毛入园率稍高于全国平均水平（75%）的省市有9个，分别是山东、河南、湖北、青海、安徽、海南、河北、黑龙江和重庆；毛入园率在75%以下、70%以上的省份有8个，分别是四川、贵州、湖南、宁夏、吉林、新疆、广西、甘肃；毛入园率在70%

① 表1中各省份学前三年毛入园率数据主要来源于各省政府办公厅网、各省教育厅网、各省新闻网、新华网、中国网、人民网等。具体情况可参见文后附录。

以下、60%以上的省份有3个，即江西、云南和西藏。这意味着全国约有1/3省份的毛入园率在全国平均水平以下，近1/3的省份毛入园率刚刚达到或略微超过全国平均水平。在江西，有近1/3（32%）的儿童尚没有机会接受学前教育；在云南、西藏等地，有近2/5的儿童无法接受学前教育。即使在东部地区，一些省份有近1/4的儿童无法入园接受学前教育。山东省虽然在2015年的毛入园率达到了81.9%，但仍有19.1%的儿童无法入园，相当于近1/5即全省有大约60万儿童未能入园[①]。

在我国中西部特困地区，学前三年毛入园率普遍在50%以下，不少贫困县甚至仅30%—40%[②]；在一些中西部省份的市县，仍不能实现每个乡镇都拥有一所幼儿园。据统计，2014年，云南省昭通市学前三年毛入园率低于35%[③]，昭通市下辖的巧家县毛入园率仅为10%左右；青海省玉树市囊谦县共有10个乡镇，全县仅有5所幼儿园，这意味着至少有一半乡镇没有一所幼儿园[④]。至2013年年底，甘肃省仍有398个乡镇没有一所公办幼儿园[⑤]；2014年末，桂林市有4成（130多个乡镇中有50余个）乡镇没有一所中心幼儿园[⑥]；截至目前，安徽全省16个市中只有11个市实现了“一镇一园”全覆盖，仍有5个（近1/3）市未能实现“一镇一园”[⑦]。

同时，我国还有大量的农村留守儿童、城市流动儿童、困难家庭儿童和残疾儿童等，他们中的大部分人因经济困难、资源短缺而处于“入园难”的困境。

据本课题组对我国学前教育事业发展测算，按《2015年全国教育事业发展统计公报》数据（在园儿童数，园所数，园所平均规模等）核算，在我国人口出生率基本不变的条件下，学前教育毛入园率每增加一个百分点，需新增幼儿园学位56.87万个，需新增幼儿园约3000所[⑧]；按教育部《幼儿园教职工配置标准（暂行）》（2013年）规定，每班平均30名儿童、2名专任教师，即师幼比1∶15计算，学前教育毛入园率每增加一个百分点需要专任教师约4万

① 曹莫．面对二孩政策　未来5年山东省每年幼儿园缺口或达900所［OL］. http://news.e23.cn/shandong/2016-08-10/2016081000367.html.

② 庞丽娟．学前教育免费是扶智脱贫的关键［N］. 光明日报，2016-3-7.

③ 昭通市．2015年政府工作报告［R/OL］. http://www.zt.gov.cn/infor/open/xxfb/ghjh/201602/t20160226_353406.htm.

④ 囊谦县．2015年政府工作报告［R/OL］. http://www.nangqian.gov.cn/index.php?c = content & a = show & id = 11504.

⑤ 江平．甘肃省398个乡镇没一所公办幼儿园［OL］. http://www.caigou.com.cn/news/2015031022.shtml.

⑥ 景碧锋．桂林乡镇陆续新建一大批幼儿园但师资短缺成难题［OL］. http://news.guilinlife.com/n/2015-05/13/363538.shtml.

⑦ 刘旸．安徽省幼师短缺5.72万人　公办园比例不到四成［OL］. http://ah.sina.com.cn/news/s/2016-07-28/detail-ifxunyya2521458.shtml.

⑧ 我国适龄儿童数为5687万，每增加一个入园率百分点的学位需求，即为5687万除以100；所需幼儿园数为需求学位数除以当前我国幼儿园平均规模200人/园。

名；如果想保障80%的适龄儿童接受学前教育，即将我国学前教育毛入园率提高到80%，则需新增幼儿园学位285万个，新增幼儿园15000所，新增专任教师20万名；同理，若想提供85%的适龄儿童接受学前教育的机会，即将我国学前毛入园率提高到85%，则需新增幼儿园学位568.7万个，新增幼儿园30000所，新增幼儿园专任教师40万名。

由上述可见，尽管近年来我国学前教育事业有了较大发展，在园儿童数、入园率等有了显著提升，“入园难”“入园贵”问题得到了初步缓解，但是，由于长期以来学前教育发展未能与整个社会、经济、教育与人口等发展相协调，加之底子薄、历史欠账多，因此，相比于社会强烈而巨大的入园需求，学前教育仍然是整个教育事业发展中的短板，资源仍然明显不足。同时，我国学前教育事业还存在着严重的城乡、东中西部等区域发展不均衡的现象。

二、叠加压力：满足现有人口和“全面二孩”政策后新增的教育需求

2015年10月，中共中央十八届五中全会决定“坚持计划生育的基本国策，完善人口发展战略，全面实施一对夫妇可生育两个孩子政策”（简称“全面二孩”政策）。这是我国政府为促进人口均衡发展，积极应对人口老龄化趋势的一次重大人口发展战略决策，对促进我国人口、经济与社会的健康、可持续发展具有重大、深远的战略意义。同时，“全面二孩”政策的推行，也对我国公共服务包括教育公共服务提出了新的需求。从两个方面对我国当前尚为短板，而且还未全面普及的学前教育提出了更高的要求：即一方面要努力满足已有儿童的入园需求；另一方面则要满足“全面二孩”政策后新增人口的入园需求。因此，在我国人口战略重大调整——放开实施“全面二孩”政策背景下，学前教育资源必然更加紧张，压力将会更大！

据预测，“全面二孩”政策实施后，全国每年将新增300万名学前儿童，按照现行学制，3年内会新增900万名入园儿童[①②]。据北京市测算，北京市符合“全面二孩”政策可生育二孩的常住育龄妇女约增加236万，预计2017—2021年将累计新增常住出生人口58万[③]。山东省卫计委预测，从2017年开始，全省3—6岁学前适龄儿童将出现较大幅度增长，“十三五”期间，全省年均增长适龄儿童将达到25万人，累计新增人口将超过百万，2017年适龄儿童峰值将达

① 白剑峰、李红梅. 全面两孩，每年多生三百万人［N］. 人民日报，2015-10-31.

② 吴晓杰、陈海波. 教育部部长袁贵仁：以多种形式扩大学前教育资源［N］. 光明日报，2016-3-6.

③ 孙蕾、刘莉、刘品彤. “全面二孩”时代到来，北京还缺啥？［OL］. http://www.bj.xinhuanet.com/jzzg/2016-01/21/c_1117850148.htm.

到365万人，比2016年增加29万人；2021年适龄儿童将增长到436万—460万人[①]。广东省卫计委预测，“全面二孩”政策实施后，2016—2020年户籍人口每年将多出生15万—18万人；2018年可能多出生27万左右，达到峰值[②]。

人口的刚性增加对教育公共服务挑战很大，首当其冲的便是学前教育，1—2年内将遭遇新需求的叠加压力。据山东省教育厅测算，“十三五”期间全省年均新增适龄儿童将有25万，“如果按照一个园9个班270名孩子来计算，每年需要新建幼儿园900多所才能保障所有新增儿童入园需求；到2021年，需要新建4600所左右的幼儿园”[③]。河北省“全面二孩”政策实施后每年的新增人口约为20万—40万人[④]，如按中间30万计，那么，要达到85%的入园率每年需新增学位约25.5万，新增专任教师1.7万名以上，新增幼儿园1275所；未来五年共计需新增学位约127.5万，新增专任教师8.5万名以上，新增幼儿园6375所。“全面二孩”政策实施后，河南省每年将新增人口约26万—40万人[⑤]，要实现85%的毛入园率，需要新增学位22.1万，新增幼儿园专任教师1.47万名以上，新增幼儿园1105所；江西省每年将新增人口13万人[⑥]，目前学前适龄儿童235万人，学前三年毛入园率不足七成，若要达到75%的全国平均毛入园率水平，需新增学位约26.2万，新增专任教师1.75万名以上，新增幼儿园1310所；若要实现85%的毛入园率，则需要新增学位约51万，新增专任教师3.4万人以上，新增幼儿园2550所。

即便是教育发达的首都，北京市学前教育学位缺口状况同样不容乐观。据初步估算，未来三年，北京将新增学位15万个；如果按一个班30名儿童计算，将需增加5000个班；每个班配备2名教师，则需要增加1万名教师[⑦]。在调研中还发现，2016年北京市某区拟入园幼儿约1.5万人，但各种类型幼儿园学位总供给只能满足0.7万—0.75万名幼儿入园；在另一城区，拟入园户籍儿童就有2.4万名，但实际学位只能提供2万个，该区还有2.3万名非户籍儿童。

本课题组对我国在“全面二孩”政策实施后按全国每年新增300万名学前儿童，2020—

① 曹莫．面对二孩政策　未来5年山东省每年幼儿园缺口或达900所［OL］．http://news.e23.cn/shandong/2016-08-10/2016081000367.html．

② 黄宙辉、吴大海．广东进入二孩时代　2018年或多生27万人［OL］．http://help.3g.163.com/16/0101/13/BC8FEH-BC00964J4O.html．

③ 曹莫．面对二孩政策　未来5年山东省每年幼儿园缺口或达900所［OL］．http://news.e23.cn/shandong/2016-08-10/2016081000367.html．

④ 李莎．未来3到5年　河北省年平均新增出生人口20万到40万人［OL］．http://hebei.hebnews.cn/2016-03/31/content_5425858.htm．

⑤ 李晓敏．“二孩”时代　河南平均每年将迎来26万个二宝［N］．大河报，2016-5-28．

⑥ 万里庆．全面二孩政策落地 未来5年江西每年可新增13万人，http://jx.ifeng.com/news/jd/detail_2016_01/21/4751139_0.shtml．

⑦ 张利涛．二孩政策落地　学前教育有缺口［OL］．http://zhengwu.beijing.gov.cn/zwzt/2016zxh/mt-gz/t1420697.htm．

2022年间学前教育事业发展在不同普及率条件下的学位规模、园所和专任教师需求进行了测算。如果保持现有2015年全国学前三年毛入园率75%不变（即1/4学前适龄儿童尚不能入园）条件下，新增900万儿童，则意味着到2022年需新增幼儿园学位为675万个；如果毛入园率提升到80%（即1/5学前适龄儿童不能入园）情况下，新增学位数将进一步达到720万个；如果按毛入园率提升到85%（即1/6多学适龄前儿童不能入园）条件下，则新增学位数将进一步增大到765万个。根据2015年我国幼儿园平均规模200人、专任教师和儿童师幼比1：15计算，到2022年，按毛入园率为75%、80%和85%条件下的学位数，需要新增幼儿园数分别为3.375万、3.600万和3.825万所；需要新增专任教师数分别为45万、48万和51万名（见表2）。

表2　对2020—2022年我国人口增量不同毛入园率条件下学位、园所与教师需求所做的预测

（单位：万）

年份	累计人口增量	所需学位数			所需幼儿园数			所需专任教师数		
		75%	80%	85%	75%	80%	85%	75%	80%	85%
2020	300	225	240	255	1.125	1.200	1.275	15	16	17
2021	600	450	480	510	2.250	2.400	2.550	30	32	34
2022	900	675	720	765	3.375	3.600	3.825	45	48	51

表注：此表按照“全面二孩”政策2016年实施，2020年新增出生人口开始入园，且每年新增人口300万计算。

综上可见，我国在“全面二孩”政策实施背景下，东中西部无论是发达还是欠发达省份均面临着严峻而巨大的学位、幼儿园所、教师等缺口与需求。除了上海等极少数省市外，我国大多数省份学前教育资源并不普及，实施“全面二孩”人口战略后人口的刚性增加无疑将进一步加剧学前教育资源的供需矛盾，凸显资源不足，遭遇现有需入园人口与“全面二孩”新政后新增人口教育需求的双重叠加压力，这既给我国学前教育事业发展带来了极大的挑战，也带来了极大的发展机遇与动力。

同时，有研究显示，生育意愿有时候并不直接导致生育行为，这会受到多方面因素的影响。最主要的因素集中在两个方面，一是父母的职业发展，二是孩子的教育与成长环境。[①]因此，就“全面二孩”人口战略的顺利实施而言，一方面让育龄人口能有强烈的生育意愿，另一方面通过制度和公共服务的供给消除其后顾之忧，两方面缺一不可。对于年轻夫妇而言，是否愿意生二孩，有两方面关键性因素：其一，是否影响就业，即是否有适宜的就业配套政

① 石智雷、杨云彦．符合“单独二孩”政策家庭的生育意愿与生育行为［J］．人口研究，2014（5）．

策；其二，孩子是否容易入园，即是否有更加充足的学前教育资源，且普及、普惠[①]。在当前我国积极应对老龄化、调整人口结构均衡发展，大力推行“全面二孩”的形势下，加强教育供给侧的结构性改革，下大力气、着力补上学前教育资源的短板，既是老百姓关注的民生问题，又是实现我国经济发展与社会和谐稳定的需要，是实现国家“全面二孩”政策的重要保障。

多项研究显示，在当前我国“脱贫攻坚”的关键阶段，大力发展和普及学前教育无疑具有重要的基础性和支撑性作用[②]。孩子进入幼儿园或者接受其他形式的学前教育，一方面，可以让家长脱身去接受职业技能与劳动素养培训，以便更顺利地进入劳动力市场或再就业与创业；另一方面，孩子接受了优质学前教育，从而能拥有更好的学习、发展开端，对儿童的思维开启、情感态度与行为习惯和性格养成等具有全面、良好和长远的影响，有利于家长更安心地就业和从事生产、科研等职业发展。既有利于从根本上切断贫困的代际传递，同时能更好地服务于国家人口战略和“脱贫攻坚”战略的实施以及“全面小康”目标的实现。

三、政策建议：对“全面二孩”政策下我国学前教育发展战略的建议

“全面二孩”政策对优化我国人口结构，缓解人口老龄化趋势，增加劳动力供给，推动经济增长和社会可持续发展等具有重大的战略意义。[③]同时，“全面二孩”政策目标的有效实现，需要有完整的配套政策和制度的保障[④]。其中，极其重要的一方面就是教育政策制度，首当其冲的是学前教育政策制度的健全与完善。

总体思路上，一方面，不仅要坚决推进全国范围城乡区域全面实现“基本普及学前教育”战略目标，更要积极适应人口战略的新变化，主动谋划与科学调整我国学前教育事业发展目标规划，以适应国家发展的新形势与新需求；另一方面，要未雨绸缪，以改革的精神、创新的思维，积极研究做好政策制度的新顶层设计，特别是着力围绕学前教育政策制度改革

---

① 庞丽娟.“全面二孩”时代学前教育如何补短板［N］. 光明日报，2016-4-5.

② 辜胜阻，李睿，杨艺贤等. 推进“十三五”脱贫攻坚的对策思考［J］. 财政研究，2016（2）；甘肃省教育厅. 甘肃教育精准扶贫工作情况汇报［R］. 2016-7-6；庞丽娟. 学前教育免费是扶智脱贫的关键［N］. 光明日报，2016-3-7.

③ 骆骁骅. 放开二孩到2050年将累增3000万劳动力［N］. 南方日报，2015-12-9；赵宏瑞，孔祥凤. 中国的生育变法与人口安全［J］. 中国人力资源开发，2016（4）；翟振武，李龙，陈佳鞠. 全面两孩政策对未来中国人口的影响［J］. 东岳论丛，2016（2）.

④ 张银锋、侯佳伟.“全面两孩”放开后的公共服务需求与配套政策完善［J］. 人口与计划生育，2016（7）；方向新. 完善配套政策，让两孩生得起、养得好［J］. 人民之友，2016（4）.

完善中的重点问题、突出矛盾和薄弱环节，加快破除制约学前教育事业发展的体制机制障碍，建立新的体制机制与政策制度，把握机遇，在有效化解历史欠账的同时，积极应对人口新压力，满足教育新需求，促进学前教育事业的新发展。主要的政策建议有：

（一）因势而谋，科学调整新形势下我国学前教育事业发展目标规划

“全面二孩”政策与国家经济社会发展对学前教育未来发展与资源普及提出了更高的要求和挑战。同时，一定时期的事业发展目标应当对事业发展具有引领与指导作用方有积极的意义，而我国在2010年《教育规划纲要》中提出的到2020年实现学前三年毛入园率达到75％的发展目标已在2015年基本实现，已有目标已不适应我国学前教育事业进一步发展的强烈需求和面临新形势的需要。因此，为积极支持国家“全面二孩”政策的有效落实，需要因势而谋，组织多学科、跨领域力量，深度研究与预判“全面二孩”政策实施下我国近五年、十年人口增加趋势与规模及带来的教育新增量，科学调整与谋划未来五年、十年的学前教育事业发展目标与规划。

在全国层面，基于各地已有发展基础与人口和教育需求，并考虑“十一五”“十二五”期间事业发展速率，综合考虑需要与现实可行性，按学前三年毛入园率每年增长2.5个百分点计，则4年合计增长率为10％，由此宜将我国到2020年学前三年毛入园率从75％调整为85％。这是一个完全现实与可能的目标（“十二五”期间毛入园率年均增长4个百分点）。同时，考虑到我国区域经济、社会与教育发展的不均衡性，各省市学前教育发展的目标规划也应当适宜于当地经济社会与教育事业发展水平。鉴于东部地区各省份现有学前三年毛入园率平均水平已达90％，中部地区各省份学前三年毛入园率平均在75％上下，西部地区各省份学前三年毛入园率则普遍在60％—75％之间（平均水平为71.97％），我们提出到2020年，东部地区学前三年毛入园率平均水平可达95％及以上，中部地区学前三年毛入园率平均水平能够达到85％左右，西部地区学前三年毛入园率平均水平争取实现75％—85％。

（二）将人口变化与教育需求、城镇发展规划等密切结合，科学布局教育资源

学前教育事业发展与资源的新拓展，不能是简单的区域的平均增量，而应积极把握好这一机遇，进一步适应人口增长和学前教育公共服务资源建设发展规律，作为教育资源再次合理规划和科学布局的良好机遇。保障在“全面二孩”政策实施下的新一轮学前教育事业发展，与人口新增的科学预测、城镇发展规划和社会对教育资源的强烈需求相契合，合理布局，进一步完善学前教育资源配置与网络体系。特别要注重研究和制定好新建、改造的居民小区，老城与城乡接合部，乡镇街道等学前教育资源的规划与配套建设政策，以保障学前适龄儿童能就近享有一定质量的学前教育。

（三）主动谋划、创新思维，加快建立我国学前教育发展新体制机制

首先，抓紧建立与完善适应快速发展形势需要的学前教育管理新体制——“省级统筹，以县为主”。长期以来，我国实行“地方负责，分级管理”的学前教育管理体制，这一体制在实际执行过程中存在着政府及各相关职能部门间发展学前教育职责不清，存在较严重的缺位、交叉和多头管理；各级政府间的权责配置模糊，尤其是各级政府间对学前教育财政投入和支出的责任不明；管理的责任主体重心过低，统筹协调和财政保障能力严重不足等突出问题，严重制约了我国学前教育事业的健康、可持续发展。所以，为加强新人口战略实施下统筹领导我国学前教育资源有效扩大、推进事业积极健康发展的能力，必须全面提升我国各地领导统筹事业发展和财政保障的重心与层次，既适应国情，又实事求是，在管理体制上保障适应快速发展的形势需要。第一，明确并加强省级政府对省域内学前教育的统筹领导责任，推动本区域学前教育事业的快速均衡发展；进一步加强县级政府对县域内学前教育管理指导的主体责任，保障辖区内学前教育事业的积极、规范与健康发展。第二，着力实现管理主体重心和财政保障重心的双上移。即将行政管理的责任重心从乡镇提升到县级政府；统筹管理的重心进一步提升到省级政府；财政保障的重心则以中央支持下的地方政府为主，并且要根据东中西部各地方经济社会发展水平而有所区别，经济社会发展水平越低，财政保障的责任主体重心应该越高。第三，根据政府层级，从宏观到微观逐级深化、细化中央、省、市、县与乡镇政府的管理职责，合理划分各级政府对发展学前教育事业的财权、事权与决策权，以保障“全面二孩”政策下我国统筹领导学前教育资源扩大，事业健康、可持续发展的能力。

其次，建立积极的、符合国情的学前教育投入与运行保障机制，优化我国学前教育财政投入结构与方式。

我国学前教育财政投入长期严重不足，财政性学前教育经费占教育经费比例长期徘徊在1.2%—1.3%[①]。虽然2013年提高到3.5%，但仍远低于发达国家的平均水平，还低于巴西、蒙古等发展中国家的水平[②]。尽管学前教育两期三年行动计划持续加大对学前教育的投入，但由于长期底子薄、欠账多，短期的巨大投入仍难以满足事业发展的需求。特别是有限的学前教育投入还存在着严重的区域、不同性质机构和软硬件等投入结构不合理的问题。因此，第一，应明确规定在中央和地方各级财政性教育预算中，应单项列支对学前教育的财政投入；并规定各级政府教育财政性投入中学前教育经费比例不低于7%。第二，应突破观念，打破公办、民办壁垒，将普惠性和质量作为投入的根本原则与依据，在继续加大对公办园投入力度

① 庞丽娟．中国学前教育立法：思考与进程［J］．北京师范大学学报（社会科学版），2010（5）．

② 庞丽娟．学前教育经费占同级财政性教育经费比例应不低于7%［N］．人民政协报，2011-3-2.

的同时，有重点地加大对各类普惠性幼儿园的投入。第三，宜尽早研究建立涵盖公办园、公办性质幼儿园和普惠性民办园在内的生均公用经费标准和生均财政拨款机制。根据经济社会发展、办园条件标准和教育需要，制定并逐步提高公办园生均公用经费标准或生均财政拨款标准；对公办性质园实行与公办园同样的财政投入标准；建立普惠性民办园扶持机制，以生均财政拨款或生均补贴等多种奖补方式加大支持力度。第四，中央财政和省级政府应着力加大对中西部地区、集中连片贫困地区学前教育发展的转移支付力度，对边疆地区、革命老区、民族地区、贫困地区等实行制度化的倾斜投入。

再次，建立灵活、多元、开放的办园体制，以多种形式扩大学前教育资源。

在办园体制上，长期以来我国“唯公”倾向明显，公办性质园与普惠性民办园发展未能得到有效保障。面对弥补现有短板与新增教育需求的双重挑战，唯有破除“唯公”思想，公办民办并举，大力推动普惠性公办性质园、民办园的发展，切实建立公办园、公办性质园和民办园等多元主体的学前教育办园体制，完善以公办园、公办性质园和普惠性民办园为主体的学前教育公共服务体系，大力促进新形势下我国学前教育事业的发展。一是要着力加大对公办性质幼儿园的扶持力度，盘活存量，激发活力。公办性质幼儿园是我国普惠性学前教育资源的重要组成部分，在不少地区公办性质园已占到了当地学前教育资源的1/4，甚至1/3，且不少为省级示范园或市级示范园，拥有较好、甚至是一流的教育质量。但同时，当前公办性质园因政策缺失或制度不利而面临发展窘况。应参照公办园财政投入和教师管理政策，尽快研究出台积极支持企事业单位办园、部门办园、城镇和农村集体办园等的利好政策，充分盘活和有效发展公办性质园，使之成为“全面二孩”政策下保障更充足的教育资源的重要支柱。二是要突破传统思维，采取多种方式积极引导和支持民办园提供普惠性教育服务。突破传统政策与体制障碍，以财税优惠、以奖代补、购买服务、教师培训等方式积极帮助和支持民办园发展，引导与支持其更多选择举办普惠性民办园。鼓励有条件的地区参照公办园生均公用经费标准，对普惠性民办园给予生均财政补贴；并且放宽生均财政补贴的使用范围，明确有相当比例可用于教师工资待遇保障。三是以改革和创新的精神，积极探索多类型混合制幼儿园的发展。四是确立符合国情的分区域思路，城乡实行不同的办园体制。在农村，以公办园为主体。每个乡镇至少办好一所中心幼儿园。大村独立建园，小村联合办园，作为分园纳入乡镇中心园统一管理。在城市，以公办园、公办性质园和普惠性民办园为主体。在加大力度建设好一批公办园的同时，将企事业单位、集体办园纳入公办园管理，积极促进公办性质园和普惠性民办园的健康、蓬勃发展。

最后，用非常规的思路和政策举措，多措并举有效增加学前教师。

据不完全统计，目前我国尚缺120万学前师资。据调查，各省市，不论是中西部贫困地区，还是东部发达地区，都存在着较大甚至严重的学前教师缺口。截至2015年，安徽省幼儿教师缺额达5.72万人①，甘肃省学前师资短缺4万人②。2014年年底，四川省有幼儿教师8.6万名，缺口近2万，缺口比例近25%（近1/4）③；山西省幼儿教师应有6.1万名，实际只有3.8万名，缺少2.3万名，缺口率达37%（超过1/3）④。东部的发达省份江苏省，2014年年底有幼儿教师11.59万名，缺额2万—3万名⑤，缺口比例约为22%（占1/5以上）。教师无疑是学前教育短板中的短板！“全面二孩”政策的实施则使各地学前师资短缺状况更加凸显。本研究显示，“全面二孩”政策实施后，如要实现新增人口85%的毛入园率，河北省每年需新增学前教师1.7万余名，未来三年需新增教师5.1万名以上；河南省每年需新增学前教师1.47万余名；江西省则每年需要新增学前教师3.4万名以上。北京市学前教师的短缺状况也更为突出。2016—2018年，北京需新增15万幼儿园学位，需增加1万名学前教师，而北京每年专业院校的毕业生仅为1500名⑥。

学前师资严重短缺的状况直接阻碍了一些已建园舍成为实际、有效的教育资源；未来新增人口教育需求的满足，关键也取决于学前师资的有效扩充能力。“全面二孩”政策的实施使学前师资队伍建设的紧迫性更加显著地摆到了各级政府公共教育政策和制度配套的前列。

因此，“十三五”期间，为保障“全面二孩”政策目标的有效实现，必须用非常规的思路和政策举措，多措并举，着力增强我国学前合格师资的快速扩充。其一，要加强支持各地师范学校的建设发展，合理布局，做大做强，有效拓展各地高师、师专和幼师的教师培养与培训能力；其二，创新学前师资培养的模式，通过3+2、3+4、本科高校和中职对口招生等，有效加快合格教师的培养与供给；其三，积极面向广大师范毕业生、在校生，综合性高校学生，招考、培训成为合格的学前师资，并加强面向中小学富余教师的有针对性的转岗培训；其四，广开招纳大门，面向社会上有志学前教育并受过良好高等教育的人群实施招考，据其专业与相关基础，委托专业机构进行适宜性差异化的培训；其五，设置学前教育特岗教师，

① 刘畅．安徽省幼师短缺5.72万人　公办园比例不到四成［OL］. http://ah.sina.com.cn/news/s/2016-07-28/detail-ifxunyya2521458.shtml.

② 甘肃省教育厅．甘肃教育精准扶贫工作情况汇报［R］. 2016-7-6.

③ 樊骥君．幼儿园教师缺口近2万　四川将加大招聘力度［N］. 成都商报，2015-12-4.

④ 梁周全．山西：学前教育专业位列省10大本科不吃香专业［N］. 中国教育报，2014-12-7.

⑤ 杨频萍．我省幼儿教师缺口2万—3万人［N］. 新华日报，2015-1-9.

⑥ 孙蕾，刘莉，刘品彤．全面二孩”时代到来，北京还缺啥？［OL］. http://www.bj.xinhuanet.com/jzzg/2016-01-21/c_1117850148.htm.

定向加强中西部地区学前师资队伍建设。鉴于当前特岗教师政策实施对农村义务教师队伍补充的有效经验，建议国家设置学前教育特岗教师，专门面向广大中西部地区、边疆地区、革命老区、民族地区、贫困地区等，使其成为这些地区学前教师的重要来源，推动中西部和贫困地区学前师资队伍的补充和优化。

值得特别提出的是，为积极适应国家新人口战略和发展需求，在近期内有效加强学前师资队伍建设，必须着力抓紧研究与破解学前教师编制与待遇问题，全面盘活已有教师资源，有效增强学前教育的职业吸引力。一是在积极扩充学前教师编制的同时，探索实行编制“随岗不随人”的新机制；积极探索新增编制面向所有公办园、公办性质园和普惠性民办园的非在编教师，打通在岗无编的优秀教师进入编制内的通道，以充分激励教师进入各类性质园，调动各不同性质园教师的积极性，发挥他们的作用。二是要着力完善各类幼儿教师工资、待遇的保障机制，推动依照教师法切实落实幼儿教师与中小学等基础教育教师在基础工资、社会保障、绩效工资、培训、职称等方面的同等待遇，努力提高与保障学前教师待遇。应加快建立与完善国家对长期在艰苦边远地区工作的乡村幼儿教师的工资与待遇倾斜制度。通过生均财政拨款、专项补助等方式，解决好公办园非在编教师、公办性质园与普惠性民办园教师的工资与待遇问题，逐步实现同岗同酬。

（四）尽快研制出台我国学前教育法，给新形势下学前教育快速健康发展以有力保障

要在短时间内，真正有效地扩大学前教育资源，改革、创新、可持续地拓展和增强学前教育能力，同时保障教师队伍建设与学前教育质量，最根本的还在于要尽快研究出台我国学前教育专门法——学前教育法。总结近十年各地改革与发展实践证明，行之有效的政策举措，不仅被概括提炼为国家政策制度，而且上升为法律。以法律的形式，明确学前教育性质、地位，明确规定各级政府与相关部门的责任；对新时期符合我国国情的、积极而适宜的事业发展目标、管理体制、投入体制、办园体制，以及教师队伍管理与待遇保障政策等，作出明确规定，以有效满足“全面二孩”政策下的新形势、新需求，从容应对双重叠加压力，把握机遇，有力保障和促进我国学前教育事业的健康、可持续发展。

附录：我国部分省份学前三年毛入园率数据主要来源

山东：2015年山东省教育事业发展统计公报［OL］. http://www.sdedu.gov.cn/sdjy/_xxgk/_xxgkml/_tjxx/774384/index.html.

海南：王旭. 海南学前三年毛入园率76.5%比“十一五”提高28.7%［OL］. http://www.hinews.cn/news/system/2016/02/26/030163325.shtml.

河北：王春锐. 2014年河北省学前三年毛入园率达到76.11%［OL］. http://hebei.hebnews.cn/2015-02/13/content_4552671.htm.

河南：韩岚. 我省学前教育毛入园率达83.13%［N］. 河南工人日报，2016-1-4.

湖北：省人民政府办公厅. 关于印发湖北省第二期学前教育三年行动计划（2015-2017年）的通知［OL］. http://gkml.hubei.gov.cn/auto5472/auto5473/201509/t20150902_713337.html.

安徽：刘旸. 安徽省幼师短缺5.72万人 公办园比例不到四成［OL］. http://ah.sina.com.cn/news/s/2016-07-28/detail-ifxunyya2521458.shtml.

黑龙江：韩雪. 黑龙江省学前教育三年毛入园率提升到75.61%［N］. 黑龙江日报，2016-5-6.

湖南：阳锡叶. 湖南省教育厅：学前三年教育毛入园率5年增长20%［N］. 中国教育报，2016-3-19.

江西：张武明. 我省学前教育毛入园率升至68%［N］. 江西日报，2016-1-3.

青海：庞书纬. 青海：全省学前教育三年毛入园率已达80.74%［OL］. http://news.xinhuanet.com/local/2016-06/08/c_1119013761.htm.

重庆：张彬. 学前三年教育毛入园率将达77%［N］. 重庆晚报，2013-5-3.

四川：本站记者. 截至2014年底四川学前三年毛入园率达到74.7%［OL］. http://www.chinairn.com/news/20151124/112840254.shtml.

贵州：刘姝. 2014年贵州学前教育入园率超过全国平均水平［N］. 贵州都市报，2015-3-27.

新疆：2014年新疆维吾尔自治区教育事业发展统计公报［OL］. http://www.xjedu.gov.cn/xjjyt/sytj/2015/87924.htm.

广西：林艳华. 2015年底将实现学前三年毛入园率达72%［OL］. http://edu.china.com.cn/2015-08/28/content_36439635.htm.

甘肃：贺迎春. 2014年学前教育毛入园率达到70.5%提高3%［OL］. http://gs.people.com.cn/n/2015/0731/c188871-25790989.html.

云南：云南省2015/2016学年初全省教育事业发展统计公报［OL］. http://www.ynjy.cn/chn201401100927507/article.jsp? articleId=222332447.

叶翠微

1959年生，湖北洪湖市人。1982年毕业于湖北大学生物系，堪培拉大学（澳）硕士，华东师大在读博士。现任海亮教育集团党委书记、总校长，湘湖公学校长。西南大学、浙江师范大学、教育部中学校长培训中心兼职教授，北师大教育学院、浙大教育学院等兼职研究生导师，并担任中国教育发展战略学会高中教育专业委员会理事长、中国教育学会高中专业委员会副理事长。2008年被聘为杭州市人民政府教育督导室副总督学。2000年至2017年，任浙江省杭州第二中学党委书记兼校长。先后在《人民教育》《中国教育报》等国家级报刊发表近50篇文章，在全国20多个省市作了1000多场专题报告。浙江省功勋教师，全国教育系统先进工作者。2006年被《中国教育报》评为“全国十大人气校长”，获“当代教育名家”称号。

“让能飞的飞起来”

——基于学生发展核心素养的课程建构

现代学校发展的逻辑告诉我们：基于每个学生成长的课程一定是“前置而内生”的。所谓“前置”，就是课程的设定既要符合国家意志的刚性要求，又要顺应时代发展的基本走向，这是课程设定的基本前提。所谓“内生”，就是课程的呈现必须符合人的成长规律，必须把握学生的“最近发展区”，进而自洽于学校的文化与传统。这两者的契合，便构成了课程建构的逻辑前提。因为课程的“前置而内生”，学校才有存在的可能，学生才有学习的可能，教师才有育人的可能。我们如何建构“前置而内生”的课程呢？置身时代与学校发展的不同时期，建构的方法是不同的。就当下而言，学生核心素养的培养是课程架构的生命表达。如何设计和落实？我想离不开对三个问题的回答。

一、价值选择：基于育人基本思考的课程架构

教育凝聚着人的智慧、梦想和远方。有趣的是，这一切往往是在呐喊声中才见其光芒。美国心理学家海姆·G. 吉诺特说过：“希望你们帮助学生做一个有人性的人。”这给了教育人本主义的姿态。有鉴于此，浙江省杭州第二中学（以下简称杭州二中）把学生核心素养的培养与关于学校育人的基本思考紧密联系起来。

（一）明晰办学理念

杭州二中始终关注人的“全面而自由”的发展，始终坚持“教育就是让学生成人”的育人思想。二中人认为：教育应该基于人的幸福，基于人的成长，符合教育的基本规律，符合时代发展的基本要求。学校的基本制度和运行机制要体现对“人的尊重”。由此，我们曾提出“追求卓越，创造一流”的育人目标。如今我们顺应时代发展诉求和学校发展定位，将“学生的卓越成长”作为我们的办学追求，提出办学理念：追求“高境界做人、高水平学习、高品质生活”的人生观，“思想解放、行为规范”的管理观，“开明、开放、开化，宽松、宽容、宽厚，人性、理性、灵性”的文化观，“卓越的二中人、杰出的中国人、优秀的世界人”的成才观。

（二）明晰办学目标

杭州二中从自身的办学理念出发，基于未来社会对人才的发展要求，充分研读学校的历史和现状，提出了适切的办学目标：“基于人的卓越发展，育走向世界的精英人才。”所谓“卓越”是指主动寻求更高目标，不断实现自我超越。所谓“走向世界”是指学校始终以一种开放的心态、行走的状态，走向日益美好的世界，走向融入了人类追求与创造的世界。所谓“精英人才”，我们有四个指向：第一，健全的公民素质；第二，卓越的学业基础；第三，突出的创新品质；第四，开阔的国际视野。具有杭州二中“基因”的精英人才，他们既是“卓越的二中人”，又是“杰出的中国人”，还应该是“优秀的世界人”。

在学校现代发展的大背景下，我们站在国家意识、社会意识和名校意识三个制高点上来重新审视育人问题。从国家意识层面讲，杭州二中要“为国育才”；从社会意识层面讲，杭州二中要“为民育人”；从名校意识层面讲，杭州二中还要“为校育师”。基于此，杭州二中矢志于为浙江省的优秀学生提供第一流的师资和育人环境，让每一位走进学校的学生都能够“全面而自由”地发展。

在未来的10至20年里，杭州二中力图在“浙江省优秀学生最心仪的理想高中”“被浙江

父老乡亲高度认可的、具有广泛美誉度的现代学校”的基础上，努力成为“具有一定国际影响力的开放性学校”。

（三）明晰办学特色

为实现“基于人的卓越发展，育走向世界的精英人才”这一总体办学目标，杭州二中在课改的深化过程中始终强调“现代化”“高端化”“国际化”三个方面的建设。

“现代化”是现代学校发展的必然趋势。它包括“课程设置现代化”“管理制度现代化”“师资队伍现代化”“设备设施现代化”“德育管理现代化”五个方面。

“高端化”是现代学校的极致追求。我们以“自主化选择的课程体系”“自主化学习的课堂教学”“自主化管理的课外生活”这“三自主”为核心，建设具有高质量的教师队伍、高水平的课堂教学、高层次的学校文化、高档次的学生社团的高端化学校。

“国际化”是学校发展的战略选择，也是人才培养的必然需求。我校推进国际化进程的基本思路是：开阔国际视野，引进优质资源，拓展合作领域，提升合作层次，增强交流能力，扩大国际影响。我们还致力于打造学生成长过程的“健康”绿名片、“人品”金名片、“学业”银名片，让学校始终浸润着浓浓的教育理想主义情怀。我们的口号是，让能飞的飞起来，让会飞的飞更高。

（四）明晰学校课程

基于以上思考，我们确立了学校的课程目标、课程思想和课程的整体架构。

课程目标：育走向世界的精英人才。即通过我们的课程设计，培养具有健全的公民素质、卓越的学业基础、突出的创新品质、开阔的国际视野的精英人才。

课程思想：将“必备素养、学业基础、人格成长、智慧成长”融为一体，整体架构学校课程，促进学生“全面而自由”地成长。

课程架构：一体两翼三层四类（见图1）。在这一架构中，“一体”指向作为学业基础的国家必修课程，此称“核心课程”；“两翼”中的一翼指向促进人格成长的“社会类自主课程”，另一翼指向促进智慧成长的“学术类自主课程”；“三层”是指“一体两翼”三大板块的课程，均按由低到高三个目标层次设计与实施；“四类”是指包含核心课程、社会类自主课程、学术类自主课程和以现代学生必备的基本素养为内容的“学校基础素质课程”的四个课程类别。

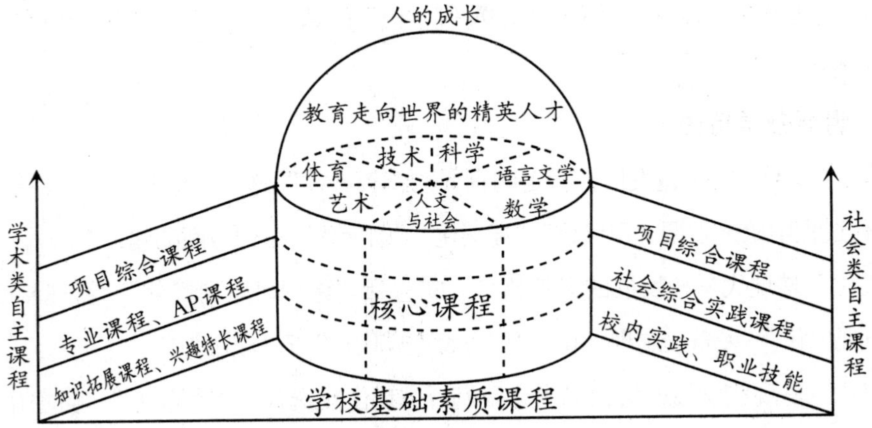

图1　杭州二中“一体两翼三层四类”课程结构图

二、战略选择：基于外“塑”内“修”的课程设计

核心素养的培养作为教育的基本命题，既给了我们一个如何行走的GPS，又给了我们一幅教育的“清明上河图”。我们如何抓住重点并将其落实到实践中？由此，我们形成了“两个任务系列”。

（一）外塑“高大上”任务系列

所谓“高大上”，就是以课程的“高端大气上档次”为追求，更好地满足每一个学生的成长需求。

我校的课程方案以国家教育方针为指导，以学校办学目标为追求，以人的“全面而自由”成长为使命，将目标分类、分解，再依据相应目标要求设计相应的课程项目，形成的课程构架目标明确、层次清晰。我校的课程方案重在体现层次性、选择性和开放性，较好地处理了若干关系。

1. 传承历史，注重实践

我校课程方案基于学校原有课程，通过目标再细化、资源再挖掘、课程再整合而形成。因此，课程基础扎实、课程条件成熟，便于分层实施。

2. 关注共性，尊重个性

我校课程方案不仅设置了“学校基础素质课程”，还在“核心课程”“社会类自主课程”“学术类自主课程”中设置了三级课程要求，以满足不同层次的学生成长的共性及个性需求（见表1）。

表1　杭州二中课程设置

<table>
<tr><th>课程板块
（Ⅰ级）</th><th>课程门类
（Ⅱ级）</th><th>课程项目
（Ⅲ级）</th><th>课程目标
指向</th></tr>
<tr><td rowspan="2">核心课程</td><td>学科必修课程</td><td rowspan="2">数学
语言与文学
人文与社会
科学与技术
体育与艺术</td><td rowspan="2">学科基础</td></tr>
<tr><td>学科选修课程(1)</td></tr>
<tr><td rowspan="4">基础素质
课程</td><td>主导性课程</td><td>晨会课程
主题教育活动
仪式教育
行为通则</td><td rowspan="4">人生必备素质</td></tr>
<tr><td>生存性课程</td><td>应急自救
游泳课程
体育俱乐部活动</td></tr>
<tr><td>生活性课程</td><td>心理基础
现代礼仪
校内服务
社团活动
岗位体验
职业技能课程</td></tr>
<tr><td>发展性课程</td><td>生活规划通讯
大学专业设置</td></tr>
<tr><td rowspan="3">学术自主
课程</td><td>兴趣与拓展课程</td><td>知识拓展类课程
兴趣特长类课程</td><td rowspan="3">拓展知识
研究能力
创新意识
智慧成长</td></tr>
<tr><td>专业与深度学习</td><td>专业课程
研究课程
AP课程[①]
大学基础</td></tr>
<tr><td>项目综合课程</td><td>工程类项目课程
法庭与科学</td></tr>
<tr><td rowspan="3">社会自主
课程</td><td>校内实践活动</td><td>热点论坛
慧兰学堂
仿社会组织活动
社团课程</td><td rowspan="3">社会意识
交往能力
领导能力
人格成长</td></tr>
<tr><td>社会综合实践活动</td><td>志愿者服务
带课题社会实践</td></tr>
<tr><td>项目综合课程</td><td>领导力开发课程</td></tr>
</table>

3. 动静结合，知行合一

我校课程方案特别注意个体学习与集体学习、感性体悟与理性思考、理论滋养与实践生成等学习方式在人成长过程中的不同意义，力图通过课程项目予以实现。

① 指美国大学先修课程，是Advanced　Placement的缩写。

4. 预留“接口”，开放课程

我校课程方案充分关注社会教育资源在学校课程建设中的重要意义，设计了许多必须通过校际合作、校企合作、校政合作才能落实的课程项目，预留了足够多的外延式课程接口，为学生“全面而自由”的发展提供开放性课程构架保障。

5. 有增有减，平衡负担

我校课程方案充分关注到了课程类型丰富之后带来的学生负担问题，力图通过核心课程的分层为学生提供选择的自由，切实减轻学生的学习负担。此外还特意开设了AP等大学先修课程，力图让“能飞的飞起来，会飞的飞更高”。

（二）内修“精气神”任务系列

所谓“精气神”，就是以人内心的清澈、明亮和高远为追求，力求让每一个学生有真正的心灵生活，从有形走向无形，进而达成有形与无形的统一。比如，“让读书成为一种信仰”已成为杭州二中常态性校园生活。2016年3月，杭州二中向全社会发布了60本学生必读书目，涉及文学、艺术、哲学、历史、经济、政治、科学、数学等类目（见附录）。

我们之所以作出这样的文化选择，就是要告知学生：学校不是功利场，学生不是刷题器，学习不是泡题海。阅读人类经典始终是最根本的校园生活。我们告知学生：人的阅读是有层次的，一般来讲有五个层次：文艺类（1.0），传统经典类（2.0），文史哲美类（3.0），思想建构类（4.0），文化超越类（5.0）。人的发展同阅读的层次往往呈正相关。我们引导学生不断走向阅读的更高层次，从而拥有真正的人的心灵生活：做一个“全面而自由”的人。

三、方法选择：基于不同“坐标点”的课程实施

基于核心素养的课程如何落地？不仅拷问着我们的教育情怀，也考验着我们的教育智慧。古人云：“工欲善其事，必先利其器。”在课程建设中，我们尝试选择适当的方法维度，以保障核心素养课程的落地。

（一）在办学的历史坐标上寻根

在厚重的办学历史中去寻根问祖，是现代课程建构的灵感起点。我们要“化校史为神奇”。一个基于学生发展的课程，一定是一个历史演绎的课程。我们在建构课程体系中时常提醒自己：过于推倒重来或者过于标新立异，都是一种幼稚和无知。100年前蕙兰学堂（杭州二中前身）的国文、科学、历史、体育等课程（见图2），不是仍然闪烁着时代的光芒吗？我们从中寻找杭州二中的课程根基，汲取课程建构的原动力。

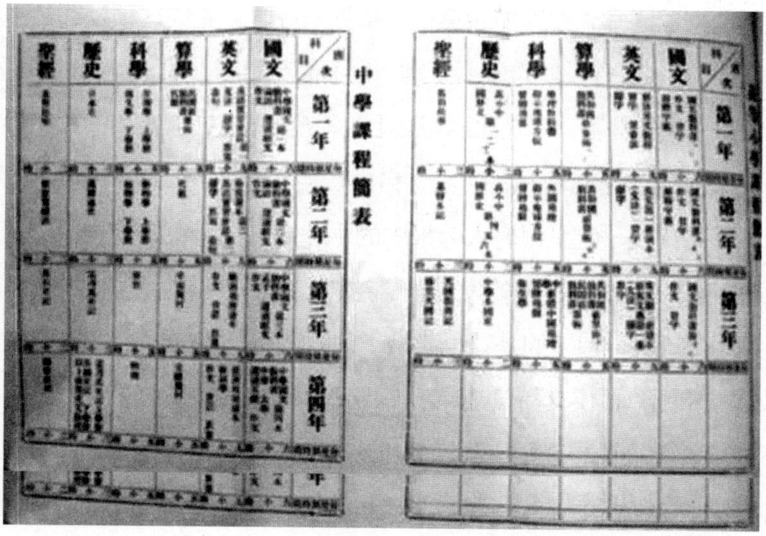

图2　蕙兰学堂（杭州二中前身）的《中学课程图表》

（二）搜寻并定位自己的“国际坐标点”

在教育国际化背景下，杭州二中始终在努力搜寻并定位自己的“国际坐标点”：从第一阶段的“二中看世界”，创办浙江省第一所真正意义上的国际学校——杭州国际学校，为在杭州的30多个国家的近500位外籍人士子女提供教育；到第二阶段的“世界看二中”，通过引进各国优秀教师，和世界顶级名校建立合作交流圈，将最前沿的国际理解教育带入二中；再到第三阶段“二中在世界中”，把二中学子送出国门，向世界展示中国。

教育的国际化是现代课程建构的基本参照。我们追求教育的国际化，一个基本的理念就是“要与世界名校同舞”。我们提出这个理念的目的就是要充分引进、感知、分享世界一流大学和中学的课程资源、课程形态以及课程效应，让杭州二中在对世界知名大学课程资源的借鉴中大步前行。

（三）在办学的现实坐标点上突破

现代课程建构必然要回应现实、超越现实。这怎么做？我们习惯从教育的原点起步，在现实中寻找突破。一是去功利化，不以分数论英雄。二是去低俗化，让教育有点乌托邦的浪漫情怀。三是去机械化，始终给学生成长预设“自由空间”。

2016年暑假，对即将升入高三的学生来说，是备战高考的日子，而杭州二中的两位“学霸”却赶赴上海，参加第31届全国青少年科技创新大赛。钱麒澎同学以“人脸跟踪和识别智能防盗系统”荣获全国二等奖。他是如何获得成功的呢？“我参加的课外补习班不多，所以课余时间比较富裕，基本上都用来琢磨这事。”对他来说，比赛拿奖是次要的，他的最大收获是学了一项技能。俞家琛同学凭“智能除臭机”拿到一等奖。完成这项发明要过好多难关，吃很多辛苦，但他认为：“做有兴趣的事不会累，也不怕花时间。我已经想好了，读大学就选环境工程专业，现在是在做准备，不是比刷题、上补习班更有意义吗?”

我们历来主张教育要远离功利，自主、自由、自在，而这要落实在课程的意义追求上。我们一直认为：好的课程一定是以育人为根本的，一定会在育人的追求中不断自我完善，一定会彰显育人的成就并定格于学校的发展中。这样的课程一定是开放的、多元的、国际的、丰富的。正因为如此，我们追求的是“少谈第一，但求唯一”。我们信奉的是“成长比成绩重要，做人比做事重要”。学校支持学生寻找并坚持真正适合自己的目标，是为学生的一生负责。

这就是我们对课程建构的基本思考。

附录：浙江省杭州第二中学学生必读书目

1.《论语译注》杨伯峻/著　中华书局
2.《孟子译注》杨伯峻/著　中华书局
3.《庄子译注》杨柳桥/著　上海古籍出版社
4.《三国演义》罗贯中/著　人民文学出版社
5.《红楼梦》曹雪芹/著　人民文学出版社
6.《唐宋词十七讲》叶嘉莹/著　北京大学出版社
7.《中国文化要义》梁漱溟/著　上海人民出版社
8.《四大名剧精读》翁敏华、陈劲松/著　上海古籍出版社
9.《莫言自选集》莫言/著　四川文艺出版社
10.《鲁迅选集》鲁迅/著　海南出版社
11.《鲁迅入门读本》钱理群/著　中国长安出版社
12.《平凡的世界》路遥/著　人民文学出版社
13.《雷雨》曹禺/著　人民文学出版社
14.《古文观止》吴楚材、吴调侯/编　中华书局
15.《穆斯林的葬礼》霍达/著　北京十月文艺出版社
16.《君子之道》余秋雨/著　北京联合出版社
17.《我的精神家园》王小波/著　北京十月文艺出版社

18.《现代诗一百一十首》蔡天新/编　三联书店出版社

19.《呼兰河传》萧红/著　译林出版社

20.《外国短篇小说百篇必读》刘开华/编　人民文学出版社

21.《希腊神话和传说》［德］古斯塔夫·斯威布/著　楚图南/译　人民文学出版社

22.《不能承受的生命之轻》［捷克］米兰·昆德拉/著　许钧/译　上海译文出版社

23.《简·爱》［英］夏洛特·勃朗特/著　祝庆英/译　上海译文出版社

24.《雪国》［日］川端康成/著　叶渭渠、唐月梅/译　南海出版公司

25.《苏菲的世界》［挪威］乔斯坦·贾德/著　作家出版社

26.《荆棘鸟》［澳大利亚］科琳·麦卡洛/著　曾胡/译　译林出版社

27.《傲慢与偏见》［英］简·奥斯汀/著　王科一/译　上海译文出版社

28.《欧也妮·葛朗台》［法］巴尔扎克/著　张冠尧/译　人民文学出版社

29.《莎士比亚悲剧集》［英］莎士比亚/著　朱生豪/译　译林出版社

30.《九三年》［法］雨果/著　上海译文出版社

31.《安娜·卡列尼娜》［俄］列夫·托尔斯泰/著　草婴/译　上海文艺出版社

32.《百年孤独》［哥伦比亚］加西亚·马尔克斯/著　范晔/译　南海出版公司

33.《从一到无穷大》［美］G.伽莫夫/著　科学出版社

34.《数学魔法》［美］卡尔文·克劳森/著　湖南科技出版社

35.《上帝掷骰子吗》曹天元/著　北京联合出版社

36.《果壳中的宇宙》［英］史蒂芬·霍金/著　湖南科技出版社

37.《科学发现者：化学概念与应用》［美］菲利普/著　浙江教育出版社

38.《化学元素之旅》［英］杰克逊/著　人民邮电出版社

39.《一本书看懂转基因》林基兴/著　上海译文出版社

40.《乔布斯传》［美］沃尔特·艾萨克森/著　中信出版社

41.《名人传》［法］罗曼·罗兰/著　译林出版社

42.《全球通史》［美］斯塔夫里阿诺斯/著　北京大学出版社

43.《资本论》［德］卡尔·马克思/著　译林出版社

44.《货币战争》宋鸿兵/著　中信出版社

45.《中国思想史》钱穆/著　九州出版社

46.《哲学的故事》［美］威尔·杜兰特/著　新星出版社

47.《美的历程》李泽厚/著　天津社会科学院出版社

48.《艺术的故事》［英］贡布里希/著　广西美术出版社

49.《音乐课》[美]维克多·伍顿/著　北京联合出版社

50.《艺术哲学》丹纳/著　张伟、沈耀峰/译 当代世界出版社

51. The Little Prince（《小王子》）

52. The Old Man and The Sea（《老人与海》）

53. The House On Mango Street（《芒果街上的小屋》）

54. The Adventures of Tom Sawyer（《汤姆索亚历险记》）

55. A Short Story Collection of O.Henry（《欧·亨利短篇小说集》）

56. The Call of the Wild（《野性的呼唤》）

57. To kill a Mockingbird（《杀死一只知更鸟》）

58. Pride and Prejudice（《傲慢与偏见》）

59. The Kite Runner（《追风筝的人》）

60. Harry Potter（《哈利·波特》）

周洪宇

1958年生于武汉。华中师范大学教育学院二级教授、博士生导师。长江教育研究院院长。现任十三届全国人大常委会委员，湖北省人大常委会副主任，兼任中国教育学会副会长、中国教育发展战略学会副会长、中国陶行知研究会常务副会长、国家基础教育课程教材专家咨询委员会委员、国务院学位委员会教育学科评议组成员。长期从事教育史、教育理论和教育政策研究，著有《教育公平论》《教师教育论》《教育史学科的重建》《学术新域与范式转换》《陶行知与中国现代文化》《陶行知生活教育学说》等26种专著，主编出版《中国教育活动通史（八卷本）》《教育史学通论》《教育智库与教育治理研究丛书》等10余种。在《教育研究》《历史研究》等杂志发表论文近300篇，研究成果20余次获教育部、湖北省人文社科研究优秀成果奖一、二等奖和国家图书出版奖、“三个一百”学术原创奖。2008年12月被评为“改革开放30年‘中国教育风云人物’”。2012年被评为中国“有影响力的十位人大代表”。享受国务院特殊津贴，获“当代教育名家”称号。

核心素养的中国表述：陶行知的“三力论”和“常能论”①

“核心素养”概念是舶来品。自1997年经济合作与发展组织（OECD）启动“素养的界定与遴选：理念和概念基础”项目(Definition and Selection of Competencies：Theoretical and Conceptual Foundations，简称DeSeCo）始，“素养”这一提法正式形成并相继出现在各个国家和地区的重要教育文件中。比如，2005年，欧盟正式发布《终身学习核心素养：欧洲参考框架》(Key Competencies for Lifelong Learning：An European Reference Framework)，供各成员国参考。Competencies并非唯一的表述，skills，capabilities等词也有同样的内涵，对此，国外专家尚未达成一致意见。这一概念漂洋过海来到中国，国内学者将其译为“素养”，亦有人主张译为“能力”，不过诚如杨九诠所言，我们不必在意用“素养”一词翻译是否贴切，而要看到汉语

① 本文曾发表于《华东师范大学学报（教育科学版）》2017年第1期。

“素养”一词自身表达的精准性和丰富性[①]。将key译为“核心”则并无太大异议。

总体来看，各个国家、地区以及国际组织的“核心素养”并非完全一致，但基本上都呈现出以下特征：一是以培养完整的个体和促进社会发展两个维度为起点；二是在人与社会关系方面，各个国家、地区以及国际组织的目光不仅聚焦在本国、本地区，也关注与其他国家、地区之间的关系，强调培养学生的公民素养和国际公民意识；三是各国在“求同”的同时，尤其关注本国优良传统文化，使“核心素养”扎根于本国土壤。

随着全球化进程加速，科技进步日新月异，互联网迅猛发展，21世纪人类社会所关注的不只是“什么知识最有价值”，而更多关注能力和品格。众多国家纷纷致力于研究与构建本国的“核心素养”体系，也就不足为怪了。为深化我国教育领域综合改革，全面贯彻党的教育方针，落实立德树人的根本任务，适应世界教育改革发展趋势，提升教育国际竞争力，研究与构建我国学生“核心素养”体系显得尤为重要和紧迫。在这个背景下，重温20世纪中国著名教育家陶行知以培养学生生活力、自动力和创造力为主要能力的“三力论”和“常能论”，探讨它们对21世纪学生“核心素养”观的启示，很有必要，也很有意义。

一、陶行知的“三力论”和“常能论”是20世纪上半期中国社会的产物

首先需要指出一点，本文所说的“三力论”和“常能论”是对陶行知早期和中期所提出的学生应掌握生活力、自动力和创造力这三种必备能力，以及后期在育才学校提出的“二十三常能”观点的总概括。冠以“三力论”和“常能论”之名，是因为陶行知在其教育论著的字里行间多次表明：要实现教育现代化、民主化，一个健全分子要在社会中有价值、有尊严地生活，必须培植生活力、自动力和创造力。这三种能力并非可有可无，而是成长为健全分子之必备能力和品格。而他后期在育才学校提出的“二十三常能”又可视为生活力、自动力与创造力三种必备能力的具体化。故此，本文将陶行知所提的生活力、自动力、创造力和“二十三常能”概括为“三力论”和“常能论”。这在某种意义上，也可视为陶行知的“核心素养观”。

培养生活力、自动力和创造力及“常能”是陶行知生活教育学说的题中应有之义。抑或说，生活教育的根本宗旨是培养具有生活力、自动力和创造力及“常能”的“真善美的活人”。论述生活力、自动力和创造力及“常能”思想产生的背景，不得不谈到陶行知生活教育学说产生的时代和社会背景。

① 杨九诠．三对关系中把握核心素养［N］．中国教育报，2016-07-13（9）．

（一）生活力、自动力和创造力及“常能”思想的产生背景

陶行知生于1891年，卒于1946年。他所生活的半殖民地半封建社会，正逢中国传统教育向现代教育转型的时代。1905年科举制度的废除，清末教育改革，使得传统封建教育行将就木，但是陈旧的教育观念仍根深蒂固，习惯性地影响并支配着学校教育的发展。学校教育仍沿着旧有轨道运行，并未脱离传统模式，读书做官、书本至上、学校中心等观念仍起着举足轻重的作用。①从陶行知对传统教育的批判中可窥见一二：“他教学生读死书，死读书；他消灭学生的生活力，创造力；他不教学生动手，用脑。在课堂里，只许听老师讲，不许问”②。弊端处处可见：双料少爷的手指甲；双料小姐的手镯戒指；小孩们传统的几十斤重的手铐；八万万只无能的手等。当时社会，绝大部分学生是四体不勤、五谷不分的书呆子，沉浸在死的、假的、静的、读的教科书中，没有康健的体魄以抵抗疾病和克服困难，缺少征服自然、利用和改造自然的谋生力，无法承担改造社会的重任。另外，传统教育重视教师对学生的权威，灌输是主要的教学方法，学生学习被动，造成了先生教什么学生就学什么，学生甚至成为读书机器的僵化局面。学生被视为抽象的个体，无独特个性，学生主动性这一特点被湮没在传统教育中。固守成规、不思进取是传统教育的又一特点，这样的教育环境阻碍、削弱、摧残着儿童的创造力，中国儿童成长的环境可谓苦海，“儿童的创造力被固有的迷信、成见、曲解、幻想层层裹头布包裹了起来”③。儿童的双手被束缚，动手要打手心；儿童的口被束缚，不允许多说话、常发问；儿童的思想囿于枯燥、脱离实际的教科书中；学校、社会引导儿童以考试为重，各样的考试挤掉思考的时间、娱乐的时间和动手的时间。这一切，不能发挥、加强、培养创造力，往往摧残儿童的创造力。陶行知指出，中国现在的教育是关门来干的，只有思想，没有行动的。教员们教死书，死教书，教书死；学生们读死书，死读书，读书死。所以那种教育是死的教育，不是行动的教育。④

与此同时，近代西方教育思想相继涌入中国。一方面，碰撞、冲击中国传统教育，如赫尔巴特的五段教学法、克伯屈的设计教学法、道尔顿制等相继传入，在教育界乃至社会引起较大轰动。上述西方教育理念在中国的推广，促使人们反思传统教育问题，教育观念得到一定的更新。另一方面因未与中国教育、社会的实际相结合，没有扎根中国土壤，导致水土不服而鲜有成效，沉疴难起的中国教育未能发生根本性的改变。陶行知如是论述近代西方教育

① 周洪宇，操太圣．生活教育运动的历史及对当代教育的影响［J］．教育研究，1997（10）：29—35.

② 董宝良，喻本伐，周洪宇．陶行知教育论著选［M］．北京：人民教育出版社，2011：386.

③ 董宝良，喻本伐，周洪宇．陶行知教育论著选［M］．北京：人民教育出版社，2011：571.

④ 董宝良，喻本伐，周洪宇．陶行知教育论著选［M］．北京：人民教育出版社，2011：369.

思想与中国教育联姻后的效果："……教育自教育，生活自生活，依然渺不相关……'老八股'与民众生活无关，'洋八股'依然与民众生活无关。"①他进一步阐明："没有行动的教育，即使引进西方先进的教学方法，仍然收效甚微。"②一言以蔽之，洋八股教育和老八股教育的合流并未改变中国教育的困境，"教育依然严重脱离社会生活实际，尤其是脱离人民大众的生活实际，无法适应近现代中国社会政治的飞跃发展"③。

（二）生活力、自动力和创造力及"常能论"的提出过程

处于这样的时代，为冲破传统教育（老八股）和洋八股的牢笼，培养"真善美的活人"，生活力、自动力和创造力及"常能论"的提法似乎已呼之欲出，然而，"三力论"及"常能论"的提出并非一蹴而就，有其发展过程和规律。大致上，生活力是最早提出的概念，自动力次之，创造力再次，"常能论"最后提出。

"生活力"这一概念的形成，有个历史演变的过程。据现有资料显示，最早从职业教育的角度谈教育的作用，即培养"生利（生产）"能力（见1918年《生利主义之职业教育》一文），陶行知把各种能力都视为"生利力"。在1921年的《中学实验教育之必要》一文中，陶行知列举中学毕业生若不升学，应有之要素：一是应付社会环境所必需之人格；二是制裁天然环境所必需之知识技能；三是生利所必需之知识技能；四是消闲所必需之知识技能。上述论说已初见"生活力"内涵之端倪。1922年在《评学制草案标准》一文中，陶氏提出社会、个人和生活与事业本体三种需要与能力，并明确将"生活与事业本体需要"作为重中之重，初步形成"生活力"的概念；1926年从事生活教育试验后，在当年12月3日发表的《中国师范教育建设论》一文中，陶氏首次明确提出"这个学校对于学生所要培植的也是生活力"，还对学生幼年自然和社会生活力画了个图表，作了初步细分；稍后，在当年12月10日所发表的《我们的信条》中，他进一步明确指出"我们深信教育应当培养生活力"，将之作为教育的根本目标；在1931年的《教学做合一下之教科书》一文中，陶行知更是对"生活力"作了具体细分，从五个方面概括出70种生活力；甚至说，这70种也不过是少数而已，"重要的总在3000种以上"，几乎包括了各种能力。

"自动力"的提出，亦有个过程。"自动力"最早的萌芽是在1919年10月发表的《学生自治问题之研究》一文。该文中，陶行知提出"自动主义"问题，但未提出"自动力"，而且将"自动"问题，主要局限在"自治"方面。进一步论及"自动"问题，是在1934年2月16日发

① 董宝良，喻本伐，周洪宇．陶行知教育论著选［M］．北京：人民教育出版社，2011：229.

② 董宝良，喻本伐，周洪宇．陶行知教育论著选［M］．北京：人民教育出版社，2011：376.

③ 周洪宇，操太圣．生活教育运动的历史及对当代教育的影响［J］．教育研究，1997（10）：29—35.

表的《普及什么教育》一文：“自动是大众自己干，小孩自己干。自动教育是教大众自己干，教小孩自己干，不是替代大众、小孩干。”他明确提出“自动力”是在后来办育才学校时。1941年，在《育才学校两周岁前夜》一文中，他提出“自动力之培养”，而且明确指出“自动是自觉的行动，而不是自发的行动”。

“创造力”的提出最晚。1921年10月，陶行知口译孟禄在苏州教育界同人宴会上的讲话和问答时，第二女子师范附属小学的代表提出了“怎样可以养成学生的创造力”的问题，这或许是陶文里第一次涉及“创造力”这个概念。“创造”和手脑联盟分不开。在1933年1月16日的《手脑相长》一文中，陶行知提出，“一个人要有贡献于社会，一定要手与脑缔结大联盟。然后，可以创造，可以发明，可以建设国家，可以把东三省拿回来”。同年3月，陶行知继续指出，“所以要创造，非你在用脑的时候同时用手去实验，用手的时候同时用脑去想不可”。在1942年12月4日发表的《育才十字诀》一文中，陶行知已提出“集体创造”；在1943年《创造宣言》一文中，他又提出强调教师和学生的最大快乐是“创造”出自己崇拜的对方；到了1944年12月15日，他发表的《创造的儿童教育》，更是明确提出“解放创造力”和“培养创造力”，并对如何“解放创造力”和“培养创造力”做了系统全面的论述。

到了抗战后期，根据抗战救国的需要，陶行知于1944年进一步提出以初级和高级为界的“育才二十三常能”[①]。“二十三常能”非常之具体，操作性较强且富有前瞻性。纵观“二十三项常能”，不难发现，其中涵盖生活力、自动力和创造力培养的诸多方面，可谓“三力”的具体化，拓展、延伸和发展了“三力论”，与“三力论”相辅相成，构成一个完整的学生必备能力观。

至此，陶行知关于学生必备能力的“三力论”和“常能论”基本形成。可见，他对“三力论”和“常能论”的认识与提出，不是一开始就很系统完整，而是随着外部社会形势的发展与自身教育实践的深入及个人认识的深化而不断发展变化的。

二、陶行知的“三力论”和“常能论”是富有中国特色的“核心素养观”

（一）陶行知的“三力论”和“常能论”派生于其培养反帝反封建“真善美的活人”的教育目的观

在论述陶行知“三力论”和“常能论”之前，有必要简述陶行知的教育目的观。“三力论”和“常能论”比较具体且集中地体现其教育目的观。针对传统教育的弊端，陶行知从反帝反封建、争取民族解放国家富强的总任务出发，把社会发展的客观需要与受教育者的特点

① 董宝良，喻本伐，周洪宇．陶行知教育论著选［M］．北京：人民教育出版社，2011：566.

结合起来，把社会发展与人的发展统一起来，提出了培养具备“康健的体魄、农夫的身手、科学的头脑、艺术的兴趣和改造社会的精神”的“真善美的活人”这一主张。教育的目的也即培养既能实现个人健全完满发展，又能改造社会、促进社会发展的人。

基于这一教育目的观，陶行知在其教育实践的早期和中期提出学生应掌握生活力、自动力和创造力这三种必备能力，后期又在他办的重庆育才学校提出“二十三常能”，对早期和中期所提出的生活力、自动力与创造力做了进一步的具体化。在“三力论”和“常能论”中，生活力为基础，自动力为引导，创造力为关键。

（二）生活力、自动力、创造力及“常能论”的内涵既带有鲜明的社会和时代特征，又具有鲜明的个人色彩，其语言表达颇有中国风格、中国气派、中国特色

论及生活力，陶行知认为，“幼年人不是孤立的，他是环境当中的一个人。环境对于幼年人的生活有两种大的力量。一是助力，二是阻力”，由此，培植生活力就在于应用自然界和社会界的助力、阻力，使学生“做个健全分子去征服自然，改造社会”[①]。在《教学做合一之教科书》一文中，他指出，生活力指适应、改造现代社会生活该有的力量。他将生活力分为五类：康健生活力、劳动生活力、科学生活力、艺术生活力和社会改造生活力。其中，康健生活力包括通过锻炼、增加营养、养成卫生习惯等方式预防疾病的能力；劳动生活力包括从事生产劳动、家务劳动的能力等；科学生活力包括掌握科学知识并运用于生活实际的能力等；艺术生活力包括多种形式的艺术创作能力；社会改造生活力包括治家、创造富裕的社会、人类互助等多方面改造社会的生活力。伴随着社会发展需要的变化，生活力所涵盖的能力亦呈多样化的发展趋势。具体而言，生活力至少包括“生存力、生计力、学习力、演说力、交往力”等多种，后来其中的一些能力逐渐分解独立出来。

提到自动力，陶行知指出，“生活、工作、学习倘使都能自动，则教育之收效定能事半功倍。所以我们特别注意自动力之培养，使它贯彻于全部的生活工作学习之中”[②]。其中，方法是关键。掌握了方法，养成自动力，教育之收效确实能事半功倍。所以，他又指出“活的人才教育，不是灌输知识，而是将开发文化宝库的钥匙，尽我们知道的交给学生”[③]。这钥匙即方法，学生拥有钥匙，自动自觉，自主探索，自我教育。具体而言，自动力指个体在生活、工作、学习中凭借兴趣，据已有经验，用已掌握之方法自觉行动、自主探索、自我教育、自我管理的能力。换言之，自动力不仅包括自治力、自主力、自我教育力（自学力）、自我管理

---

① 董宝良，喻本伐，周洪宇. 陶行知教育论著选［M］. 北京：人民教育出版社，2011：181.

② 董宝良，喻本伐，周洪宇. 陶行知教育论著选［M］. 北京：人民教育出版社，2011：543.

③ 董宝良，喻本伐，周洪宇. 陶行知教育论著选［M］. 北京：人民教育出版社，2011：542.

力、自强力，还包括“自觉觉人力”，即在自觉的同时，积极帮助别人，实现平等互助。自动力，通过教育可培养之。

论述创造力，他认为行动、思想是创造力形成的前提，正所谓“行动是老子，思想是儿子，创造是孙子”[①]。手脑联盟是培养创造力的最佳形式。换言之，创造力是创造、创新的能力，形成于行动和思想中，由此产生新价值的力量。既涵盖物质方面，也包括精神方面的创造。另外，创造力具有可培养性。陶行知认为，环境要么发挥、加强、培养创造力，要么阻碍、削弱、摧残创造力。所以，教育的作用体现于此：在儿童自身的基础上，过滤不利的环境影响，运用并创造有利的环境，培养、加强、发挥创造力，使儿童更有力量造福民族与人类。

从早期重视手脑联盟以养成创造力，发展到运用并创造有利的环境，培养、加强、发挥创造力，使儿童更有力量造福民族与人类，创造力所含内容日趋丰富。早期，创造力主要指科学生产方面的创造。随着实践的深入，创造力不只局限在科学生产方面，还包括艺术创造、学问创新等方面。

（三）“生活力、自动力、创造力”及“常能论”的相互关系

从最初萌芽的生利力发展到征服自然、改造社会的能力，再到“康健生活力、劳动生活力、科学生活力、艺术生活力和社会改造生活力”，生活力所涵盖的内容日益丰满、具体，它对人之发展所需能力做了较为全面且集中的阐述。可以说，生活力是自动力和创造力的源泉和基石。没有生活力，自动力、创造力如无源之水，也就无从谈起。

从早期的自治，到之后的自觉，自动力所包含之范围日益扩大。需要指出的是，自动力并不是教育所要达到的全部功效，自动力的最终旨归是引导生活力、创造力的发展，使其达到更好效果。没有自动力，也就没有持久有效的生活力、创造力。

另外，陶行知关于创造力的论述很多方面和生活力重合，比如说创造力涵盖的科学生产力、艺术创造力，生活力同样涉及科学生活力、艺术生活力。乍一看，好像新瓶装旧酒，其实不然。生活力、自动力和创造力是一个整体，生活力是自动力和创造力的基础，自动力为引导力，而创造力是关键，三者不可替代，相辅相成。而“常能论”又是对生活力、自动力与创造力的进一步具体化，丰富与发展了生活力、自动力与创造力的内涵。

值得注意的是，陶行知所提的生活力、自动力、创造力及“常能论”，与杜威的实用主义教育学说、张謇的生活教育主张、黄炎培的职业教育观点等均有密切的联系，但又有其自身的发明创造，与当时他所处时代的中外教育家都有明显的不同，是20世纪上半期中国社会的

---

① 董宝良，喻本伐，周洪宇．陶行知教育论著选［M］．北京：人民教育出版社，2011：369.

产物，有别于西方国家，带有本国鲜明的社会和时代特征，也是其自身教育实践的结果，具有强烈的个人色彩。不仅如此，“三力论”和“常能论”也是颇具中国风格、中国气派、中国特色的语言表达和话语体系，值得今日中国的教育研究者在构建教育理论时参考和借鉴。

三、陶行知的“三力论”和“常能论”对21世纪学生核心素养观的启示

（一）中西方“核心素养”的框架和要素

从经济合作与发展组织以“人与工具”“人与自己”和“人与社会”三个维度制定的核心素养，到联合国教科文组织的“五大支柱”，再到欧盟的终身学习的“八大关键能力说”，很多国家与地区都相继提出了自己的核心素养框架和要素。北京师范大学师曼等人在梳理合并全球29个核心素养框架中的素养条目的基础上，归纳出两类共18项素养（见表1）[①]，从中我们得以看到世界范围内核心素养体系的要素。

表1　由29个素养框架中提取的18项核心素养

维　度	核心素养
领域素养	基础领域：语言、数学、科技、人文与社会、艺术、运动与健康 新兴领域：信息、环境、财商
通用素养	高阶认识：批判性思维、创造性与问题解决、学会学习与终身学习 个人成长：自我认识与自我调控、人生规划与幸福生活 社会性发展：沟通与合作、领导力、跨文化与国际理解、公民责任与社会参与

2016年2月，中国教育学会发布的《中国学生发展核心素养（征求意见稿）》就将学生发展核心素养综合为九大素养（即社会责任、国家认同、国际理解；人文底蕴、科学精神、审美情趣；身心健康、学会学习、实践创新）、二十五个基本点（诚信友善、合作担当、法治信仰、生态意识、国家意识、政治认同、文化自信、全球视野、尊重差异、人文积淀、人文情怀、崇尚真知、理性思维、勇于探究、感悟鉴赏、创意表达、乐学善学、勤于反思、数字学习、珍爱生命、健全人格、适性发展、热爱劳动、批判质疑、问题解决）这一提议向社会各界征求意见。这可以说是我国探索学生发展核心素养体系的关键一步。

2016年9月13日，《中国学生发展核心素养》总体框架正式发布。中国学生发展核心素养以科学性、时代性和民族性为基本原则，以培养“全面发展的人”为核心，分为文化基础、

① 师曼，刘晟，刘霞，等. 21世纪核心素养的框架及要素研究［J］. 华东师范大学学报（教育科学版），2016（03）：29—37.

自主发展、社会参与三个方面。综合表现为人文底蕴、科学精神、学会学习、健康生活、责任担当、实践创新六大素养，具体细化为人文积淀、人文情怀、审美情趣、理性思考、批判质疑、勇于探究、乐学善学、勤于反思、信息意识、珍爱生命、健全人格、自我管理、社会责任、国家认同、国际理解、劳动意识、问题解决、技术运用十八个基本要点。三大方面、六大素养和十八个基本点，是对《中国学生发展核心素养（征求意见稿）》的提纯和择要概括，较之前而言，更具系统性，更简明扼要，亦更体现了核心素养之“核心”。不过，其并非尽善尽美，仍有待社会各界积极深入探讨，使其臻于完善，惠及每一位学生。

（二）国内学者关于“核心素养”的不同观点

教育部核心素养课题组负责人林崇德指出，目前整个国际教育界关注的焦点之一就是“学生核心素养”。什么叫核心素养？核心素养是学生在接受相应学段的教育过程中，逐步形成的适应个人终身发展和社会发展需要的必备品格和关键能力。它应该包含六个方面：核心素养是所有学生应具有的最关键、最必要的基础素养；核心素养是知识、能力和态度等的综合表现；核心素养可以通过接受教育来形成和发展；核心素养具有发展连续性和阶段性；核心素养兼具个人价值和社会价值；学生发展核心素养是一个体系，其作用具有整合性。未来基础教育的顶层理念就是强化学生的核心素养①。

崔允漷指出，核心素养不是一个种概念，而是一个类概念，其实质是从学生学习结果的角度界定未来社会所需要的人才形象。②什么叫核心？核心是相对外围而言的，有两层意思：一是关键，是指个体在21世纪生存、生活、工作、就业最关键的素养。二是共同，是指课程设计所面对的某一群体所需要的共同素养。③

褚宏启认为，可以把核心素养简单界定为：为了适应21世纪的社会变革，人所应该具备的关键素养。简而言之，核心素养即“21世纪关键素养”。第一，核心素养是“关键素养”，不是“全面素养”；第二，核心素养要反映“个体需求”，更要反映“社会需要”；第三，核心素养是“高级素养”，不是“低级素养”，甚至也不是“基础素养”；第四，核心素养要反映“全球化”的要求，更要体现“本土性”的要求。④

有些学者则从核心素养与三维目标的关系中把握核心素养。杨九诠指出，从课程改革的

---

① 吴爽．未来基础教育的顶层理念是强化学生的核心素养——访北京师范大学资深教授林崇德［J］．教育家，2015（09）：14—18.

② 崔允漷．追问“核心素养”［J］．全球教育展望，2016（05）：10—20.

③ 袁振国．核心素养如何转化为学生素质［N］．光明日报，2015-12-08（15）.

④ 褚宏启．核心素养的概念与本质［J］．华东师范大学学报（教育科学版），2016（01）：1—3.

工作推进来看，核心素养是三维目标的深化、具体化。从概念外延看，三维目标宽于核心素养，因为除了核心素养，还有更多的非核心素养。从概念内涵看，核心素养倾向于“内在”，即教育内容内在于人的状态与水平；三维目标倾向于“内化”，即教育内容内化的机制。两者俱为一体，共同对学习行为以及受教育者素质给予结构性、整体性阐释。[①]余文森认为，作为核心素养主要构成的关键能力和必备品格，实际上是三维目标的提炼和整合，把知识、技能和过程、方法提炼为能力，把情感、态度、价值观提炼为品格。能力和品格的形成即是三维目标的有机统一[②]。

就核心素养这一概念而言，林崇德讲得比较全面系统。崔允漷和褚宏启更多聚焦“核心”，明确指出“核心”的内涵，与全面素养、基础素养等概念之间的差别，旨在澄清一些错误认识。而余文森和杨九诠等从核心素养与双基、三维目标，尤其与三维目标之间关系的视角，历史、动态、发展地看待核心素养概念的形成。虽然“核心素养”概念是舶来品，但它与三维目标有着内在的一致性。

目前国内教育界、学术界关于核心素养的讨论轰轰烈烈，十分热闹，遗憾的是，讨论仍停留在概念层面，没有具体操作内容。诚然，厘清概念是透彻理解新事物的必然阶段，不过，若长时间执着于此，甚至纠结于形成一个众望所归的概念，求全责备，实在没有必要。何况，社会发展如此之迅速，提出有中国特色又具时代特征的可供操作的21世纪核心素养体系，更是当务之急。《中国学生发展核心素养》是新的突破，有很浓的“中国味道”，较好地体现了素养本土化。只不过三大方面、六大素养，十八个基本点的呈现，难免有些抽象，尽管每个基本点都列出了重点，但可操作性仍然不强。

试问，21世纪，实现个人完满发展的同时促进社会发展，学生需要掌握的核心素养具体是哪些？知识的更新如此之快，面对即将降临的新世界，如何精选内容，将最有价值的知识传递给学生，把知识化为智慧，化为方法，转化为人格，这是教育的新命题。[③]构建核心素养体系并细化核心素养体系的活动规定，使之具有可操作性，是改革和理论落到实处的新出路。

（三）陶行知“三力论”和“常能论”的启示

如何制定学生核心素养体系并细化活动规定，陶行知的“三力论”和“常能论”以及其依托的生活教育学说极具参考价值。

① 杨九诠．三对关系中把握核心素养［N］．中国教育报，2016-07-13（009）．

② 余文森．从三维目标走向核心素养［J］．华东师范大学学报（教育科学版），2016（01）：11—13．

③ 袁振国．什么知识最有价值？［J］．上海教育，2016（01）：74—76．

1. 核心素养的体系建构方面

以一所按照陶行知生活教育思想办学的乡村小学为例，学校教育大纲明确指出了生活的目标是康健的体魄，科学的头脑，艺术的兴趣，生产的技能，自由、平等、互助的精神①，即生活力的五大表现：康健生活力、劳动生活力、科学生活力、艺术生活力和社会改造生活力。紧接着，从个人的生活、团体的生活两方面详细罗列了42条活动规定，相应培养学生的五大生活力，且具体规定之间的互相联系。从这份大纲里，我们看到：既然是体系，则无论层次之间，抑或具体项目之间都相互关联；同样，构建层级化、结构化学生发展核心素养体系，尤其要关注素养内与素养间的相互关联。

2. 构建核心素养体系的立足点方面

无论生活力、自动力，抑或创造力，必备能力的提出并非想当然，而是自有其形成的逻辑。这从陶行知对生活力的定义可窥见一二。培植生活力就在于应用自然界和社会界的助力、阻力，使学生“做个健全分子去征服自然，改造社会”。由此可见，生活力的提出，立足点之一便是个人的健全完满发展，二是促进社会进步。自动力和创造力的提出也正出于此。21世纪核心素养体系的立足点和逻辑起点亦可借鉴吸收上述经验。

3. 构建核心素养体系的原则方面

在回应“教育究竟要培养什么样的人”这一问题时，陶行知一方面针砭时弊，慷慨激昂地向传统的封建教育发起冲击，指出旧教育“教学生读死书，死读书；他消灭学生的生活力、创造力；他不教学生动手，用脑”②；另一方面得益于早期国外受教育的经历而形成的开阔视野和长远眼光，他得以站在时代潮流的前端，结合本国教育实际、社会发展状况，不失时机地提出了培养学生的生活力、自动力和创造力。以培养生活力、自动力和创造力为主要内容的“三力论”和“常能论”，在20世纪上半期可谓独树一帜，颇具时代特征和全球视野，并有前瞻意识，其中创造力思想是中国教育史上首次提及并系统论述。21世纪核心素养体系的建立也是既要立足本国实际，体现时代所需，又要放眼世界，顺应全球化需要。需要指出的是，借鉴国际经验的同时，素养的本土化不容忽视。

4. 细化核心素养的活动规定方面

陶行知的生活教育虽然只有“康健的体魄”等基本理念，但他有一套与之相配合的操作性内容规定。如早期提出的七十余种“生活力”，中后期提出的“自动力”“创造力”，以及育才学校二十三种初级与高级“常能”等等，可以具体实施并检查评估。比如初级十六“常

① 余涛，萧湖之畔的丰碑［M］. 南京:河海大学出版社,2003：15—16.

② 董宝良，喻本伐，周洪宇．陶行知教育论著选［M］. 北京：人民教育出版社，2011：386.

能”中的第一条“会当书记”包括写小楷、管卷宗、写社交信、做会议记录。高级“七常能”中的第一条“会开汽车”的具体活动规定是，检查目力及手腕灵敏，懂得汽车构造①，并特别注明请专家指教。初级、高级的划分很有见地。可以说，育才二十三项“常能”拓展、延伸和发展了“三力论”，是陶行知的“学生核心素养观”一次飞跃。科学细化活动规定，使21世纪核心素养体系能具体实施并可检查评估，必将影响、推动我国教育改革。

5. 实现知识、技能和价值观的综合和超越

生活教育学说及其以培养生活力、自动力和创造力为主要内容的“三力论”和“常能论”，乍一看不关注知识，只关注一些生活技能。其实，教育是为了更好地生活，陶行知不是不要知识，不要技能，不要情感和价值观，而是注重知识技能和价值观的综合和超越，真正使知识转化为智慧，转化为能力，转化为正确的价值观和优秀的品格。尤要指出的是，他重视学生正确价值观的形成，培养学生的大丈夫精神，强调公德与私德的并重，推崇儒家的智仁勇。他曾指出，智仁勇是中国重要的精神遗产，过去被认为“天下之达德”，今天依然不失为个人完满发展之重要指标。真正具备能力的学生，他不仅会读能写善算，能生产会劳动，而且他会思想能创造，好学并善学，积极改造社会，颇具智仁勇的大丈夫精神。同样，核心素养不只是知识，不只是技能，不只是情感态度价值观，更是知识能力价值观的综合和超越，是个体获得完满发展的关键能力和必备品格。核心素养包括学科核心素养，更包括跨学科核心素养。换言之，核心素养涵盖领域素养和通用素养，发展领域素养，强化通用性核心素养，注重以人为本。

6. 构建核心素养体系的具体内容方面

康健生活力、劳动生活力、科学生活力、艺术生活力和社会改造生活力，并不都是核心素养，但是，陶行知力图加深教育与生活的联系，鼓励劳动生产，重视科学与生活的联系，强调科学服务生活，生活促进科学思维发展，强化学生的艺术欣赏和表达能力，关注个体与社会的关系，力倡社会改造生活力的观点值得吸收和借鉴。另外，包括掌握方法、自主自律、有判断能力在内的自动力和创造力思想至今仍生机焕发。

最后，对比分析国内外关于“学生核心素养体系观”相关研究，结合当前我国实际，受启发于陶行知的“三力论”和“常能论”，笔者在研究之后，尝试提出一种“学生核心素养”假说（见表2），供教育界讨论研究。

---

① 董宝良，喻本伐，周洪宇. 陶行知教育论著选［M］. 北京：人民教育出版社，2011：566.

表2 “学生核心素养”假说

维　度	核心素养
通用素养	社会性发展：社会责任、国家认同、国际理解、团队与合作；个人成长：自我认识与自我管理、幸福力；高阶认识：批判性思维、创造力、终身学习
领域素养	语言、数学、科技、艺术、信息

社会责任：

①主动认识社会生活，关注社会问题，带着社会责任感学习、工作等；②环境素养与生态意识，包括关注地区、国家乃至世界的生态环境状况，有环保意识，积极推动环保文化在社会的形成等；③民主素养与法治信仰，包括较高的民主涵养，崇尚自由的精神，知法守法敬法，乐于参加并且组织社团活动等；④有长期从事志愿服务的热情，有社会批判精神等。

国家认同：

①国家意识，包括主人翁精神和公民意识，热爱祖国山河，强烈的民族情怀等；②政治认同，包括了解国家政治制度、政党和政治理想，主动参加政治生活，正确使用包括选举权在内的各项政治权利，明确并履行服兵役等政治义务等；③文化自信，包括主动了解、吸收民族文化的精髓，以本国历史上的文化名人为榜样等。

国际理解：

①全球视野，包括了解其他国家、民族、地区文化的基本精神及风俗习惯，以开放的心态主动适应全球化，将全球相互依存的理念同地方行动相联系等；②尊重差异，包括认识、理解不同国家的文化差异，学习、掌握与其他国家、民族、地区人民平等交往、和睦相处的修养与技能，探讨全人类共同价值观念，增进不同宗教信仰和文化背景的国家、民族、地区间的相互理解与宽容等。

团队与合作：

①团队合作意识，包括团队意识和认同感，明确团队成员的责任，乐于建言献策，积极融入团队等；②掌握团队合作的技能，包括较强的沟通能力、理解能力和组织能力，以及良好的共情能力等。

自我认识与自我管理：

①自我认识，包括时刻保持清醒的自我意识，清楚自身的优缺点，积极思考，时常自我反省等；②自我管理，包括认识和控制情绪的能力，时间管理能力，职业规划和定位能力，自主发展力等。

幸福力：

①追求幸福，包括享受现在的生活状态，将幸福视为一种生活方式等；②拥有幸福的能力，包括找到学习、工作背后的意义感，建立健康亲密的关系，找到在这个世界上的使命并为之努力，实现自我等。

批判性思维：

①认知方面，包括凭证据讲话，合乎逻辑地论证自己的观点，对自身的深刻反省和对异见的包容，以及对一个命题适用范围有深度的认识和理解等；②人格方面，包括不懈质疑，敢于且善于提出问题，不畏权威，直面选择，果断决策，勇于面对自己选择的后果，承担责任等[①]。

创造力：

①创造性精神，包括拥有永不满足于现状，渴望与众不同的心态，视创造为一种信仰，乐于创造等；②创造性思维，超越现有框架思考等；③创造性能力，包括把创造性思维转换为创造性行动时必须应对的方法，比如面对失败的能力，不断学习的能力，调整自己的能力等[②]。

终身学习：

①学会学习，包括自主探索学习方法，形成较科学的方法体系，体验学习的乐趣，自主自律地学习，较强的自动力等；②终身学习能力，包括对学习有强烈的需要，正确的学习动机，较强的学习热情，能及时有效地评价学习态度及行为，主动调节学习行为以适应时代和环境的需要，高效利用工具进行学习等。

语言素养：

①母语情结，积极探寻民族文化语言，体悟母语的魅力；②爱阅读，具备符号化的逻辑思维能力等；③能熟练使用母语阅读，写作，交流和演讲等；至少掌握一门外语，能熟练使用外语进行日常交流，及撰写简单应用文等。

数学素养：

①乐于体验数学活动带来的探索和创造，好奇于数学对人类历史发展的作用，寓数学于生活等；②数学能力，包括会运算，在日常生活中能用数学思维解决问题，自由转换实际空间与平面图画的能力等。

科技素养：

①乐于了解科学技术对社会和个人所产生的影响，崇尚科学精神，勇于乐于探究，具有

① 谢小庆，刘慧．审辩式思维究竟是什么［N］．中国教师报，2016-03-16（004）．

② 钱颖一．培养创造力须先创新教育模式［J］．商周刊，2016（08）：19．

科学思维等；②了解必要的科学知识，有足够的科学词汇量，理解科学术语，能看懂科普书籍和科学杂志等；③掌握基本的科学方法，理解科学探究过程，具备动手试验的能力等。

艺术素养：

①喜欢欣赏艺术作品，享受艺术，认同国家和整个人类艺术和文化价值，有艺术理想等；②懂得基本的乐理、绘画、表演等知识，有艺术感等；③会唱歌，能绘画，懂表演，对作品有独特的见解，有创意表达能力和设计感。

信息素养：

①有正确的信息意识和情感，包括对知识经济时代信息重要性的认识，不唯信息至上等；②熟练使用电脑等信息工具，能够判断什么时候需要信息，明确信息任务，懂得如何获取信息，具有信息检索能力，选择和综合信息的能力，评价信息的能力等。

从陶行知丰富的教育思想中撷取以生活力为基础、自动力为引导、创造力为关键的学生核心素养观，很有必要，也很有意义。如前所述，“三力论”“常能论”已相当接近现今为教育界所津津乐道的核心素养观。“三力论”和“常能论”与“核心素养观”放在一起论述，确有必要。对此，笔者有以下几点考虑：

首先，前已说明“三力论”和“常能论”是对陶行知主张学生应掌握的生活力、自动力和创造力以及“二十三常能”的概括。而对于“核心素养”这一概念的界定，目前学界尚未达成共识，在此引用部分国内外相关研究成果进行说明。经济合作与发展组织是国际上最早研究“核心素养”且最具影响力的机构之一，它如下界定“素养”（competency）一词：“素养不只是知识与技能。它是在特定情境中、通过利用和调动心理社会资源（包括技能和态度）、以满足复杂需要的能力。例如，有效交往的能力是一种素养，它可能利用一个人的语言知识、实用性信息技术技能以及对其交往的对象的态度。”[①]我国学者褚宏启通过分析核心素养的英文词“Key Competencies”，对此概念进行了梳理。他认为，“Key”在英语中有“关键的”“必不可少的”的含义。而“Competencies”可直译为“能力”[②]，在核心素养这一概念中，实际上，“能力”和“素养”大同小异。以上两种论点有力地证明了陶行知“三力论”和“常能论”与“核心素养”在概念上的一致性。

其次，“三力论”和“常能论”与核心素养理念在内涵要求和要素结构上有惊人的相似性。内涵要求上，两者在关注个体健康完善发展的同时，都注重人与自然、人与社会的和谐发展，强调个体发展与社会进步并驾齐驱，相互促进。要素结构上，“三力论”和“常能论”

① 谢小庆，刘慧．审辩式思维究竟是什么［N］．中国教师报，2016-03-16（004）．

② 钱颖一．培养创造力须先创新教育模式［J］．商周刊，2016（08）：19．

强调培植生活力，其中的科学生活力与核心素养体系中的科学技术素养遥相呼应，改造社会生活力中的国民意识、民主意识与核心素养体系中的公民素养、公民意识可谓异曲同工。自动力的培养在核心素养体系中也能找到相应的内容，比如自主学习、学会学习。值得一提的是，在20世纪30年代，举国上下面临外敌侵辱，奋起反击以图生存之际，陶行知却极富天才性地提出创造力思想，这在我国教育史上是最早的。发展至20世纪40年代，创造力思想已渐成系统，涵盖创造性思维和创造性能力等要素，与几十年后的核心素养体系中的创新意识、创新能力遥相呼应。

最后，“三力论”和“常能论”与核心素养并不完全一致。一方面，“三力论”和“常能论”所涵盖的内容比较全面，既包括基础素养，比如健康的体魄，也包括核心素养，比如创造力；既包括高级素养，也包括低级素养，“常能”即分为初级、高级常能。目前学界对于“核心素养”已达成共识的一点是，核心素养是必备品格与关键能力。换言之，核心素养不是全面素养，不是低级素养，甚至不是基础素养。另一方面，由于时代的局限性，一些素养与能力，如信息素养，没有也不可能在陶行知所处的时代有所体现。

综上所述，陶行知的“三力论”和“常能论”不仅在历史上有突出贡献，培养了一批富有生活力、自动力和创造力的学生投入到建设国家的队伍中去，而且颇具现实意义，实现了历史和现实的对话，有益于我国当前“核心素养体系”的构建。毋庸讳言，“三力论”和“常能论”也有其不足之处，我们应辩证地看待。囿于思维的有限性和时代的局限性，陶行知的“三力论”和“常能论”注定有其天然的不足。陶行知晚年提出的“常能论”，创造性地对学生能力培养进行初级、高级之分，进一步拓展、延伸和发展了“三力论”。可惜的是，虽有初级、高级之分，却未深入延伸，提炼出“三力”的精髓，构建初高级核心能力体系；另外，未将创造力、批判性思维等纳入“常能”体系。列宁有句名言：判断历史的功绩，不是根据历史活动家没有提供现代所要求的东西，而是根据他们比他们的前辈提供了新的东西。对待陶行知的“三力论”和“常能论”也应作如是观。对于陶行知，我们不仅要学习借鉴，更要从今日中国社会和教育现实出发，在继承的基础上有所超越，这是时代给我们这一代教育人的历史任务，也是我们的神圣使命。只有这样，才符合陶行知教育学说本身的精神，使生活教育适应时代，推动时代，更好地为建立具有中国特色的社会主义教育体系服务。

1946年生，毕业于上海华东师范大学，曾先后担任上海培光中学副校长、上海建平中学校长兼上海建平（集团）学校总校长，现任全国教育专家委员会会长。全国著名教育专家，中国关心下一代教育研究院副院长，中国关工委全国教育专家指导中心副主任，全国中小学德育研究会副理事长；华东师范大学、上海师范大学、上海大学客座教授。享受国务院特殊津贴，获“当代教育名家”称号。

冯恩洪

回到原点　问道方圆[①]

——好课的本质探寻

假如说学校教育是一个有机的生命体，那么基本的组成细胞就是课堂。

今天的课堂决定20年后中国的命运。

课堂是实现教育目的的主要手段。

在基础教育阶段，学生的学习生涯由大约16800节课构成，因此，先有课堂的质量后有教育的质量，没有课堂的质量就谈不上教育的发展。

到2017年端午节前，我在中国大地上累计听了4842节课。其中不乏学生敢于参与、乐于表达、活力四射，教师“胸中有书、目中有人”的好课。教师从知识的讲授者，转变为课堂

① 本文曾发表于《中国教育报》2017年9月6日第9版。

的组织者和引领者。这样的课堂变化催人奋起，令人振奋，然而更多的“家常课”却引起我的深思。在大量听课的基础上，我深刻感受到，在对课堂的认识和把握这个要害问题上，我们尚欠火候。

“一节课应该怎么上?”这是一名教师职前准备不足、职后发展失之偏颇的命题。坦率地说，我们的师范教育接地气不足，给学生的是很多教育的原理，而围绕“上好一节课”的实践能力，师范大学重在方向的引领，缺乏能力的训练。师范生走上工作岗位以后，又进入了“教无定法”的认识误区。“教有常法，教无定法，贵在得法”，是有逻辑顺序的。“教无定法”在完整的语言环境里，毋庸置疑是对的。然而，一个师范生由自然人转变为职业人的过程，不是跳过“教有常法”探索“教无定法”的过程，而是先要走进“教有常法”，然后淡出“常法”，才能进入“教无定法”的境界。当教的“常法”和个人的特质结合起来，这样的教师就具备成长为当代教育家的基础和潜质了。对课堂“常法”进行彻底的本质探寻，才能避免在“一节课怎么上”的问题上陷入苦恼的深渊。

三个维度决定一节课应该怎么上

第一个维度是教材。教材承载教学内容，教学内容决定这节课应该怎么上。第二个维度是学情，教学目的指向学生，实现教学目的要搞清学情，不知道学生在哪里，只追求学生到哪里，何谈有效教学？第三个维度是教育的时代特点，不同的时代教同样的内容，教同样年龄段的学生，教法应该相同还是不同呢？农耕经济时代一节课如何上，与工业经济时代、移动互联网时代相比较，有同也有异，同的是教材内容，不同的是社会发展、科技进步对接班人的不同要求。

中国的课堂教学，书本中心的味道很浓，从目前的课堂呈现来看，三个维度中，教材决定一节课怎么上相对比较清晰，学生在哪里、时代特点要求到哪里，这两个维度都有所忽略。从这个意义上说，我们现在的课堂教学是教书而不是用书教。

教师的教学设计常常是教师钻研教材的结果，来源于教师的主观。走进学生发展为本的课堂，问题是教学的起点，问题反映“学生在哪里”。教学设计不应源自教师的主观，而应依据来自学生的客观。好课堂的美，不是完美，而是缺陷美。这是一个不该忽略而被很多教师忽略的维度。实践证明，这也是妨碍教学质量提升的重要环节。

现在回忆起来，几年前，美国人在教育网站上提出一个问题：我们的孩子生在移动互联网时代，我们的孩子就业在移动互联网时代，我们的孩子退休还在移动互联网时代。想让孩子在移动互联网时代收获幸福人生，和工业经济时代、农业经济时代一样还是不一样？上千万个美国家庭卷入这场讨论。他们的选择结果是：移动互联网时代是能力比知识更重要的时代。美国人认为，移动互联网时代的幸福人生离不开自我管理能力、信息处理能力、有效表达能力、沟通协作能力、正确思想能力、好奇心、想象力和创新变革能力。走进移动互联网时代，美国人的幸福人生离不开这几种能力，在中国难道不是这样吗？这一场讨论启示我们：教育是有鲜明的时代性的，优秀的教育是属于时代的。

想通大道理才能做好小事情：一节好课由三个维度决定，只有明晰了三个维度的坐标，才能上好一节具体的课。从这个角度看，重视教育就要重视课堂，关注教育就要关注课堂，领导教育就要领导课堂。绝对不能学问越高离课堂越远，职务越高离课堂越远，那是教育发展的误区。

三个要素决定一节课是否能上好

中国是人口大国，但还不是人力资源强国。承担人口大国发展成为人力资源强国重任的是中国的基础教育，有什么样的课堂就有什么样的国民素质。从某种意义上来讲，中国人口众多却人力资源不足的重要原因是教育陷入了误区。

承担人力资源重任的教育，在课堂教学过程中首先要注入问题要素。一个民族的创新变革的能力，说到底就是发现问题和解决问题的能力。学生的问题意识与能力要从课堂中来。课堂不能没有问题，课堂教学的过程就是教师无疑时导向有疑，有疑时导入无疑的过程。学生获得新知的过程，不意味着要教师全部讲授。通过有效预习，新知识可以分成两部分，学生看得懂的新知识和学生看后起疑的新知识。看后起疑的新知识就是问题，问题是有效教学的起点，没有问题就没有高效的课堂。教师不知道学生在哪里的原因是不知道学生的问题来自哪里，课堂只能是演绎推理的教学。当一名教师重复学生已会的知识的时候，这个课堂的高效就要受到质疑。

全国各地许多教师问我："我也想让学生提问，我给了他们时间，他们提不出问题，白白浪费了时间，该怎么解决？"发现问题的能力靠的是遗传基因吗？发现问题的能力在于后天的训练，没有有效的训练哪有发现更好问题的能力呢？从我在全国11个省市实践的情况看，更值得我们重视的不是学生提不出问题，而是面对来自学生的诸多问题，教师理论准备、专业素养和课堂驾驭能力不足，筛选不出最有价值的问题。

我曾经在海南听小学一年级的语文课《司马光砸缸》。课上到第13分钟，生字教学结束以后，小朋友主动提问，提的第一个问题是：“小朋友掉进缸里以后，其他小朋友都慌了，司马光也是小朋友，司马光为什么没慌？”那天是10月21日，6岁的孩子，入学不到两个月，已经能发现最有价值的问题。更值得我们思考的是，那天的执教者是海南大学本科毕业生，被孩子们问住了，因为大学里没讲过“司马光为什么没慌”。这个案例提醒我们，不要怀疑孩子们发现问题的能力，如何面对孩子们提出有价值的问题，对教师的专业教学素养将是一个有力的挑战。

课堂要注入的第二个要素是合作。新加坡政府把走进移动互联网时代，让500万新加坡人学会合作，作为新加坡持续繁荣的立国之本。当新加坡把发现合作的价值当作立国之本的时候，我们炎黄子孙似乎不应该再把合作置于教学之术的低水平上了。集体智慧永远高于个人智慧，一个人不能解决的问题，不代表四到六个人不能解决，要让学生从小在老师的带领下诱发合作的需要，参与合作的过程，享受合作的成果，养成合作的习惯。

课堂是由教材、教师、学生三个基本因素组成的。教材是教师无法选择的，学生却是有差异的。同一间教室里，有差异的学生拿着无差别的教材，这就形成了一对矛盾。教材是标准的，标准是重要的；学生需要合适的学习内容，合适比标准更重要。面对相同的教材、有差异的学生，让每一个有差异的学生都实现发展，课堂需要第三个要素——合适。常识告诉我们，让有差异的学生都得到发展，是在最近发展区里实现的。学习能力不同的学生，最近发展区是不同的。在这种前提条件下，如果是“教书”，一定会出现好的学生吃不饱，学困生消化不良的现象；如果是“用书教”，一切就会另当别论了。课堂需要结束“教书”，走进“用书教”，给每一个有差异的学生设置“伸出手来够不到，跳起来能够得着”的目标。如果我们能控制合适，课堂上就不会出现厌学现象。厌学说到底是学习目标不合适造成的。

从实践出发，我认为：一节好课是问题引领的课，是合作探究的课，是控制合适、走出“教书”、走进“用书教”的课。

两个途径帮助教师走进好课堂

改变教育就要改变课堂，改变课堂首先在改变教师。改变教师，全世界都使用的相同的方法是教师入职后的继续教育。从人民群众热切希望提高教育质量的角度看，改变教师、帮助教师的目的是为了成就学生。改变课堂的方法是短线，短线着力于当下；教师专业素养提升是长线，长线着眼于未来，有效的继续教育要既抓长线也抓短线。

15年来，我在中国大地上实践“中国好课堂”活动，成功地帮助1400所中小学改变了课堂。在这个过程中，我懂得了一个道理，没有教师不想把课上好，没有教师不想把学生教好，这是我们评价当前教师队伍的出发点和归宿。相信大多数教师有教育理想，有道德良知，有实验精神，这是我们帮助教师的出发点。尊重人、研究人、满足人才能提高人。因此，帮助教师也要用教师喜闻乐见的形式。

教师不是生活在概念和理论中，他们每天接受的事情都是具象的，引导教师转变课堂行为，要针对教师的特点。教师这样评价只有抽象没有具象的继续教育：学习中听得热血沸腾，回到讲台上一头雾水。帮助教师在实践中成长，让教师潜能释放的、有效的继续教育，才是适合的、有意义的继续教育。中国教育界重视继续教育的大方向是对的，然而对什么是合适的继续教育方式研究不够。这个合适既要有抽象的引领，也要有具象的指导；既要有思想引领，也要有教学行为的具体帮助。必须针对教师想要在课堂上实现教学目的、却不知道自己的学生在哪里、陷入“教书”却走不进“用书教”的现状进行突破。

途径之一：通过有效的教研，帮助教师养成二次备课的习惯。第一次备课备教材，备教材是为了指导学生有效预习。目前指导有效预习的方式有导学案，有10分钟微视频，有问题发现法等，这都是指导学生有效预习的手段。重点在学生有效预习以后，教师要能够通过有效预习的检查，掌握学生的预习情况，结果毫无疑问会三分天下：一是全班都对的，全班都会的不需要老师讲，全班全会的问题老师还要挂在嘴上就不是高效的课堂。二是有人对有人错的，有人对有人错的要组织学生合作探究，让学生自己教育自己，纠正错误，拥抱成功。三是个别问题全班全错的，全班全错的，合作讨论的基础不存在，教师应该在引导启发的前提下讲授。基于学情的掌握，教师进行第二次备课，基于学习目的导出最佳问题，设置问题解决的路线图。这样的课堂就不是“胸中有书、目中无人”，而是高效率的好课堂。当然，二次备课“帮助老师，成就学生”是一个过程，会出现各种各样的实际问题，但是好的课堂从来不是追求完美的，中国好课堂的价值取向是追求缺陷的美。

途径之二：对“合作与合适”结合的研究。基于合作，需要课堂实现理念与行为的转变。现在的课堂，教师是教班的，未来能不能从教班走向教组？教师要把学生组织起来，引导有领导力的学生争当学习小组长，形成小组文化，课堂植入即时评价、有效激励的元素，这样我们的教师就能结束教班，走进教组。

基于合适，需要提高教师读懂课程标准和教材的能力。一门学科知识点有多少，能力要求是什么，这是国家标准，国标是相同的；学生的起点不同，知识点不等于合适点，合适点在哪里，这是校标，是因校而异的。基于国标，基于知识点与合适点，围绕每一个合适的知识点，要研究题型有几种。题目是做不完的，但题型是有限的。在农耕经济时代，因为信息闭塞，学海无涯苦作舟可能是正确的。今天在云平台大数据的时代，强调学海无涯苦作舟是误人子弟。学海无涯更需良师导航，教师“下海”概括出题型，才能把复杂的事情简单化，让学生在良师的带领之下，走向成功的彼岸。因此，控制合适本质上是提高教师读懂教材的能力，通过两次备课，读懂了学生，既读懂了教材又明白了学生在哪里的教师是良师，更是恩师。

中国好课堂通过合适的继续教育成长途径，帮助教师实现专业发展，从我们的局部实践来看，结果都是喜人的。我把局部实践的经验形成此文，与各位关注课堂教学的教育界的同人共享。

黄希庭

1937年生，浙江温岭人。西南大学资深教授、心理学博士生导师。曾任西南师大心理学研究所所长，国家重点学科基础心理学和心理学一级学科带头人，校学术委员会和校学位委员会副主任，中国心理学会副理事长兼心理学教学工作委员会主任，国务院学位委员会第五届心理学科评议组召集人，全国博士后管委会第六届专家组成员教育学组召集人。在中国开创了时间心理学研究，是中国人格心理学领军人物之一，积极推进人格研究的中国化，提出了健全人格模型。撰写、翻译和主编的教材、专著、译著60余部，发表学术论文600余篇（含合作、合译），其中两本教材获教育部普通高等学校优秀教材一等奖。享受国务院特殊津贴，获中国心理学会“终身成就奖”、教育部“全国教书育人楷模”“全国先进工作者”“当代教育名家”等荣誉和称号。

人格研究中国化之我见[①]

今天是第一届全国心理学专业人格心理学任课教师培训班的第一讲，我想讲讲我一直坚守的一个学术理念。这个学术理念就是：人格研究中国化。下面讲四个问题：什么是人格研究中国化，为什么人格研究要中国化，怎样在教学中引导学生探索人格研究中国化以及我的一点体会。

一、何谓人格研究中国化

人格研究中国化就是从中国的实际出发研究中国人的人格，努力创建具有中国特色的人

① 本文根据2017年7月6日在第一届全国心理学专业人格心理学任课教师培训班上的讲课录像修改而成。曾发表于《心理学》，2017年，40（6）：1518—1523。

格心理学，更好地为我国的人才培养和社会发展服务。在这里，我强调三点：一是我们的人格心理学研究必须从中国的实际出发，二是我们的目标是建设有中国特色的人格心理学，三是只有这样才能更好地为我国的人才培养和社会发展服务。

人格心理学研究现实的人，探求、描述和解释个人的人格特质、人格结构、人格动力、人格发展和人格适应等问题。人格心理学所要探究的问题十分广泛且令人神往：既有深奥的理论问题，也有生活实践急需解决的应用问题。无论是人格心理学的理论问题或是应用问题，都需要我们教师传道、授业和解惑，从而使我国这块学术田野产出有生命力的东西。宋代理学家朱熹诗云："半亩方塘一鉴开，天光云影共徘徊。问渠那得清如许？为有源头活水来。"（《观书有感二首·其一》）能够催生我国人格心理学勃勃生机的源头活水在哪里呢？我认为，我国人格心理学赖以生存和发展的源头活水就是人格研究中国化。

二、为什么人格研究要中国化

为什么人格研究要中国化？我想起码有三条理由。

（一）人格基本词义中、西方有差别

人格这个词我们是从英语personality翻译过来的。而personality是由person衍生而来，person又是源于拉丁文persona，意指戴面具的人。因此，人格也就有了外显人格和内隐人格；由外显人格推论到内隐人格的问题，或者把外显人格和内隐人格结合起来加以推论的问题。在当今西方心理学中有许许多多人格定义，无论怎样定义，其核心内涵大概如下：人格是一个独特的人，一个与众不同的人；人格是一个整合的人，是个完整的人；人格特质具有稳定性，也具有一致性。这是西方人格心理学指涉人格的基本词义。

我国古代没有人格一词，但有"格"这个词。《说文解字》中，"格"指"木长貌"，即"样子""格局"的意思。《广韵》中，"格"指"度也，量也"，即衡量的"准绳""规格"的意思。虽然我国古代没有人格一词，但有"为人""人品"等说法。《论语·述而》中说："叶公问孔子于子路，子路不对。子曰：'女奚不曰，其为人也，发愤忘食，乐以忘忧，不知老之将至云尔。'"意思是说，楚国的大夫叶公问子路孔子的为人怎样，子路没有回答。孔子对子路说："你为什么不这样说：他的为人呀，用功便忘了吃饭，快乐便忘了忧愁，以至于不知道衰老将到来，如此罢了。"《礼记·缁衣》中说："子曰：'言有物而行有格也，是以生则不可夺志，死则不可夺名。故君子多闻，质而守之。'"意思是指孔子说，一个人的行为规格是生死不渝的，生时是这样子，死后才有名分。君子虽然有多种说法，但是他的存在方式是一贯

坚守的。中国现代学者使用“人格”也都是指其社会属性。例如，梁启超在《新民说》中说：“忠孝二德，人格最要之件也。”陈学昭在《工作着是美丽的》中说：“又没有卖淫，损害了家庭的名誉和自身的人格。”瞿秋白在《赤俄之归途》中说：“把一般争人格的青年学生，打得落花流水。”茅盾在《动摇》中讲道：“由公家发配，太不尊重女子人格。”从我国古代先哲到现代学者，对于“人格”都是从道德品行、社会责任和义务来理解的，关注的是人格的社会属性，而不是指个人的独特性。

中国古籍中有着丰富的人格心理学思想。例如，中华文化提倡“天人合一”、强调“仁道”，把个人放在跟他人、跟集体、跟社会、跟大自然的关系当中来看：不仅追求人与人之间的和谐、追求家庭的和谐、追求社会的和谐，而且追求国家与国家之间、民族与民族之间，以及人与自然、天地万物之间的和谐。这也不同于西方人格心理学家从个人的独特性来看人的方法。

（二）人格结构中、西方有差异

特质论认为基本的人格结构单元是特质。西方人格心理学家是怎样用特质的概念来描述人格的基本单元的呢？从20世纪30年代开始，奥尔波特（Allport，1897—1967）认为一种特质就是以某种特别方式作出的一种反应倾向，并区分出首要特质、中心特质、次要特质，把人格视为多种特质构成，提出了人格多因素模型。卡特尔（Cattell，1905—1998）用人格特质形容词词表进行因素分析法，提出16种人格因素。艾森克（Eysenck，1916—1997）提出了人格三因素的层次模型：外倾性、精神质、神经质。20世纪90年代，美国心理学家麦克雷（McCrae）和科斯塔（Costa）[①]、麦克雷（McCrae）和约翰（John）[②]提出了五因素模型：神经质、外倾性、经验开放性、宜人性、认真性，用英文单词第一个字母表达即为OCEAN。他们通过自评、他评、跨文化研究、人格障碍研究、进化论和遗传学的研究、纵向和横向的研究都发现有这五个基本维度，于是认为，这是人格心理学的一个转折点。是不是中国人也具有同样的这五个基本维度呢？我国有两组心理学家来验证他们的研究结果。一组是北京大学的王登峰和崔红[③]，采用了和西方完全相同的词汇法，结果发现中国人的基本人格结构是七个因素，而不是五个因素。这七个因素是：外向性、人际关系、行事风格、智慧、情绪性、善良和处事态度。另一组是香港中文大学的张妙清、梁觉和中国科学院心理研究所的宋维真、张建新等，他们用西方的方法发现中国人的基本人格结构也不同于西方心理学家的五因素，而

① MCCRAE, R R, COSTA P T. Personality in a dult hood[M]. New York:Guilford Press, 1990.

② MCCRAE, R R, COSTA O P. An introduction to the five—factor model and its applications[J]. Journal of Personality, 1992, 60(2):175-215.

③ 王登峰，崔红．解读中国人的人格［M］．北京：社会科学文献出版社，2005.

是多出一个因素，即人际关系特质[①]（Cheungetal.,1996）。可见，由于社会文化的差异，中西方在基本人格结构上是不相同的。

当前，人格心理学中的人格动力特征的研究基本上都是来自西方心理学家的理论，例如弗洛伊德（Freud，1856—1939）的力必多理论，行为主义的S-R理论，默里（Murray，1893—1988）的需要压力理论，弗斯汀格[②③④]（Festinger）的认知失调理论，斑杜拉[⑤]（Bandura）的目标管理自我效能理论，利特尔[⑥]（Little）的个人计划研究，埃蒙斯[⑦]（Emmons）的个人奋斗研究，康托尔[⑧]（Cantor）的生活任务研究等。这些研究或理论，都没有涉及中华文化"义以为上"的人生追求和价值观。孔子说："志士仁人，无求生以害仁，有杀身以成仁。"（《论语·卫灵公》）"君子义以为上"（《论语·阳货》），要求人们"见利思义"（《论语·宪问》）、"见得思义"（《论语·季氏》），"义然后取"（《论语·宪问》），"不义而富且贵，于我如浮云"（《论语·述而》），主张用义来规范求利行为。孟子说："生，亦我所欲也；义，亦我所欲也。二者不可得兼，舍生取义者也。"（《孟子·告子上》）"义"就是"人皆有所不为，达之于其所为"（《孟子·尽心下》）。"羞恶之心，义也。"（《孟子·告子上》）墨子说："万事莫贵于义。"（《墨子·贵义》）墨子的义是利人、利天下的公利。荀子说："义之所在，不倾于权，不顾其利。"（《荀子·荣辱》）据陈来的研究，历经两千年的发展，中华文明已经形成了自己的价值偏好，主要有：责任先于自由，义务先于权力，社群高于个人，和谐高于冲突。[⑨]今天，"义"仍然是我国人民敢于承担责任和勇于跟邪恶势力作斗争的内心强大动力。义不容辞、大仁大义、见义勇为、义无反顾、舍生取义、大义凛然、重情重义、大义灭亲等，已成为中华民族褒奖英雄行为的美好赞词。

---

① CHEUNG F M, LEUNG K, FAN R M, et al. Development of the Chinese personality assessment inventory[J]. Journal of Cross-cultural Psychology, 1996, 27(2):181-199.

② FESTINGER L. A theory of cognitive dissonance[M]. Evanston, IL:Row, Peterson, 1957.

③ HENRICH J, HEINE S J, NORENZAYAN A. Beyond weird:Towards abroad-based behavioral science[J]. Behavioral and Brain Sciences, 2010, 33(2-3):111-135.

④ JAMES W. The principles of psychology[M]. New York:Dover, 1950.

⑤ BANDURA A. Self-efficacy:The exercise of control[M]. New York:Freeman, 1977.

⑥ LITTLE, B R. Personality and motivation:Personal action and the conative theory and research[M]. New York:Guilford Press, 1999:501-524.

⑦ EMMONS R A. The personal striving approach to personality[M]//PERVIN L A. Goal conceptsinpersonality and social psychology. Hillsdale, NJ:Erlbaum, 1989: 87-126.

⑧ CANTOR, N. Life task problem solving:Situational affordances and personal needs[J]. Personality and Social Psychology Bulletin, 1994, 20(3):235-243.

⑨ 陈来. 中华文明的核心价值［M］. 北京：生活·读书·新知三联书店, 2015.

西方人的自我结构中个人跟社会是分离、对立的，强调个人的独特性；个人跟社会的界限是很清楚的，甚至夫妻之间也是如此。但是中国人的自我结构则比较复杂，至少包含两个成分：个人成分和关系成分。中国人的自我结构中有个人成分，其关系成分就比较复杂，包括家人关系，如父母、兄弟、姊妹、子孙等；婚姻关系，如夫妇、岳父母、内兄弟等；熟人关系，如地缘关系、同乡关系、师生关系等；还有陌生人关系。

总之，人格是一个人的存在方式。人不是一个纯自然范畴，而是受社会文化和历史条件制约的。已有研究表明，中国人基本的人格结构、人格动力特征以及自我结构不同于西方人。

（三）当代人格心理学不是普世的人格心理学

为什么说当代人格心理学并不是普世的人格心理学而似乎更像西欧和北美的人格心理学呢？首先，当代人格心理学的人性假设，例如弗洛伊德的人性假设、生物学的人性假设、学习与认知加工的人性假设、人本主义的人性假设都是西方哲学的人性观。即便人本主义所提出的“以人为本”，也与中国文化中的“以人为本”是不一样的。西方人本主义理论中，“以人为本”是以“个人”为本，而中华文化中的“以人为本”则是以“社群”为本。其次，西方人格心理学研究的取样也有偏差。西方人格心理学研究的被试主要集中在美国、西欧、加拿大、澳大利亚和新西兰，这些国家总人口占世界总人口的10.84%，而我国人口占世界总人口的18.53%，没有深入中国实际对中国人的人格进行研究，这样的人格心理学难以成为普世的人格心理学。此外，西方人格心理学研究的被试主要是大学二年级的学生，他们大多来自中产阶级家庭，有高度个人主义和独立自主的品格（Henrich,Heine,&Norenzayan,2010）。总之，当今世界，民情、国情、社会文化丰富多彩，现今的人格心理学并不是普世的人格心理学。

三、在教学中怎样引导学生开展中国化的人格研究

在教学中教师该怎样引导学生开展人格研究中国化的工作呢？我在教学中主要做了以下四方面的工作。

（一）厘清概念，检验国外的研究

为什么要厘清人格心理学研究的有关概念呢？因为概念是代表研究领域中各类现象的抽象元素，它既是构建理论的基本单位，也是我们提出研究问题的基本单位。一旦确定了概念的含义，我们就可以确定描述概念的指标（indicator）和概念的不同方面即维度（dimension），从而去度量概念所指涉的内容。研究所指涉的概念，既是研究的起点也是终点，必须

高度关注。例如，人格是一个现实的人，是个体遗传与环境交互作用的结果，即个体的生物性、文化性和社会性交互作用的结果。个体的生物性是个体的遗传结构及有此结构的有机体；它是人格的基础，没有这个基础，人格便无从产生。但是，一个现实的人的存在方式，取决于其所处的特定社会文化模式，是个体社会化的结果。既然中西方社会文化不同，那么人格作为受到社会文化影响的结果也必然不同。因此，建设具有中国特色的人格心理学，就不能脱离我们自己的社会文化实际，不能仅仅依靠翻译、模仿、照搬西方人格心理学的概念和研究成果。对于西方人格心理学研究所指涉的概念，首先应当厘清它所指涉的是哪一类心理和行为现象，这种指涉是否符合我国人们的生活实际，切不可盲目搬用西方人格心理学的概念和研究成果。厘清概念，检验国外的研究，确实很重要。

举两个例子。self-esteem，我国心理学界把它翻译成“自尊”，其实是有问题的。self-esteem最早由詹姆斯（James）引入心理学，指个体对自己的整体的积极感觉，而非消极的感觉，即个人的自我感觉良好。这跟我们理解的“自尊”是不一样的。《现代汉语词典》说：自尊指“尊重自己，不向别人卑躬屈节，也不容许别人歧视、侮辱”。由于没有厘清概念，国内这方面研究的科学性是令人质疑的。我希望大家都要想一想外国人的概念跟中国人的概念到底在哪些方面相同、哪些方面不同，千万不要把外国人的概念硬往中国人身上套，把中国人当作洋人来做研究①。又如self-presentation（自我呈现或自我表现），西方文化强调表达积极的自我，推销自我，特别是在现今商品经济发达的社会里；而中华文化则强调要自谦，这也说明这两种文化的差异。

人格心理学中的概念所指涉的含义可能是不同的；即使所指涉相同含义的概念，不同社会文化下人的心理和行为也可能不同。我们研究中国人的人格就应当有自己的立足点，这个立足点就是我们的社会文化和历史根基。对于西方人格心理学家的研究成果我们要厘清概念，实事求是地进行检验，吸收其合理因素，目的是创建具有中国特色的人格心理学理论、概念和工具。要做出有特色的研究成果，就不能只当搬运工，只做模仿别人的事；如果我们一直只当搬运工、干着模仿他人的事，这实际上就是漠视我们自己的社会文化和历史，说得严重一点就是藐视我们自己的社会文化和历史。

（二）深入中国实际，努力做中国人的人格研究

要研究中国人的人格，就必须深入中国人的生活实际，观察他们日常生活中的心理和行为现象，提炼出指涉人格有关的概念作为研究主题。比如我的一位学生说，她经常在车站里、超市里看到一些好管闲事、乐于助人的人和事，这到底是一种什么样的人格行为？我鼓

---

① 黄希庭. 探究人格奥秘［M］. 北京：商务印书馆，2014.

励并支持她去研究，通过深度访谈发现这可能是“人际责任感”问题。又如，有学生看到一些老年人喜欢锻炼，有些年轻人也喜欢体育锻炼，坝坝舞十分火热，这背后是什么原因？通过深度访谈发现这可能是“健康信念”问题。我还利用寒暑假了解社情、民情，指导学生做生活实践中急需解决的人格心理学问题研究。

我引导学生关注我国传统文化和当今社会所提倡的优秀品格作为自己的研究主题。在这一方面我的学生曾做过“自立”“自信”“自强”“自谦”“诚信”“勇气”“节俭”等研究，现在还有学生正在做“自省”研究。总之，我们要鼓励并支持学生关心我们国家现实生活中的人和事，深入中国人的生活实际，力求使我们的人格研究为“两个一百年”奋斗目标和实现中华民族伟大复兴的中国梦服务。

（三）采用质性和量化相结合的方法探索中国人的人格

开展中国化的人格研究是一项开创性的事业，如果采用“假设—演绎”的量化研究范式，就会使研究陷入困境，我们开始时先采用质性研究。我们研究的基本程序是：从现实生活或我国历史记载（如《四库全书》或民间谚语）中找出某个人格概念（如勇气、节俭等）并探究其基本内涵；通过深度访谈，经内容分析并与文献分析发现的维度相参照，找出表征该人格概念的指标和维度；编制出初测问卷；通过较大规模的调查，经探索性因素和验证性因素分析，编制出信效度较高的正式问卷；然后进行后续的实验或调查；最后提出应用建议。这里特别需要指出的是，厘清概念是一个持续不断的过程。特别是对于质性研究，厘清概念更加重要。厘清概念不仅是选题的需要，而且在问卷设计甚至最后撰写论文的时候也要反复推敲。在我看来，质性研究不可以马马虎虎，更多的是以事实为依据。心理学中的所有概念都是开放的、发展的，即使是操作性定义也不可能是一劳永逸的，而是根据研究的发展而变化的。心理学家对智商（IQ）的研究已有150多年的历史，其定义仍然在不断更新。这说明，科学研究永无止境，概念的定义也会不断更新。

（四）尝试构建健全人格理论模型

我对于健全人格（perfect personality）的研究是从1982年开始的，那时我承担中国社会科学院“六五”计划的重点课题“大学生心理研究”。当时我想从整体的视角来研究大学生，此后一直在思考这方面的问题。2003年，我给大学生上课时对他们做了一个调查。后来把这个调查结果写入了《自信心及其培养》这本书的“序”里。这个调查的一个主要问题是：“你认为什么样的行为是心理健康者的特征性行为？依据你的看法请写出5至10条。”一共收到393条回答，归纳为12条。后来又经过几次修改，2015年我正式提出了健全人格的理论。什么叫作健全人格呢？健全人格是一个开放系统，是指一个人按照自己设定的人生目标，不断充实自己、发掘自己的潜能，按照自己选择的人生目标不断幸福进取的人。因此，健全人格模型也称为幸福进取者模型[①]。要成为幸福进取者，应当从哪些方面进行努力呢？他们必须具备以下三类最重要、最基本的人格特征。

要成为幸福进取者，首先必须拥有正确的价值观。因为价值观是一个人判断是非、善恶、得失的信念系统，它不断引导着人们追寻自己的理想，还决定着人们在生活中的各种选择。虽然价值观不等同于能力的大小，但有了正确的价值观，人们就可以更好地完善自己的人格，发挥自己的潜能，为社会作出更大的贡献。一个人如果价值观不正确，就会在错误的道路上越走越远，他的本领越大，对社会的危害也越大。在人生的旅途中，价值观是人生成败与幸福的决定性因素。

要成为幸福进取者还必须具有积极主动的自我观。幸福进取全靠个人的积极主动性，要自爱、自立、自信、自省和自强。自爱，即悦纳自己、爱惜自己，包括爱惜和敬重自己的身体、品德、能力、信誉、地位和前途。如果一个人不爱自己，别人就不可能爱你；如果一个人不尊重自己，别人也更不会尊重你。自立，是指一个人从过去依赖的事物中独立出来，自己的事自己负责、自己解决。自立立他，德行天下。自信，即个人在认识自己的基础上相信自己有足够的潜能获得成功。自省，就是自我反思，“见贤思齐，见不贤而内自省也”（《论语·里仁》）。自强，即在挑战面前勇往直前、永不懈怠的品格。

幸福进取者是一个具有人生理想的人，而要达成美好的人生理想，就必须具备勤于学习、善于思考、心胸宽广、追寻理想、人际和谐、心境平和、勇于担当等优良品格。

总之，健全人格即完美人格、理想人格，而不同于健康人格（healthypersonality）。如果把心理健康视为一个连续体，其最差的一端为人格障碍或心理疾病，其最佳的一端即为健全人格；而最差至最佳的中间状态，可以称为健康人格的心理。所有的人，不同职业、不同社会地位的人，都可以成为健全人格的人，都有一个发展过程，并且是个性化的。

四、一点体会

最后，我想讲讲35年来我研究和讲授人格心理学的一点体会：学以致用、优化人格。可从以下两方面来看。

一是学以致用，优化他人的人格。早期我们曾在中学师生中开展优化人格的研究并取得过相当好的结果。后来我领导学生面向公众撰写关于健全人格的科普著作，出版了《健全人

① 黄希庭，尹天子．做幸福进取者［M］．南京：江苏人民出版社，2016.

格与心理和谐》（重庆出版社，2010年版），2013年获教育部高校科学研究成果普及奖；《做幸福进取者》（江苏人民出版社，2016年版），获教育部专项基金资助。与此同时，我还到过一些单位做健全人格的科普讲座。

二是学以致用，优化教师自己的人格。学习和研究心理学（包括人格心理学），对我们很有好处。心理学是探寻心迹、理解人生、点燃人类真善美的一门学问。探寻心迹，就是探寻心理的轨迹，包括各种心理和行为的性质、结构、机制、功能和规律。例如，我们要探讨注意是一种什么性质的心理现象，由哪些成分构成，其心理生理机制是什么，有什么功能，有什么规律等。心理学不像物理学、化学、生物学那样探寻科学规律，它主要是探寻心迹的性质、结构、机制和功能；同时，心理学也是要理解人生的。在人生追求、人生态度、人生智慧、人生修养等领域，都有许多心理学问题需要研究。我们心理学研究者的使命就是点燃人类心灵的真善美。要点燃人类心灵的真善美，你自己就应该先点燃，先点燃自己心灵的真善美。这是我们心理学研究者的人生境界，也是对我们学习研究心理学的最高奖赏。所以，我们当老师的要言行一致，以身作则。

中华文化博大精深，又具有开放性、包容性，它一方面吸收外来的文化精华以滋养本民族文化的血脉，另一方面又与其他民族文化的交流中传递出它独有的智慧之光，从而对人类文化的发展作出了自己的贡献。同样，我们提倡人格研究中国化，就是从中国的实际出发研究中国人的人格。在这一过程中，我们要吸收西方人格心理学中合理的成分来滋养中国化的人格研究，用于我们创建具有中国特色的人格心理学概念、理论、方法，这也是对普世的人格心理学的一种贡献。

现在我有一个奢望，很想写一本具有中国特色的人格心理学著作，它包含人生追求、人生态度、人生智慧、人生修养四篇，把中华文化融入其中，同时也吸收国外人格心理学的研究成果。要做成这件事看来是很困难了，现在我已是耄耋之年，已力不从心了。我寄希望于青年才俊去完成人格研究中国化的事业。通过一代又一代人的努力，我相信具有中国特色的人格心理学一定能建立起来！因为这个方向是正确的、充满生机活力的。让我们一起努力吧！

于　漪

1929年生，江苏镇江人。1951年7月毕业于复旦大学教育系，上海市杨浦高级中学名誉校长。长期从事中学语文教学，形成独特的教学风格。1978年被评为语文特级教师。曾任中华全国总工会候补执行委员，上海市第七、八、九届人大常委会委员，教育科学文化卫生委员会副主任委员，全国语言学会理事，全国中学语文教学研究会副理事长等职。代表作品：《于漪语文教育论集》《于漪文集》等。荣获“全国三八红旗手”“全国先进工作者”“当代教育名家”等荣誉和称号。2018年12月18日，党中央、国务院授予“改革先锋”称号，2019年9月17日，国家主席习近平签署主席令，授予“人民教育家”国家荣誉称号。

以教育自信创建自信的教育①

改革开放三十多年来我国教育取得了巨大的发展，成绩举世瞩目。且不论教育全景从学前教育到研究生教育、到终身教育量和质的跨越式的变化，单是普及义务教育的成效就值得骄傲。那么宽广的地域，穷乡僻壤，高原平川全覆盖；那么多的学龄儿童都入学，一亿几千万的学生都接受义务教育，这是怎样庞大的数量啊！如此的教育成就在世界上应该是首屈一指、史无前例的，值得自豪。

教育成就是中国人创造出来的，实实在在地放在那儿。快速发展中出现这样那样的问题，乃至深层次的十分棘手的问题，本不足怪。然而，熟视无睹者有之，不理解的有之，期盼毕其功于一役者有之，与此同时，非议、抨击，不绝于耳。许多教学第一线的教师常常感到茫然，这么说，那么说，简直不知道课该怎么上，教师该怎么当，越教越不会教了。毋庸

① 本文曾发表于《上海教育》2017年第10期。

讳言，教育现状的形成有众多原因，但喧嚣背后教育自信的缺失，应格外重视，深入思考。

我国的教育巨轮承载着50多万所学校，2.6亿学生，承载着13亿人口的美好期望，要直挂云帆济沧海，办好中国特色、世界一流的现代教育，教育自信必不可少。有自信才会有自觉，有自信才会有清醒，有自信才会有定力，始终维护和建设我们的教育家园。充满自信，能意气风发，潜力迸发；自信缺失，会犹疑摇摆，甚而随人乞讨。

教育自信的树立可从回顾走过的路说起。

历史不能割断

教育一谈到传统，就是落后，就是保守，就是一无是处，甚至把科举制度的弊端也全栽赃到教育身上，五千年中华文明之所以一脉相承，从未断裂，不能不说教育在其中发挥了重要作用。

中国不是教育穷国，历来尊师重教。从孔子到蔡元培，留下了丰厚的教育遗产，其中精华仍光照人间。如：以人为本，追求理想与人格的完美；有教无类，因材施教；不愤不启，不悱不发，学思结合；务本求实，匡时济世；思想自由，兼容并包等教育核心价值、核心理念，千百年来无数仁人志士探讨、实践、批判、修正、提升，积累了极其丰富的正反两方面的经验，昭示后人读书与做人须紧密结合，读书为明理，明做人之理，明报效天下之理，“在亲民，在止于至善”，不断自我修养，达到“至善”的境界。北宋张载的“为天地立心，为生民立命，为往圣继绝学，为万世开太平”更是把育人的终极价值推到极致。

历史不能割断，历史装载着民魂。传统教育中有精华，有糟粕，采用辩证唯物主义和历史唯物主义的态度，作具体的、实事求是的分析，取其精华，去其糟粕。精华也要因时代需求而加以发展，使其更具丰富内涵，更显育人光彩。如若采取虚无主义态度，连我们教育的根在何处、魂在哪里都不知晓，那只能随风飘荡，听凭他人论短长了。

不说数千年的历史，就是新中国成立以来办的教育可圈可点之处就非常多。我们的教育方针、培养目标，我们的理想教育，引领着办教育的方向；在一穷二白的地基上，用有限的教育经费，办规模极大的教育，彰显的是中国人的志气和艰苦奋斗的精神；自我认识，自我挑战，边干边行边改进，积蓄改革动力，渴望力争上游成为发展的现实。即使到基层学校，校园里有些美丽的风景至今让人怀念。主题班会上，十六七岁的高中生谈学习动机，谈人生梦想，交流、碰撞，那份热情，那份豪迈，令人欣喜。清晨，阳光还未露脸，操场上长跑的学生已熙熙攘攘，为祖国锻炼身体，强壮体魄。下午下课后，操场上龙腾虎跃，各种体育锻炼，跑的、跳的，各种球类竞赛，欢声笑语。文学讲座、科普讲座、学生社团活动，座无虚席。那种身心健康发展的美景，难道不是教育的宝贵财富吗？班级基本是学生自主管理，学生干部起到核心作用，教师当参谋、作引导，学生自治自律能力在实践中获得锻炼，获得提高。这不也是很有价值的教育财富吗？

扎根中国大地办教育，既要回应现实关切，又要展望未来图景，也要认认真真回顾历史。历史是理智的启迪，它给追求理想的人新的起跑线，从中汲取精华，能增强民族自信。

摆脱思想矮子心态

不知从何时起，我们教育话语系统悄悄发生了变化，一系列的教育政策、措施都是具有中国特色的，从中国的国情、教情、学情出发，切实解决实际问题。但一旦进入教育专业，对传统教育就不屑一顾，铺天盖地的是外来的教育概念、教育术语、教育做法，不仅“言必称希腊”，而且“行也照希腊”。

当今时代办教育，必须放在国际大背景中思考，必须有开放的心态。社会迅速发展，急剧转型，人们对教育的期望值越来越高，家长们急切地、焦虑地期望自己的孩子在日后的竞争中胜出，并能独占鳌头。教育从来没有遇到过如此复杂、如此严峻的挑战。在这样的状况下，进行教育改革，提升教育质量，须有先进的教育理念、科学的教育思想作指导。欧美等西方国家有些教育思想确实比较先进，有些做法与经验也值得学习、借鉴。教育本身就有很强的包容性，它承认不同教育之间需要互相了解，互相借鉴，看到人家好的就学。因此，中外教育进行比较，介绍与引进先进的教育理念与做法是必要的，无可非议的。树立自信，不是故步自封，拒绝学习外国，而是要深入、全面地研究学什么、怎么学，要根据我们的国情决定取舍、改造、创新，要以我为主。

打开视野，学别人之长，不是照抄照搬，不是移植、贩卖。任何教育理论的形成总有其特定的时代背景，特定的历史文化土壤，特定的地域特点，特定的社会需求、环境条件，其中确有普适性价值的，但由于地域特色十分鲜明，并非放之四海而皆准。不深究这些理论、理念、经验、做法的来龙去脉，不深究它们的环境、条件，不深究它们在哲学高度、人文高度、科学高度上能经受怎样的检验，不深究它们在付诸实践中的利弊得失，只要是引进的，就是好的、先进的，以强势语言连篇累牍地宣传，在教育教学实践、课题立项、论文评审、校绩教绩考核评价等方方面面推行，其广度深度前所未有，影响之大，几乎是全覆盖。讲话，写论文，以引用外国的教育话语为有水平、先进、前沿。更有甚者，常常将我们的教育实践、教育研究的进步与成效作为论证这些理论、理念的证据。我们独立的精神、自主的思想何处去了？有些教师不无忧虑地说："我们在给西方教育打工，不仅话语改变，名词术语一大堆，就连思维方式也开始变了。"

教育面向世界，以国外为借鉴本没有错，问题在于不能鄙薄自己的教育，历史的、现代的、当代的，都批判、否定、消解、解构。21世纪初，一位先生在报纸上发表的《最后的遮羞布》，对中国的基础教育讨伐鞭挞，对美式教育向往仰慕，可谓是"外国的月亮比中国圆"的思维定式的倾心表露。一切以西方的教育观念为最后依据，仰视别人，甘愿做思想的矮子，这种心态真是可悲。教育不能光点洋烛，我们有独特的历史、独特的文化、独特的国情，中国教育必须有中国自己的灯火，走中国人自己的路。就专业而言，也不能只任人说短长。改革开放以来，我们的育人理念、课程改革、队伍建设、制度创新等随着时代的要求均有突破性的发展，其中不乏具有中国教育特色、中国教育个性的符合学生成长规律的理性思考与实践经验，闪亮之处不少。这些饱含着中国精神的教育财富，是当代中国教育人群策群力奉献智慧的结晶，完全可以挺直腰杆充满自信地与国外平等交流。近年来，8000所英国小学在数学课堂采用"中国模式"就是明证。学习外国，必须坚持中国立场，摆脱矮子心态，改变永远甘当学徒的身份。唯其如此，方能拿出眼光，自主选择，趋利避害，真正以他山之石攻我教育之玉。

当下更须警醒

通常情况是：从事教育的人，特别是从事教育实践的人，习惯于就教育论教育，兴奋点往往在教育的技能技巧，较少思考教育的战略意义和育人的高度。教育从来是国家的、民族的事业，任何国家均如此，它的核心是价值塑造、价值追求。我们教育追求的价值观是培养我们的教育对象，深刻领悟并身体力行：中国人就是中国人，要热爱中国，为中国服务奉献是天职，是自己的责任担当。这个价值一旦丢失，教育就失魂落魄，丢了民族精神的根、爱国主义的魂，于国于民，都会发生危机。

进行价值塑造，坚守价值追求，确实极其不易，面对国内外环境的挑战，必须保持清醒。早在20世纪末美国国家安全委员会就这样说："一个国家有计划地运用宣传和其他非战斗活动传播思想和信息，以影响其他国家人民的观点、态度、情绪和行动，使之有利于本国目标的实现。"他们的专家说得更直白："让被宣传的对象沿着你所希望的方向行进，而他们却认为是自己在选择方向。"霸权主义如此宣传的目的是让第三世界人崇美忘本，其重要性"与空军一样不可或缺”。[①]他们不仅这样说，而且通过各种渠道，以各种新名义、新手段扎实地做。我们培养的对象是独生子女的大群体，基本上是在宠爱与呵护中成长的，不懂世事几乎是常态。接受基础教育的学生还是未成年人，生活经历少，无厚实的文化积淀，文化识别力、文化判断力比较差，面对网络时代声、光、形大肆渲染的东西，很容易不加辨别照单全收，有时甚至错把腐朽当神奇。社会上多元价值的冲击，尤其是个人第一、金钱至上、享乐追求等迷雾的浸染，学生往往受害而不自知。学生成长中价值迷茫的问题不可小视，要积极疏导，花大力气以理想信念引领。为此，立德树人是我们应该自觉肩挑的刚性责任。

立德树人应认真落实到学科教学之中。任何学科的教学之中都蕴含着教学生做人的丰富资源，知识的创建饱含人们追求理想的壮志、不懈奋斗的精神和为人民造福的情怀。人文学科里珍藏着的忧患意识、家国情怀、虽九死而不悔的责任担当；数理、生化等学科传授的数字、原理、公式、定律背后，蕴藏着丰富的敬畏自然、探索奥秘、寻求定律、追求真理的思想道德财富。然而，由于功利主义的喧嚣、工具理性的干扰，往往只见知识的工具性，只注重其实用性功能，而剥离或阉割其内在的精髓。马克思·韦伯曾把理性分为两种：价值理性与工具理性，理想主义就是一种价值理性。他指出现代人采取了一种新的理性标准，用工具理性代替价值理性，终极目的、价值不重要，重要的是采用最合理有效的方式，设定一个具体的、功利的目标。其实，“工具”浸透“功利”，还有什么理性可言。基础教育中存在的为考而教，为考而练，分分计较，为获取1分、2分、3分，没完没了地操练，就是这种理念、这种思潮的具体表现，导致学生不堪负担、厌学。为了“应试”的具体目标，“没心没肺把我们的孩子撞倒了”。

什么叫教育？教天地人事，育生命自觉。办学者、执教者要铁肩担道义，负责地深情地培育学生精神成长，以中华优秀传统文化与人类精神文明的精华滋养学生的心灵，引领他们在复杂的环境中能站稳脚跟，明辨是非美丑，积极向上，健康成长。课堂教学施以怎样的教育影响学生精神的成长、生命的质量？其实任何学科教学都具有教育性，要将学生的核心素养落到实处，实现“学力形成”与“人格形成”的统一。其关键在于执教者须牢固树立教书育人意识，并切实身体力行，摆脱功利主义的裹挟，回归教育的本原。只有回归教育的初心，执教者才会用慧眼发现与挖掘学科中固有的、极有价值的育人资源，才会有巨大的热情与聪明才智把德智有机融合起来，既有知识传授、能力培养，又有情感态度价值观的熏陶感染，营造积极向上的学习场，学生就能享受到求知的愉悦和精神获得滋养的快乐。教学领域在功利第一、工具理性上有大突破，方能真正提高质量，否则，难以根本改变重术轻人的状

① 王岳川．当代西方最新文论教程［M］．上海：复旦大学出版社，2008.

况。育人的概念在外围飘，深入不到根本之处。

课堂教学师生之间、生生之间精神交流、思想碰撞的精彩纷呈的状况很少涌现，相当程度上是由于受到评价标准、评价内容、评价方式的制约。

评价是必要的，但怎样评价，怎样能真正促进教育公平、公正、高位均衡发展，是篇极其宏大的文章。要从中国的国情、教情、学情出发，制定相应的措施，其细致、复杂、艰巨的程度难以言表。评价牵着教育的“鼻子”走，以考定教中的许多无奈就是一例。众所周知，从英国18世纪60年代工业革命以来，世界上基本是“工业”说话，欧洲人说话，西方人说话，至今未根本改变，我们现在使用的概念体系、知识体系、话语体系都是西方的，而西方对这些概念的界定和我们不完全一样。比如对学校对教育方方面面的评价，是否要如此繁复、琐细，致使被评价者专注一个个枝枝节节，整体思维、精髓把握无形中被逐步消解。又比如过度强调量化，认为量化就是科学。其实定性、定量在评价中各有自己的功能，关键在于怎么运用。用测量学的办法评价、衡量人文学科成绩的优劣得失，实在难以“客观”，用量化手段又怎样来衡量情感态度价值观？开阔视野，借鉴他人，引进无可非议，但要从本国本地区的教育特点出发、改造、创新，具有中国的话语、中国的思维。

坚守中国立场，拥有世界视野，以教育自信创建自信的教育，走自己的路，我们的定力将更强大，我们的前途会更宽广。

李庾南

1939年生，江苏省中学数学特级教师。第九届全国人大代表。20世纪70年代末，连续多年主持开展了八轮数学教改实验，出版了《初中数学自学议论引导教学法》《初中代数教学结构》《初中几何教学结构》《李庾南教数学》《数学自学·议论·引导教学法》等专著9部；发表论文160余篇，其中有15篇获得全国教育界的学术奖，15篇分别获得江苏省哲学社会科学优秀成果、江苏省优秀教育论文、江苏省优秀数学论文一、二等奖，15篇先后获得市哲学社会科学优秀教育论文、科技论文奖。江苏省首批名师，1989年被评为“全国教育系统劳动模范”，荣获“人民教师”奖章。1995年被评为“江苏十大女杰”，并被授予“全国先进工作者”荣誉称号。1998年被评为“全国巾帼建功标兵”和“全国三八红旗手”。1999年被评为江苏省“教育系统十大标兵”、江苏省“十大行业杰出标兵”。第九届全国人大代表。享受国务院特殊津贴，获“当代教育名家”称号。

自学·议论·引导：涵育学生核心素养的重要范式①

一、“自学·议论·引导”的核心理念

“自学·议论·引导”经过近40年的不断完善、不断创新，已成为特色鲜明、易于操作、效果明显的教学范式之一。

“自学·议论·引导”的核心理念是以学生为主体，在师生、生生互动合作中学会学习，并促成自主发展。其内涵有三：一是学生是学习的主人，教学的核心是学生学会学习、自主发展；二是以议论式为合作学习方式；三是教师的使命在于引导、唤醒、提升和促进。这是

① 本文曾发表于《课程·教材·教法》2017年第9期，合著者为祁国斌。

我们针对班级授课制教师单向传输，重教轻学，以教代学，甚至有教无学，教学程式化严重，导致学生学习主动性差、依赖性重、发展性弱的客观现实而创制的，是来自初中数学教学一线的实践表达。

“自学·议论·引导”不仅强调学生独立学习，而且强调议论，倡导有效的合作学习和教师的适时引导。这三者之间，“自学”永远是基础，永远是各种学习方式的前提，任何时候都不能轻视，更不能忽略。教师绝不能越俎代庖，包办一切。合作学习是推动学习、学会学习最适宜、最有效的学习方式。学会了议论，在某种程度上也就学会了合作，因而是构建学习共同体的重要抓手。教师虽然不是学习的中心，但绝不能被边缘化。无论采用何种学习方式，教师的引导、点拨、启发都是不可或缺的，因为教学是一个完整的系统，没有教师的引导不是真正意义上的教学，也不会有学生真正的、高质量的自学和合作。教师的引导不是一个独立的环节，而是渗透在自学·议论过程中，贯穿教学始终。

“自学·议论·引导”倡导的学生学会学习，自主能动地发展，是直抵教学核心的。从已发布的《中国学生发展核心素养》研究报告来看，核心素养以培养“全面发展的人”为核心，包括文化基础、自主发展、社会参与三大要素，综合表现为人文底蕴、科学精神、学会学习、健康生活、责任担当、实践创新六大方面，与“自学·议论·引导”教学的核心理念是一致的。

二、“自学·议论·引导”的操作规则

有学者认为，好的教育创新成果离不开四个要素，即正确的价值理念、明确的标准规则、系统的解决方案、成功的实践案例。这四个标准构成了中国教育创新成果的SERVE模型。[①]回望“自学·议论·引导”的探索发现和推广过程，它指向具体教育问题，价值导向正确，操作性强，推广面广，辐射度宽，理论和实践都取得了一定成果。但社会在发展，学生主体在变化，教学理念与实践范式也应随教学改革实践的发展而发展。我们团队在原有理论和实践的基础上，又有了新的发现和收获，这就是学材再建构、学法三结合、学程重生成的“三学”操作规则。

（一）学材再建构：源于教材，高于教材，活化教材

1. 学材再建构的意义

核心素养是落实立德树人根本任务的重要举措，它的根本问题是“培养什么人，怎样培

① 刘坚，魏锐．好的教育创新成果什么样［N］．中国教育报，2015-12-09.

养人"。教学的意义是为了学生的成长，这种成长既有知识和能力的增长，也有精神和人格的成长。"人格并不是个体心理机能与要素的简单总和，而是相互关联的内在条件的总体，这些要素交互作用，使得人格不断形成新的品质。"①既然教学以"学生的全面发展"为中心，那么一般意义上的教材称之为"学材"，也在情理之中。"学材"不仅指几本教材，也包括教材以外的参考书以及其他一些学习资源。在知识经济和信息社会时代，学校教育必须努力实现从"教材是学生的世界"到"世界是学生的教材"的转变。在这个意义上，"学材"是一个外延极为广泛、内涵极为丰富的概念，它可以指一切的学科课程资源，也可以说"数学教学的外延等于生活的外延"。因此，指向核心素养的课堂教学不能局限于教科书划定的内容，也不能拘泥于课程标准所设定的底线要求，而应以课程标准为基准，以教科书为依托，以学生现有水平和可以达到的水平为参照，以学生积极进取、自主创新的思维能力和良好人格的发展为旨归，对"学材"加以重构。

2. 怎样建构学材

学材再建构的原则是：顺应、调整、同化，实现内化。

（1）顺应

按皮亚杰的认知发展理论，顺应是指外部环境发生变化，而原有认知结构无法同化新环境提供的信息所引起的认知结构发生重组与改造的过程。即主体的图式不能同化客体，就必须建立新图式或调整原有图式，以引起图式的质的变化，使主体适应环境。

我们在建构学材的过程中不自觉地运用了这一理论，从"四个顺应"入手。

一是顺应知识本身的逻辑结构。

例如，根据全等三角形是相似比（k）为1的相似三角形的逻辑关系，在学习新课题"相似三角形的判定"时，教师引导学生思考：

①全等三角形的判定方法能否判定三角形相似？（答案是肯定的。）

②相似三角形的判定方法中还需要"$k=1$"这样的条件吗？（即如何弱化"$k=1$"的条件。学生顺利地将"$k=1$"调整为"k为任意正实数"，生成了"相似三角形的判定命题"。）

③如何证明"相似三角形的判定命题"？

选择其中的一个命题（例如，"如果两个三角形的两组对应边的比相等，并且相应的夹角相等，那么这两个三角形相似"），对照已有的判定定理："平行于三角形一边的直线和其他两边（或其延长线）相交，所构成的三角形与原三角形相似"，根据命题的题设，研究转化的途径和具体方法。

① 钟启泉．核心素养的"核心"在哪里——核心素养研究的构图［N］．中国教育报，2015-04-01（7）．

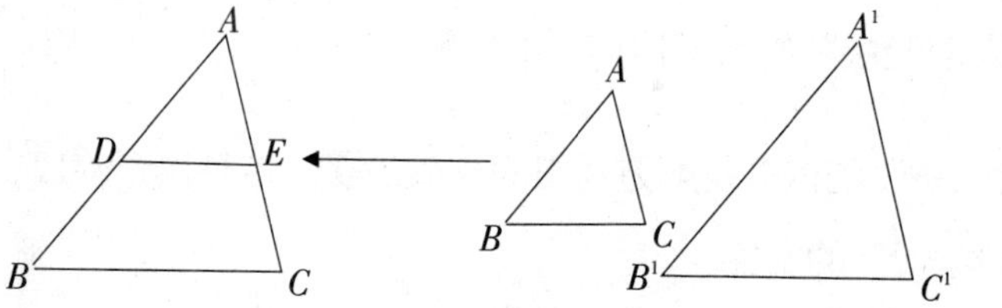

$$DE/\!/BC \Rightarrow \triangle ADE \backsim \triangle ABC \qquad \left.\begin{array}{l}\dfrac{AB}{A^1B^1}=\dfrac{AC}{A^1C^1}\\ \angle A=\angle A^1\end{array}\right\}\overset{?}{\Rightarrow}\triangle ADC \backsim \triangle A^1B^1C^1$$

分析图形特征，研究转化方法，生成了“叠合法”，结合“相似的传递性”证得结论成立。

有了以上基础，其余三个判定命题的证明，学生通过自主研究，交流合作，得到解决。这样使学生不仅理解和掌握了新知识，而且建构了定理之间的逻辑体系。

二是顺应学生原有的认知基础。

学习新课题，首先要研究学生的原有认知基础、主干知识（核心知识）、生长点和逻辑结构；其次要设计情境，调动和发掘学生学习的动因和智慧潜能，使学生主动探究、思考、归纳，在实践中建构新知。

例如，学生掌握了乘方的意义和乘法运算律，在学习“幂的运算性质”时，教师可以不用原有的“演绎性”教材，而是与学生一起建构自主探究、归纳总结的“学材”。教师可给出同底数幂的乘法、积的乘方、幂的乘方的运算题，学生自主运用已有知识和方法完成计算，而后进行算理分析，将具体的数抽象为一般的数（用字母表示数），最后师生共同建构幂的运算性质体系。

三是顺应学生的最近发展区。

依据维果茨基的最近发展区理论，学生现有的发展水平和潜在的发展水平之间即为学生的最近发展区。教师要善于把他们的现实发展水平作为教学新知识的生长点，引导他们利用知识的正向迁移或顺向迁移，以旧引新，尽可能达到潜在的发展水平，而不要采用照本宣科似的外部传递或者灌输的办法。

例如，学习“解二元一次方程组”时我们不采用“教授法”，而是根据学生已有的“一元一次方程”和“二元一次方程”的学习活动经验和知识基础，引领学生明确解二元一次方程组的目标是逐步变形为$\begin{cases}x=a,\\y=b,\end{cases}$方法是“消元”，转化为一元一次方程。先求得一个未知数的值，再求对应的另一个未知数的值，从而求得原方程组的解。而后创设引发学生探究“加减消元法”和“代入消元法”的教学情境：如何解方程组$\begin{cases}x+y=13,\\x-y=3\end{cases}$和$\begin{cases}5x+2y=4,\\y=2x-7\end{cases}$。最后才研究“加减法”和“代入法”的依据及解方程组的一般步骤。这种真正的自主探究，促成了将学生置于课中央的“真学习”的发生。

四是顺应学生学习兴趣，激发积极主动性和创造性。

“知之者不如好之者，好之者不如乐之者”，孔子治学的三重境界突出了好学、乐学的作用。学习活动其实是情智交融的过程，既有认知性特征又有情感性特征，可以使个体从探索中获得愉快的体验。学生学习兴趣的发生首先是好奇——想学，而后是明确探究目标、途径和方法，逐渐会学。当他们会学时（或学有得益时），自然兴趣盎然，有进一步学习的兴趣与积极性。思维积极、拓展往往会带来创造性火花的迸发，学生在学习中获得实在的、有意义的、愉悦的发展体验，并在良性循环中实现自主发展。

建构学材时，要把割裂的知识联结起来，把问题解决的关键或者说问题的实质揭示出来，使学生不仅知其然，还知其所以然，知道知识间微妙深邃的联系。这样，学生生成的不仅是知识和技能，也不仅是方法和能力，还有情感和素养的生成。

（2）调整

对学材再建构，是指根据教学目标和学情对原教材的内容进行增减，对教材中知识呈现的顺序和详略，知识呈现的背景、方式、方法及学习的策略等进行调整或重组。

例如，学习课题“平方根”时，教科书一般先学算术平方根，后学平方根。

教学时，首先厘清知识的逻辑结构。初中阶段学习的平方和开平方是两种互逆运算。平方根是开平方运算的结果，求平方根的依据正是开平方运算，是平方运算的逆运算。据此，新课题的生长点是平方运算，因而我们调整了教材的顺序，先学“平方根”后学“算术平方根”。

“平方根”的学材预设：

·课题引入：

$3^2=x$ ———— $x^2=9$

（9）　　（±3）

平方运算（已知底数、指数，求幂）运算结果称“幂”，只有一个结果

开平方运算（已知指数、幂，求底数），运算结果称“平方根”，有两个，互为相反数

$3^x=9$

对数运算（已知底数和幂，求指数）

研究内容：

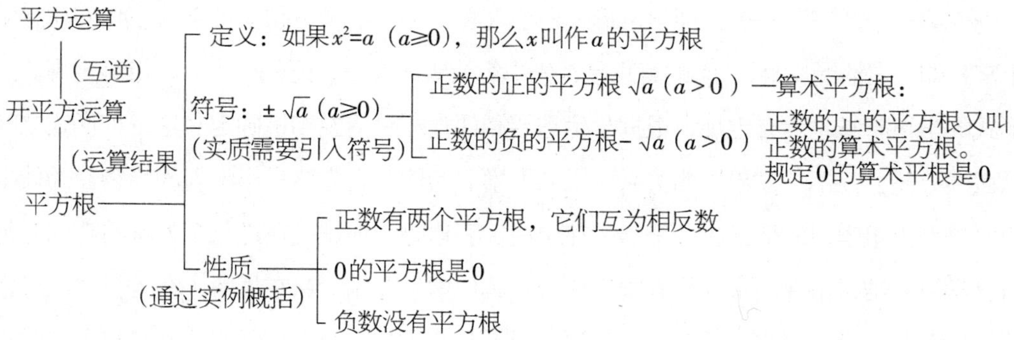

这样，学材顺序的调整解决了学生的难点，即已学的加、减、乘、除、乘方五种运算的结果只有一个的思维定式，对新概念“正数的平方根有两个，它们互为相反数”产生负迁移。于是，既突破了掌握“正数的平方根性质”的难点，又为学习“算术平方根”奠定了自学基础。

（3）同化

认知心理学里的“同化”，一般指对所获得的信息进行转换，以使它符合现有的认知方式。

我们在教学中，努力使“新知”转化为“已知”，由“已知”推出“未知”。重构“学材”时，要找准新知识的“生长点”，以丰富、延展知识的逻辑结构。学生只有掌握了结构知识、活化知识才利于储存，才便于提取和正确运用，也才能体验数学知识的简约、严谨、缜密与和谐，进而喜爱数学，乐学数学。这一切，不但在过程中同化，而且在生成中同化。生成在过程中得到实现，最终把新课题的知识、经验、方法纳入学生原有的知识、经验、方法体系之中，从而自我建构知识，自主发展能力，自由达成积极的情感、态度和价值观。

（二）学法三结合：个人学习、小组学习、全班学习

当下的教育改革，尤其是课堂教学改革，正在从关注“教”转向关注“学”，在操作层面，以学定教、先学后教、教法服务于学法，已渐成共识。但要真正转向“以人的发展为中心”，还有很长的一段路要走。这些都是发展核心素养的时代诉求。在“自学 · 议论 · 引导”不断完善的过程中，我们努力探索学法的“三结合”。这里的“三”，其实是指多个“三”种学法的交融共享：通常意义上是指个人学习、小组学习和全班学习的结合，但也可说是独学、对学和群学三结合，是聚合性思维、发散性思维和创造性思维的三结合，是（课前）预

学、堂学（当堂学习）和延学（课后延续学习）的三结合，是接受性学习、理解性学习和探究性学习的三结合。这些“三结合”，要在实践中灵活而交替使用，不能拘泥于固定的程式。

先说第一个“三”——三种学习形式：个人学习、小组学习和全班学习。我们注意做到五个字，即“灵活而交替”，它的意思是，先小组或者先全班，还是先个人，没有定规。这三种形式的学习时长也没有定规，根据学生需要和课堂即时情态相机确定。这三种形式之间也不是截然分割、互不“搭界”的关系。以个人学习为例，它应该贯穿学习的始终。为什么这样说？先看小组学习的情形。一个学生在言说、表达时，他就已在进行个人学习，因为他要把自己学习的结果呈现出来，得到同学评价；其他学生在倾听、在思考、在进行“内对话”，听了之后还要表示赞同或者反对，有时要有所补充，这也是个人的学习；而在整个课堂表现形态上，倾听的学生与言说、表达的学生之间的内在思维碰撞或言语对话也在同步进行，小组学习的意味就隐在其中了。没有个人学习，小组学习就是假学习。这个“三结合”其实是问题驱动下师生、生生之间深度对话和交流的过程，也是个体与学习共同体之间相互交融的过程。反思有些学生“厌学”现象产生的根源，大多数是“非学”即“不在真正的学习状态”所致，是学习者没有真正步入自我导向、自定步调和自我悦纳的学习轨道，没有融入全班碰撞、纠偏、反思学习的过程，未同外界刺激信号建立起主客联动、视界融合、动态生成、相互转化的整体联系，只是被动地应付、机械地接受。在日复一日、年复一年的学习生涯中，他们少有喜爱、快乐、成功、享受学习的状态。①

第二个“三”是指三种教学方式。我们说“自学·议论·引导”既是教法也是学法，所以这第二个“三”也可以指三种学习方法。它是师生之间互为主体、相互促进、共同达成的统一体。所谓“自学”，是指学习者通过想、看、听、问、议、练等，达到自我习得、自我生成和自主发展的境界。自学，是个人学习、小组学习、全班学习的核心，贯穿课堂学习的始终，是课堂运作的基础。对“自学”，不能简单地理解为让学生自己学习，一放了之。没有学习内驱力，没有目标要求，没有方法指导，自学必然流于形式，达不到目的。也不能机械、片面地理解学生的“学”，以为只有让学生先看书，或者先学教师设计的教案（学案），先做教师布置的作业才叫自学。学的动力来自自身的积极性，学的核心是思维发动。学生只有真学、会学、创造性地学，才能收到自学效果。“议论”是指学生在自主学习基础上围绕问题而进行的交流、合作、竞争，以达成成果的互惠共享，以及师生间的教学相长、共同发展，是教学推进的枢纽。在组织实施“议论”过程中，不能光看形式而忽视“习得”这个核心。如果缺少对学习内容实实在在、自主自觉的思维活动，“议论”就会流于形式，谈不上发展思

① 靖国平．论学习的本质属性及其意蕴［J］．课程·教材·教法，2017（3）：14—15．

维，提高学力。“引导”是指教师因势利导，通过点拨、解惑、释疑，使学生学习热情趋向高涨，思考和认识不断深化、拓展，达到教与学的深度融合。“引导”不仅有师对生，还有生对生、生对师的引导，它贯穿课堂教学全过程，它是课堂中学生有效地进行自主学习、合作学习的保证，是学习质量提升的关键。所以说，教师“引导”的目的在于引发学生情智的和谐生成，在于导向学力的最优发展，缺少了这一点，“引导”就失去一切依据、价值和意义。

在教学活动过程中，必须将智力与非智力两种活动协调为一个统一体。如果没有意向，认知活动就失去动力，智力发展就受影响；如果没有生动活泼的智力活动，学习就不能落实、持久和发展。所以在引导时，必须统筹、协调、有效地开展智力活动和非智力活动，才能调整好教与学的关系，建立起民主平等、互助合作、共同创造的师生关系，有效地提高课堂教学质量。

在学生的认知活动中，教师的适时引导对学生的思维起诱发、点拨、引爆作用，引导的方法千变万化。例如，在学生百思不解的情况下，教师作深入浅出的讲解，讲解要有见地、有深度，源于课本而高于课本，源于学生而高于学生。

为了使学生具体理解某些概念、定律、法则，可启发学生列举正反两方面的具体实例深化认识。

对问题的前景进行描述，引导学生对它发生兴趣，拨正学生的思维方向，而把达到这一前景的途径、方法、依据等留给学生自己研究解决，当然这是学生力所能及的。

数学是一门逻辑性极强的学科，学生的思维、智力活动也是按照一定的逻辑机制进行的。在数学教学中，应引导学生对数学概念的内涵和外延作分析、下定义，对已知与未知条件进行合理判断，揭示因果关系（由因导果或执果索因），对各种数学概念、原理作系统整理。

学生在作业或议论中，常由于对数学概念、定理、公式等基础知识理解不透，或是对问题考虑欠周密细致而出现失误。对此，可让学生通过举反例给予反驳，说明原先的概括失之过宽或失之过窄，因而是错误的，进而启发学生产生寻找正确而完善的答案的欲望。这种反驳性引导会给学生留下深刻印象。

针对学生学习过程中容易发生的错误，可选编一些题目，有意制造一些“陷阱”，学生解错了题，通过“归谬法”要求学生自己总结经验教训，从而引发学生深入思考。

当学生的思维发展到某一点上出现停滞时，可引导学生另辟蹊径，列举一些矛盾或相近线索，提出一些假想，激发学生强烈的求异思维，学生就会兴致勃勃地去钻研思考，直到有所发现。

引导的方法是多种多样的，以上谈的几种常用的方法往往不是孤立地进行的。只有灵活地、巧妙地将各种“引导”法交叉进行，才能达到“近乎技矣”的境界。

在非智力活动中，教师要以内隐的真情和外显的语言、形体动作来激发学生的学习兴趣。

智力活动和非智力活动是相辅相成的。在教学中，既要整体考虑，又要兼顾两种因素的不同特点，不露痕迹地加以处理。这种“引导”艺术不是一朝一夕就能学成的，要在教学实践活动中用心锤炼、积累才能形成。

需要特别强调的是，“自学·议论·引导”这三者，不是“三部曲”，也不是“一边倒”，而是三者缺一不可，不能截然分割。

“自学”是基础，“引导”是关键，“议论”是枢纽，这三者在个人学习、小组学习、全班学习的形式中实施，相辅相成，融为一体，动态发展，贯穿课堂教学全过程，构成提高课堂教学质量的有机整体。

“自学·议论·引导”课堂教学中，必须灵活而交替地运用个人学习、小组学习、全班学习的形式，这是规则。但是在什么情况下运用什么形式，每次的运用时间，以及每节课中各种形式需要运用几次等，均没有统一规定，况且即便教师课前预设到了具体课堂情境也不一定得以按部就班实施，往往需要相机行事，及时调整。因为学生的“学”是教师“教”的根本依据所在，教要为学服务，以学定教，以学施教。小组学习是课堂中必不可少的一种学习形式，它可以克服班级授课制中“一刀切”、整齐划一的弊端。在小组里，个性差异得到展示，同伴互惠、互补，学习情感、态度也得以在激励促进中向好，因而思维的宽度、深度可实现最大拓展，有效预防学生过早两极分化。要提高小组学习的效能，必须以加强小组建设为前提。首先要建立好学习小组，培养好小组长，适度进行激励和评价，协调好小组之间的竞争。教师要做到“三勤”，即：勤动眼，眼观六路，明察秋毫；勤动腿，走到学生中间，参与小组学习，及时给予指导；勤动脑，把握学生“议论”的节奏和深度，及时捕捉有用信息，及时调整预设。要注意的是，必须防止小组学习中少数人包场或出现旁观者。全班学习也如此，要谨防“一言堂”，或少数人参与。

（三）学程重生成：师生互动、生生互动、深度交流

学程，指学生学习活动的过程，可以是一个知识点的学程，一个知识板块的学程，一课时的学程，也可以是一个单元的学程。课堂中的学程，既指学生个体学习活动的过程，也指群体合作学习活动的过程。

学习活动主要包括五个要素：学习者、学习时间、学习内容、学习方法、学习标准。“自学·议论·引导”的学程表现为理解学生（对每个学生的信任、尊重和关怀），突出主体（给每个学生提供思考、展示、创造并取得成功的机会），自主生成（所有的学生都积极参与，获得新知，掌握方法，形成智能，发展自我）。

生成，指生长和建构，是在教学展开的过程中，师生互动，生生互动，深度交流，自主建构。

“自学 · 议论 · 引导”的课堂教学切实革除了以下种种功利主义倾向：一是只注重解释“是什么”而忽视研究“为什么”，更忽略研究该知识又可能“生长出什么”；二是只注重思维结果，忽视思维过程体验和交流；三是只注重“学会了什么”，忽视“怎么学会”的生成；四是只注重“会解题”，忽视“解题经验的提成和辨析”以及“解题的体验”；等等。我们在学程中，引导学生自主实践，在实践中发现、归纳概括成命题（或结论），对命题经过验证、论证，形成新知，再纳入学生原有的知识经验中，实现新知识的内化。这个活动过程，是生成性的学习过程。

研究二次函数$y=ax^2$的图和性质时，教材先画二次函数$y=x^2$的图象，再观察图象，得到图象特点（形状、开口方向、对称轴、顶点），从图象在对称轴两侧的变化趋势（形的变化）得到函数的增减性。

我们重新建构了学材，灵活运用了“三结合”的学法：

第一，教师引导全班同学交流讨论，从解析式$y=x^2$入手分析自变量x和函数y的取值范围，进而猜想图象特征。

第二，引导学生自己列表（个人学习），从“数”的角度验证以上的探究是否正确。学生在此基础上，全班交流对所列x与y的对应值表的认识和理解。

第三，建立平面直角坐标系，描点、连线，再次体验图象的对称性、趋势和函数的增减性。

在此基础上，教师向全班同学提出进一步研究的方向：通过对解析式$y=x^2$的分析和列表以及画出图象的过程，进一步思考，若“$a=1$”拓展为任意正实数，以及“$a=1$”到“$a=-1$”，图象和性质会有什么变化。学生个人思考后，小组交流讨论；最后通过全班的交流以及教师的适时点拨、指引，不仅生成了“二次函数$y=ax^2$的图象和性质”的全部知识，而且生成了过程知识，在自我评价和相互评价中，生成了自主探究、交流合作的情感体验和价值取向，同时还激发了不断探究的激情，找到新的探究方向和方法：

$$y=ax^2 \nearrow y=ax^2+n \searrow$$
$$y=ax^2 \searrow y=a(x+m)^2 \nearrow$$
$$y=a(x+m)^2+n \longrightarrow y=ax^2+bx+c$$

不仅如此，这还为研究后续知识反比例函数 $y=\frac{k}{x}(x\neq 0,k\neq 0)$ ，甚至学习高中阶段的其他函数也奠定了知识和方法基础。

概念（原理）或方法、经验或知识体系的生成不是一蹴而就的，也不一定一堂课就完成，经常要经过几节课轻拢慢捻、碰撞玩味、去粗取精的功夫，由表及里，由点到线，由线到面，才能生成一个比较完整的、逻辑的结构体系。伴随这一过程，自然生成积极的素养与人格。

三、“自学 · 议论 · 引导”新范式的课堂表征及其评价

“学材再建构，学法三结合，学程重生成”，这“三学”之间是相互联系的。没有学材的重构，学生也会有生成，但往往囿于教材内容范围的生成，生成得很有限；没有学法的三结合，教师只用一种方法教，学生只用一种方法学，教学组织形式的单调，必然决定了教学内容的单一、贫乏和线性。学材再建构，保证了教学或课程资源的丰富；学法三结合，保证了教学形式的活泼，教学结构的灵活，教学氛围的民主和活跃，它们最终指向教学的有效与优质生成。

“学材再建构”是平台重建，“学法三结合”是路径优化，“学程重生成”是过程感悟。

同时，“自学 · 议论 · 引导”的课堂，既有规则，在贯彻规则的前提下，又有教与学的个性自由，因而必然是生生互动、师生互动，深度交流的课堂。它的表征一般包括以下四点：第一，和谐。情境气氛和谐，师生关系融洽，配合默契，听不到呵斥，看不到课堂的僵局和学生沉闷的阴影，有的是推心置腹的交流讨论，有的是妙趣横生的互动场面，有的是自我获得的欢快笑容。第二，激情。看到的不是“旁观者”“怠慢者”“摆渡人”，而是生动活泼、学而不厌的参与场景。第三，深刻。议论时有胆略、有见地、有深度，学生能提出值得探讨的问题，发表有一定水平的见解，教师能把学习引向纵深。第四，扎实。经由学生“议论”合作、现场展示而习得的知识和能力，一定能经受时间的检验。而其经历的思维碰撞、情感陶冶等，必将对核心素养的达成产生积极而深远的影响。

为此，“自学 · 议论 · 引导”视域下的课堂教学评价就不再是分数至上，而是对学生知能、情智等诸方面的综合评价；对教师，自主学习、师生互动、课堂调控成为“三学”的必备条件。其课堂评价标准也发生了显著变化。

“自学·议论·引导”的课堂教学评价细则

一级指标	二级指标及说明
学材再建构	1．源于教材，源于学生，根据教学需要重组教学材料，追求最大发展。 2．突出主干知识，关注知识逻辑结构，体现单元教学思想。 3．重视情智发展，发展学生核心素养。
学法三结合	1．自主学习贯穿始终。 2．灵活交替地运用个人学习、小组学习、全班学习等形式。 3．研究气氛热烈、和谐，内容深刻、扎实。
学程重生成	1．生生互动、师生互动，交流合作。 2．自主生成，懂得知识的原理、结构和应用。 3．学习有深度、有成效、有创见。
教师素质	适时引导，方法得当；语言精练，富有魅力；媒体选用恰当；有较强的课堂调控能力；板书合理、美观。

“自学·议论·引导”视域下课堂的“三学”新规则，致力于学材、学法、学程的重构与打磨，凸显自学、议论、引导三者之间相辅相成的关系，充分体现了“学生是学习的主体，是自我学习的设计者和积极参与自我学习的学习者”的课改精神，科学地定位了教师的引导者作用，使课堂真正成为播撒思考的种子、展开交流的场所，从而解决了核心素养“自主发展”“学会学习”等如何落地的实践困惑。因此，有专家认为，“自学·议论·引导”是具有本土特色的教育理论和实践体系，是草根原创与时代精神结合的创新实践。

近40年“自学·议论·引导”的探索实践让我们坚信：共建“有规则的自由课堂”，营造师生自主发展成长的平台，涵育核心素养才能落到实处。

任 勇

1958年生，河南信阳人，厦门市教育局原巡视员、副局长，福建省特级教师，历任龙岩一中教研室主任、厦门双十中学副校长、厦门一中校长，出版《为发展而教育》《好学校之境》《觉者为师——好教师成长之新境》等36部专著，在《教育研究》《人民教育》《数学通报》等刊物上发表各类文论1195篇。享受国务院政府津贴，获“苏步青数学教育奖”一等奖、“当代教育名家”“书香之家”“学习型家庭”“福建省优秀专家”等荣誉和称号。

教学设计的辩证法与教学实施的三境界①

相信把握好“度”的力量，强调矛盾对立元素间的平衡——好的课堂设计和实施更需要教师有一种辩证的眼光。

无论是面对未来教育的不确定性、教育信息化的新浪潮，还是面对课程改革的深入、学生学习方式的变化以及面对指向核心素养的教育教学，都要聚焦于课堂，变革于课堂，突围于课堂。课堂永远是教育改革与发展的“前沿阵地”，要达成“步入新境”的课堂教学，有两个关键要素，一是教学设计，二是实施能力。

新时代对教育提出了新的要求，说到底是对教师提出了新的要求。有好的教师，才有好的教育。教师的教学设计及实施能力，决定了课堂教学的高度。

① 本文曾发表于《人民教育》2018年第13期。

“设计”诚可贵，师当有新“能”

“教学设计”有多种界定，关键要素有：以获得优化的教学过程为目的；以系统理论、传播理论、学习理论和教育理论为基础；运用系统方法分析教学问题；确定教学目标；建立解决问题的策略方案；试行解决方案；评价试行结果；对方案进行修改。

这是教学设计的一般要求，而理想的教学设计，至少要有如下三个“既要”和“又要”。

第一，既要“依标尊本”，又要“融入理念”。“依标”，就是依据新修订的课程标准，“新课标”是国家对基础教育课程的基本规范和质量要求，体现了时代性、文化性和育人性，“依标”是教学设计的“底线”。“尊本”，就是尊重教材对教学的指引功能，教材毕竟是由专家学者编的，是集体智慧的结晶。但不唯教材，要在把握和吃透教材的基础上活用教材、改组教材、拓展教材，教材是需要教师进行“深度开发”的。

好的教学设计，还必须在“依标尊本”的基础上“融入理念”，把教师自己的教学主张融入教学设计中。理念的融入，是对一般教学设计的一种超越。我教数学，期盼学生在情智交融中灵性生长，这“情”就是“引趣”，就是“数学好玩”；这“智”就是“引深”，就是“玩好数学”。于是，教学设计中就有了“每课一趣”，给学生一个“深入浅出”的情境，也有了“题根引深”设计考量，给学生一个“浅入深出”的新境。“好玩”是要让所有学生都能感受到的，“玩好”就不能要求所有学生一定都达到，“好玩”是一种境界，“玩好”是略高一层的境界，而在“好玩”与“玩好”之间把握好“度”，就是一种理想的境界。

第二，既要“总体谋划”，又要“精心备课”。“核心素养”怎么落地，就需要有一个总体的“谋划”。我的策略是，既要强调素养意识，更要自然和谐融入；既要学科独立践行，更要跨学科多维整合；既要突出必修课程，更要用好其他课程；不能强求一个学科就能覆盖“全素养”；不要指望在某一学段就能深度培育“全素养”；不要认为在一节课中核心素养培育越多越好，培育核心素养要“因课而异”；不能要求一个学生“全素养”俱佳，核心素养也应是“各具特色”的，即学生的核心素养应是：基本达成 + 特色素养；要把“知识为本”的教学转变为“核心素养为本”的教学，必须大力推进学习方式和教学模式的改变；等等。这样一来，我就可以在一个学年或更长的学段里，系统而有序地“设计”要“落地”的核心素养。

有了“总体谋划”，接下来就要“精心备课”了。备好教材，用教材教，用智慧教；备好学生，心中有每一个学生，有每一个不同的学生；备好教法，教需有法教无定法，大法必依小法必活；备好开头，创设情境，引人入胜；备好结尾，留有悬念，引发探索；备好学案，渗透学法，教学生“学”；备多用寡，每天备课多一点，才能在教学中“左右逢源”；备出意境，力争达到“空谷传神”之效；备好重点，重点内容重点备、反复备、联系备、渗透备、集体备、创新备；备好难点，以旧引新寻突破，巧妙板书寻突破，强化感知寻突破，媒体演示寻突破，多样练习寻突破；等等。

第三，既要“继承传统”，又要“创新实践”。传统教案与现代教学设计是不同的，但不能一说“现代”就放弃“传统”。传统教案中的一招一式，诸如教学目标与要求、教学重点、教学难点、教具准备、课时安排、教案正文、教后感想等，教师还是要掌握的，新教师更要练就传统教案中的这些“基本功”，只是不要步入“现代八股文”，该简约的要简约，该细化的要细化，该充实的要充实。其实，近年来的传统教案也“与时俱进”了，融入了创设情境、学法渗透、问题引导、媒体使用等内容，“三维目标”也多有体现。

现代教学设计必须在继承中创新。继承，让创新有其“源”，有文脉，很“自然”；创新，让教学设计有活力，体现“自觉”，体现教师教学的价值引领。从“双基”到“三维目标”再到“核心素养”，就是继承中的创新。教师要根据新的教育理念，重新认识教学过程，掌握新的教学方法，营造新型师生关系，为创新教学设计奠定基础。在此基础上的教学设计，强调师生、生生之间的平等对话，强调体验与共鸣，强调理解与共识，强调自主与合作，强调探究与发现，期盼充满智慧、文化和生命含量的课堂“好雨”能悄然润入学生的“心田”。

“实施”价亦高，师当求新“境”

教学实施，在我看来，一方面是在课堂中科学、合理、有效完成教学设计；另一方面，就是根据课堂教学展开发生的情景，创新实施教学。教学设计是课前对教学活动的规划、假设和安排，忠实实施体现了对“设计”的尊重，创新实施体现了对“人本”的尊重，两者缺一不可。

教学实施，我以为有三重境界：“教精其术”“教明其道”“教取其势”。

第一，“教精其术”，一境也。术，是方法、手段和技巧。“术”是让“道”成为现实的中介工具和必需途径。万物运行都有方法和规律可循，如果方法运用得当，则事半功倍；运用失当，则功亏一篑，这便是“术”的重要性。

数学教学设计中有个“糖水不等式”，你怎么引导学生证明？你若能用分析法、综合法、求差比较法、求商比较法、反证法进行证明，很好；你若还能用放缩法、构造函数法、增量法进行证明，太好了！你若能进一步研究得到定比分点法、斜率法、三角法、几何模型法进行证明，厉害了，我的老师！你还能再努力一下，苦寻证法，得到用正弦定理法、相似三角形法、换元法、双换元法、综合法和定义域及值域法进行证明，那你太有才了！你还能再开动脑筋、挖掘潜能，再用椭圆离心率法、双曲线离心率法、函数图象法、两直线位置关系法、矩形面积法、定积分法等方法来进行证明吗?

我并不是说，每位数学教师都一定要掌握所有的证法，事实上也是“所有”不完的，还会有新的证法。我是想说，作为数学教师要尽可能地“透视”问题，这样在教学中才能左右逢源、得心应手。数学教师并不是要把所有的证明都教给学生，但要给学生“一杯水”，你没有“一桶水”“一条河”能行吗?

第二，“教明其道”，二境也。道是道理、规律等形而上的概念。老子《道德经》有云：“道生一，一生二，二生三，三生万物。”古人理解事物都力求追本溯源，以把握事物的根本，而贯穿理解事物整个过程的就是一个“道”字。今日教育之人，理应在“道”上做足文章，因为做教育就是一个明道、悟道、得道的过程。

我们来探索一下教学实施之“道”。我们的学生不善“问”，是不争的事实，那么我们就要鼓励学生“问”，“从生答到生问”就是实施之“道”；我们的学生“学会”的多，“会学”的少，“从学会到会学”也是实施之“道”；“题海无边，题根是岸”，题根是题之族、题之群、题之系，“从题海到题根”还是实施之“道”；当下中小学课堂教学，总的说来“大气不足”，期盼教学大气一些，期盼教师能气度不凡、不落俗套，自觉成为有“文化”的教育者，“从小气到大气”难道不也是实施之“道”吗?

类比开来，至少还有“从无疑到生疑”“从教会到教慧”“从学科到跨科”“从随意到诗意”等实施之“道”。

第三，“教取其势”，三境也。世间万物皆不出道术，道不正则术不明，术不明则道难行。当下教育，过于追求“术”，把学科教学搞成了解题术——注重雕虫小技，而忘却了教育教学之根本。这个“根”，就“道”。古语云：“术合于道，相得益彰；道术相离，各见其害。”可见，道与术只有合而为一，才能产生更大的能量。师者，不仅要具备形于外的“术”，更要具备涵于内的“道”，做到“道术合一”。这个“度”的把握，在我看来就是“取势”。

教育之“度”，就是教育行为的恰如其分。教师只有尊重教育规律，在工作中做到心中有“度”，行在“度”中，才可能使自己的教育是合理的、有效的。“教育之道，在于‘度’术。”

教学实施中的示强与示弱、引趣与引深、深入与浅出、纠错与融错、讲透与留白、师讲与生讲、动脑与动手、旧媒与新媒、标内与标外、考生与考师、生编与师编、预设与生成、纵向与横向、课内与课外、热议与静思、传统与现代、知识与能力、智力与非智力、大法与小法、通法与特法、规范与创新、导言与结语、理性与感性、教学与教“学”、“科内”与“科际”、科学与人文、理论与实践、教书与育人等等，你如何把握好“度”?

好的“设计”期盼更好的“实施”

教学设计与教学实施是课堂教学的两翼，缺一不可。没有精心的教学设计，就没有精彩的教学实施。教学设计使课堂教学有章可循，教学实施使课堂充满活力，精彩纷呈。教学设计是教师面对文本的有备而来，精心谋划；教学实施是面对学生灵感的突现和智慧火花的绽放，师者的顺势而导。

好的“设计”期盼更好的“实施”，从“有效”到“高效”是更好，从“高效”到“卓越”更是好。

第一，“设计”的有效“实施”，体现师之“能”。超越传统教案的现代教学设计，是新时期对教师教学的基本要求，有了一个好的教学设计，还需要教师的有效实施。

同样一个情景创设的素材，有的教师能“创”出让学生产生愤悱之境，有的教师却让学生感到索然无味，甚至不知所云，这就是师之“能”。

同样一个教学设计的实施，有的教师讲得比较沉闷，学生听得无精打采；有的教师心中没有学生，只顾自己讲，为了完成教学任务而上课，不与学生交流，没有师生互动的环节；有的教师驾驭不了课堂，整个班级乱哄哄的；有的教师面对学生的挑战性提问或回答，无所适从……能力强的教师，既善于“统”也善于“放”，基本上能做到“统放有度”“活而不乱”。

第二，“设计”的高效“实施”，体现师之“智”。课堂因好的教学设计和高效的教学实施而精彩，高效实施是对教学设计的丰富、拓展和延伸。

学生在课堂上总会出现一些差错，有的教师感到影响了教学进度，有的教师则会把学生的错误当作难得的教学资源，借“错”发挥，因“错”导学，达到新的教学效应，这就是师之“智”。

对一个问题的分析、探索、解决，有的教师就题论题，讲完这个问题后就紧接着讲“下一个问题”，这样往往是“浅层次地解决了一个问题”；有教育智慧的教师，善于发掘问题解决过程的价值，这“价值”可以是育人的、智力的、方法的、探索的、创新的、激趣的、审美的、人文的……这样就能“深层次地洞见一个问题”。

第三，“设计”的卓越“实施”，体现师之“魂”。卓越的本质是“超越”，教学设计的卓越实施，是融入教育思想、精神、态度的教学，是追求理想课堂价值的教学，是有人性、有意义、有境界、有品质、有内涵、有个性的教学，是教师综合素养在课堂教学中的呈现。

精当的教学设计，就能有更多的卓越实施。换句话说，卓越的“实施”源于高质量的“设计”。教学中出现“教学设计”之外的情形，教师要表现出惊喜的状态，让学生在教师的惊喜中得到“智力满足”，师生共情，师生共探。

当教师的课堂教学偏离“设计”时，当教师在课堂上遇到挑战性问题时，教师不能漠视，不能将学生的思维强行拉回到“设计”的轨道，而是要对“设计”进行及时的重新调整或改变，发掘自身潜能，努力创造出超越“设计”的精彩课堂。这样的课堂，是动态的，是多维、开放、灵活、生动的，这才是“一个可以称之为课堂的地方”。

新时代呼唤新教育、呼唤新课堂，也呼唤教师教学设计和实施的新能力。

为新时代的新教育“赋能”，师者，时不我待。

陈桂生

1933年生，江苏省高邮市人，曾任华东师范大学教育学教授。多年来主要从事教育基本原理方向的研究，著有《人的全面发展理论与现时代》《教育原理》《普通教育学纲要》《中国革命根据地教育史》。其中《教育原理》先后获得上海市哲学社会科学优秀成果（1986—1993）著作类一等奖（1994年）、普通高等学校优秀教材一等奖（1996年）、普通高等学校国家级教学成果一等奖（1998年）。享受国务院特殊津贴，获“当代教育名家”称号。

关于教育属于社会上层建筑问题①

——唯物主义教育历史观的探求

关于教育的社会属性，通常按照唯物主义历史观的分析框架把教育定位为社会上层建筑。但如此定位的理论依据何在？其实，杨贤江早就注意到马克思在列举社会上层建筑诸现象时从未提及教育，然而仍断定教育属于社会上层建筑。那么其理由是否有说服力呢，且从杨贤江的见解谈起。

一、教育定位于社会上层建筑的提出——杨贤江的见解平议

杨贤江早就注意到马克思在列举社会上层建筑诸现象时未提到教育，并就此尝试加以解

① 本文曾发表于《教育发展研究》2018年第8期。

释。据称：在新兴社会科学上解释各种精神生产（即上层建筑）时，往往不列入教育一门，就为了“教育只是一种动作，是一种技巧”，以讲究怎样实施“支配思想”为务。教育之不成为独立的，不仅为了在旨趣及实施上受制于经济及政治；也是“在资料和方法上受制于其他各种精神生产的缘故”①。他的意思是：教育是一种社会工具，按社会成分分析，它同政治经济不属同一层面，也就不免受到比它更带有根本性质的社会经济、政治成分的制约，并为其服务；教育“不像别的精神生产各有各的内容，而是以其他的各项精神生产内容为内容的”，譬如学校里面的课程，无论是科学、哲学、艺术，这种学科的内容，没有不和当代社会一般科学的内容、一般哲学的内容、一般艺术的内容相同的。②它不仅取材于精神生产领域其他部门的成果，而且取法于精神生产领域其他部分的活动方式。

这种论述，在分清教育同社会意识形态上层建筑区别的基础上，解释了马克思未把教育列入上层建筑的缘由，又说明教育不仅受制于一定的经济与政治，而且受制于其他各项精神生产。不过，杨贤江终究还是认定“教育是社会上层建筑之一，是观念形态的劳动领域之一，是以社会的经济结构为基础的”③。他的观点虽不像后来学者那么狭隘，却为后来的狭隘观念埋下了伏线。话虽如此，马克思在列举社会上层建筑诸现象时，究竟为什么未提及教育？教育到底是怎么一回事，它只是一种“活动”或“技巧”吗？仍是有待探讨的问题。

二、教育与政治经济的关系——刘佛年的见解平议

马克思主义不是教条，而是行动的指南。20世纪60年代前期，刘佛年教授主编的《教育学》，其中有关“教育与经济、政治关系”的章节，曾令时人耳目一新。但如今看来，其中不无有待讨论的余地。

《教育学》中关于教育与经济、政治关系的论述，既强调“教育为政治、经济所决定”，又肯定“教育的相对独立性”。不仅如此，还就这两个方面加以具体说明，即经济、政治决定教育的领导权，决定受教育的机会和权利，决定教育的目的与内容，以及教育发展的规模和速度。教育相对独立性的理由在于，教育同其他社会意识形态相互作用，教育与政治、经济发展不平衡，以及教育本身具有历史继承性。从那时起的各种《教育学》教科书，其中有关于教育同政治、经济关系的论述都未超出这种见识。

① 杨贤江．杨贤江教育文集［M］．北京：教育科学出版社，1982：418.
② 杨贤江．杨贤江教育文集［M］．北京：教育科学出版社，1982：417—418.
③ 杨贤江．杨贤江教育文集［M］．北京：教育科学出版社，1982：417.

如果书中两方面观点都不无道理，那把“决定性”一方同“被决定”一方联系起来便成为问题。因为“相对独立性”得以成立的诸多理由，至多只能说明教育“独立”的可能性，而按照该书的观点，教育本身的属性已经“被”政治、经济“决定”了。难道由于教育具有“历史继承性”，就可导致教育规模与速度扩大；由于教育同其他社会意识形态有联系，就可改变教育目的，教育同政治、经济发展不平衡就可改变教育领导权吗?

由此看来，该书关于教育与政治、经济关系论述中问题的症结，在于其中所谓“决定”，实际上带有“先定”“命定”的意思，近于机械决定论。[①]话虽如此，在当时那种政治氛围与学术氛围中，形成如此见解已经难得。其实，政治上层建筑同作为经济基础的“生产关系的总和”与教育的关系，在于可能影响教育的社会属性及价值取向，并为教育价值的实现提供必要条件。至于这种可能性转化为教育的现实，既取决于经济制度的性质与制度化程度和政治制度化程度与政治权力的运用，也取决于为教育价值的实现实际上提供了什么条件，根本在于教育实践本身发生了怎样的变化。议论及此，还是在确认教育属于社会上层建筑现象的前提，若干年后发生对这个前提的质疑，不过就连当时提出的疑点也还存疑。

三、教育属于社会上层建筑质疑——于光远的见解平议

1978年，于光远在《学术研究》杂志发表《重视培养人的研究》一文，[②]率先对由来已久的所谓“教育属于上层建筑现象”一说表示质疑，此议成为20世纪70—80年代之交席卷我国教育理论界“关于教育本质问题”论争的导火线。其中的疑点能否成立，也有待澄清。

于光远断定，在教育现象中，“虽然包含有某些上层建筑的东西，但是整个说来，不能说教育就是上层建筑”。理由是：上层建筑是建立在经济基础之上的，是反映经济基础、为经济基础服务的东西。不反映经济基础、不为经济基础服务，就不能叫作上层建筑。所以“只有人们关于教育的政治观点和哲学思想才是上层建筑；只有作为国家和政治机构、政治制度中的一部分的某些教育机构和教育制度，才是上层建筑；只有政治、哲学、道德等教育，才是上层建筑。不能说教育就是上层建筑，不再有别的东西”。上代人对下代人传授生产经验、文化科学技术知识等，是教育的主要职能，这种职能，包括数学课、物理课和化学课等教学方法，就不是上层建筑。此外，教育心理和幼儿教育的许多问题也不属于上层建筑。

上述见解都有道理，其中主要说明教育有哪些属于上层建筑，而对于不算上层建筑的算

---

① 陈桂生．常用教育概念辨析［M］．上海：华东师范大学出版社，2012：17.

② 于光远．论社会科学研究［M］．成都：四川人民出版社，1981：222—228.

什么东西却缺一论述。因此还算不上是对教育属于上层建筑的否定。尽管如此，于光远的论证较之后有关教育本质问题论争中各派观点的论证都更中肯与深刻。

四、教育是否属于社会上层建筑？——“教育本质问题”论证中的是是非非

由于光远《重视培养人的研究》引发的关于“教育本质”问题的争论不啻是我国教育理论水平的一次测试。其焦点在于教育“属于上层建筑”还是“社会生产力”？间或穿插教育“属于特殊范畴”或教育“属于培养人的社会实践活动”之类说法。其中的问题何在呢？

第一，既然以“教育本质”为论题，那么社会生产力虽然通过由它所决定的社会生产关系间接影响教育的价值选择，或为教育价值的实现提供必要的物质技术条件，而社会生产力不可能直接决定教育的社会属性，更不成其为“教育的本质”，否则便无法说明资本主义教育同社会主义教育本质性的区别。第二，社会上层建筑虽然可能对教育的价值选择发生影响，其实，就连上层建筑的性质也是由作为社会经济基础的生产关系的总和所决定的。自然，社会生产关系对教育的社会性质的影响也只是可能性的判断。至于教育的社会性质发生相应的变化，既取决于生产关系成熟的程度和教育管理权力的运用，还得根据教育的一般属性作出判断。

五、教育属于社会上层建筑问题的症结——教育“相对独立性”别解

关于在什么意义上论定教育是否属于社会上层建筑现象，其中的关键问题在于教育究竟是怎么一回事？关于这个问题，至少有两个关键问题有待澄清：

第一，教育的“一般性质”与教育在一定时代、一定社会文化中的特殊性质是层次不同的两个问题。前者表示教育与非教育之间的界限。如不具有教育本身的规定性便不成其为“教育”，所谓“教育属于社会上层建筑现象”，表示在一定时代、一定社会文化中教育社会属性发生或变化的缘由。不过，由一定社会经济基础所决定的教育，其反映尚有待具体分析。因为其中既存在教育的一般属性隐于其社会属性之中的教育，即社会性的教育仍然是教育，也可能存在漠视教育性的社会性教育。唯其如此，便从教育属于社会上层建筑现象的判断中引申出所谓“教育的相对独立性”问题。由此发生的问题在于，虽然教育属于社会上层建筑现象，是就教育的社会属性同其所由发生的经济基础相关的问题，对教育本质还有待具体分析。

第二，自古以来就存在“教育”和称之为“教学”的教学活动之间的区别。简单地说，汉语中单音字“教”一字两音、一词两义。去声之教（今第四声，音叫），相当于双音词“教育”，为规范词；平声之教（今第一声，音交），相当于双音词教学，为中性词。教育为衡量教学活动的价值标准，而教育价值通过教学活动实现。因教学活动可能成为有教育价值的活动，也可能并无什么教育价值可言，这才以教育价值加以衡量。如此区别，自古皆然，如今仍然如此。问题在于通常不明乎此，才把教学活动一概称其为“教育活动”或“教育工作”。明乎此，便发生问题：究竟是教育有相对独立性，还是称之为“教学”（或“教育工作”）的教学活动有相对独立性呢?

有道是：教育、教育事业、教育工作，无所谓“相对独立性”。它在任何朝代都是“政治的工具”，而教育学因以前人的思想材料为依据，并由此而产生，故“有相对独立性可言”[①]。由于这个判断中教育问题的区分未必恰当，故此判断缺乏说服力。因为教育是一个价值观念，教育学虽以前人的思想材料为依据，毕竟参照教育价值观念选择与运用前人提供的思想材料教育与教育学即使有某种相对独立性，其独立的成分也较为稀薄；教学活动以及称之为“教育工作”“教育事业”的活动本身，为中性。此类活动既可能有“教育价值”，不一定都有教育价值；可能成为“政治的工具”，又不见得成为“政治的工具”，如果带有某种价值倾向，亦是教育评价使然。教学活动的独立性，是由于这种活动本身是教师和学生之间依照一定课程、运用一定教法与学法、按照一定规范和程序运作的活动。构成这种活动的要素又都是变数，故教学活动的运作有其本身的逻辑，以致不论什么教育价值取向与价值标准，要转化为教学活动的价值追求，不仅取决于实现这种或那种教育价值的可能性，还同当事人的价值倾向相关。

由于教学活动是由未成年人与成年人广泛参与的社会性的实践活动，故无论是出于经济、政治假设的教学活动价值取向，还是出于教育假设的教学活动价值取向，都回避不了这种活动本身的检验。其实，不仅教学活动具有相当的独立性，就连教育的独立性也不可低估。因为生产力与生产关系辩证关系和经济基础与上层建筑辩证关系的基本原理，都是社会发展客观规律的反映和历史经验的总结。其实，一定的社会生产力、生产关系、经济基础、上层建筑都经历历史地形成、历史性发展的过程。所以，在一定的历史范围内，就连教育的价值也是相当稳定与独立的。在此期间，经济之于教育，一般以政治为中介发生影响，至于政治干预教育的限度尤其是干预教学活动的限度，因教育领导体制或管理体制而有区别。其实，教育独立的程度因一定的历史特点与现实情况而定。

① 瞿葆奎. 孟宪承文集：卷十二［M］. 上海：华东师范大学出版社，2010：416.

六、意在言外——从以上层建筑视角审视教育到以教育视角审视上层建筑

几乎席卷我国教育理论界的关于教育属于社会上层建筑现象的论争，可算是事关我国马克思主义理论水平与教育理论水平的测试。在我国，这个考题的提出大抵从杨贤江自问自答开始。在马克思主义风起云涌之际，进步的学者尝试运用唯物主义历史观重新审视教育问题。教育属于社会上层建筑命题便由此发生。不过颇令杨贤江不解的是，马克思在列举社会上层建筑诸现象时从未提及教育现象，遂尝试从教育角度对这个问题加以解释。据称：教育只是实施“支配思想”的“动作”或“技巧”，实际上是把“教育”等同于如今称之为“教学”的教学活动。表明他尚未介意这两者之间的区别，意味着把教育看成是中性的活动，而无专门的内涵与独立的价值追求，从而成为这场争论存在问题中的一个症结。

由于自古以来就存在教育与教学活动的区分，就教育之“教”（音叫）与教学活动之“教”（音交）也有读音的区别，以教育为业的教师，以教育学为专业的学者，怎甘心把教育视为政治教条、经济教条、各种精神文化教条的传声筒呢？其实就连社会也不致容许缺乏教育价值追求的教师和缺乏教育内涵的教育学。唯其如此，关于教育属于社会上层建筑现象的争议其实意在言外。虽若明若暗地肯定或否定教育属于社会上层建筑现象这个前提，争议本身以“作为社会现象的教育的专门特点”“教育的本质”为题，以及对“教育的相对独立性”为题，都含含糊糊地表示“回归教育”的意向。所以，如果说这场讨论从以上层建筑为视角审视教育开始，那么这场讨论事实上却以按照教育视角审视上层建筑而告结。这是什么意思呢？

由于唯物主义历史观是从复杂的社会现象中抽象出实质性的社会成分及诸社会成分之间内在的必然的联系，形成社会生产力决定生产关系、生产关系总和作为决定社会上层建筑的经济基础的基本原理，以唯物主义基本原理为思路，形成社会分析框架。由于把历史唯物主义基本原理当作教条，把基于这种基本原理的社会分析框架当作图解无所不包的社会现象的蓝图，这才导致各种社会现象不加区别地挂靠这种“蓝图”，也就从这种假想的“蓝图”破绽中引出对这种分析框架的再认识。1950年，斯大林针对马尔“耶弗替特学说”的“语言新学说”中的语言阶级性观点，颇有针对性地提出每门学科要同其他许多社会现象区别开来，并弄清本学科的专门特点，由此引起“关于作为社会现象的教育的专门特点的讨论”。首先从语言性质而后从教育性质的讨论中，说明社会上层建筑并非无所不包的社会现象的蓝图。如于光远断定：社会现象中虽然包含某些上层建筑的成分，但不能整个说来教育就是上层建筑。鉴于关于教育本质问题争议不休，何东昌于1983年5月28日请教胡乔木。胡乔木认定马克思

主义关于生产力与生产关系、经济基础与上层建筑的区分，“并不包罗万象，并不是任何社会现象都可以划分到这个里面去”。[①]问题在于究竟什么社会现象归入上层建筑，什么社会现象不一定归入社会上层建筑？其中的界限如何断定？于光远说得对：上层建筑反映社会经济基础并为社会经济基础服务的社会成分，故“不反映社会经济基础、不为社会经济基础服务的社会成分，就不能叫作社会上层建筑。不过当他谈到教育是不是属于上层建筑时，由于不明“教育”与教学活动的区别，其中不免夹杂把教育当作“动作”或“技巧”的成分，以此否定教育属于社会上层建筑，便不成其为论证周延的推论。

议论及此，其实仍然含糊。由于马克思在列举社会上层建筑（其中社会意识形态）时没有提及教育，由此却又难以否定教育属于社会上层建筑为唯物主义历史观的应有之义；同时，在争议中，关于“教育的本质”是什么、作为社会现象的教育的“专门特点”是什么，依然若明若暗，所以这场讨论中遗留的问题还有待解决。

七、马克思在列举社会上层建筑诸现象时，为什么并未提及教育

这个思考过程从马克思于1881年2月22日致纽文胡斯信件的启发开始。原来1881年年初，在筹备召开国际社会党代表大会时，荷兰社会民主党人纽文胡斯打算在大会上提出：假使社会党人取得政权，他们在政治和经济上应采取什么立法措施。为此致信向马克思请教。马克思的回答非常干脆：“对这个问题的唯一答复，应当是对问题本身的批判。”因为对将来某个特定时刻应该做些什么、应该马上做些什么，这完全取决于人们将不得不在其中活动的那个特定的历史环境，而现在提出这个问题，是“虚无缥缈”的。[②]所以谈到马克思在列举上层建筑诸现象时未提及教育，就得考虑当时的教育状况和“教育”概念。

说到教育的概念与教育的状况，自古以来“教育”原为事关未成年的儿童、少年、成年预备的道德人格的训练与培养。不过，按照现代教育价值观念，现代以前，虽以未成年人为教育的对象，其实当时并不存在名副其实的儿童教育、少年教育。因为当时不仅不承认未成年人的个性和人格有独立的价值，反而按照成年人的价值标准，苛求甚至压抑儿童、少年本身的需求和可接受性。所以，名副其实的儿童和少年教育是从现代才开始的。由此可见，以儿童和少年为对象的教育，其价值是经济价值、政治价值以及各种精神文化的价值不可替代的，教育也就成为各行各业替代不了的专门职业。

至于如今各级各类学校实施的所谓“教育”，其实主要指各级各类“教养”以及在教养基

① 胡乔木. 胡乔木文集：第二卷［M］. 北京：人民出版社，1993：551.

② 中央编译局. 马克思恩格斯全集：第35卷［M］. 北京：人民出版社，1971：153.

础上可能发生的教育效应。唯有未成年人的成年预备性的训练与培养为任何社会都不可或缺的个体社会化的预备。唯其如此，马克思虽然明知资本主义基本经济制度与政治制度的弊端，明知那种制度可能对教育发生消极影响，如果把当时尚未普及的教育看成是那种经济基础的上层建筑，也就不致赞成在资本主义制度下普及教育。在他看来，现代社会中的普及教育问题有一种特殊困难之处。即：一方面建立正确的教育制度，需要改变社会条件；另一方面为了改变社会条件，又需要相应的教育制度。因此"我们应该从现实情况出发"[①]。至于如何从当时的现实情况出发，在国际工人协会（第一国际）活动期间，工人运动内部不同派别对未成年人教育问题多有争论。如蒲鲁东主义者主张由工会组织集资举办"教育合作社"，取代公共教育。马克思针对这种小生产者的狭隘观念，提出：在目前条件下，有必要通过教育立法，保障儿童和少年受教育的权利。因为"只有通过国家政权施行的普遍法律才能办到"[②]。同样，巴枯宁主义者干脆主张废除国民教育，认为工人不应该争取让靠勒索工人来编制预算的国家负责对工人子弟进行初等教育，……男女工人即使不会读、不会写、不会算，也要比受官办学校教育师资教育好些。马克思一针见血地指出：在他们看来，"只要不玷污永恒原则，即使愚昧无知和每天十六小时的劳动继续使工人阶级愚钝下去，也不要紧"[③]。

由于马克思把以儿童和少年为对象的国民教育看成公共事务，所以原则上赞成19世纪若干发达国家率先实行的普及义务免费的公共教育。指出：实行普遍的义务教育，实行免费教育，前者甚至存在于德国，后者就国民学校来说，存在于瑞士和美国。"如果说在美国的几个州里，中等学校也是'免费的'，那么事实上这不过是从总税收中替上层阶级支付教育费而已。"[④]恩格斯指出："在法国现在有全世界最好的学校，实行真正的义务教育"[⑤]，法国共和派，"实行了初级义务教育，使教育普及化，并使之达到如此高度，值得我们德国人向他们学习——难道他们是作为反动的一帮这样做的吗?"[⑥]

以上诸见解是否属于历史唯物主义基本原理的运用呢？如果说马克思在列举上层建筑诸现象时未提及教育，那是由于在初等教育尚未普及的情形下，未成年人成年预备性的初等教育同经济基础与政治上层建筑之间的联系相当稀薄，那么在谈及教育问题时，以通过教育立法保障未成年人受教育的权利，是以其为资本主义制度对未成年人消极影响的解毒剂。

---

① 华东师范大学教育系．马克思恩格斯论教育［M］．北京：人民教育出版社，1986：246.

② 华东师范大学教育系．马克思恩格斯论教育［M］．北京：人民教育出版社，1986：207.

③ 华东师范大学教育系．马克思恩格斯论教育［M］．北京：人民教育出版社，1986：260—261.

④ 华东师范大学教育系．马克思恩格斯论教育［M］．北京：人民教育出版社，1986：271.

⑤ 华东师范大学教育系．马克思恩格斯论教育［M］．北京：人民教育出版社，1986：396.

⑥ 华东师范大学教育系．马克思恩格斯论教育［M］．北京：人民教育出版社，1986：413.

宋乃庆

1948年生，籍贯杭州。西南大学教授、博导，教育部西南基础教育课程研究中心主任。教育部基础教育课程教材专家工作委员会原副主任、中国教育学会原副理事长、全国教师教育学会副理事长。国家级教学名师，西南大学原常务副校长，西南师范大学原校长。主要从事基础教育、数学教育及教育统计等研究。国家级智库“瞭望智库专家库”首批入驻专家，主持国家、省（部）级课题20余项。主编（副主编）中小学数学教材8套（其中4套国家审定通过），主编学术论著、教材10余部（其中3部为国家规划教材）；在《教育研究》《教育学报》等CSSCI权威期刊上发表论文140余篇；主持获中国高校人文社科一、二、三等奖，国家优教成果（数学教育）一等奖，全国教育科学研究优秀成果一等奖等国家省（部）级奖励20余项。享受国务院特殊津贴，获“当代教育名家”称号。

义务教育改革与发展40年的中国模式①

义务教育是提升国民素质、建设教育强国、实现中华民族伟大复兴的重大奠基性工程，其普及程度是衡量一个国家教育水平和社会文明程度的重要标志。改革开放掀开了我国经济社会发展的伟大序幕，也掀开了义务教育改革与发展的新纪元。回顾改革开放40年来我国义务教育改革与发展历程，伴随着初等教育的普及与发展，义务教育规模由小变大、质量由低到高、影响力由弱变强，实现了“跨越式发展”，解决了“穷国办大教育”的世界性难题，全面普及了九年义务教育，整体发展水平正逐步接近世界中等发达国家水平，义务教育取得了举世瞩目的成就，站在了新的历史起点上。党的十九大提出“中国特色社会主义进入新时代”，在这个承前启后、继往开来的历史时期，提炼义务教育改革与发展中国模式，总结义务

① 曾发表于《南京社会科学》2018年第9期，合著者为罗士琰、王晓杰。

教育改革与发展中国模式取得的成就，有利于进一步拓宽义务教育改革与发展新格局，为世界义务教育改革与发展贡献中国智慧，对增强中国特色社会主义道路自信、理论自信、制度自信和文化自信具有积极的现实意义和实践价值，同时这也是一种积极的理论探索。

一、义务教育改革与发展中国模式的内涵

厘清义务教育改革与发展中国模式的内涵是深入探讨这一模式的前提。“模式”一词在经济学上使用比较广泛，《辞海》解释为“可以作为范本、模本、变本的式样”，《现代汉语词典》解释为“某种事物的标准形式或使人可以照着做的标准样式”。改革开放以来，我国探索出了一条中国特色社会主义现代化道路，取得了举世瞩目的成就，对人类迈向现代化作出了中国人自己的独特贡献，并形成了时下热议的“中国模式”。实际上早在20世纪80年代，邓小平就提出“中国模式”问题，他指出世界上的问题不可能都用一个模式解决，每个国家都有自己的模式，要由自己去探索符合本国实际情况的模式。[①]自2004年美国经济学家乔舒亚·库珀·雷默（Joshua Cooper Ramo）提出“北京共识”以来，“中国模式”“中国道路”等成为学界的重要关注点。学界对“中国模式”颇有争议，对其内涵的总结也各有侧重，有的强调发展道路或经验[②]，有的强调发展理念[③]，有的侧重于意识形态角度[④]，有的则侧重于社会发展角度[⑤]。倡言“中国模式”并非妄自尊大，而是强调现代化进程中中国有别于外国的特殊性，认为中国已经形成了比较成熟、相对确定的发展经验，对其他国家和地区的发展具有推广和借鉴价值。[⑥]基于此，本文认为义务教育改革与发展中国模式是中国特色社会主义在义务教育中的体现，是指改革开放40年来，在中国义务教育改革与发展历程中逐步形成具有中国特色的、相对稳定、比较成熟的发展路子。可表现为三个方面：

（一）政府主导、分级管理

政府主导、分级管理是义务教育改革与发展中国模式的重要特色。政府主导、分级管理即为“中央集权”“三级管理”。我国义务教育事业由国务院统一领导，实行“中央集权”，即集中全国非常有限的人力、财力、物力确保义务教育的普及和巩固。由省级统筹规划，省级

① 邓小平文选：第3卷［M］. 北京：人民出版社，1993：261.

② 苏星鸿. “中国模式”三题［J］. 北京行政学院学报.2011（3）：64—67.

③ 郝立新，卢衍昌. 中国模式的哲学意蕴［J］. 教学与研究.2006（1）：30—35.

④ 张西立. 关于“中国模式”的讨论【两篇】中国模式的物质及其意义［J］. 新华文摘.2009（15）：5—7.

⑤ 董必荣. 面向21世纪的中国模式研究［M］. 上海：上海人民出版社，2016：125.

⑥ 杨东平. 关于高等教育的“中国模式”［J］. 江苏高教.2011（1）：5—8.

政府作为地方最高行政机关，对义务教育负有首要责任，负责统筹和组织协调省域内义务教育工作；由县级具体实施，县级政府对本地区义务教育发展负有主要责任，因地制宜具体负责义务教育实施工作和经费管理等。义务教育改革与发展一般是由上级政府提出工作目标、方案和思路，并逐级传达，强力推行；并提供保障机制、监控实施过程、评价实施效果，将考核结果纳入下级部门或单位政绩考评或物质奖励的重要依据。[①]我国义务教育“政府主导、分级管理”体制在发展变化中逐步形成：1986年颁布的义务教育法规定义务教育事业，在国务院领导下，实行地方负责，分级管理；2001年《关于基础教育改革与发展的决定》提出，新的农村义务教育管理体制应当在国务院领导下，由地方政府负责，分级管理，以县为主；2006年新修订的义务教育法中规定义务教育实行国务院领导，省、自治区、直辖市人民政府统筹规划实施，县级人民政府为主管理的体制，以法律的形式对义务教育管理体制进行规定，实现了义务教育管理体制从“以乡镇为主”到“以县为主”的转变，有利于充分发挥政府的领导力和凝聚力，全面推进大规模的义务教育变革。如，2011年和2012年教育部先后与31个省（区、市）及新疆生产建设兵团签署了义务教育均衡发展备忘录，其后各省级政府又和辖区内市级或县级政府签署义务教育均衡发展责任书，对不能如期通过验收的县级部门的相关领导实行免职，将本省份确定义务教育均衡发展的目标、任务和责任层层分解、逐级落实，从而构建了中央和地方共同推进义务教育均衡发展的长效机制。[②]

（二）协同一致、合力攻坚

协同一致、合力攻坚是义务教育改革与发展中国模式的又一特色。我国是典型的社会主义国家，社会主义制度的优越性就在于集中力量办大事，体现在义务教育上就是集中政府、人民和社会的力量发展义务教育，即凝聚主要力量，协同一致、合力攻坚。义务教育改革与发展是一项庞大的系统工程，其主要责任在于政府，同时也离不开广大人民群众的积极参与和配合、社会各界的积极参与和支持，‘普九’是一场持续时间长、参与人数多、自上而下的国家工程，各级领导高度重视，很多地方的党政主要领导靠前指挥，对这项举国的工程予以高度重视。教育、财政、发展改革等部门明确职责，合理分工，协调配合。[③]20世纪八九十年代，在义务教育发展过程中地方政府、学校、社会力量、广大人民群众等对教育的热情被充分调动。特别是在广大农村地区，人民群众纷纷打出了“再穷也不能穷教育”的口号，有钱

① 石鸥.中国基础教育60年：1949—2009［M］.长沙：湖南师范大学出版社，2009：11.

② 西南大学评估组.义务教育第三方评估情况［EB/OL］.(2016-11-26).http://www.moe.gov.cn/jyb_xwfb/xw_fbh/moe_2069/xwfbh_2015n/xwfb_151126/151126_sfcl/201511/t20151126_221196.html.

③ 王定华.中国义务教育改革发展的回顾与展望［J］.中国教育科学.2013（4）：3—23.

的掏钱，有力的出力，有物的捐物①，实现了“人民教育人民办”，这是基于我国当时“穷国办大教育”的实际，在极其困难的特殊条件下不得已而为之的做法，学理上颇有争议，但人民群众非常支持，也是义务教育发展补充之举，为打赢“普九”攻坚战奠定了坚实的基础。近年来，教育部联合财务部、中央发改委等部门开展多项义务教育专项治理活动也是协同一致、合力攻坚的真实写照，如巩固义务教育普及成果、推进义务教育均衡发展、治理义务教育择校难题、减轻学生课业负担等；各省、自治区、直辖市及相关部门纷纷出台配套方案，确保重点突破；在具体落实层面，地方、学校因地制宜、积极探索适合自身实际的发展路径，涌现出一批先进典型经验。如在控辍保学方面，广西壮族自治区凭祥市根据国家和自治区的要求，以及边境地区稳边固边和边境群众子女入学需求，采取“边境一线校点全部保留”、“城乡教师互换讲台”、学生上学“零负担”等措施增强义务教育办学吸引力，控辍保学，严防边境地区农村空心化，固疆守土，成效显著②；西藏自治区山南市浪卡子县中学积极落实义务教育普及与巩固的要求，探索西藏高寒边境牧区“送教下乡”确保控辍保学模式，对民族地区乃至广大农村地区具有普遍的借鉴意义。这些典型经验的涌现就是政府、学校、家长及社会协同一致、合力攻坚取得的成果。

（三）实事求是、渐进变革

我国地域辽阔、人口众多，义务教育发展涉及面广、情况复杂，各地经济发展水平与文化差异较大，教育发展水平差异很大。从实际国情出发，我国在推进义务教育发展过程中遵循了因地制宜、分区规划、分类指导、分步实施的原则。③如在普及义务教育方面，20世纪八九十年代，国家明确要求有步骤地实行九年制义务教育，并依据经济社会和教育发展状况，把全国划分成三类地区，分别做相应要求、部署，这一工作思路促使三类地区因地制宜、合理规划区域内义务教育发展，推进了“普九”的实现。进入21世纪，我国进一步遵循实事求是原则，有计划、有步骤的普及和巩固义务教育。又如在推进义务教育公平发展方面，改革开放初期，我国义务教育发展体现“效率优先”原则，鼓励一部分“重点校”先发展起来。2000年基本普及义务教育后，我们的关注重点逐步转向教育公平，更加注重“均衡发展”，2005年教育部颁布《关于进一步推进义务教育均衡发展的若干意见》，将县域内义务教育均衡作为工作的重点。当大部分地区实现了“基本均衡”以后，2017年教育部发布《县域义务教育优质均衡发展督导评估办法》，关注点又转向“优质均衡”。可以说，中国义务教育领域里

① 石鸥.中国基础教育60年：1949—2009［M］.长沙：湖南师范大学出版社，2009：9.

② 宋乃庆，李森，朱德全.中国义务教育发展报告2014［M］.重庆：西南师范大学出版社，2015：318.

③ 王定华.中国义务教育改革发展的回顾与展望［J］.中国教育科学.2013（4）：3—23.

的重大举措大都是先试点、再推广，分步实施、稳步推进的。这种实事求是、渐进变革的策略符合事物发展的客观规律，是我国基础教育的改革与发展少走弯路的重要保障。如江苏省泰州市全面实施“基本均衡—优质均衡—全域均衡”三步走战略，走出了一条内涵式发展的义务教育均衡发展之路：一是“名校+”模式，推动城乡一体快速融合；二是“互联网+教育”的泰州微课探索；三是“5+2”评价模式，核心素养进中考。推进泰州特色素质教育，在全国产生较大影响。①

二、义务教育改革与发展中国模式的基本特征

尽管中国义务教育还在发展之中，改革也远未结束。但纵观十一届三中全会以来我国义务教育的发展历程，不难看出，义务教育改革与发展的中国模式呈现出一些基本特征，具体而言，主要包括以下几个方面：

（一）历史性与时代性兼具

义务教育改革与发展中国模式的凝练须站在历史和时代的高度。历史性是指义务教育改革与发展中国模式的概括和凝练是基于40年来义务教育的发展历程，而不能脱离这个史实。改革开放40年来，中国在义务教育发展方面进行了大胆的改革尝试，这些改革都是在原有基础上进行的补充和完善，并未彻底否定原有的基础；成就与经验的总结也是基于对历史的继承与发展，亦离不开前期的积累。时代性则是指义务教育改革与发展中国模式还应与时俱进，体现时代发展的要求，兼具时代使命和时代特征。如改革开放初期，我国义务教育发展关注的重点是“有学上”；随着义务教育的普及，人们对优质教育资源的诉求日益迫切，关注的重点从“有学上”转向“上好学”，这说明我国义务教育发展重点随时代发展而不断调适，提炼出的模式的内容及特征也应随着关注重点的转变而变化。

（二）普遍性与特殊性并行

义务教育改革与发展中国模式体现出共性与个性、普遍性与特殊性并行的特征。普遍性是指义务教育改革与发展中国模式是在长期探索过程中形成的符合教育规律的发展模式，这一模式与他国模式都遵循着义务教育发展的普遍规律，发展过程中会出现相同的情况或面临普遍存在的问题，“中国模式”的提炼对国外特别是“一带一路”沿线国家及广大发展中国家义务教育发展具有普遍的借鉴价值，如英国引进中国数学教育“上海模式”，不仅将我国基础教育数学教材引入，还将中式课堂教学、教师培训、教育理念“三位一体”全方位引入。特

① 宋乃庆，李森，朱德全.中国义务教育发展报告2014［M］.重庆：西南师范大学出版社，2015：318—319.

殊性是指义务教育改革与发展中国模式有别于其他国家和地区义务教育的发展模式，我国是典型的社会主义国家，尽管历史上我国曾借鉴欧美、苏联等的教育经验和模式，但由于国情不同，收效甚微，义务教育改革与发展中国模式是对我国义务教育发展的阶段性理论总结，体现出明显的中国特色，具有其特殊性。

（三）稳定性与发展性共存

义务教育改革与发展是一个相对稳定而又动态发展的过程。我国义务教育采取渐变式变革的方式，许多教育教学改革的实施都是分步实施、稳步推进，这种渐变式变革决定了义务教育改革与发展中国模式的稳定性与发展性。稳定性是指义务教育改革与发展中国模式是对一定时期内义务教育发展经验及方式等的总结，虽然远远没有也不可能穷尽义务教育的全部内容，但这一模式一旦提炼出来，就应该是相对成熟和稳定的，短时间内不会变化。发展性是指“中国模式”只是一种对中国义务教育改革与发展阶段性的理论概括，并非一成不变，而是一个随着义务教育实践推进而动态发展的过程，随着义务教育改革与发展的纵深发展，对“中国模式”的研究会更加深入、细致，“中国模式”的内容也会发生转变，并被赋予新的内涵。

三、义务教育改革与发展中国模式取得的重要成就

改革开放40年来，我国义务教育改革与发展取得了举世瞩目的成就，站在了新的历史起点上。总结和梳理义务教育改革与发展中国模式的重要成就，对增强国民自信、推进我国义务教育更快更好地发展具有重要意义。

（一）解决了“穷国办大教育”的世界性难题

新中国成立之初，百废待兴。党和国家始终坚持让更多人接受教育的理念，针对高文盲率、低入学率的国情，审时度势提出“两条腿走路”的方针，积极调动国家、地方和群众办学力量，逐步探索出了一条“穷国办大教育”的道路。改革开放初期，“穷国办大教育”的现状虽有所缓解，但并未得到彻底改观。“穷”是指我国经济发展水平较低，国家用于发展教育事业的经费总量十分有限，生均教育经费非常少。据统计，1980年教育经费占国民生产总值（GNP）的比例，世界平均水平为4.56%，其中发达国家为5.62%，发展中国家为4.09%[①]，我国1980—1987年的教育经费占国民生产总值的比例徘徊在2.51%到2.84%之间[②]，远低于1980

① 韦禾.普及义务教育经费问题的有关国际比较及其思考［J］.教育科学，1989（4）：13.

② 刘英杰.中国教育大事典［M］.杭州：浙江教育出版社，1993：94.

年的世界平均水平。从生均教育经费来看，到2000年我国基本普及九年义务教育时，全国普通小学、初中生均预算内事业费支出分别为491.58元和679.81元①，低于同期发达国家平均水平。“大”是指我国学龄人口众多，而义务教育普及程度相对较低，义务教育发展任务艰巨。“大”和“穷”是一对矛盾，办大教育要花大钱，可以说当时我国需要用最有限的公共教育资源办世界上最大规模的教育。②在此形势下，政府积极探索推进“穷国办大教育”的进程，逐步建立起健全、有保障、有质量的义务教育体系。随着改革的不断深化，政府逐步将义务教育摆在重中之重的优先发展高位，投入也在不断加大，据统计，2013—2017年全国义务教育经费总投入从13204亿元③增长到19358亿元④，年均增长9.32%，义务教育投入的增长为解决“穷国办大教育”的世界性难题提供了坚实的保障。

（二）用25年时间全面完成普及九年义务教育的壮举

全球范围内，主要发达国家完成普及初等教育的时间分别是：德国125年（1763—1888年）、法国92年（1833—1925年）、美国67年（1852—1919年）、英国48年（1870—1918年）、日本35年（1872—1907年），全面普及义务教育所花费的时间则更长。从1986年到2011年，占世界1/5人口的中国用25年时间，实现了全面普及义务教育的宏伟目标，对于一个拥有10多亿人口的发展中国家来说，不可不谓之为人类历史上的一个壮举，这为新时代中华民族的伟大复兴与崛起奠定了坚实基础⑤。1986年，《中华人民共和国义务教育法》以国家立法的形式正式确立实施九年制义务教育，掀开了我国普及九年义务教育的新篇章。为了进一步推进义务教育法落实，国家先后颁布《关于实施〈义务教育法〉若干问题的意见》《中华人民共和国义务教育法实施细则》《关于在90年代基本普及九年义务教育和基本扫除青壮年文盲的实施意见》等一系列政策文件，经过15年的不懈努力，到2000年年底，全国2541个县级行政单位通过“两基”验收，全国85%以上的人口地区普及了九年义务教育⑥。2001年1月1日，中华人民共和国向全世界庄严宣布：中国实现了基本普及九年义务教育和基本扫除青壮

---

① 教育部、国家统计局、财政部关于2000年全国教育经费执行情况统计公告［EB/OL］. (2001-12-26). http://www.moe.gov.cn/s78/A05/cws_left/s3040/201005/t20100527_88450.html.

② 王文源. 中国民办教育：在理想与现实之间［M］. 北京：北京出版社，2007：31.

③ 教育部.2015年全国义务教育均衡发展督导评估工作报告［EB/OL］.（2016-02-23）. http://www.moe.gov.cn/jyb_xwfb/xw_fbh/moe_2069/xwfbh_2016n/xwfb_160223/160223_sfcl/201602/t20160223-230102.html.

④ 教育部.2017年全国教育经费统计快报［EB/OL］.（2018-05-08）.http://www.moe.edu.cn/jyb_xwfb/gzdt_gzdt/s5987/201805/t20180508_335293.html.

⑤ 柳海民，王澍. 中国义务教育实施三十年：成就、价值与展望［J］. 北京大学教育评论.2016（4）：175—184.

⑥ 袁贵仁. 中国教育［M］. 北京：北京师范大学出版社，2013：36.

年文盲的战略目标。[①]与此同时，还有不少中西部地区尚未完成“两基”任务，一些已完成地区也还存在质量参差不齐等问题。2001年，《国务院关于基础教育改革与发展的决定》强调，“十五”期间，地方各级人民政府要坚持将普及九年义务教育和扫除青壮年文盲作为教育工作的‘重中之重’，进一步扩大九年义务教育人口覆盖范围，初中阶段入学率达到90%以上，青壮年非文盲率保持在95%以上。通过近10年的攻坚克难，2011年我国小学净入学率为99.79%、初中毛入学率为100.1%[②]，至此，中国用25年的时间全面完成普及九年义务教育的壮举，创造了人类教育史上的奇迹。普及九年义务教育的成果惠及亿万中国家庭，为经济社会的健康发展提供人才保障。

（三）义务教育总体发展水平正逐步接近世界中等发达国家水平

经过改革开放40年的长足发展，我国义务教育改革与发展成效显著，已完成从“穷国办大教育”到“大国办大教育”的转变，目前正积极致力于向“大国办强教育”华丽转身。从普及与巩固方面来看，2015年小学学龄儿童净入学率达到99.95%，超过了中高收入国家平均水平的94.54%，中学毛入学率94.30%，超过了中高收入国家平均水平的93.13%[③]；2017年九年义务教育巩固率达到93.8%，并继续保持稳步增长趋势。从师资条件方面来看，2015年世界中高收入国家的小学、中学生师比平均值为18.54、14.78；G20国家的小学、中学生师比平均值为18.63、15.54，我国小学、中学生师比平均值为17.05、15.14，我国小学阶段的师资配比优于中高收入国家平均水平，并超过G20国家平均水平，中学阶段师资配比优于G20国家的平均水平。[④]从教育质量方面来看，我国义务教育减负提质效果明显，目前，中国义务教育模式已走向世界，影响力持续攀升：如，英国教育部来华学习和借鉴上海数学教学模式，引进上海数学课本、教师用书及教辅，签署中英数学教师交流项目；美国田纳西州设立访沪学习教研组制度；应南苏丹教育部邀请，受国家商务部委托，中南出版传媒集团组织了国内有影响力的团队编写南苏丹小学数学、英语、科学教学大纲、教材及教师用书，创新国家援外新模式；2009年和2012年上海市参加了OECD组织实施的PISA测试，数学、科学、阅读均排名第1，2015年北京、上海、江苏、广东四省市参加了PISA测试，数学、科学、阅读成就分

① 翟博.人类教育史上的奇迹［N］. 中国教育报，2012-09-09（001）.

② 中华人民共和国教育部.2011年全国教育事业发展统计公报［EB/OL］.（2012-8-30）. http://www.moe.gov.cn/srcsite/A03/s180/moe_633/201208/t20120830_141305.html.

③ 田慧生，邓友超.让十三亿人民享有更好更公平的教育　十八大以来教育质量提升的成就与经验［M］. 北京：教育科学出版社，2017：79.

④ 田慧生，邓友超.让十三亿人民享有更好更公平的教育　十八大以来教育质量提升的成就与经验［M］. 北京：教育科学出版社，2017：83.

别排名第6、第10和第27，学生成绩虽有所下滑，但仍名列前茅，超过不少发达国家城市。历史和数据已经充分证明我国义务教育迅猛发展，义务教育总体发展水平正逐步接近世界中等发达国家水平，差距在稳步缩小，并且部分指标已实现反超。

四、义务教育改革与发展中国模式的反思与展望

反思义务教育改革与发展的40年历程，要求我们必须辩证、理性地认识义务教育改革与发展中国模式。毋庸讳言，中国义务教育已经探索出一条“穷国办大教育”的成功路径，用事实证明义务教育改革与发展中国模式的合理性与可行性。与此同时，我们还必须审时度势、清醒地意识到中国义务教育改革与发展的过程并非一帆风顺，尚且存在一些不足与亟待改进之处：如生均义务教育经费与发达国家差距较大，法律法规落实不到位，均衡发展水平尤其是内涵发展、优质发展方面明显落后于发达国家，教育质量亟待提高等。新时代，发展中国义务教育的重点在于根据时代要求，结合国际义务教育发展的现状和趋势，认真贯彻落实十九大的要求，努力办好人民满意的教育。

（一）继续将义务教育摆在优先发展的战略地位

党的十九大报告重申“优先发展教育事业”“必须把教育事业放在优先位置，深化教育改革，加快教育现代化，办好人民满意的教育”。习近平总书记指出当今世界的综合国力竞争，说到底是人才竞争，人才越来越成为推动经济社会发展的战略性资源，教育的基础性、先导性、全局性地位和作用更加突显。[①]新时代，教育扮演的角色更为重要，办强教育是培养拔尖创新人才、将我国人口重负转化为人口红利、提高综合国力的重要举措。义务教育是我国教育事业的重要基础，对整个教育事业的发展具有举足轻重的作用，从实现“两个一百年”奋斗目标来看，现在的青少年儿童是实现第二个一百年奋斗目标过程中社会建设的中坚力量，加大义务教育投入显得尤为重要。虽然近年来国家对义务教育经费投入逐年增加，但人均教育经费与发达国家还有一定的差距；我国义务教育发展区域、城乡、学校差距仍大。有鉴于此，应继续将义务教育摆在优先发展的战略地位，巩固义务教育在整个教育系统中重中之重的位置，优化顶层设计，加大对义务教育的经费投入，多措并举，大力促进义务教育均衡发展，逐步缩小区域、城乡及校际差距，推进教育精准扶贫，培育拔尖创新人才，加速人力资本积累，为国家和民族的未来发展奠基。

---

① 习近平.做党和人民满意的好老师——同北京师范大学师生代表座谈时的讲话［J］. 人民教育，2014（19）：6—10.

（二）完善义务教育配套法律法规、依法治教

建立完善的法律法规是义务教育改革与发展顺利推进的重要保证，是依法治教的重要前提。早在1986年，全国人民代表大会通过了《中华人民共和国义务教育法》，翻开了义务教育依法治教的新篇章。随着义务教育的深入开展，《中华人民共和国教师法》《中国教育改革和发展纲要》《中共中央国务院关于深化教育改革全面推进素质教育的决定》等一系列教育法律法规，使义务教育逐步朝着法制化、规范化、科学化的方向发展，有效保证了义务教育各项工作扎实稳步推进。与此同时，我国的义务教育法制程度与水平和发达国家相比仍存在不小的差距，义务教育实践中不少亟待解决的问题仍然缺少相关的法律法规，如校外培训班顽疾加重学生课业负担问题、民办教育集团化发展导致义务教育阶段收费过高问题、义务教育拔尖创新人才缺少有效的选拔和培养机制问题等；不少地方和学校存在法律法规执行不力、流于形式的现象，如未能同欧美发达国家一样，严格落实对辍学的义务教育阶段学生家长进行罚款、拘役的制度；再加上监管不严，这些问题严重制约着义务教育的法制化水平和现代化进程。党的十九大报告提出“全面依法治国是中国特色社会主义的本质要求和重要保障”，依法治教是贯彻落实全面依法治国的内在要求，是提高学校治理法制化、科学化水平的客观需要，是维护教师、学生合法权益的重要保障。为此，第一，针对义务教育改革与发展中的重点、难点问题，亟须建立健全相关配套法律法规；第二，全面推进依法行政，加大教育执法力度，依法维护学校、学生、教师的合法权益；第三，加快推进依法治校，完善学校内部章程，深入开展相关的法制宣传教育，形成浓厚的学校法治文化氛围，切实推进义务教育法治化进程。

（三）深化并落实公平与质量并重的发展理念

《国家中长期教育改革和发展规划纲要（2010—2020年）》指出，把促进公平作为国家基本教育政策，把提高质量作为教育改革发展的核心任务。党的十九大报告也明确要求努力让每一个孩子都能享有公平而有质量的教育。公平是社会主义制度和社会主义教育的本质规定和内在要求，是义务教育改革与发展必须坚持的重要原则；质量是学校和教育的生命线，是义务教育改革与发展必须追求的重要目标。“公平与质量并重”是指既要促进义务教育的公平发展，也要着力提升义务教育的整体品质。[①]当前“我国社会主要矛盾已经转化为人民日益增长的美好生活需要和不平衡不充分的发展之间的矛盾”，这一新的矛盾反映到教育上，就是人民日益增长的优质教育资源需求和当前优质教育资源发展不平衡及总量不足之间的矛盾，其

① 刘贵华，张伟.论区域教育的中国经验［J］. 大学（研究版），2016（3）：11—22.

本质就是“人民更加追求高质量的、公平的教育”，可见，“公平与质量并重”已成为办人民满意教育的应有之义，也将成为今后很长一段时间内义务教育改革与发展必须坚持的重要发展理念。为此，需要进一步全面落实立德树人根本任务，加强师德师风建设、培育新时代中国好教师[①]，以提质减负为重点、深化课程教学改革，切实提高教育质量。同时，要强化政府统筹规划、合理配置教育资源，着力推动城乡义务教育一体化发展，确保老少边穷地区的学生也能接受公平而有质量的义务教育。

（四）转变政府职能、构建现代学校治理制度

毋庸置疑，强有力的中央和地方各级政府在我国义务教育改革与发展40年历程中发挥了不可替代的巨大作用，但转变政府职能、建设服务型政府是适应新时代发展要求的必然选择。《国家中长期教育改革和发展规划纲要（2010—2020年）》指出“健全统筹有力、权责明确的教育管理体制。以转变政府职能和简政放权为重点，深化教育管理体制改革，提高公共教育服务水平”。党的十九大报告提出，要“转变政府职能”，“建设人民满意的服务型政府”。当前，不少政府及教育行政部门对义务教育经费投入、师资配置和学校课程设置等多方面进行了过多的行政干预，这在一定程度上会限制学校的办学自主性及特色化发展。我国义务教育改革与发展亟须在遵循教育教学规律的前提下，转变政府职能，进一步扩大义务教育学校的办学自主权；建立基于我国义务教育改革与发展的校本管理、自由参与、民主监督的现代学校治理制度；积极倡导学校探索并建立以法人治理结构为主的现代管理机制和模式；吸引家庭、社会等多元力量参与、监督、评价学校教育，从而不断丰富和发展义务教育改革与发展中国模式。

义务教育改革与发展中国模式是对改革开放40年来中国义务教育改革与发展经验的总结与凝练，处在不断的发展过程中，体现了鲜明的中国特色，对“一带一路”沿线国家及其他国家具有一定的启示和积极的借鉴价值。借鉴“中国模式”切忌照搬模式本身，而应立足于本国国情，抓住义务教育发展中存在的突出问题和解决问题的关键，淡化形式注重实质[②]，在深入充分挖掘这一模式的基础上，因地制宜，探讨落地实施的可能性与可行性，最终转化为适合本国义务教育发展的实际行动。

---

① 宋乃庆，罗士琰，肖林.新时代中国好教师培育刍议［J］.中国大学教学，2018（7）：22—27.

② 陈重穆，宋乃庆.淡化形式，注重实质——兼论《九年义务教育全日制初级中学数学教学大纲》［J］.数学教育学报，1993（2）：4—9.

张志勇

1963年生，山东省东平县人。现任山东省教育厅一级巡视员、民进中央教育委员会主任，兼任国家教育考试指导委员会委员、教育部教师教育专家咨询委员会委员、师范教育认证专家委员会委员、中国教育学会中小学德育研究分会理事长。第十一、十二、十三届全国人大代表。曾任第七、第八、第九届国家督学，第七届中国教育学会副会长。出版《情感教育论》《义务教育教学新体系》《创新教育：中国教育范式的转型》《中国教育的拐点》《中小学德育一体化原理》等专著，曾获国家级教学成果一等奖、二等奖、中华优秀出版物奖等。享受国务院特殊津贴，获“当代教育名家”称号。

教师是教育的第一资源[①]

——准确把握新时代教师队伍建设的战略布局和重点任务

百年大计，教育为本；教育大计，教师为本。《中共中央国务院关于全面深化新时代教师队伍建设改革的意见》（以下简称《意见》）强调“坚持兴国必先强师”，把教师队伍建设放在事关民族复兴伟业的优先位置，具有重大的历史和现实意义。《意见》从战略高度谋划教师队伍建设的战略布局和战略任务，在加强教师队伍建设方面实现了一系列重大突破。

① 本文曾发表于《中国教育学刊》2018年第4期，文献索引主要来源于《中共中央国务院关于全面深化新时代教师队伍建设改革的意见》。

一、把教师工作置于教育事业发展的重点支持战略领域，教育事业发展的战略重心从物力资本转向人力资本，从根本上解决发展教育事业究竟依靠谁的问题

改革开放以来，经过40年的努力奋斗，我国教育事业取得了伟大的历史性成就，教育总体水平达到世界中上国家平均水平，各级各类教育入学率均超过中高收入国家平均水平，新增长劳动力中接受教育年限达到13.3年，其中高等教育比例超过45%。教育发展的主要矛盾由教育机会不足转向教育质量不高，努力让每个孩子都能享有公平而有质量的教育，成为新时代我国教育事业改革发展面临的最大挑战，教师队伍质量成为影响我国教育事业健康持续发展的根本因素。

《意见》要求坚持教育优先发展的战略地位，把教师工作置于教育事业发展的重点支持领域，确立了教师队伍建设在整个教育事业中的“三个优先”地位：优先谋划教师工作，优先保障教师工作投入，优先满足教师队伍建设需要。这说明：各级党委政府在谋划教育事业改革和发展时，要优先研究教师队伍建设；在安排教育经费时，要优先满足教师队伍建设的需要；在推进教育事业改革发展时，要优先破解教师队伍建设面临的一系列体制机制障碍；等等。这标志着我国教育事业发展的战略重心从硬件条件的支撑转向人力资源的支撑。教师是教育发展的第一资源，是国家富强、民族振兴、人民幸福的重要基石。

二、把建设高质量教师队伍作为新时代教师队伍建设的根本任务，教师队伍建设的战略重心从数量转向质量，从根本上解决发展教育事业究竟需要什么人的问题

党的十九大报告提出，中国特色社会主义进入新时代，我国社会主要矛盾已经转化为人民日益增长的美好生活需要和不平衡不充分的发展之间的矛盾。推进城乡教育一体化发展，进一步促进教育均衡发展，解决好教育发展不平衡不充分的问题，满足人民群众对美好教育生活的向往，成为今后我国教育改革和发展的主要任务。满足人民群众对美好教育生活的向往，就是要更好地满足人民群众对多样、特色、优质教育的强烈需求，这对教师队伍素质提出了越来越高的要求。建设一支高质量的教师队伍，是办好人民满意的教育的根本保障。

《意见》在指导思想部分强调：遵循教育规律和教师成长发展规律，加强师德师风建设，培养高素质教师队伍，倡导全社会尊师重教，形成优秀人才争相从教、教师人人尽展其才、

好教师不断涌现的良好局面。要求到2035年，教师综合素质、专业化水平和创新能力大幅提升，培养造就数以百万计的骨干教师、数以十万计的卓越教师、数以万计的教育家型教师。这标志着我国教师队伍建设的主要矛盾从数量不足转向了质量不高。建设一支具有更高素质的教师队伍，是推进教育现代化、建设教育强国的必然要求。《意见》就建设一支高素质的教师队伍作出一系列战略部署，进一步明确了未来教师队伍应该具备的素质规格。

一是更高的思想政治和道德素养。《意见》要求“把提高教师的思想政治素质和职业道德水平摆在首要位置，把社会主义核心价值观贯穿教书育人全过程，突出全员全方位全过程师德养成，推动教师成为先进思想文化的传播者、党执政的坚定支持者、学生健康成长的指导者”。二是更高的准入标准。《意见》明确提出严格教师准入，提高入职标准，要求逐步将幼儿园教师学历提升至专科，小学教师学历提升至师范专业专科和非师范专业本科，初中教师学历提升至本科，有条件的地方将普通高中教师学历提升至研究生。这是继1993年《中华人民共和国教师法》明确教师学历准入标准以来，首次提出提高教师入职学历的要求。三是更高的专业素养。党的十八大以来，习近平总书记围绕建设一支什么样的教师队伍，提出了“三个传播者”“三个塑造者”“四个引路人”“四有好老师”等一系列具体要求。全面提高教师的学历层次、学科素养与教育教学素养和教育教学实践能力，建设一支高质量的教师队伍，是建设教育强国、办好人民满意教育的根本保障。

三、把建设有中国特色的师范教育作为战略任务，让教师教育从高等教育的边缘重新回到中心，从根本上解决高质量教师究竟从哪里来的问题

师范教育是教师队伍建设的工作母机。遗憾的是，随着我国高等教育大众化，我国独立的三级师范教育体系逐步解体，其结果是：本科师范院校综合化、专科师范学校整合化、中等师范学校消亡化，在整个高等教育体系中师范教育逐步被边缘化了。针对高等教育大众化进程中师范教育地位削弱、师范生培养质量不高的局面，《意见》要求“大力振兴师范教育”“加大对师范院校支持力度”。这标志着我国师范教育迎来了加快改革发展，改变高等教育中的边缘地位，重回高等教育中心舞台的难得机遇。

《意见》明确了建设有中国特色的师范教育体系的战略任务，要求实施教师教育振兴行动计划，建立以师范院校为主体、高水平非师范院校参与的中国特色师范教育体系，并就如何振兴师范教育提出了一系列重要举措。实施教师教育振兴行动计划，一是重点建设一批师范教育基地。适时提高师范专业生均拨款标准，吸引优秀青年踊跃报考师范院校和师范专业，

提高师范生生源质量；完善教育部直属师范大学师范生公费教育政策；加强教师教育学科建设和教师教育师资队伍建设；师范院校评估要体现师范教育特色；等等。这意味着在中国特色社会主义进入新时代之后，要办好人民满意的教育，必须恢复师范教育的精英教育传统，吸引优秀人才从事教育，用更优秀的人去培养优秀的学生。二是提高师范生的培养层次。《意见》要求推进教师培养供给侧结构性改革，为义务教育学校侧重培养素质全面、业务见长的本科层次教师，为高中阶段教育学校侧重培养专业突出、底蕴深厚的研究生层次教师。三是改革招生制度。鼓励部分办学条件好、教学质量高的院校师范专业实行提前批次录取或采取入校后二次选拔方式，选拔有志于从教的优秀学生进入师范专业。鼓励地方政府和相关院校因地制宜采取定向招生、定向培养、定期服务等方式，为乡村学校（教学点）培养“一专多能”教师，优先满足老少边穷地区教师补充需要。四是改革培养模式。只靠师范院校培养师范生的封闭师范教育人才培养模式，已经无法胜任高质量教师的培养，《意见》要求推进地方政府、高等院校、中小学“三位一体”协同育人。这就突出了各级政府和中小学参与师范教育和师范生培养的职责。五是强化教师实践能力培育。要求以实践为导向优化教师教育课程体系，强化“钢笔字、毛笔字、粉笔字和普通话”等教学基本功和教学技能训练，强化师范生的教育实践环节，见习实习时间不少于半年，等等。六是改革培养体系。支持高水平综合大学开展教师教育。创造条件，推动一批有基础的高水平综合大学成立教师教育学院，设立师范专业，积极参与基础教育、职业教育教师培养培训工作。高水平综合大学生源质量优秀，为培养高水平的教师提供了重要机遇。七是完善质量保障机制。开展师范类专业认证，确保教师培养质量。八是完善教师资格认定制度。逐步将修习教师教育课程、参加教育教学实践作为认定教育教学能力、取得教师资格的必备条件。这对维护教师职业的专业水准和职业尊严具有重要意义。

四、把提高教师待遇作为增强教师职业吸引力的根本举措，提高教师地位待遇的战略重心从社会地位转向工资待遇，从根本上解决如何吸引优秀人才从教的问题

习近平总书记高度重视教师队伍建设，要求各级党委和政府从战略高度来认识教师工作的极端重要性，把加强教师队伍建设作为基础工作来抓；要满腔热情关心教师，让广大教师安心从教、热心从教、舒心从教、静心从教，让广大教师在岗位上有幸福感、事业上有成就感、社会上有荣誉感，让教师成为让人羡慕的职业。

《意见》对如何提高教师的地位待遇，吸引优秀人才从教，让教师成为令人羡慕的职业，作出了一系列具有重要突破意义的顶层制度设计。一是赋予教师更高的职业定位。首次确立了公办中小学教师作为国家公职人员特殊的法律地位，凸显教师职业的公共属性，强化教师承担的国家使命和公共教育服务的职责。确立公办中小学教师“国家公职人员”的特殊法律地位，不但明确了公办中小学教师特殊的政治地位，更为加强公办中小学教师的待遇保障提供了制度基础。二是健全中小学教师工资长效联动机制。党和国家历来十分重视中小学教师的工资待遇保障，特别是《中华人民共和国教育法》和《中华人民共和国教师法》明确规定中小学教师的工资不低于或高于公务员的平均水平。但是，这一法定要求的落实在实际中遇到了标准口径理解不一、落实机制不健全等困难。《意见》要求：核定绩效工资总量时统筹考虑当地公务员实际收入水平，确保中小学教师平均工资收入水平不低于或高于当地公务员平均工资收入水平。这里的“联动”，就是与公务员工资增长联动，解决教师工资增长的机制问题；这里的“核定绩效工资总量时统筹考虑当地公务员实际收入水平”，解决了教师工资待遇的水平不低于公务员的口径问题。三是完善教师收入分配激励机制，有效体现教师工作量和工作绩效，绩效工资分配向班主任和特殊教育教师倾斜；实行中小学校长职级制的地区，根据实际实施相应的校长收入分配办法。

五、把管理体制改革与机制创新作为突破口，教师队伍管理改革的战略重心从内部系统治理转向外部合作治理，从根本上解决教师队伍治理现代化的路径问题

《意见》既充分肯定了党的十八大以来我国教师队伍建设取得的重大成就，更清醒地指出了新时代教师队伍建设面临的新问题和新挑战，强调“面对新方位、新征程、新使命，教师队伍建设还不能完全适应”，明确提出“准入、招聘、交流、退出等机制还不够完善，管理体制机制亟须理顺”。特别令人鼓舞的是，《意见》明确提出了教师队伍体制机制改革的近期目标和远期目标。近期目标是“事权人权财权相统一的教师管理体制普遍建立”；远期目标是“教师管理体制机制科学高效，实现教师队伍治理体系和治理能力现代化”。事权与人权财权相分离是我国教师队伍管理存在的最大弊端，治理体系和治理能力薄弱是我国教师队伍管理面临的最大挑战。《意见》确定的近期和远期目标，抓住了我国教师队伍管理体制改革的关键。

《意见》站在战略高度，要求深化教师管理综合改革，理顺体制机制，明确了教师队伍管

理体制机制改革的任务书和路线图。一是加快教师编制体制改革。《意见》向各级政府明确提出了调整编制总量使用结构，压缩减少其他部门的编制资源，增加教师编制的要求；适应区域经济格局调整和城镇化进程不断加速的新局面，建立“省级统筹，市域调剂，以县为主，动态调配”的教师编制管理体制，加大教职工编制统筹配置和跨区域调整力度。二是推进教师管理体制改革。《意见》要求实行义务教育教师“县管校聘”。这一管理体制改革的核心是教育、编制、人力资源社会保障等部门在分权合作治理的基础上，实现教育部门对教师资源的统筹管理。这是《意见》提出的建立“事权人权财权相统一的教师管理体制”的关键。推进这一改革，具有教育人事管理职能的编制、人力资源社会保障部门和教育部门必须明确各自的权力边界，同时强化教育部门对教师队伍的统筹管理权。说到底，编制部门负责教师编制政策和编制总量的管理，人力资源社会保障部门负责教师专业技术职务政策和教师绩效工资总量管理，而教师的招聘、流动、专业技术职务评审、绩效工资分配等，应由教育行政部门负责。这些改革标志着我国对教师队伍治理体制将由教育系统的内部治理走向编制、人事、财政与教育部门的合作治理，既要强化教育部门对教师队伍建设的统筹管理职能，又要明确相关部门参与教师队伍建设的具体职能和权力边界。三是推进中小学教师职称和考核评价制度改革。《意见》要求适当提高中小学中级、高级教师岗位比例，完善符合中小学特点的岗位管理制度，实现职称与教师聘用衔接。加强聘后管理，激发教师的工作活力。建立符合中小学教师岗位特点的考核评价指标体系，坚持德才兼备、全面考核，突出教育教学实绩，引导教师潜心教书育人。四是完善中小学校长队伍管理体制。《意见》要求按照中小学领导人员管理暂行办法，明确任职条件和资格，规范选拔任用工作，激发办学治校活力；推行中小学校长职级制改革，拓展职业发展空间，促进校长队伍专业化建设；营造教育家脱颖而出的制度环境，支持广大校长大胆探索，创新教育思想、教育模式、教育方法，形成教学特色和办学风格；实行校长任期制管理，加强中小学校长的考核评价，完善优胜劣汰机制。五是加快现代学校制度建设。《意见》要求体现以人为本，突出教师主体地位，落实教师知情权、参与权、表达权、监督权；建立健全教职工代表大会制度，保障教师参与学校决策的民主权利；维护教师职业尊严和合法权益，关心教师身心健康，克服职业倦怠，激发工作热情。

六、把加强党对教师队伍建设工作的领导作为最大的政治优势，教师队伍建设实行一把手负责制，从根本上解决加强教师队伍建设组织保障和实施能力的问题

党的十九大提出，中国特色社会主义最本质的特征是中国共产党的领导，中国特色社会主义制度的最大优势是中国共产党的领导。《意见》要求各级党委和政府把加强教师队伍建设上升为“重大政治任务”和“根本性民生工程”，凸显了教师队伍建设在党和国家工作全局中的重要地位，标志着我国教师队伍建设领导体制和实施机制的重大创新。

《意见》不仅开出了教师队伍改革的任务清单，而且为落实改革任务提供了强有力的组织保障和实施机制。一是强化党的领导。要求确保党牢牢掌握教师队伍建设的领导权，保证教师队伍建设正确的政治方向，教师队伍必须成为党执政兴国的可靠力量。二是强化组织保障。《意见》要求切实加强领导，实行一把手负责制；各省、自治区、直辖市党委常委会每年至少研究一次教师队伍建设工作；建立教师工作联席会议制度，解决教师队伍建设重大问题，等等，为加强教师队伍建设提供了强有力的组织保障。三是明确保障责任。要求各级党委和政府切实负起中小学教师保障责任，提升教师的政治地位、社会地位和职业地位，吸引和稳定优秀人才从教，相关部门要制定切实提高教师待遇的具体措施，等等，明确了提高教师地位待遇的具体责任。四是强化经费保障。《意见》要求各级政府要将教师队伍建设作为教育投入重点予以优先保障，完善支出保障机制，确保党和国家关于教师队伍建设重大决策部署落实到位；优化经费投入结构，优先支持教师队伍建设最薄弱、最紧迫的领域，重点用于按规定提高教师待遇保障，提升教师专业素质能力，加大师范教育投入力度，健全以政府投入为主、多渠道筹集教育经费的体制，充分调动社会力量投入教师队伍建设的积极性；制定严格的经费监管制度，规范经费使用，确保资金使用效益，等等，明确了加强教师队伍建设经费保障的路线图。五是强化督导考核。《意见》要求各级党委和政府要将教师队伍建设列入督查督导工作重点内容，并将结果作为党政领导班子和有关领导干部综合考核评价、奖惩任免的重要参考，确保各项政策措施全面落实到位，真正取得实效，等等，为落实教师队伍建设提供考核奖惩和责任追究机制。

谢维和

1954年生，江西上饶人，哲学博士，清华大学文科资深教授、博士生导师，清华大学校务委员会副主任。著名教育社会学家，第十一届全国人大代表，第十一届全国人大教育科学文化卫生委员会委员。长期从事高等教育管理和教育学的教学研究工作。2014年5月被聘任为国务院参事室特约研究员，2018年1月入选清华大学首批文科资深教授。主要研究方向：教育学原理、教育社会学、高等教育等。先后主持并完成了国家、教育部、北京市以及世界银行等各种研究项目10余项，在《教育研究》《高等教育研究》等杂志发表学术论文80余篇、研究报告若干篇，出版学术著作9本，翻译学术著作若干本。多次参与教育部组织的重要政策法规的研讨和制定，参与专业、学科的调整与规划工作。获“当代教育名家”称号。

加强理论供给　深化学科改革①

时光飞逝，一晃眼三年就过去了。还记得2015年教育部教育学类专业教学指导委员会在海南省海口市召开教指委的年会时，经过与会委员的讨论，决定组织编撰和推荐出版一套教育学本科专业教材，即教育部教育学类专业本科教学指导委员会推荐教材。2016年5月，这套教材的编写筹备委员会在清华大学进一步讨论确定了第一批拟编写的教材清单，并且成立了教材编写委员会，拟订了教材编写的宗旨、原则与方案，提出了教材编写的基本原则和若干建议。同年10月，教指委又在宝鸡文理学院召开编写讨论会，进一步讨论教材编写工作。2016年11月，教指委正式面向全国普通高等学校，启动了第一批教育部教育学类专业本科教学指导委员会教材编写基金重点项目的申报工作。2017年2月，第一批教育部教育学类专业

① 本文曾发表于《清华大学教育研究》2018年8月，第39卷第5期。

本科教学指导委员会教材编写基金重点项目评审会在清华大学召开。经过各位委员和专家的认真评审和充分讨论，确定《教育学原理》（柳海民）、《外国教育史》（张斌贤）、《课程与教学论》（马云鹏）等教材通过立项。时至今日，这批教材很快就要与大家见面了，这是中国教育学科建设的一件非常重要的工作，是教育学教指委的责任，也是所有教材编写者对中国教育学的贡献。

也许有人会说，中国现在教育学类的教材已经很多了，为什么还要编写这些教材？可能还会有人质疑，眼下教育学的理论可谓是“遍地英雄下夕烟”，难道这套教材能够有什么新鲜内容吗？或许还有这样或那样的问题。我想告诉大家的是，这套教材在充分吸收目前各种相关教材成果的基础上，的确有它的新意，包括在选题的设计、领域的开拓、视野的选择，以及内容的安排等方面，都有令人耳目一新的感觉。我也想说明的是，这套教材在编写特点上，力图能够兼顾历史积淀与时代要求，本土特色与国际视野，以及教学多样性和学习有效性等，是编写者多年研究的成果以及在原有基础上的新发展。我还想表达的是，这套教材并不是随意出版和编写的，它是配合由教育部组织研究制定，并且即将公开出版的《普通高等学校本科专业类教学质量国家标准》而进行的一项具有规范性的教材建设，与国家教育学质量标准是一致的。当然，我不得不承认的是，这套教材也一定会有编写者及其团队自己的学术观点或者还有一定的不足，也期待各位同人和教师的建议和批评。然而，我在这里必须要特别指出的是，这套教材的编写出版更是着眼于中国教育学科的深化改革所需要的理论建设与理论供给，是适应中国教育学科深化改革的需要的一种努力，是跟随中国教育改革发展实践的步伐不断前进的一种努力。

中国教育的深化改革面临着一系列挑战，包括体制机制的改革、教师队伍的建设、学科专业的调整、资源经费的保障，以及评价标准的更新等，但我认为，中国教育的理论研究与供给是一个至关重要的瓶颈。虽然近年来教育研究已经取得了很大的成绩和进步，获得了一系列的成果，但与新时代教育深化改革和发展的要求看，仍然存在不充分和不平衡的问题，进而在一定程度上制约和影响了教育实践。教育理论的供给存在严重不足的问题，表现在以下三个方面：

第一，概念供给不足。即教育理论研究不能为教育改革和发展提供必要的具有时代性和现实性，同时也非常严谨的具体概念，而是随意地提出一些所谓的新词，或者说对教育学已有的各种概念缺乏新的阐释与更新，无法获得新的生命力。例如，在我国建设小康社会的过程中，究竟小康社会中的教育应该达到什么状态，具备什么样的特点，常常说不清楚，也没有提出一个相应的“小康教育”的概念。又如，近年来政府对农村教育改革的重视程度与日俱增，国家也出台了“乡村振兴行动计划”，可是，究竟什么是现代社会中的农村教育，我们好像也缺乏一个能够得到大多数人认可的“农村教育”的概念。显然，这对于小康社会教育中的发展和农村教育的改革推进都是不利的。同时，对于教育学中某些传统的概念，如“学习”“成绩”，以及“班级”等等，也缺乏根据教育实践的不断发展而进一步更新。相反，在教育学的学科领域中，仍然是一些非常笼统、抽象、永远正确而从不准确的名词充斥在各种各样的文献和讲话中，让实践领域的教师感到似乎没有错，可也没有用，进而对教育学产生一种敬而远之的态度。

第二，模式供给不足。即把各种不同的教育概念、活动、因素等整合起来，进而能够帮助教师与管理者提高认识，拓宽视野，更新观念，以及认识、解释与解决实际问题的系统的教育理论供给不足。例如，立德树人的任务应该如何完成？简单地说，我们必须说清楚立德与树人的关系，讲清楚立德是通过什么方式和途径而树人的，以及它在学校教育实践中的工作思路。又如，核心素养的培养模式应该是怎样的？虽然不同的学者对核心素养进行了理论的诠释，但它还需要能够真正落地，成为学校教师能够在实践中实施的具体路线，而不能仅仅是一种单纯的政策或者理论。类似这样的问题和需求还有很多。例如，我们能否真正建构和提出若干种创新人才成长和培养的实施模式；高等教育强国的建设模式也是一个有待进一步梳理的问题等。

第三，方法供给不足。方法是理论建设中非常重要的部分，是理论与实践相结合的基本机制，也是理论成熟的一个体现。所谓方法供给不足，一方面指的是理论研究本身的方法供给不足，另一方面则是指对教育实践中教师解决实际问题的方法指导不足。就前者而言，目前教育学科中的研究方法大多是借鉴其他学科的方法，甚至就是某些学科方法的机械复制，包括统计的方法、定量分析的方法等。在一些研究生的论文中，方法及方法论的部分往往是非常薄弱的。就后者而言，教育理论本身在解释和解决现实问题方面常常或者是天马行空、高谈阔论，或者是支支吾吾、顾左右而言他，显得苍白无力，以至于经常被一线的校长、教师和教育工作者瞧不起而感到失落。例如，从大的方面说，大家都知道目前的教育评价制度和办法存在不合理的现象与问题，也能够从理论上说明教育评价的某些基本原则与指标，但往往不能把这些原则与指标适当地嵌入实际的教育评价活动，也很难提供某些能够具有操作性的具体建议；从小的地方讲，如何处理学校中存在的霸凌现象似乎也不能得到理论的实际支持和有效指导等。

这里，请允许我稍微武断地做一个判断，可能在相当一部分教育管理部门和学校管理中，甚至是教师的教学中，经验主义仍然居于主导地位，有些人甚至不知道还有相关的教育理论，甚至自以为是地看不到教育理论的价值。科学的教育理论没有能够充分发挥其应该有的作用，或者说教育理论存在不到位或者供给不足的现象。

当然，教育理论供给不足的现象，首先应该检讨的是我们能够拿出什么样的教育理论。实事求是地说，教育理论本身也需要不断创新和发展，教育学科同样需要进一步深化改革。这种创新、改革和发展，同样包括三个方面的要求。首先是对一系列教育活动进行重新定义，这是教育改革发展的实践以及所取得的成绩与进步所提出的要求。这些实践、成绩与进步如果得不到理论的肯定与提升，则常常是不能巩固和积淀的。例如，究竟现代社会的大学是什么样的？如果说以前的大学是“象牙塔”，那么，与社会经济科技文化之间的联系越来越密切，功能日益分化拓展，对国家和社会发展具有越来越重要贡献的大学，又应该是一种什么样的社会存在呢？又该如何重新定义现在的大学呢？其次是教育理论的形态问题。我们当然需要有一些抽象的理论、范畴和概念，但同时我们也需要更多深入浅出的具体理论，特别是能够寻求一些非常生动鲜活的案例与形象的比喻去表达教育的理论。尤其是实践性如此之强的教育学科，缺乏这种通俗易懂和能够接地气的教育理论，是很难受教育实践所欢迎的。最后，我们还需要有中国特色的教育理论。中国的教育正在走向世界，各种各样更加广泛的教育国际交流也日益开展，我们应该积极回应中国教育在走向世界的过程中所面临的各种评论、看法与质疑，我们应该积极地对世界教育发展所面临的各种问题提出中国的方案和理论见解，我们还应该为全球教育发展和人类的共同进步贡献中国的教育理论，等等。

所以，如果说本套教材还有什么特别之处的话，就是希望能够加强教育理论的供给，深化教育学科的改革，为中国教育的深化改革尽可能地增加一点点理论供给，推动教育学科的不断进步，这也是我们的主要初衷与目标。习近平总书记在哲学社会科学工作座谈会上的讲话中指出：“当代中国正经历着我国历史上最为广泛而深刻的社会变革，也正进行着人类历史上最为宏大而独特的实践创新。这种前无古人的伟大实践，必将给理论创造、学术繁荣提供强大动力和广阔空间。这是一个需要理论而且一定能够产生理论的时代，这是一个需要思想而且一定能够产生思想的时代。”中国的教育改革发展需要理论，中国教育改革发展的实践也已经提供了大量丰富和鲜活的成果，中国的教育理论工作者也正在进行着深刻的理论探索，一批新的教育理论即将应运而生。我们教指委只是顺应这个时代的大势，做了一点点应该做的工作。也许我们的这套教材还不能完全实现这个目标，但我衷心地希望它能够在这个方面发挥一点点的作用。

教材编写是一项庞大的系统工程，在有序推进教材编写工作的过程中，教指委努力搭建相关利益群体的协同合作平台，充分发挥教指委的引领和服务职能，调动相关院校、出版机构、学科专家的参与积极性；成立了以教指委为基础的教材编委会领导小组，由全体委员构成编委会，引导和组织课程标准制定和教材编写工作；充分发挥教指委的组织和协调职能，积极组建编写工作组，科学制定灵活招标规则，全面汇聚多元智力资源，遴选优秀编写团队。从编制招标要求、公布招标公告，到组织投标和评审，最后商定教材大纲，凝聚着编写团队的心血。在组织、编撰和出版教指委推荐系列教材的过程中，我们得到了教育部高等教育司、高等教育出版社、北京大学出版社和各有关高校与科研机构的领导和同志们的大力支持。在此，谨向他们表示最衷心的感谢！当然，我要感谢教指委秘书处的李曼丽秘书长和张薇老师等，她们尽心竭力、默默无闻地为教材的编写和出版做了大量非常辛苦的工作，奉献了许多的心血。

陶西平

国家教育咨询委员会委员，国家考试改革指导委员会委员，联合国教科文组织协会世界联合会名誉主席，北京市社会科学界联合会名誉主席。曾任北京市教育局局长，北京市人大常委会副主任，全国人大教科文卫委员会委员，中国教育学会副会长、中国职教学会副会长、中国民办教育协会会长等职。长期致力于基础教育研究工作，在引领和推动学校内部管理体制改革的理论研究与实践，推动教育评价的理论与实践研究，借鉴多元智能理论，进行开发学生潜能的实践研究，促进因材施教、促进中国民办教育健康发展、区域教育现代化的理论和实践研究，教育公平与义务教育均衡发展研究等方面都做出了重要贡献。曾主编《教育评价辞典》《多元智能与课程改革丛书》。著有《让失败率为零——教育改革的思考与实践》《一路走来——陶西平教育漫笔》《沉浸于求索之中》《大家不同，大家都好》《在反思中创新》等。获“当代教育名家”称号。

未来不再遥远[①]

随着时代面临严峻挑战，随着新一轮科技革命和产业变革的兴起，人们对未来、对未来的教育充满着憧憬和期望，对未来教育有着许多畅想。

对未来教育，不同专家有着不同的看法。比尔·盖茨曾经说过：21世纪学校形态将根本改变。但也有专家说，如果将现在的人冷冻起来，100年后再使他复活，他到处好奇地观看，对周围的环境都不认识了，但是走到一个地方他说我认识，那是学校。就是说，现在关于未来教育和未来学校有着许多不同见解。

一种是理想主义。认为随着科技的进步和社会的发展，教育的内容、形式和技术都将发生巨大变化，“互联网+”教育，“人工智能+”教育，将使得教育包括优质教育的普及，以及

① 本文曾发表于《人民教育》2018年第17期。

学习包括终身学习的形式发生根本改变，学校将被更为广阔的平台取代，自主学习将成为人们接受教育的主要途径。有人甚至提出将来可能在人脑中植入芯片，或者通过人工智能制造“大脑”，使知识和思维形式自动形成。

一种是实用主义。认为未来随着教育技术对教育的改变，将对各层级和各学科的考试提供强大的助力，充分发挥技术对提高学生学业水平的作用，从而改变应试教育的格局。

一种是批判主义。认为过分强调现代教育技术的作用，将忽视人的情感、态度与价值观的发展，促使人际交流变得肤浅，甚至造成视力减退、网络成瘾、网络犯罪等后果。也有专家认为，互联网的应用将培养出精致的个人主义者或者愚蠢的下一代。

对未来教育从不同角度的种种推想，都有助于我们更全面地思考未来教育的发展。

对未来教育的关注充满了对未来的期待，但未来教育与过去教育以及现代教育一样取决于三个重要因素：

第一，时代变化决定未来教育。教育的发展具有鲜明的时代性，中国封建社会时期科举制度的诞生、发展、演变以及消亡都与时代发展有着密切关系。近年来，联合国教科文组织不同时期发布的报告，也都显现出时代的特色，1972年正是世界经济蓬勃发展的时期，当时发布的《学会生存——教育世界的今天和明天》报告充满了科学主义和经济主义气息，提出了学习型社会和终身学习的概念；1996年，当世界经济已经消退至低谷、期待新世纪复苏时发布的《教育——财富蕴藏其中》报告充满了乐观主义和理想主义色彩，提出了“四个学会”（学会认知、学会做事、学会生存、学会共处）；而在2015年，经济发展、社会包容性和环境可持续性发展之间产生的矛盾，已经给世界带来了诸多危机，此时发布的《反思教育：向“全球共同利益”的理念转变?》报告明确提出教育不能单纯为经济发展服务，应当强化培养社会责任感和能力的人文主义教育价值观。因此，未来教育也不可能脱离时代的变化，必然会有浓重的时代色彩。

第二，文化传统制约未来教育。每个国家和民族都有自身的文化传统，长期形成的文化传统成为国家和民族教育的底色。未来与过去、现在一样，虽然教育的国际交流、借鉴、融合会不断增强，但是国家和民族基于自身文化的传承，国家之间、地区之间、学校之间难以有统一的标准格式，因此未来教育是多元化的，未来学校是多样化的，不可能形成世界统一的教育形态，多元化仍然会是未来教育的重要特点。

第三，技术发展改变未来教育。技术的飞速发展，特别是信息技术、人工智能的发展，对教育将产生巨大的影响。近年来在教育领域，包括在线教学：慕课与翻转课堂；移动应用：平板电脑、自带设备与移动学习；教育大数据：学习分析、量化自我与学习管理系统；

智能技术：虚拟助手、情感计算与人工智能；工程创新：3D打印、创客空间、物联网和机器人；交互技术：增强现实、虚拟现实和自然用户界面等，都进入了教育领域，不仅推动了教育的普及，也促进了教育的改革。最近广泛受到关注的STEAM教育和创客教育就是信息化的重要产物。随着技术进步的飞速发展，对教育的影响也会越来越深远。

教育技术的发展和应用可能深刻影响教育：

第一，教育内容。从以知识、技能为主转向以必备品格和关键能力为主。

第二，教育方式。从死记硬背转向探究式学习，注重建构，项目学习、合作学习。

第三，学校和教师功能。学校的边界被消除，更多的教育渠道形成；教师功能被解构，教师可能成为学习的组织者和引导者。

第四，教育评价。由于以上变化，有可能建立起符合人的全面发展和个性发展要求的教育评价体系。

第五，教育困扰。信息技术和人工智能的使用，也可能影响学生的健康发展。法国国民议会在2018年7月30日通过关于禁止幼儿园、小学和初中学生在校园内使用手机的法案，自2018年9月1日起生效。

我们可以畅想遥远的未来教育，但更需要从现实出发，探索通向不再遥远的未来教育的道路。对未来教育的研究应当坚持工具理性和价值理性的统一，未来教育研究的现实意义在于探讨适应未来世界发展变化的相对理想的教育。

未来是没有时间边界的，但研究未来教育应该有时间边界——我想中国的阶段性研究可以确定在联合国可持续发展峰会的2030可持续发展目标和我国到2035年基本实现社会主义现代化目标的时间范围内。

未来是没有空间边界的，但研究未来教育应当有空间边界。关于中国未来教育的研究应该强调自身的特性，要对两个一百年期间，特别是现在起到2035年的中国教育开展研究。

不忘本来、吸收外来、面向未来。未来教育是在现实教育基础上通过教育改革逐步形成的。

不再遥远的未来，中国应当把重点放在未来教育能够保证每个孩子接受公平而有质量的教育上：

第一，实现普及与条件的协调。世界各国经验表明，使基础教育在全国范围内的普及全部是在具备良好办学条件的前提下完成。有必要的设施，有齐全的课程，有合理的班额，有良好的师资，有安全的环境，让每个孩子都能在具有良好办学条件的学校里就读。不把普及与条件割裂。

第二，实现个性与共性的协调。不片面强调共性教育而忽视不同学生的个性特征，也不片面强调个性化发展而忽视学生的社会化进程。科学的、合理的教育体系，能为每个人个性的全面和谐发展奠定基础，不把共性与个性割裂。

第三，实现公平与选择的协调。创造良好的环境，形成良好的机制，既为提高国民素质奠定基础，又为国家科技和人文领军人才脱颖而出奠定基础。不把公平与选择割裂。

第四，实现学校、家庭、社会的协调。学校、家庭、社会形成教育合力，为提高国民素质、形成良好社会风气奠定基础。不把学校与家庭、社会割裂。

第五，实现技术与实效的协调。要将先进技术融入教育的过程，实实在在地增强教育普及和提高的能力。

正如2015年9月15日，经济合作与发展组织发布的全球首个15岁学生数字化技能评估报告——《学生、计算机与学习：促进彼此联系》中指出的：虽然信息通信技术（ICT）在我们的日常生活中已经越来越普及，但是这些技术并没有广泛应用于学校教育。另外，即使在ICT广泛应用于课堂的国家，ICT对于学生成绩的影响也喜忧参半。实际上，PISA结果显示，即使在信息技术教育投入巨大的国家，学生的PISA阅读、数学或科学成绩也没有显著提高。

这说明，信息技术应用于教育绝不是简单地将现有的教学内容和教学方式传送到互联网上，这不是物理变化，而应当是化学变化。技术可以放大杰出的教学，但是再伟大的技术也不能代替平庸的教学。我们期待不把技术应用与教育实效割裂。

沃尔特·艾萨克森《乔布斯传》中说：预测未来的最好方法就是创造未来。历史车轮滚滚向前，时代潮流浩浩荡荡。历史只会眷顾坚定者、奋进者、搏击者，而不会等待犹豫者、懈怠者、畏难者。面对未来教育的理想，需要加大教育改革的力度，同时又必须坚持正确的方向和策略。走向未来的教育改革是一项理论与实践相结合的艰苦的、渐进的动态过程，充满着矛盾和困惑，充满着不同观点的争议，充满着传统观念和习惯势力的阻力，需要改革的担当和勇气，需要改革的决心和智慧。

普拉拉哈德核心竞争力理论提出一个公式，就是：R=G，即Resource=Globality，也就是资源来自全球。因此，我们要以更加开放的胸怀和视野，开展多层次、宽领域的国际合作交流，以开放促进教育水平的提升，共同探索并走向理想的未来教育。

袁振国

1959年生，江苏泰州人，中共党员，教授，博士生导师，教育战略研究专家，华东师范大学终身教授。曾任教育部师范司、社科司副司长，中国教育科学研究院院长等职。重要著作论文有：《教育改革论》《教育政策学》《当代教育学》《教育新理念》《教育强国离我们有多远》《实证研究是教育学走向科学的必要途径》等。最新出版的《教育现代化的中国之路——纪念教育改革开放40周年》10卷本大型丛书影响远播，获得2018年国家社科基金中华学术外译项目资助。享受国务院特殊津贴。

教育公平的中国模式①

经济合作与发展组织（OECD）教育与技能司司长，被称为国际学生评估项目（PISA）之父的安德列亚斯·施莱歇尔（Andreas Schleicher）在其新著《世界水准：如何建构21世纪的优秀系统》一书中写道："PISA2012数据结果显示，中国上海10%处境最不利的15岁孩子的数学成绩比美国和其他很多国家10%处境最具优势的孩子还要好。"②强有力地说明了中国教育公平在全世界的突出成就。

自古以来中国就有"有教无类"的美好梦想，但只有在中华人民共和国成立以后这一梦想才有了真正实现的可能。70年来，从新中国成立之初提出"教育向工农开门"，到21世纪

① 本文系袁振国教授为本书专门写就。

② 安德烈亚斯·施莱克尔著．世界水准：如何建构21世纪的优秀系统［M］．窦卫霖，译．上海：华东师范大学出版社，2019：33.

提出“把促进公平作为国家基本教育政策”，党和政府始终把促进教育公平作为执政理念、行动目标和政策措施，在一个一穷二白、人口众多的国家，全面实现了九年制义务教育，完成率达到95%，学前教育毛入园率达到81.7%，高中教育入学率达到88.8%，高等教育即将步入普及化阶段，人均受教育年限从1949年的1.6年提高到2018年的10.8年，新增劳动力受教育年限提高到13.5年，走完了发达国家200年走完的历程，谱写了促进教育公平的历史华章，创造了促进教育公平的中国模式，为世界教育公平进程提供了经验和动力。

一、以为民理念引领教育公平

为人民服务是中国共产党的根本宗旨，执政为民是中国共产党的基本执政理念。使全体人民受益，让所有人分享改革开放的成果，是国家各项工作的总的指导思想。这一思想在促进教育公平的进程中，得到了最鲜明的体现。

（一）学校向工农开门，教育为工农大众服务

1949年10月1日新中国成立。当年9月召开的中国人民政治协商会议第一次全体会议通过了《中国人民政治协商会议共同纲领》，规定“中华人民共和国的文化教育为新民主主义的，即民族的、科学的、大众的文化教育”。同年12月召开的第一次全国教育工作会议，确定新中国的教育是“民族的、科学的、大众的教育，其方法是理论与实际一致，其目的是为人民服务，首先为工农兵服务，为当前的革命战争与建设服务”。[①]发展为人民服务的思想、办面向工农大众的教育，成为新中国成立初期我国教育发展的思想原则和工作任务。

为了贯彻党的教育方针，普遍推行以工农为主的人民教育，落实共同纲领，新中国成立初期的中国教育主要从以下五个方面采取了改革措施：举办工农速成中学，加强工农干部的知识教育；推行工人和农民的业余补习教育；所有设施都向工农劳动人民开门；改革旧学制，颁布新学制，实行普及儿童初等教育；推行全国规模的识字教育，逐步扫除文盲。1954年全国小学中工农成分的学生占82%，在普通中学中工农成分的学生达60%以上；1958年，工农家庭出身和本人是工农成分的高校新生占新生总数的55.28%。[②]1954年，在职工中扫除文盲130万人，在城市劳动人民中扫除文盲36万多人，在农村中扫除文盲850多万人，职工业余中小学生在校人数290多万人，农民参加业余学校学习的有2330多万人。[③]从1954年到

① 钱俊瑞副部长在第一次全国教育工作会议上的总结报告要点［G］//何东昌．中华人民共和国重要教育文献1949—1975．海口：海南出版社，1998：8.

② 毛礼锐，沈灌群．中国教育通史：第六卷［M］．济南：山东教育出版社，1988：54.

③ 毛礼锐，沈灌群．中国教育通史：第六卷［M］．济南：山东教育出版社，1988：64.

1965年，我国扫除文盲9571.3万人，中国的文盲率从解放初期的80%下降到了52%。①

（二）立足国情，不断推进教育从机会公平向结果公平提升

1. 效率与公平并重

改革开放初期，我国教育事业发展严重滞后，各类知识人才尤其是专门人才奇缺。一方面，普及教育相当落后，当时世界上已有156个国家和地区实行义务（绝大部分是小学）教育，经济发达的国家不仅已经普及了小学教育，而且在普及中等教育。②但我国的文盲仍有1.4亿人之多，农村还在大量地产生新文盲。小学入学率形式上在90%以上，但基本上实际念完五年的不过60%，真正达到小学毕业程度的只有30%；另一方面，高等教育发展严重落后。自20世纪60年代起，许多国家开始大力发展高等教育，以每万人口中在校大学生为例，1975年美国达到了523.6人、苏联为190.8人，我国1978年仅有9人，比越南（17人）还少，在世界137个国家和地区中，占第129位③。这种教育状况极度不适应国家四个现代化建设的要求。

面对教育、科技与世界各国的巨大差距以及社会主义建设始终徘徊不前的局面，邓小平主动请缨，亲抓科技和教育，并以恢复中断10年的高等学校招生考试制度为突破口，实行全面的拨乱反正，中国教育事业也由此开始了历史性的大变革。为了尽快恢复和发展教育事业，培养大批社会各条战线所需要的人才，邓小平在1977年明确提出了“办教育要两条腿走路，既注意普及，又注意提高。要办重点小学，重点中学，重点大学”④；同年8月，党的十一大指明“要采取强有力的措施，扩大和加快各级各类事业发展的规模和速度，提高教育质量”。

1980年教育部颁发了《关于分期分批办好重点中学的决定》，继续推进重点学校建设。为了建设重点学校，各个地方想方设法充实师资力量并建设合格教师队伍，优先装备重点学校的教学仪器设备，突出重点学校的教学改革、积极整顿校风校纪，各省市领导大力加强对重点学校的领导，国家和省市的财政资金也优先保障重点学校的发展，改变这些学校的发展面貌，以迅速提高各级教育的质量，培养更高质量的专业人才。

1990年，联合国教科文组织、联合国儿童基金会等国际组织在世界全民教育大会中发表的《世界全民教育宣言》，共同承诺1990—2000年的10年间，各成员国要将15岁以上人口中

① 高书国．中国扫盲工作的成就与经验［J］．基础教育参考，2014（7）：13.

② 张健．认真研究适合国民经济发展需要的教育计划和教育体制［J］．人民教育，1980（8）：15—19.

③ 教育上不去，四化将落空［G］//何东昌．中华人民共和国重要教育文献1949—1975．海口：海南出版社，1998：1748.

④ 邓小平．尊重知识，尊重人才［G］//邓小平文选：第二卷．北京：人民出版社，1994：40.

的成人文盲率降低一半。当时我国文盲率高达22.23%，与印度、巴西等9个发展中人口大国一起被列为重点扫盲国家。[①]作为联合国教科文组织成员国，我国政府率先承诺“到2000年全国基本普及九年义务教育，基本扫除青壮年文盲”，普及全民教育[②]。联合国教科文组织发布的2006年《全民教育全球监测报告》显示，2002年我国全民教育发展指数为0.954，在121个被监测国家中排名第38位，比2001年第54位上升16位。我国在世界9个人口大国中率先兑现全民教育的庄重承诺，解决了世界上人口最多国家的义务教育问题，是发展中国家推进全民教育的成功范例。

2. 更加注重教育公平

“教育是民族振兴的基石，教育公平是社会公平的重要基础”，党的十六大的这一表述表明党和国家在处理公平与效率的问题上有了重要新发展。改革开放后的一段时间里迅速扩大并提高了各级教育的规模与质量，但也出现了区域间、城乡间、学校间教育差距拉大的情况，再加上社会经济文化条件历史发展的不均衡，教育领域中的公平问题凸显并逐渐成为公众关注的焦点之一。

2004年，胡锦涛总书记在十六届四中全会上深刻指出：“纵观一些工业化国家发展的历程，在工业化初始阶段，农业支持工业、为工业提供积累是带有普遍性的趋向；但在工业化达到相当程度以后，工业反哺农业、城市支持农村，实现工业与农业、城市与农村协调发展，也是带有普遍性的趋向。” 2006年，党的十六届六中全会通过的《中共中央关于构建社会主义和谐社会若干重大问题的决定》提出“在经济发展的基础上，更加注重社会公平”；2007年，党的十七大把教育列为以改善民生为重点的社会建设六大任务之首，强调：“教育是民族振兴的基石，教育公平是社会公平的重要基础”，鲜明地指出“处理好效率和公平的关系，再分配更加注重公平”。

2013年9月，习近平总书记在联合国“教育第一”全球倡议行动一周年纪念活动视频讲话中表示，中国将“努力让13亿人民享有更好更公平的教育”。[③]这是继2012年党的十八大报告“努力办好人民满意的教育”重要论述后，国家对教育发展方向新的指引，更加注重公平成为21世纪以来教育事业改革发展最重要的特征。

① 苏勇等. 扫盲：绘就别样生活图景［N］. 中国教育报，2002-02-28（4）.

② 翟博. 人类教育发展史上的奇迹——改革开放30年中国推进全民教育的奋进历程［J］. 教育研究，2009（1）：3—11.

③ 丰捷，王斯敏，邓晖. 让十三亿人民享有更好更公平的教育——十八大以来党中央推进教育事业改革发展纪实［EB/OL］.（2016-01-29）［2019-03-22］. http://theory.people.com.cn/n1/2016/0229/c40531-28157073.html.

二、以优先发展促进教育公平

教育公平是一个历史发展过程，公平与发展密切相关，公平问题既在发展过程中产生，又必须依靠发展来解决。加快教育发展、不断提高教育水平，是促进教育公平最强大的动力和最根本的保证。

1949年，中国人口4.75亿，占世界总人口的1/5，但文盲半文盲高达80%：小学学龄儿童入学率尚不足20%，15岁以上人口平均受教育年限仅为1.6年；90%以上的妇女是文盲，在农村，妇女文盲占文盲总数的95%以上。国民文化素质极低、男女差异和区域发展差异悬殊。到2017年，中国教育整体水平超过中高收入国家平均水平：在受教育的性别差异上，我国各级教育毛入学率的调整后性别平等指数均趋向于1，显示了我国两性受教育程度在人数上基本没有差距[①]；在受教育的经济水平差异上，我国基础教育完成率的调整后平等指数与高收入国家的对应指数接近，且均优于中高收入国家的相应指标，我国不同人群受教育水平的平等程度接近高收入国家平均水平；在受教育水平的地区差异上，我国基础教育完成率的调整后平等指数与中高收入国家的对应指数趋近，我国不同地区基础教育的平等程度与中高收入国家持平。这一成绩的取得极为不易，是中国政府和人民“再穷不能穷教育，再苦不能苦孩子”，优先发展教育所绘就的历史诗篇。

（一）把教育摆在优先发展的地位

要追赶发达国家，加快经济发展，关键是人才，基础是教育，优先发展教育，现代化才能加快实现。1977年，邓小平重新工作之后不久就自告奋勇地主动要求抓教育。他说：“我们要赶上世界先进水平，必须从科学和教育着手。”[②]1992年10月，中国共产党第十四次代表大会第一次明确提出要把教育摆在优先发展的战略地位，并将科教兴国作为国家的基本国策。2017年10月，习近平总书记在中国共产党第十九次代表大会报告中说：“建设教育强国是中华民族伟大复兴的基础工程，必须把教育事业放在优先位置。”[③]充分体现了中国政府在这一

① 在调整后性别指数的解释上，大学毛入学率等于1.20，代表在该指标上女性值高于男性值；如果大学毛入学率等于0.80，代表在该指标上女性值低于男性值，但前后两者的均衡程度是相同的。我国大学毛入学率的调整后平等指数（1.17）小于高收入国家（1.27）和中高收入国家（1.20）的平均值，这表明我国大学毛入学率的两性平等程度，好于高收入国家平均值和中高收入国家平均值。

② 关于科学和教育工作的几点意见［G］//何东昌．中华人民共和国重要教育文献1976-1990年．海南：海南出版社，1991：1573.

③ 习近平．决胜全面建成小康社会夺取新时代中国特色社会主义伟大胜利——在中国共产党第十九次全国代表大会上的报告［R／N］人民日报，2017-10-18.

政策上的连续性。

1. 经济社会发展规划优先安排教育发展

将教育置于国家经济社会发展规划的重要位置。每隔五年制定一个国家五年发展计划，是中国政府管理国家的一个重要方式。从1986年《中华人民共和国国民经济和社会发展第七个五年计划》到2015年《中共中央关于制定国民经济和社会发展第十三个五年规划的建议》，始终强调要把教育作为战略要求放在各项事业的优先发展位置。

制定专门的教育事业发展规划以及纲领性政策文件。中国除了在国家经济、社会发展的五年计划中列有教育的内容外，还有关于教育事业发展的专门文件，《中共中央关于教育体制改革的决定》（1985年）、《中国教育改革和发展纲要》（1993年）、《国家中长期教育改革和发展规划纲要（2010—2020年）》（2010年）、《中国教育现代化2035》（2019年）等是其中最重要的几个文件，对教育优先发展有更加明确具体的规定，对教育发展发挥了重要引领作用。

2. 财政资金优先保障教育投入

为了确保教育经费的稳定增长，1985年《中共中央关于教育体制改革的决定》提出“中央和地方政府的教育拨款的增长要高于财政经常性收入的增长，并使按在校学生人数平均的教育费用逐步增长”的要求，1993年《中国教育改革和发展纲要》进一步指出要“切实保证教师工资和生均公用经费逐年有所增长”，完整构建了中国公共财政教育投入的“三个增长”模式。

3. 公共资源优先满足教育和人力资源开发需要

为了推动国家及地方发展教育事业，除了大力增加政府拨款外，地方政府征收教育费附加并首先用于改善教育教学设施；统筹安排学校用地及办学所需物资，实施优惠政策；对教科书及教学用图书资料的出版发行和教学仪器设备的生产、供应，实行优先、优惠政策；图书馆、博物馆、体育馆、文化馆等社会公共文化体育设施，以及历史文化古迹和革命纪念馆（地），对教师、学生实行优待，为受教育者接受教育提供便利。

（二）把义务教育作为重中之重

1986年，新中国第一部基础教育方面的法律《中华人民共和国义务教育法》诞生，1992年党的十四大提出，把“两基”的实现作为地方各级人民政府教育工作的“重中之重”。“重中之重”从此长期坚持，成为国家的战略部署。2010年《国家中长期教育改革和发展规划纲要》继续强调“义务教育是教育工作的重中之重”。2018年8月国务院办公厅印发《关于进一步调整优化结构提高教育经费使用效益的意见》时再次强调“始终坚持把义务教育作为教育投入的重中之重，落实政府责任”。这无疑将进一步巩固义务教育成果，提高义务教育质量。

（三）以信息化促进教育公平

改革开放四十年来，从资源建设到深化应用，从硬件配置到数据革命，教育信息化水平得到提高。新世纪以来，国家将教育信息化的地位提到前所未有的高度。2012年教育部颁布《教育信息化十年发展规划（2011—2020年）》，通过政策部署所有地区和各级各类学校宽带网络的全面覆盖，实现校校通宽带，人人可接入。同年9月，刘延东在全国教育信息化工作电视电话会议上，提出重点建设好“三通两平台”。其中，“三通”即“宽带网络校校通”“优质资源班班通”和“网络学习空间人人通”。两平台即“教育资源公共服务平台”“教育管理公平服务平台”。“校校通”“班班通”“人人通”和两平台工程的启动实施，标志着我国基础教育信息化水平从加强基础设施建设、资源共享进入到网络学习空间的建设，极大地促进了优质教育资源的共享，促进了教与学方式变革的深入，促进教育公平迈上新的台阶。

三、以惠民政策保障教育公平

机会公平是保证每个人受教育权利的前提，但由于先天的和后天的各种原因，部分人群处于发展不利地位，不能正常享受到平等的机会，为此，必须采取特殊政策，对这些人群予以必要的支持和帮助，使他们能够平等地享有机会。

（一）倾斜政策

由于城乡之间、地区之间发展不平衡，导致经费、设备、师资等教育资源配置不均衡，这一直是制约我国教育公平的瓶颈。中华人民共和国成立后的较长一段时期内，中国投资的重点都在城市、在东部。城乡差距、东西部差距、学校差距始终是困扰中国的难题。为促进教育公平发展，新世纪以来国家将“合理配置教育资源，向农村、边远贫困地区和民族地区倾斜”作为一项根本措施，大力缩小了城乡、区域、校际之间的教育差距。

教育资源向农村倾斜，缩小城乡教育差距。自20世纪90年代开始，我国就开始重视扶持农村和中西部地区的义务教育发展，先后实施“燎原计划”“贫困地区义务教育工程”等多个项目，推进义务教育的区域与城乡间均衡发展。进入21世纪后，结束了双轨制政策，推进城乡一体化。2011年起启动农村义务教育学生营养改善计划，2015年实施“乡村教育支持计划”，2017年底，实现国家贫困县营养改善计划全覆盖目标，使得3700万贫困地区学子受益。①

---

① 中国新闻网．农村义务教育学生营养改善计划让3700万学生受益［EB/OL］.（2018-12-28）［2019-03-31］. http://www.moe.gov.cn/jyb_xwfb/xw_fbh/moe_2069/xwfbh_2018n/xwfb_20181228/mtbd/201812/t20181229_365354.html.

教育资源向中西部倾斜，缩小区域教育差距。2004年，国家正式启动西部地区“两基”攻坚计划，中央安排资金100亿元实施西部地区农村寄宿制学校建设工程。十八大以后，党中央强调，小康是全国人民的小康，要求“优化教育资源配置，逐步缩小区域、城乡、校际差距，特别是要加大对革命老区、民族地区、边远地区、贫困地区基础教育的投入力度，保障贫困地区办学经费，健全家庭困难学生资助体系”，进一步加快了推进中西部教育发展的步伐。2016年，国家出台《关于加快中西部教育发展的指导意见》，第一次对中西部教育改革发展进行顶层设计，大力促进中西部地区教育的公平发展。2018年，中央财政转移支付增加到3067亿元，80%用于中西部农村和贫困地区，1/4左右用于集中连片特困地区、民族地区。①

教育资源向薄弱学校倾斜，缩小校际教育差距。2002年《教育部关于加强基础教育办学管理若干问题的通知》首次提出“积极推进义务教育阶段学校均衡发展”的目标②。为了推进学校均衡发展，国家逐步取消了“重点校、重点班”政策，实施义务教育公办学校标准化建设，加大薄弱学校的改造力度、缩小学校间办学条件的差距。2014年义务教育“全面改薄”工程正式启动，到2018年底，全国30.96万所义务教育学校（含教学点）办学条件达到“20条底线”要求，占义务教育学校总数的99.76%③。截至2018年底，全国2717个县（市、区）已经通过义务教育均衡发展督导评估，占全国总县数的92.8%，上海、北京、天津、江苏、浙江等16个省份（直辖市）实现全省县域义务教育基本均衡。

（二）资助政策

人人享有机会公平是公平的底线，但由于先天缺陷或后天不利处境，部分人群仅靠个人努力难以在同一起跑线上起跑。对这些困难人群给予特别支持，才可能使他们获得公平的机会。

贫困生资助政策。国家高度重视家庭经济困难学生的入学问题。早在新中国成立初期就建立了人民助学金制度，资助对象不断扩大，后来资助力度不断加大，实现了“应助尽助”。1999年召开的全国教育工作会议强调要增加“对贫困家庭的教育资助”，2002年党的十六大报告提出要“完善国家资助贫困学生的政策和制度”，2012年党的十八大要求“提高家庭经济困难学生资助水平”。为了不让一个家庭经济困难学生失学，国家通过颁布完善政策，建立起了

① 搜狐教育．中央财政教育转移支付80%用于中西部农村和贫困地区［EB/OL］．（2018-08-28）［2019-03-30］．http://www.sohu.com/a/250510104_118392.

② 中华人民共和国教育部．教育部关于加强基础教育办学管理若干问题的通知［EB/OL］．（2002-02-26）［2019-03-31］．http://old.moe.gov.cn//publicfiles/business/htmlfiles/moe/moe_441/201006/88981.html.

③ 人民日报．教育部发布2018年全国教育事业发展基本情况这张成绩单，有看点［EB/OL］．（2019-02-27）［2019-03-31］．http://www.moe.gov.cn/fbh/live/2019/50340/mtbd/201902/t20190227_371408.html.

以政府财政投入为主，学校和社会资金为重要补充的经费筹措机制，形成了政府主导、学校和社会广泛参与的“三位一体”资助格局，形成了世界上覆盖范围最为广泛的资助体系。[①]在制度上保障了“不让一个学生因家庭经济困难而失学”。

精准帮扶政策。自20世纪末期以来，我国政府先后推行了“燎原计划”“春蕾计划”“国家贫困地区义务教育工程”等政策，重点支持贫困地区儿童就学、农村地区教育发展。党的十八大以来，党中央作出一系列重大战略部署，全面打响了脱贫攻坚战。基于教育扶贫对提高贫困地区人口素质、促进教育均等化发展等方面的重要意义，教育精准扶贫成为国家实施精准扶贫、加快精准脱贫的关键领域。国务院及教育部等国务院职能部门先后颁布与实施了“学前教育三年行动计划”“全面改善贫困地区义务教育薄弱学校基本办学条件”《乡村教师支持计划（2015—2020年）》“农村义务教育阶段学生营养改善计划”《国家贫困地区儿童发展规划（2014—2020年）》等，对准教育最薄弱领域和最贫困群体，有针对性地采取倾斜政策，精准帮扶、分类施策、全面保障，努力实现“幼有所育、学有所教”，带动我国贫困地区教育事业取得长足进步。

（三）对口支援政策

“全面提高普及水平，基本实现区域内教育均衡发展，确保人人都享有更好更公平的教育”，这些政策目标要转化为切实行动，仅依靠贫穷落后地区自身的发展力量是难以在短时期内实现的。立足于中国基本国情和面临的历史任务，我国政府发挥社会主义的制度优势，通过教育结对帮扶的形式，“形成教育发达地区与不发达地区、优质学校与薄弱学校之间相对稳定的共建机制，推动双方交流，共享教育经验与成果，提高落后地区教育质量和效益，逐步缩小区域间教育发展差距”[②]。对口援疆、援藏是支援方最多、规模最大、涵盖面最广的对口支援工作。1994年第三次西藏工作会议正式做出对口支援西藏的重大决定；2016年，教育部印发《关于加强十三五期间教育对口支援西藏和四省藏区工作的意见》，对教育援藏工作进一步部署。截至2017年6月，共有800名内地教师赴藏支教、400名西藏教师到内地培训。[③]

① 刘博超．我们的资助体系是世界上覆盖范围最广的［EB/OL］.（2017-09-07）［2019-06-04］. http://www.sohu.com/a/190289189_162758.

② 郑刚．建立教育对口支援长效机制的政策分析［J］. 中国教育学刊，2012（7）：17—20.

③ 中国西藏网．图解：5年来对口支援西藏及四省藏区工作回顾［EB/OL］.（2017-08-18）［2019-06-05］. https://news.qq.com/a/20170818/028795.htm.

四、以规范管理维护教育公平

坚持规范管理、依法治教是党和国家促进和实施教育公平的根本制度保障。新中国成立特别是改革开放以来，我国逐步建立健全了教育法制保障，并始终坚持将依法保障公民平等受教育权利作为制定与修改教育法律法规的重要原则。同时，提出要健全保障教育公平的规则程序，要求各级政府和教育行政部门要在实施重大政策及改革措施前，制定实施程序、规则，推进在重大政策与改革举措制定过程中的程序化、科学化和民主化水平[①]。各地区从地区实际出发，制定各项招生入学行为的具体规范，为依法管理、依规入学提供依据；各级各类学校都实施了校务公开、财务公开制度和招生考试“阳光工程”的社会公开制度，通过制度建设维护了教育公平。此外，我国建立了国家、区域等层级的教育质量国家标准及其评价体系，形成了评估督导制度，有力推进义务均衡发展、促进教育公平。

（一）依法治教，为教育公平奠定法律基础

1954年《中华人民共和国宪法》第四十九条规定：“中华人民共和国公民有受教育的权利。国家设立并逐步扩大各种学校和其他文化教育机关，以保证公民享有这种权利。”1986年的《中华人民共和国义务教育法》第五条规定，国家、社会、学校和家庭依法保障适龄儿童、少年接受义务教育的权利。1995年的《中华人民共和国教育法》是中华人民共和国成立以来的第一部关于教育的母法，其中第九条规定：“公民不分民族、种族、性别、职业、财产状况、宗教信仰等，依法享有平等的受教育机会”；第三十七条规定：“受教育者在入学、升学、就业等方面依法享有平等权利。”2006年修订的《中华人民共和国义务教育法》进一步规定：“凡具有中华人民共和国国籍的适龄儿童、少年，不分性别、民族、种族、家庭财产状况、宗教信仰等，依法享有平等接受义务教育的权利，并履行接受义务教育的义务。”此外，《中华人民共和国职业教育法》（1996年）、《中华人民共和国高等教育法》（1998年）、《中华人民共和国民办教育促进法》（2002年）以及新修订法律、行政法规、政府规章等，均将保障公民受教育权利、促进教育权利公平作为教育事业发展的基本行为准则。

（二）建立督导问责制度，保障教育公平切实推进

督导制度是我国教育体制的一个重要组成部分，从督学到督政，涵盖了教育各个层级和各个方面。1986年以来全国人大常委会分别就《中华人民共和国义务教育法》《中华人民共和国教育法》的执行情况在全国范围内组织了6次大规模教育法律执行情况的执法检查，其中重

① 袁振国．加强制度建设大力促进教育公平［EB/OL］．（2012-08-09）［2019-04-01］．http://www.moe.gov.cn/jyb_xwfb/s5148/201208/t20120809_140424.html.

点对各级政府实施义务教育所需经费落实情况进行了全面审查。这为我国各级政府履行教育责任、持续加大财政拨款力度和对教育事业的支持提供了良好的监督管理机制。2016年我国成立了国家教育督导委员会，建立了全面教育督导制度，义务教育均衡发展就是近期最重要的督导工作之一，开创了以督导保障教育公平的新局面。

参考文献

中共中央文献研究室.邓小平论教育［M］.北京：人民教育出版社，1995.

江泽民.在全国教育工作会议上的讲话（1994.6.14），新的里程碑［R/C］.北京：教育科学出版社，1994.

胡锦涛.坚持把教育摆在优先发展战略地位［N］.人民日报，2007-09-01.

习近平.坚持中国特色社会主义教育发展道路，培养德智体美劳全面发展的社会主义建设者和接班人［N］.新华网，2018-09-10.

中共中央.中共中央关于教育体制改革的决定［R］.人民日报，1985-05-27.

中共中央国务院.中国教育改革和发展纲要［R］.人民日报，1993-02-13.

中共中央国务院.中共中央国务院关于深化教育改革全面推进素质教育的决定（1999）［R］.人民日报，1999-06-13.

中共中央国务院.国家中长期教育改革和发展规划纲要（2010—2020）［R］.人民日报，2010-07-29.

周济.坚持教育优先发展 切实促进教育公平［J］.求是，2006（23）：15—18.

袁贵仁.落实共享发展理念 大力促进教育公平［J］.紫光阁，2016（06）：35—36.

陈宝生.深入学习贯彻党的十九大精神 全力打赢统筹城乡义务教育一体化改革发展攻坚战［J］.人民教育，2018（05）：13-16.

陈宝生.努力让每个孩子都能享有公平而有质量的教育［N］.中国教育报，2018（1)-03-17.

袁振国等.从反正到立新——教育理念创新之路［M］.上海：华东师范大学出版社，2018.

编 者 注

因时间跨度长，本书所收录文章部分注释与现行的参考文献学术标注要求不符，编辑已尽量统一和改正，但有些文章因时间久远、考证困难，难以准确标注出处和文献页码，未能详尽体现学术出版规范，敬请谅解。